Gott in der Verfassung

Europäische Hochschulschriften
Publications Universitaires Européennes
European University Studies

Reihe XXIII
Theologie

Série XXIII Series XXIII
Théologie
Theology

Bd./Vol. 723

PETER LANG
Frankfurt am Main · Berlin · Bern · Bruxelles · New York · Oxford · Wien

Werner Weinholt

Gott in der Verfassung

Studie zum Gottesbezug in Präambeltexten der deutschen Verfassungstexte des Grundgesetzes und der Länderverfassungen seit 1945

PETER LANG
Europäischer Verlag der Wissenschaften

Die Deutsche Bibliothek - CIP-Einheitsaufnahme

Weinholt, Werner:

Gott in der Verfassung : Studie zum Gottesbezug in Präambeltexten der deutschen Verfassungstexte des Grundgesetzes und der Länderverfassungen seit 1945 / Werner Weinholt. - Frankfurt am Main ; Berlin ; Bern ; Bruxelles ; New York ; Oxford ; Wien : Lang, 2001
(Europäische Hochschulschriften : Reihe 23, Theologie ; Bd. 723)
Zugl.: Münster (Westfalen), Univ., Diss., 2000
ISBN 3-631-37882-3

D 6
ISSN 0721-3409
ISBN 3-631-37882-3

www.peterlang.de

Für die Menschen,
die mir in schwerer Zeit
zur Seite gestanden haben,
in Dankbarkeit

Vorwort

Die vorliegende Untersuchung wurde im Sommer 2000 von der Theologischen Fakultät der Westfälischen Wilhelms-Universität Münster als Dissertation angenommen. Die Arbeit wurde für den Druck leicht überarbeitet.

Zu Dank bin ich vor allem Herrn Professor Dr. Michael Beintker verpflichtet. Er hat diese Arbeit angeregt und in allen Phasen ihres Entstehens mit geduldigem Rat, mit freundlicher Kritik und stetiger Ermutigung begleitet. Herrn Professor Dr. Hans-Richard Reuter danke ich für die Erstellung des Zweitgutachtens.

Die Konrad-Adenauer Stiftung hat das Entstehen dieser Arbeit durch ein dreijähriges Promotionsstipendium gefördert. Im Rahmen der ideellen Förderung der Adenauer-Stiftung erhielt ich die Möglichkeit, das Thema der Dissertation in einem Seminar zur Debatte zu stellen. Dafür und für das Stipendium möchte ich herzlich danken.

Danken möchte ich auch für einen Druckkostenzuschuß von der Lippischen Landeskirche.

Stellvertretend für die Menschen, denen mein Dank für die Hilfe bei den Korrekturarbeiten gilt, möchte ich Frau Vikarin Kirsten Hilker und Frau Pfarrerin Johanna Kunz nennen.

Widmen möchte ich dieses Buch all den Menschen, die mir in der manchmal sehr schweren Zeit, in der dieses Buch entstanden ist, zur Seite gestanden haben.

Wöbbel, im März 2001 *Werner Weinholt*

Inhalt

Vorwort VII

Einleitung 1

I. Der historische Ort des Gottesbezuges – Aufnahme des Gottesbegriffs in deutsche Verfassungstexte 7

1. Historischer Abriß zur deutschen Verfassungsgeschichte 7

2. Eingang des Gottesbegriffs in das Grundgesetz der Bundesrepublik Deutschland und dessen Behauptung 8

2.1. Genese der Präambel des Grundgesetzes im Parlamentarischen Rat unter besonderer Berücksichtigung des Gottesbezuges (1948/49) 9

2.2. Die Stellung der Kirchen bei der Verfassungsgebung des Grundgesetzes 24

2.3. Behauptung des Gottesbezuges in der Präambel des Grundgesetzes im Rahmen der Verfassungsreform 27

3. Der Gottesbezug in den Verfassungen der alten Länder 32

3.1. Verfassung des Landes Baden-Württemberg vom 11. November 1953 33

3.1.1. Württemberg-Baden (28. November 1946) 33

3.1.2. Baden (19. Mai 1947) 35

3.1.3. Württemberg-Hohenzollern (20. Mai 1947) 37

3.1.4. Baden-Württemberg (11. November 1953) 40

3.2. Verfassung des Freistaates Bayern vom 11. Dezember 1946. 42

3.3. Verfassung für Rheinland-Pfalz vom 18. Mai 1947. 44

3.4. Verfassung für das Land Nordrhein-Westfalen vom 28. Juni 1950 49

3.5. Verfassung des Saarlandes vom 15. Dezember 1947 56

3.6. Verfassung des Landes Hessen vom 1. Dezember 1946 57

3.7. Verfassungsdebatte in Niedersachsen - Aufnahme einer Präambel mit Gottesbezug 58

3.7.1. Die Vorläufige Niedersächsische Verfassung vom 13. April 1951 58

3.7.2. Die Niedersächsische Verfassung vom 19. Mai 1993 und ihre Novellierung 63

3.8. Ergebnis 80

4. Der Gottesbezug in den Verfassungen der fünf neuen Länder 83
4.1. Verfassung des Freistaates Sachsen vom 27. Mai 1992 84
4.2. Verfassung des Landes Sachsen-Anhalt vom 16. Juli 1992 87
4.3. Verfassung des Landes Brandenburg vom 20. August 1992 93
4.4. Verfassung des Landes Mecklenburg-Vorpommern vom 23. Mai 1993 94
4.5. Verfassung des Freistaates Thüringen vom 29. Oktober 1993 96
4.6. Ergebnis 104
5. Exkurs: Die neuere Verfassungsentwicklung in der Schweiz 106
6. Zusammenfassung 113

II. Die Debatte um den Gottesbezug - Sichtung der politischen Einzelargumente 115

1. Argumente und Anliegen gegen einen Gottesbezug in Verfassungspräambeln 116
1.1. Das Neutralitäts- bzw. Diskriminierungsargument – Das Ziel der Trennung von Glaube und Politik 116
1.2. Das Persönlichkeits- bzw. Individualargument – Der Glaube als Bezugsfeld des Privat-Persönlichen 118
1.3. Das Positivismusargument –Zur Frage der Selbstbegründung von Normen. 120
1.4. Eine Variante des Minderheitenargumentes 122
1.5. Das Mißbrauchs- bzw. Legitimationsargument des Rechtssystems 124
1.6. Das Entleerungsargument – Die behauptete materiale Entleerung des Gottesbegriffs 126
1.7. Das Privilegierungsargument – Die Problematik der materialen Konnotationen 128
2. Argumente und Anliegen für einen Gottesbezug in Verfassungspräambeln 130
2.1. Das ethische Begründungsargument – Die Bindung des Rechts 130
2.2. Das Argument der Begrenzung menschlicher Handlungs- und Entscheidungsmöglichkeiten 133
2.3. Das historische Argument – Der Verweis auf einen historischen Erfahrungsraum 135
2.4. Das kulturgeschichtliche Argument 137
2.5. Das Argument einer Qualifizierung der Verantwortungsbezüge 138
2.6. Die andere Variante des Mehrheitsargumentes 140
2.7. Das Argument der materialen Offenheit des Gottesbegriffs 142
3. Grundanliegen der Frage nach einem Gottesbezug in Verfassungspräambeln 145

III. Strukturanalytische Betrachtung von Verfassungspräambeln 149

1. Einleitung – Allgemeines zu Präambeltexten 149

2. Zur Funktion von Verfassungspräambeln – Eine Verfassungstheoretische Analyse 155

3. Typologische Einordnung der einzelnen Teile bundesdeutscher Verfassungspräambeln 161

3.1. Der grundsätzliche Teil 162
3.2. Der historische Teil 164
3.3. Der programmatische Teil 165
3.4. Der ethische-religiöse Teil 168

4. Der Gottesbezug als Sonderfall des ethisch-religiösen Teiles in Präambeltexten 169

5. Der Gottesbezug im Rahmen der Benennung des Verantwortungshorizontes 171

5.1. Annäherung an den Verantwortungsbegriff 172
5.2. Die Dimensionen der Verantwortung 176
5.3. Strukturen der Verantwortung 179
5.4. Zur Qualifizierung der Rechenschaftsinstanz 180
5.5. Die theologische Verortung der Verantwortung 181

6. Zum Problem der Interpretation des Gottesbezuges als »invocatio Dei«. 182

7. Zwischenergebnis – Vorläufige Fragen zur Verfassungs- und Gottesinterpretation 188

IV. Der Gottesbezug im Rahmen juristischer Interpretation 193

1. Die Frage nach dem Rechtsgehalt des Gottesbezuges 193

1.1. Zum Rechtsgehalt der Präambel des Grundgesetzes 194
1.1.1. Das Verhältnis der Präambel zum Gesamttext der Verfassung 194
1.1.2. Zum Rechtsgehalt der Präambel nach Ansicht der Verfassungsgründer 195
1.1.3. Bewährung der Rechtsnatur am Beispiel des Gebotes der Wiedervereinigung 196
1.2. Stellung und Rechtsgehalt des Gottesbezuges in der Präambel 198
1.2.1. Problemanzeige – Der unsichere Umgang mit dem Unbekannten 198
1.2.2. Eine historische Zugangsweise – Zur Rechtsnatur des Gottesbezuges im Parlamentarischen Rat 203
1.2.3. Tendenzen in der neueren Auslegung – Versuch einer Systematisierung ... 203
1.2.4. Zur besonderen Form des Gottesbezuges im Rahmen der Verantwortungsformel 214

2. Zur Rückbesinnung auf Begründungsmodelle von Rechtssystemen mit überpositiven Elementen 217
2.1. Rückbesinnung auf naturrechtliche Modelle der Rechtsbegründung in den Nachkriegsjahren 217
2.2. Ein Alternatives Modell – Gustav Radbruch 220

3. Die normative Selbstbegründung des Rechts – Zur rechtspositivistischen Trennung von Recht und Moral 225
3.1. Rechtspositivistische Grundpositionen – Das Problem der Trennung 226
3.2. Die eine Variante des Rechtspositivismus – Theorien primär setzungsorientierter Rechtspositivismen 231
3.3. Die andere Variante des Rechtspositivismus – Theorien primär wirksamkeitsorientierter Rechtsbegriffe 234
3.4. Das gemeinsame Anliegen der positivistischen Rechtsmodelle - Das Problem der Trennung 238

4. Die Grenzen der positivistischen Rechtsbegründung 239
4.1. Das Unrechtsargument 239
4.2. Das Prinzipien-Argument 241
4.3. Das Argument der Richtigkeit bzw. der Gerechtigkeit 244

5. Alternative Modelle der Rechtsbegründung - Zur Offenheit des Rechtssystems 246
5.1. Zur Wertbegründung des Rechts 246
5.2. Die Unverfügbarkeit der Voraussetzungen – Ernst-Wolfgang Böckenförde. 249

6. Konklusio und Bündelung – Der juristische Ort des Gottesbezuges. 256

V. Der Gottesbezug im Rahmen theologischer Interpretationen .. 259

1. Zur Diskussionslage in der evangelischen Theologie 260

2. Einzelne theologische Stellungnahmen und ihre Schwerpunkte 265
2.1. Ethel Leonore Behrendt – Der Gottesbezug als oberster (christlicher) Wert der Verfassung 266
2.2. Reinhard Slenczka – Der Gottesbezug zwischen Letztbegründung und Integration 272
2.3. Hartmut Kreß – Der Gottesbezug als Symbol für eine »werteverankernde« Instanz 278
2.4. Martin Honecker – Der Gottesbezug als »Platzhalter-Wort« 283
2.5. Trutz Rendtorff – Der Gottesbezug als Markierung der Grenze politischer Verfahrensgerechtigkeit 289
2.6. Wolfgang Huber – Der Gottesbezug im Rahmen seiner Entstehungsbedingungen 292

2.7. Eilert Herms – Fundamentalethische Aspekte des Gottesbezuges 303
2.8. Zusammenfassung 320

3. Die Interpretation des Gottesbezuges im Rahmen einer zivilreligiösen Theorie 321
3.1. Hermann Lübbe –Der Gottesbezug als Liberalitätsgarant 328
3.2. Karl Fritz Daiber – Der Gottesbezug als staatslegitimierendes Symbol 333
3.3. Wolfgang Vögele – Der Gottesbezug im Rahmen des Projektes einer öffentlichen Theologie.. 340
3.4. Widerspruch seitens der Theologie 352
3.5. Bewertung und Zusammenfassung 356

4. Der Gottesbezug in einzelnen Stellungnahmen der Evangelischen Kirche 359
4.1. Die Voten der Evangelischen Kirche von Deutschland 359
4.2. Das Votum der Evangelischen Kirche der Union (EKU) – Für Recht und Frieden sorgen 365

5. Bewertung und Ausblick - Die verschiedenen theologischen Anliegen und Argumente 366

VI. Ertrag – Grundeinsichten des Gottesbezuges 373

1. Die Brückenfunktion des Gottesbezuges für das Verhältnis von Glaube und Politik wie Recht und Ethik 373

2. Die Brückenfunktion des Gottesbezuges im Rahmen historischer Argumentationsmuster 379
2.1. Der kulturwissenschaftliche Ansatz 379
2.2. Die Relevanz historischer Argumentationen 383

3. Der Gottesbezug als Symbol der Einsicht in Schuld 384

4. Der Gottesbezug als Symbol für den Verantwortungshorizont 389

5. Der Gottesbezug als Symbol der Begrenzung menschlichen Handelns und staatlicher Ordnung 393

6. Der Gottesbezug als Symbol für die Unverfügbarkeit der Voraussetzungen 395

7. Annäherung an die materialen Gehalte des Gottesbegriffs 397

8. Zusammenfassung und Ausblick 402

ANHANG. Die Präambeltexte bundesdeutscher Nachkriegsverfassungen 409

Literaturverzeichnis 417

1. Quellen 419
   1.1. Verfassungstexte 419
   1.2. Verfassungstexte aus dem Internet 420
   1.3. Parlamentarische Quellen 420
2. Weitere Literatur 425
3. Zeitungsartikel 451

Einleitung

Seit der Neugründung eines demokratischen Staatswesens in Deutschland nach dem Zweiten Weltkrieg nehmen deutsche Staatsverfassungen, insbesondere das Grundgesetz und einige Länderverfassungen, Gottesbezüge auf. Gleichzeitig bekennen sich diese Verfassungen zu dem Prinzip der Trennung von Staat und Kirche[1] und fixieren die Garantie des Staates, daß die Freiheit des Glaubens, des Gewissens und des weltanschaulichen Bekenntnisses unverletzlich seien.[2]

Gottesbezüge kommen in den Texten dieser Staatsverfassungen an vier exponierten Stellen vor. Zunächst weisen die sogenannten »Eidesformeln« Gottesbezüge auf.[3] Die Verfassungen nehmen nominationes Dei auch bei der Formulierung von Erziehungszielen auf.[4] Außerdem findet sich gelegentlich eine Bezugnahme auf Gott in deren Feiertagsregelungen.[5] Am häufigsten finden sich Gottesbezüge in den Präambeltexten der Verfassungen. Das gilt nicht nur für

---

1 Z. B. regelt Art. 140 GG die Geltung der Art. 136, 137, 138, 139 und 141 der WRV. In Art. 137 Abs. 1 Satz 1 WRV steht: „Es besteht keine Staatskirche." (Zitiert nach Schuster, Deutsche Verfassungen, 208.) Auf die Geltung von Art. 140 GG für den eigenen Geltungsbereich verweisen einige Länderverfassungen: Z. B. Art. 5 der Verfassung des Landes Baden-Württemberg; Art. 22 der Verfassung des Landes Nordrhein-Westfalen; Art. 40 der Verfassung des Freistaates Thüringen. Art. 142 Abs. 1 der Verfassung des Freistaates Bayern regelt: „Es besteht keine Staatskirche." (Zitiert nach Schuster, Die Verfassungen aller Deutschen Länder, 88.) Art. 32 Abs. 1 Satz 1 der Verfassung von Sachsen-Anhalt formuliert: „Kirchen, Religions- und Weltanschauungsgemeinschaften sind vom Staat getrennt." (Zitiert nach aaO., 503).

2 Diese Regelungen finden sich z. B. in Art. 4 Abs. 1 GG; Art. 4 der Verfassung des Landes Baden-Württemberg. Im Staatsrecht leitet sich hieraus der Fachterminus der »weltanschaulichen Neutralität« ab.

3 Z. B. findet sich am Ende des Amtseides des Bundespräsidenten in Art. 56 GG folgende Formulierung: „So wahr mir Gott helfe." (Zitiert nach Schuster, Deutsche Verfassungen, 247.) Vgl. auch Art. 48 der Verfassung des Landes Baden Württemberg; Art. 31 der Verfassung des Landes Niedersachsen; Art. 53 der Verfassung für das Land Nordrhein-Westfalen; Art. 100 Abs. 1 der Verfassung für Rheinland-Pfalz; Art. 66 Abs. 2 der Verfassung des Landes Sachsen-Anhalt.

4 Z. B. steht in Art. 12 Abs. 1 der Verfassung des Landes Baden-Württemberg: „Die Jugend ist in der Ehrfurcht vor Gott, im Geiste der christlichen Nächstenliebe (...) zu erziehen." Vgl. Art. 7 Abs. 1 der Verfassung für das Land Nordrhein-Westfalen; Art. 33 der Verfassung für Rheinland-Pfalz.

5 Z. B. Art. 140 GG in Verbindung mit Art. 139 WRV; Art. 3 Abs. 1 der Verfassung des Landes Baden-Württemberg; Art. 147 der Verfassung des Freistaates Bayern; Art. 47 der Verfassung für Rheinland Pfalz.

das Grundgesetz und die Länderverfassungen, sondern auch für Verfassungen anderer Staaten. Mit der zuletzt genannten Präsenz eines Gottesbezuges in deutschen Staatsverfassungen, welche nach 1945 entstanden sind, beschäftigt sich diese Untersuchung.

In der Bundesrepublik Deutschland haben derzeit 16 Bundesländer eine demokratische Verfassung, wovon sieben ausdrücklich den Gottesbezug in einem Präambeltext beinhalten.[6] Ebenso weist das Grundgesetz einen Gottesbezug in seiner Präambel auf. Dabei wird der Gottesbezug vornehmlich in Verbindung mit dem Begriff »Verantwortung« verwendet. Die sogenannte Verantwortungsformel hat in der Regel folgende Form: »In Verantwortung vor Gott und den Menschen (...)«.

In den Jahrzehnten seit der Verabschiedung der deutschen Nachkriegsverfassungen zwischen 1946 und 1953 ist die Frage nach einem Gottesbezug in Verfassungstexten eher spärlich kommentiert worden. Breiter wurde diese Frage nach der Vereinigung der beiden deutschen Staaten nach 1990 im Rahmen der Verfassungsgebungsprozesse in den fünf sogenannten neuen Bundesländern, in Niedersachsen (1993/94) sowie bei der Revision des Grundgesetzes (1993) diskutiert. Vor allem die bürgerlich-konservativen politischen Parteien und die Kirchen setzten sich für die Aufnahme bzw. Beibehaltung eines Gottesbezuges im Verfassungstext vehement ein. Das führte sogar dazu, daß in Niedersachsen 1994 aufgrund einer Volksinitiative, die von den beiden großen christlichen Kirchen und Vertretern jüdischer Gemeinden initiiert wurde, ein Gottesbezug in die erst ein Jahr zuvor verabschiedete Verfassung aufgenommen wurde. Derzeit bemühen sich vor allem Vertreter der bürgerlich-konservativen Parteien und der katholischen Kirche um die Aufnahme eines Gottesbezuges in die Präambel der zu schaffenden Verfassung im Vereinigten Europa.

Die Frage nach dem Gottesbezug in Präambeltexten deutscher Verfassungen ist in vielen kurzen Beiträgen von Vertretern unterschiedlicher gesellschaftlicher Gruppen und Verbände diskutiert worden. Aus theologischer Sicht ist die Frage nach einem Gottesbezug in der Präambel von Verfassungstexten am breitesten in der Dissertation von Wolfgang Vögele[7] behandelt worden. Die

---

6 Baden-Württemberg, Bayern, Niedersachsen, Nordrhein-Westfalen, Rheinland-Pfalz, Sachsen-Anhalt, Thüringen. Zu den Präambeltexten s.u. Anlage I.

7 Vgl. Vögele, Zivilreligion, 1994.

Arbeit von Vögele beschäftigt sich jedoch nicht explizit mit dem Gottesbezug von Verfassungspräambeln, sondern behandelt das Thema im Rahmen des Nachweises der Existenz einer bundesrepublikanischen Zivilreligion. Eine umfassende Bearbeitung der zum Thema vorliegenden insbesondere in den Jahren nach 1993 veröffentlichten Literatur ist bisher nicht erfolgt.

Die vorliegende Untersuchung setzt sich mit dem Vorkommen des Gottesbegriffs in den Präambeltexten deutscher Staatsverfassungen, welche nach 1945 entstanden sind, auseinander. Ihr sollen ausschließlich die Gottesbezüge zugrunde gelegt werden, welche sich in den Präambeltexten derjenigen bundesdeutschen Staatsverfassungen finden, die nach dem Zweiten Weltkrieg in Kraft getreten sind. Die Arbeit entstand zu einem Zeitpunkt, als die Entscheidungsprozesse zur Frage nach dem Gottesbezug in deutschsprachigen Verfassungstexten abgeschlossen waren.

Die Untersuchung setzt den Gottesbezug in den Präambeltexten zu dem Bekenntnis der »weltanschaulichen Neutralität« des Staates in Beziehung und fragt grundsätzlich nach der theologischen Legitimität und Möglichkeit eines Gottesbezuges in den genannten Verfassungstexten. Diese Vorgehensweise scheint darum adäquat, weil gerade in den politischen Debatten um den Gottesbezug immer wieder theologische Argumente von den Befürwortern wie von den Gegnern eines Gottesbezuges eingebracht worden sind. Die Literatur aus den verschiedenen gesellschaftlichen Bezugsfeldern soll aus diesem Grund in dieser Arbeit gesichtet und in ihren Gesamthorizont eingeordnet werden.

Dabei wird die Untersuchung diejenigen Verfassungstexte näher beleuchten, die in ihrem Präambeltext eine nominatio Dei aufweisen. Die Präambeltexte sollen in verschiedene Bezugsrahmen eingeordnet werden. Zunächst wird der Gottesbezug darauf hin befragt, unter welchen historischen Bedingungen er entstanden ist, und welche Gründe die verfassunggebenden Organe motivierten, die einen Gottesbezug in die Verfassung aufgenommen haben. Dabei eint die verfassunggebenden Organe die historische Situation, innerhalb eines Staatsgebildes, das in einem unmittelbaren Erfahrungsraum mit einem totalitären Staatsapparat stand, Verfassungen zu entwickeln. Standen nach 1945 die Erfahrungen mit dem NS-Staat im Hintergrund, so waren es nach 1989/90 die Erfahrungen mit der DDR-Diktatur. Dieser Sachverhalt spiegelte sich auch in den entsprechenden parlamentarischen Debatten wider und hatte auch Einfluß auf die jeweilige Beschlußfassung. Bei der Aufarbeitung der Entstehungsbedingungen der Präambeltexte ist darauf abzuheben, daß aus den Anliegen, welche die verfassunggebenden Organe leiteten, als sie sich entschlossen, den Gottesbezug in einen Verfassungstext aufzunehmen, nicht direkt normative Folgen abzuleiten sind; insofern eignet der historischen Betrachtungsweise des Gottesbezuges vorwiegend deskriptiver Charakter.

Ausgehend von einer Debatte im niedersächsischen Landtag von 1994 zu diesem Thema, der noch weitere Quellen beigezogen werden sollen, werden anschließend die einzelnen Argumente für und gegen den Gottesbezug gebündelt dargestellt. Anhand dieser Analyse soll gezeigt werden, daß die Debatte um den Gottesbezug im wesentlichen auf zwei Argumentationsebenen geführt wird. Zum einen argumentieren die Votierenden im Rahmen von Erfahrungen, wobei von der historischen Situation ausgegangen wird, in welcher sich die verfassunggebenden Organe befanden. Zum anderen werden fundamentalethische Argumente ausgetauscht, indem ausgehend von der Benennung eines Verantwortungshorizontes dessen begriffliche Qualifizierung mit einer nominatio Dei vollzogen wird.

Die sich anschließende strukturanalytische Betrachtung der Gottesbezüge wird sich mit der Frage nach den formalen Bedingungen von Präambeltexten beschäftigen und den Gottesbezug in den Gesamtrahmen der Präambel einordnen. Dabei soll gezeigt werden, daß eine rein aus historischen Erfahrungen motivierte Befürwortung des Gottesbezuges nicht ausreicht, um den Gottesbezug im Präambeltext zu fixieren. Die Untersuchung wird danach die juristische und die theologische Diskussion um die Frage nach dem Gottesbezug nachzeichnen, wobei im Hintergrund des Frageinteresses die in diesem Teil herausgearbeitete Bedingung der Pluralismuskonformität des Gottesbezuges stehen soll.

Die juristische Perspektive wird dann daraufhin zu befragen sein, wie die juristische Auslegung mit dem Gottesbezug verfährt und in welchem rechtsphilosophischen Rahmen ein solcher Gottesbezug möglich und geboten sein kann. In diesem Teil der Arbeit wird zunächst die einschlägige juristische Kommentarliteratur zum Problemkomplex befragt, um den Rahmen der Interpretationsmöglichkeiten des Gottesbezuges zu bestimmen. Daran anschließend soll anhand rechtsphilosophischer Literatur der rechtsgeschichtliche Horizont nachgezeichnet werden, in welchem der Gottesbezug entstanden ist. Grundsätzliche rechtsphilosophische Anliegen, die in diesem Teil herausgearbeitet werden, werden mit Hilfe eines rechts- bzw. staatsphilosohischen Begründungsangebotes von Ernst-Wolfgang Böckenförde profiliert werden.

Daran anschließend soll der Umgang mit dem Gottesbezug in der theologischen Literatur anhand von exponierten Stellungnahmen dargestellt und vertieft werden. Zunächst sollen hier systematisch angeordnet einzelne theologische Stellungnahmen dargestellt und auf ihre Aussagekraft für den Problemkomplex hin untersucht werden. Ein in der neueren Diskussion vorgeschlagenes und häufig rezipiertes Interpretationsmodell des Gottesbezuges im Rahmen einer Zivilreligion wird sodann genauer betrachtet werden. Abschließen soll dieser Teil mit der Darstellung der Interpretation in öffentlichen kirchlichen Stellungnahmen. Im Zentrum dieses Teils der Untersuchung steht neben der Darstellung der zeitgenössischen Interpretationsvorschläge in der evangelischen Theologie vor allem die Frage nach einer dem weltanschaulichen Pluralismus konformen Interpretationsmöglichkeit des Gottesbezuges im Rahmen der in der juristischen Betrachtung vorgegebenen Möglichkeiten.

Die Untersuchung schließt mit einem Kapitel ab, in dem anhand der in den vorangehenden Kapiteln erarbeiteten Ergebnisse der verschiedenen Bezugsfelder die theologischen Grundeinsichten des Gottesbezuges in Präambeltexten von Staatsverfassungen resümiert und vertieft werden. Am Ende soll eine Annäherung an die inhaltliche Bestimmung des dem Gottesbezug zugrundeliegenden Gottesbegriffs im Rahmen der in der Arbeit herausgearbeiteten Prämissen stehen.

Dabei wird die Untersuchung vom Nachweis der These geleitet sein, daß der Gottesbezug in Verfassungstexten grundsätzlich theologisch möglich ist. Mit der Entscheidung der Frage nach der Berechtigung eines Gottesbezuges in der Präambel einer Staatsverfassung sind m. E. auch Konsequenzen für das Rechts- und Staatsverständnis verbunden, die in der Analyse der einzelnen Bezugsfelder herausgearbeitet werden sollen.

I. Der historische Ort des Gottesbezuges – Aufnahme des Gottesbegriffs in deutsche Verfassungstexte

Im folgenden sollen die Entstehungsgeschichten der Präambeltexte von den Nachkriegsverfassungen derjenigen deutschen Bundesländer nachgezeichnet werden, in deren Parlamenten bei der Verfassungsgebung über einen Gottesbezug debattiert worden ist. Dieser Teil dient der historischen Einordnung der Argumente für und wider einen Gottesbezug im Präambeltext einer Verfassung und der Verdeutlichung dessen, daß die Frage nach diesem Gottesbezug von einer regen Diskussion in den verschiedenen Gremien begleitet gewesen ist. Dabei sollen vor allem die einzelnen parlamentarischen Debatten um den Gottesbezug berücksichtigt werden. Die Anliegen der einzelnen Voten sollen an anderer Stelle gebündelt dargelegt werden (II.).

1. Historischer Abriß zur deutschen Verfassungsgeschichte

Präambeln sind in den deutschen Verfassungen der Nachkriegsjahre etwas Typisches. Sie finden sich nur in denjenigen Länderverfassungen nicht, bei denen die verfassunggebenden Organe, die sich in einer bestimmten historischen Situation befanden, sich gegen diese entschieden haben, um damit die Vorläufigkeit ihrer Verfassung deutlich zu machen (Schleswig-Holstein, Niedersachsen (1951), Saarland (seit 1953)).[1]

Einen direkten Gottesbezug innerhalb eines Präambeltextes, wie er zwischen 1945 und 1949 und den Jahren danach bzw. zwischen 1990 und 1994 in verschiedene Länderverfassungen der Bundesrepublik und in das Grundgesetz aufgenommen wurde, kannte die demokratische deutsche Verfassungsgeschichte vorher nicht. Weder in der Paulskirchenverfassung vom 28. März 1849[2], noch in der Weimarer Verfassung vom 11. August 1919[3] findet sich eine Präambel mit einem Gottesbezug. Lediglich die frühkonstitutionellen Verfassungen in Deutschland bezogen sich im Zuge ihres monarchischen Prinzips in der Regel auf Gott mit der Formulierung des »Gottesgnadentums«, wobei der

---

1 Vgl. Schoepke, Präambel, 64f (insbes. 65, Anm. 1).
2 Text bei Schuster, Deutsche Verfassungen, 95.

Gottesbezug eine legitimatorische Funktion erfüllte[4] und somit als invocatio Dei[5] figurierte. Dieser Sachverhalt deutet darauf hin, daß unter dem Eindruck der unmittelbaren Vergangenheit nach 1945 das Beharren auf die Aufnahme des Gottesbezuges in die Präambel der jeweiligen Verfassung von einem besonderen Interesse geleitet sein mußte.

2. Eingang des Gottesbegriffs in das Grundgesetz der Bundesrepublik Deutschland und dessen Behauptung

Am 8. Mai 1949 wurde im Plenum des Parlamentarischen Rates mit 53 gegen zwölf Stimmen der endgültige Text des Grundgesetzes[6] beschlossen[7] und am 23. Mai 1949 in Bonn in öffentlicher Sitzung bekanntgegeben. An der Spitze des Grundgesetzes stand seitdem eine Präambel, die einen Gottesbezug in folgender Formulierung enthielt:

»Im Bewußtsein seiner Verantwortung vor Gott und den Menschen, von dem Willen beseelt, seine nationale und staatliche Einheit zu wahren und als gleichberechtigtes Glied in einem vereinten Europa dem Frieden der Welt zu dienen, hat das Deutsche Volk (...), um dem staatlichen Leben für eine Übergangszeit eine neue Ordnung zu geben, kraft seiner verfassunggebenden Gewalt dieses Grundgesetz der Bundesrepublik Deutschland beschlossen. (...)«[8]

Bei der Aufnahme des Gottesbezuges in den Präambeltext des Grundgesetzes, also in den Text einer demokratischen deutschen Verfassung, handelte es sich um etwas Neues.[9]

Die Entstehungsgeschichte der Präambel, insbesondere die Aufnahme des Gottesbezuges soll im Fortgang der Arbeit beschrieben werden. Die Untersu-

---

3 Text bei aaO., 179.

4 Vgl. Häberle, Gott im Verfassungsstaat, 216; Behrendt, Gott im Grundgesetz, 8f.

5 Dazu im einzelnen s.u. III.6.

6 Zur allgemeinen Verfassungsgeschichte vgl. Badura, Verfassung, EStL Bd. 2, 3738ff; ders., Staatsrecht, 1996, 19-24; Menger, Verfassungsgeschichte, 193ff.

7 Vgl. Herzog, Grundgesetz, EStL Bd. 1, 1206. Die 53 Stimmen setzten sich zusammen aus den Mandaten der CDU, der SPD, der FDP und der CSU (2). Die Gegenstimmen entfielen auf die CSU (6), die KPD (2), die DZP (2), und die DP (2). Vgl. Parlamentarischer Rat, Stenographische Berichte über Plenarsitzungen, 238. [Im folgenden: Parlamentarischer Rat, Plenum]; Feldkamp, Der Parlamentarische Rat, 178.

8 Text bei Schoepke, Präambel, 104. Die Präambel ist 1993 einer Revision unterzogen worden, die sich auf die Formulierung des Gottesbezuges nicht ausgewirkt hat. Zu der Revision s.u. I.2.3. Zum revidierten Text s.u. Anhang I.

9 Vgl. Vögele, Zivilreligion, 266; Behrendt, Gott im Grundgesetz, 9.

chung wird dabei chronologisch vorgehen und sich nicht nach der Arbeit in den verschiedenen Ausschüssen gliedern.

2.1. Genese der Präambel des Grundgesetzes im Parlamentarischen Rat unter besonderer Berücksichtigung des Gottesbezuges (1948/49)

Am 1. Juli 1948 übergaben die Militärgouverneure der drei westlichen Besatzungszonen den Ministerpräsidenten der westdeutschen Länder in Frankfurt drei Dokumente, die sogenannten »Frankfurter Dokumente«, die sie auf der Londoner »Sechs-Mächte-Konferenz« im Frühjahr 1948 zusammen mit Belgien, den Niederlanden und Luxemburg erarbeitet hatten.[10] Im ersten der Frankfurter Dokumente[11] wurde gefordert, daß in den Ländern der drei westlichen Besatzungszonen spätestens bis zum 1. September 1948 eine verfassunggebende Versammlung einzuberufen sei, die eine demokratische Verfassung auszuarbeiten habe[12].
Nachdem daraufhin die Ministerpräsidenten erwirkt hatten, daß die Einberufung einer deutschen Nationalversammlung und die Ausarbeitung einer deutschen Verfassung bis zur Wiederherstellung der Voraussetzungen für eine gesamtdeutsche Regelung ausgesetzt werde, erklärten sie sich bereit, einen parlamentarischen Rat zur Ausarbeitung lediglich eines Grundgesetzes für die einheitliche Verwaltung der drei Westzonen einzuberufen[13], »um die gegenwärtig zerrissene deutsche Einheit vorläufig wenigstens zu einem Teil wiederherzustellen«[14].

Zunächst bestellte die Ministerpräsidentenkonferenz einen Sachverständigenausschuß, den sogenannten »Verfassungskonvent von Herrenchiemsee«, der vom 10. bis zum 23. August 1948 in Herrenchiemsee tagte.[15] Dieser Verfas-

---

10 Vgl. Menger, Verfassungsgeschichte, 203; Doemming, JöR nF 1951, 1; Schoepke, Präambel, 105.

11 Text bei Doemming, aaO., 1ff.

12 Vgl. Dokument 1, in: Doemming, aaO., 2; Menger, Verfassungsgeschichte, 203; Schoepke, Präambel,105.

13 Vgl. Doemming, aaO., 3, Menger, ebd., Schoepke, ebd.

14 Zitiert nach Doemming, ebd.

15 Dieser setzte sich zusammen aus je einem Bevollmächtigten der elf Landesregierungen und weiteren 18 Mitgliedern, die meist Verfassungsrechtler waren. Zur Arbeitsform vgl. Parlamentarischer Rat, Akten und Protokolle, Bd. 2, VIIff. Doemming, ebd.; Menger, Verfassungsgeschichte, 203f; Schoepke, Präambel, 104.

sungskonvent erarbeitete eine vollständige Verfassungsvorlage[16], die dem Parlamentarischen Rat als Beratungsgrundlage[17] dienen sollte, der am 1. September in Bonn zusammentrat. Der Verfassungsentwurf von Herrenchiemsee enthielt für die Präambel der Verfassung einen Mehrheits- und einen Minderheitsvorschlag[18]. In keinem der beiden Entwürfe für die Präambel findet sich ein Gottesbezug, da dieser bei den Beratungen auf dem Konvent von Herrenchiemsee nicht zur Debatte gestanden hatte.

Der Parlamentarische Rat, der aus 65 von den Landtagen gewählten Mitgliedern bestand[19], beschäftigte sich in seinen verschiedenen Ausschüssen und im Plenum mit dem Text der Präambel des Grundgesetzes. An der Entstehung des Präambeltextes des Grundgesetzes waren neben dem Plenum[20] des Parlamentarischen Rates der Ausschuß für Grundsatzfragen[21] und dessen Unterausschuß für redaktionelle Fragen, der Hauptausschuß[22], der allgemeine Redaktionsausschuß und der Fünfer-Ausschuß beteiligt. Die Arbeit an der Präambel des Grundgesetzes verlief somit auf verschiedenen Ebenen innerhalb des Parlamentarischen Rates. Nachdem der Grundsatzausschuß[23], der sich zuerst mit der Prä-

16 Text in Parlamentarischer Rat, Akten und Protokolle, Bd. 2, 504-630 [579-630]; zur Präambel, aaO., 506-511; 579.

17 Neben dem Entwurf des Verfassungskonventes von Herrenchiemsee wurden auch noch einige andere Verfassungsentwürfe eingereicht, die sich bei den Beratungssitzungen jedoch weniger durchsetzen konnten: Entwurf des Innenministers von Nordrhein-Westfalen, Walter Menzel; vgl. Benz, Bewegt von der Hoffnung aller Deutschen, 391-410. Entwurf des »Ellwanger Kreises«; vgl. aaO., 333-347. Entwurf der DP.

18 Zum Text vgl. Parlamentarischer Rat, Akten und Protokolle, Bd. 2, 579; Schoepke, Präambel, 106.

19 Für die einzelnen Namen der Mitglieder des Parlamentarischen Rates vgl. Dömming, JöR nF 1951, 4f; Feldkamp, Der Parlamentarische Rat, 185-198. Mitgliederverteilung: CDU/CSU (27), SPD (27), FDP (5), DZP (2), DP (2), KPD (2); außerdem fünf Parlamentarier aus Berlin ohne Stimmrecht. Vgl. Menger, Verfassungsgeschichte, 204. Zur Arbeitsweise und Konstituierung des Parlamentarischen Rates vgl. Doemming, JöR nF 1951, 4ff; Feldkamp, Der Parlamentarische Rat; ders., Die Entstehung des Grundgesetzes, 15-43.

20 Im Plenum beschäftigte sich der Parlamentarische Rat mit der Präambel in seiner 6., 9., 10. Sitzung vom 20. Oktober 1948, 6. Mai 1949, 8. Mai 1949.

21 7.-10. Sitzung 6., 7., 12., 13. Oktober 1948; 19. und 21. Sitzung 9. und 16. November 1948; 33. und 34. Sitzung 19. und 26. Januar 1949.

22 26., 47., 57. Sitzung 10. Dezember 1948, 8. Februar 1949, 5. Mai 1949.

23 Mitglieder: CDU/CSU (5): Hermann von Mangoldt, CDU, Schleswig-Holstein, Karl Sigmund Mayer, CSU, Bayern, Anton Pfeiffer, CSU, Bayern, Josef Schrage, CDU, Nordrhein-Westfalen, Helene Weber, CDU, Nordrhein-Westfalen; als Stellvertreter waren berufen worden: Theophil Kaufmann, Lambert Lensing, Kaspar Seibold, Adolf Süsterhenn,

ambel zu befassen hatte, unter seinem Vorsitzenden Hermann von Mangoldt (CDU) seit seiner siebten Sitzung[24] verschiedene Fassungen[25] der Präambel, die von seinen Mitgliedern verfaßt worden waren, in mehreren Sitzungen diskutiert hatte, wurde eingehend darüber debattiert, welche Gedanken in der künftigen Präambel Ausdruck finden sollten. In keinem der Entwürfe fand sich ein Gottesbezug, und auch innerhalb der Sitzungen ist nach derzeitiger Quellenlage ein Gottesbezug nicht diskutiert worden.

Der Grundsatzausschuß beauftragte schließlich einen aus der Mitte seiner Mitglieder gewählten Redaktionsausschuß[26] mit der Ausarbeitung einer Präambel nach Maßgabe der von Mangoldts dargelegten Ergebnisse der Diskussionen[27]. Dieser redaktionelle Ausschuß legte dem Grundsatzausschuß am 12. Oktober 1949 den Entwurf einer Präambel ohne Gottesbezug vor, der dann eingehend diskutiert wurde.[28]

Schon an dieser Stelle wies Carlo Schmid (SPD), der Berichterstatter dieses Unterausschusses, auf die hohe Bedeutung der Präambel hin und führte aus:

»(...) daß die Präambel nicht etwa nur ein rhetorischer Vorspruch sein soll, sondern alle Elemente zu enthalten habe, die für den Charakter des Grundgesetzes bestimmend sind. Aus der Präambel soll ersehen werden können, was nach Meinung des Parlamentarischen Rates durch das Grundgesetz bewirkt werden soll und was nicht.«[29]

Ernst Wirmer. SPD (5): Ludwig Bergsträsser, SPD, Hessen, Friederike Nadig, SPD, Nordrhein-Westfalen, Carlo Schmid, SPD, Württemberg-Hohenzollern, Hans Wunderlich, SPD, Niedersachsen, August Zinn, SPD, Hessen,; als Stellvertreter waren berufen worden: Fritz Eberhard, Elisabeth Selbert, Hermann Runge, Willibald Mücke, Rudolf Heiland. FDP (1): Theodor Heuss, FDP, Württemberg-Baden. DZP/DP/KPD (1): Wilhelm Heile, DP, Niedersachsen; Stellvertreter: Hans-Christoph Seebohm. Im einzelnen vgl. Pikart/Werner, Einleitung, X-XXI; Doemming, JöR nF 1951, 7; Feldkamp, Der Parlamentarische Rat, 59ff.

24 6. Oktober 1948.

25 Zu den Texten vgl. Parlamentarischer Rat, Akten und Protokolle, Bd. 5/I, 157f.

26 Mitglieder: Carlo Schmid (SPD), Theodor Heuss (FDP), Gerhard Kroll (CSU), Helene Weber (CDU), Jakob Kaiser (CDU), August Zinn (SPD), Hermann v. Mangoldt (CDU). Vgl. Doemming, JöR nF 1951, 24.

27 Parlamentarischer Rat, Akten und Protokolle, Bd. 5/I, 229ff; Doemming, aaO., 23f; Schoepke, Präambel, 108f.

28 Parlamentarischer Rat, Akten und Protokolle, Bd. 5/I, 229ff; Doemming, aaO., 24ff; Schoepke, aaO., 108f.

29 9. Sitzung vom 12.10.1948. Parlamentarischer Rat, aaO., 229f. Das deckt sich mit der Beurteilung von Häberle, die Präambel als »Verfassung in der Verfassung« zu bezeichnen. Diese von Schmid dargestellte Meinung zieht sich durch die Debatten über die Prä-

Nach eingehenden Debatten in den folgenden Sitzungen über die erarbeitete Präambel und alternativ vorgelegte Vorschläge beschloß der Ausschuß für Grundsatzfragen in seiner zehnten Sitzung am 13. Oktober 1948 in erster Lesung eine Fassung der Präambel des Grundgesetzes, die noch keinen Gottesbezug enthielt, die aber auffallend ausführlich die unmittelbare Vergangenheit reflektierte[30]:

»Die nationalsozialistische Zwingherrschaft hat das deutsche Volk seiner Freiheit beraubt; Krieg und Gewalt haben die Menschheit in Not und Elend gestürzt. Das staatliche Gefüge der in Weimar geschaffenen Republik wurde zerstört. Dem deutschen Volk aber ist das unverzichtbare Recht auf freie Gestaltung seines nationalen Lebens geblieben. Die Besetzung Deutschlands durch fremde Mächte hat die Ausübung dieses Rechtes schweren Einschränkungen unterworfen.
Erfüllt von dem Willen, seine Freiheitsrechte zu schützen und die Einheit der Nation zu erhalten, hat das deutsche Volk (...) Abgeordnete (...) entsandt, um eine den Aufgaben der Übergangszeit dienende Ordnung für die Bundesrepublik Deutschland vorzubereiten. Diese haben (...) dieses Grundgesetz beschlossen.
Das deutsche Volk in seiner Gesamtheit bleibt aufgefordert, in gemeinsamer Entscheidung und Verantwortung die Ordnung seiner nationalen Einheit und Freiheit in der Bundesrepublik Deutschland zu vollenden.«[31]

Bis zu diesem Zeitpunkt war die Frage nach einem Gottesbezug im Text der Präambel weder diskutiert noch aufgeworfen worden.

Der erarbeitete Entwurf wurde dem Plenum bekannt gemacht, das sich in seiner sechsten Sitzung am 20. Oktober 1948 eingehend mit der Präambel der zu schaffenden Verfassung beschäftigte, jedoch zum Wortlaut keine Beschlüsse

---

ambel auch in den anderen Ausschüssen und im Plenum durch und kann wohl als Konsensmeinung gelten. Lediglich der Abgeordnete Heinz Renner von der KPD behauptete im Plenum, daß die Präambel nichts mehr und nichts weniger sei als Rhetorik. Vgl. Parlamentarischer Rat, Plenum, 78. Das ist interessant, weil die Mehrheit der Kommentare und der juristischen Literatur in der Folgezeit diese Meinung rezipierte, indem sie der Präambel keine oder nur wenig Beachtung schenkte. Bei der Beurteilung der Präambel der Weimarer Reichsverfassung (WRV) war man in der juristischen Literatur anderer Meinung als im Parlamentarischen Rat und legte ihr überhaupt keine Rechtsrelevanz bei. Zur Frage nach dem Rechtscharakter der Präambel der WRV vgl. Schoepke, Präambel, 37ff.

30 Das ist deshalb interessant, weil in der endgültigen Fassung der Rekurs auf die unmittelbare Vergangenheit ganz wegfiel. Das deutet darauf hin, daß diese Funktion am Ende von dem Gottesbezug der Präambel erfüllt wird. Theodor Heuss äußerte schon früh Bedenken, man solle dem Nationalsozialismus in der Präambel nicht auch noch ein Denkmal setzen. Ähnlich hatte Süsterhenn auch schon sehr früh votiert. Vgl. Parlamentarischer Rat, Plenum, 72; 75.

31 Parlamentarischer Rat, Entwürfe, 1; vgl. ders., Akten und Protokolle, Bd. 5/I, 333.

faßte.[32] Gelegentlich wurden kritische Äußerungen zum Wortlaut der Präambelfassung des Grundsatzausschusses im Plenum gemacht.[33] Carlo Schmid (SPD) vertiefte dabei seine schon im Grundsatzausschuß geäußerte Meinung zum Gehalt der Präambel, womit er einiges über ihren späteren Rechtsgehalt vorwegnahm:

»Wir sehen in der Präambel nicht einen rhetorischen Vorspruch, den man aus Gründen der Dekoration und der Feierlichkeit dem 'eigentlichen' Text voranstellt. Wir sehen darin ein wesentliches Element des Grundgesetzes. Von ihr aus erhält es seine eigentliche politische und juristische Qualifikation.«[34]

Adolf Süsterhenn[35] (CDU), der gern als »Vater« der eineinhalb Jahre zuvor (18. Mai 1947) verabschiedeten Verfassung von Rheinland-Pfalz bezeichnet wird, ging noch einen Schritt weiter, indem er der Präambel neben der »politischen und juristischen Qualifikation« die Bedeutung zuschrieb, daß sie »dem Grundgesetz auch diese geistige Ausrichtung, diese letzten Endes sittliche, ethische Qualifikation geben«[36] müsse. Er war der Meinung, von dem Grundgesetz ginge eine »volkspädagogische, sozialpsychologische, dirigierende Kraft«[37] aus. »Diese dirigierende Kraft muß auch schon in der Präambel zum Ausdruck ge-

32 Vgl. Parlamentarischer Rat, Plenum, 69-84.

33 Vgl. Doemming, JöR nF 1951, 28.

34 Parlamentarischer Rat, Plenum, 70. Anschließend eruierte Schmid die aus diesem Grunde notwendigen Inhalte der Präambel; vgl. aaO., 70f.

35 Zur Person Süsterhenns und den hinter seinen Voten stehenden Denkvoraussetzungen s.u. I.3.3. Süsterhenns Rolle im Parlamentarischen Rat charakterisierte Carlo Schmid später folgendermaßen: »(...) einer der befähigsten Streiter für die Vorstellungen der CDU. Seine Argumente entnahm er häufig den Naturrechtsvorstellungen der katholischen Theologie. Er beeindruckte damit manchen Kollegen, fand aber selten die Zustimmung der Mehrheit des Hauses.« (Schmid, Erinnerungen, 410.) Kreß benutzt dieses Zitat zum Nachweis der These, bei dem Verständnis des Gottesbezuges handelte es sich schon im Parlamentarischen Rat nach der Vorstellung der Mehrheit nicht um ein christliches Gottesbild. (Vgl. Kreß, Gottesbegriff, 44). Diese Ansicht ist aus mehreren Gründen problematisch: (1) Süsterhenn hatte den Gottesbezug als erster im Parlamentarischen Rat zur Debatte gestellt und mit seinem Anliegen, daß die Präambel einen Gottesbezug erhalten sollte, letztlich Erfolg gehabt. (2) Außerdem besteht kein Zweifel daran, daß die Mehrheit der Mitglieder des Parlamentarischen Rates einer der christlichen Konfessionen angehörten; da sich das Problem der materialen Füllung des Gottesbezuges nicht stellte, ist davon auszugehen, daß es sich in deren Verständnis natürlich um ein Gottesbild christlichen Inhaltes handelte. (3) Schwierig ist auch die Einordnung dieser Äußerung Schmids, da sie mehrere Jahrzehnte nach den eigentlichen Geschehnissen dargelegt wird.

36 Parlamentarischer Rat, Plenum, 72.

37 Ebd.

bracht werden«[38]. Die Idee einer sozialpädagogisch, sozialpsychologisch wirkenden Direktionskraft des guten Gesetzes, die Süsterhenn auf das Grundgesetz übertrug, leitete er von dem Gedanken der vis directiva der Naturrechtslehrer der Scholastik her.[39] Das Grundgesetz sei schon in seiner Präambel so zu sichern, daß sein zentraler Gedanke »nicht einfach durch einen Mehrheitsentscheid wieder weggefegt werden kann, sondern daß er seine fundamentalen Wurzeln letzten Endes auch im Metaphysischen findet«[40], wobei Süsterhenn betonte, daß eine solche Verankerung nur »auf dem ewigen Felsgrund des göttlichen Sittengesetzes errichtet«[41] werden könnte. Aus diesem Grund empfahl er, sowohl in der Präambel als auch in Art. 1 der zu schaffenden Verfassung einen direkten Gottesbezug aufzunehmen.[42]

Der liberal-protestantisch geprägte Abgeordnete Theodor Heuss (FDP), der im Gegensatz zu Süsterhenn im Ausschuß für Grundsatzfragen mitgearbeitet hatte, legte dem Plenum noch einen eigenen Entwurf für die Präambel vor, der ebenfalls keinen Gottesbezug beinhaltete.[43] In bezug auf den dem Plenum vorliegenden Entwurf wies er darauf hin, daß dieser in seiner Fraktion und in weiteren Kreisen, denen er den Entwurf vorgelegt habe »furchtbar durchgefallen sei«[44]. Dort habe er »fast nur Vorwürfe und gar keine Zustimmung gefunden«[45]. Das führte er vor allem darauf zurück, »daß wir gleich am Anfang den Nationalsozialismus genannt haben, so daß der Hitler mithereingekommen ist«[46]. Gegen den zuvor von Süsterhenn geforderten Gottesbezug äußerte er Bedenken, ohne diesen kategorisch abzulehnen.

38 Ebd.
39 Vgl. ebd.
40 Ebd.
41 AaO., 74. Vgl. Süsterhenn, Schwere Entscheidung, 257-262.
42 Vgl. Parlamentarischer Rat, Plenum, 72. Diese Forderung ist in ihrer ganzen Breite nicht verwirklicht worden, da für Art. 1 GG ein Gottesbezug nicht verabschiedet wurde. Die weitreichendste Formulierung hatte Süsterhenn für den Gottesbezug in der Präambel von Rheinland-Pfalz durchgesetzt: »Im Bewußtsein der Verantwortung vor Gott, dem Urgrund des Rechts und Schöpfer aller menschlichen Gemeinschaft« (S.u. I.3.3.). Den engen Zusammenhang zwischen dem Gottesbezug in der Präambel des Grundgesetzes und dem Art. 1 GG betont eine Mehrheit der juristischen Kommentare; auch einige theologische Stellungnahmen nehmen dieses Anliegen auf. Im einzelnen s.u. IV.1.; V.
43 Zum Text vgl. Parlamentarischer Rat, Plenum, 75.
44 Ebd.; vgl. Feldkamp, Der Parlamentarische Rat, 61.
45 Parlamentarischer Rat, Plenum, 75.
46 Ebd.

»Darüber, ob man eine *theologische Formel* mithereinnimmt oder nicht, können wir miteinander reden. Aber von dort her kommt auch die Sorge, dabei Gott zu bemühen für die Unzulänglichkeiten, die Torheiten und die Mißverständnisse, die auf Grund eines sehr menschlichen Werkes entstehen. Man muß sehr vorsichtig sein (...), diese sehr diesseitigen Werke zu stark im Metaphysischen verankern zu wollen, weil man sich selber dann in eine quasi Nichtverantwortung begibt.«[47]

Bis zu diesem Zeitpunkt war noch nicht über eine bestimmte Formulierung des Gottesbezuges gesprochen worden, sondern es wurde lediglich grundsätzlich über die Frage debattiert, ob in die Präambel eine nominatio Dei aufgenommen werden sollte. Einen bestimmten Formulierungsvorschlag brachte erst der Abgeordnete der Deutschen Partei (DP) aus Niedersachsen, Hans-Christoph Seebohm, ein. Er stimmte Süsterhenn in der Forderung zu, die Verfassung im Metaphysischen zu verankern, indem er ebenfalls ihre »ethische Qualifikation in der Präambel« forderte.[48]

»Ich bin der Auffassung, daß die Bezugnahme auf unsere *Verantwortung vor Gott* in diese Präambel hineingehört; denn wir sind nicht nur dem deutschen Volk, sondern durch unser Gewissen auch den geistigen Mächten verantwortlich, die sich in Gott personifizieren.«[49]

Beachtenswert ist, mit welcher Vorsicht Seebohm hier formulierte, denn er sprach nicht von einem bestimmten Gott, sondern von derjenigen 'metaphysischen Instanz', die das Gewissen begründet.[50] Beachtenswert ist ebenfalls der Hinweis Seebohms, daß auch im Weimarer Verfassungsausschuß[51] die Frage

47 AaO., 76.

48 Vgl. aaO., 77.

49 Ebd.

50 Inwieweit hier frühzivilreligiöses Gedankengut bzw. die Öffnung der weltanschaulichen Gebundenheit für plurale Gottesbilder schon erfolgt, wie Vögele vermutet, kann an dieser Stelle noch nicht entschieden werden. Vgl. Vögele, Zivilreligion, 271. Dazu s.u. V.3.3.

51 In den Beratungen der verfassunggebenden Nationalversammlung kam eine Haltung zum Ausdruck, welche mit dem Verschwinden der Dynastien auch ein Verschwinden der herkömmlichen invocatio Dei als Ausdruck des monarchischen Prinzips verlangte. Die Frage eines Gottesbezuges wurde dennoch debattiert. Der Abgeordnete Kahl gab unter Bezugnahme auf die schweizerische und nordamerikanische Verfassung zu bedenken, diese hätten auch »irgendeine Beziehung auf das Göttliche und Religiöse« (Berichte und Protokolle des 8. Ausschusses über den Entwurf einer Verfassung des Deutschen Reiches, 40. Sitzung, 16. Juni 1919, 493. Zitiert nach Papenheim, Präambeln, 117). Unterstützt wurde dieses Votum durch den Abgeordneten Delbrück, der darauf hinwies, wenn man davon ausgehe, »in dem Eingang zur Verfassung solche ethischen oder moralischen Gesichtspunkte als Zwecke der Verfassung hinzustellen, man an der religiösen Seite nicht vorübergehen könnte« (ebd.). Auf den Antrag wurde schließlich verzichtet, da er nicht der Ablehnung ausgesetzt werden sollte. (Vgl. Papenheim, Präambeln, 117f.) Papenheim

nach dem Gottesbezug erörtert, aus taktischen Gründen jedoch nicht weitergeführt worden sei:

»Damals bestand die Sorge, ein Antrag hierüber könnte abgelehnt werden, und man hat wegen der Gefahr dieser Ablehnung verhindert, daß er überhaupt gestellt wurde. Das soll uns aber heute nicht beeinflussen, die Notwendigkeit dieser Bezugnahme klar und eindeutig zu vertreten.«[52]

Nachdem Seebohm noch weitere Punkte vorgetragen hatte, die eine Präambel beinhalten müsse, und darauf hinwies, daß er den vorliegenden Präambelentwurf nur ablehnen könne, legte er im Auftrag der Deutschen Partei (DP) einen Präambelentwurf vor, in dem sich ein direkter Gottesbezug in folgender Formulierung fand: »Im Bewußtsein seiner Verantwortung vor Gott (...)«[53]. Nach derzeitiger Quellenlage tauchte innerhalb der Debatten in den Ausschüssen und im Plenum des Parlamentarischen Rates der Gottesbezug in dieser Formulierung hier das erste Mal auf. Die so geartete Formulierung des Gottesbezuges, die der endgültigen Fassung der Verantwortungsformel sehr nahe kommt, wurde auch Grundlage der späteren Diskussionen in den Ausschüssen.

---

zieht den Schuß, »eine Inbezugnahme Gottes als Anerkennung grundlegender Gerechtigkeitspostulate hätte im übrigen indes nicht in die Gedankenwelt des bewußten toleranten Liberalismus der Weimarer Zeit gepaßt.« (AaO., 118.) Der Verfassungsgeschichtler Jörg-Detlef Kühne weist noch auf zwei andere Analogien in der Verfassungsgeschichte hin: (1) Die Frage nach einem Gottesbezug habe auch in der preußischen Nationalversammlung 1848 eine Rolle gespielt, denn diese sei u.a. deswegen aufgelöst worden, weil sie Ende Oktober 1848 mit großer Mehrheit dagegen stimmte, die Formel »König von Gottes Gnaden« zu übernehmen. In der Folge kam es zu einer Verlagerung nach Brandenburg. »Das ist der berühmte Kniefall einer Streichung der Erwähnung Gottes durch eine liberaldemokratische Mehrheit, woraufhin der ganze Verfassungsprozeß gestoppt wird und die oktroyierte Verfassung kommt.« (Kühne, in: Greive, Gott im Grundgesetz, 47f.) Für die genaueren historischen Zusammenhänge vgl. Papenheim, Präambeln, 119ff. (2) Auch bei den Verhandlungen des Parlamentarischen Rates zu Art. 20 GG gab es eine Parallele. Gegen die letztlich beschlossene Formulierung: »Alle Staatsgewalt geht vom Volke aus.« (Art. 20 Abs. 2 Satz 1 GG), wurde von CDU und Zentrum vorgebracht, da müsse »Gott« aufgenommen werden, denn nicht vom Menschen gehe die Herrschaft aus, sondern letztlich immer von Gott. (Vgl. Kühne, aaO., 48).

52 Parlamentarischer Rat, Plenum, 77.

53 Zum Text vgl. aaO., 77f. Diese Formulierung findet sich schon in dem Entwurf, den die DP 1947 als Präambeltext für die zu schaffende Niedersächsische Verfassung vortrug. Vgl. Aschoff, Gottesbezug, 24. Die Wichtigkeit und Relevanz der Präambel für die Auslegung des Grundrechtsteils (Art. 1-20) des Grundgesetzes war im Parlamentarischen Rat allgemeiner Konsens. Lediglich der Abgeordnete der KPD, Renner, polemisierte dagegen. Der Entwurf der Präambel insgesamt, den Seebohm vortrug, stieß jedoch später auf völlige Ablehnung.

Die Abgeordnete Helene Wessel (Zentrum) forderte ebenfalls im Plenum ähnlich wie Süsterhenn »die Menschenwürde in den ewigen von Gott gegebenen Rechten«[54] zu begründen und hielt den Gottesbezug in der Präambel und in Art. 1 für notwendig. Im Zusammenhang der Diskussion um ein verfassungsrechtlich geschütztes Elternrecht trat sie jedoch für eine Trennung von weltanschaulichen Fragen und parteipolitischen Kämpfen ein.[55]

»Die Verquickung weltanschaulicher und politischer Fragen hat sich in Deutschland seit 400 Jahren als unheilvoll erwiesen. Das Christentum ist dadurch zum Teil verweltlicht, nicht aber die Welt christlich geworden.«[56]

Im Parlamentarischen Rat ist demnach erst in einem relativ fortgeschrittenen Stadium der Verfassungsausarbeitung, am 20. Oktober 1948, die Frage nach dem Gottesbezug aufgeworfen und behandelt worden, wobei die Formulierung »im Bewußtsein seiner Verantwortung vor Gott« von Seebohm, und gerade nicht von Süsterhenn, der eineinhalb Jahre zuvor diese Formulierung in der Verfassung von Rheinland-Pfalz verankert hatte, eingebracht worden ist.

Die weitere Behandlung des Präambeltextes wurde ab dem 9. November 1948 im Grundsatzausschuß geführt, der sich in dieser 19. Sitzung und dann in der 21. Sitzung am 16. November 1948 eingehend mit der Präambel beschäftigte. Bereits in diesen Sitzungen wurde nicht mehr an der vom Ausschuß vorgelegten Fassung weitergearbeitet, sondern es wurden verschiedene andere inzwischen bekannt gewordene Entwürfe diskutiert.[57] Unter den abgelehnten Präam-

---

54 Parlamentarischer Rat, Plenum, 81.

55 Vgl. aaO., 81f.

56 AaO., 82.

57 Vgl. Doemming, JöR nF 1951, 31; Schoepke, Präambel, 109; Parlamentarischer Rat, Akten und Protokolle, Bd. 5/I., 496ff. Inzwischen hatte sich auch die CDU/CSU Fraktion beraten, wobei der Entwurf von Seebohm, der bei dieser Gelegenheit in Umlauf gebracht wurde, insbesondere bei dem Abgeordneten Robert Lehr (CDU), als »sehr glücklich« bezeichnet wurde. Vgl. Sitzungsprotokoll der CDU/CSU Fraktion vom 22.Oktober 1948, abgedruckt bei: Salzmann, Die CDU/CSU im Parlamentarischen Rat, 85. In einer Aufzeichnung von Anton Pfeiffer (CSU) zu den Differenzen zwischen CDU/CSU und SPD vom 25. Oktober 1948 findet sich bezüglich der Präambel folgende Notiz: »Die Aussprache im Grundsatzausschuß bezog sich durchgängig auf das Substantielle. Nur an einer Stelle ist im Punkt 1 der Grundrechte die Bezugnahme auf Gott möglich. Es besteht natürlich in der Fraktion der Wunsch, bei der zweiten Lesung nun eine feierliche invocatio dei unterzubringen. Privatgespräche mit einem führenden SPD-Mann [Carlo Schmid] haben ergeben, daß die SPD dies nicht im Rahmen einzelner Paragraphen für zweckmäßig hält. Dagegen erklärte der Betreffende, daß man vielleicht über die ganze Verfassung set-

beltexten befand sich auch der von Seebohm vorgetragene Entwurf mit Gottesbezug, der jedoch aus anderen Gründen als aus dem eines Gottesbezuges abgelehnt wurde.[58] Schließlich wurde den Beratungen ein Entwurf von Mangoldts zugrunde gelegt, in dem der Gottesbezug folgendermaßen zum Ausdruck kommt: »Im Vertrauen auf Gott und die wiedererweckten sittlichen Kräfte (...)«[59].

Heuss vertiefte an dieser Stelle die Bedenken, die er schon im Plenum gegen den Gottesbezug geäußert hatte, wenngleich er bereit war, diesen in seinem Entwurf zu berücksichtigen. Vor allem wandte er sich gegen die Formulierung des Textentwurfes von Kroll (CDU), in dessen Entwurf sich die Formel »Ehrfurcht vor Gott« fand.

»Ich bin bereit - ich finde aber noch nicht, wo das zu machen ist -, diese invocatio dei aufzunehmen und entweder zu sagen: im Vertrauen auf Gott oder: in der Verantwortung vor Gott.«[60]

Seine Vorbehalte brachte Heuss aber weiterhin ausdrücklich zur Sprache:

»Diese invocatio dei kommt bei mir schlecht unter. Aber man kann etwas finden. Ich sträube mich nicht dagegen, obwohl ich das Bedürfnis nach einer metaphysischen Verankerung, das bei einigen Parteien vorhanden ist, nicht für sehr theologisch halte.«[61]

Seitens der SPD war in seit der Plenarsitzung stattfindenden Fraktionssitzungen[62] zur Präambel u. a. festgestellt worden, es bestehe Einverständnis darüber, daß keine Erwähnung Gottes erfolgen soll. Der SPD-Abgeordnete Ludwig Bergsträßer äußerte gemäß dem Votum seiner Partei (s.o.) grundsätzliche Bedenken gegen »die Einbeziehung Gottes (...). Zum Beispiel hat kürzlich gerade

---

zen könnte: 'Im Namen des allmächtigen Gottes.' Für die Präambel dürfte sich wohl aus den vielen Entwürfen eine einheitlich annehmbare zusammenkleistern lassen.« (Aufzeichnungen von Pfeiffer (CSU) zu den Differenzen zwischen CDU/CSU und SPD. 25. Oktober 1948; zitiert nach Feldkamp, Die Entstehung des Grundgesetzes, 90).

58 Zu den anderen Entwürfen: Bayerischer Entwurf. Vgl. Doemming, JöR nF 1951, 31; Parlamentarischer Rat, Akten und Protokolle, Bd. 5/I, 501 (498-501). DP-Entwurf. Vgl. aaO., 501-508; Doemming, JöR nF 1951, 31. Entwurf des Abgeordneten Kroll (CDU), Vgl. Doemming, ebd.

59 Doemming, JöR nF 1951, 32; Parlamentarischer Rat, Akten und Protokolle, Bd. 5/II, 555 (Anm. 6).

60 Parlamentarischer Rat, Akten und Protokolle, Bd. 5/I, 509.

61 Ebd.

62 Fraktionssitzungen vom 28.10., 2.,3.,4.11.1948.

ein Mann wie der Bischof Dibelius aufs schärfste betont, daß der Staat eine säkulare Angelegenheit sei, die man fein säuberlich trennen müsse.«[63]

Die Abgeordnete Helene Weber (CDU) betonte daraufhin die Unanstößigkeit eines Gottesbezuges.[64] Im Verlauf der weiteren Debatte verwies von Mangoldt auf die internationale Bedeutung und das hohe Interesse in großen Teilen der Bevölkerung an einer Bezugnahme auf Gott in der Präambel.[65]

Daraufhin schränkte Heuss seine grundsätzliche Kritik am Gottesbezug auf eine Kritik an der momentan diskutierten Formulierung »im Vertrauen auf Gott« neben der Erwähnung der »sittlichen Kräfte des Volkes« ein, indem der ironisch bemerkte:

»Wenn es heißt: im Vertrauen auf Gott und die sittlichen Kräfte des deutschen Volkes, wird einer herausstellen, der liebe Gott ist der Beitrag der CDU, die sittlichen Kräfte sind von der Sozialdemokratie. (...) Das wird so laufen. Da könnt ihr machen, was ihr wollt. Das muß also ein bißchen getrennt werden. Wir haben in Württemberg eine entsetzlich lange Unterhaltung über das christliche Sittengesetz usw. gehabt[66]. Ich bin meiner Natur nach gegen diese invocatio dei, weil ich ein bißchen zu sehr von Sohm herkomme. Dibelius macht jetzt in scharfem antistaatlichen Klerikalismus. Das ist nicht ganz maßgebend. Die Rudolf Sohm`sche These, daß der Staat an sich ein Heide ist, wirkt bei uns noch nach. (...) Inzwischen ist das Naturrecht wieder modern geworden. 'Im Vertrauen auf Gott', das haben wir bei dem Hitler in der 'Vorsehung' erlebt. Gegen Schluß, als es ihm schlecht wurde, hat er auch den 'Allmächtigen' angerufen. Er hat ziemlich lange gebraucht. Vorsehung, das nennt man metaphysische Bindung einer Sache. Sie können sagen, es sei die Metaphysik des Satans. Das Satanische ist auch eine Institution der Metaphysik. Mir ist es viel lieber, zu sagen: in ihrer Verantwortung vor Gott. Es ist sauberer als das andere. Den lieben Gott für all die Dummheiten, die hier gemacht werden, unmittelbar verantwortlich zu machen, ist eine theologische Überhebung. Wenn wir aber sagen: 'in ihrer Verantwortung vor Gott' oder: 'in dem Bewußtsein...', so ist mir das viel lieber als 'Gott' und 'die sittlichen Kräfte' nebeneinander zu stellen.«[67]

Schließlich einigten sich die Mitglieder des Ausschusses auf die Formulierung: »im Bewußtsein der Verantwortung vor Gott«.[68]

In seiner 21. Sitzung am 16. November 1948 schloß der Grundsatzausschuß die zweite Lesung der Präambel ab, indem er zwei Varianten einer Präambel beschloß, die dem Hauptausschuß vorgelegt werden sollten. Diesem Beschluß lag der Text des Entwurfes von Mangoldts unter Beiziehung des von

63 AaO., 518.
64 Vgl. ebd.
65 Vgl. aaO., 519, insbes. Anm. 37.
66 Im einzelnen dazu s.u. I.3.1.
67 AaO., 519f.
68 Vgl. aaO., 520.

Heuss dem Plenum vorgelegten Entwurfes (s.o.) zugrunde.[69] In beiden Varianten findet sich der Gottesbezug in folgender Formulierung im zweiten Absatz: »Im Bewußtsein der Verantwortung vor Gott und den Menschen und im Vertrauen auf die sittlichen Kräfte des deutschen Volkes«[70].

Bemerkenswert ist, daß die ausführliche Bezugnahme auf die unmittelbare Vergangenheit Deutschlands, die noch im ersten Entwurf des Grundsatzausschusses so ausführlich formuliert worden war, nun wegfiel. Der Absatz des Präambeltextes, der den Gottesbezug impliziert, wurde in seiner 26. Sitzung am 10. Dezember 1948 des Hauptausschusses in erster Lesung kommentarlos angenommen.[71] Die ganze Präambel wurde daselbst in ihrer ersten Variante mit geringfügigen Veränderungen mit 19 gegen zwei Stimmen angenommen[72], und die Präambel[73] wurde dem allgemeinen Redaktionsausschuß[74] zu einer Stellungnahme übergeben.

Dieser äußerte in seiner Stellungnahme vom 13. Dezember 1948[75] zur Fassung der Präambel Bedenken. Seiner Auffassung nach war die beschlossene Form des Präambeltextes zu umfassend, denn »eine Präambel sollte nur wenige markante, den Wesensgehalt einer Verfassung kennzeichnende Gedanken in einer jedermann einprägsamen Form enthalten«[76]. Der allgemeine Redaktionsausschuß schlug daraufhin eine verkürzte Neufassung der Präambel vor, deren Wortlaut im wesentlichen der später beschlossenen Grundgesetzpräambel entsprach, die mit den Worten »im Bewußtsein seiner Verantwortung vor Gott und

69 Vgl. Parlamentarischer Rat, Akten und Protokolle, Bd. 5/II, 576.

70 AaO., 565; 567; 573; 576 Anm. 21.

71 Vgl. Parlamentarischer Rat, Verhandlungen, 310.

72 Vgl. Doemming, JöR nF 1951, 36f, Schoepke, Präambel, 111.

73 Zum Text vgl. Parlamentarischer Rat, Entwürfe, 41.

74 Mitglieder: Heinrich von Bretano (CDU), August Zinn (SPD), Thomas Dehler (FDP).

75 Stellungnahme des Allgemeinen Redaktionsausschusses Präambel, Art. 1-29c in der vom Allgemeinen Redaktionsausschuß redigierten Fassung. Abdruck aus Teil A, Art. 1-85. 13. Dezember 1948, in: Parlamentarischer Rat, Akten und Protokolle, Bd. 5/II, 875ff. Vgl. Parlamentarischer Rat, Entwürfe, 85.

76 Ebd. Interessant ist eine Formulierung dieser Stellungnahme, welche in der Folgezeit und auch in den aktuellen Debatten rezipiert wurde: »Die Präambel gibt die subjektiven Empfindungen der Abgeordneten wieder, statt die politische Entscheidung des Volkes zu motivieren.« (Ebd.).

den Menschen«[77] begann. Der Gottesbezug stand hier erstmals am Anfang der Präambel, der Bezug auf die »sittlichen Kräfte« fiel ganz weg.[78]

Mit Rücksicht auf die Absicht des Grundsatzausschusses über die Stellungnahme des allgemeinen Redaktionsausschusses erneut beraten zu wollen, wurde in der zweiten Lesung des Hauptausschusses die Beschlußfassung über die Präambel zurückgestellt.[79]

Der Grundsatzausschuß behandelte daraufhin in seiner 33. und 34. Sitzung (12. Januar 1949 und 26. Januar 1949) die Präambel erneut, nahm lediglich einige stilistische Änderungen am Wortlaut der im Hauptausschuß in erster Lesung beschlossenen Fassung vor, wovon der Gottesbezug nicht betroffen war[80], und hielt an der im Hauptausschuß beschlossenen Fassung fest.

Der allgemeine Redaktionsausschuß empfahl dann am 25. Januar 1949 erneut die Fassung der Präambel aus seinem Entwurf vom 13. Dezember 1948, wohingegen der Fünfer-Ausschuß[81] in seinem Vorschlag vom 5. Februar 1949[82] sich der Fassung des Grundsatzausschusses mit wenigen redaktionellen Änderungen anschloß.[83]

In der dritten Lesung der Präambel im Hauptausschuß (47. Sitzung am 8. Februar 1949) kam es zu keiner endgültigen Beschlußfassung bezüglich der Präambel; immerhin schloß man sich teilweise den Empfehlungen des Fünfer-Ausschusses[84] an, vertagte aber die Schlußabstimmung über die Präambel auf das Ende der dritten Lesung des Grundgesetzes.[85] In seinem Vorschlag vom 2. Mai 1949 empfahl der allgemeine Redaktionsausschuß erneut für die Präambel

---

77 Parlamentarischer Rat, Akten und Protokolle, Bd. 5/II, 876; Parlamentarischer Rat, Entwürfe, 85.

78 Vgl. ebd.

79 Vgl. Schoepke, Präambel, 111, Doemming, JöR nF 1951, 39.

80 Vgl. Doemming, ebd.

81 Dem »Unterausschuß der interfraktionellen Konferenz«, der den Namen Fünfer-Ausschuß erhielt, gehörten Heinrich von Bretano (CDU), Theophil Heinrich Kaufmann (CDU), Walter Menzel (SPD), Carlo Schmid (SPD), und Hermann Schäfer (FDP) an. Der Ausschuß sollte interfraktionelle Unstimmigkeiten »unbürokratisch« überwinden. Vgl. Feldkamp, Der Parlamentarische Rat, 133ff.

82 Vorschlag des Fünferausschusses für die 3. Lesung des Hauptausschusses, in: Parlamentarischer Rat, Entwürfe, 173.

83 Vgl. Doemming, JöR nF 1951, 40.

84 Vgl. ebd.; Schoepke, Präambel, 112; Parlamentarischer Rat, Verhandlungen, 611.

85 Vgl. Parlamentarischer Rat, aaO., 613.

den Wortlaut aus seinen früheren Entwürfen mit einer für den Gottesbezug unwesentlichen Ergänzung.

Diese Fassung wurde auf Antrag des Abgeordneten August Zinn (SPD) und im Namen der Abgeordneten Thomas Dehler (FDP) und Hermann von Mangoldt (CDU) in vierter Lesung am 5. Mai 1949 (57. Sitzung) mit 18 gegen eine Stimme im Hauptausschuß beschlossen.[86]

In zweiter Lesung im Plenum bekräftigte Carlo Schmid die rechtlich erhebliche Bedeutung der Präambel folgendermaßen:

»Diese Präambel ist mehr als nur ein pathetischer Vorspruch (...) Diese Präambel enthält (...) rechtlich erhebliche Feststellungen, Bewertungen, Rechtsverwahrungen und Ansprüche zugleich.«[87]

Die in vierter Lesung im Hauptausschuß beschlossene Fassung wurde vom Plenum am 6. Mai 1949 (9. Sitzung) gegen zwei Stimmen bei drei Stimmenthaltungen und schließlich in der 10. Sitzung am 8. Mai 1949 ohne Aussprache angenommen.[88]

Der Gottesbezug hatte demnach erst zu einem relativ späten Zeitpunkt der Verfassungsgebung in den entsprechenden Gremien Anklang gefunden. Die Bearbeitung der Debatten hat gezeigt, daß um diesen heftig gerungen wurde, nachdem Adolf Süsterhenn auf dessen Notwendigkeit in der Plenumssitzung des Parlamentarischen Rates am 20. Oktober 1948 hingewiesen hatte. Die Initiative zur Aufnahme des Gottesbezuges ging – wie im übrigen auch bei der Verfassungsgebung in den Länderparlamenten[89] – von der CDU aus. Die erste Formulierung des Gottesbezuges in einer der später beschlossenen ähnlichen Fassung war von einem Vertreter der Deutschen Partei (DP), Hans-Christoph Seebohm, eingebracht worden. Die endgültige Fassung erhielt die Verantwortungsformel durch den allgemeinen Redaktionsausschuß, welcher den Gottesbezug letztendlich auch an den Anfang der Präambel stellte.

Die Aufnahme des Gottesbezuges in die Präambel des Grundgesetzes ist, abgesehen von anfänglichen Bedenken der SPD, weder im Plenum noch in den anderen Gremien des Parlamentarischen Rates auf erheblichen Widerstand ge-

86 Vgl. aaO., 744.
87 Doemming, JöR nF 1951, 41.
88 Vgl. ebd.
89 S.u. I.3.

stoßen.[90] Der Parlamentarische Rat sah hierin weder die weltanschauliche Neutralität des Staates (Art. 4 Abs. 1 GG) noch die Unterscheidung von Staat und Kirche (Art. 140 GG) bedroht. Das Bewußtsein, daß die Grundrechte einer metaphysischen Verankerung bedürfen, war nach den negativen Erfahrungen mit dem Nationalsozialismus den Mitgliedern des Parlamentarischen Rates und auch der Bevölkerung bei der Aufnahme des Gottesbezuges in die Präambel des Grundgesetzes durchaus präsent. Dieses Bewußtsein bündelte Willibalt Apelt im Juli 1949 in der Aussage:

»Die Präambel sucht mit Recht ein ethisches Fundament von absoluter Tragfähigkeit, indem sie beteuert, daß sich dieses Volk seiner Verantwortung vor Gott und den Menschen bewußt sei.«[91]

Diese Formel Apelts sollte in den Folgejahren in der juristischen Kommentierung der Präambel eine enorme Wirkungsgeschichte entfalten.[92]

Konrad Adenauer beendete schließlich seine Ansprache anläßlich der Ausfertigung und Verkündigung des Grundgesetzes am 23. Mai 1949 mit folgenden Sätzen:

»Uns alle leitete bei unserer Arbeit der Gedanke und das Ziel, das die Präambel des Grundgesetzes in so vortrefflicher Weise in folgenden Worten zusammenfaßt: 'Im Bewußtsein seiner Verantwortung vor Gott und den Menschen, von dem Willen beseelt (...)'«[93].

Die Präambel der Weimarer Verfassung hatte seinerzeit die Abkehr von monarchischen Legitimationsvorstellungen u. a. durch das Fehlen des Gottesbezuges in der Präambel zum Ausdruck gebracht. Zugleich waren Elemente einer republikanischen Verfassung und ein Bekenntnis zur Demokratie hervorgehoben. In dieser Tradition steht das Grundgesetz insofern, als dessen Präambel den Gedanken der verfassunggebenden Gewalt und das Prinzip der Volkssouveränität mit den Worten »hat sich das Deutsche Volk kraft seiner verfassunggebenden Gewalt dieses Grundgesetz gegeben« deutlich hervorhebt. Die Präambel des Grundgesetzes setzt diesen Gedanken aber bewußt in Beziehung zu einem Verantwortungshorizont, welcher einen Gottesbezug impliziert. Dieser Sachverhalt

---

90 Auch die Alliierten, welche rege in die Arbeit des Parlamentarischen Rates eingriffen, äußerten sich nirgends zu einem Gottesbezug. Vgl. Papenheim, Präambeln, 47.

91 Apelt, Betrachtungen, 481.

92 S.u. IV.1.

93 Ansprache und Schlußwort des Präsidenten Adenauer anläßlich der Ausfertigung und Verkündigung des Grundgesetzes für die Bundesrepublik Deutschland 23. Mai 1949, in: Feldkamp, Die Entstehung des Grundgesetzes, 202.

ergibt sich aus der veränderten geschichtlichen Lage, denn nicht mehr der Konflikt zwischen Demokratie und Monarchie bestimmte von nun an das Staatsleben, sondern das Problem, wie diese Demokratie adäquat ausgefüllt und in Hinblick auf den unmittelbaren Erfahrungshorizont begrenzt werden konnte, wofür der Gottesbezug einen Hinweis darstellen sollte, indem er verdeutlichte, daß auch die Volkssouveränität nicht absolut, sondern gemäßigt auszuüben sei.[94] Insbesondere für ein christliches Staatsverständnis, wie es namentlich von Adolf Süsterhenn zugrunde gelegt wurde, bedeutete eine gemäßigte Volkssouveränität, daß Gott als Quelle jeglicher Gewalt nicht notwendig ausgeschlossen ist. Diese Frage fand schließlich auch bei den Beratungen im Parlamentarischen Rat Anklang, wonach der Gottesbezug Ausdruck der Anerkennung grundlegender Gerechtigkeitspostulate sei.[95] Der Historiker Konrad Repgen apostrophiert die Funktion des Gottesbezuges in der Präambel des Grundgesetzes folgendermaßen:

»Daß (...) unser Grundgesetz - in Übereinstimmung mit den deutschen Verfassungen von 1648 und 1815 und im Unterschied zu den Verfassungstexten von 1849 bis 1919 - wieder eine nominatio Dei enthält, ist einerseits aus der parteipolitischen Konstellation von 1948/49 erklärlich und bezeugt zum anderen das - gemessen an heutigen Verhältnissen - geradezu unglaublich große Prestige, dessen sich die im Dritten Reich christlich gebliebenen Christen und Kirchen in den ersten Nachkriegsjahren allenthalben erfreuten. Die Unionsparteien hätten sonst nicht verankern können, daß unsere Verfassung mit der feierlichen Passage beginnt: 'Im Bewußtsein seiner Verantwortung vor Gott und den Menschen ... hat das Deutsche Volk ... für eine Übergangszeit ... dieses Grundgesetz der Bundesrepublik Deutschland beschlossen'.
Eine solche Präambel löst natürlich nicht alle Probleme der Christen und ihrer Konfessionskirchen im und mit dem Staat, vor allem sichert sie nicht ein allseitig akzeptierbares Verfahren für die Lösungen der Probleme. Aber sie ist mehr als politische Rhetorik. Sie ist der Anker, an dem unser Grundgesetz hängt. Wer sie ändern will, will einen anderen als den konkreten Bonner Staat.«[96]

2.2. Die Stellung der Kirchen bei der Verfassungsgebung des Grundgesetzes

Die Frage, inwieweit die katholische und die evangelische Kirche Einfluß auf die Verfassungsberatungen nahmen, läßt sich nicht für beide Kirchen gleicher-

94 Vgl. Papenheim, Präambeln, 146.
95 Vgl. aaO., 147f; Apelt, Betrachtungen, 481; Bachhof, Verfassungswidrige Verfassungsnormen, 31.
96 Repgen, Der historische Ort des Grundgesetzes, 32.

maßen beantworten; die beiden großen christlichen Kirchen galten als relativ intakte Organisationen, welchen von der Bevölkerung ein hohes Maß an Integrität zugeschrieben worden war. Der Jurist und Rechtsphilosoph Gustav Radbruch[97], den die Nationalsozialisten seinerzeit aller seiner Ämter enthoben hatten, resümierte 1946 rückblickend auf die Zersetzungen durch das NS-Regime auch im juristischen Bereich:

»Wir haben in den vergangenen zwölf Jahren erlebt, wie alle anderen geistigen Mächte, die Universitäten und die Wissenschaft, die Gerichte und die Rechtspflege, die politischen Weltanschauungen und Parteien, vor der Tyrannei zusammenbrachen und nur eine unter ihnen allen sich behauptete: *Christentum und Kirche*. Dies Erlebnis ist nicht ohne Eindruck auf das deutsche Volk geblieben: religiöser Glaube, zum mind. Ehrfurcht vor und Sehnsucht nach dem Glauben sind wieder auferstanden. Auch das Recht wird davon nicht unberührt bleiben.«[98]

Dorothee Buchhaas-Birkholz sieht in dem »geistigen und politischen Leerraum«, den das Dritte Reich hinterlassen hatte, die öffentliche Position der katholischen wie der evangelischen Kirche stärker als je zuvor evident werden.[99] Die Kirchen nahmen dabei einerseits eine »politisch-moralische Stellvertreterrolle« in einer Zeit ein, in der sich die anderen Verbände, etwa die Parteien, neu zu formieren hatten. Andererseits wuchs in dieser Zeit auch die Überzeugung, die Kirche habe einen einzigartigen, entscheidenden Beitrag zum Wiederaufbau zu leisten. Die Vorstellung einer notwendigen Rechristianisierung von Staat und Gesellschaft nach 1945 hatte sich als verbindendes Moment verschiedener Kreise im politischen wie im kirchlichen Raum erwiesen. In Anlehnung an Wolf-Dieter Narr konstatiert Buchhaas-Birkholz, »dem Totalitären der atheistischen Hybris der Macht schien nur das Totum des christlichen Bollwerks gewachsen zu sein«[100].

Die beiden großen Kirchen in Deutschland nahmen dabei unterschiedlich Einfluß auf die Arbeit des Parlamentarischen Rates. Die evangelische Kirche nahm kaum direkt Einfluß auf die Entstehung des Grundgesetzes.[101] Eine Ak-

97 Im einzelnen zu Radbruch s.u. IV.2.2.
98 Radbruch, Erneuerung des Rechts, 1946, 80.
99 Vgl. Buchhaas-Birkholz, Zum politischen Weg unseres Volkes, 12.
100 Ebd.; vgl. Narr, CDU-SPD-Programm und Praxis, 78. Ähnlich Heckel; vgl. ders., Verantwortung vor Gott, 2f.
101 Vgl. Buchaas-Birkholz, Zum politischen Weg unseres Volkes, 9-33; Nowak, Protestantismus und Demokratie in Deutschland, 11-13; Anselm, Verchristlichung der Gesellschaft, 63-87; Vögele, Zivilreligion, 273-276.

tennotiz des Beauftragten der evangelischen Kirche beim Parlamentarischen Rat, Heinrich Held, betrachtet die Aufnahme der Verantwortungsformel in das Grundgesetz als eine »Grundsatzentscheidung«, die »in ihrer überraschenden Bedeutung nach dem weltanschaulichen Nihilismus des Dritten Reiches nicht ernst genug beachtet werden kann«[102]. Insgesamt stellte sich der Protestantismus der westlichen Besatzungszonen loyal gegenüber dem entstehenden demokratischen Staat.[103] Als sich während der Grundgesetzberatungen Schwierigkeiten bei den Fragen des Schutzes ungeborenen Lebens, des Schutzes von Ehe und Familie, des Elternrechtes in seiner Auswirkung auf die Schule sowie der Rechtsstellung der Kirchen ergaben, kam es auf Veranlassung der beiden Kirchen zu einer Aussprache zwischen Kirchenvertretern und führenden Politikern der im Parlamentarischen Rat vertretenen Parteien mit Ausnahme der KPD. Sie fand unter dem Vorsitz von Konrad Adenauer am 14. Dezember 1948 statt. Bei dieser Gelegenheit bat der teilnehmende Präses Koch aus Bielefeld den Prälaten des Kölner Erzbistums, Wilhelm Böhler, er möge die übereinstimmenden Forderungen beider Kirchen im einzelnen darlegen und begründen.[104] Paul Mikat deutet den Sachverhalt so, als habe Böhler demzufolge als Sprecher beider Kirchen auftreten können, was auch seiner Präsenz und seinem Einsatz »vor Ort« in Bonn entsprochen habe.[105]

Insgesamt beeinflußte die katholische Kirche die Verhandlungen des Parlamentarischen Rates sehr viel stärker, insbesondere in Gestalt des CDU-Politikers Adolf Süsterhenn und des Prälaten Böhler.[106] Böhlers Einflußnahme auf die Arbeit des Parlamentarischen Rates kann wohl nicht hoch genug eingeschätzt werden[107], so daß Mikat zu dem Urteil kommt, »daß in seinem Schatten nicht nur die Vertreter der evangelischen Kirche (...) fast konturlos erscheinen, sondern auch kraftvolle Politiker wie Adolf Süsterhenn in die Rolle rein ausfüh-

102 Zitiert nach Anselm, Verchristlichung der Gesellschaft, 80.

103 Vgl. Nowak, Protestantismus und Demokratie in Deutschland, 11. Selbst Otto Dibelius hat sich nach einem Bericht des Tagesspiegels vom Mai 1946 positiv gegenüber der Demokratie geäußert: »Die Diktatur eines totalen Staates ist unvereinbar mit dem Willen Gottes. Um des Evangeliums willen brauchen wir eine demokratische Staatsform.« (Zitiert nach ebd.).

104 Vgl. Mikat, Verfassungsziele der Kirchen, 42.

105 Vgl. ebd.

106 Zu Böhler vgl. Schewick, Entstehung, 65-127. Zu Süsterhenn s.u. I.3.3.

107 Vgl. Mikat, Verfassungsziele der Kirchen, 42.

render Organe eingestuft werden«[108]. Süsterhenn selbst hatte zu diesem Eindruck beigetragen, als er über seine Zusammenarbeit mit dem Prälaten Böhler im Parlamentarischen Rat schrieb:

»Ich selbst habe damals als Abgeordneter des Parlamentarischen Rates (...) gemeinsam mit Frau Dr. Helene Weber laufend, ja, ich möchte sagen, fast täglich mit Prälat Böhler in Kontakt gestanden und die Fragen religiös-weltanschaulicher Natur mit ihm durchgesprochen«[109].

Süsterhenn hatte sich im Parlamentarischen Rat für die Aufnahme des Gottesbezuges eingesetzt und konnte sich damit wohl in Übereinstimmung mit den Zielen der katholischen Kirche sehen, was die durchweg positiven Stellungnahmen[110] in verschiedenen Hirtenbriefen dokumentieren.[111] Schon während der Verfassungsberatungen hatten sich einzelne katholische Bischöfe vehement für den Gottesbezug in der Präambel eingesetzt.[112] Die katholischen Bischöfe wollten demnach eine Verfassung, welche ihre christlichen Grundsätze zum Ausdruck brachte.

2.3. Behauptung des Gottesbezuges in der Präambel des Grundgesetzes im Rahmen der Verfassungsreform

In den folgenden Jahrzehnten nach 1949 standen die Präambel des Grundgesetzes und auch der Gottesbezug in ihr nicht zur Debatte.[113] Sicher spielte dabei eine Rolle, daß es im Bewußtsein der Bevölkerung eine gewisse Plausibilität des Gottesbezuges zumindest hinsichtlich seiner historischen Motivation gab. Dennoch ist auffallend, daß die juristische Literatur relativ spärlich den Gottesbezug in der Präambel diskutierte. Im wesentlichen hat die verfassungsrechtli-

---

108 AaO., 36.

109 Zitiert nach aaO., 36f (Anm. 17).

110 Die kritischen Stimmen zum Gottesbezug aus den sogenannten linken Strömungen der katholischen Kirche blieben eher die Ausnahme. Vgl. Dirks, Der Name Gottes, 1146.

111 Exemplarisch vgl. Die Deutschen Bischöfe, Erklärung nach Annahme des Grundgesetzes der Bundesrepublik Deutschland, 23. Mai 1949, in: Löhr, Hirtenbriefe, 311; 313. Michael Keller, Bischof von Münster: Ansprache an die katholischen Bundestagsabgeordneten, Bonn, 7. September 1949, in: Löhr, aaO., 327.

112 Exemplarisch vgl. Michael Buchberger, Bischof von Regensburg: Fastenhirtenwort zum »Abstieg des Abendlandes«, Anfang Februar 1949, in: Löhr, aaO., 284. Johannes Joseph van der Velden, Bischof von Aachen: Fastenhirtenbrief über die Verantwortung im öffentlichen Leben, Mitte Februar 1949, in: Löhr, aaO., 291.

113 Vgl. Behrendt, Gott im Grundgesetz, 41ff; Münch/Kunig, Grundgesetz-Kommentar, Präambel, Rdnr. 4.

che Diskussion in den Jahrzehnten nach der Entstehung des Grundgesetzes um den Gottesbezug einen Bogen gemacht oder ihn schlichtweg als Irreführung bezeichnet.[114] Ethel Leonore Behrendt[115] deutet dies zu Recht als Abstinenz und Desinteresse einer Mehrzahl der Juristen und Parlamentarier an den Fragen nach »Gott« in der Verfassung.[116]

Nach dem Zusammenbruch der ehemaligen DDR und der Vereinigung der beiden deutschen Staaten[117] bzw. dem Beitritt der DDR zur Bundesrepublik Deutschland am 3. Oktober 1990 und der damit verbundenen Inkraftsetzung des Grundgesetzes für die sogenannten »fünf neuen Länder« Brandenburg, Mecklenburg-Vorpommern, Sachsen, Sachsen-Anhalt und Thüringen wurde das bestehende Grundgesetz, das nun zur gesamtdeutschen Verfassung geworden war[118], einer Revision unterzogen und dafür Anfang 1992 von Bundestag und Bundesrat eine Gemeinsame Verfassungskommission einberufen[119].

Diese trat zwischen dem 16. Januar 1992 und dem 28. Oktober 1993 unter Vorsitz von Henning Voscherau (SPD) und Rupert Scholz (CDU) in 26 Sitzungen zusammen.

Da mit dem Beitritt der ehemaligen DDR zum Geltungsbereich des Grundgesetzes auch Textteile der Präambel des Grundgesetzes überflüssig wurden und ergänzt werden mußten, stand nunmehr auch der Text der Präambel im Ganzen erneut zur Debatte.[120] Unter anderem stand der Gottesbezug wieder zur

---

114 Vgl. Huber, Gerechtigkeit und Recht, 36 [inbes. Anm. 48]. Im einzelnen s.u. IV.1.

115 Vgl. Behrendt, Gott im Grundgesetz, 41-72 (insbes. 56).

116 Vgl. aaO., 56; Vgl. auch Papenheim, Präambeln, 133; Münch/Kunig, Grundgesetz-Kommentar, Präambel, Rdnr. 4.

117 Im einzelnen zu den verfassungsgeschichtlichen Fragen, welche mit dem Umbruch in der ehemaligen DDR, der folgenden Konsolidierung des Staates und der Vereinigung der beiden Deutschen Staaten zu tun hat, vgl. Hesse, Die Vereinigung und die gesamtdeutsche Verfassung, 3ff. Anzumerken ist, daß bei der Verfassungsgebung der DDR auch die Kirchen eine erhebliche Rolle spielten; schließlich waren nicht nur die Demonstrationen von kirchlichen Verbänden organisiert worden, sondern der sogenannte »Runde Tisch«, der in der Phase der Neukonsolidierung der DDR von beträchtlicher Bedeutung gewesen ist, war auf Einladung der evangelischen und katholischen Kirche im Dezember 1989 gebildet worden. Dieser »Runde Tisch« wurde später auch an der Regierung beteiligt, welche bis zu den vorgesehenen Wahlen als Kabinett amtieren sollte. Vgl. Hesse, aaO., 5.

118 Vgl. aaO., 7.

119 Zur Arbeitsweise dieser Kommission vgl. Badura, Staatsrecht, 42-44; Berlit, Die Reform des Grundgesetzes, 11-89.

120 Vgl. Hofmann, Grundgesetz ohne Gott; Berlit, Die Reform des Grundgesetzes, 68f.

Disposition, nachdem der Theologe und Abgeordnete von Bündnis 90/Die Grünen Wolfgang Ullmann den Antrag gestellt hatte, die gesamte Präambel neu zu fassen und auf einen Gottesbezug zu verzichten[121].

Diese Debatte erreichte in relativ kurzer Zeit eine breite Öffentlichkeit, nachdem einige Tageszeitungen sie verfolgten und kommentierten.[122] Die Evangelische Akademie Loccum veranstaltete zu diesem Thema sogar eine Tagung vom 7. bis 9. Mai 1993, zu der Vertreter verschiedener Verbände und Interessengruppen eingeladen waren.[123] Die Diskussion um den Gottesbezug in der Präambel der Verfassung wurde also von einer relativ breiten Öffentlichkeit mitverfolgt.[124]

In der Gemeinsamen Verfassungskommission forderte Ullmann bereits in der 18. Sitzung am 4. März 1993 im Rahmen der staats-kirchenrechtlichen Diskussion (Art. 140 GG) die Streichung des Gottesbezuges aus der Präambel des Grundgesetzes.[125] Die eigentliche Debatte und Abstimmung fanden jedoch erst in der 20. Sitzung am 22. April 1993 statt.[126]

Statt eines Gottesbezuges sollte in der Präambel nun die Formulierung »Verantwortung vor der deutschen Geschichte und den künftigen Generationen«[127] stehen.[128] Zum Gottesbezug in der Präambel bemerkte Ullmann, die Präambel in ihrer bestehenden Gestalt spreche so unspezifisch von Gott, daß man diese Formulierung ganz aus dieser Verfassung herauslassen könne, oder man müsse sagen, was Verantwortung vor Gott bedeute und könne dann nicht mehr von einer weltanschaulichen Neutralität des Staates sprechen.

---

121 Vgl. Deutscher Bundestag, BT-Dr. 12/6000, 107; Deutscher Bundestag, BT-Dr. 12/6686.

122 Vgl. die im Literaturverzeichnis ausgewiesenen Zeitungsartikel.

123 Im einzelnen vgl. die Dokumentation zu dieser Tagung: Greive, Gott im Grundgesetz, Loccumer Protokolle 14/93.

124 Das animierte die Wochenzeitung DER SPIEGEL sogar dazu, eine Umfrage zu organisieren, in welcher sich 59 % der Befragten dafür aussprach, daß die Präambel des Grundgesetzes einen Gottesbezug behalten sollte. Vgl. DER SPIEGEL 16, 1993, 74. Vgl. auch die Umfrage des Allensbacher Institutes von 1994 bei Daiber, Religion unter den Bedingungen der Moderne, 98.

125 Vgl. Deutscher Bundestag, Gemeinsame Verfassungskommission, Stenographischer Bericht der 18. Sitzung am 4. März 1993, 9ff.

126 Vgl. Deutscher Bundestag, Gemeinsame Verfassungskommission, Stenographischer Bericht der 20. Sitzung am 22. April 1993, 7ff.

127 Deutscher Bundestag, BT-Dr. 12/6686.

128 Vgl. Deutscher Bundestag, BT-Dr. 12/6000, 108f.

»Wenn man in dieser Gesellschaft schon von Gott redet, dann hat man die Pflicht, deutlich zu sein und spezifisch zu reden. Nun will ich doch einmal auf meinen alten Beruf zurückgreifen, und Ihnen (...) vorführen, wie in meinen Ohren und auch meinem Herzen nach spezifische Rede von Gott klingt: 'Im Namen der heiligen, wesensgleichen und unteilbaren Dreifaltigkeit'. Das sind die Anfangsworte der Verfassung Griechenlands. Das ist die christliche Sprache von Gott. (...) Aber eben deswegen habe ich als Theologe tiefste Bedenken gegenüber einer unspezifischen Rede von Gott.«[129]

Ebenfalls müsse eine Verfassung für alle Bürgerinnen und Bürger eines Landes sprechen, und »dann natürlich auch für diejenigen (...), die nicht an Gott glauben und das ehrlicherweise sagen«[130]. Damit appellierte Ullmann an die Toleranz gegenüber den Nichtglaubenden. Des weiteren sei bei allem Respekt vor den Verfassungsvätern und -müttern des Grundgesetzes von 1949 und deren Absichten, sich mit solchen Formulierungen gegen den Nationalsozialismus abzugrenzen, zu beachten, daß diese Abgrenzung unvollständig sei, und es gerade in der Zeit des Nationalsozialismus erhebliche Mißbräuche mit »Berufungen auf Gott« gegeben habe.[131]

»Ich verstehe auch sehr wohl, daß sich diese Worte vom Nationalsozialismus abgrenzen wollen; aber ich kann nicht verhehlen, (...) daß diese Abgrenzung unvollständig ist. Sie sind vielleicht etwas jünger als ich, aber Sie wissen ganz genau, daß diese Berufung auf Gott im Munde Hitlers alltäglich war. Wer sich da abgrenzen wollte, der mußte spezifisch darüber reden. Wegen dieser mißbräuchlichen Berufungen auf Gott, die gerade in der nationalsozialistischen Zeit gang und gäbe gewesen sind, hat es eine Synode in Barmen gegeben. Wir leben doch in einer Zeit der Inflation von Pseudoreligionen. Wer hier Verantwortung vor Gott wahrnehmen will, muß doch verantwortlich reden und darf nicht sagen, 1949 habe man wundervoll und eindrucksvoll geredet.«[132]

Zugleich stellte Ullmann eine Verbindung zwischen der Präambel und Art. 140 GG als einer s. E. »vordemokratischen« Regelung des Verhältnisses zwischen Staat und Kirche her, womit er für eine kategoriale Trennung von Staat und Kirche eintrat.[133]

---

129 Wolfgang Ullmann. Deutscher Bundestag, Gemeinsame Verfassungskommission, Stenographischer Bericht der 18. Sitzung am 4.März 1993, 10.

130 Ebd.

131 Vgl. Deutscher Bundestag, Gemeinsame Verfassungskommission, Stenographischer Bericht der 20. Sitzung am 22. April 1993, 12.

132 Vgl. Deutscher Bundestag, Gemeinsame Verfassungskommission, Stenographischer Bericht der 20. Sitzung am 22. April 1993, 12. Auf die Einseitigkeit dieser Aussage in Hinblick auf die Bekenntnissynode in Barmen kann hier im einzelnen nicht eingegangen werden. Dazu vgl. Nicolaisen, Der Weg nach Barmen.

133 Vgl. Deutscher Bundestag, Gemeinsame Verfassungskommission, Stenographischer Bericht der 18. Sitzung vom 4. März 1993, 10, und ders., 20. Sitzung am 22. April 1993, 12.

Nach dem Ausscheiden von Ullmann aus der Verfassungskommission wurde dieser Antrag von den Abgeordneten der Fraktion PDS/Linke Liste wörtlich übernommen.[134]

Die Gegner des Streichungsantrags[135] argumentierten, daß es sich bei dem Gottesbezug, wie er im Grundgesetz stehe, schon sachlich nicht um eine »Berufung auf Gott«, also um eine invocatio Dei, handele, da hier lediglich eine Bezugnahme auf Gott geübt werde. So stellte Hans-Jochen Vogel richtig:

»Die Wendung 'in der Verantwortung vor Gott' ist keine Anrufung Gottes im Sinne einer *invocatio dei* (...). Sie hat auch keinen liturgischen Charakter. Das wäre anders, wenn wir die Verfassung der Schweiz oder die griechische Verfassung betrachteten«[136].

Weiterhin bedeute dieser Gottesbezug weder eine Verpflichtung des einzelnen auf das Christentum, noch charakterisiere er die Bundesrepublik als christlichen Staat, was sich schon in Hinblick auf die in Art. 4 Abs. 1 GG verbürgte individuelle und kollektive Glaubensfreiheit verbiete. Vogel wies auch darauf hin, daß unter den Vätern und Müttern des Grundgesetzes sehr verschiedene Glaubensgruppen, sogar Atheisten, vertreten waren.[137] Positiv stellte er heraus, daß der Gottesbezug zunächst daran erinnere, daß die Verfassungsväter und -mütter unter dem Eindruck der nationalsozialistischen Gewaltherrschaft und ihrer Verbrechen sich von dieser Diktatur und deren menschenverachtender Ideologie distanzieren wollten, danach, daß der Mensch nicht allmächtig, nicht die letzte Instanz sei. Insofern intendiere der Gottesbezug eine Selbsterinnerung des Menschen an seine Grenzen.[138] Zugleich spiegele sich in ihm die Absage an jegli-

---

134 Vgl. Deutscher Bundestag, BT-Dr. 12/6686, 2; ders., BT-Dr. 12/6000, 107.

135 Jürgen Schmude (SPD-Abgeordneter des Bundestages und Präses der EKD-Synode) kritisierte, Ullmann nutze die Verfassungsdebatte für seine eigenen theologischen und kirchenpolitischen Ziele. Vgl. Deutscher Bundestag, Gemeinsame Verfassungskommission, Stenographischer Bericht der 18. Sitzung am 4. März 1993, 13f. Interessant und für die liberalen Positionen paradigmatisch ist das Votum von Burkhard Hirsch (FDP): »Die Formel 'Verantwortung vor Gott und den Menschen' (...) ist eine erhabene Traditionsformel (...). Man sollte es einfach bei diesem Text belassen, nicht, weil er eine besondere rechtliche Bedeutung hat, sondern weil er einfach der Verfassungstradition, jedenfalls der des Grundgesetzes, entspricht.« (Deutscher Bundestag, Gemeinsame Verfassungskommission, Stenographischer Bericht der 20. Sitzung am 22. April 1993, 14).

136 AaO., 17.

137 Vgl. ebd.

138 Vgl. Deutscher Bundestag, BT-Dr. 12/6000, 110.

chen »relativistischen Gesetzespositivismus«[139] wider, dem alles als Recht und damit rechtmäßig gelte, was als Gesetz beschlossen ist. Damit sollte das Grundverständnis der Mitglieder des Parlamentarischen Rates dokumentiert werden, daß es überstaatliche Normen und Werte gebe, über die auch die verfassunggebenden Organe nicht verfügen könnten. Daran festzuhalten schließlich, sei auch noch 1993 sinnvoll und wichtig.[140]

Der Streichungsantrag wurde von der Gemeinsamen Verfassungskommission am 1. Juli 1993 mit 52 gegen vier Stimmen bei vier Enthaltungen abgelehnt.[141] Die beiden christlichen Kirchen begrüßten dies.[142]

3. Der Gottesbezug in den Verfassungen der alten Länder

Derzeit haben in der Bundesrepublik Deutschland 16 Bundesländer eine demokratische Verfassung[143], wovon sieben ausdrücklich den Gottesbezug in einem Präambeltext beinhalten.[144] Im folgenden sollen zunächst die Genesen derjenigen Länderverfassungen der sogenannten alten Bundesländer bezüglich des Problemkomplexes nachgezeichnet werden, deren Präambeln einen Gottesbezug aufweisen[145] (I.3.). Anschließend werden die Genesen derjenigen Verfassungen der sogenannten neuen Bundesländer in bezug auf die Aufgabenstellung beschrieben, die im Ergebnis einen Gottesbezug aufweisen. Ein Seitenblick soll dabei auch auf die Präambeltexte derjenigen von den neuen Bundesländern fallen, die keinen Gottesbezug aufweisen (I.4.).

---

139 Ebd.

140 Vgl. ebd.

141 Vgl. aaO., 109.

142 Vgl. Vor Verzicht auf Gottesbezug gewarnt, in: epd 25 (1993), Nr. 21, 12; Präambel soll Gottesbezug enthalten, in: epd 26 (1994), Nr. 8, 9.

143 Stand August 1994: Baden-Württemberg, Bayern, Niedersachsen, Nordrhein-Westfalen, Rheinland-Pfalz, Sachsen-Anhalt, Thüringen. Zu den Entstehungsbedingungen der Präambeltexte der einzelnen Länderverfassungen vgl. Behrendt, Gott im Grundgesetz, 10-12, Daiber, Ritual von Bedeutung, 12-14.

144 Stand August 1994: Für Baden-Württemberg vgl. Schuster, Länderverfassungen, 21; für Bayern vgl. aaO., 60; für Niedersachsen vgl. aaO., 311; für Nordrhein-Westfalen vgl. aaO., 345; für Rheinland-Pfalz vgl. aaO., 377; für Sachsen-Anhalt vgl. aaO., 494f, für Thüringen vgl. aaO., 562. S.u. Anlage I.

145 Im einzelnen vgl. Behrendt, Gott im Grundgesetz, 10ff; Pfetsch, Ursprünge der Zweiten Republik; Aschoff, Gottesbezug; Schoepke, Präambel, 64ff.

3.1. Verfassung des Landes Baden-Württemberg vom 11. November 1953

Das Land Baden-Württemberg ist das Ergebnis eines Zusammenschlusses der Länder Württemberg-Baden, Württemberg-Hohenzollern und Baden. Jeder dieser drei Landesteile hatte sich zwischen 1946 und 1947 eine eigene Verfassung gegeben, die bis zum Zusammenschluß mit Inkrafttreten der Verfassung von Baden-Württemberg am 11. November 1953 galten. Darum werden zunächst die Verfassungspräambeln der »Vorgängerländer« betrachtet, und dann die Genese der Präambel der Verfassung von Baden-Württemberg beschrieben.

3.1.1. Württemberg-Baden (28. November 1946)

Die Verfassung von Württemberg-Baden[146], die als erste Nachkriegsverfassung Ende November 1946 durch Volksabstimmung angenommen wurde, ist die wichtigste von den drei Vorgängerverfassungen der Verfassung des späteren Landes Baden-Württemberg.

Sie wurde erarbeitet durch einen Verfassungsvorausschuß, der sich am 12. März 1946 konstituiert hatte, nachdem auf Anordnung der amerikanischen Militärregierung im Laufe des Sommers 1945 eine vorläufige Landesregierung unter Vorsitz des Ministerpräsidenten Reinhold Maier gebildet worden war, die am 29. September 1945 vereidigt wurde. Der Verfassungsvorausschuß bestand aus den Mitgliedern des ständigen Ausschusses der Vorläufigen Volksvertretung[147]; dazu kamen noch die Rechtssachverständigen Carlo Schmid, Richard Schmid und Wilhelm Laforet.

Auf der Grundlage des Entwurfes von Carlo Schmid[148], der noch keine Präambel enthielt, erarbeitete der Verfassungsvorausschuß einen Entwurf, der am 20. Juni 1946 der Militärregierung übergeben und seit dem 18. Juli 1946 in

---

146 Zum folgenden vgl. Pfetsch, Ursprünge der Zweiten Republik, 454ff.

147 Die vorläufige Volksvertretung war eingesetzt worden gemäß Gesetz Nr.15 des Regional Military Government. Sie setzte sich folgendermaßen zusammen: Landesregierung, zwölf Vertreter der vier zugelassenen Parteien, 20 Vertreter der Berufsverbände, vier Vertreter der Hochschulen, sechs Vertreter der Kirchen, 28 Landräte, acht Oberbürgermeister der kreisfreien Städte. Sie tagte vom 16.1.1946 bis zum 19.6.1946. Vgl. Pfetsch, Ursprünge der Zweiten Republik, 455.

148 Karl (Carlo) Schmid, Vorläufiger Entwurf einer Verfassung für Nordwürttemberg und Nordbaden (24. April 1946). Text bei Pfetsch, Verfassungsreden und Verfassungsentwürfe, 353-363.

der verfassunggebenden Landesversammlung beraten wurde, welche am 30. Juni 1945 gewählt worden war. Die Landesversammlung berief daraufhin einen Verfassungsausschuß, der seit dem 27. Juli 1945 in dreizehn Sitzungen auf der Grundlage des Vorentwurfes eine Verfassung für das Land Württemberg-Baden erarbeitete. Diese wurde am 1. Oktober 1946 im Plenum der Landesversammlung einstimmig angenommen. Nachdem bis zum 24. Oktober 1946 einige von der Militärregierung verlangte Änderungen an dem Entwurf vorgenommen worden waren, erfolgte am 24. November 1946 die Volksabstimmung über die Verfassung.

An der Spitze dieser Verfassung stand eine Präambel, in der sich zwar die Verantwortungsformel nicht fand, der Gottesbezug aber in folgender Weise fixiert war:

»In einer Zeit großer äußerer und innerer Not hat das Volk von Württemberg und Baden im Vertrauen auf Gott sich diese Verfassung gegeben als ein Bekenntnis zu der Würde und zu den ewigen Rechten des Menschen, als einen Ausdruck des Willens zur Einheit, Gerechtigkeit, Frieden und Freiheit.«[149]

Im Laufe der Verfassungsberatungen wies der Sprecher der Christlichen Demokraten, Simpfendörfer, vor der vorläufigen Volksvertretung im Gegensatz zu Carlo Schmid (SPD) darauf hin, daß die christlichen Grundlagen des Staates in der Verfassung zu verankern seien. Damit sollte jedoch kein christlicher Staat installiert werden, denn Simpfendorfer legte Wert darauf, zu betonen, daß auch

»die Christen beider (...) Konfessionen nicht die Idee vom christlichen Staat [vertraten]. Es ging ihnen vielmehr um die Verantwortung und Verpflichtung christlicher Politiker beim Aufbau und Ausbau der staatlichen Ordnungen. (...) Deshalb muß der christliche Politiker nicht nur die Autorität des Staates und seiner Würde vertreten, sondern ebenso die Forderung der Begrenzung des Staates und die Ablehnung jeder Forderung eines christlichen Staates.«[150]

Die Sozialdemokraten machten sich weitgehend die Vorstellung Carlo Schmids zu eigen, der in den entsprechenden Debatten in Württemberg-Hohenzollern geäußert hatte, man müsse Abstand nehmen von der Lehre des christlichen Naturrechtes und absehen von einer theologischen Begründung dieser Verfassung[151]. Eine christliche Fundierung des Staates kam für die SPD nicht in Frage, während sich die Freien Demokraten zwar zu einer grundsätzlich positiven Ein-

---

149 Präambel der Verfassung von Württemberg-Baden vom 28. November 1946. Zitiert nach Pfetsch, Ursprünge der Zweiten Republik, 279; vgl. Schoepke, Präambel, 88.

150 Beutler, Staatsbild, 59f.

stellung zum Christentum bekannten, dessen verfassungsmäßige Verbindlichkeit für das öffentliche Leben jedoch ablehnten.[152]

Bei der Frage der religiösen Begründung des Staates nahmen beide christlichen Kirchen Stellung zu den »geistigen« Grundlagen der Verfassung. In der Debatte der vorläufigen Volksvertretung votierte Landesbischof Theophil Wurm gegen die von den Sozialdemokraten geäußerten Ansichten (s.o.):

»Würde es nicht dem großen geschichtlichen Augenblick entsprechen, wenn wir als ganzes uns dazu bekennen würden, daß der Hintergrund alles menschlichen Lebens Gott ist?«[153]

Ähnlich waren auch die Ausführungen in einem Schreiben der katholischen und evangelischen Oberkirchenbehörden in Nord-Württemberg und Nordbaden an die verfassungsberatende Landesversammlung:

»In einer wahrhaft demokratischen Verfassung, besonders in der eines Volkes, das sich christlich nennt und sich fast seiner Gesamtheit nach zu christlichen Kirchen bekennt, erscheint uns die Bezugnahme auf Gott, den Urheber und den Hüter alles menschlichen Rechtes, in den Grundrechten durchaus nicht überflüssig.«[154]

Die endgültige Formulierung entspricht im Ergebnis einem Kompromiß, der sich in zähen Beratungen im Verfassungsausschuß erreichen ließ.[155]

3.1.2. Baden (19. Mai 1947; französische Zone)

Die Verfassung von Baden vom 19. Mai 1947 ist Ergebnis der Beratungen eines Verfassungsausschusses, der diese auf der Grundlage mehrerer ihm zugegangener Entwürfe bis zum 10. April 1947 erarbeitet hatte.[156] Nachdem am 21. April 1947 die Schlußabstimmung zur Landesverfassung in der Beratenden Versammlung stattgefunden hatte[157], erfolgte die Volksabstimmung zur Landesverfassung am 18. Mai 1947.[158]

Die Präambel der badischen Verfassung enthielt einen Gottesbezug in folgender Formulierung:

---

151 Zu diesem Votum s.u. I.3.1.3.
152 Vgl. Beutler, Staatsbild, 60-62.
153 Zitiert nach aaO., 63.
154 Zitiert nach ebd.
155 In einzelnen vgl. aaO., 63ff.
156 Vgl. Pfetsch, Ursprünge der Zweiten Republik, 431. Dort sind auch die einzelnen Entwürfe genannt.
157 Vgl. Pfetsch, ebd. Zu den Ergebnissen der Abstimmung vgl. aaO., 57.

»Im Vertrauen auf Gott hat sich das Badische Volk als Treuhänder der alten badischen Überlieferung, beseelt von dem Willen, seinen Staat im demokratischen Geist nach den Grundsätzen des christlichen Sittengesetzes und der sozialen Gerechtigkeit neu zu gestalten, folgende Verfassung gegeben«[159].

Schon im Vorentwurf Hermann Fechts (BCSV) vom Februar 1947 war die Rede davon, daß das badische Volk »die Verwaltung Südbadens in wahrhaft demokratischem Geiste nach den Grundsätzen des göttlichen Sittengesetzes, der sozialen Gerechtigkeit und der ewigen Menschenrechte«[160] aufbauen und führen wolle. In dem Entwurf der Badischen Christlich-Sozialen Volkspartei (BCSV), der stärksten badischen Partei, verdichteten sich die Forderungen eines Staates auf christlichem Fundament, indem im Text der vorgeschlagenen Präambel neben der Formel »im Vertrauen auf Gott« auf das christliche Sittengesetz Bezug genommen wurde.[161] Schon zuvor hatte Theo Wohleb das Staatsbild der BCSV folgendermaßen umrissen:

»(...) [D]enn wir verlangen einen christlichen Staat, nicht nur einen Staat, der das Christentum toleriert, sondern getreu der Überlieferung, die wir von unseren Vorfahren übernommen haben und an der die Mehrheit unseres Volkes bedingungslos festhält, einen in seinen Fundamenten christlichen Staat«[162].

Im Gegensatz dazu lehnte der Sprecher der Kommunistischen Partei, Erwin Ekkert, ein ehemaliger Pfarrer, der von der Kirche entlassen worden war, den Gottesbezug in der Präambel kategorisch ab. Sein Votum in dieser Frage weist eine sehr differenzierte Argumentationsweise auf:

»Es ist ein absurder Gedanke – gerade für einen frommen Menschen -, Gott, den Schöpfer und Herrn der Welten, gewissermaßen zum Schutzherrn für dieses Kompromißwerk einer Verfassung für das kleine südbadische Land mit allen ihren Unzulänglichkeiten und Irrtümern anzurufen. Der Name Gottes ist schon so oft in Präambeln und pathetischen Schlußsätzen von Verträgen, Erklärungen, Aufrufen und Verfassungen mißbraucht worden, daß wir gerade nach den Erfahrungen, die wir mit der Anrufung Gottes durch Hitler und seine Verbrecherclique gemacht haben, den Namen Gottes nicht in die allzu irdische Sphäre des politischen Machtkampfes heruntergezogen sehen möchten. Wir sehen darin eine Gefahr, daß wieder einmal, wie schon so oft, die religiösen Gefühle und Empfindungen dafür angerufen werden sollen,

158 Vgl. aaO., 431. Zu dem Ergebnis der Volksabstimmung vgl. aaO., 59.

159 Zitiert nach Schoepke, Präambel, 88.

160 Hermann Fecht, Entwurf einer südbadischen Verfassung (Februar 1947). Zitiert nach Pfetsch, Verfassungsreden und Verfassungsentwürfe, 429. Der Gesamttext des Verfassungsentwurfes von Fecht findet sich aaO., 429-447.

161 Vgl. Beutler, Staatsbild, 95.

162 Zitiert nach ebd. Vgl. auch das Votum des Abgeordneten Hoffmann (BCSV) bei Pfetsch, Verfassungsreden und Verfassungsentwürfe, 147.

besonderes Vertrauen zur Politik und zu den Absichten einer bestimmten Partei zu haben. (...) Denken Sie bitte außerdem daran, daß die Verfassung für alle in unserem Volk Gültigkeit haben muß, und daß es gefährlich ist, mit Mehrheitsbeschluß zu dekretieren, sie sei im Vertrauen auf Gott zum Abschluß gebracht worden. Die Forderung der BCSV, diese ihre religiösen Formulierungen in die Präambel aufzunehmen, ist ein eindeutiger Verstoß gegen die in der Verfassung allen in unserem Volke gewährleistete Glaubens- und Gewissensfreiheit. Den gleichen Einwand erheben wir gegen die Formulierung: die Verfassung beruhe auf den Grundsätzen des christlichen Sittengesetzes. (...) Eine Verfassung auf dem Fundament der Grundsätze, die uns aus der Verkündigung und dem Leben Jesu Christi deutlich geworden sind, wird es erst geben können, wenn die Vorgeschichte der Menschheit mit dem Sieg der sozialistischen Ordnung vorbei ist, die klassenlose Gesellschaftsordnung Wirklichkeit sein wird und keine Kriege mehr über die Erde rasen. Dann erst wird das Fundamentalangebot christlicher Sittenlehre: Du sollst deinen Nächsten lieben wie dich selbst, die Grundlage der menschlichen Gesellschaft sein können. Dann erst werden die Hoffnungen und Verheißungen der Bergpredigt auf Gerechtigkeit, Friede und Freude, aus dem Geiste der Güte und der Liebe Wirklichkeit werden können. Ich behaupte, daß der Verfassungsentwurf, den meine Partei eingereicht hat, eher einen winzigen Schritt diesem Ziele zu bedeutet, als die uns vorliegende Verfassung, auch wenn wir uns bewußt von jeder Berufung auf Gott und das Christentum fernhalten und dem, der nicht an Gott glauben kann, dem Atheisten, die gleichen Rechte zubilligen wie dem, dem der Glaube an Gott einen Trost in der Unzulänglichkeit seines Lebens bedeutet.«[163]

Schließlich entschied sich die verfassunggebende Versammlung dennoch für die Aufnahme des Gottesbezuges in die Präambel.

In einem Hirtenbrief des Erzbischofes Gröber zur badischen Verfassung wurde anerkennend bemerkt, »daß die neue Verfassung im allgemeinen den Forderungen des Christentums entspricht«[164].

3.1.3. Württemberg-Hohenzollern (20. Mai 1947; französische Zone)

Württemberg-Hohenzollern, das kleinste aus Teilen von Württemberg und dem ehemals preußisch-hohenzollerschen Gebiet hervorgegangene Land, verabschiedete als letztes der drei Teilgebiete eine Landesverfassung.

Die erste Lesung der künftigen Landesverfassung für das Land Württemberg-Hohenzollern fand am 2. und 3. Dezember 1946 in der Beratenden Landesversammlung statt. Der Antrag von SPD, KPD und DVP, den Verfassungsberatungen den Text der beschlossenen Verfassung von Württemberg-Baden zugrunde zu legen, wurde mit den Stimmen der CDU-Mehrheit abgelehnt. Statt

---

163 Erwin Eckert (KP), Baden, 11. April 1947, Beratenden Versammlung, 12. Sitzung. Zitiert nach Pfetsch, Verfassungsreden und Verfassungsentwürfe, 175f.

164 Zitiert nach Beutler, Staatsbild, 105.

dessen wurde in den Beratungen des Verfassungsausschusses am 8. März 1947 ein Entwurf debattiert, der Ergebnis der Zusammenarbeit von den Entwürfen der Abgeordneten Emil Niethammer (CDU) und Lorenz Bock (CDU) gewesen ist.[165] Diesen beschloß der Verfassungsausschuß am 20. März 1947 mit den Stimmen der CDU[166] und legte ihn zwei Tage später der französischen Militärregierung vor, welche dem Entwurf seine Zustimmung versagte.[167] Die Dominanz der CDU in den verfassunggebenden Gremien erklärt sich vor allem aus der katholischen Prägung weiter Teile der Bevölkerung.[168]

Bis zum 24. April sollte eine nach den Vorschlägen der Militärregierung redigierte Verfassung beschlossen werden. Diese wurde am 22. April 1947 nach zweiter und dritter Beratung von der Landesversammlung angenommen[169] und am 18. Mai der Bevölkerung zur Abstimmung gestellt.[170] Das Ergebnis blieb immer noch ein in hohem Maße von der CDU geprägtes Verfassungsgebilde mit folgender Präambel:

»Das Volk von Württemberg-Hohenzollern gibt sich im Gehorsam gegen Gott und im Vertrauen auf Gott, dem allein gerechten Richter, folgende Verfassung«[171].

Diese sehr weitgehende Formulierung der Präambel bildet schon das Ergebnis eines Kompromisses zwischen mehreren Entwürfen. Das erklärte Ziel der CDU-Fraktion war die naturrechtliche Einordnung des Staates in eine »göttliche Weltordnung« nach christlichen Motiven gewesen[172], welche der vergangenen Katastrophe und deren Folgen, die auf die »Gottentfremdung« des Staates zurückgeführt wurden, eine ewige Absage erteilen sollte.

Eine andere in diesem Zusammenhang vorgeschlagene Präambelformulierung lautete:

---

165 Lorenz Bock/Emil Niethammer, Entwurf einer Verfassung für Württemberg-Hohenzollern (27. Februar 1947). Text bei Pfetsch, Verfassungsreden und Verfassungsentwürfe, 449-468 (449).

166 SPD, KPD und DVP waren am 18. bzw. 19.03.1947 aus dem Ausschuß ausgezogen. Vgl. Pfetsch, Ursprünge der Zweiten Republik, 457.

167 Vgl. ebd.

168 Vgl. aaO., 456.

169 Vgl. aaO., 457; 58.

170 Zum Abstimmungsverhalten vgl. aaO., 60.

171 Zitiert nach Pfetsch, Ursprünge der Zweiten Republik, 279; vgl. Schoepke, Präambel, 88.

172 Vgl. Beutler, Staatsbild, 81.

»Während die Menschheit unter den Folgen der Gottentfremdung leidet, gibt das Volk von Württemberg und Hohenzollern als christliches Volk sich in Gehorsam gegen Gott und im Vertrauen auf Gott, den allein gerechten Richter, folgende Verfassung«[173].

Der Bock/Niethammer-Entwurf sah folgenden Präambeltext vor:

»Angesichts der ernsten Lehre über die Folgen der Gottentfremdung gibt das Volk von Württemberg und Hohenzollern sich im Gehorsam gegen Gott, der den Menschen seinen Willen in Christus offenbart hat, und im Vertrauen auf Gott, den allmächtigen Schöpfer und Erhalter, den allein gerechten Richter, folgende Verfassung.«[174]

Die Abgeordneten der SPD äußerten seit Beginn der Verhandlungen Bedenken gegen einen Gottesbezug in der Präambel, denn der Staat sei keine göttliche Ordnung, sondern lediglich »Menschenwerk«[175]. Bereits am 2. Dezember 1946 hatte Carlo Schmid (SPD) vor dieser Art von »überpositiver Legitimierung« des Staates gewarnt.

»Welche Art von Legitimität ist nun für unsere Verfassung möglich oder wünschenswert? Ich glaube, daß es nicht gut möglich ist, sie theokratisch oder auch nur theologisch zu legitimieren. (...) Wir müssen also (...) davon Abstand nehmen, sie zu bauen als eine Inkarnation im heutigen geschichtlichen Stoff dessen, was man das christliche Naturrecht genannt hat, eines der großartigsten Denkgebäude, die unser Erdteil je geleistet hat. Wir müssen auch davon absehen diese Verfassung auf irgend eine Art von Gottes Gnadentum, sei es irgend eine Krone einer mythisierenden Politik, zu stellen. (...) Wir können dies alles deswegen nicht, weil wir eine Verfassung nur dann im Volk als legitim anerkannt bekommen werden, wenn diese Verfassung den Konsens aller finden kann (...). Wo ein solches Wertgefüge nicht gefunden werden kann, wo statt dessen eine Wertordnung zum Inhalt der Verfassung genommen wird, dazu sich nur ein Teil (...) des Volkes bekennen kann, wird der andere Teil sich notwendig ausgeschlossen fühlen müssen (...).«[176]

---

173 Zitiert nach aaO., 85.

174 Zitiert nach Pfetsch, Verfassungsreden und Verfassungsentwürfe, 450. Im Vorentwurf Bocks hatte es geheißen: »Nach dem Sturz des Nationalsozialismus, der in Mißachtung natürlichen und göttlichen Rechts Deutschland in Schande und Not geführt hat, gibt sich das Volk (...) im Aufblick zu Gott, der gesprochen hat: 'Ich bin der Herr, dein Gott, du sollst keine fremden Götter neben mir haben' diese Verfassung.« (Zitiert nach Beutler, Staatsbild, 85.) Niethammer hatte vorgeschlagen: »Nach dem Sturz einer gottlosen Gewaltherrschaft, die Deutschland in Not und Schande geführt hat, gibt das Volk (...) sich im Aufblick zu Gott, dem allmächtigen Schöpfer und Erhalter, folgende Verfassung«. (Zitiert nach ebd.).

175 Vgl. Beutler, Staatsbild, 86.

176 Staatsrat Karl (Carlo) Schmid (SPD), Württemberg-Hohenzollern, 2. Dezember 1946, Beratende Landesversammlung, 2. Sitzung. Zitiert nach Pfetsch, Verfassungsreden und Verfassungsentwürfe, 117.

Das erzielte Ergebnis der Verfassung, insbesondere der Präambel, wurde in einem Hirtenwort des bischöflichen Ordinariates Rottenburg vom 2. Mai 1947 zum Wahlsonntag folgendermaßen kommentiert:

»Das Ringen um die Verfassung hat gezeigt, was sich im Parlament erreichen läßt, wenn die Zahl der Volksvertreter groß genug ist, die entschlossen sind, mit den christlichen Grundsätzen auch im öffentlichen Leben Ernst zu machen (...).«[177]

3.1.4. Baden-Württemberg (11. November 1953)

Die Baden-Württembergische Verfassung vom 11. November 1953 ist zeitlich gesehen die letzte Landesverfassung der Bundesrepublik Deutschland. Ihr voraus gingen die Verfassungen der Vorgängerstaaten Württemberg-Baden, Baden, Württemberg-Hohenzollern, welche sich 1952 zusammengeschlossen hatten.[178] Da die drei zusammengeschlossenen Landesteile bereits eigene Verfassungen ausgearbeitet hatten, konnte bei der Verfassungsgebung für Baden-Württemberg auf diese Vorgängerverfassungen zurückgegriffen werden.[179] Grundlage für die Verhandlungen der am 9. März 1952 gewählten verfassunggebenden Landesversammlung waren zwei Verfassungsentwürfe. Der erste wurde von den Regierungsparteien SPD, FDP/DVP, BHE vorgelegt; den zweiten legte die Fraktion der CDU vor. Grundlage für letzteren war ein Privatentwurf Edmund Kaufmanns[180], der diesen in bewußter Anlehnung an das Grundgesetz formuliert hatte.[181] Nach der ersten Verfassungsberatung am 25. April 1952, weiteren Debatten im Verfassungsausschuß und der zweiten Beratung im Plenum, die vom 16. Juni bis zum 23. Oktober 1953 dauerte, wurde der Entwurf noch einmal an den Verfassungsausschuß überwiesen, der durch eine interfraktionelle Sonderkommission eine verbindliche Lösung für die noch strittigen Fragen vorzulegen

---

177 Zitiert nach Beutler, Staatsbild, 92.

178 Die Staatsgründung erfolgte aufgrund des Neugliederungsgesetzes vom 4. Mai 1951 und einer Volksabstimmung am 9. Dezember 1951. Vgl. Renner, Entstehung, 197ff; Pfetsch, Ursprünge der Zweiten Republik, 432; Feuchte, Verfassungsgeschichte 20ff.

179 Den größten Einfluß erhielt dabei die Verfassung von Württemberg-Baden. Das hängt zum einen damit zusammen, daß Württemberg-Baden das größte und wichtigste Vorgängerland war. Zum anderen war über den Ministerpräsidenten Reinhold Meier (FDP/DVP) eine wichtige personelle Kontinuität hergestellt. Vgl. Pfetsch, Ursprünge der Zweiten Republik, 432.

180 Edmund Kaufmann, Besprechungsentwurf der Verfassung für Baden-Württemberg (25. Mai 1952). Text bei Pfetsch, Verfassungsreden und Verfassungsentwürfe, 589-612 (589).

181 Vgl. ebd., 589. Vgl. auch Pfetsch, Ursprünge der Zweiten Republik, 432.

hatte. Das Ergebnis dieser Sonderkommission wurde am 4. November 1953 der Landesversammlung zur dritten Beratung zugeleitet und am 11. November durch dieselbe beschlossen.[182] Die Verfassung trat am 20. November 1953 in Kraft.

Ihre Präambel beginnt mit den Worten: »Im Bewußtsein der Verantwortung vor Gott und den Menschen (...).«[183] Der Gottesbezug findet sich in dieser Form schon in dem Entwurf von Edmund Kaufmann.[184] Er war von Anfang an unumstritten gewesen, was unter anderem darauf zurückzuführen ist, daß die drei Vorgängerverfassungen ebenfalls einen Gottesbezug aufwiesen. Wie erwähnt ist die Präambel in bewußter Anlehnung an das Grundgesetz formuliert worden, weshalb die Formulierungen der Vorgängerverfassungen nicht aufgenommen worden sind.[185]

Entgegen der Forderung der evangelischen Kirche, den Passus »Verantwortung vor Gott, dessen Herrschaft die Vollmacht des Staates begründet und begrenzt«[186] aufzunehmen, stellt die endgültige Fassung eine Abschwächung dar. Bemerkenswert ist, daß bei einer im Verfassungsausschuß von seiten der SPD vorgeschlagenen Kürzung der Präambel der Gottesbezug nicht betroffen gewesen wäre.[187]

Der Verfassungskommentar von Paul Feuchte konstatiert den motivierenden Hintergrund des Gottesbezuges in der Erfahrung mit dem verantwortungslosen, »hybriden« und »totalitären« Vorgängerstaat.

> »Es sollte damit nach der großen Perversion von Staat und Recht in der Zeit des Nationalsozialismus zum Ausdruck gebracht werden, daß es keine Selbstgerechtigkeit des Staates (...) geben kann und darf. (...) *Staatsallmacht gibt es nicht.*«[188]

In Hinblick auf die historische Situation, in der die Verfassung entstanden ist, wird unter Berücksichtigung der Nennung des »christlichen Sittengesetzes« in

182 Zum Ergebnis der Abstimmung vgl. Pfetsch, Ursprünge der Zweiten Republik, 57.
183 Zitiert nach aaO., 272. Für den gesamten Text s.u. Anhang I.
184 Vgl. Pfetsch, Verfassungsreden und Verfassungsentwürfe, 589.
185 Vgl. Feuchte, Kommentar, Vorspruch, Rdnr. 3-5.
186 Zitiert nach Beutler, Staatsbild, 192.
187 Vgl. Feuchte, Kommentar, Vorspruch, Rdnr. 7.
188 AaO., Rdnr. 9.

Art. 1 Abs. 1 mit »Gott« der Gott im Verständnis des Christentums und dessen Wurzeln im Judentum gemeint sein.[189]

3.2. Verfassung des Freistaates Bayern vom 11. Dezember 1946 (amerikanische Zone)

Am 30. Juni 1946 wurde in Bayern die Verfassungsgebende Landesversammlung gewählt, deren Verfassungsausschuß sich seit dem 16. Juli 1946 mit dem von Wilhelm Hoegner, des amtierenden Ministerpräsidenten von Bayern, erarbeiteten Vorentwurf beschäftigte, den zuvor ein vorbereitender Verfassungsausschuß beraten hatte.[190] Bereits am 26. Oktober verabschiedete die Verfassunggebende Landesversammlung mit den Stimmen der CSU und der SPD gegen die Stimmen von FDP, KPD und Wirtschaftliche Aufbauvereinigung (WAV)[191] eine Verfassung, über die am 1. Dezember 1946 in einem Volksentscheid abgestimmt wurde. In diesem Volksentscheid sprachen sich beinahe Zweidrittel der abgegebenen Stimmen für die Annahme dieser Verfassung aus.[192]

Die Verfassung des Freistaates Bayern vom 2. Dezember 1946, die am 8. Dezember 1946[193] in Kraft trat, beinhaltet zwar keine Verantwortungsformel, nimmt aber Bezug auf Gott. Dort heißt es im Vorspruch:

> »Angesichts des Trümmerfeldes, zu dem eine Staats- und Gesellschaftsordnung ohne Gott, ohne Gewissen und ohne Achtung vor der Würde des Menschen die Überlebenden des Zweiten Weltkrieges geführt hat (...).«[194]

Der Vorentwurf Hoegners[195] beinhaltete in Übereinstimmung mit der Bayerischen Verfassung von 1919 keine Präambel; und auch während der Beratungen

---

189 Vgl. aaO., Rdnr. 11. Von seiner Funktion her werden sich aber auch andere monotheistische Vorstellungen darunter subsumieren lassen. Feuchte läßt als mögliche Interpretationen »überhaupt jede religiöse Konzeption, in der es transzendenzbezogene Verantwortung gibt« (ebd.) zu. Vgl. ebd.

190 Im einzelnen vgl. Schmidt, Staatsgründung, 95ff. Der Text des Vorentwurfes von Hoegner ist abgedruckt bei Pfetsch, Verfassungsreden und Verfassungsentwürfe, 333-352.

191 Vgl. Pfetsch, Ursprünge der Zweiten Republik, 57; dort auch genaue Zahlen.

192 Vgl. Pfetsch, aaO., 59. Schmidt, Staatsgründung, 108f.

193 Vgl. Schmidt, aaO., 109.

194 Text bei Schuster, Länderverfassungen, 61. S.u. Anhang I.

195 Vgl. Pfetsch, Verfassungsreden und Verfassungsentwürfe, 333.

des vorbereitenden Verfassungsausschusses wurde die Frage eines Vorspruches nicht diskutiert.

Am 3. September, also erst gegen Ende der Verfassungsberatungen, legte der Abgeordnete Alois Hundhammer einen Präambelentwurf vor, um so der Verfassung einen »würdigen Rahmen« zu verschaffen.[196] Dieser Entwurf entspricht im wesentlichen dem später in die Verfassung eingegangenen Text. Bereits in der nächsten Sitzung am 4. September 1946 entzündete sich daran eine lebhafte Diskussion, in welcher einzelne Abgeordnete ihre eigenen Vorstellungen bezüglich der legitimitätsbegründenden Verfassungsmotive zum Ausdruck brachten. Die Abgeordnete Loritz (WAV) wollte die Verfassung in Anlehnung an die Präambel der schweizerischen Verfassung von 1874 unter den »Machtschutz Gottes« gestellt wissen[197], während die Formulierung für eine Präambel, die der Abgeordnete Wolfgang Prechtl (CSU) vorschlug, wohl am weitesten ging:

»Im Namen Gottes, des Allmächtigen, der Ursprung und Norm alles Rechts und aller Pflicht [ist], gibt sich das Bayerische Volk (...) folgende Verfassung.«[198]

Um der Formulierungsfreude und den weiteren Überlegungen im Ausschuß ein Ende zu bereiten, einigte man sich auf die von Hundhammer lancierte Fassung, nachdem sie einem Vorschlag von Hans Nawiaski entsprechend ergänzt wurde, da diese alle Parteien annehmen konnten, und da der Präambel ohnehin kein Rechtscharakter zukommen sollte.[199] Auch bei dieser Formulierung handelte es sich um eine Kompromißformel, die erst zu einem relativ späten Zeitpunkt der Verfassungsgebung in die Verfassung aufgenommen wurde.[200]

Entgegen der Absicht der Mitglieder des verfassunggebenden Ausschusses betont Theodor Meder in seinem Kommentar den Rechtscharakter der Präambel ausdrücklich:

---

196 Vgl. Schmidt, Staatsgründung, 112f. Beutler, Staatsbild, 128ff.

197 Vgl. Schmidt, aaO., 113.

198 Zitiert nach Siegel, Staatswerdung, 134.

199 Vgl. Schmidt, Staatsgründung, 114. Damit befand man sich in Übereinstimmung mit der bei der Präambel der Weimarer Reichsverfassung geäußerten Ansicht, daß einer Präambel nur deklamatorische, jedoch keine normative Bedeutung zukomme. Vgl. ebd.

200 Vgl. auch Beutler, Staatsbild, 129; 138.

»Der Vorspruch hat über seinen politischen Gehalt hinaus auch rechtliche Bedeutung. Er enthält *rechtserhebliche Grundsätze*, denen für die Auslegung der Verfassung Bedeutung zukommt.«[201]

Der Gottesbezug in der Bayerischen Verfassung kann als »negativer« Gottesbezug bezeichnet werden, der aber indirekt zum Ausdruck bringt, daß die Verfassung »von der Ehrfurcht vor Gott und von der Achtung vor der Menschenwürde«[202] getragen ist. Die Präambel bekundet damit zugleich den Entschluß, »dem Geist der Gottlosigkeit und des Materialismus«[203] entgegenzutreten und so dem menschenverachtenden Nationalsozialismus eine endgültige Absage zu erteilen.

3.3. Verfassung für Rheinland-Pfalz vom 18. Mai 1947 (französische Zone)

Nach der Verordnung Nr. 57 der französischen Militärregierung vom 30. August 1946 wurden die von je einem Oberpräsidenten verwalteten Bezirke Rheinland-Hessen-Nassau und Hessen-Pfalz zum Land Rheinland-Pfalz zusammengeschlossen. Nach derselben Verordnung war eine Beratende Versammlung zu wählen, welche im Einvernehmen mit der eingesetzten Regierung des neuen Landes einen Verfassungsentwurf ausarbeiten sollte, über den dann ein Volksentscheid herbeigeführt werden sollte.[204] Eine noch zu ernennende gemischte Kommission hatte den eigentlichen Verfassungsprozeß vorzubereiten. Diese wiederum bildete einen sechsköpfigen Unterausschuß für Verfassungsfragen, der unter Vorsitz des CDU-Mitgliedes Adolf Süsterhenn[205] (1905-1974), eines von den Ideen des Naturrechtsgedankens und der katholischen Soziallehre geprägten Rechtsanwaltes, zwischen dem 21. September und dem 25. Oktober 1946 in fünf Sitzungen einen Verfassungsentwurf erarbeitete, welcher der gesamten Kommission am 25. Oktober 1946 vorgelegt und dort beschlossen wur-

201 Meder, Kommentar, Vorspruch, Rdnr. 1. Vgl. auch die Verweise bei Schmidt, Staatsgründung, 114 (Anm. 14) mit Fundstellen über die gleiche Meinung des Bayerischen Verfassungsgerichtshofes und der Verfassungsrechtsdogmatik.

202 Meder, Kommentar, Vorspruch, Rdnr. 1.

203 VerfGH 22,26. Zitiert nach Meder, ebd.

204 Zu den genauen Hintergründen vgl. Schunck, Verfassung, 159ff; Baumgart, Voraussetzungen und Wesen der rheinland-pfälzischen Verfassung, 4ff.

de. Dieser sollte schließlich in der Beratenden Versammlung diskutiert werden.[206] Beratungsgrundlage war von Beginn der Sitzungen an ein Vorentwurf, den Adolf Süsterhenn in Zusammenarbeit mit seinem Parteifreund Ernst Biesten erarbeitet hatte.[207]

Die Wahl der Beratenden Versammlung erfolgte am 17. November 1946 auf indirektem Wege durch das Verhältniswahlrecht[208], nachdem am 8. Oktober 1946 die Aufforderung ihrer Konsultierung durch die Besatzungsmacht erfolgt war. Diese Versammlung, die 127 Mitglieder[209] umfaßte, setzte bereits in ihrer ersten Sitzung am 22. November 1946 einen Verfassungsausschuß ein, welcher den von der Verfassungskommission vorgelegten Verfassungstext vom 18. Dezember 1946 bis zum 23. April 1947 beriet und ihn der Beratenden Versammlung am 23. April vorlegte. Bereits dieser Text enthielt eine Präambel.[210] In der Beratenden Landesversammlung wurde dieser Verfassungstext vom 23. bis zum 25. April 1947 debattiert und schließlich mit 70 von 101 abgegebenen Stimmen beschlossen.[211] Am 18. Mai 1947 fand eine Volksabstimmung für die Annahme der Verfassung statt, in welcher sich 53 Prozent der abgegebenen Stimmen für

---

205 Es ist davon auszugehen, daß Süsterhenn die treibende Kraft des »Präambelgottes« auch auf Bundesebene gewesen ist. Vgl. auch seinen Kontakt mit Böhler während seiner Arbeit im Parlamentarischen Rat.

206 Vgl. Schunck, Verfassung, 159; Pfetsch, Ursprünge der Zweiten Republik, 449f.

207 Adolf Süsterhenn, Vorentwurf einer Verfassung für Rheinland-Pfalz (4. Oktober 1946). Text bei Pfetsch, Verfassungsreden und Verfassungsentwürfe, 365-386; vgl. auch Pfetsch, Ursprünge der Zweiten Republik, 450; Franz-Joseph Heyen (Bearb.), Der Vorentwurf einer Verfassung von Adolf Süsterhenn und dessen Beratung in der Gemischten Kommission sowie in deren Unterausschuß für Verfassungsfragen, in: Klaas, Die Entstehung der Verfassung für Rheinland-Pfalz, 71-128; zu den verschiedenen Entwürfen vgl. aaO., 355-510.

208 Zum genauen Verfahren der Wahl vgl. Schunck, Verfassung, 159; Baumgart, Voraussetzungen und Wesen der rheinland-pfälzischen Verfassung, 15.

209 CDP/CDU 70 Sitze (55,1%); SPD 41 Sitze (32,3%); KPD 9 Sitze (7,1%); Soz. Volksbund 5 Sitze (3,9%), Liberaldemokratische Partei (LP) 2 Sitze (1,6%). Vgl. Baumgart, ebd.

210 Im wesentlichen muß es sich auch hier um den schon erwähnten Entwurf von Süsterhenn gehandelt haben. Vgl. Baumgart, aaO., 20ff; Klaas, Die Entstehung der Verfassung für Rheinland-Pfalz, 71ff; 355ff.

211 Vgl. Schunck, Verfassung, 160; Baumgart, Voraussetzungen und Wesen der rheinland-pfälzischen Verfassung, 16. Von den 127 Mitgliedern der Versammlung waren 26 abwesend; die 70 befürwortenden Stimmen setzten sich wie folgt zusammen: 63 CDU, 7 LP/SV; die Gegenstimmen: 26 SP, 5 KP; vgl. Pfetsch, Ursprünge der Zweiten Republik, 58.

die Annahme der Rheinland-Pfälzischen Verfassung aussprachen[212], welcher eine Präambel mit folgendem Wortlaut vorangestellt ist:

»Im Bewußtsein der Verantwortung vor Gott, dem Urgrund des Rechts und Schöpfer aller menschlichen Gemeinschaft, von dem Willen beseelt, die Freiheit und Würde des Menschen zu sichern, das Gemeinschaftsleben nach dem Grundsatz der sozialen Gerechtigkeit zu ordnen, den wirtschaftlichen Fortschritt aller zu fördern und ein neues demokratisches Deutschland als lebendiges Glied der Völkergemeinschaft zu formen, hat sich das Volk von Rheinland-Pfalz diese Verfassung gegeben.«[213]

Die CDP (CDU) hatte sich den Vorentwurf Süsterhenns zu eigen gemacht, und die von ihm forcierte Verankerung eines »natürlichen Rechtes« nach dem Vorbild der katholischen Soziallehre und eines damit implizierten christlichen Staatsbildes hatte die Mitglieder des Verfassungsausschusses seit seiner zweiten Sitzung beschäftigt.[214]

Bis auf die Änderung, daß Gott in der endgültigen Fassung als »Urgrund« statt als »Urheber« allen Rechts beschrieben wird, ist die beschlossene Präambel mit dem Vorentwurf identisch. Grundsätzlich gegen die Nennung eines Gottesbezuges wandten sich die Abgeordneten der Kommunistischen Partei (KP), während die Abgeordneten der Sozialdemokratischen Partei (SP) nach Zustimmung in der ersten Lesung in der zweiten lediglich beantragten, die Ergänzung »Urgrund des Rechts« zu streichen.[215] Aus der Ablehnung dieses Antrags wurde innerhalb der weiteren Debatten schließlich auf die normative Bedeutung der Präambel für die weitere Interpretation der Verfassung geschlossen.

»Die Verantwortung des Verfassungsgebers gegenüber Gott wird noch dadurch objektiviert und mit normativer Kraft ausgestattet, daß Gott ausdrücklich als 'Urgrund des Rechts und Schöpfer aller menschlichen Gemeinschaft' bezeichnet wird. Damit wird die Einbeziehung von Recht und Staat in die göttliche Schöpfungsordnung anerkannt (...)«[216].

212 Eine genaue Aufschlüsselung der abgegebenen Stimmen findet sich bei Pfetsch, Ursprünge der Zweiten Republik, 60; für eine geographische Aufschlüsselung der Zahlen vgl. Schunck, Verfassung, 160. Zur Problematik der absoluten Zahlen in Rheinland-Pfalz vgl. Baumgart, Voraussetzungen und Wesen der rheinland-pfälzischen Verfassung, 16f.

213 Text bei Schuster, Länderverfassungen, 377f. S.u. Anhang I.

214 Zum folgenden vgl. Beutler, Staatsbild, 112ff. Die Sitzungsprotokolle des Verfassungsausschusses und der Beratenden Versammlung sind zugänglich bei Klaas, Die Entstehung der Verfassung für Rheinland-Pfalz, 129ff; 209ff.

215 Vgl. Beutler, Staatsbild, 112f.; Süsterhenn/Schäfer, Kommentar, 62.

216 Zitiert nach Beutler, aaO., 113.

Die katholischen Bischöfe in Rheinland-Pfalz begrüßten in einem Hirtenbrief zum Volksentscheid die Verfassung ausdrücklich:

»Nach reiflicher Prüfung können wir feststellen, daß folgende christliche Forderungen verwirklicht sind: Gott ist als Urgrund des Rechts und Schöpfer aller menschlichen Gemeinschaft im Vorspruch der Verfassung angerufen.«[217]

Zwei Besonderheiten heben die Präambel der rheinland-pfälzischen Verfassung von den anderen Länderverfassungen ab. Zum einen der Sachverhalt, daß die im Vorspruch niedergelegten Grundsätze nach Art. 129 Abs. 2 der Rheinland-Pfälzischen Verfassung nicht abgeändert werden können. Diese Bestandsgarantie auch der in der Präambel niedergelegten Grundsätze ist in den deutschen Nachkriegsverfassungen singulär und geht auf die Initiative Süsterhenns zurück.

Die andere Besonderheit der Verfassung von Rheinland-Pfalz liegt in der dezidiert naturrechtlich-christlich geprägten Wertorientierung, was durch die Ergänzung des Halbsatzes »dem Urgrund des Rechts und Schöpfer aller menschlichen Gemeinschaft« zum Ausdruck gebracht wurde.[218] Baumgart konstatiert sogar, »daß es keine moderne Verfassung gibt, die so stark von christlich-naturrechtlichem Denken geprägt ist, wie die (...) Verfassung von Rheinland-Pfalz«[219]. Beutler formuliert etwas vorsichtiger, wenn er in der rheinland-pfälzischen Verfassung »das am wenigsten verfälschte Ergebnis der Übertragung christlicher Grundsätze, d. h. in diesem Fall: der katholischen Soziallehre auf die Ebene verfassungsmäßiger Formulierungen«[220] sieht.

Diese starke naturrechtlich orientierte Fundierung der Verfassung geht – wie bereits dargelegt - vor allem auf die Initiative von Adolf Süsterhenn[221] zurück, dem Autor des maßgeblichen Verfassungsentwurfes und späteren Kommentator der Verfassung. Unter Naturrecht verstand Süsterhenn ein vorstaatliches Recht, also ein Recht, das der Verfügungsgewalt des Staates entzogen ist,

217 Die Bischöfe in Rheinland-Pfalz: Hirtenbrief zum Volksentscheid über die Verfassung und zur Landtagswahl, 27. April 1947. Zitiert nach Löhr, Hirtenbriefe, 196.

218 Vgl. Pfetsch, Ursprünge der Zweiten Republik, 450.

219 Baumgart, Voraussetzungen und Wesen der rheinland-pfälzischen Verfassung, 24.

220 Beutler, Staatsbild, 119.

221 Allgemein zu Süsterhenn vgl. Bucher, Einleitung. Süsterhenn nahm auch eine wichtige Rolle bei den Debatten des Parlamentarischen Rates um die Frage eines Gottesbezuges in der Präambel des Grundgesetzes ein. S.o. I.2. Vgl. auch Kreß, Gottesbegriff, 44.

dem dieser sich sogar selbst unterzuordnen habe.[222] Er intendierte damit die Betonung eines vorstaatlichen Charakters der Verfassung, die Verwurzelung allen menschlichen Rechts in Gott und der in seinem Willen begründeten natürlichen Ordnung[223], wobei es für den christlichen Geist der Verfassung nicht entscheidend sei, daß das Wort »christlich« im Text der Verfassung möglichst häufig verwendet werde, denn »der Staat ist (...) keine spezifisch christliche Einrichtung, erst recht keine kirchliche Einrichtung, sondern eine Einrichtung des für alle Menschen geltenden Naturrechtes«[224]. Nach christlicher Auffassung sei der Mensch ein Geschöpf Gottes, die menschlichen Wesenszüge seien lediglich Ausfluß göttlichen Schöpferwillens. Dieses christliche Menschenbild, das im übrigen die Natur des Menschen zum Ausdruck bringe, müsse sich in der Verfassung widerspiegeln. Daraus folge die Aufgabe, »dem Menschen zu dienen, allerdings nicht im liberalistischen Sinne, sondern im christlich-naturrechtlichen Sinne«[225].

Süsterhenn konstatiert, daß bereits durch die Bezeichnung Gottes als »Urgrund des Rechts« und »Schöpfer aller menschlichen Gemeinschaft« das Recht als die Grundlage des Gemeinschaftslebens und die Gestaltung selbst ausdrücklich der menschlichen und damit auch der staatlichen Willkür entzogen worden sind.[226] Als »großen Gegenspieler« des Naturrechts bezeichnet er den Rechtspositivismus, für den der Staat die Quelle allen Rechtes darstelle.[227] Diesen sieht er als den die Rechtslehre seit etwa einem Jahrhundert beherrschenden Grundirrtum, welcher »als Recht nur die vom Gesetzgeber gesetzten oder als Gewohnheitsrecht geltenden Normen anerkennt, dagegen alle überpositiven und übergesetzlichen Grundsätze verworfen habe«[228], der durch den Totalitarismus des Dritten Reiches ad absurdum geführt worden sei, so daß der Naturrechtsgedanke nun zu Recht seine Renaissance feiere.[229]

---

222 Vgl. Baumgart, Voraussetzungen und Wesen der rheinland-pfälzischen Verfassung, 26.

223 Vgl. Beutler, Staatsbild, 108f; Süsterhenn, Vom Geist der Verfassung, 90ff.

224 Vgl. Süsterhenn, Zur Verfassung von Rheinland-Pfalz, 120.

225 AaO., 121.

226 Vgl. ebd. Er sieht darin einen fundamentalen Grundkonsens.

227 Vgl. Süsterhenn, Naturrecht und Verfassungsgesetzgebung, 174.

228 Baumgart, Voraussetzungen und Wesen der rheinland-pfälzischen Verfassung, 26. Süsterhenns Naturrechtsbegriff knüpft an die aristotelisch-scholastische und damit auch an die christliche Tradition an. Vgl. ebd.

229 Vgl. Süsterhenn, Naturrecht und Verfassungsgesetzgebung, 175.

»Dies ist z. B. in der Verfassung von Rheinland-Pfalz dadurch geschehen, daß bereits in der Präambel dem Rechtspositivismus dadurch eine feierliche Absage erteilt worden ist, daß Gott ausdrücklich als der Urgrund des Rechts und der Schöpfer aller menschlichen Gemeinschaft herausgestellt worden ist.«[230]

Insofern kann Süsterhenn in seinem Kommentar folgern, daß mit dem Bewußtsein der Verantwortung vor Gott »zum Ausdruck gebracht [wird], daß der Verfgeber [sic!] sich nicht als Träger einer absoluten Volkssouveränität betrachtet, sondern die Pflicht zu Gottes Gebot auch für den staatlichen Bereich bejaht. Die Verantwortung des Verf-gebers gegenüber Gott wird noch dadurch objektiviert und mit normativer Kraft ausgestattet, daß Gott ausdrücklich als 'Urgrund des Rechts und Schöpfer aller menschlichen Gemeinschaft' bezeichnet wird.«[231] Damit werde die Einbeziehung von Recht und Staat in die göttliche Schöpfungsordnung anerkannt, wodurch jeglichem totalitären Herrschaftsanspruch des Staates - und die Erfahrung mit einem solchen totalitären Anspruch hatte man in der unmittelbaren Vergangenheit gemacht - eine im Metaphysischen verankerte rechtliche Schranke gesetzt sei.[232] Das Recht sei als die Grundlage des Gemeinschaftslebens und die Gestaltung desselben der menschlichen und damit auch der staatlichen Willkür entzogen worden.[233] Süsterhenn deklariert schließlich die Überwindung des »Geistes des Nationalsozialismus« als historisches Verdienst seiner Partei:

»Die CDU kann es als historisches Verdienst für sich buchen, durch die Präambel und den Artikel 1 der Verfassung einen wirklich wesentlichen Beitrag zur Überwindung des nationalsozialistischen Geistes geleistet zu haben.«[234]

3.4. Verfassung für das Land Nordrhein-Westfalen vom 28. Juni 1950 (britische Zone)

Zu einem relativ späten Zeitpunkt wurde die Verfassung von Nordrhein-Westfalen verabschiedet (28. Juni 1950).[235] Die Verfassungsberatungen setzten

230 Ebd. Vgl. Süsterhenn, Wir Christen und die Erneuerung des staatlichen Lebens, 239.
231 Vgl. Süsterhenn/Schäfer, Kommentar, 62f.
232 Vgl. aaO., 63. Vgl. auch Schoepke, Präambel, 76; Schunck, Verfassung, 160.
233 Vgl. Süsterhenn, Zur Verfassung von Rheinland-Pfalz, 121.
234 AaO., 122.
235 Für das folgende vgl. Kringe, Machtfragen; Pfetsch, Ursprünge der Zweiten Republik, 446ff; Aschoff, Gottesbezug, 5ff; Kleinrahm, Verfassung und Verfassungswirklichkeit in Nordrhein-Westfalen, 313ff.

allerdings schon 1946 ein. Der eigentliche Prozeß der Verfassungsgebung begann wenige Monate nach der Landesgründung im Herbst 1946. Mit dem bereits in der Eröffnungssitzung des nordrhein-westfälischen Landtages am 2. Oktober 1946 von Ministerpräsident Rudolf Amelunxen bekundeten Willen, seine Regierung habe die Aufgabe übernommen, dem neugegründeten Land eine vorläufige Verfassung zu geben, begannen die Arbeiten an der nordrhein-westfälischen Landesverfassung.[236] Daraufhin leitete das Innenministerium am 30. November 1946 einen vorläufigen Entwurf an die Regierung, der vom damaligen Innenminister, Walter Menzel (SPD)[237], erarbeitet worden war. Nach eingehenden Beratungen im Kabinett wurde dieser als Regierungsentwurf am 23. Januar 1947 in den Landtag eingebracht, welcher ihn an den Verfassungsausschuß verwies, der am 27. Februar 1947 zusammentrat.[238] Es kam diesbezüglich noch im März 1947 zu einem Treffen zwischen Vertretern des Innenministeriums und der britischen Militärregierung; jedoch zu einer abschließenden Beratung des Verfassungsentwurfes im Landtag kam es nicht mehr, da seine Legislaturperiode im März 1947 zu Ende ging.

Erst nach der Landtagswahl im April 1947 wurde eine erneute Ausarbeitung eines Verfassungsentwurfes begonnen. Die dort erarbeiteten sogenannten Referentenentwürfe sind nach einer von der britischen Militärregierung geforderten Überarbeitung durch Walter Menzel dem Regierungskabinett zugeführt und dort seit dem Herbst 1947 weiter beraten worden. Der Ministerpräsident leitete den überarbeiteten Text am 15. November 1947 als Entwurf Menzels[239] dem Landtag zu, wo er am 27. November 1947 verhandelt wurde. Sowohl die KPD als auch die FDP legten alternative Entwürfe zu dem der Regierung vor. Auch andere Interessenverbände, u. a. die Gewerkschaften und die Kirchen hatten sich bereits zu Wort gemeldet, um ihren Einfluß auf den Vorgang der Verfassungsgebung geltend zu machen.[240] Die Verfassungsdiskussion wurde so geführt, daß eine relativ breite Öffentlichkeit beteiligt wurde.

---

236 Vgl. Kringe, aaO., 28.
237 Zur Person Menzels vgl. Kringe, aaO., 153ff.
238 AaO., 28.
239 Walter Menzel, Entwurf einer Verfassung für das Land Nordrhein-Westfalen (15. November 1947). Text bei Pfetsch, Verfassungsreden und Verfassungsentwürfe, 541-556 (541). Zum Entwurf von Walter Menzel vgl. Kringe, Machtfragen, 177ff.
240 Vgl. aaO., 30f.; vgl. aaO., 201ff; 249ff. Zu den Interessenverbänden vgl. aaO., 41ff.

Der Entwurf Menzels wurde, nachdem er in der folgenden Beratung im Landtag u. a. von Konrad Adenauer heftig kritisiert worden war[241], an den gewählten Verfassungsausschuß überwiesen. Dort dauerten die Beratungen auf der Grundlage dieses Entwurfes bis zum Frühsommer 1948 an.

Da sich die Einsetzung des Parlamentarischen Rates und die Gründung der Bundesrepublik Deutschland bereits abzeichneten, wurden die Beratungen nun unterbrochen.[242]

Nachdem am 23. Mai 1949 das Grundgesetz für die Bundesrepublik beschlossen worden war, faßte der Landtag am 20. Juli 1949 den Beschluß, die Landesregierung zu ersuchen, die Ausarbeitung einer Landesverfassung auf der Grundlage der bisherigen Arbeiten und unter Berücksichtigung des Grundgesetzes für die Bundesrepublik Deutschland fortzuführen. Demgemäß leitete das Innenministerium seine Vorschläge an das Kabinett weiter, wobei Menzel (SPD) sich im wesentlichen an seinem Entwurf von 1947 orientierte. Im Kabinett der großen Koalition machten sich zu diesem Zeitpunkt schon politische Spannungen bemerkbar, so daß der Ministerpräsident Karl Arnold[243] (CDU) eigene Vorschläge vorlegte. Im Laufe der Debatten in den Kabinettssitzungen des Monats September, die auf der Grundlage dieser beiden Entwürfe geführt wurden, kam es zu dem in der Verfassungsgebung der Länder einmaligen Fall, daß ein Regierungsentwurf in einer Mehrheits-[244] und in einer Minderheitsfassung[245]

---

241 Vgl. Konrad Adenauer (CDU), NRW, 27. November 1947, Landtag, 1. Wahlperiode, 20. Sitzung. Text bei Pfetsch, Verfassungsreden und Verfassungsentwürfe, 271-280.

242 Es erschien den Mitgliedern der verfassunggebenden Organe wohl zweckmäßiger, die Verfassungsrechtsentwicklung der kommenden Bundesrepublik abzuwarten. Außerdem war eine erhebliche Zahl der Mitglieder der verfassunggebenden Organe der Landesverfassung auch in den entsprechenden Gremien, die das Grundgesetz erarbeiten sollten, vertreten, was einen erheblichen Zeitaufwand verlangte. Vgl. Kleinrahm, Verfassung und Verfassungswirklichkeit in Nordrhein-Westfalen, 314; Kringe, Machtfragen, 30.

243 Karl Arnold, Verfassungsentwurf (1949). Text bei Pfetsch, Verfassungsreden und Verfassungsentwürfe, 557-570 (557). Im einzelnen dazu: Kringe, Machtfragen, 260-267. Zur Person Arnolds vgl. aaO., 159ff. Karl Arnold berücksichtigte bei seinem Entwurf auch einen umfangreichen Forderungskatalog der katholischen Kirche, indem diese u.a. auch Vorschläge für eine Präambel machte. Vgl. Grundsätzliche Darlegungen und Forderungen der Erzbischöfe von Köln und Paderborn, des Bischofs von Aachen und des Kapitularvikars von Münster zur Verfassung des Landes Nordrhein-Westfalen. Text bei Pfetsch, Ursprünge der Zweiten Republik, 144-149. Vgl. Schewick, Entstehung, 31ff.

244 Entwurf von Arnold.

245 Entwurf von Menzel.

verabschiedet wurde. Diese Regierungsentwürfe wurden dem Landtag zugeführt, der sie nach der ersten Lesung am 14. Dezember 1949 an den Verfassungsausschuß überwies.[246]

Dieser beriet die Verfassungsentwürfe in 23 Sitzungen seit dem 31. Januar 1950 bis Ende April 1950. Am 25. April 1950 wurde die zweite Lesung im Landtag abgeschlossen. Nach weiteren sieben Sitzungen des Verfassungsausschusses bis zum 27. Mai 1950 fand die dritte Lesung des Verfassungsentwurfes am 5. und 6. Juni 1950 statt. In der folgenden Abstimmung wurde die Landesverfassung mit 110 gegen 97 Stimmen angenommen[247], im Rahmen der Landtagswahl am 18. Juni 1950 zum Volksentscheid gestellt und in diesem mit 3,627 gegen 2,240 Millionen Stimmen von der nordrhein-westfälischen Bevölkerung gebilligt.[248] Die Verfassung ist am 11. Juli 1950 in Kraft getreten.

An der Spitze den Verfassung für das Land Nordrhein-Westfalen steht seitdem eine Präambel mit folgendem Wortlaut:

»In Verantwortung vor Gott und den Menschen, verbunden mit allen Deutschen, erfüllt von dem Willen, die Not der Gegenwart in gemeinschaftlicher Arbeit zu überwinden, dem inneren und äußeren Frieden zu dienen, Freiheit, Gerechtigkeit und Wohlstand für alle zu schaffen, haben sich die Männer und Frauen des Landes Nordrhein-Westfalen diese Verfassung gegeben.«[249]

Die Formulierung des Gottesbezuges in dieser Form ist relativ spät als Ergebnis eines Kompromisses in die Präambel aufgenommen worden. Sie fand sich nicht im Entwurf Menzels von 1947[250] und auch nicht in den Entwürfen der KPD und der FDP von 1947[251].

Erst der Entwurf einer Präambel von Arnold beinhaltete einen Gottesbezug, der damit dem schon 1947 von der katholischen Kirche geäußerten Wunsch entsprach, eine zukünftige Präambel müsse zum Ausdruck bringen,

246 Vgl. Kringe, Machtfragen, 32; Pfetsch, Ursprünge der Zweiten Republik, 447.

247 Die 110 Stimmen für die Landesverfassung setzten sich zusammen aus den Stimmen von CDU und Zentrum. Die 97 Gegenstimmen setzten sich zusammen aus den Stimmen von SPD, FDP und KPD. Vgl. Kleinrahm, Verfassung, 315. Eine genauere Aufschlüsselung findet sich bei Kringe, Machtfragen, 545.

248 Vgl. Kleinrahm, Verfassung und Verfassungswirklichkeit in Nordrhein-Westfalen, 315. Für genauere Zahlen vgl. Kringe, Machtfragen, 546. Zur genauen Interpretation der Zahlen vgl. aaO., 545ff.

249 Zitiert nach Schuster, Länderverfassungen, 345. S.u. Anhang I.

250 Im einzelnen vgl. Kringe, Machtfragen, 361.

251 Texte abgedruckt bei Kringe, aaO., 362.

»daß sie [sc. die Verfassung] auf der Grundlage des gottgegebenen Rechtes errichtet wird«[252]. Arnolds Entwurf für die Präambel hatte folgenden Wortlaut:

»In Verantwortung vor Gott haben sich die deutschen Männer und Frauen dieses Landes die folgende Verfassung gegeben«[253].

Der Regierungsentwurf vom November 1949 sah schließlich eine Präambel für die Verfassung vor, in dem der Gottesbezug am Ende vorgesehen war:

»Verbunden in dem Willen, Not und Elend der jüngsten Vergangenheit in gemeinschaftlicher Aufbauarbeit zu überwinden, haben sich die deutschen Männer und Frauen dieses Landes im Bewußtsein ihrer Verantwortung vor Gott und den Menschen die folgende Verfassung gegeben.«[254]

Bereits in der ersten Lesung im Verfassungsausschuß wurde diese Vorlage wegen des Fehlens von Staatszielen und einem zu starken Gegenwartsbezug von den Fraktionen der SPD und FDP als »wenig glücklich« bezeichnet.[255] Die Abgeordneten des Zentrums meldeten sich lediglich zu Wort mit dem Antrag, daß die Verfassung gemäß einem christlichen Staatsverständnis doch besser mit der Bezugnahme auf Gott beginnen solle.[256] Der Abgeordnete Herbert Scholtissek (CDU) schlug dementsprechend vor, man solle sagen, »daß wir uns hier im Bewußtsein unserer Verantwortung vor Gott, als dem Urgrund allen Rechts, diese Verfassung gegeben haben«[257]. Dieser Vorschlag verzichtete noch auf die von seiten der FDP angeratene Ergänzung »Verantwortung vor Gott *und den Menschen*«.[258]

Die CDU knüpfte an diesem Punkt an und bemängelte eine zu geringe metaphysische Ausrichtung der von der Regierung vorgeschlagenen Präambel, denn diese solle eindeutig ein christliches Staats- und Verfassungsverständnis

252 Grundsätzliche Darlegungen und Forderungen der Erzbischöfe von Köln und Paderborn, des Bischofs von Aachen und des Kapitularvikars von Münster zur Verfassung von Nordrhein-Westfalen. Zitiert nach Pfetsch, Ursprünge der Zweiten Republik, 144. Schon 1947 hatten die Bischöfe bedauert, daß in dem ersten Entwurf von Menzel »der Name Gottes überhaupt nicht erwähnt« (ebd.) wird.

253 Zitiert nach Kringe, Machtfragen, 363; vgl. Pfetsch, Verfassungsreden und Verfassungsentwürfe, 557.

254 Zitiert nach Kringe, Machtfragen, 363. Mehrheiten- und Minderheitenentwurf der Präambel sind identisch.

255 Vgl. aaO., 364f.

256 Vgl. aaO., 365.

257 Zitiert nach Beutler, Staatsbild, 179.

258 Vgl. ebd.

zum Ausdruck bringen. Der CDU-Abgeordnete Georg Jöstingmeier führte dementsprechend am 14. Dezember 1949 aus:

»Wir sollten in diesem Land mit einer uralten christlichen Tradition und Kultur, die wir zu schützen und zu pflegen haben, mit einer Bevölkerung, die in ihrer großen Mehrheit gläubig und treu auf dem Boden des Christentums steht, wir sollten mit allem Freimut und nach dem Vorbild vieler anderer Verfassungen im Namen Gottes beginnen, der allein der Urgrund und der Schöpfer allen Rechtes und aller staatlichen Ordnungen ist.«[259]

Scholtissek schlug dafür eine entsprechende Formulierung vor, die dann im Mittelpunkt der Diskussion stand. Der Gottesbezug stand in seiner Vorlage am Anfang der Präambel in folgender Formulierung: »In der Verantwortung vor Gott, dem Urgrund des Rechtes und der Staatsgewalt (...).«[260] Das Anliegen der CDU von der Ausrichtung der Präambel an einer christlichen Staatstheorie bekräftigte am 24. April 1950 Jöstingmeier (CDU) durch das Votum:

»Hier wird also Gott an den Anfang der Verfassung gesetzt, Gott als der Urgrund des Rechts und der staatlichen Ordnung. Diese Präambel steigt zu den letzten metaphysischen Gründen auf und verweist auf die letzte jenseitige Ursache aller Staatsgewalt, die sowohl den Volkswillen als auch die Staatsgewalt an die ewigen Ordnungen des allmächtigen Gottes bindet. (...) Diese metaphysische Fassung der Präambel erscheint uns deshalb notwendig, weil die Regierungsvorlage im Art. 2 gesagt hat: 'Die Staatsgewalt geht vom Volke aus.' Dieser Satz hat auch in der Weimarer Verfassung gestanden und vielfach im christlichen Volk Ärgernis erregt, aber wenn man in der Präambel zum Ausdruck bringt, daß Gott der Urgrund des Rechts und der staatlichen Ordnung ist, kann man damit einverstanden sein, daß im Art. 2 gesagt wird, 'Die Staatsgewalt geht vom Volke aus.' Damit ist dann klargestellt, daß es sich im Artikel 2 nur um eine rein staatsrechtliche Bestimmung handelt.«[261]

Die Ausführungen, die eine Staatsauffassung nach christlicher Prägung in der Präambel verbindlich zu machen suchten, wurden nicht von allen anderen Parteien konzediert. Die SPD votierte für eine verkürzte Form der Präambel, die zwar eine Anerkennung des religiösen als allgemein sittlichen Wert implizierte, jedoch sprach sich die Fraktion gegen die Implikationen eines christlichen Staatsbildes aus.[262] Diesbezüglich führte der Abgeordnete Heinz Kühn (SPD) aus:

»Die überwiegende Mehrzahl der Sozialisten erkennt im Religiösen, unabhängig von seiner konfessionellen Prägung, einen Eigenwert, eine im letzten Grund unzerstörbare Kraft, einen

---

259 Jöstingmeier (CDU), am 14.12.1949. Zitiert nach Kringe, Machtfragen, 365.
260 Zitiert nach Kringe, aaO., 363.
261 Zitiert nach Beutler, Staatsbild, 180.
262 Vgl. ebd.

unverzichtbaren sittlichen Wert. Wir Sozialdemokraten haben deshalb auch der Formulierung in der Präambel (...) 'In der Verantwortung vor Gott' (...) unsere Zustimmung gegeben.«[263]

Die KPD lehnte die Präambel wegen ihrer weltanschaulichen Implikationen grundsätzlich ab, während die Abgeordneten der FDP den Vorschlag Menzels von 1947 als richtungsweisend beurteilten. Jedoch befürworteten sie auch die von CDU und DZP intendierte Aufnahme des Gottesbegriffs am Anfang der Präambel.[264] Schließlich brachte die FDP die endgültige Kompromißformel ein.[265] Zwischen den Fraktionen der CDU, SPD und FDP (mit Ausnahme der KPD) zeichnete sich nun ein Kompromiß ab.

Im Landtag wurde schließlich Verständigung erzielt, wobei die Formulierung »Verantwortung vor Gott« gemäß den Forderungen von CDU und DZP an den Anfang gestellt wurde, und die Ergänzung »und den Menschen« erhielt, wie es die FDP beantragt hatte.[266] Wolfgang Kringe zufolge konnten demnach »mit Ausnahme der KPD (...) alle Fraktionen des Landtags ihre allgemeinen und generellen verfassungstheoretischen Konzeptionen und Interpretationen, wenn auch nur zum Teil, in der [endgültigen Fassung der] Präambel der Landesverfassung wiederfinden«[267]. Beutler bezeichnet die zuletzt beschlossene Präambel ebenfalls als das

»Ergebnis eines Kompromisses, nämlich des Wunsches, diese Formel verbindlicher im Sinne der Geltung christlicher Normen zu gestalten, und der Ablehnung eines solchen Versuches aus Sorge, Minderheiten nicht zu berücksichtigen, obwohl die Verfassung für alle Staatsbürger da sein solle«[268].

Schließlich bedeute der Verzicht auf die weitergehende Formulierung, Gott als Urgrund des Rechtes zu bezeichnen, »daß der Versuch, ein christliches Staatsbild bereits in der Präambel der Verfassung zu verankern, erfolglos war«[269]. Damit war der Erfolg der Aufnahme des Gottesbezuges davon abhängig ge-

---

263 Zitiert nach ebd.
264 Kringe, Machtfragen, 367.
265 Vgl. Beutler, Staatsbild, 180.
266 Hierbei handelte es sich wahrscheinlich um eine bewußte Anlehnung an die Formulierung des Grundgesetzes.
267 Kringe, Machtfragen, 368.
268 Beutler, Staatsbild, 179.
269 AaO, 181.

macht worden, daß der Begriff »Gott« hier gerade nicht schon mit dem christlichen Gott identifiziert wurde.[270]

3.5. Verfassung des Saarlandes vom 15. Dezember 1947

Die geltende Verfassung des Saarlandes stellt das einzige Beispiel einer Verfassung dar, in der eine Präambel mit Gottesbezug per Volksentscheid aufgehoben wurde. Das hängt mit der besonderen Situation des Saarlandes nach dem Zweiten Weltkrieg zusammen[271], denn nun nahm die französische Regierung ihre alten Saarpläne von 1919 wieder auf, die dortigen Kohlevorkommen zu sichern. Das Saargebiet, das bereits 1946 aus der französischen Besatzungszone ausgegliedert und so dem Einflußbereich des alliierten Kontrollrates entzogen wurde, sollte politisch autonom, wirtschaftlich aber von Frankreich abhängig sein. Die am 6. und 8. November verabschiedete Verfassung mußte wesentliche Vorgaben der französischen Regierung berücksichtigen. Die Verfassung wurde am 17. Dezember 1947 verkündigt und trat am gleichen Tag in Kraft. Am Ende ihres ausführlichen Präambeltextes findet sich ein Gottesbezug in der Formulierung: »(...) in Ehrfurcht vor Gott (...)«[272].

Das Saarabkommen vom 23. Oktober 1954, das zwischen Frankreich und der Bundesrepublik ausgehandelt worden war, welches das Saarland enger an Frankreich binden sollte, wurde in einer Volksabstimmung am 23. Oktober 1955 mit einer Zweidrittelmehrheit der Stimmen von der Bevölkerung des Saarlandes abgelehnt. Erst am 27. Oktober 1956 wurde der Saarvertrag zwischen Deutschland und Frankreich abgeschlossen, der die Eingliederung des Saarlandes in die Bundesrepublik Deutschland festlegte. Im Zusammenhang einer Verfassungsnovelle im Saarland entschied man sich für eine grundsätzliche Geltung der bestehenden Verfassung, wobei alle Bestimmungen, die im Widerspruch zum Grundgesetz standen und die nun obsolet geworden waren, aus der

---

270 Das ist darum interessant, weil in Nordrhein-Westfalen etwa 95 Prozent der Bevölkerung sich einer der beiden großen christlichen Kirchen zugehörig fühlten. Vgl. Kringe, Machtfragen, 74.

271 Im einzelnen vgl. Pfetsch, Ursprünge der Zweiten Republik, 451ff; Stöber, Verfassung; Thieme, Entwicklung.

272 Zitiert nach Pfetsch, Ursprünge der Zweiten Republik, 276ff; vgl. Schoepke, Präambel, 94. S.u. Anhang I.

Saarländischen Verfassung entfernt worden sind. Im Zuge dieser Verfassungsnovelle ist auch die Präambel aus der Verfassung im Anschluß an die Volksabstimmung 1955 ersatzlos entfernt worden.[273]

3.6. Verfassung des Landes Hessen vom 1. Dezember 1946

Die Verfassung des Landes Hessen vom 1. Dezember 1946 enthält zwar keinen Gottesbezug, dennoch ist innerhalb des verfassunggebenden Prozesses eine Debatte darüber gefordert worden. Z. B. bemühte sich das bischöfliche Ordinariat in Limburg um eine Präambel mit Gottesbezug:

»In der Einleitung der Verfassung ist ausdrücklich auszusprechen, daß das Volk des Landes Groß-Hessen diese Verfassung unter Anrufung Gottes, des Schöpfers aller menschlichen Gemeinschaft und des Urhebers allen Rechtes, sich durch seine erwählten Vertreter gibt. Das Beispiel des nationalsozialistischen Systems zeigt, wohin ein Staatswesen geraten muß, das sich selbst menschlicher Willkür ausliefert und keine Bindung durch den Willen Gottes über sich anerkennt.«[274]

Und im Wiesbadener Entwurf[275] der CDU findet sich in der Präambel zwar kein direkter Gottesbezug, jedoch die Formulierung »Höchstes Ziel aller Politik ist es, das Reich Gottes auf Erden zu verwirklichen«[276].

Schon während der ersten Beratung der Verfassung am 5. September 1946 forderte der Abgeordnete August Euler (LDP) in seiner Einbringungsrede, in der Präambel der neu zu schaffenden Verfassung habe man sich darauf zu besinnen, »daß unsere Arbeit von dem Bewußtsein unserer Verantwortung vor Gott getragen wird«[277]. Der Abgeordnete Erich Köhler (CDU), der auch schon bei der ersten Beratung ähnlich votiert hatte wie Euler[278], stellte am 24. September 1946 im Verfassungsausschuß einen Präambelentwurf zur Abstimmung, der dem Gottesbezug in folgender Weise Ausdruck verlieh:

---

273 Vgl. Schoepke, Präambel, 95ff; Behrendt, Gott im Grundgesetz, 11; Pfetsch, Ursprünge der Zweiten Republik, 452f.

274 Denkschrift des Bischofs von Limburg, 29. April 1946, Text bei: Berding/Lange, Dokumentation, Dokument 9, 59.

275 Text bei Berding/Lange, aaO., Dokument 25, 300-310.

276 AaO., 300.

277 Erste Lesung im Parlament, Sitzung vom 5.8.1946, Text bei Berding/Lange, aaO., Dokument 40, 447.

278 Erich Köhler (CDU), Text bei aaO., 426.

»In der Überzeugung, daß Deutschland nur als demokratisches Gemeinwesen eine Gegenwart und Zukunft haben kann, hat sich Hessen im Bewußtsein unserer Verantwortung vor Gott als dem Schöpfer allen Rechts (...) diese Verfassung gegeben.«[279]

Bei der folgenden Abstimmung wurde dieser Vorschlag knapp mit zwölf gegen zehn Stimmen abgelehnt.[280]

3.7. Verfassungsdebatte in Niedersachsen - Aufnahme einer Präambel mit Gottesbezug

Wie sehr auch in der fortgeschrittenen pluralistischen und säkularisierten Gesellschaftsform der Bundesrepublik die Aufnahme des Gottesbezuges in die Präambel eine Verfassungsdiskussion prägen kann, verdeutlichen die Entstehungsbedingungen der neuen Niedersächsischen Verfassung, die am 1. Juli 1993 in Kraft getreten ist und damit das provisorische Organisationsstatut von 1951 abgelöst hat. Diese Verfassung wurde nach heftigen Debatten um einen Gottesbezug zunächst ohne einen Vorspruch verabschiedet. Erst infolge einer Volksinitiative wurde dieser Verfassung dann ein Jahr später eine Präambel mit Gottesbezug vorangestellt - ebenfalls nach heftigen und lange anhaltenden Debatten in den entsprechenden Ausschüssen und im Parlament.

Wegen der Besonderheit der Zusammenhänge und dem Aktualitätswert der Debatte soll diese nun etwas ausführlicher dargestellt werden.

3.7.1. Die Vorläufige Niedersächsische Verfassung vom 13. April 1951

Aufgrund der Verordnung Nr. 55 der Militärregierung des Britischen Kontrollgebietes wurde mit Wirkung vom 1. November 1946 durch eine Zusammenlegung der Länder Braunschweig, Hannover, Oldenburg und Schaumburg-Lippe das Land Niedersachsen geschaffen.[281] Ein vom Militärgouverneur ernanntes Ministerium fungierte unter dem Vorsitz von Heinrich Wilhelm Kopf. Ein ernannter Landtag[282], der am 9. Dezember 1946 zu seiner konstituierenden Sit-

---

279 Die Kampfabstimmungen im Verfassungsausschuß, Sitzung vom 26. September 1946, Text bei Berding/Lange, Dokumentation, Dokument 51, 832.

280 Vgl. ebd.

281 Im einzelnen vgl. Korte, Verfassung, 1986.

282 Er bestand aus 86 Abgeordneten: SPD (38), CDU (20), NLP, später DP (17), FDP (6), KPD (4), DZP (1).

zung zusammentrat erarbeitete mit Rücksicht auf seinen provisorischen Charakter keine Verfassung, sondern verabschiedete lediglich das von der Regierung am 10. Dezember eingebrachte »Gesetz zur vorläufigen Ordnung der Niedersächsischen Landesgewalt«, das nach der Billigung durch den britischen Gebietsbeauftragten am 11. Februar 1947 in Kraft trat. Dieses Gesetz stellte lediglich ein Organisationsstatut dar, welches sich an der Weimarer Reichsverfassung und an der Verfassung des Freistaates Preußen von 1920 orientierte. Es grenzte die Befugnisse des Landtages sowie der Zentralbehörden ab. Seine Geltung war zunächst bis zum 31. Dezember 1947 begrenzt; da die Verabschiedung einer Landesverfassung sich aber verzögerte, wurde dieses Statut sechsmal verlängert.[283]

Auf der Grundlage eines Landeswahlgesetzes vom 31. März 1947 und eines Gesetzes über den Niedersächsischen Landtag vom 14. April 1947 fanden am 20. April 1947 die Landtagswahlen statt, welche auf der Kombination eines relativen Mehrheits- und eines Verhältniswahlrechts beruhten. Der gewählte Landtag[284] sollte gemäß den Bestimmungen des britischen Gebietsbeauftragten eine Verfassung für das Land Niedersachsen erarbeiten. Erste Initiativen dazu gingen von der FDP-Fraktion aus, die bereits am 7. September 1947 den »Entwurf eines Landesgrundgesetzes für Niedersachsen« vorlegte, welcher bei den späteren Verfassungsberatungen aufgrund seiner mangelnden Ausarbeitung wieder zurückgezogen wurde. Größere Bedeutung erlangte die Vorlage der DP zu einem »Niedersächsischen Staatsgrundgesetz« vom 9. Dezember 1947, welcher durch einen »stark ethischen Zug christlicher Grundhaltung im Sinne einer konservativen Sozialstaatlichkeit«[285] gekennzeichnet war.[286] Seit dem Frühjahr 1947 begann auch die Regierungsseite mit der Ausarbeitung von Verfassungsentwürfen, wozu u. a. ein Entwurf des Ministerpräsidenten Kopf vom Sommer 1947 gehörte.

Die Arbeiten an der Verfassung wurden unterbrochen, als sich die Bildung einer neuen Zentralgewalt abzeichnete und die Verhandlungen über das Grundgesetz begannen. Erst nach dessen Verabschiedung wurden die Vorarbeiten für

---

283 Vgl. Korte, Verfassung, 10ff.

284 Sitzverteilung nach den Landtagswahlen von 1947: insgesamt 149 Sitze; SPD (65), CDU (30), DP (27), FDP (13), KPD (8), DZP (6). Vgl. Aschoff, Gottesbezug, 22.

285 Korte, Verfassung, 44f.

eine niedersächsische Verfassung vor allem auf Referentenebene und im Staatsministerium im Sommer 1949 wieder aufgenommen.[287] Aus diesen Arbeiten ging ein Regierungsentwurf hervor, welcher dem Landtag am 26. Mai 1950 zugeleitet, dort am 6. September 1950 ausführlich beraten und als Regierungsvorlage zusammen mit den Entwürfen der DP von 1947 an den Verfassungsausschuß überwiesen wurde.

Der Verfassungsausschuß[288] beriet die Verfassung unter dem Vorsitz des SPD-Abgeordneten Robert Hoffmeister in drei Sitzungsperioden[289].
Das Plenum beriet über die Verfassung am 7. und 8. März 1951 in zweiter und am 29. und 30. März 1951 in dritter Lesung. Die namentliche Schlußabstimmung am 3. April 1951 ergab folgendes Ergebnis: von 138 abgegebenen Stimmen votierten 107 mit ja, 28 mit nein, drei Abgeordnete enthielten sich der Stimme[290]. Die Verfassung wurde am 13. April 1951 verkündet und trat am 1. Mai 1951 in Kraft.

Sie stellte ebenfalls eher ein Organisationsstatut dar, denn sie regelte im wesentlichen die Bildung und die Kompetenzen der Staatsorgane sowie die institutionellen Bedingungen der Staatsfunktionen und führte überdies keinen Grundrechtskatalog an. Die Verfassung hatte keine Präambel, im Gegensatz zu den Verfassungsentwürfen, die 1947 diskutiert wurden.[291] Im »Entwurf für die Verfassung des Landes Niedersachsens« von Heinrich Kopf (SPD) vom Sommer 1947 steht eine Präambel ohne Gottesbezug, doch findet sich hier eine Formulierung, die in die gleiche Richtung weist:

»(...) Es [sc. Das Volk von Niedersachsen] macht sich und den kommenden Geschlechtern zur heiligen Verpflichtung, dafür zu sorgen, dass der Mensch an religiöse und sittliche Werte gebunden bleibt, das ewige und unabänderliche Gesetz niemals verletzt wird (...).«[292]

---

286 Vgl. Aschoff, Gottesbezug, 22.
287 Vgl. ebd.
288 Mitgliederverteilung: SPD (5); CDU (2); DP (2); FDP (1); KPD (1); DZP (1). Vgl. Aschoff, aaO., 23.
289 (1) 21.9.1950 bis 28.11.1950; (2) 11.1.1951 bis 9.2.1951; (3) 14.03.1951 bis 14.03.1951. Vgl. Aschoff, ebd.
290 Vgl. ebd. Die Nein-Stimmen verteilten sich folgendermaßen: DP/CDU (20), KPD (7), FdU (1). Vgl. ebd.
291 Vgl. aaO., 21ff.
292 Zitiert nach Pfetsch, Verfassungsreden und Verfassungsentwürfe, 513.

In der Präambel des »Entwurfes eines Niedersächsischen Staatsgrundgesetzes« der Deutschen Partei vom 9. Dezember 1947 findet sich im Gegensatz zu dem Regierungsentwurf ein Gottesbezug in der Formulierung »Im Bewußtsein seiner Verantwortung vor Gott (...)«[293]. An der Formulierung hatte Wilhelm Heile, der später Mitglied im Parlamentarischen Rat wurde, wesentlichen Anteil. Im Verfassungsausschuß setzte er sich am 21. September 1950 energisch für seinen Vorschlag ein, denn eine Präambel gehöre zu den integralen Bestandteilen einer Verfassung, damit deren Charakter als Staatsgrundgesetz zum Ausdruck komme.[294] Die übrigen Parteien hatten sich mit der Frage nach einer Präambel nicht beschäftigt, so daß sich an dieser Stelle eine heftige Debatte entwickelte, in welcher der Abgeordnete Böhme votierte, eine Präambel für die zu schaffende Verfassung erübrige sich, denn die Präambel des Grundgesetzes sei - wie die Grundrechte in ihm - »so schön und klar und vor allem auch so verbindlich für alle formuliert«[295], daß sich eine Wiederholung in der Niedersächsischen Verfassung erübrige. Ähnlich wie der CDU-Abgeordnete Bernhard Pfad sah er durch eine mögliche Präambel die »nüchterne« und »sachliche« Sprache des Regierungsentwurfes beeinträchtigt. Auf Empfehlung des Abgeordneten Georg Strickroth (CDU) stellte der Verfassungsausschuß die Beratungen zur Präambel bis zum Schluß zurück.[296]

»Dann können wir auch die Frage entscheiden, ob unser Verfassungswerk geeignet ist, in der Öffentlichkeit und in den Schulen eine erzieherische Aufgabe zu erfüllen. Wenn wir das dann wollen, wenn unsere Verfassung alsdann dafür geeignet erscheint, sollten wir ihr eine Präambel geben.«[297]

Am Ende der ersten Lesung kam der Verfassungsausschuß am 28. November auf die Frage nach einer Präambel zurück. Lediglich Heile hielt daran fest, während die Sprecher der SPD, Böhme, und der CDU, Werner Hofmeister, sich die Argumentation des Regierungsvertreters, Danckwert, zu eigen machten, der die Aufnahme einer Präambel mit dem vorläufigen Charakter der Verfassung für unvereinbar hielt und damit einen in der Verfassung verankerten Hinweis ver-

293 Zitiert nach Pfetsch, aaO., 629. Dieser Text wurde später im DP-Vorschlag für die Präambel des Gundgesetzes wieder aufgenommen. Im einzelnen s.o. I.2.1.
294 Vgl. Aschoff, Gottesbezug, 24.
295 Zitiert nach ebd.
296 Vgl. aaO., 24f.
297 Abgeordneter Strickroth (CDU) im Verfassungsausschuß. Zitiert nach aaO., 25.

meiden wollte, daß die Verfassungsgebung mit einer Aufforderung der Besatzungsmacht begonnen hatte.[298]

Im Verlauf der zweiten Lesung im Verfassungsausschuß kamen die DP-Abgeordneten noch zweimal auf die Präambel zurück. Georg Koderich (DP) bezeichnete die Präambel für seine Partei »in gewissem Sinne [als] eine conditio sine qua non, weil es hier das einzige Mal ist, wo wir von unserer christlichen westlichen Weltanschauung aus den Begriff Gott erwähnen, der sonst in der ganzen Verfassung überhaupt nicht auftaucht«[299]. Dennoch herrschte unter der Ausschußmehrheit der Konsens, eine Präambel nicht mehr in Betracht zu ziehen. Von seinem Fraktionskollegen Johannes Harms erhielt Koderich den Rat, sein Anliegen einstweilen nicht weiterzuverfolgen, indem der auf die Möglichkeit einer weiteren Behandlung der Frage im Plenum hinwies, falls »die Fraktion glaubt, auf eine Präambel nicht verzichten zu können«[300].

Im Plenum sahen die Fraktionen von derartigen Anträgen ab, so daß das Parlament im wesentlichen den Ausführungen des Berichterstatters Böhme zustimmte, als dieser am 7. März 1951 bei der zweiten Lesung des Verfassungsentwurfes die Gründe für den Verzicht auf eine Präambel darlegte:

»Es fehlen überhaupt die großen Worte, das Pathos und die Feierlichkeit, mit der nach Meinung mancher guten alten Demokraten eine Verfassung ausgestattet sein müßte. Der Verfassungsausschuß betrachtet das Fehlen aller dieser Dinge nicht als einen Mangel, sondern als einen Vorzug (...). Wir haben uns ganz bewußt dem ausgeprägten Gefühl für Nüchternheit und Sachlichkeit (...) angepaßt und halten das angesichts unserer außenpolitischen Situation und unserer innenpolitischen Not für angemessen. Der ganze Stil des Entwurfes ist deshalb knapp, klar und sachlich. Eine Präambel würde ein so starkes Pathos in die Verfassung bringen, daß das schon schlechterdings mit dem Worte 'vorläufig', das in der Überschrift steht, nicht vereinbar wäre.«[301]

Nach langen Verhandlungen in den verschiedenen Ausschüssen und im Plenum einigte man sich demgemäß darauf, ganz auf eine Präambel zu verzichten, um damit dem provisorischen Charakter der Verfassung gerecht zu werden. Schließlich war die verfassunggebende Gewalt eingeschränkt durch die Besatzungsmächte, war das Land Niedersachsen in seinem territorialen Bestand beschnitten, und war die Verfassung des Landes Niedersachsen an das Schicksal

298 Vgl. ebd.
299 Zitiert nach ebd.
300 Zitiert nach ebd.

des Grundgesetzes gebunden.[302] Das Fehlen der Präambel in der endgültigen Verfassung von 1951 ist demnach auf die besondere Situation Niedersachsens zurückzuführen.[303] In ihrem Titel trug die Verfassung von 1951 den Begriff »*vorläufig*«. Sie bestimmte in Art. 61 Abs. 2, daß sie ein Jahr nach Ablauf des Tages, »an dem das Deutsche Volk in freier Entscheidung eine Verfassung beschließt«, außer Kraft tritt.[304]

3.7.1. Die Niedersächsische Verfassung vom 19. Mai 1993 und ihre Novellierung

Mit dem Beitritt der ehemaligen DDR zum Geltungsbereich des Grundgesetzes und der damit verbundenen Revision des Grundgesetzes wurde der Art. 61 Abs. 2 der Niedersächsischen Verfassung aktuell, und der Landtag entschloß sich zu einer umfassenden Verfassungsreform. Darum beauftragte der Niedersächsische Landtag am 10. Oktober 1990[305] einen Sonderausschuß mit der Erstellung eines Entwurfes für eine neue Landesverfassung. Die neue Verfassung sollte die 'Vorläufige Niedersächsische Verfassung' ersetzen.[306]

Der Sonderausschuß[307] konstituierte sich am 20. November 1990 unter Vorsitz des CDU-Abgeordneten Edzard Blanke und beschäftigte sich zunächst mit Anhörungen von Sachverständigen[308] sowie Vertretern verschiedener Organisationen und Interessenverbände, darunter die öffentlich-rechtlichen Religi-

---

301 Niedersächsischer Landtag, Stenographischer Bericht vom 7. März 1951. Zitiert nach aaO., 25f.

302 Im einzelnen vgl. Aschoff, Gottesbezug, 21ff.

303 Vgl. Schoepke, Präambel, 65. (1) Beschränkung der verfassunggebenden Gewalt durch die Besatzungsmächte. (2) Berücksichtigung der Tatsache, daß Niedersachsen in seinem territorialen Bestand infolge der Zonengrenzziehung um die Gebiete beschnitten, die seit 1945/46 zur sowjetischen Besatzungszone gehörten. (3) Verfassungsmäßige Beschränkung durch das Grundgesetz.

304 Vgl. Brockmann, Verfassungsänderung, 42.

305 Vgl. Niedersächsischer Landtag, 7. Sitzung, 10. Oktober 1990; vgl. Niedersächsischer Landtag, LT-Dr. 12/42; 12/259.

306 Vgl. Niedersächsischer Landtag , Protokoll 12/Bd. 1, 480-486.

307 Im gehörten Mitglieder von SPD (8), CDU (7), den Grünen (1) und der FDP (1).

308 Zu den Sachverständigen gehörten u.a. die Verfassungs- und Staatsrechtler Schneider, Starck, Schmidt-Jorzig und der Richter am Bayerischen Verfassungsgerichtshof Bäumer. Vgl. Aschoff, Gottesbezug, 28.

onsgemeinschaften.[309] Schon während der Anhörungen trugen die Vertreter der Kirchen vor, daß sie in der Verfassung eine Bezugnahme auf die »Verantwortung vor Gott und den Menschen« entsprechend der Formulierung des Grundgesetzes vorschlügen.[310] Mit dieser „Formel" sollte zum Ausdruck gebracht werden, daß auch das positive Recht einer Verfassung auf ethischen Bezügen gegründet ist, die sich menschlichem Zugriff entziehen. Als sich während der Debatten im Ausschuß abzeichnete, daß bei den Mitgliedern der Partei Bündnis 90/Die Grünen die explizite Nennung Gottes auf heftigen Widerstand stieß, legte das Katholische Büro Niedersachsen[311], eine Formulierung vor, in welcher das Wort „Gott" ausdrücklich vermieden wurde[312], »wenn es denn für einige Abgeordnete zum unüberwindlichen Anstoß werden sollte«[313].

Seit März 1992 beriet der Sonderausschuß dann verschiedene Verfassungsentwürfe der einzelnen Fraktionen. SPD und Die Grünen legten einen gemeinsamen Entwurf vor, welcher umfassende Veränderungen markierte. Dieser Verfassungsentwurf sah neben einer Vielzahl von Neuerungen einen umfassenden Katalog von Grundrechten und Staatszielen sowie eine Präambel vor, in welcher an die zur Zeit des Nationalsozialismus begangenen Gewalttaten erinnert, die Verantwortung der Deutschen betont und die Verpflichtung auf Menschenrechte festgeschrieben wurden. Der CDU-Entwurf von April 1992 dagegen intendierte eine weitgehende Aufrechterhaltung der Vorläufigen Niedersächsischen Verfassung von 1951. Er sah nur an einzelnen Stellen Einzelanregungen für Veränderungen vor und wurde aus diesem Grund auch als »Änderungsgesetz« in die Debatte eingebracht. Einen knappen Umfang wies auch der FDP-Entwurf auf, der aber an einigen wesentlichen Punkten von dem CDU-Entwurf abwich. Weder der CDU- noch der FDP-Verfassungsentwurf sahen eine Präambel vor. Das wird daraus zu erklären sein, daß man grundsätzlich an der bestehenden Verfassung festhalten wollte.[314]

309 Vgl. aaO., 28f.
310 Vgl. Brockmann, Verfassungsänderung, 43.
311 In Hannover, d. i. die Verbindungsstelle der niedersächsischen katholischen Bischöfe zur Landesregierung und zum Landtag.
312 Vgl. Brockmann, Verfassungsänderung, 43.
313 Ebd.
314 Vgl. Schriftlicher Bericht, LT-Dr. 12/5840, 128f; Aschoff, Gottesbezug, 29; 32f; Brockmann, Verfassungsänderung, 43.

Aus diesen Beratungen ging ein gemeinsamer Verfassungsentwurf hervor, der eine Präambel ohne Gottesbezug enthielt.[315] In ihrem ersten Abschnitt rekurrierte diese Präambel auf die geschichtliche Herkunft des Landes Niedersachsen aus seinen Teilen, im zweiten Abschnitt bekannte sich das Volk zu den Menschenrechten und der dritte Abschnitt nannte den Anlaß für die Verfassungsgebung in Niedersachsen, nämlich die Vollendung der Einheit und Freiheit Deutschlands.[316] Der Entwurf der Verfassung für das Land Niedersachsen, der diese Präambel enthielt, wurde dem Landtag am 18. März 1993 zur ersten Lesung vorgelegt, ausführlich beraten und zur Weiterbearbeitung in den Sonderausschuß zurückverwiesen.[317] Bis zu diesem Zeitpunkt war über die Frage eines Gottesbezuges in der Präambel der Verfassung weder im Sonderausschuß noch im Landtag debattiert worden.

Zwischen der ersten und der zweiten bzw. dritten Lesung beantragte die CDU im Sonderausschuß, den dritten Absatz des Präambelentwurfes durch die Worte »im Bewußtsein seiner Verantwortung vor Gott und den Menschen« zu ergänzen.[318] Als Begründung gaben die Fraktionsmitglieder der CDU an, daß der Landtag damit dem Wunsch der Kirchen entspreche und dem Umstand Rechnung trage, daß etwa 90 Prozent der niedersächsischen Landesbevölkerung den beiden christlichen Kirchen angehörten.[319] Im übrigen erhalte die Verfassung durch den Gottesbezug eine ethischen Fundierung:

»Auch werde mit dem Hinweis auf die Verantwortung vor Gott das ethische Fundament der Verfassung deutlich gemacht und (...) klar gestellt, daß der Mensch nicht das Maß aller Dinge sei.«[320]

Die Koalitionsfraktionen SPD und Bündnis 90/Die Grünen bekundeten daraufhin im Sonderausschuß, den gewünschten Zusatz zur Präambel nicht billigen zu können. Schließlich sei es ein Gebot der Toleranz, das gerade die Christen zu beherzigen hätten, die Verfassung so zu formulieren, daß sich mit ihr alle Bürgerinnen und Bürger identifizieren könnten, auch diejenigen, die mit der Bezug-

---

315 Vgl. Niedersächsischer Landtag, Protokoll 12/Bd.1, 486.

316 Vgl. Niedersächsischer Landtag, LT-Dr. 12/4650, 1; vgl. Brockmann, Verfassungsänderung, 43. Zu den Entwürfen der verschiedenen Parteien vgl. Aschoff, Gottesbezug, 29.

317 Vgl. Niedersächsischer Landtag, Protokoll 12/78, 7344-7367.

318 Vgl. Niedersächsischer Landtag, Protokoll 12/80, 7496.

319 Vgl. ebd.

320 Ebd.

nahme auf Gott nichts anzufangen wüßten.[321] Es wurde betont, daß die Verfassung anders- und nichtgläubige Menschen nicht ausgrenzen dürfe. Außerdem entspreche der Verzicht auf die »Anrufung Gottes«[322] der Trennung von Staat und Kirche.[323] Schließlich werde das ethische Fundament der Verfassung nicht durch irgendeine Religion, sondern durch die Fixierung der Menschenrechte und obersten Verfassungsgrundsätze garantiert.[324]

Das Ausschußmitglied der FDP, Friedrich-Theodor Hruska, enthielt sich der Stimme mit der Begründung, daß er sich persönlich in der Verantwortung vor Gott fühle, die Verankerung dieses Sachverhaltes in der Verfassung jedoch nicht für notwendig halte.[325]

Mit den Stimmen der Koalitionsvertreter (SPD und Bündnis 90/Die Grünen) wurde der Antrag schließlich abgelehnt, wobei man sich darauf verständigte, die Präambel ganz wegzulassen und die Inhalte der Absätze eins und zwei der Präambel in die Artikel eins und drei der Verfassung zu transponieren.[326] Dieser Beschluß wurde in dem Ausschuß einstimmig gefaßt.[327]

Diese Entscheidung rief bei den Vertretern der christlichen Kirchen deutliche und auch breite Enttäuschung hervor. Der Verzicht auf die Präambel wurde in Kirchenkreisen als bewußter Verzicht auf das ethische Fundament gesehen. Bedauert wurde weiterhin, daß eine öffentliche Debatte über diese Frage kaum geführt worden war. Der Zwang zur Einigung, der die Diskussion in den verschiedenen Gremien bestimmte, weil im Plenum des Landtages alle Beschlüsse mit Zweidrittelmehrheit gefaßt werden mußten, ließ die Parteien von vornherein auch in dieser Frage den kleinsten gemeinsamen Nenner suchen. Kontroverse Standpunkte wurden kaum öffentlich diskutiert. In Kirchenkreisen wurde genau das bedauert, weil viele es im Sinne der politischen Meinungsbildung für nötig hielten, grundsätzliche Fragen der Politik auch und gerade dann öffentlich zu diskutieren, wenn sie kontrovers sind. Dementsprechend lautete der Vorwurf

---

321 Vgl. ebd.

322 So die Gegner!

323 Vgl. ebd.

324 Vgl. ebd. Die wichtigsten Argumente, die in differenzierter Form ein Jahr später vorgetragen wurden (s.u. II.), wurden hier schon vorweg genannt. Vgl. Der Präsident des Niedersächsischen Landtages, Debatte.

325 Vgl. Niedersächsischer Landtag, Protokoll 12/80, 7496.

326 Vgl. ebd.

327 Vgl. Aschoff, Gottesbezug, 32f.

des Landeskatholikenausschusses Niedersachsen im Mai 1993, die Abgeordneten hätten zu schnell und unbemerkt den Kompromiß angesteuert, ohne sich und der Öffentlichkeit die Chance zu einer kontroversen Diskussion über die Frage nach den Grundlagen politischen Handelns zu ermöglichen. Heinz-Wilhelm Brockmann, Vorsitzender des Landeskatholikenausschusses Niedersachsen bemerkte dazu: »Ohnehin schien es ein Merkmal der Verfassungsdebatte in Niedersachsen zu sein, daß sie nahezu unbemerkt von der Öffentlichkeit stattfand«[328].

Es ist anzumerken, daß die Möglichkeit einer öffentlichen Diskussion gerade zu diesem Zeitpunkt gegeben war, denn in der Zwischenzeit hatten die Landtage von Sachsen-Anhalt (16. Juli 1992) und Thüringen eine Präambel mit Gottesbezug verabschiedet. Bei den Verhandlungen beider Landtage waren die Eingaben in den entsprechenden Anhörungsphasen der verfassunggebenden Organe zum Gottesbezug der Präambel zahlenmäßig die meisten. Und auch in der Gemeinsamen Verfassungskommission zur Revision des Grundgesetzes hatten einzelne Mitglieder von Bündnis 90/Die Grünen und PDS/LL beantragt, den Gottesbezug aus der Präambel des Grundgesetzes zu streichen. Dieser Antrag war von den anderen Parteien einmütig abgelehnt worden (22. April 1993). Durch die Berichterstattung verschiedener öffentlicher Medien erreichte die Frage nach einem Gottesbezug in Verfassungspräambeln bereits zu diesem Zeitpunkt eine breite Öffentlichkeit. Das animierte die Wochenzeitung DER SPIEGEL sogar dazu, eine diesbezügliche Umfrage zu organisieren, in welcher sich 59 Prozent der Befragten dafür aussprachen, daß die Präambel des Grundgesetzes einen Gottesbezug behalten solle.

Im Landtag kam es am 13. Mai 1993 bei der zweiten Lesung der Verfassung zu einer öffentliche Aussprache. Ein großer Teil der Argumente, die ein Jahr später bezüglich der Präsenz des Gottesbegriffs in der Präambel vorgetragen wurden, sind auch schon bei dieser Gelegenheit ausgetauscht worden.

Der Fraktionsvorsitzende der SPD, Johann Bruns, erläuterte die Bedenken seiner Partei gegen die Bezugnahme auf Gott. In der Frage des Gottesbezuges gehe es um eine Auseinandersetzung zwischen unterschiedlichen Kirchen- und Religionsverständnissen und um die Frage der Unterscheidung von Staat und Kirche. Er stellte fest:

»In der Frage des Gottesbezuges geht es also vielmehr um eine Auseinandersetzung zwischen unterschiedlichem Kirchen- und Religionsverständnis als zwischen Religiösen und Nichtreligiösen.«[329]

---

328 Brockmann, Verfassungsänderung, 44.

329 Vgl. Niedersächsischer Landtag, Protokoll 12/80, 7501.

Angesichts der pluralistischen Gesellschaft in Deutschland dürfe der Gottesbezug nicht in der Verfassung stehen.[330] Im übrigen ginge es bei dem Problem des Gottesbezuges in der Präambel um eine Glaubensfrage, und diese gehöre ausschließlich in den individuellen Bereich des Menschen.[331]

Der Vorsitzende der Fraktion der CDU, Jürgen Gansäuer[332], erläuterte zunächst die Gründe, die die CDU erst zu einem solch späten Zeitpunkt veranlaßt hatten, den Gottesbezug zu fordern. Die Fraktion der CDU sei grundsätzlich gegen eine Präambel in der niedersächsischen Verfassung gewesen.[333]

»Nachdem jedoch erst kürzlich im Verfassungsausschuß der Beschluß gefaßt wurde, doch eine Präambel vorzusehen, war für die Abgeordneten der CDU klar, daß diese nur dann akzeptiert werden kann, wenn in ihr ein Gottesbezug hergestellt wird.«[334]

Er stellte fest, daß menschliches Handeln nicht absolut gesetzt werden dürfe, denn der Mensch sei nicht nur sich selbst gegenüber verantwortlich.[335] Und gerade durch eine Präambel mit Gottesbezug in der Verfassung hätte deutlich werden können, »daß es Grundwerte und Normen gibt, die sich vom Christentum ableiten«[336]. Eine christliche Fundierung der Werte könne man schließlich am Grundsatzprogramm der CDU-Deutschland exemplifizieren:

»Aus christlichem Glauben läßt sich kein bestimmtes politisches Programm ableiten. Aber er gibt uns mit seinem Verständnis vom Menschen eine ethische Grundlage für verantwortliche Politik. Auf dieser Grundlage ist gemeinsames Handeln von Christen und Nichtchristen möglich.«[337]

Gansäuer stellte also ganz bewußt den Zusammenhang des Gottesbezugs mit einer ganz bestimmten weltanschaulichen Gemeinschaft, nämlich dem Christentum, her. Für die Fraktionsmitglieder der CDU habe es nur eine Alternative gegeben, entweder werde der Gottesbezug in der Präambel verankert, oder es werde keine Präambel an der Spitze der Verfassung von Niedersachsen geben. Man habe sich schließlich auf Letzteres geeinigt.[338] Durch das Fehlen der Präambel

330 Ein häufig zu findendes Argument wird vorgetragen, daß sogar Christen der eigenen Partei, die sich dem Christentum besonders verbunden fühlen, den Gottesbezug ablehnen.
331 Vgl. Niedersächsischer Landtag, ebd.
332 Vgl. aaO., 7505f.
333 Vgl. aaO., 7505.
334 Ebd.
335 Vgl. ebd.
336 Ebd.
337 AaO., 7506.
338 Vgl. ebd.

dokumentiere nun die Verfassung von Niedersachsen ihre Zustimmung zur Präambel des Grundgesetzes.[339]

Der Abgeordnete der FDP, Hruska, stellte daraufhin die Irrelevanz der Entscheidung für die Verantwortung vor Gott noch einmal heraus, indem er konstatierte, »ob wir uns in der Verfassung auf die Verantwortung vor Gott berufen oder nicht, ändert an unserer Verantwortung vor Gott nichts«[340], denn erstens stehe dieser Gottesbezug auch für Niedersachsen verpflichtend im Grundgesetz und zweitens sei die Verantwortung vor Gott größer als die Verantwortung vor der Verfassung. Bezogen auf das Christentum habe man eine Antwort schnell zur Hand. Anhand der biblischen Geschichte vom Zinsgroschen (Mt 22) machte der Abgeordnete schließlich die Irrelevanz des Gottesbezuges für das Bewußtsein der Verantwortung vor Gott deutlich.[341] »Und so meine ich, daß auch wir in unserer Verfassung dieses nicht brauchen.«[342]

Die Sprecherin von Bündnis 90/Die Grünen, Thea Dückert, unterstellte, die CDU habe geplant, kurzfristig den Gottesbezug quasi durch ein Hintertürchen in die Verfassung holen zu wollen. Beschlossen worden sei eine Verfassung mit Präambel und ohne Gottesbezug. Dies hätten alle Ausschußmitglieder unterzeichnet, auch jene Ausschußmitglieder, die der CDU angehörten. Seit kurzer Zeit wünschte nun die CDU-Fraktion eine Erweiterung der Präambel um einen Gottesbezug.[343] Das Ergebnis sei eine Verfassung ohne Präambel, wobei die Grundgehalte der ursprünglich formulierten Präambel in die Art. 1-3 der Niedersächsischen Verfassung eingebaut worden seien, was die Mitglieder von Bündnis 90/Die Grünen begrüßten, da für sie die Präambel ohnehin keinen rechtsverbindlichen Charakter habe[344]. Als Ergebnis hielt sie fest: »Die Kirche bleibt im Dorf, und es stürzt die Präambel.«[345] Ein Gottesbezug schließe sowieso nur Andersgläubige aus und widerspreche der auch von den Christen geforderten Trennung von Staat und Kirche[346].

---

339 Vgl. ebd.
340 AaO., 7509. Vgl. auch Herms, Keine Abwahl Gottes.
341 Vgl. Niedersächsischer Landtag, Protokoll 12/80, 7509.
342 Ebd.
343 Vgl. aaO., 7511.
344 Vgl. aaO., 7512.
345 AaO., 7511.
346 Vgl. aaO., 7512. Dies wird ein Jahr später Hauptargument der Gegner des Gottesbezugs sein.

Das Katholische Büro Niedersachsens, das den Gottesbezug nicht konfessionell verstehen möchte, sei an dieser Stelle inkonsequent gewesen, wenn es den Gottesbezug lediglich als Hinweis auf die Fehlbarkeit und die Begrenztheit des menschlichen Tuns verstehe.[347] »So nebensächlich (...) kann man den ausdrücklich monotheistisch formulierten Gottesbezug nicht interpretieren.«[348]

Zusammenfassend trug die Abgeordnete von Bündnis 90/Die Grünen ein Zitat von der katholischen Theologin Uta Ranke-Heinemann vor, aus welchem deutlich werde, wie in der Theologie mit dem »Gott in der Verfassung« umgegangen wird[349]:

> »Mit Gott in der Verfassung verleiht sich der Staat einen Anteil an göttlicher Würde. Das ist staatliche Anmaßung und ein Stück Blasphemie, denn der Staat mißbraucht Gott zur eigenen Machtvergrößerung. Daß der Staat sich seinerseits mißbrauchen läßt, zur Privilegierung einzelner Religionsgemeinschaften, vergrößert nur den Mißbrauch Gottes im Dienste menschlicher Vorteilsnahme. Außerdem: Von welchem Gott redet der Staat eigentlich, wenn er von Gott spricht? Redet er von dem Ein-Gott der Juden und Moslems? Redet er von dem Drei-Gott der Christen oder von einem Feld-Wald-und-Wiesen-Gott? Der Gott der Verfassung ist Schall und Rauch, eine Phrase ohne Substanz, nur eine Attrappe im allzu menschlichen Machtkalkül.«[350]

Mit vier Gegenstimmen wurde die Streichung der Präambel schließlich angenommen, und die gesamte Verfassung mit 149 gegen eine Stimme am 19. Mai 1993 ohne Präambel verabschiedet.[351] Gegen die Verfassung stimmte der CDU-Abgeordnete Clemens-August Krapp, der seine Gegenstimme ausdrücklich damit begründete, daß die Verfassung keine Präambel enthalte und der Bezug auf Gott nach dem Willen der Mehrheit des Landtages vermieden worden sei.[352]

Die Frage nach einer Präambel mit Gottesbezug war mit der Verabschiedung der Niedersächsischen Verfassung noch nicht erledigt, denn wenige Wochen danach schlugen die Professoren der Evangelischen Fakultät an der Uni-

347 Vgl. ebd.
348 Ebd.
349 Dem Votum liegt das Mißverständnis des Gottesbezuges als invocatio Dei zugrunde (dazu s.u. III.6.).
350 Ebd.
351 Vgl. aaO., 7515.
352 Vgl. aaO., 7516. Die Niedersächsische Verfassung enthält die Möglichkeit einer Volksinitiative (Art. 47). Dort ist vorgesehen, daß der Landtag sich im Rahmen seiner verfassungsmäßigen Zuständigkeit mit bestimmten Gegenständen der Willensbildung befassen muß, wenn mindestens 70.000 Wahlberechtigte dies schriftlich fordern. Zum Verfassungstext vgl. Schuster, Länderverfassungen, 324.

versität Osnabrück in einer öffentlichen Stellungnahme vor, daß man das gerade neu in die Verfassung aufgenommene das Instrument der Volksinitiative nutzen sollte, um doch eine Präambel mit Gottesbezug in der neuen Verfassung zu verankern (Juni 1993). Im September 1993 wurde dieser Vorschlag vom Landeskatholikenausschuß Niedersachsen aufgegriffen und es wurde beschlossen, eine Volksinitiative zu unterstützen.[353]

Auf evangelischer Seite war die Unterstützung zunächst verhaltener. Von den fünf niedersächsischen evangelischen Landeskirchen konnten sich zunächst nur die Evangelisch-Lutherische Landeskirche Schaumburg-Lippe und die Evangelisch-Lutherische Landeskirche in Braunschweig entschließen, die Volksinitiative zu unterstützen. Von Vertretern der anderen Landeskirchen wurden zunächst theologische Bedenken vorgebracht. Demnach könne es nicht Aufgabe der Kirche sein, die Verantwortung vor Gott verfassungsmäßig zu verankern und damit der Rechtsordnung zu oktroyieren. Weiterhin spielten auch taktische Überlegungen bei der verhaltenen Reaktion der evangelischen Kirchenleitungen eine Rolle, denn man befürchtete, die Auseinandersetzung um die Präambel könnte zu einem Wahlkampfthema der im März 1994 bevorstehenden Landtagswahl werden und bei einem Scheitern der Volksinitiative negative Auswirkungen auf die Debatte in der Verfassungskommission des Bundes haben. Ein Volksbegehren zu einem späteren Zeitpunkt hielt man in dieser Frage für angemessener. Außerdem gelte die Präambel des Grundgesetzes mit ihrem Gottesbezug auch für den Bereich der Bundesländer, die keinen Gottesbezug in ihrer Präambel haben.[354]

Es bildete sich rasch eine überkonfessionelle Initiative, die das Ziel verfolgte, eine Präambel mit Gottesbezug für die Verfassung durchzusetzen. Die Initiatoren dieser Volksinitiative waren auf katholischer Seite der Vorsitzende des Landeskatholikenausschusses, Heinz-Wilhelm Brockmann, auf evangelischer Seite einige Theologieprofessoren des Ökumenischen Institutes Osnabrück, von denen Friedhelm Krüger als Sprecher im Sinne der gesetzlichen Regelung fungierte. Die Initiative wurde auch von Michael Fürst, dem Vorsitzenden des Landesverbandes der Jüdischen Gemeinden von Niedersachsen, mitge-

353 Vgl. Brockmann, Verfassungsänderung, 45f.
354 Vgl. Krüger, Gehört Gott in die Verfassung, 65.

tragen.[355] Sie wurde fortan in den Medien als die Initiative »Verantwortung vor Gott und den Menschen« bezeichnet und hatte zum Ziel, daß eine Präambel mit der Formulierung »Im Bewußtsein seiner Verantwortung vor Gott und den Menschen (...)« in die Niedersächsische Verfassung aufgenommen werde.[356] In dem Aufruf, mit dem die Volksinitiative unter der Überschrift »Politik mit Werten und Zielen« vorgestellt wurde, hieß es:

»Der Niedersächsische Landtag hat es mit Mehrheit abgelehnt, der neuen Niedersächsischen Verfassung eine Präambel voranzustellen, in der die Verantwortung vor Gott und den Menschen als letzte Richtschnur und Bindung für alles staatliche Handeln festgeschrieben wird.
Im Grundgesetz der Bundesrepublik Deutschland, in vielen Landesverfassungen und den Verfassungen anderer Staaten bedeutet diese Bindung ein Staatsziel, das alles staatliche Handeln und alle Politik grundsätzlich auf die Würde des Menschen verpflichtet. Zugleich wird damit festgeschrieben, daß Staat und Politik nur eine relative Macht besitzen. Sie sind gebunden an Ziele und Werte, die wir Menschen nicht festlegen können. Der Staat kann uns Menschen nicht total bestimmen.
Viele Menschen aller Religionen und Weltanschauungen wissen sich dieser letzten Bindung der Politik verpflichtet. Sie möchten gerade heute diese Bindung für die Politik stärken. Wir fordern darum den Niedersächsischen Landtag auf, der neuen Verfassung eine Präambel voranzustellen, die diese humane Grundorientierung der Politik zum Ausdruck bringt.«[357]

Der Aufruf sollte die Intention der Initiatoren gerade im öffentlichen und im politischen Bereich deutlich machen. Deshalb wurde in Anlehnung an die Kommentierung des Grundgesetzes die Formel in diesem Aufruf bewußt philosophisch dargelegt. Gott wird damit lediglich als Chiffre für eine letzte Bindung des Menschen verstanden, wie dies in der philosophischen Tradition der westlichen Kulturen durchaus üblich ist. Und es wurde nicht mehr Bezug genommen auf das Argument, daß über 90 Prozent der Bevölkerung einer der christlichen Kirchen angehörten.

Die Initiatoren einigten sich darauf, als Vorschlag für die Niedersächsische Verfassung die Präambelformulierung des Gottesbezuges aus dem Grundgesetz vorzuschlagen, da sich auf der Grundlage dieser Formulierung vermutlich der größte Konsens unter den Parteien erreichen ließe, denn diese Formulierung sei kürzlich von der Mehrheit der Gemeinsamen Verfassungskommission zur Revi-

---

355 Vgl. Brockmann, Verfassungsänderung, 46.
356 Vgl. Aschoff, Gottesbezug, 26ff. Im einzelnen vgl. die Dokumentation zu dieser Volksinitiative: Aschoff, Gott in der Verfassung, 1995.
357 Zitiert nach Brockmann, Verfassungsänderung, 46f.

sion des Grundgesetzes bestätigt worden und fand auch breite Unterstützung bei den politischen Parteien.[358]

Auf einer Pressekonferenz wurde die Initiative am 28. Oktober 1993 in Hannover vorgestellt. Bereits zu diesem Zeitpunkt waren Aufruf, Plakate und Unterschriftenlisten gedruckt und an etwa 800 katholische Gemeinden versandt worden. Im katholischen Bereich war Eile geboten, da man die Initiative mit den im Bistum Osnabrück Anfang November stattfindenden Wahlen zu den Pfarrgemeinderäten und Kirchenvorständen verbinden wollte. In den katholischen Bistümern wurde die kirchliche Infrastruktur für die Werbung intensiv genutzt. Neben den katholischen Gemeinden wurden die Verbände einbezogen (Kolpingverband, Laiengremien).[359]

Auch die Resonanz in den Medien war relativ hoch und vorwiegend durchaus positiv; schließlich handelte es sich um eine »Basisinitiative« und die erste Volksinitiative seit Bestehen der neuen Verfassung.[360]

Schon Anfang Dezember 1993 war das notwendige Quorum von 70.000 Unterschriften erreicht. Bis zum 10. Januar 1994, an dem die Initiatoren dem Landtagspräsidenten von Niedersachsen, Horst Milde, die Unterschriftenlisten, übergaben, waren bereits 126.000 Unterschriften gesammelt worden[361], davon etwa 114.000 gültige.[362]

Anläßlich des traditionellen Neujahrsempfanges im ehemaligen Zisterzienserkloster Loccum hatte sich Ministerpräsident Gerhard Schröder zur Volksinitiative geäußert, in dem er ihr »Respekt« entgegenbrachte und vorschlug, die

---

358 Vgl. aaO., 47f.

359 Vgl. aaO., 48f.

360 Die Initiative begann die Sammlung der Unterschriften in einer Art rechtsfreiem Raum, denn gemäß Art. 50 Abs. 2 der Niedersächsischen Verfassung muß das Nähere über Volksinitiative, Volksbegehren und Volksentscheid durch ein Landesgesetz geregelt werden. Dieses Landesgesetz war zu dem Zeitpunkt, als die Volksinitiative ihre Arbeit begann, noch nicht einmal in Arbeit. Deshalb mußte schnell gehandelt werden, denn ein Ausführungsgesetz hätte eventuell Modalitäten über den Ort der Unterschriftsleistung, die Angaben zur Person o.a. festgelegt, die die Initiatoren zum Zeitpunkt des Beginns der Initiative nicht beachten konnten. Der Niedersächsische Landtag akzeptierte später die Unterschriftenlisten in der vorgelegten Form, obwohl zum Zeitpunkt der Übergabe das Ausführungsgesetz schon in Beratung war und tatsächlich andere Formvorschriften enthielt. Vgl. aaO., 49.

361 Vgl. Daiber, Debatte um ein Wortsymbol, 35; Der Präsident des Niedersächsischen Landtages, Debatte, 10001.

362 Vgl. Aschoff, Gottesbezug, 26ff.

Diskussion um diesen Problemkomplex nicht in den Wahlkampf mithineinzunehmen, sondern die Entscheidung dem am 13. März neu zu wählenden Parlament zu überlassen.[363]

Im Landtag selbst machte sich die CDU die Volksinitiative zu eigen, indem die Abgeordneten der CDU mit Unterstützung der Abgeordneten der FDP einen Gruppenantrag im Sinne der Volksinitiative schon im Januar in den Landtag einbrachten.[364] Nach dem Gesetzesentwurf sollte der Niedersächsischen Verfassung eine Präambel mit folgendem Wortlaut vorangestellt werden:

»Im Bewußtsein seiner Verantwortung vor Gott und den Menschen hat sich das Volk von Niedersachsen diese Verfassung gegeben.«[365]

Die Begründung lautete:

»Das Grundgesetz der Bundesrepublik Deutschland, zahlreiche Landesverfassungen und Verfassungen anderer Staaten beinhalten eine Präambel mit gleichem oder ähnlichem Text. Diese Präambel bringt zum Ausdruck, daß der Verfassungsgeber die grundlegenden Gerechtigkeitspostulate anerkennt, die zu den Grundentscheidungen jeder menschlichen Ordnung gehören und nicht zu seiner Disposition stehen. Der Gottesbezug in der Verfassung ist eine Selbsterinnerung an die Grenzen und an die Fehlbarkeit menschlichen Tuns und steht dafür, daß der Mensch nicht allmächtig ist, sondern daß auch Staat und Politik nur relative Macht besitzen und an Ziele und Werte gebunden sind, die Menschen nicht festlegen können. Die Verantwortung vor Gott und den Menschen als letzte Richtschnur und Bindung für alles staatliche Handeln soll daher auch in der Niedersächsischen Verfassung festgeschrieben werden.«[366]

Dieser Gruppenantrag wurde von allen 66 CDU-, 7 FDP-Abgeordneten, also von 73 Parlamentariern, unterzeichnet. Wahrscheinlich um sich Auseinandersetzungen mit dem Koalitionspartner (Bündnis 90/Die Grünen) zu ersparen, bestand Konsens innerhalb der Fraktion der SPD, diesen Gruppenantrag nicht zu unterschreiben.[367]

Einigkeit erlangte man aber schon sehr früh darüber, daß die Verhandlungen über den Gruppenantrag zwar vor der Wahl beginnen sollten, daß aber eine Abstimmung erst nach der Landtagswahl in einer der letzten Sitzungen des am-

363 Vgl. aaO., 35.

364 Vgl. ebd.; Niedersächsischer Landtag, LT-Dr. 12/5971.

365 Niedersächsischer Landtag, LT-Dr. 12/5971, 1.

366 AaO., 1f. Bei den einzelnen Teilformulierungen sind wörtliche Übereinstimmungen mit gängigen Kommentaren nachweisbar, so daß man sich mit dem Gruppenantrag eines relativ breiten Konsenses sicher sein konnte. Dazu s.u. IV.1.

367 Vgl. Aschoff, Gottesbezug, 36.

tierenden Landtages stattfinden sollte, um das Thema nicht mit in den Wahlkampf hineinzuziehen.[368]

Heftigere Auseinandersetzungen löste eine Stellungnahme des damaligen Bundesratsministers Jürgen Trittin (Bündnis 90/Die Grünen) aus, der in einem Interview mit Radio ffn die Volksinitiative als »inkonsequent und auf fundamentalistischen Abwegen« bezeichnete. Das adäquate Verfahren in dieser Frage sei ein Volksbegehren und danach ein Volksentscheid. Über Glaubensfragen solle kein parteipolitischer Streit, schon gar nicht in Wahlkampfzeiten, entfacht werden.

»Weder Ajatollah Khomeini noch Bischof Dyba seien gute Ratgeber für die Politik (...) Jede politische Zuspitzung von Glaubensfragen trägt fast zwangsläufig das Gift des Fundamentalismus und totalitären Denkens in die irdische Konkurrenz um Macht und Mehrheiten.«[369]

Diese Äußerungen erhielten noch besondere Brisanz dadurch, daß sie als Presseinformation des Niedersächsischen Ministeriums für Bundes- und Europaangelegenheiten veröffentlicht wurden. Verschiedene Bischöfe sahen sich dadurch genötigt, gegen Trittins Äußerungen zu protestieren und ihm vorzuwerfen, damit den Boden der geistigen Auseinandersetzung verlassen zu haben (Hildesheimer Bischof Homeyer). Der Vergleich zwischen Khomeini und Dyba wurde dabei als eine »polemische Unterstellung und Kränkung« empfunden.[370]

Der Antrag von CDU und FDP zur Novellierung der Verfassung wurde am 9. Februar 1994 in erster Lesung im Niedersächsischen Landtag behandelt. Diese erste Beratung fand trotz der Wahlkampfzeit in einer sehr konzentrierten und wenig polarisierenden Atmosphäre auf »sehr hohem Niveau«[371] statt. Der Abgeordnete Werner Remmers (CDU), sprach als einer der Initiatoren des Gruppenantrages für denselben. Den Erfolg der Volksinitiative wertete er als Tadel an die Parlamentarier, die offensichtlich zu rasch über das Thema »Bezugnahme auf Gott« bei den Verfassungsberatungen hinweggegangen waren. Der nun geforderte Gottesbezug sei nicht als ein spezielles Glaubensbekenntnis einer religiösen Gemeinschaft zu verstehen, sondern er solle deutlich machen, »daß der

---

368 Vgl. ebd.; Brockmann, Verfassungsänderung, 52.

369 Niedersächsisches Ministerium für Bundes- und Europaangelegenheiten, Referat für Presse- und Öffentlichkeitsarbeit, 11. Januar 1994, Nr. 3/94.

370 Im einzelnen vgl. Aschoff, Gottesbezug, 36f.

371 Niedersächsischer Landtag, Stenographischer Bericht, 12/101, 9579.

Mensch nicht das Maß aller Dinge und allen Tuns und Lassens«[372] sei. Der Begriff »Gott« stehe für die Unverfügbarkeit dessen, an dem sich der Mensch bei seinem Handeln zu orientieren habe; darüber hinaus gebe der Gottesbezug zu bedenken, daß die Politiker sich der Endlichkeit ihres Tuns und der Relativität ihres Handelns bewußt werden. Das verpflichte sie zur Ehrlichkeit, politisches Handeln und die Erreichbarkeit von Zielen, nicht mit letzten Zielen zu verwechseln:

»Wir Politiker sagen nicht wirklich offen, was wir tatsächlich bewirken können und was nicht. Die Bürgerinnen und Bürger werden dadurch dazu verleitet, von der Politik mehr zu erwarten und zu verlangen, als Politik realistischerweise leisten kann. Es richten sich geradezu Heilserwartungen an die Politik. Die Politik wird geradezu mit einer ersatzreligiösen Überlastquote beladen und damit verdorben. Wenn wir uns ehrlicher eingestehen würden (...), was Politik bewirken kann und was nicht, dann bräuchten wir uns auch nicht so verbissen untereinander zu bekämpfen und wechselseitig zu verdächtigen.«[373]

Der Gottesbezug könne demgemäß einen Anstoß zu der Erkenntnis der Relativität eigenen Handelns und der Endlichkeit des politischen Agierens geben.[374]

Der SPD-Fraktionsvorsitzende Bruns machte darauf aufmerksam, daß zu dem Präambelentwurf die Mitglieder seiner Partei »je nach religiöser oder philosophischer Lebensgrundlage«[375] unterschiedliche Haltungen annähmen; eine Mehrheit befürworte vermutlich den Präambelentwurf. Im übrigen wiederholte Bruns bei dieser Gelegenheit noch einmal die Argumente, welche er schon im Jahr davor zu dieser Frage vorgebracht hatte (s.o.).[376]

Der FDP-Abgeordnete Hruska, der sich bei der Abstimmung im Frühjahr 1993 im Sonderausschuß noch der Stimme enthalten hatte, führte nun aus, den Gruppenantrag mit seiner Stimme zu unterstützen, weil ihn vor allem die öffentliche Debatte zu der Erkenntnis geführt habe, daß diejenigen auf den Gottesbezug verzichteten, die auch eine persönliche Verantwortung vor Gott nicht spürten. Den letzen Anstoß habe die Äußerung Trittins gegeben, der aus dem Antrag »die Arroganz des Abendlandes« sprechen sehe. Die sich daraus ergebende Frage und Konsequenz sei nun folgende:

372 AaO., 9571.
373 AaO., 9573.
374 Vgl. aaO., 9570-9573.
375 AaO., 9573.
376 Vgl. aaO., 9573f.

»Will ich die Arroganz des Abendlandes, oder will ich die Arroganz des Menschen vor Gott? Dann will ich lieber die Arroganz des Abendlandes.«[377]

Für die Fraktionsvorsitzende von Bündnis 90/Die Grünen, Thea Dückert, bedeutete die Aufnahme des Gottesbezuges nach wie vor eine unzulässige »Vermischung von Staat und Kirche«[378]. Dadurch solle der Glaube an Gott »Verfassungsrang« erhalten. Insofern stelle der monotheistische Gottesbegriff eine Herabsetzung derjenigen dar, »die einen solchen Gottesglauben für sich nicht in Anspruch nehmen«[379] könnten. Im übrigen sei der einzig angemessene Weg für die Frage dieser Präambel der eines Volksentscheides[380].

Nach dieser ersten Lesung wurde der Gesetzesentwurf zur weiteren Beratung an den Ausschuß für Rechts- und Verfassungsfragen überwiesen. Bewußt wurde seitens der Volksinitiative und der Parteien das Thema im nun beginnenden Wahlkampf nicht weiter in den Vordergrund gerückt[381].

Nach der Landtagswahl hörte der Ausschuß für Rechts- und Verfassungsfragen sowohl die Vertreter der Volksinitiative als auch Vertreter der Humanistischen Union als Gegner der Gesetzesvorlage an. Bei dieser Gelegenheit kündigten die Vertreter der Volksinitiative noch einmal an, im Falle des Scheiterns der Volksinitiative ein Volksbegehren anzustreben. Die Vertreter der Humanistischen Union bezeichneten die Initiative als Versuch, den Glauben an Gott dekretieren zu wollen, was nicht-religiöse Menschen als moralisch minderwertig hinstelle. Solche Bindung an den Gottesglauben sei eine Bindung an ein totalitäres Dogma.

Der Rechts- und Verfassungsausschuß votierte unmittelbar nach dem Gespräch mit den Vertretern der Humanistischen Union am 4. Mai 1994 mit knapper Mehrheit dafür, dem Landtag zu empfehlen, der Verfassung von Niedersachsen eine Präambel mit folgendem Wortlaut voranzustellen:

---

377 AaO., 9576. Vgl. aaO., 9575f.
378 AaO., 9576.
379 AaO., 9577.
380 Vgl. aaO., 9576-9578
381 In einem gemeinsamen Schreiben der Bischöfe der drei Niedersächsischen evangelischen Kirchen und der katholischen Bischöfe an den Ministerpräsidenten Gerhard Schröder (SPD) und den Landtagspräsidenten insistierten diese noch einmal darauf, diese ernstzunehmende Debatte nicht mit in den Wahlkampf zu ziehen. Vgl. Brockmann, Verfassungsänderung, 54f. Für den Wortlaut des Briefes vgl. ebd.

»Im Bewußtsein seiner Verantwortung vor Gott und den Menschen hat sich das Volk von Niedersachsen durch seinen Landtag diese Verfassung gegeben.«[382]

Seitens der SPD hatte es Vorbehalte gegen den ursprünglichen Wortlaut der empfohlenen Präambel gegeben, der den Eindruck erweckte, die Verfassung sei unmittelbar durch Volksentscheid angenommen worden, jedoch erklärten sich die Vertreter von CDU und FDP nach anfänglichen Bedenken bereit, den Text in einer Fassung zu akzeptieren, welcher den Landtag als beschließendes Organ erwähnt.[383] Das knappe Ergebnis der Abstimmung im Ausschuß war ein erstes Signal für das künftige Abstimmungsverhalten im Landtag.[384]

Im Mai 1994 wandten sich noch einmal die Vertreter der Volksinitiative in einem Schreiben an alle Abgeordneten des Niedersächsischen Landtages. In diesem Schreiben griffen sie die Argumente auf, die bisher in der Öffentlichkeit bezüglich der Präambel vorgetragen worden seien. Sie erklärten, daß der schnelle Erfolg der Volksinitiative darauf schließen lasse, daß ihr Anliegen sich tatsächlich auf eine Mehrheit im Volk stützen könne. Eine neuerliche Umfrage in West- und Ost-Deutschland[385] habe ergeben, daß 57 Prozent der Bürgerinnen und Bürger in den westdeutschen Bundesländern an der Formel des Grundgesetzes festhalten wollen, die jetzt auch für die Verfassung von Niedersachsen vorgeschlagen worden sei. Die Initiatoren wiesen noch einmal den Vorwurf zurück, sie wollten eine verfassungsmäßige Fixierung von religiösem Glauben erreichen und damit die weltanschauliche Neutralität des Staates unterlaufen. Statt dessen sei herauszustellen, daß sich nahezu alle Rechtskommentatoren des Grundgesetzes darin einig seien, diese Formel drücke eine übergeordnete Bindung des positiven Rechts an eine den Menschen übersteigernde Bindungsinstanz aus. Eine solche Präambelfeststellung sei zwar rechtstechnisch für die Niedersächsische Verfassung nicht nötig. Dennoch sei sie ein wichtiges gesellschaftspolitisches Signal, das nach langem Ringen eine große Zustimmung in Niedersachsen gefunden habe.[386]

---

382 Niedersächsischer Landtag, LT-Dr. 12/6264.

383 Vgl. Der Präsident des Niedersächsischen Landtages, Debatte, 10002.

384 Vgl. ebd.; Aschoff, Gottesbezug, 38.

385 Allensbacher-Unfrage, 1994, idea spektrum 10/94,9. Abgedruckt bei Daiber, Religion unter den Bedingungen der Moderne, 98.

386 Vgl. Brockmann, Verfassungsänderung, 60.

Im Vorfeld der zweiten und dritten Beratung am 19. Mai 1994 berieten die Fraktionen über ihr zukünftiges Verhalten. Alle Fraktionen beschlossen, ihren Abgeordneten die Abstimmung freizugeben. Die zweite und dritte Lesung des Gesetzesentwurfes dauerte zwei Stunden. Sie wurde im Nachhinein als »Sternstunde des Parlaments« bezeichnet, weil der Landtag diese Debatte auf einem sehr hohen Niveau und mit großem Respekt vor der jeweils anderen Auffassung über Partei- und Fraktionsgrenzen hinweg behandelt hatte. Neben dem Berichterstatter Albert Heinemann (CDU) kamen 14 Abgeordnete zu Wort, wovon sich fünf gegen die Präambel aussprachen. Die einzelnen Argumente, die hier ausgetauscht und sachlich aus den anderen Debatten wiederholt dargelegt wurden, sollen an dieser Stelle nicht im einzelnen behandelt werden, weil diese Debatte als Grundlage einer bündelnden Zusammenschau der Einzelargumente für und gegen den Gottesbegriff an späterer Stelle der Arbeit (II.) noch einmal aufgegriffen wird.

In der folgenden namentlichen Abstimmung entschieden sich von den 151 Abgeordneten 108 für die Präambel, 43 dagegen. Die CDU Fraktion stimmte geschlossen für die Aufnahme der Präambel, die FDP stimmte überwiegend zu, die Fraktion Bündnis 90/Die Grünen lehnten geschlossen ab; unter den SPD-Abgeordneten stimmten fast die Hälfte dafür und mehr als die Hälfte gegen die Aufnahme der Präambel.[387]

Die Volksinitiative haben innerhalb weniger Monate insgesamt 140.000 Menschen unter Beteiligung von Vertretern aus jüdischen, katholischen und evangelischen Gemeinden mit ihrer Unterschrift unterstützt, unter denen etwa 114.000 Wahlberechtigte gewesen sind.[388] Das daraufhin in Gang gekommene Gesetzesverfahren hatte als Ergebnis, daß mit Wirkung vom 19. Mai 1994 am 6. Juni 1994 der Niedersächsischen Verfassung vom 19. Mai 1993 eine Präambel -

387 Vgl. Daiber, Debatte um ein Wortsymbol, 35.

388 Vgl. ebd.; Der Präsident des Niedersächsischen Landtages, Debatte, 10001. Sogar die Vereinigung des Bundes Evangelischer-Freikirchlicher-Gemeinden in Niedersachsen (Baptisten und Brüdergemeinde) hatte die »ökumenische« Initiative begrüßt. In einer Erklärung der Gemeinden vom 19.02.1994, die den Fraktionen des niedersächsischen Landtages über ihre Parteizentralen zugeleitet wurde, votierten diese, daß, obwohl die Geschichte der Freikirchen stark mit der Forderung nach Trennung von Staat und Kirche verbunden sei, man das »Respektieren Gottes« für eine wichtige Grundlage der Gesellschaft halte. Die Freikirchen in Niedersachsen umfassen 11.000 Mitglieder in 115 Gemeinden. Vgl. idea spekturm 21/94 vom 21.02.1994, 6.

mit dem Wortlaut »Im Bewußtsein seiner Verantwortung vor Gott und den Menschen hat sich das Volk von Niedersachsen durch seinen Landtag diese Verfassung gegeben«[389] - vorangestellt wurde.[390]

3.8. Ergebnis

Mit Ausnahme der Stadtstaaten Berlin[391], Hamburg, Bremen sowie der Länder Hessen, Niedersachsen bis 1994, und Schleswig-Holstein beziehen sich die Verfassungen der sogenannten alten Bundesländer nach christlicher Überlieferung auf Gott (»in Ehrfurcht vor«, »in Verantwortung vor«, »im Gehorsam gegen«, »im Vertrauen auf«).

Die Länderverfassungen nach 1945 gehen, weil sie teilweise vor dem Grundgesetz entstanden sind, eigene Wege in der Formulierung der Präambel. Auch hier intendierte die Aufnahme des Gottesbezuges eine bewußte Abkehr von der »gottlosen« Zeit des nationalsozialistischen Regimes. Beispielhaft dafür sind die Präambelfassungen von Rheinland-Pfalz und Bayern. So wird in der rheinland-pfälzischen Verfassung Gott als »Urgrund allen Rechts und Schöpfer aller menschlichen Gemeinschaft« bezeichnet. Dabei hatte sich vor allem der Einfluß Adolf Süsterhenns ausgewirkt, welcher damit auf naturrechtliches Gedankengut aus der katholische Soziallehre zurückgriff. Seiner christlichen Prägung entsprechend war seine Staatsauffassung durch einen hohen Grad des Geltungsanspruches eines »natürlichen Sittengesetzes« gekennzeichnet. Auch die negative Wortkonfiguration der Bayerischen Verfassungspräambel deutet eindrücklich auf überpositive Grundsätze hin.

Die Entstehungsgeschichten der deutschen Nachkriegsverfassungen, insbesondere die Diskussionen um die Präambeltexte, dokumentieren also nachhaltig, wie intensiv zwischen den politischen Parteien und verschiedenen Verbän-

389 Vgl. Der Präsident des Niedersächsischen Landtages, Debatte, 10024.

390 Die Debatte bildet den Ausgangspunkt der gesellschaftlich-politischen Perspektivierung. Sie wird dann im einzelnen zu behandeln sein.

391 Berlin hat sich im Zuge der Vereinigung der beiden Teilgebiete Westberlin und Berlin (-Ost) nach der Wiedererlangung seiner Selbständigkeit auf Länderebene am 23. November 1995 eine neue Verfassung gegeben, welche eine Präambel ohne Gottesbezug enthält. Während der Debatten um die Präambel, die erst gegen Ende der Verfassungsberatungen geführt worden waren, wurde die Frage eines Gottesbezuges nicht aufgegriffen. Im einzelnen vgl. Landtag von Berlin, LT-Dr. 12/4376.

den gerade auf dem Hintergrund des Nationalsozialismus um das Problem gerungen wurde, diese eigene unmittelbare Vergangenheit in einer adäquaten Form aufzuarbeiten.

Unter Berücksichtigung dieses geschichtlichen Kontextes wird verständlich, daß die Bezugnahme auf Gott ein symbolisches und inhaltliches Mittel war, sich von der vorangegangenen Nazi-Diktatur abzugrenzen. Die Auseinandersetzung mit dieser nationalsozialistischen Diktatur und ihrem bis ins Grenzenlose gesteigerten Selbstwahn sollte auf diese Weise geführt und ihr eine nachträgliche Absage erteilt werden, indem auf die Grenzen des menschlichen Vermögens und die Grenzen des Rechtes hingewiesen wurde.

Bei der politischen Auseinandersetzung mit dem Nationalsozialismus zogen die verschiedenen Parteien unterschiedliche Konsequenzen: Während sich die bürgerlichen Parteien vorwiegend christlichen bzw. naturrechtlichen Traditionen anschlossen und dies als Kontrastfolie gegenüber der NS-Ideologie und deren Weltanschauung einsetzten, versuchten die links orientierten Parteien durch Änderungen im Wirtschaftlichen und Sozialen eine Rückkehr zur NS-Vergangenheit strukturell unmöglich zu machen.[392] Demnach wurde in den Ländern, in denen die bürgerlichen Parteien, insbesondere die CDU, eine absolute oder relative Mehrheit hatten, die christliche Überlieferung besonders betont. Nach der von diesen Parteien als wertindifferent oder wertneutral apostrophierten Weimarer Reichsverfassung wollten insbesondere die süd- und südwestdeutschen Verfassungsgeber einen »christlichen Staat« gründen. Eindrücklich wird dies an der Diskussion in Baden-Württemberg und in Rheinland-Pfalz. Die Aufnahme dieser ausgeprägt christlichen Grundhaltung in deren *demokratische* Länderverfassung ist ein verfassugsgeschichtliches Novum.[393] Treibende Kraft bei der Aufnahme des Gottesbezuges waren in allen Länderparlamenten und im Parlamentarischen Rat demnach die bürgerlichen Parteien, insbesondere die CDU.

Im Laufe der Verhandlungen war es aber fast überall möglich, einen Konsens auch mit den linken Flügeln - mit Ausnahme der kommunistischen Parteien- zu finden, der sich vorwiegend in der gefundenen Formulierung: »In Verantwortung vor Gott (...)« äußerte. Einig waren sich fast alle Mitglieder der ver-

---

392 Vgl. Pfetsch, Ursprünge der Zweiten Republik, 459ff.

393 Vgl. aaO., 420.

fassunggebenden Gremien darüber, das der Staat keine absolute Autorität hat, sondern daß auch er in seiner Handlungsfähigkeit und -möglichkeit begrenzt ist. Dabei spielte die Aufarbeitung der Erfahrungen in der unmittelbaren Vergangenheit, insbesondere eines praktizierten Rechtspositivismus, eine evidente Rolle.[394]

Die positivistische Rechtsbegründung, die spätestens seit dem 19. Jahrhundert (Feuerbach) in Deutschland in breiten Kreisen der Jurisprudenz vertreten wurde, schien nun durch die unmittelbare Vergangenheit ad absurdum geführt. Selbst Gustav Radbruch, einer der einflußreichsten Rechtstheoretiker in der Weimarer Zeit, vor dem Krieg Vertreter einer positiven Rechtsbegründung, kam nach 1945 zu dem Ergebnis, daß der Rechtspositivismus den Juristenstand - und wohl nicht nur diesen - wehrlos gemacht habe gegen Gesetze willkürlichen und verbrecherischen Inhaltes.[395] Adolf Süsterhenn (CDU) betonte diesen Sachverhalt während der Debatte um den Gottesbezug im Parlamentarischen Rat folgendermaßen:

»Wir sind der Meinung, (...) daß wir wieder soweit gekommen sind, daß es möglich ist, überhaupt wieder von Gott zu sprechen.«[396]

Behrendt kommt in ihrer Untersuchung zu dem Ergebnis, daß erst die Erfahrungen mit dem Nationalsozialismus die Notwendigkeit eines Gottesbezuges mit seiner Funktion der Letztinstanz erzwungen hätten.

»Erst die deutsche Vergangenheit von 1933 bis 1945 erzwang diese Einbeziehung Gottes als Adressat in die Verfassung als deutliche Konsequenz geprüfter Gewissen. Wie groß das Bedürfnis nach Ausrichtung auf das Nichtverfügbare 1945 geworden war, läßt sich an deutschen Länderverfassungen von 1946-1953 (1957) eindrucksvoll ablesen.«[397]

Zu einem inhaltlich ähnlichen Ergebnis kommt auch der Staatsrechtler Peter Häberle, wenn er konstatiert, daß »die Wiederaufnahme Gottes in die bzw. in den westdeutschen Nachkriegsverfassungen sich aus der Erfahrung mit dem 'gottlosen' totalitären NS-Staat erklärt«[398].

---

394 Vgl. Deutscher Bundestag, BT-Dr. 12/6000, 110; Hofmann, Grundgesetz ohne Gott, 217; Stammler, Grund, 65.

395 Vgl. Radbruch, Gesetzliches Unrecht und übergesetzliches Recht, 1946.

396 6. Sitzung, 20.10.1948. Parlamentarischer Rat, Plenum, 72.

397 Behrendt, Gott im Grundgesetz, 10.

398 Häberle, Gott im Verfassungsstaat, 217. Ähnlich auch Geiger, Genesis. Der Begriff »Wiederaufnahme« bezieht sich hier auf den schon erwähnten Gebrauch in den frühkonstitutionellen Verfassungen.

Bei dieser Aufarbeitung spielten die Kirchen, weil sie über relativ intakte Organisationen verfügten, eine besondere Rolle. Auch als moralische Institutionen waren sie nach 1945 anerkannt geblieben. Nach einer Wert- und Sinnkrise der unmittelbaren Nachkriegszeit, war es naheliegend, christliche Werte als überpositive Setzung gegen einen »faschistischen Nihilismus« und einen »materialistischen Sozialismus« in der Verfassung zu verankern. Hierbei wirkte vor allem die katholische Kirche, vereinzelt auch Repräsentanten der evangelischen Kirche, direkt auf die Mitglieder der verfassunggebenden Versammlungen ein. In den meisten Bundesländern wollte man jedoch einen eindeutig christlich-konfessionalistischen Charakter der Verfassung vermeiden, und wählte statt dessen eine Version des Gottesbezuges, die der Interpretation verschiedener Konfessionen und Religionen offen stand, selbst wenn die Mehrheit in bezug auf den »Gott in der Verfassung« ein christliches Gottesbild konnotierte.

4. Der Gottesbezug in den Verfassungen der fünf neuen Länder

Nach dem Zusammenbruch der DDR 1989/90 standen die fünf sich wieder konstituierenden[399] Länder Brandenburg, Mecklenburg-Vorpommern, Sachsen, Sachsen-Anhalt, Thüringen, vor der Aufgabe, sich eine demokratische Landesverfassung innerhalb des Gefüges der Bundesrepublik Deutschland zu geben. Bereits 1990 war durch das Ländereinführungsgesetz die föderative Struktur in der DDR wiederhergestellt worden. Am 23. August 1990 hatte die Volkskammer der ehemaligen DDR deren Beitritt zur Bundesrepublik Deutschland mit Wirkung vom 3. Oktober 1990 gemäß Art. 23 GG beschlossen. Dem folgte am 31. August der »Vertrag zwischen der Bundesrepublik Deutschland und der Deutschen Demokratischen Republik« (Einigungsvertrag). Danach wurden die wiedergebildeten Länder der bisherigen DDR mit Wirkung vom 3. Oktober 1990 »Länder der Bundesrepublik Deutschland«. Von diesem Termin an war Deutschland »wiedervereinigt«.[400]

---

399 Faktisch handelte es sich eher um eine Neubildung der Länder. Vgl. Häberle, Die Verfassungsbewegung in den fünf neuen Bundesländern Deutschlands, in: JöR nF 41, 73; Badura, Staatsrecht, 54-60.

400 Vgl. Menger, Verfassungsgeschichte, 214ff; Münch, Staatsrecht, 26ff.

Die in Gang gesetzte Verfassungsbewegung innerhalb der Bundesrepublik[401], von der auch das Grundgesetz und die Landesverfassung von Niedersachsen betroffen waren (s.o.), brachte Verfassungsentwürfe hervor, denen verschiedene Präambeltexte vorangestellt wurden. Deren Inhalte schienen den Verfassungsgebern sehr wichtig, da diesbezüglich in den verschiedenen verfassunggebenden Gremien sehr heftig debattiert worden ist. Häberle sieht darin keinen Zufall:

»Denn sie [die Präambeln] suchen das Vakuum zu überbrücken, das sich in der Wende 1989 auftat – so viel kulturelle Identität auch die fünf werdenden Länder gerade in diesem Augenblick ihren Bürgern vermittelt haben. Präambeln normieren die Grundwerte einer Verfassung, sie verarbeiten Geschichte und entwerfen Zukunft.«[402]

Insofern kommt den Präambeltexten die besondere Bedeutung zu, ein lebendiges Zeugnis der Wiedergewinnung politischer Mündigkeit zu geben.

Von den Präambeln der Verfassungstexte der fünf neuen Länder weisen nur zwei einen Gottesbezug auf, die Verfassung des Landes Sachsen-Anhalt vom 16. Juli 1992[403] und die Verfassung des Freistaates Thüringen vom 29. Oktober 1993[404]. In die Präambeln beider Verfassungen wird der Gottesbezug in Verbindung mit der »Verantwortungsformel« aufgenommen, ohne jedoch diese direkt auch auf »die Menschen« zu beziehen.

Die Untersuchung wird nun in chronologischer Reihenfolge ihrer Entstehung die Verfassungstexte der fünf neuen Länder bezüglich der Entstehungsgeschichten ihrer Präambeltexte beleuchten, wobei besonders die Debatten in Sachsen-Anhalt und Thüringen focussiert werden sollen.

4.1. Verfassung des Freistaates Sachsen vom 27. Mai 1992

In Sachsen begann noch vor der Wiederherstellung der eigenen Staatlichkeit durch das Ländereinführungsgesetz vom 22. Juni 1990 die Diskussion um eine Landesverfassung. Im Vordergrund stand zunächst ein Entwurf der Gruppe der 20, welche die Novemberrevolution entscheidend mitgeprägt hatte, wobei die-

401 Für die besondere Bedeutung des eingesetzten »Runden Tisches« vgl. Papenheim, Präambeln, 161ff.; Häberle, Der Entwurf der Arbeitsgruppe »Neue Verfassung der DDR«, 319ff.

402 Häberle, Schlußphase der Verfassungsgebung, 360.

403 Text bei Schuster, Länderverfassungen, 490-526 [494f]. S.u. Anhang I.

404 Text bei Schuster, aaO., 558-592 [562]. S.u. Anhang I.

ser Entwurf keine Präambel enthielt.[405] Da der Entwurf aber die Gewaltenteilung zugrunde legte und Elemente der unmittelbaren und repräsentativen Demokratie verband, wurde er zur Diskussionsgrundlage für die weiteren Verfassungsberatungen und vornehmlich für den »Gohrischen Entwurf«[406] vom 5. August 1990, welcher in überarbeiteter Form nach öffentlicher Debatte am 27. Oktober dem Landtag zugeleitet wurde.[407] Diesem von den drei Fraktionen CDU, FDP und SPD im Landtag präferierten Entwurf wurde von Bündnis 90/Grüne und LL/PDS der Entwurf einer Gruppe von Hochschullehrern der Leipziger Universität[408] gegenübergestellt, welcher sich an den Ergebnissen des Runden Tisches und an den staatsorganisatorischen Bestimmungen der Verfassung von Schleswig-Holstein orientierte.[409] Nach der Beratung der beiden Entwürfe im Verfassungs- und Rechtsausschuß wurde im Juni 1991 ein »Konsens-Dissens-Papier« der Öffentlichkeit zugänglich gemacht, in welchem neben dem »Gohrischen Entwurf« der aktuelle Diskussionsstand sowie ein Minderheitenvotum synoptisch zusammengestellt waren.[410] Nach einer weiteren Überarbeitung verständigte der Ausschuß sich auf einen Kompromiß, welcher vom Landtag am 26. Mai 1992 in zweiter Lesung mit der erforderlichen Zweidrittelmehrheit angenommen wurde.

Die Präambel der am 27. Mai 1992 verkündeten Verfassung stimmt mit derjenigen des »Gohrischen Entwurfes« im wesentlichen überein.[411] Sie enthält in ihrer Präambel keinen Gottesbezug. Auch in den Vorentwürfen der verschiedenen Parteien war kein Gottesbezug enthalten.[412] Lediglich ein Bezug zur Ver-

---

405 Vgl. Papenheim, Präambeln, 167. Zum Textentwurf der »Gruppe der 20« vom 23.03. 1990 vgl. Häberle, JöR nF 1991/92, 413ff.

406 Gohrischer Entwurf, überarbeitete Fassung; vgl. Häberle, JöR nF 1993, 137ff. Der Entwurf wurde nach dem Tagungsort der Arbeitsgruppe »Gemischte Kommission Sachsen/Baden-Württemberg« benannt. Vgl. Papenheim, Präambeln, 168.

407 Gesetzesentwurf der Fraktionen der CDU und FDP, Sächsischer Landtag, LT-Dr. 1/25.

408 Hochschullehrerentwurf (1990); vgl. Häberle, JöR nF 1994, 253ff.

409 Gesetzesentwurf der Fraktion LL/PDS, Sächsischer Landtag, LT-Dr. 1/26; Gesetzesentwurf der Fraktion Bündnis 90/Grüne, Sächsischer Landtag, LT-Dr. 1/29; vgl. Papenheim, Präambeln, 168.

410 Vgl. Stober, Quellen 1993, 265-354.

411 Eine eher unwesentliche - stilistische - Änderung enthält der letzte Absatz, der im »Gohrischen Entwurf« gelautet hatte: »(...) hat sich das Volk von Sachsen im Ergebnis dank der friedlichen Revolution des Oktober 1989 diese Verfassung gegeben.«

412 Zum Textentwurf der »Gruppe der 20« vom 23.03.1990 vgl. Häberle, JöR nF 1991/92, 413ff. Für den Gohrischen Entwurf vgl. aaO., 425ff. Gohrischer Entwurf, überarbeitete

gangenheit wird durch die Formulierung der »leidvollen Erfahrungen nationalsozialistischer und kommunistischer Gewaltherrschaft, eingedenk eigener Schuld an seiner Vergangenheit« hergestellt. Einen Bezug zur Gegenwart stellt die Präambel her, indem sie darauf rekurriert, daß sich das Volk im Freistaat Sachsen diese Verfassung »dank der friedlichen Revolution des Oktobers 1989 gegeben« habe. Der Zukunftsaspekt der Verfassung wird zum Ausdruck gebracht durch den Willen, »der Gerechtigkeit, dem Frieden und der Bewahrung der Schöpfung zu dienen«.

Bereits die Aufnahme des Begriffes »Schöpfung« in den Präambeltext hatte eine erhebliche öffentliche Debatte provoziert, da er auch als Ausdruck religiös-christlicher Überzeugungen verstanden werden kann.[413] Dennoch war den verfassunggebenden Organen an dem Hinweis gelegen, daß der Begriff »Schöpfung« nicht primär theologisch zu verstehen sei, sondern man darunter sei vielmehr der Schutz der natürlichen Lebensgrundlagen verstehe, welche nicht von den Menschen selbst erschaffen wurden, in die aber ihr Leben eingebettet ist.[414] Auch die Trias der nebeneinander stehenden Begriffe »Gerechtigkeit«, »Frieden« und »Bewahrung der Schöpfung« ist offensichtlich den Leitsätzen der Ökumenischen Versammlung von Vancouver (1983) entlehnt.[415] Die Formel wirkte noch sehr viel stärker innerhalb der Bürgerrechtsbewegungen und des konziliaren Prozesses in der DDR; insofern war sie zum Allgemeingut der DDR-Opposition geworden. Die Begriffe »Gerechtigkeit«, »Frieden« und »Bewahrung der Schöpfung« sind die Ziele, die gemäß Art. 13 der Sächsischen Landesverfassung ausdrücklich zusammen mit den übrigen in der Verfassung niedergelegten Staatszielen anzustreben sind.[416]

Fassung; vgl. Häberle, JöR nF 1993, 137ff. Entwurf des Verfassungsausschusses, vgl. ebd. Hochschullehrerentwurf (1990); vgl. Häberle, JöR nF 1994, 253ff. Endgültiger Text; vgl. Häberle, aaO., 274ff.

413 Vgl. den Redebeitrag des Abgeordneten von Bündnis 90/Grüne, Gaber. Vgl. Sächsischer Landtag, Plenarprotokoll vom 25.5.1992, 3051.

414 Vgl. den Bericht des Verfassungs- und Rechtsausschusses zum Ausschußentwurf der Verfassung des Freistaates Sachsen, Sächsischer Landtag, LT-Dr. 1/1800, 14.

415 Vgl. Vögele, Zivilreligion, 288f. Vgl. auch Daiber, Ritual von Bedeutung, 13f. Eine Auseinandersetzung mit der Frage, ob der Begriff »Schöpfung« notwendig nach einem Schöpfer fragen läßt, halte ich an dieser Stelle für müßig, da diese Frage in weiten Teilen der Bevölkerung nicht gestellt wird.

416 Vgl. Papenheim, Präambel, 169.

Damit, daß die Aufnahme eines Gottesbezuges in die Präambel der Landesverfassung des Freistaates Sachsen nicht thematisiert wurde[417], ist wohl einer latent sich vollziehenden Säkularisierung der ostdeutschen Länder Rechnung getragen worden, in der sich die Frage eines Gottesbezuges gar nicht erst stellte.

4.2. Verfassung des Landes Sachsen-Anhalt vom 16. Juli 1992

In Sachsen-Anhalt wurden innerhalb des Verfassungsausschusses und im Plenum des Landtages z. T. sehr heftige Debatten darüber geführt, ob die Präambel einen Gottesbezug implizieren sollte. Die Formel selbst und die Stellung des Gottesbezuges innerhalb der Präambel der Verfassung von Sachsen-Anhalt ist Ergebnis eines Kompromisses gewesen, der sich relativ spät im Laufe des Prozesses der Verfassungsgebung erzielen ließ. So heißt es am Anfang der endgültig beschlossenen Formulierung der relativ ausführlichen Präambel[418]:

»In freier Selbstbestimmung gibt sich das Volk von Sachsen-Anhalt diese Verfassung. Dies geschieht in Achtung der Verantwortung vor Gott und im Bewußtsein der Verantwortung vor den Menschen (...).«[419]

Die erste frei gewählte Volkskammer hatte im Ländereinführunsgesetz vom 22. Juli 1990 bestimmt, daß der erste gewählte Landtag auch die verfassunggebende Versammlung sein solle. Im Landtag hatte die CDU-Fraktion eine Mehrheit und stellte demnach den Ministerpräsidenten.

Dem eingesetzten Verfassungsausschuß[420] lagen vier Verfassungsentwürfe vor.[421] Ursprünglich hatte sich der Verfassungsausschuß für eine kürzere Prä-

---

417 Vgl. auch ebd. Papenheim vermutet dahinter eine bewußte Absicht der verfassunggebenden Organe. »Indes wurde die Aufnahme eines Gottesbezuges in die Präambel verzichtet. Nicht nur in den eigentlichen Verfassungsberatungen, sondern auch in den öffentlichen Diskussionen wurde diese Frage nicht thematisiert. Dabei stand, wie auch in Brandenburg und Mecklenburg-Vorpommern, der Gedanke im Vordergrund, von einer ausdrücklichen religiösen Verankerung abzusehen.« (Ebd.).

418 Ein auffälliges Merkmal der Präambel ist die umfassende Aufzählung unterschiedlicher Staatsziele. Papenheim interpretiert die Hervorhebung von Staatszielen in der Präambel dieser Verfassung als diene sie der Identitätsfindung; »dies ist um so wichtiger, als eine historische Bezugnahme, wie in der sächsischen Präambel nicht ohne weiteres möglich ist, da Sachsen-Anhalt das Land mit der kürzesten Vergangenheit als eigenständiger Staat ist« (Papenheim, Präambeln, 171), denn erst am 21. Juli 1947 wurde die preußische Provinz Sachsen mit Anhalt zur Provinz und später zum Land Sachsen-Anhalt vereinigt.

419 Zum Text s.u. Anhang I.

ambel entschieden (Entwurf vom Oktober 1990[422]). Die von den einzelnen Fraktionen eingebrachten Vorschläge für die Präambel zwangen den Verfassungsausschuß jedoch, diese durch verschiedene Elemente anzureichern. Der Entwurf vom September/Oktober 1991 berücksichtigte schließlich die Aufnahme des Gottesbezuges, der sich im gemeinsamen Entwurf[423] von CDU und FDP fand. Der Gottesbezug fand sich dort in der Formulierung: »Verantwortung vor Gott und den Menschen.«

Dieser Entwurf wurde der Öffentlichkeit zugänglich gemacht, indem der Präsident des Landtages am 25. Oktober 1991 alle Bürgerinnen und Bürger sowie die Verbände und Vereinigungen aufrief, dazu Stellung zu nehmen. Die öffentliche Diskussion, die damit in Gang gesetzt worden war, dokumentierte eine rege Beteiligung der Bürgerinnen und Bürger sowie der Verbände. Schriftlich beim Landtag eingegangene Eingaben und Anträge wurden bis zum 29. Februar 1992 berücksichtigt. Unter den eingegangenen Zuschriften bezogen sich allein 112 auf die Präambel, welche sich insbesondere mit der Frage des Gottesbezuges beschäftigten.[424]

Bereits zu diesem Zeitpunkt war die Frage des Gottesbezuges im Verfassungsausschuß heftig diskutiert worden. Man entschied sich, den Wortlaut »in Verantwortung vor Gott und den Menschen« im Entwurf stehen zu lassen und die Präambel in dieser Form dem Landtag zur ersten Lesung vorzulegen[425], die

---

420 Der Verfassungsausschuß, der seine Arbeit bereits am 1. November 1990 begann, umfaßte 13 Mitglieder.

421 Entwurf des Runden Tisches; Entwurf der Fraktion Bündnis 90/Die Grünen. Text bei Häberle, JöR nF 1993, 205. Entwurf der SPD-Fraktion vom 12. März 1991, Text bei aaO., 228. Gemeinsamer Entwurf der Koalitionsfraktionen der CDU und der FDP vom 27. Februar 1991; Text bei aaO., 219.

422 »In dem Willen, die Würde und Freiheit jedes Einzelnen zu schützen und die Gemeinschaft zum Wohle aller zu ordnen, haben sich die Bürgerinnen und Bürger des Landes Sachsen-Anhalt in freier Selbstbestimmung diese Verfassung gegeben.« Zitiert nach Häberle, JöR nF 1990, 455.

423 »In freier Selbstbestimmung gibt sich das Volk von Sachsen-Anhalt durch den Landtag diese Verfassung. Dies geschieht im Bewußtsein der Verantwortung vor Gott und den Menschen (...).«; gemeinsamer Entwurf der Koalitionsfraktionen der CDU und der FDP im Landtag von Sachsen-Anhalt vom 27. Februar 1991, Landtagsdrucksache 1/253.

424 Vgl. Kilian, Die neue Verfassung des Landes Sachsen-Anhalt, 73ff.; ders., Föderalistische Verfassungsgebung in den neuen Bundesländern, 540.

425 Vgl. den Bericht des Ausschußvorsitzenden Höppner (SPD) am 9. April 1992, Landtag Sachsen-Anhalt, 31. Sitzung, 9.4.1992, 2617-2622.

am 9. April 1992 stattfand. Innerhalb dieser Debatte kam es auch zu einem öffentlichen Meinungsaustausch über den Gottesbezug in der Präambel der zu schaffenden Verfassung. Im wesentlichen äußerten sich die Vertreter der einzelnen Parteien zu diesem Thema wie ihre Kollegen und Kolleginnen im Landtag von Niedersachsen (s.o.).

Der Abgeordnete Tschiche (Bündnis 90/Die Grünen), ein evangelischer Pfarrer, führte dabei die wesentlichen Argumente an, die gegen einen Gottesbezug sprächen. Zunächst machte er darauf aufmerksam, daß schon durch die in die Verfassung aufgenommenen Kirchenartikel (Art. 27, 32 Verfassung von Sachsen-Anhalt) die Glaubwürdigkeit der Kirche verloren ginge. Denn glaubwürdig sei die Kirche nur, wenn und solange Staat und Kirche verfassungsrechtlich getrennt sind. Aus diesem Grund seien auch die Kirchen in der DDR durch ein hohes Maß an Glaubwürdigkeit ausgezeichnet gewesen, welche nur darum so glaubwürdig gewesen seien, »weil sie vom Staat streng getrennt waren«[426]. Er führte weiter an, daß die Mitgliedschaft in den Kirchen in Sachsen-Anhalt so niedrig ist, daß er nicht einsehe, »warum eine Minderheit in der Verfassung Sonderrechte hat«[427]. Zum Gottesbezug bemerkte er:

»Ich denke, der liebe Gott (...) hat in der Verfassung nichts zu suchen. (...) Staat, das heißt die Gestaltung des gesellschaftlichen Lebens, und das, was uns und mich persönlich bestimmt, sind zwei verschiedene Sachen. (...) Von daher wären wir dafür (...), daß Gott in der Präambel nichts zu suchen hat. Wenn sie so wollen, er ist eben größer als alle staatlichen Präambeln, und er ist jenseits von Verfassung und sonstigen Späßen, die wir uns leisten.«[428]

Der Abgeordnete der SPD-Fraktion, Höppner, bekräftigte dieses Votum, indem er darauf aufmerksam machte, »daß viele, gerade aus kirchlichen Kreisen, Protest gegen diese Formulierung erhoben haben«[429]. Im übrigen sei Sachsen-Anhalt ein Land, »in dem sich 80 % der Bevölkerung (...) nicht zu Gott bekennen, für die Gott bestenfalls eine Metapher für irgendein höheres Wesen ist«[430].

---

426 AaO., 2627.

427 Ebd.

428 AaO., 2619. Die beiden Argumente, die das Votum von Tschiche impliziert, werden im Rahmen des gesellschaftlich-politischen Teiles genauer zu analysieren sein.

429 AaO., 2635. Nicht erwähnt Höppner, daß viele, auch aus kirchlichen Kreisen, den Gottesbezug im Präambeltext begrüßt haben und sich die evangelische wie die katholische Kirche bewußt hinter diesen stellt.

430 AaO., 2635f. Interessant ist, daß das Argument der Mitgliederzahl in den Kirchen als positives Argument in Niedersachsen von den Gegnern des Gottesbezuges nicht gelten gelassen wurde.

An einer so unklaren Verwendung des Gottesbegriffs könne auch den Kirchen und den Christen nicht gelegen sein.[431] Höppner führte weiterhin an, daß mit der Aufnahme des Gottesbezuges in die Präambel die Gefahr bestehe, daß eine atheistische Weltanschauung, die der Gesellschaft unter dem SED-Regime bis in die allerkleinsten Bereiche hinein eingeprägt worden sei, nun durch eine christliche Weltanschauung ersetzt werde, die der Gesellschaft ebenfalls eingeprägt werde.[432] Er merkte an, daß die Gefahr bestehe, Andersdenkende könnten durch die Aufnahme des Gottesbezuges vereinnahmt werden, und schloß seine Äußerungen zu diesem Thema mit dem Votum: »Aber ein Verweis auf Gott in der Verfassung - das sollten wir wegen der andersdenkenden Mehrheit nicht tun.«[433]

Für die CDU-Fraktion sprach der Ministerpräsident des Landes, Münch. Nachdem er auf die Parallelen des historischen Kontextes bei der Verfassungsgebung des Grundgesetzes und der Landesverfassung eingegangen war und Allgemeines zur Präambel festgestellt hatte, äußerte er sich auch zum Gottesbezug in der Präambel. Im Wissen darum, »daß nicht zuletzt Stimmen aus den Kirchen darauf hingewiesen haben, daß die Mehrheit unserer Bevölkerung mit einem solchen Bezug auf Gott wohl nicht mehr viel anzufangen wisse«[434], habe sich die Landesregierung dennoch in ihrer Stellungnahme zum Verfassungsentwurf für die Beibehaltung dieser Formulierung ausgesprochen.

»Sie soll unserer Auffassung nach zum Ausdruck bringen, daß die Verfassung nicht allein auf einer wertfreien Staats- und Volkssouveränität beruht, sondern an eine vorgegebene, auch einer Mehrheitsentscheidung entzogene Wertordnung gebunden ist.«[435]

In diesen Zusammenhang sei auch das Menschenbild zu stellen, das der Verfassung zugrunde liege, nämlich ein christlich-abendländisches. Dieses Menschenbild wisse um die Würde des Menschen, die durch die Würde des Staates nicht verletzt werden dürfe. Es wisse aber auch um die Begrenztheit des Menschen, der nicht das Maß aller Dinge sein könne. Dies zum Ausdruck zu bringen, sei

---

431 Vgl. aaO, 2636.

432 Auf das Problem der Gleichsetzung Gott = christlicher Gott habe ist schon verschiedentlich hingewiesen worden. In der Darstellung Einzelargumente (II.) wird eine Auseinandersetzung mit dem dahinterstehenden Argumentationsmuster und dessen Problematik erfolgen.

433 Ebd.

434 AaO., 2643.

435 Ebd.

die Funktion des Gottesbezuges in der Präambel.[436] Dieses Votum unterstützte in der Debatte der CDU-Abgeordnete Geisthard.[437]

Nach einer sehr lebendigen Debatte über den Entwurf des Verfassungsausschusses wurde er an diesen zurückverwiesen, wo in drei Sitzungen daran weitergearbeitet wurde. Dabei wurden Zuschriften beraten und noch einmal eine Anhörung der Kirchen durchgeführt.[438] Die Anhörung der Kirchen fand vor allem wegen des umstrittenen Gottesbezuges in der Präambel, des Religionsunterrichtes und der Kirchenartikel statt.

Bei der Frage des Gottesbezuges in der Präambel sollte der Tatsache Rechnung getragen werden, daß in Sachsen-Anhalt nur eine Minderheit der Bürger und Bürgerinnen eine religiöse Bindung habe, und es einer Mehrheit nicht zugemutet werden könne, daß um dieser Minderheit willen die Verfassung einen Gottesbezug habe. Andererseits wollten die Mitglieder des Verfassungsausschusses darauf hinweisen,

»daß die Werte und Orientierungen, die mit dieser Verfassung gegeben werden, auch nicht der Beliebigkeit menschlichen Ermessens überlassen sind, sondern eingeordnet werden müssen in einen größeren Zusammenhang, den Christen eben beschreiben mit der Formulierung 'in Verantwortung vor Gott'«[439].

Die Kompromißformel, die daraufhin im Ausschuß mit elf gegen eine Stimme beschlossen wurde, lautet: »(...) in Achtung der Verantwortung vor Gott und in dem Bewußtsein der Verantwortung vor den Menschen (...)«[440].

Die zweite Beratung der Verfassung mit der geänderten Präambel fand am 25. Juni 1992 im Plenum statt. Im wesentlichen wurden im Rahmen dieser zweiten Lesung der Verfassung des Landes Sachsen-Anhalt die gleichen Argumente für und wider den Gottesbezug in der Präambel ausgetauscht, wobei die nun gefundene Kompromißformel für den Gottesbezug sowohl von der SPD als auch von der FDP als »unglücklich« bezeichnet wurde.[441] Die Anträge auf eine Streichung des Gottesbezuges im Präambeltext, die bei dieser Gelegenheit von

436 Vgl. aaO., 2642f.
437 Vgl. aaO., 2645.
438 Vgl. Bericht des Vorsitzenden Höppner am 25. Juni 1992, Landtag von Sachsen Anhalt, Bericht, Plenumsprotokoll 1/34, 3722-3727.
439 AaO., 3722.
440 Vgl. Landtag von Sachsen-Anhalt, LT-Dr. 1/1700.
441 Vgl. Landtag von Sachsen Anhalt, Plenarprotokoll 1/34, 3731; 3749.

den Fraktionen der SPD[442], der PDS[443] und dem Bündnis 90/Grüne[444] gestellt wurden, sind mit dem diskutierten Verfassungstext in den Verfassungsausschuß verwiesen worden.

Da die Beibehaltung des Gottesbezuges im Präambeltext, wenn auch in dieser »verunglückten« Form, für die Mitglieder des Verfassungsausschusses von der CDU-Fraktion ein Essential darstellte, wurde diese in der endgültigen Beschlußvorlage, die im Landtag am 15. Juli 1992 in dritter Beratung zur Debatte stand, entgegen den Anträgen der Streichung des Gottesbezuges seitens der Ausschußmitglieder der SPD, der PDS und des Bündnis 90/Grüne beibehalten.

Der Abgeordnete Bergner (CDU) bezeichnete bei der Debatte die nun vorgeschlagene Formulierung als eine, in der sich alle wiederfinden könnten. Dennoch bedauerte er, daß der doppelte Verantwortungsbezug »vor Gott und vor den Menschen«, wie ihn die CDU anstrebte, nun in dieser Form entschieden worden sei.[445]

Der Abgeordnete Haase (FDP) bekräftigte noch einmal die Meinung seiner Partei, daß mit dem Gottesbezug signalisiert werde,

> »daß es auch für das Gesetz aller Gesetze, für eine Verfassung, Grenzen gibt, außerhalb deren sozusagen eine höhere Gerechtigkeit weiter in Kraft bleibt. (...) Aber ich vertrete die auf Erfahrung gegründete Überzeugung, daß jede Macht, die nicht religiös gebunden ist, in die Gefahr entgleitet, irgendwann selbstherrlich zu werden, selbstherrlich zu einer Haltung zu degenerieren, die man nicht mitmachen darf. (...) In diesem Sinne stimme ich für die F.D.P.-Fraktion diesem vorliegenden Entwurf zu.«[446]

In dritter Lesung ist die Präambel der Verfassung von Sachsen-Anhalt bei 14 Gegenstimmen und sieben Stimmenthaltungen[447] und die gesamte Verfassung mit 80 Stimmen bei 19 Gegenstimmen und zwei Enthaltungen angenommen worden.[448]

Die Autoren der juristischen Kommentare weisen darauf hin, daß die Form der Aufnahme des Gottesbezuges dem Umstand Rechnung tragen sollte, daß

---

442 Landtag von Sachsen-Anhalt, LT-Dr. 1/1613.
443 Ders., LT-Dr. 1/1591.
444 Ders., LT-Dr. 1/1595.
445 Vgl. Landtag von Sachsen Anhalt, Plenarprotokoll 1/35, 3847.
446 AaO., 3852.
447 Vgl. aaO., 3859.
448 Vgl. aaO., 3872.

sich in Sachsen-Anhalt etwa 80 Prozent der Bevölkerung nicht zu Gott bekennten. Dennoch werde mit der gefundenen Kompromißformel, die als »sprachlich mißglückt« angesehen wird, zum Ausdruck gebracht, »daß in einer pluralen und säkularen Gesellschaft denen Respekt gezollt wird, die die Beweggründe ihres Handelns aus der Verantwortung vor Gott schöpfen«[449]. Gleichzeitig könne aus dem Gottesbezug in der Präambel die »Zurückweisung der Verabsolutierung der Staatsgewalt und die Absage an den Atheismus als Staatsreligion«[450] herausgelesen werden.

4.3. Verfassung des Landes Brandenburg vom 20. August 1992

Brandenburgs Landesverfassung vom 20. August 1992 enthält in ihrer Präambel[451] keinen Gottesbezug. Dieser findet sich auch in keinem der Vorentwürfe. Die Frage nach dem Gottesbezug wurde jedoch auch im Landtag von Brandenburg debattiert, nachdem Abgeordnete der CDU-Fraktion beantragt hatten, diesen nach dem Vorbild des Grundgesetzes zu ergänzen.[452] Auch die Kirchen in Berlin und Brandenburg hatten diesbezüglich einen regen Anteil an den Verfassungsberatungen genommen. Die katholische Kirche brachte sogar einen eigenen Vorschlag für die Formulierung einer Präambel ein, in der gemäß der Präambel des Grundgesetzes Bezug genommen wurde auf die Verantwortung vor Gott.[453]

Der Abgeordnete Reiche (SPD) argumentierte dagegen, daß die Formulierung »Verantwortung vor Gott« für eine Mehrheit des Volkes von Brandenburg lediglich eine »leere Hülse« sei.

---

449 Mahnke, Kommentar, Rdnr. 5. Vgl. auch Reich, Kommentar, Rdnr. 3.

450 Mahnke, ebd. Vgl. Reich, ebd. Diese Formulierung ist entlehnt aus dem Kommentar zum Grundgesetz von Münch/Kunig. Vgl. Münch/Kunig, Grundgesetz-Kommentar, Präambel, Rdnr. 7.

451 Zur Präambel von Brandenburg vgl. Häberle in JöR nF 42, 1994, 154f. Für die genauere Entstehungszusammenhänge der Verfassung vgl. Papenheim, Präambeln, 163f.

452 Zum Redebeitrag des Abgeordneten Vette (CDU) vgl. Landtag Brandenburg, 43. Sitzung, 25.03.1992, Plenarprotokoll 1/43, 3086.

453 In einer Stellungnahme der katholischen Kirche vom 12. September 1991 findet sich der Vorschlag für eine Brandenburgische Verfassungspräambel: »Wir, die Bürgerinnen und Bürger des Landes Brandenburg haben uns im Bewußtsein unserer Verantwortung vor Gott in freier Entscheidung diese Verfassung gegeben (...)«. Vgl. Papenheim, Präambeln, 165.

»Und sie sollten besser als die, für die es nur eine leere Hülse ist, wissen, daß man den Namen Gottes nicht unnütz im Munde führen soll und ihn deshalb nicht an einer solchen Stelle in die Verfassung hineinschreibt.«[454]

Neben dem Argument, daß der Name Gottes durch seine Aufnahme in die Präambel der Verfassung mißbraucht werde, führte Reiche den fehlenden gesellschaftlichen Konsens für eine Bezugnahme auf Gott in der Präambel an.[455] In den weiteren Beratungen fand danach ein Gottesbezug keine Erwähnung mehr.

4.4. Verfassung des Landes Mecklenburg-Vorpommern vom 23. Mai 1993

Bereits Ende 1990 setzte der Landtag von Mecklenburg-Vorpommern eine Verfassungskommission[456] ein, in welcher bis zur endgültigen Verabschiedung der Verfassung am 23. Mai 1993 und der anschließenden Billigung durch Volksentscheid z. T. sehr unterschiedliche Verfassungstexte kursierten.[457] Diese Entwürfe, sowie verschiedene Vorschläge von Mutius und Starck, welche von den beiden stärksten Parteien (SPD und CDU) in die Kommission berufen worden waren, bildeten die Arbeitsgrundlage der Verfassungskommission, die am 25. April 1992 dem Landtag einen Zwischenbericht vorlegte, welcher zugleich Grundlage der öffentlichen Diskussion war.[458]

Zahlreiche Änderungswünsche aus Zuschriften von der Bevölkerung und den Institutionen des Landes und aus den Landtagsdebatten wurden von der Verfassungskommission berücksichtigt[459] und in den endgültigen Vorschlag, welcher dem Landtag am 7. Mai 1993 zugeführt wurde, eingearbeitet und dann mit erforderlicher Zweidrittelmehrheit beschlossen. Von den zahlreichen Anregungen zur Änderung des ersten Entwurfes blieb die Präambel bis auf wenige Textkorrekturen ausgenommen.[460] Sie ist entsprechend dem Ziel der Verfassungskommission auf einige wesentliche Akzente beschränkt worden, wobei

454 Landtag Brandenburg, 43. Sitzung, 25.03.1992, Plenarprotokoll 1/43, 3091.

455 Vgl. ebd.

456 Für die Zusammensetzung vgl. Prachtl, Die vorläufige Verfassung, 1.

457 Vgl. Papenheim, Präambeln, 165. Im einzelnen vgl. Hölscheidt, Grundlagen und Entwicklung, 1066ff; Kanther, Die neuen Landesverfassungen im Lichte der Bundesverfassung, 33.

458 Vgl. Papenheim, Präambeln, 166; Häberle, in: JöR nF 1994, 149-200; 218.

459 Vg. Prachtl, Die vorläufige Verfassung, 2; Starck, Verfassunggebung in den neuen Ländern, 12.

der programmatische Teil[461] den breitesten Raum einnimmt. Auffällig ist eine in den Staatszielen zum Ausdruck gebrachte Zukunftsorientierung.[462]

»Nicht allein die Betonung der historischen Gegebenheiten steht demnach im Vordergrund, sondern die Konkretisierung staatlichen und menschlichen Handelns zum Schutz der zukünftigen Generationen.«[463]

Die Präambel der Verfassung von Mecklenburg-Vorpommern enthält keinen Gottesbezug. Sie ist dennoch in zwei Hinsichten interessant. Zum einen wird in dieser Präambel die Verantwortungsformel übernommen, ohne jedoch die Foren zu benennen, vor denen diese Verantwortung geübt wird. »Im Bewußtsein der Verantwortung aus der deutschen Geschichte sowie gegenüber den zukünftigen Generationen (...).«[464] Dem Problem der Qualifizierung des Verantwortungsbegriffes bezüglich einer Rechenschaftsinstanz wird hier also bewußt aus dem Weg gegangen, weil nicht gefragt wird, vor welchem Forum Verantwortung übernommen werden muß.

Der andere interessante Sachverhalt betrifft die Erkenntnis der Grenzen menschlichen Tuns. Diese Erkenntnis, die früher durch den Gottesbezug zum Ausdruck gekommen und ein wichtiges Argument für die Befürworter des Gottesbezuges gewesen ist und der nun durch die Formulierung »(...) im Wissen um die Grenzen menschlichen Tuns (...)« Ausdruck verliehen wird, deutet Häberle als »*säkularisierte* Fassung der klassischen Gottesklausel«[465].

Die katholische wie die evangelische Kirche des Landes favorisierten zwar die Aufnahme eines Gottesbezuges entsprechend der Formulierung im Grundgesetz, beharrten aber nicht kategorisch darauf, damit sich die Diskussion nicht polarisierte. Denn Ziel war von Beginn der Verfassungsgebung an, ein möglichst homogenes Bild der zukünftigen Verfassung zu entwickeln.[466] Wie die Verfassungsentwicklung in den anderen neuen Bundesländern gezeigt hat, hätte die Aufnahme eines Gottesbezuges in die Präambel der Verfassung in diesem stark säkularisierten Land eine umfassende Diskussion ausgelöst, deren Ergeb-

460 Vgl. Landtag von Mecklenburg-Vorpommern, Entscheidungen, Bd. 1, 82.
461 Dazu s.u. III.3.3.
462 Vgl. Hölscheidt/Wiese, Grundrechte und Staatsziele, 393ff.
463 So das Ergebnis von Papenheim. Papenheim, Präambeln, 166.
464 Text bei Häberle, in: JöR nF 1995, 419.
465 Häberle, in: JöR nF 1995, 361.
466 Vgl. Landtag von Mecklenburg-Vorpommern, Entscheidungen, Bd. 1, 64.

nis nach damaliger Einschätzung der Kirchen eher zu einer Ablehnung eines direkten Gottesbezuges geführt hätte.[467] Die endgültige Formulierung, welche die Kirchen offensichtlich selbst vorschlugen[468], betrachteten sie als eine säkulare Umschreibung eines Gottesbezuges.[469]

Damit umgeht der Verfassungstext aber nur scheinbar die Schwierigkeiten des Gottesbezuges, denn die sich anschließende Frage des Subjektes der Begrenzung des menschlichen Tuns führt unmittelbar in den Problemhorizont zurück. Das Problem sieht auch Daiber in seiner Analyse dieser Formulierung:

»Auch hier handelt es sich um eine Formulierung, die nicht religiös gedeutet werden muß, aber vermutlich doch nur im Horizont religiösen Glaubens als bedeutsam erfahren wird. Von 'Grenzen menschlichen Tuns' kann doch wohl nur dort gesprochen werden, wo es noch ein 'anderes' Tun gibt, das die Grenzen einerseits gesetzt hat, ihnen aber selbst nicht unterliegt.«[470]

4.5. Verfassung des Freistaates Thüringen vom 29. Oktober 1993

Als letztes Bundesland der neuen Länder hat sich das Land Thüringen am 29. Oktober 1993 nach über zwei Jahren intensiver Beratungen durch seinen Landtag seine dritte Vollverfassung gegeben.[471] Der Prozeß der Verfassungsgebung war durch die Bestimmungen des Art. 23 Abs. 2 des Ländereinführungsgesetzes vom 22. Juli 1990 in Gang gesetzt worden, der den ersten frei gewählten Landtagen der neuen Bundesländer die Aufgabe der verfassunggebenden Landesversammlung übertrug. Der Ältestenrat des Thüringer Landtages forderte nach den Landtagswahlen am 3. Oktober 1990 die Fraktionen des Landtages zur Vorlage eigener Entwürfe für die neue Landesverfassung auf, welche am 12. September 1991 in erster Lesung im Thüringer Landtag beraten und an den am selben Tag nach § 68 Abs. 2 der Vorläufigen Geschäftsordnung bestellten Verfassungs-

467 Vgl. Papenheim, Präambeln, 167.

468 Vgl. Landtag von Mecklenburg-Vorpommern, Verfassungsentwurf 1993, 77f; Vögele, Zivilreligion, 288; Papenheim, Präambeln, 167.

469 So der Abgeordnete Prachtl (CDU). Vgl. Landtag von Mecklenburg-Vorpommern, 78. Sitzung, 12.05.1993, Plenarprotokoll 1/78, 4441.

470 Daiber, Ritual von Bedeutung, 14.

471 In der Geschichte des Landes Thüringen gab es vorher nur die Vollverfassungen vom 11.3.1921 und vom 20.12.1946. Vgl. Thüringer Landtag, Plenarprotokoll 1/28, 1708.

und Geschäftsordnungsausschuß[472] zur weiteren Beratung überwiesen wurden.[473]

Insgesamt waren zu dieser ersten Beratung fünf Entwürfe eingereicht worden.[474] Jeder der Entwürfe enthielt eine Präambel. Der Entwurf der Präambel der SPD rekurrierte auf die »leidvollen Erfahrungen vergangener Gewalt- und Willkürherrschaft«, machte auf die Natur als »Teil des lebenserhaltenden Kreislaufes« aufmerksam, benannte die Staatsziele Solidarität, soziale Gerechtigkeit, inneren und äußeren Frieden und wies auf die Verfassungsgebung als »Ergebnis der friedvollen Revolution des Oktober 1989« hin.[475] Im wesentlichen nahmen die anderen Entwürfe dieses Gedankengut auch auf. Während jedoch im SPD-Entwurf eine Verantwortungsformel fehlte, enthielten die restlichen vier Entwürfe Formulierungen, die sich alle auf die Verantwortung aus der Geschichte beriefen. Im Entwurf der CDU hieß es: »Im Bewußtsein der Verantwortung aus der Geschichte Thüringens und der deutschen Nation«[476]. Analog stand im Entwurf der Fraktion der FDP: »Im Bewußtsein einer Kontinuität deutscher Geschichte«[477]. In diesem Entwurf war die Verantwortungsformel zwar nicht explizit genannt, aber wohl impliziert. Etwas ausführlicher war der Text von der LL-PDS: »Im Bewußtsein seiner Verantwortung vor der Geschichte und der Kultur des wiedererstehenden Landes Thüringen«[478]. Im Entwurf der Fraktion NF/GR/DJ war die Verantwortungsformel in die Mitte des Präambeltextes verschoben: »mit dem von der freiheitlich-friedlichen Bewegung des Herbstes 1989 ausgehenden Anspruch auf eine eigene historische Identität, die sich der Verantwortung für die gesamte deutsche Geschichte bewußt ist«[479]. Keiner der

472 Antrag der Fraktionen der CDU, SPD, LL-PDS, FDP und NF/GR/DJ. Vgl. Thüringer Landtag, LT-Dr. 1/676.

473 Vgl. Thüringer Landtag, Plenarprotokoll 1/79, 5831.

474 Verfassungsentwurf der CDU-Thüringen vom 10.4.1991, Thüringer Landtag, LT-Dr. 1/285. Verfassungsentwurf der FDP Thüringen vom Frühjahr 1991, Thüringer Landtag, LT-Dr. 1/301. Verfassungsentwurf der SPD-Fraktion vom 9.7.1991, Thüringer Landtag, LT-Dr. 1/590. Verfassungsentwurf der Gruppen NF/GR/DJ vom 23.8.1991, Thüringer Landtag, LT-Dr. 1/659. Verfassungsentwurf der Fraktion LL-PDS vom 9.9.1991, Thüringer Landtag, LT-Dr. 1/678.

475 Thüringer Landtag, LT-Dr. 1/590, 1.

476 Zitiert nach Häberle, in: JöR nF 1991/92, 481.

477 Zitiert nach aaO., 470.

478 Zitiert nach Häberle, in: JöR nF 1993, 287.

479 Zitiert nach aaO., 273.

Präambelentwürfe enthielt einen Gottesbezug, obwohl drei der vorgelegten Texte den Begriff »Verantwortung« direkt aufnahmen.[480] Auch innerhalb der Debatte im Plenum bei der ersten Beratung der Landesverfassung am 12. September 1991 stand ein irgendwie gearteter Gottesbezug nicht zur Debatte.[481]

Ein vom Verfassungs- und Geschäftsordnungsausschuß eingesetzter Unterausschuß erhielt die Aufgabe, auf der Grundlage der von den Fraktionen vorgelegten Entwürfe einen konsensfähigen Entwurf der Landesverfassung zu erarbeiten. Die Arbeit dieser beiden Ausschüsse verlief zwischen der ersten und zweiten Beratung der Verfassung im Plenum des Landtages unter Ausschluß der Öffentlichkeit.[482] Ein Beschluß über die Formulierung der Präambel war wegen heftiger Kontroversen erst in seiner letzten Sitzung vor der zweiten Beratung im Plenum gefaßt worden, denn im Laufe der Verhandlungen hatten einige CDU-Vertreter beantragt, »an christliche Traditionen und deren sittliche Bindungen mit der Formulierung 'in Verantwortung vor Gott' anzuknüpfen«[483]. Nach kontroversen Diskussionen habe man sich schließlich auf eine Kompromißformel geeinigt, indem das Wort »auch« eingefügt wurde, um dem Umstand Rechnung zu tragen, »daß in Thüringen nicht nur, aber eben auch Christen leben«[484].

Die Beschlußvorlage[485] für den Text der Präambel, die der Verfassungs- und Geschäftsordnungsausschuß dem Landtag am 21. April 1993 zur zweiten Beratung vorlegte, entsprach dem Text, der in dritter Lesung schließlich am 22. Oktober 1993 beschlossen wurde. Diese Präambel zeichnet sich durch einen klar gegliederten Aufbau aus. Im ersten Absatz erfolgt eine Würdigung der geschichtliche Erfahrungen; der zweite Absatz benennt Staatsziele[486] im Sinne eines Ausblicks und der betont die verfassunggebende Gewalt des Volkes und

---

480 Auf die Schwierigkeit, den Begriff der Verantwortung auf die Geschichte als Forum zu beziehen, wird in dem Kapitel der Qualifizierung des Verantwortungsbegriffs hingewiesen. Schwierig scheint mir die Interpretation Vögeles an dieser Stelle, »daß die Berufung auf die Verantwortung vor Gott und die Berufung auf die Verantwortung vor der Geschichte große Ähnlichkeit haben« (Vögele, Zivilreligion, 292).

481 Im einzelnen vgl. Thüringer Landtag, Plenarprotokoll 1/28, 1707-1721.

482 Vgl. Bericht des Abgeordneten Harald Stauch (CDU), Thüringer Landtag, Plenarprotokoll 1/79, 5831.

483 AaO., 5832.

484 Ebd.

485 Thüringer Landtag, LT-Dr. 1/2106, 1.

486 Hierzu vgl. Jutzi, Staatsziele der Verfassung des Freistaates Thüringen, 25-31; Neumann, Staatsziele der Verfassung des Freistaates Thüringen, 392-396.

benennt hier ethische Grundlagen.[487] Der Text rekurriert auf den »kulturellen Reichtum und die Schönheit des Landes, erinnert an »die leidvollen Erfahrungen mit überstandenen Diktaturen« und an die »friedlichen Veränderungen im Herbst 1989«, nennt die Staatsziele, die »Würde des einzelnen zu achten«, »das Gemeinschaftsleben in sozialer Gerechtigkeit zu ordnen«, »Natur und Umwelt zu bewahren«, »inneren wie äußeren Frieden zu fördern«. Erwähnt wird auch die »Verantwortung für zukünftige Generationen« und ein Bewußtsein für ein vereintes Europa.[488] Am Ende der Beschlußvorlage findet sich ein Gottesbezug in folgender Formulierung: »(...) gibt sich das Volk des Freistaates Thüringen in freier Selbstbestimmung und auch in Verantwortung vor Gott diese Verfassung.«[489] Bereits hier fehlt die Bezugnahme auf das forum externum der Verantwortung »vor den Menschen«. Und die Einfügung des Wortes »auch«, dic einem Konsens des Verfassungsausschusses entspricht, klingt wie eine Verlegenheitslösung.

In der 79. Sitzung des Landtages am 21. April 1993 fand dann die erste öffentliche Aussprache über den Beschlußvorschlag des Verfassungs- und Geschäftsordnungsausschusses statt. Zur Präambel äußerten sich lediglich einige Abgeordnete der Fraktionen der CDU und der fraktionslose Abgeordnete Siegfried Geißler. Die Voten der CDU-Abgeordneten Jörg Schwäblein[490], Johanna Arenhövel[491], Reinhard Lotholz[492] bezüglich der Aufnahme des Gottesbezuges in die Präambel waren durchweg positiv. In bezug auf die eigenartige Formulierung »auch« führte Schwäblein aus, daß

»(...) an dieser Stelle die Spannung zwischen dem herrschenden Zeitgeist und dem Wertekontext des Grundgesetzes deutlich [wird]. Die CDU hat sich aber nachdrücklich dafür eingesetzt, den doppelten Verantwortungsbezug Gott und Mitmensch zu erhalten.«[493]

Die Funktion des Gottesbezuges sah Schwäblein in der Erkenntnis, daß die Verfassung nicht allein an eine wertfreie Staats- und Volkssouveränität gebunden sei, sondern auch an eine vorgegebene, einer der Mehrheitsentscheidung entzo-

---

487 Im einzelnen vgl. Papenheim, Präambeln,173f.
488 Text bei Thüringer Landtag, LT-Dr. 1/2106,1.
489 S.u. Anlage I.
490 Vgl. Thüringer Landtag, Plenarprotokoll 1/79, 5843f.
491 Vgl. aaO., 5861f.
492 Vgl. aaO., 5869.
493 AaO., 5843.

genen - in diesem Falle an eine christlich-abendländische - Werteordnung.[494] Die Abgeordnete Arenhövel wies innerhalb der Debatte darauf hin, daß mit dem Gottesbezug nicht der Bezug auf eine Konfession oder Kirche gemeint sei.

»Vielmehr sind es gerade jene als unveräußerlich geltenden Grundrechte, die auch mit einer Zweidrittelmehrheit nicht geändert werden dürfen und deren letzte Verbindlichkeit in Gott begründet ist. Die Verantwortung vor Gott ist an dieser Stelle also unverzichtbar, auch dann, wenn viele Menschen als nichtgläubig gelten.«[495]

Der Abgeordnete Geißler leitete von der Bezugnahme auf Gott in der Präambel ab, daß die gesamte Verfassung nur für einen Teil der Thüringer Bevölkerung verfaßt worden sei. Schon aus diesem Grunde sei der gesamte Verfassungsentwurf abzulehnen.[496]

Die Beschlußvorlage wurde im Landtag nach zweiter Beratung mit den Stimmen der Mehrheit angenommen und zur weiteren Bearbeitung in den Verfassungs- und Geschäftsordnungsausschuß zurücküberwiesen.[497]
Zwischen der zweiten und dritten Beratung der Landesverfassung beschäftigte sich der Verfassungs- und Geschäftsordnungsausschuß erneut mit dem Entwurf einer Verfassung für das Land Thüringen. Während dieser Zeit wurde die in der zweiten Beratung beschlossene Vorlage eines Verfassungsentwurfes auch einer breiten Öffentlichkeit zugänglich gemacht, indem sie als Zeitungsbeilage mit einer Auflage von 800.000 Stück veröffentlicht wurde. Am 18. und 19. Mai 1993 führte der Verfassungs- und Geschäftsordnungsausschuß mündliche Anhörungen zu dem Entwurf durch. Insgesamt erschienen Vertreter von insgesamt 21 Verbänden. 26 Verbände nahmen schriftlich zu dem Verfassungsentwurf Stellung. Dem Ausschuß gingen etwa 400 Stellungnahmen mit ca. 3000 Einzelanregungen zu, welche dort beraten wurden und zu 56 Änderungsanträgen aus den Fraktionen führten.

Die meisten Zuschriften, nämlich 141, befaßten sich mit der Präambel, wovon der größte Teil den Gottesbezug betraf. Der überwiegende Teil äußerte sich ablehnend. Das veranlaßte den Ausschuß nicht, eine Änderung an der Formulierung der Präambel vorzunehmen, was seine Begründung in dem gefunde-

---

494 Vgl. ebd.
495 AaO., 5861f.
496 Vgl. aaO., 5860.
497 Vgl. aaO., 5875.

nen Kompromiß »*auch* in der Verantwortung vor Gott« fand.[498] Ausdrückliche Unterstützung erhielt die Aufnahme des Gottesbezuges von Vertretern der evangelischen und der katholischen Kirchen des Landes, welche auch eine Stärkung des Gottesbezuges in der Verfassung befürworteten.[499]

Eine Aussprache über den Verfassungsentwurf fand in der 94. Sitzung des Plenums am 22. Oktober 1993 statt. Im Rahmen dieser dritten Beratung äußerten sich mit Ausnahme der SPD alle Fraktionen zum Problem des Gottesbezuges in der Präambel.

Der Abgeordnete Roland Hahnemann (LL-PDS) sah darin eine Vereinnahmung von Nichtchristen, die zwar juristisch gesehen ohne Bedeutung sei, die aber »ein Indiz für die große Diskrepanz zwischen dem Verfassungstext und dem Empfinden einer Mehrheit im Land«[500] sei.

Umfassend äußerte der Abgeordneten Klaus Höpcke (LL-PDS) Kritik am Gottesbezug. Er sah darin »einen Versuch weltanschaulicher Indoktrination per Verfassung«[501]. Einerseits gehörten lediglich 41,19 Prozent der Bevölkerung von Thüringen einer der beiden Kirchen an[502], die Mehrheit der Bevölkerung sei also nicht religiös gebunden. Andererseits sei die weltanschauliche Bindung des Gottesbezuges zu hinterfragen, d. h. es müßten auch noch andere weltanschauliche Bekenntnisse aufgenommen werden. Außerdem sei die weltanschauliche Neutralität des Staates durch diesen Gottesbezug verletzt[503], und die Präambel disqualifiziere in dieser Form Atheisten und Nichtchristen.[504] Die Mehrzahl der Zuschriften habe sich gegen den Gottesbezug entschieden, was die Demokraten

---

498 Bericht des Abgeordneten Stauch (CDU); vgl. Thüringer Landtag, Plenarprotokoll 1/94, 7153-7156; vgl. auch Thüringer Landtag, LT-Dr. 1/2606.

499 Gemeinsame Stellungnahme des katholischen Büros im Bischöflichen Amt Erfurt und Beauftragter der Evangelischen Kirchen bei Landtag und Landesregierung Thüringen, abgedruckt in: Schmitt, Die Verfassung des Landes Thüringen, 353.

500 Thüringer Landtag, Plenarprotokoll 1/94, 7162.

501 AaO., 7180.

502 Vgl. ebd. Es liegen die Zahlen des statistischen Landesamtes von 1993 zugrunde. Für genauere Zahlen vgl. ebd.; vgl. auch Müller, Der Gottesbezug in der Präambel des Freistaates Thüringen, 181; Rommelfanger, Ausarbeitung, 67.

503 Der Abgeordnete zitiert an dieser Stelle Zuschriften von Gegnern des Gottesbezuges. Vgl. Thüringer Landtag, Plenarprotokoll 1/94, 7180f.

504 Auch zur Unterstützung dieses Bedenkens zitiert der Abgeordnete mehrere Voten aus Zuschriften an den Verfassungsausschuß. Vgl. aaO., 7181.

dazu hätte animieren müssen, diesen aus der Beschlußvorlage zu streichen.[505] Im übrigen verstehe er nicht, wieso nun eine Formulierung in die Präambel aufgenommen werde, die sich in keinem der eingereichten Entwürfe finde.[506]

Die Abgeordnete Christine Grabe vom Bündnis 90/Die Grünen ergänzte das, indem sie darauf hinwies, daß diese Formulierung nicht von allen Christen getragen werde. Die Aufnahme eines Gottesbezuges bezeichnete sie als einen Rückfall in das 19. Jahrhundert.[507]

Während der Debatte wiederholten die Abgeordneten Harald Stauch[508] (CDU) und Arenhövel[509] (CDU) die Argumente, welche die Mitglieder ihrer Fraktion schon bei der zweiten Beratung der Präambel vorgetragen hatten. Zusammenfassend votierte Stauch:

»Die Väter des Grundgesetzes haben sich dazu bekannt, der Bundesrepublik Deutschland eine Grundordnung im Bewußtsein der Verantwortung vor Gott und den Menschen zu geben. In Zeiten zunehmender Unruhe, des immer hektischer werdenden Tagesgeschehens, sucht der Mensch nach Werten, die beständig sind und an denen er sein Leben ausrichten kann. Daher sprechen wir uns für eine Werteordnung aus, die auch Abänderungen durch Mehrheitsentscheidungen entzogen ist. (...) Die CDU-Fraktion hat sich bei der Formulierung des Verfassungsentwurfes nachdrücklich dafür eingesetzt, den Bezug zu den Mitmenschen und zu Gott zu erhalten. Wir sprechen uns auch mit Nachdruck gegen Formulierungen aus, die in krampfhafter Weise den Begriff 'Gott' vermeiden. Mit dem jetzt gefundenen Kompromiß kann man, wie ich glaube und auch die Erfahrung aus der Anhörung zeigt, allen Thüringern gerecht werden.«[510]

Ein Antrag zur Streichung der Formulierung »und auch in der Verantwortung vor Gott«, den die Fraktion LL-PDS nach der dritten Beratung gestellt hatte[511], wurde abgelehnt und die Präambel mit Gottesbezug angenommen.[512]

Abgeschlossen wurde die dritte Beratung der Thüringer Landesverfassung jedoch nicht in Erfurt im Plenarsaal, sondern dafür versammelten sich die Mit-

---

505 Vgl. ebd.
506 Vgl. aaO., 7181f.
507 Sie nennt jedoch keine Belege, wo im 19. Jahrhundert ein Gottesbezug in dieser Form Eingang in einen Verfassungstext genommen habe. Vgl. aaO., 7167; vgl. auch das Votum des fraktionslosen Abgeordneten Geißler, aaO., 7171.
508 Vgl. aaO., 7169.
509 Vgl. aaO., 7187.
510 AaO., 7169.
511 Vgl. aaO., 7211. Zum Antrag vgl. Thüringer Landtag, LT-Dr. 2741.
512 Vgl. Thüringer Landtag, Plenarprotokoll 1/94, 7211.

glieder des Landtages in Eisenach auf der Wartburg am 25. Oktober 1993.[513] Auch hier äußerten sich die Abgeordneten der verschieden Fraktionen noch einmal zu dem Gottesbezug in der Präambel.

Jörg Schwäblein (CDU) setzte sich nun auch mit den Argumenten der Gegner des Gottesbezuges auseinander.[514] S. E. entspreche der Bezug auf Gott in der Präambel der bewußten Frontstellung gegen den vergangenen Totalitarismus und Kollektivismus. Ebenfalls wehre er sich gegen die Behauptung, dabei handele es sich um ein überholtes, persönliches Bekenntnis der Verfassungsmütter und -väter des Grundgesetzes, mit dem sich die Menschen in den neuen Bundesländern nicht identifizieren könnten.[515] Diese Kritik bezeichnete er als »falsch und grob oberflächlich, als der Gottesbezug im Grundgesetz gerade nicht als ein Bekenntnis formuliert ist«[516]. Vielmehr werde dadurch zum Ausdruck gebracht,

»(...) daß auch ein Staat sein Handeln ethisch begründen muß. Der Verfassungsrichter Bökkenförde bemerkt sehr richtig, daß ein sich säkular und pluralistisch verstehender Staat unter einem Defizit an Legitimation leidet. Wird es nicht behoben, landet jede Gesellschaft letztendlich in der Anarchie eines diffusen Meinungspluralismus. Der moderne Staat braucht, so Böckenförde weiter, eine von ihm unabhängige geistige und geistliche Legitimationsinstanz.«[517]

In seinem Schlußplädoyer zitierte der Ministerpräsident des Landes, Bernhard Vogel, den Gottesbezug der Präambel, ohne jedoch das Wort »auch« gemäß der Kompromißformulierung aufzunehmen.[518] Wahrscheinlich war auch ihm bewußt, daß es sich hierbei um eine »unglückliche« Formulierung handelte.

Bei der folgenden Schlußabstimmung wurde die Thüringer Landesverfassung mit den Stimmen der Fraktionen der CDU, SPD und FDP am 25. Oktober 1993 angenommen[519] und trat am 29. Oktober 1993 vorläufig in Kraft. Am 16.

---

513 Daiber sieht in der Wahl des Ortes die rituelle Bedeutsamkeit der Verfassungsgesetzgebung besonders unterstrichen. Implizit werde durch den Verabschiedungsort die Wichtigkeit des christlichen Erbes hervorgehoben. Vgl. Daiber, Ritual von Bedeutung, 13.

514 Vgl. Thüringer Landtag, Plenarprotokoll 1/95, 7269-7274. Die Rede ist neuerdings zugänglich bei Schmitt, Die Verfassung des Landes Thüringen, 366-372.

515 Vgl. Thüringer Landtag, Plenarprotokoll 1/95, 7271.

516 Ebd.

517 Ebd.

518 Vgl. aaO., 7289.

519 Vgl. aaO., 7290.

Oktober 1994 wurde dann die Verfassung bei den Landtagswahlen durch Volksentscheid endgültig in Kraft gesetzt.

Der Verfassungskommentar von Sigfried Jutzi sieht in dem Gottesbezug der Thüringischen Verfassung zwar etwas nicht ungewöhnliches für eine Staatsverfassung, bezeichnet ihn aber »in gewisser Hinsicht« als einen »Fremdkörper in Statur einer säkularen Staatsorganisation«.[520] Aus der Formulierung, daß diese Verfassung »auch« in Verantwortung vor Gott beschlossen wurde, leitet er ab, daß damit nicht »die einzige ethische Verantwortungsinstanz« benannt werde. Im übrigen bedürfe die Frage des Gottesbezuges keiner Vertiefung, denn »keinesfalls kann der Präambel eine allgemeine pro-christliche Auslegungsregel entnommen werden«[521]. Und es sei »zweifelhaft« ob der »Erwähnung Gottes überhaupt« ein rechtlicher Gehalt zukommt.[522] Andreas Brinkmann sieht in dem Gottesbezug das Bedürfnis »immanenter Grenzen menschlichen Handelns« [523] sich andeuten.

4.6. Ergebnis

Der Durchgang durch die Verfassungen der fünf neuen Länder hat eine leichte Verschiebung des Stellenwertes des Gottesbezuges in deren Präambeltexten gezeigt. Denn von den Landesverfassungen der fünf neuen Länder, die alle eine Präambel haben, beinhalten nur Sachsen-Anhalt und Thüringen eine Bezugnahme auf Gott. In beiden Texten ist diese in ihrem Stellenwert verschoben. Ist der Gottesbezug in der Präambel der Landesverfassung von Sachsen-Anhalt in den zweiten Satz verschoben und seiner Allgemeingültigkeit entkleidet[524] worden, so rutscht die Bezugnahme auf Gott in der Präambel der Landesverfassung von Thüringen als Teil einer Aufzählung an das Ende derselben[525]. Die Verfassungsgeber verweisen bei ihrem Verzicht auf die Aufnahme des Gottesbezuges oder dessen Aufnahme in abgeschwächter Form auf den nur noch geringen Rückhalt der Kirche, insbesondere der evangelischen Kirche, in der Bevölke-

520 Vgl. Linck/Jutzi/Hopfe, Die Verfassung des Freistaates Thüringen, Präambel, Rdnr. 15.
521 AaO., Rdnr. 16.
522 Vgl. ebd.
523 Vgl. Brinkmann, Die Verfassung des Freistaates Thüringen, 1995, 25.
524 »(...) in Achtung der Verantwortung vor Gott (...)«.
525 »(...) in freier Selbstbestimmung und auch in Verantwortung vor Gott (...)«

rung. Gern wird dabei auch auf das Votum einiger Kirchenrepräsentanten[526] gegen den Gottesbezug verwiesen. Der andere Grund ist ein latent noch vorhandener Staatsatheismus, den das DDR-Regime vertreten hatte. Diesem scheinbar »beschleunigten Säkularismus« versucht die Verfassung von Mecklenburg-Vorpommern gerecht zu werden, indem sie vom »Wissen um die Grenzen des menschlichen Tuns« spricht, und damit ein wichtiges Element des Gottesbezuges aufnimmt. Dies ist eine unglückliche Umformulierung des Gottesbezuges, da es die Menschen und Amtsträger in letzter Konsequenz doch wieder an ihre Begrenztheit erinnert, und dies vor einer metaphysischen Instanz, deren Benennung nun das Problem der Verfassungsauslegung ist.

Gerade in der historischen Situation, in der es um die Aufarbeitung und Ablösung totalitärer Regime geht, sind solche Hinweise von evidenter Bedeutung. Dieser Hinweis spielte - ähnlich wie bei der Entstehung der Verfassungen nach 1945 - auch bei den Prozessen der Verfassungsgebung in den fünf neuen Ländern eine wichtige Rolle.

Bei der Analyse der Debatten fällt auf, daß auch in bezug auf die Verfassungsentwicklung in den fünf neuen Ländern der Hinweis, bei der Benennung des »Präambelgottes« sei nicht der christliche Gott gemeint, nur zum Teil verifizierbar ist. Denn sowohl die Befürworter als auch die Gegner des Gottesbezuges verweisen bei ihren Argumenten immer auch auf die Bedeutung des Christentums als »Kulturfaktor«, auf die Rolle der Kirchen, auf die christliche Anthropologie, welche natürlich auch einer philosophischen Anthropologie gleichen könnte. Und so ist zu vermuten, daß auch hier zumindest das Gottesbild der drei monotheistischen Religionen bei den Debatten im Hintergrund der Auseinandersetzungen stand.

526 Der Verfassungsrechtler Hans-Peter Schneider führt die Vorbehalte der Landeskirchen in der ehemaligen DDR in Punkten der Zusammenarbeit zwischen Staat und Kirche auf die Erfahrungen mit der DDR zurück. »Aber die dortigen Kirchenleute wollten eigentlich mit dem Staat nichts zu tun haben. Da konnte man mit Engelszungen reden und sagen: Der Staat des Grundgesetzes ist ein anderer als die DDR, nein, sie wollten die Christenlehre wie bisher beibehalten und waren überhaupt für eine relativ rigide, strikte Trennung von Kirche und Staat, natürlich aufgrund der Erfahrung, die sie bisher mit ihrem Staat gemacht haben.« (Schneider, Gott im Grundgesetz, 15). Der Motivationsgrund der Kirchenvertreter kann m.E. analog auf die Frage des Gottesbezuges im Präambeltext bezogen werden.

Daraus ist zu schließen, daß selbst in staatlichen Einheiten, in denen eine Mehrzahl von Menschen keiner Religionsgemeinschaft angehören, eine religiöse Dimension politischer Öffentlichkeit erhalten geblieben ist. Diese entspricht in den fünf neuen Ländern mindestens einem Grundkonsens, daß jedes menschliche Handeln begrenzt ist durch eine metaphysische oder transzendente (personale) Instanz, deren Benennung mit dem Begriff »Gott« zunehmend heftigere Debatten hervorruft, für die aber faktisch keine alternativen Formulierungen vorgeschlagen werden.

5. Exkurs: Die neuere Verfassungsentwicklung in der Schweiz

Das Problem des Gottesbezuges ist nicht primär ein deutsches Phänomen, sondern es finden sich vielmehr in seinen Funktionsgehalten vergleichbare Formulierungen auch in Verfassungen anderer westeuropäischer Länder.[527] Besondere Erwähnung verdient die Verfassungsreform in der Schweiz, die erst im April 1999 endgültig abgeschlossen worden ist, weil sie die Problematik der bundesrepublikanischen Debatte in gewisser Weise spiegelt. Diese zuletzt beschlossene deutschsprachige Verfassung beinhaltet in ihrer alten Fassung von 1874[528] einen Gottesbezug in Form einer invocatio Dei[529]. Vorbehalte in bezug auf die Problematik einer invocatio Dei, welche gegen die bundesrepublikanischen gottesbezüglichen Teile der Präambeltexte vorgebracht wurden, erhalten bei dieser Verfassungspräambel demnach besondere Relevanz. Aus diesem Grund wird die neuere Entwicklung der Verfassungsreform in der Schweiz nun in groben Zügen nachgezeichnet, soweit sie für den Problemkomplex dieser Arbeit relevant ist.

Am 18. April 1999 wurde per Volksabstimmung mit einem knappen Ergebnis die neue Bundesverfassung der Schweiz durch Volksabstimmung angenommen, womit der Bundesbeschluß vom 18. Dezember 1998 bestätigt wurde. Der neuen Bundesverfassung der Schweizerischen Eidgenossenschaft steht nun folgende Präambel voran:

527 Im einzelnen s.u. III.1.
528 Bestätigt 1971.
529 Zum Problem der invocatio Dei s.u. III.6.

»Im Namen Gottes des Allmächtigen! Das Schweizervolk und die Kantone, in der Verantwortung gegenüber der Schöpfung, im Bestreben, den Bund zu erneuern, um Freiheit und Demokratie, Unabhängigkeit und Frieden in Solidarität und Offenheit gegenüber der Welt zu stärken, im Willen, in gegenseitiger Rücksichtnahme und Achtung ihre Vielfalt in der Einheit zu leben, im Bewusstsein der gemeinsamen Errungenschaften und der Verantwortung gegenüber den künftigen Generationen, gewiss, dass frei nur ist, wer seine Freiheit gebraucht, und dass die Stärke des Volkes sich misst am Wohl der Schwachen, geben sich folgende Verfassung.«[530]

Die Geschichte der Totalrevision der Schweizer Bundesverfassung reicht zurück bis an den Anfang der siebziger Jahre des 21. Jahrhunderts, als verschiedene Arbeitsgruppen, Kommissionen und Experten mit der Reform der Verfassung betraut wurden und eine Reihe von Entwürfen vorgelegt haben.[531] Die Frage nach einem Gottesbezug gehört zu denjenigen Elementen, welche in jeder Phase der Debatte diskutiert worden sind, wobei im Ergebnis keiner der offiziellen Reformvorschläge auf dieses Element in der Präambel verzichtete.

Als sich dann eine breite Öffentlichkeit an der Diskussion über die neue Verfassung beteiligte, wurde auch eine Debatte darüber geführt, ob die invocatio Dei in einer Neufassung der Präambel noch Erwähnung finden sollte. Auf die Initiative von Hans Würgler, einem damaligen Mitglied der Totalrevisionskommission, hin fand 1975 bezüglich der Präambel eine öffentliche Tagung statt, welche der Meinungsbildung und Horizonterweiterung dienen sollte. Insbesondere zur Präambel hatten sich zwei Staatsrechtler (Thomas Fleiner, Peter Saladin) und zwei Theologen (Arthur Rich, Alois Müller) in einführenden Referaten zu äußern.[532]

Im Rahmen einer Kritik an der bestehenden Formulierung des Gottesbezuges als invocatio Dei schlug der Sozialethiker Arthur Rich eine an der biblischen Botschaft orientierte Fassung der Präambel vor, in welcher die Liebe als Zentralgestalt der Wirklichkeit Gottes im Gegensatz zur Allmacht Gottes, wel-

530 Zitiert nach: Die neue Bundesverfassung, 5.

531 Zur Genese der Verfassungsreform insgesamt vgl. Waser-Huber, Präambeln, 1988, 91ff.

532 Vgl. Behrendt, Gott in der Verfassung, 169f. Die Referate sind später gesammelt veröffentlicht worden. Vgl. Saladin, Im Namen Gottes des Allmächtigen, 15-23; Fleiner, Die rechtliche und staatsphilosophische Bedeutung der Präambel unserer Bundesverfassung, 24-28; Rich, Theologische Erwägungen zur Präambel der Schweizerischen Bundesverfassung, 29-33; Müller, Zur Präambel der Bundesverfassung: theologische Erwägungen, 33-36.

che nach Richs Meinung in den biblischen Schriften »nur ganz am Rande«[533] vorkomme, genannt wurde:

»In Verantwortung vor Gott, der aus Liebe zum Menschen Gerechtigkeit will und vor dem nur bestehen kann, was sich in allem Wandel nach seiner Gerechtigkeit richtet, haben Volk und Stände der Schweizerischen Eidgenossenschaft folgende Verfassung beschlossen.«[534]

Mit diesem Vorschlag konnte Rich sich ebensowenig durchsetzen, wie die zahlreichen anderen Antragsteller, welche bei der Vernehmlassung zur Präambel Änderungsvorschläge einbrachten, wobei u. a. folgende Änderungsvorschläge zum Gottesbezug eingebracht worden sind: »im Namen Gottes des Gerechten«[535], »im Bewußtsein ihrer Verantwortung vor Gott und den Menschen«[536], »Au nom du Seigneur«[537], »im Glauben dem Höheren verpflichtet, zum Wohl der Allgemeinheit, die jedem Erdenbürger durch die Geburt auferlegte Pflicht zu erfüllen«[538], »im Vertrauen in die Allmacht Gottes«[539], »im Vertrauen auf Gott den Allmächtigen und mit der Bitte um seinen Segen«[540], »in Demut und Ehrfurcht vor dem Unerforschlichen«[541], »im Namen Gottes und in im Bestreben nach Gerechtigkeit«[542], »im Namen Gottes des Allmächtigen, der Liebe, Gerechtigkeit, Wahrheit und Friede ist«[543] und »im Namen des allmächtigen und dreieinigen Gottes, unseres Schöpfers und Erlösers«[544]. Die Expertenkommission Furgler (1977), die Modell-Studie des EJPD (1985) bis hin zu den Entwürfen des Bundesrates (1995 und 1996) sowie der endgültige Vorschlag, den die Bundesversammlung dem Schweizer Volk zur Abstimmung vorlegte hielten an der invocatio Dei in ihrer alten Form fest. Dazu sah der Bundesrat sich be-

533 Rich, Theologische Erwägungen zur Präambel der Schweizerischen Bundesverfassung, 31.
534 AaO., 33.
535 So das Mitarbeiterteam der reformierten Kirchengemeinde Bethlehem; Bundesamt für Justiz, Vernehmlassung zum Verfassungsentwurf von 1977, 146.
536 So die Evangelisch-reformierte Kirchengemeinde Dornbach-Hochwald-Gempen; aaO., 146f.
537 So die Commission Tiers-Monde de l'Eglise catholique, Genève; aaO., 147.
538 So das Internationale Umweltschutz-Korps/Schriftleitung AWSR. Internationale Arbeitsgemeinschaft für Wander-, Ski-, Rad- und Rettungswesen, aaO., 150.
539 So ein Privatentwurf, aaO., 152.
540 So ein Privatentwurf, ebd.
541 So ein Privatentwurf, ebd.
542 So ein Privatentwurf, ebd.
543 So ein Privatentwurf, ebd.
544 So ein Privatentwurf, aaO., 154.

wogen, weil die Vielzahl der Eingaben die klare Tendenz hatte, daß die invocatio Dei in der Präambel beibehalten werden sollte.[545]

Die Beibehaltung der invocatio Dei in ihrer alten Form stelle nach Meinung des Bundesrates einen »hochbedeutsamen Traditionsanschluss dar«[546]. Tatsächlich bildet die invocatio Dei einen festen Bestandteil der schweizerischen Verfassungsgeschichte, denn schon der 1291 geschlossene Bund der drei Waldstädte Uri, Schwyz und Unterwalden begann mit den Worten »In nomine domini amen!«[547]; und fast alle weiteren Bundesschlüsse der Alten Eidgenossenschaft setzen diese Tradition fort, bis sie in der Zeit der Helvetik und Meditation vorläufig beendet wurde.[548] Diese Unterbrechung blieb aber nur von kurzer Dauer, denn bereits im Bundesvertrag von 1815 steht die invocatio Dei an dessen Spitze, diesmal in der dann weiter tradierten Formulierung: »Im Namen Gottes des Allmächtigen!«. Seit 1848 steht diese invocatio Dei an der Spitze der schweizerischen Bundesverfassung und bis in die heutige Zeit über den Kantonsverfassungen von Obwalden, Nidwalden, Freiburg und Wallis.[549]

Zu dieser Eingangsformel an der Spitze der Bundesverfassung schrieb Karl Barth im Jahre 1941:

»Gott weiss, in welchem Sinn und in welcher Absicht unsere Urgrossväter und Grossväter durch das ganze 19. Jahrhundert hindurch stillschweigend und einmütig immer wieder diesen Eingang setzten: 'Im Namen Gottes des Allmächtigen!' – ob sie diese Worte wegen ihres Anklangs an den Anfang des apostolischen Glaubensbekenntnisses gewählt haben oder umgekehrt: weil man dabei auch so leicht an den Feld-, Wald- und Wiesengott der unbestimmten Religiosität jener Jahrzehnte denken konnte? Ob sich das Schweizer Volk mit diesen Worten in den Dienst Gottes, oder ob es umgekehrt den lieben Gott in seinen eigenen Dienst stellen wollte? Ob man mit dieses Worten überhaupt etwas Ernsthaftes, so etwas wie ein Bekenntnis und eine Verpflichtung aussprechen oder ob man vielleicht doch nur etwas ehrwürdig Wohl-

545 Vgl. Botschaft über eine neue Bundesverfassung vom 20. November 1996, 122. Für die Anrufung Gottes traten ein: vier im Parlament vertretene Parteien (CVP, EDU, EVP, SD), 30 Organisationen (u.a. SBK-2, RKZ, SEK, CNG), 5916 private Bürgerinnen und Bürger; dagegen: zwei im Parlament vertretene Parteien (SP, SFP), zwei andere Parteien (SP-F/CH, SP-F/ZH), neun Organisationen (u.a. RSE, SVSS-1, SGF), 189 private Bürgerinnen und Bürger. Vgl. ebd. In ihrem zusammenfassenden Bericht stelle die Bundesversammlung zur Präambel fest: »Sie hat eine wahre Welle von Reaktionen ausgelöst: Nahezu 100 Parteien (oder deren Sektionen) und verschiedene Organisationen haben, neben 6400 Privaten, ihre Meinungen zur Präambel vernehmen lassen.« (Ebd.).

546 Ebd.

547 Zitiert nach Waser-Huber, Präambeln, 84.

548 Im einzelnen vgl. aaO., 84ff; Saladin, Im Namen Gottes des Allmächtigen, 18.

549 Vgl. Waser-Huber, Präambeln, 87ff.

klingendes ohne weitere Verbindlichkeit sagen wollte? Die Geschichtsforschung, die so vieles kann, kann eines nicht – gerade das, worauf es hier ankäme – nämlich die Herzen der vergangenen Geschlechter erforschen.«[550]

Nach dem Urteil Peter Saladins ist die Anrufung Gottes im Text von 1848 noch »ohne jeden Zweifel christlich«[551] zu verstehen, denn

»man bekannte sich zum Gott der Christenheit, die ganze Verfassung war geprägt von diesem Bekenntnis, sie ging aus von der Überzeugung, dass das Christentum im wesentlichen die Religion des Volkes und dass das Volk religiös sei«[552].

Bereits 1874 meinte man damit nicht mehr unbedingt den Gott des christlichen Glaubens, sondern eher die »Gottheit eines theistischen oder pantheistischen Idealismus oder eines bestimmten Feld-, Wald- und Wiesenpatriotismus«[553]. Der Gottesbezug figurierte also von nun an als eine Formel, welche aus dem Geist der Aufklärung spricht[554]. In der neueren Diskussion herrscht Einigkeit darüber, daß mit der invocatio Dei nicht mehr allein der »christliche Gott« gemeint sein kann:

»Angesichts der verschiedenen Religionen und Weltanschauungen darf diese Macht nicht nur im christlichen Sinne verstanden werden; der Staat darf keine bestimmte Glaubensüberzeugung für verbindlich erklären, und jede Person kann 'Gott dem Allmächtigen' einen persönlichen Sinn geben.«[555]

Dennoch bleibt dann nach dem Aussagegehalt der invocatio zu fragen. In der nun wieder bestätigten Formel spiegelt sich zunächst ein hohes Traditionsbewußtsein wider, was vor allem an der breiten Zustimmung zu der Formel durch private Stellungnahmen deutlich wird.[556] Durch die Wiederaufnahme wollten die verfassunggebenden Organe demnach bewußt in dieser Frage an die Tradition anknüpfen. Mit dieser Anbindung an die Verbundenheit mit der eigenen Tradition ist dementsprechend eine Form von kollektiver Identität intendiert,

550 Barth, Im Namen Gottes des Allmächtigen, 3.
551 Saladin, Im Namen Gottes des Allmächtigen, 19.
552 AaO., 19f.
553 So das Urteil Ernst Staehelins. Zitiert nach Saladin, Im Namen Gottes des Allmächtigen, 21.
554 Zu dieser Deutung vgl. Schmid, Die Schweiz der Zukunft, 527; 529.
555 Botschaft über eine neue Bundesverfassung vom 20. November 1996, 123.
556 Vgl. auch Amtliches Bulletin der Bundesversammlung, 129.

und die Präambel stellt für die Bürger und Bürgerinnen der Schweiz insofern ein Stück »Heimat« dar.[557]

In der Bereitstellung der Identität der Schweiz als Kulturnation erschöpft sich jedoch nicht die Funktion der invocatio Dei, denn auch die verschiedenen Stellungnahmen aus der Bevölkerung spiegeln wider, daß es sich bei den Motiven für die Beibehaltung dieser Formel nicht lediglich um historische Reminiszenz handelt.[558] Die Befürworter der invocatio Dei stellen fest, daß diese zunächst als ein Ausdruck der transpositiven Legitimationsbedürftigkeit der Rechtsordnung zu verstehen sei; insofern sei sie ein Bekenntnis zur beschränkten Souveränität des Staates. In diesem Sinne fixiert Fleiner als ihre staatsphilosophische Bedeutung:

»Wenn sie [sc. die Mehrheit des Volkes] aber in der Präambel ihrer Verfassung sich dazu bekennt, dass auch ihre Macht beschränkt ist, anerkennt sie, dass sie nur solange legitime Gesetze erlassen kann, als diese für die Verwirklichung des diesseitigen Wohles und nicht einer totalen absoluten Glückseligkeit bestimmt sind. Die Mehrheit kann die Rassenideologie nicht zur Staatsreligion erklären (...). Ist es vermessen, in diesem Sinne aus der Präambel ein letztes Recht der Minderheit abzuleiten, gegen eine Totalität gewordene Mehrheit Widerstand zu leisten? Die Präambel enthält ein Bekenntnis zur beschränkten Souveränität des Staates. In diesem Sinne ist sie auch für Freidenker und Atheisten akzeptabel (...).«[559]

Dieser Auffassung hat sich auch die Expertenkommission Furgler angeschlossen, indem sie in ihrem Bericht erklärte, daß die Anrufung Gottes eine Grundhaltung zum Ausdruck bringen wolle, daß sich der Mensch und die Staatsordnung nicht auf sich selbst gründen wollen.[560] Und auch der Bundesrat rezipierte in seinem Bericht von 1996 die Auffassung, die invocatio Dei rufe in Erinnerung, »dass neben den Menschen und dem Staat eine höhere Macht existiert, womit der Wert des Irdischen relativiert wird«[561].

In bezug auf die genannten Funktionsgehalte ist eine inhaltliche Konformität zu den Debatten um den in der Bundesrepublik geläufigen Gottesbezug im Rahmen einer Verantwortungsformel zu beobachten; jedoch birgt die invocatio

557 Vgl. Fleiner, Die rechtliche und staatsphilosophische Bedeutung der Präambel unserer Bundesverfassung, 25f.
558 Vgl. Botschaft über eine neue Bundesverfassung vom 20. November 1996, 122.
559 Fleiner, Die rechtliche und staatsphilosophische Bedeutung der Präambel unserer Bundesverfassung, 28.
560 Vgl. Expertenkommission für die Vorbereitung einer Totalrevision der Bundesverfassung, Bericht, 18.
561 Botschaft über eine neue Bundesverfassung vom 20. November 1996, 122f.

Dei im Präambeltext der Schweizerischen Verfassung einige Probleme, welche in die bundesrepublikanische Debatte zwar eingebracht werden, hier aber nicht durchgehalten werden können.

Die invocatio Dei, wie sie in der Schweizerischen Bundesverfassung vorliegt, spricht nicht lediglich von einer Legitimationsbedürftigkeit der Staatsordnung, sondern konnotiert, daß sich die verfassunggebenden Organe in dem Bewußtsein befanden, der Prozeß der Verfassungsgebung sei durch den Glauben motiviert oder sogar »im Auftrag Gottes« geschehen. Dieser Eindruck wird zudem verstärkt durch den Sachverhalt der bruchlosen Traditionsgeschichte dieser Formel bis in eine Zeit hinein, in welcher die Gottesanrufungen staatslegitimierende Zwecke erfüllten. Hier liegt mindestens eine Gefahr, wenn der Gottesbezug in dieser Form einer Verkündigungsformel ähnlich formuliert wird, den Namen Gottes staatslegitimierend zu mißbrauchen, die auch Marcel Marcus in seinem Votum gesehen hat:

»Was im Namen Gottes verkündet wird, ist (...) bindend. (...) Gott steht über dem Souverän und unterliegt nicht den Gesetzen der Demokratie, ob nun direkt oder indirekt, weder er noch sein Wort. (...) Wer eine Verfassung 'Im Namen Gottes des Allmächtigen' gibt, behauptet von sich, den Willen Gottes auszudrücken. Woher nimmt sich die verfassungsgebende Instanz dieses Recht? Wer darf von sich sagen, er spreche im Namen Gottes? Gibt es, so gesehen, eine bessere Illustration für das Verbot, Gottes Namen zu missbrauchen?«[562]

Auch die attributive Erweiterung Gottes als *des Allmächtigen* wurde in der Diskussion als anstößig empfunden, und zwar unabhängig von der Entscheidung der Frage, ob es sich dabei um eine Anlehnung an das Apostolische Glaubensbekenntnis der christlichen Kirchen handelt, oder ob darin unmißverständlich die Sprache der Aufklärung zum Ausdruck kommt[563]. Artur Rich hatte in seiner theologischen Stellungnahme bereits 1976 bemerkt, daß das Motiv der Allmacht Gottes in den biblischen Schriften allenfalls am Rande vorkommt und plädierte dafür, den Begriff der Liebe als das die zentralen Momente der Attribute Gottes (Gerechtigkeit, Freiheit, Liebe) verbindende Glied in die Verfassung aufzunehmen (s.o.).[564]

562 Marcus, Im Namen Gottes, 277.

563 Vgl. Schmid, Die Schweiz der Zukunft, 527; Holenstein, Gott und die Würde der Kreatur in der Schweizerischen Bundesverfassung, 125.

564 Vgl. Rich, Theologische Erwägungen zur Präambel der Schweizerischen Bundesverfassung, 31.

Im Ergebnis spiegelt die schweizerische Debatte die Problemlage der Debatten in den bundesdeutschen Parlamenten, da auch die Anrufung Gottes im Zuge einer sich in weltanschaulichen Fragen pluralisierenden Gesellschaft material offener interpretiert werden muß. Durch die Formulierung des Gottesbezuges als invocatio Dei entstehen aber auch schon im Bereich der funktionalen Bestimmungen Probleme, die bei den Gottesbezügen der bundesrepublikanischen Präambeltexte m. E. nicht entstehen.

Das Problem der Interpretation auch der Gottesbezüge in den bundesrepublikanischen Verfassungspräambeln als invocatio Dei wird demnach eigens an anderer Stelle noch einmal aufzugreifen sein.[565]

6. Zusammenfassung

Die Präambel ist das Aushängeschild der Verfassung. Sie ist der Ort, an welchem die Staatswerte und Staatsziele dargelegt werden. In vielen Nachkriegsverfassungen, die z. T. erst nach 1989/90 entwickelt worden sind, wird auf »Gott« Bezug genommen. Dies geschieht meist in der Formulierung »Verantwortung vor Gott (und den Menschen)«. Damit wird eine transzendente Instanz für die Begründung und Begrenzung der staatlichen und politischen Ordnung angenommen. Nach 1945, aber auch nach 1989/90, wurde dies vor allem von den christlich-bürgerlichen Parteien, insbesondere von der CDU, als Gegenbild zu einer beklagten Gottlosigkeit oder dem »nihilistischen Materialismus« der jüngsten Vergangenheit und Gegenwart gefordert.

Sowohl die Verfassungsgebung des Grundgesetzes und der Länder der ehemaligen Westzonen nach 1945 als auch die Verfassungsgebung in den fünf neuen Ländern nach 1990 eint dabei die historische Situation, daß in beiden Fällen Verfassungen innerhalb eines Staatsgebildes geschaffen werden sollten, das in einem unmittelbaren Erfahrungshorizont mit einem totalitären Staatsapparat in der eigenen Geschichte konfrontiert gewesen ist. Standen nach 1945 die Erfahrungen mit dem NS-Staat im Hintergrund, so waren es nach 1989/90 die Erfahrungen mit der DDR-Diktatur. Auf die Betonung dieses Sachverhaltes legten innerhalb der Debatten um die Präambeltexte der alten wie der fünf neuen Länder die Befürworter des Gottesbezuges besonderen Wert.

Auf diese Interpretation des Gottesbezuges konnten sich die meisten Parteien in allen Debatten einigen. Es entspricht demnach immer noch einem Konsens innerhalb der bundesdeutschen Gesellschaft, daß menschliches Handeln und auch menschliches Recht einer transzendenten Begrenzung und Begründung bedürfen.[566] Diesen Konsens faßte Richard von Weizsäcker in seiner Antrittsrede zum Amt des Bundespräsidenten am 1. Juli 1984 folgendermaßen zusammen:

»Für die Berufung auf Gott gibt es in der deutschen Verfassungsgeschichte keine feste Tradition. Der Parlamentarische Rat fand den Mut zu diesen Worten im Hinblick auf das Unheil des Nationalsozialismus und auf den Wahn, daß ein Volk oder der Mensch selbstmächtig, selbstherrlich, Herrenvolk, Herrenmensch sei. (...) Wir begegnen der Erfahrung, daß der Mensch nicht das Maß aller Dinge sei, daß er nicht alles deuten, nicht allem und nicht sich selbst den letzten Sinn geben kann. (...) Die Verfassung erinnert an die Verantwortung vor Gott. Sie überläßt jedem sein Gottesbild und sein Weltbild. Aber uns allen legt sie ein Menschenbild ans Herz, das uns entscheidend helfen kann. Gerade dort, wo uns unter den oft ausweglos erscheinenden Spannungen im Leben und in der Welt die Verzweiflung anfällt, gerade dort kann sie tiefe Zuversicht geben.«[567]

In den Debatten um den Gottesbezug stand die Aufarbeitung der unmittelbaren Vergangenheit im Hintergrund, die zu der Einsicht nötigte, daß dem Recht eine Verankerung zu geben sei, welche die verfassunggebende Gewalt an eine Verantwortungsinstanz verweise, die ihr entzogen (transzendent) sei. Bei den Debatten um die Verfassungen der neuen Länder stand dabei - wenn auch in niedrigerem Maße - ähnlich wie nach 1945 bei der Verfassungsgebung der alten Länder ein christliches Gottes- und Menschenbild vor Augen.

565 S.u. III.6.

566 Nach einer Umfrage der Wochenzeitung DER SPIEGEL 16/1993 befürwortet die Mehrheit der Deutschen einen Gottesbezug (59%). Nach einer Umfrage des Allensbacher Institutes sprachen sich 1994 insgesamt 50 % der Befragten gegen die Streichung des Gottesbezuges aus dem Grundgesetz aus; vgl. Daiber, Religion unter den Bedingungen der Moderne, 98.

567 Weizsäcker, Antrittsrede, 1984, 32ff.

II. Die Debatte um den Gottesbezug - Sichtung der politischen Einzelargumente

Die einzelnen Argumente, welche in den öffentlichen Debatten und im Parlament für den Gottesbezug eingebracht, sowie diejenigen, die dagegen geltend gemacht worden sind, sollen nun in gebündelter Form zusammengetragen werden, um die Grundanliegen der jeweiligen Positionen zu verdeutlichen. Grundlage für diesen Teil der Untersuchung wird eine Debatte des Niedersächsischen Landtages sein, welche anläßlich der zweiten und dritten Beratung eines Gesetzesentwurfes einzelner Fraktionen mit dem Ziel der Aufnahme einer Präambel mit Gottesbezug in die neue Niedersächsische Verfassung am 19. Mai 1994 geführt worden war[1]. Diese sehr ausführliche Debatte, die zudem auf »einem hohen Niveau und mit großem Respekt vor der jeweils anderen Auffassung über Partei- und Fraktionsgrenzen hinweg«[2] geführt wurde, spiegelt m. E. die Diskussionslage wider, bündelt die zu dem Problemkomplex aus den politischen Debatten vorgetragenen Pro- und Contra-Argumente und weist auf die Aporien in der Diskussion hin. Beigezogen werden sollen dieser Quelle die Dokumentation, welche mittlerweile zu der Volksinitiative in Niedersachsen herausgegeben worden ist[3], da sie in Form grundsätzlicher Einzelvoten aus Politik und Kirche die Anliegen der in den Debatten vertretenen Positionen vertieft, sowie die Dokumentation zu einer Tagung mit dem Thema »Gott im Grundgesetz?«[4], welche in der Evangelischen Akademie Loccum vom 7. bis 9. Mai 1993 stattgefunden hat, da in dieser Dokumentation auch Vertreter anderer Interessenverbände zu Wort kommen. Weiterhin werden Beiträge aus der Debatte um den Gottesbezug in den fünf neuen Bundesländern berücksichtigt, soweit sie zur Klärung der einzelnen Standpunkte dienen.

Die Benennung der Argumente und Anliegen wird innerhalb der Arbeit eine Brückenfunktion erfüllen, da sie die in der Beschreibung der Entstehungsge-

---

1 Zu den äußeren Umständen im einzelnen s.o. I.3.7.2.

2 So das Urteil des Präsidenten des Niedersächsischen Landtages, Horst Milde. Der Präsident des Niedersächsischen Landtages, Die Debatte des Niedersächsischen Landtages zur Verfassungspräambel am 19. Mai 1994, Vorwort.

3 Vgl. Aschoff, Gott in der Verfassung, 1995.

4 Vgl. Greive, Gott im Grundgesetz, 1994.

schichten der Präambeln schon angeklungenen Anliegen und Argumente der Befürworter und Gegner des Gottesbezuges bündeln und vertiefen wird, wobei es sich lediglich um eine Systematik der Schwerpunktsetzungen innerhalb der einzelnen Argumentationen handeln soll, wenn auch evident ist, daß deren Einzelelemente sich durchaus überschneiden können. Daraus ergeben sich die Schwerpunkte der Behandlung des Problemkomplexes im weiteren Verlauf der Arbeit.

Im folgenden werden nun zunächst die Anliegen und Argumente der Gegner (1) und daran anschließend diejenigen der Befürworter eines Gottesbezuges beschrieben (2). Am Ende werden dann die Grundstrukturen der Argumentationen eruiert, die über den weiteren Verlauf der Behandlung des Problemkomplexes in dieser Arbeit entscheiden werden (3).

1. Argumente und Anliegen gegen einen Gottesbezug in Verfassungspräambeln

1.1. Das Neutralitäts- bzw. Diskriminierungsargument – Das Ziel der Trennung von Glaube und Politik

Dieses Argument der Gegner des Gottesbezuges wird so benannt, weil es darauf abhebt, daß der Staat eine verfassungsmäßig verbürgte Selbstverpflichtung zur weltanschaulichen Neutralität habe (Art. 4 Abs. 1 GG) und durch eine Verletzung dieses Gebotes etwa durch einen Gottesbezug in einer bestimmten Weise Teile der Bevölkerung diskriminiere.

Das Neutralitäts- bzw. Diskriminierungsargument wird in verschiedenen Nuancierungen vorgetragen, wobei dargelegt wird, daß durch die Aufnahme eines Gottesbezuges in der Verfassungspräambel der Staat bzw. das Rechtssystem oder die Rechtsordnung mit »quasigöttlicher« Dignität behaftet werde, womit der Staat zu einer Art des »Gottesstaates« erklärt werde.[5] Das wiederum widerspreche zum einen der in der Verfassung verbürgten Neutralität des Staates und der Rechtsordnung (Art. 4 Abs. 1 GG), zum anderen dem Art. 140 GG in Verbindung mit Art. 139 Abs. 1 WRV, daß keine Staatskirche bestehe.

---

5 Vgl. Der Präsident des Niedersächsischen Landtages, Debatte, 10003.

Im Zuge einer stärker profilierten Trennung von Staat und Kirche dürfe der Begriff »Gott« demgemäß in der Verfassung keine Erwähnung finden.[6] In der Gemeinsamen Verfassungskommission zur Reform des Grundgesetzes betonte Wolfgang Ullmann sogar, eine nicht kategorisch vollzogene Trennung von Staat und Kirche widerspreche einem wichtigen Bekenntnisdokument der evangelischen Kirche, nämlich der Barmer Theologischen Erklärung[7].

Diesem Argument inhärieren zwei Komponenten. Die eine besteht in der Annahme, der Gottesbezug intendiere eine Fundierung der Rechtsordnung nach christlichen Vorgaben, was einer verfassungsrechtlich garantierten weltanschaulichen Neutralität des Staates widerspreche. Die andere Komponente liegt in der Forderung, daß im Zuge einer stärkeren Trennung von Staat und Kirche auch der Gottesbezug aus allen staatlichen Dokumenten entfernt werden müsse.[8] Bisweilen wird gern betont, daß sogar Theologen dies unterstützten.[9] Die Gegner des Gottesbezugs in der Präambel argumentieren demnach aus der Perspektive einer kategorischen Trennung von Staat und Kirche[10] ausgehend von dem verfassungsrechtlichen Sachverhalt, daß keine Staatskirche bestehe. Die Analogie dazu sei eine Trennung von Glaube und Politik. Politik könne demnach keine Analogie zum (christlichen) Glauben haben, denn der Glaube sei schlechthin »Privatsache«, während sich Politik mit dem Wohl einer gesellschaftlichen Gruppe befasse.

Hinter dieser Argumentation steht zudem die Idee einer Trennung zweier Bereiche des menschlichen Lebens mit dem Argument, Glaubensfragen - und

---

6 Vgl. Deutscher Bundestag, BT-Dr. 12/6000, 108.

7 Vgl. Deutscher Bundestag, Gemeinsame Verfassungskommission, Stenographischer Bericht der 20. Sitzung am 22. April 1993, 12. Im einzelnen s.o. I.2.3.

8 Dazu vgl. Gesetzesentwurf des Abgeordneten Dr. Wolfgang Ullmann und der Gruppe Bündnis 90/Die Grünen, Deutscher Bundestag, BT-Dr. 12/6686; Bündnis 90/Die Grünen, Im Namen des Volkes, 57f.

9 Schon bei der Einbringungsrede von Funcke zu den Thesen der FDP, Freie Kirche im freien Staat, 1974, wird betont, daß Theologen konsequenterweise nach der Theologie diese Thesen unterstützen müßten. Wolfgang Ullmann, Abgeordneter der Partei Bündnis 90/Die Grünen im Bundestag, forderte 1993 in der Verfassungskommission zum Grundgesetz, daß Gott aus dem Grundgesetz gestrichen werden müsse; dies sei das Ergebnis tiefen theologischen Nachdenkens. Vgl. Deutscher Bundestag, BT-Dr. 12/6000, 110.

10 Vgl. aaO., 108. Die Partei Bündnis 90/Die Grünen spricht von dem Ziel der Verwirklichung des Prinzips der Trennung von Staat und Kirche; vgl. Deutscher Bundestag, BT-Dr. 12/6686, 2.

hier besonders die Frage nach der Verantwortung vor Gott - gehörten ausschließlich in den Bereich des Privat-Persönlichen des einzelnen. Dieses sehr interessante theologische Problem stellt m. E. ein Schlüsselproblem dar, aus theologischer Perspektive die Möglichkeit des Gottesbezuges in der Verfassung zu entscheiden.

Die Untersuchung wird demgemäß zu klären haben, inwieweit eine kategorische Trennung von Staat und Kirche überhaupt vollzogen werden kann, und ob sie aus staatsrechtlicher, rechtsethischer und theologischer Sicht vollzogen werden muß, oder ob der Gottesbezug nicht vielmehr ein Symbol dafür ist, daß gerade diese Unterscheidung nicht zu einer kategorialen Trennung führen darf.

1.2. Das Persönlichkeits- bzw. Individualargument - Der Glaube als Bezugsfeld des Privat-Persönlichen

Das vorgetragene Argument, daß der Glaube und Glaubensfragen lediglich im Bereich des Privat-Persönlichen ihren Ort haben, postuliert, daß die eine »letzte sittliche Instanz, auf die wir unser Handeln beziehen«[11] nicht durch ein Gesetz definiert werden könne, sondern »letztlich nur im allerpersönlichsten Bereich jedes Individuums entschieden werden kann«[12]. In der Niedersächsischen Debatte kleidete der Abgeordnete Bruns (SPD) dieses Argument in eine Frage an das Parlament:

»Hat dieses Parlament das Recht, in einer Frage, die wohl nur im allerpersönlichsten Bereich jedes Individuums entschieden werden kann, für alle Menschen (...) zu sprechen?«[13]

Hier wird eine Differenzierung zwischen Gewissensentscheidung und einer politischen oder rechtlichen Entscheidung eingeführt. Gewissensentscheidungen, zu denen auch Glaubensentscheidungen gehören, können demnach nur Individualentscheidungen sein, während normatives Recht kollektiv organisierbar sei. Die Verfassung regele kollektives Recht, weshalb das Gewissen und dessen Begründung hier keinen Platz hätten.[14] Dazu führte ein Landtagsabgeordneter von Bündnis 90/Die Grünen in der Niedersächsischen Debatte folgendes aus:

---

11 Der Präsident des Niedersächsischen Landtages, Debatte, 10003.
12 AaO., 10004.
13 Ebd.
14 Vgl. aaO., 10021.

»Ich meine, daß sich das Gewissen gerade dadurch auszeichnet, daß es eine Individualentscheidung ist und keine Kollektiventscheidung, die man quasi per Präambel für alle geltend einführen kann. Ich meine, daß die Gewissensentscheidung (...) immer eine Individualentscheidung bleibt. Von daher (...) glaube ich, (...) daß die Gewissensentscheidung eine individuelle ist, die nicht kollektiv organisierbar ist.«[15]

Gewissensentscheidungen werden hiernach in den Bereich des Privat-Persönlichen verschoben, womit schließlich Verantwortung vor Gott in einen individuellen Bereich verschoben, also Verantwortung als rein individuell zu organisierendes Gut verstanden wird.

Bei der Behandlung der sprachlichen Zusammenhänge des Gottesbezuges innerhalb der Verantwortungsformel wird darauf zurückzukommen sein, daß dem Begriff der Verantwortung seinem Wesen nach auch der Aspekt der sozialen Verantwortung inhäriert[16]; nur aus diesem Grund konnte der Verantwortungsbegriff nach dem Zweiten Weltkrieg zu einem ethischen Schlüsselbegriff evangelischer Ethik werden. Die Untersuchung wird demnach die Fragestellung berücksichtigen müssen, inwieweit diese Erkenntnis auch Einfluß auf den Charakter von Rechtsbestimmungen genommen hat, und wie der Verantwortungsbegriff im Rahmen des Problemkomplexes weiter zu bestimmen sein wird. Schon an dieser Stelle ist zu erwähnen, daß im Bereich der juristischen Auslegung »Verantwortung« sogar gelegentlich als grundlegendes Staatsprinzip[17] postuliert wird.

Theologisch ist neben der Frage nach der Verantwortung allgemein auch zu fragen, ob Verantwortung *von* einem Kollektiv *vor* einem »kollektiven Gewissen« oder dessen Begründungsinstanz übernommen werden kann[18].

---

15 Ebd.

16 Im einzelnen s.u. III.5.

17 So der Titel einer Monographie von Peter Saladin. Vgl. Saladin, Verantwortung als Staatsprinzip. Ein neuer Schlüssel zur Lehre vom modernen Rechtsstaat, 1984; tendentiell so auch Wiegand, Das Prinzip Verantwortung und die Präambel des Grundgesetzes.

18 Die Beantwortung dieser Frage hat im übrigen auch fundamentale Konsequenzen für die Frage nach einer möglichen Rede von »Kollektivschuld«.

1.3. Das Positivismusargument – Zur Frage der Selbstbegründung von Normen

Wenn einerseits festgestellt wird, daß aus der geforderten weltanschaulichen Neutralität der Rechtsordnung und der theologisch bedachten Trennung von Glaube und Politik folgt, daß Glaubensfragen und ethische Grundentscheidungen lediglich Relevanz für den Bereich des Individuell-Privaten haben, wird andererseits die Konsequenz hinsichtlich der Frage nach der Begründbarkeit von Rechtssystemen gezogen. Die Gegner des Gottesbezuges vertreten nämlich die These, daß Ethik und Recht, bzw. Recht und Sittlichkeit streng zu trennen sind, und insofern jedes Rechtssystem einer strengen Eigengesetzlichkeit unterliegt, denn religiöse Fragen bzw. Fragen des Glaubens hätten nur im Privat-Persönlichen Relevanz, wohingegen der öffentlich-politische Bereich Glaubensfragen entzogen sei, da dieser Bereich sich selbst begründe. Da dem christlichen Glauben keine öffentliche Relevanz eigne, müsse dem Staat absolute Autonomie und Eigengesetzlichkeit in bezug auf die Verfassungsgebung und rechtliche Ausführung eingeräumt werden. Demnach gehöre ein Gottesbezug nicht in die Verfassung. Dies sei auch von der Theologie zu unterstützen, sofern sie konsequent sei.

Die Gegner des Gottesbezuges machen in den politischen Debatten diesen Sachverhalt an der Frage der Begründung überpositiver Normen, insbesondere der Menschenrechte, deutlich. Die Menschenrechte als ethischer Garant für Mitmenschlichkeit seien nicht vom Christentum hervorgebracht, sondern gerade in Auseinandersetzung mit dem christlichen Glauben im Zeitalter der Aufklärung entwickelt worden.

»Soweit ich Geschichte kenne, Geschichte unserer Kulturkreise, sind die Menschenrechte, jedenfalls soweit sie in der neueren Zeit entstanden sind, in unserem Kulturkreis im wesentlichen von Kräften der Aufklärung und allzu oft gegen diejenigen erkämpft worden, die immer einen festen Gottesbezug zur Hand hatten.«[19]

---

19 So der Abgeordnete Jordan (Bündnis 90/die Grünen). Der Präsident des Niedersächsischen Landtages, Debatte, 10016. Die weitere Untersuchung wird sich mit dem hinter diesem Argument stehenden Grundmuster der Trennung von Recht und Moral beschäftigen und die Frage außer Acht lassen, inwieweit dieses Argument die Aufklärung von ihrem christlich geprägten Traditionsraum löst. Auf das Problem der verkürzten Sichtweise machen auch die Befürworter des Gottesbezuges aufmerksam mit dem Hinweis, »daß die Werte der Aufklärung möglicherweise gar nicht durchgehalten werden können, wenn sie

Eine Bezugnahme auf Gott als Maßstab in der Verfassung könne sogar die Menschenrechte gefährden.

»Wir erleben ja gerade heute wieder ganz aktuell die stärksten Gefahren für die Menschenrechte dort, wo irgendein Gott als Maßstab des Handelns ein zu starkes Gewicht bekommt.«[20]

In letzter Konsequenz verschiebe der Gottesbezug die Menschenrechte in das zweite Glied und setze sie damit herab.[21] Auch dahinter vermuten viele Gegner des Gottesbezuges eine Überheblichkeit der christlichen Gemeinschaften gegenüber den nicht-christlichen Gemeinschaften oder den Atheisten; dahinter verstecke sich »die moralische Überheblichkeit der Christen gegenüber den Nichtchristen«[22], was in letzter Konsequenz wieder zu einer Diskriminierung von Minderheiten führe:

»Durch dieses Elitäre und ethisch-moralisch Überlegene, das hier unterschwellig zum Ausdruck kommt, werden in dieser Gesellschaft Minderheiten diskriminiert.«[23]

Von Relevanz ist bei diesem Argument die Frage nach dem Zusammenhang von Recht und Sittlichkeit in Konsequenz zu der Verhältnisbestimmung von Glaube und Politik. Die Untersuchung wird sich dementsprechend mit dem Problem auseinandersetzen, inwieweit eine kategoriale Trennung von Recht und Sittlichkeit überhaupt möglich und geboten ist.

Ein damit zusammenhängendes Problem birgt der Sachverhalt der empfundenen Verdrängung des autonomen Menschen aus dem Bereich eines »ersten Gliedes« in ein »zweites Glied«, wenn mit dem Gottesbezug eine Instanz in der Verfassung benannt wird, vor der der Mensch sich zu verantworten habe. Hierbei wird die Frage evident, ob mit dem Vorgang der Säkularisierung in Form einer Emanzipation der Gesellschaft von den überpositiven Bindungsinstanzen des Menschen und der Wohlordnungen der Staat notwendig diese Voraussetzungen selbst erschwingen kann und damit die Voraussetzungen erfüllt, die ihn befähigen, im Rahmen der Rechtsordnung das Maß des »ersten Gliedes«

von den Wurzeln der christlichen kulturellen Entwicklung, die vorliegt, abgekoppelt werden« (aaO., 10017).

20 AaO., 10016.

21 Vgl. aaO., 10008f.

22 AaO., 10009f.

23 Ebd.

zu erfüllen und zu uneingeschränkter Vernunft und Eigengesetzlichkeit fähig zu sein.[24]

1.4. Eine Variante des Minderheitenargumentes

In einem weiteren Argument wird aus der benannten Überheblichkeit der christlichen Glaubensgemeinschaften gefolgert, daß dadurch nicht-glaubende Minderheiten in der Gesellschaft diskriminiert würden, weil sie sich durch eine solche Bezugnahme auf Gott in der Verfassung ausgegrenzt fühlten. Dieses soll als eine Variante des Minderheitenargumentes bezeichnet werden.

Interessant an diesem Argument ist folgender Sachverhalt: In Regionen, in welchen eine relative Mehrheit der Bevölkerung formal den christlichen Kirchen angehört[25], wird von diesen die Toleranz gegenüber einer atheistischen Minderheit abverlangt. Schließlich könne es sich bei dem Gottesbegriff in der Präambel nur um einen im christlichen Glauben verankerten handeln, was es Anders- oder Nichtglaubenden unmöglich mache, diese Verfassung für sich anzuerkennen. Der glaubenden Mehrheit sei aus Toleranz der nicht-glaubenden Minderheit gegenüber der Verzicht auf die Forderung eines Gottesbezuges geboten[26].

Vorwiegend in den neuen Bundesländern taucht dieses Argument in einer Variante auf, welche in umgekehrter Weise von den gleichen gesellschaftlichen Gruppen als Minderheitenargument eingebracht wird. In diesem Bezugsfeld wird auf den geringen Rückhalt der Kirchen in der Bevölkerung abgehoben und als Grundlage dieser Argumentation belegt, daß z. T. unter 50 Prozent der Bevölkerung einer der christlichen Kirchen angehören; an der Mitgliederzahl der

---

24 Nur am Rande sei erwähnt, daß es ohne die christlich-abendländische Tradition keine Aufklärung gegeben hätte. Man wird dem Argument diesbezüglich mindestens entgegenhalten können, daß Christentum und Menschenrechte sich nicht widersprechen. Die Vernunft wird demnach nicht ohne weiteres in der Lage sein, die Menschenrechte rational begründen zu können. Deshalb gehören auch diese zu den Apriori des Staates. Die Konformität der Menschenrechte mit dem christlichen Glauben wird die christliche Theologie aus dem Gedanken der Geschöpflichkeit des Menschen und der imago Dei abzuleiten haben.

25 Das betrifft vornehmlich die alten Bundesländer.

26 Vgl. Der Präsident des Niedersächsischen Landtages, Debatte, 10014.

Kirchen indes orientieren solche Voten ihre Aussagen über den Glauben innerhalb der ostdeutschen Gesellschaft.

»Im Verhältnis zur Bevölkerung Thüringens (...) sind die (...) Mitgliedschaften von Kirchen 41,19 Prozent. (...) Die Mehrheit der Bürgerinnen und Bürger ist nicht religiös gebunden.«[27]

Und die Konsequenz sei evident:

»Die Kirche in den jetzigen östlichen Gebieten ist eine Minderheit, ich sehe eigentlich nicht ein, warum eine Minderheit in der Verfassung Sonderrechte hat.«[28]

Bei den entsprechenden Ausschußberatungen in Sachsen-Anhalt wurde diesem Sachverhalt schließlich mit der gefundenen Kompromißlösung[29] der Formulierung des Gottesbezuges Rechnung getragen und somit dieses Argument berücksichtigt. Dazu wurde im Bericht des Ausschusses für die Verfassung festgehalten:

»Zur Präambel. Hier galt es, vor allem der Tatsache Rechnung zu tragen, daß nur eine Minderheit der Bürger von Sachsen-Anhalt eine religiöse Bindung hat, es der Mehrheit also nicht zugemutet werden kann, daß auch sie sich als Teil des Volkes die Verfassung in der Verantwortung vor Gott gibt.«[30]

Abgesehen von der an dieser Stelle noch nicht geklärten Frage, ob der Gottesbezug in den behandelten Präambeltexten unbedingt christlich zu interpretieren ist, selbst wenn die Mehrheit der Stimmen in den Debatten offensichtlich ein christliches Gottesverständnis konnotiert, fällt auf, daß dort, wo die christlichen Glaubensgemeinschaften eine relativ hohe Mitgliederzahl aufweisen, ihnen die Toleranz gegenüber einer nicht-glaubenden Minderheit abverlangt wird; dort jedoch, wo diese Glaubensgemeinschaften auf einen geringeren Rückhalt in der Gesellschaft beschränkt sind, ihnen gegenüber diese Toleranz von der behaupteten Mehrzahl nicht- oder anders-glaubender Menschen nicht zugestanden wird, sondern an dieser Stelle auf ein Mehrheitsargument abgehoben wird. Dieser

---

27 So der Abgeordnete Höppke (LL-PDS) innerhalb der parlamentarischen Debatten in Thüringen. Thüringer Landtag, Plenarprotokoll 1/94, 22. Oktober 1993, 7180. In den Debatten in Sachsen-Anhalt werden dabei sogar Zahlen bis 80 Prozent in die Debatte eingebracht: »Wir leben in einem Land, in dem sich 80 % der Bevölkerung – genau berechnen kann man das nicht – nicht zu Gott bekennen« (So der Abgeordnete Höppner (SPD). Landtag von Sachsen-Anhalt, 09.04.1992, Plenarprotokoll 1/31, , 2635f.).

28 So der Abgeordnete Tschiche (Bündnis 90/Die Grünen). Landtag von Sachsen-Anhalt, 09.04.1992, Plenarprotokoll 1/31, 2627.

29 Im einzelnen dazu s.o. I.4.2.

Sachverhalt deutet schon an, daß ein Argument, welches auf irgendwie gearteten Minderheits- bzw. Mehrheitsverhältnissen beruht, sich in dieser Frage leer läuft und schon aus logischen Gründen, d. h. aus Gründen der möglichen Umkehrbarkeit bei gegenteiligem Aussagewert, als inadäquat für die Lösung des Problemkomplexes zu bezeichnen ist.

1.5. Das Mißbrauchs- bzw. Legitimationsargument des Rechtssystems

Ein Argument, welches sich aus theologischen und aus staatsrechtlichen Beweggründen mit der Gefahr des Mißbrauchs des Gottesbezuges beschäftigt, soll im folgenden als Mißbrauchs- und Legitimationsargument bezeichnet werden.

Aus theologischen Gründen motiviert sind diejenigen Voten, welche in der Verwendung des Gottesbezuges als Teil eines Rechtssystems die Gefahr sehen, daß damit der Name Gottes in einer bestimmten Weise mißbraucht wird und er für staatslegitimierende Zwecke funktionalisiert wird. In der Gemeinsamen Verfassungskommission äußerte Wolfgang Ullmann seine theologischen Bedenken:

»Ich erinnere Sie an das, was in der heutigen Gesellschaft mit diesem ehrwürdigen Namen alles geschieht, der nach christlicher Tradition sogar unter dem speziellen Schutz eines bestimmten Gebotes steht.«[31]

Er führte dafür auch historische Beispiele an:

»Sie wissen ganz genau, daß diese Berufung auf Gott im Munde Hitlers alltäglich war. (...) Wir leben doch in einer Zeit der Inflation von Pseudoreligionen. (...) Wir alle wissen, was für eine höchst verhängnisvolle Rolle in Jugoslawien die Religion und die Berufung auf Gott spielt. Da muß sich doch ein Verfassungsgeber von 1993 klar darüber sein, was Berufung auf Gott in dieser Zeit eigentlich besagt.«[32]

Die Vertreter einer solchen Argumentation ziehen die Konsequenz, daß eine solche »Berufung« auf Gott zu einer Entschuldung des eigenen (u. a. politischen) Handelns führe, indem die Verantwortung letztlich verschoben werde in

---

30 Berichterstattung des Abgeordneten Höppner (SPD). Landtag von Sachsen-Anhalt, 25.06.1992, Plenarprotokoll 1/34, 3722.

31 Deutscher Bundestag, Gemeinsame Verfassungskommission, Stenographischer Bericht der 18. Sitzung am 4. März 1993, 10.

32 Deutscher Bundestag, Gemeinsame Verfassungskommission, Stenographischer Bericht der 20. Sitzung am 22. April 1993, 12. Ähnlich votierten auch die Abgeordneten Bruns (SPD) und Kruse (SPD) in der Debatte im Niedersächsischen Landtag. Vgl. Der Präsident des Niedersächsischen Landtages, Debatte, 10010; 10014. Vgl. auch die Voten in Greive, Gott im Grundgesetz, 244.

eine metaphysische Ebene. Die menschliche Verantwortungsfähigkeit werde damit durch den Gottesbezug abgestreift und weggeschoben.[33]

»Die Beziehung auf das Unverfügbare oder auf Gott kann dazu führen, die menschliche Verantwortung für das Grausame in der Welt abzustreifen, zu negieren und sich nicht damit auseinanderzusetzen.«[34]

Dieses Argument kann so nur vertreten werden, wenn davon ausgegangen wird, bei dem Gottesbezug in dieser Form handele es sich um eine invocatio Dei, d. h. um eine Anrufung Gottes. Darin liegt eine Gefahr der Interpretation des Gottesbezuges, wenn er als Anrufung verstanden wird und ihm somit legitimierende Züge für die Staats- und Gesellschaftsordnung zugeschrieben werden und er letztlich Artikel einer irgendwie gearteten Religion der Zivilgesellschaft sein soll. Ob der Gottesbegriff im Rahmen der Verfassung notwendig als Artikel einer Zivilreligion funktionalisiert werden kann oder ob er als invocatio Dei zu interpretieren ist, wird demnach Bestandteil der weiteren Untersuchung sein.[35]

Dem damit zusammenhängenden Argument der Verschiebung von Verantwortung in einen metaphysischen Bereich und der Entschuldung kann schon an dieser Stelle aus mehreren Gründen nicht entsprochen werden. Zunächst führt sich die in dieser Form dargelegte Argumentation selbst ad absurdum, denn wie sollte durch die Aufnahme einer Rechenschaftsinstanz, welche außerhalb der Selbstbegründung steht, der gegenüber Verantwortung geübt werden muß, gerade diese Verantwortung weggeschoben werden? Darüber hinaus wird die Analyse der sprachlichen Zusammenhänge des Gottesbezuges zeigen, daß die Ideologisierung des Verantwortungsbegriffs gerade im Verzicht auf deren theologische Pointe liegt, da sie die Frage der Rechenschaftsinstanz außer Acht läßt. Ein Ernstnehmen des Verantwortungsbegriffes verlangt es aber geradezu, ihn in seinen verschiedenen Bezugsstrukturen zur Sprache zu bringen und die Foren zu benennen, vor denen die Staatsordnung, die Rechtsordnung und letztlich jeder einzelne Mensch sich zu verantworten haben; und das geschieht unvertretbar! Eine sich auf Verantwortung beziehende Rechtsordnung bleibt demnach gebunden an ihre theologischen Voraussetzungen, selbst wenn sie die Fä-

33 Vgl. Der Präsident des Niedersächsischen Landtages, Debatte, 10010.

34 So die Abgeordnete Dückert (Bündnis 90/Die Grünen). Ebd.

35 Zum Problem der invocatio Dei s.u. III.6. Zum Problem der Zivilreligion s.u. V.3.

den zu ihrem Ursprung meint kappen zu können.[36] Und in Konsequenz dieser die Verantwortungsfähigkeit des Menschen überschätzenden Perspektive formuliert eine andere Abgeordnete:

»Wir sind für unser Handeln selbst verantwortlich, und wenn wir Christen sind, sind wir in unserem Handeln verantwortlich vor Gott.«[37]

Dennoch besteht nach wie vor die Gefahr, den Gottesbezug legitimatorisch in einer Verfassung zu mißbrauchen, indem man die Verfassung etwa als Gesetz Gottes versteht, wenn man ihn als invocatio Dei interpretiert und damit auch die Verantwortungsinstanzen nicht hinreichend definiert.

1.6. Das Entleerungsargument – Die behauptete materiale Entleerung des Gottesbegriffs

Äquivalent zu dem Argument des möglichen Mißbrauches des Gottesbezuges begegnet in den Debatten ein Argument, das auf die Schwierigkeit einer materialen Inhaltslosigkeit eines rein formal gedachten Gottesbegriffs hinweist. Es soll im folgenden als Entleerungsargument bezeichnet werden. Es ist eng mit dem Sachverhalt verbunden, daß der Rechtsordnung analog zum Staat weltanschauliche Neutralität zu eigen ist, damit die Verfassung »Heimstadt« aller Bürger in einer in weltanschaulichen Fragen pluralistischen Gesellschaft sein könne.

Die Befürworter des Gottesbezuges müßten demnach entweder zugestehen, daß ihm ein christliches Gottesverständnis zugrunde liege, oder der Gottesbegriff müßte so weit in seinen materialen Gehalten entleert werden, daß er nicht mehr aussagekräftig sei.

»(...) die Frage ist aber auch, ob der Begriff 'Gott' so weit seines bekenntnishaften Charakters, seiner religiösen Substanz entkleidet werden kann, daß er als Zentralgestirn aller sittlichen Orientierungen auch der nichtreligiösen Menschen akzeptiert werden kann. Welche sittlich

---

36 Vgl. Huber, Konflikt und Konsens, 149. Selbst Hans Jonas konzediert in seiner Verantwortungsethik, daß die Frage nach dem Forum der Rechenschaftsinstanz zu stellen bedeuten würde, sich auf das Gottesproblem einzulassen.

37 So die Abgeordnete Kruse (SPD), Der Präsident des Niedersächsischen Landtages, Debatte, 10014.

verpflichtende Wirkung hätte ein Gottesbegriff noch, der bar jeglichen Bekenntnischarakters wäre?«[38]

Ein so weit entleerter Gottesbegriff könne auch aus der Verfassung herausgelassen werden.[39]

Wie weit der Gottesbegriff formalisiert werden kann, wird daran deutlich, daß im Laufe der Debatten in Niedersachsen das Katholische Büro Niedersachsen auch eine Formulierung für die funktionalen Gehalte des Gottesbezuges vorgelegt hat, die das Wort »Gott« vermied, denn es käme lediglich auf die Benennung einer chiffrierten Aussage dafür an, daß es gemeinsame Werte und Grundwerte gebe, auf welche sich die Rechtsordnung zurückzubeziehen hätte.[40]

»Für eine letzte, jedem Zugriff entzogene Instanz haben wir auch in einem weltanschaulich neutralen Staat kein besseres Wort als 'Gott'. (...) Niemandem sollte damit ein bestimmter Glaube aufgezwungen werden. Ebenso wird niemandem der Glaube an die Existenz Gottes überhaupt abgenötigt. Aber ich bin der Überzeugung, daß alle Bürgerinnen und Bürger davon profitieren, wenn die Bindung der Rechtsordnung an eine ihr vorgegebene, die Integrität der menschlichen Person begründende Instanz deutlich benannt wird.«[41]

Dieses Argument hat insofern theologische Relevanz, als es auf eine Gefahr hinweist, den Gottesbegriff auch in theologischer Perspektive so weit material zu entleeren und damit zu formalisieren, daß er theologisch nicht mehr aussagekräftig ist. Die Untersuchung wird demnach die Fragestellung mit zu be-

---

38 So der Abgeordnete Bruns (SPD), aaO., 10003. Polemischer - aber in der Sache ähnlich - votierte in der niedersächsischen Debatte die Abgeordnete Dückert (Bündnis 90/Die Grünen): »Ich rate den Kirchen, die heute mit Austrittswellen zu kämpfen haben, dazu, nicht so unpräzise mit ihrem eigenen Gottesbegriff umzugehen, auch dann nicht, wenn sie ihn in die Verfassung aufgenommen wissen wollen.« (AaO., 10009).

39 Vgl. Der Präsident des Niedersächsischen Landtages, Debatte, 10009; Deutscher Bundestag, BT-Dr. 12/6686, 11. Ullmann votierte in der Gemeinsamen Verfassungskommission ähnlich: »Wenn man in dieser Gesellschaft schon von Gott redet, dann hat man die Pflicht, deutlich zu sein und spezifisch zu reden.(...) Aber eben deswegen habe ich als Theologe tiefste Bedenken gegenüber einer solchen Rede von Gott.« (Deutscher Bundestag, Gemeinsame Verfassungskommission, Stenographischer Bericht der 18. Sitzung am 14. März 1993, 10).

40 Vgl. Brockmann, Verfassungsänderung, 42. Im Laufe der Volksinitiative zeichneten sich unterschiedliche Akzente bei der Interpretation des Gottesbezuges zwischen den Initiatoren ab. Während der evangelische Theologe Krüger von einer faktisch vorhandenen Mehrheit theistischer Grundorientierung in der bundesrepublikanischen Gesellschaft in der Gegenwart sprach, neigten die katholischen Vertreter zu einer philosophischen Auslegung des Gottesbezuges. Vgl. aaO., 47.

41 Brief von Bischof Homeyer an die Fraktionsvorsitzenden des Niedersächsischen Landtages. Zitiert nach Der Präsident des Niedersächsischen Landtages, Debatte, 10003.

rücksichtigen haben, ob es sich ausschließt, den Gottesbegriff einerseits inhaltlich *bedingt* offen zu verstehen und ihn andererseits inhaltlich *unbedingt* zu füllen. Damit ist eines der Grunddilemmata des Problemkomplexes benannt.

Jedes Reden von Gott ist ein spezifisches Reden, denn bergend für das Denken und Handeln ist nur eine spezifische, nicht mehr weltanschaulich neutrale, Rede von Gott, welche im Glauben stattfindet. Wird demnach in rein formalisierter Weise von 'Gott' geredet so erscheint dies in theologischer Perspektive nicht hinreichend, und in der Tat besteht die Gefahr, daß die Rede von 'Gott' zu einer leeren Formel, einer rein formal gedachten Chiffre degeneriert. Wird diese Formel aber material gefüllt[42], so wird die weltanschauliche Neutralität zu einer relativen, und es besteht die Gefahr, daß die Forderung der weltanschaulichen Neutralität zu stark verblaßt und die Staatsordnung evtl. zu einer christlich präformierten transformiert. Die verschiedenen Lösungsansätze werden also auf die Gewichtung zwischen diesen beiden Extrempositionen hin befragt werden.

In den Debatten ist dieses Problem zudem dadurch evident geworden, daß sowohl die Befürworter als auch die Gegner eines Gottesbezuges bei den verschiedenen politischen Debatten zwar immer an der Garantie der weltanschaulichen Neutralität der Rechtsordnung festgehalten, jedoch bei der Debatte um den Gottesbezug ein christliches Gottesverständnis konnotiert haben, und das in der unmittelbaren Nachkriegszeit wesentlich unverkrampfter als in den neueren Debatten.[43]

1.7. Das Privilegierungsargument - Die Problematik der materialen Konnotationen

Ein Argument, das darauf abhebt, die nominatio Dei in der Verfassung impliziere ipso facto ein christliches Gottesbild, welches als Zeichen der staatlichen Positivierung von Privilegierung der christlichen Kirchen fungiere, soll als Privilegierungsargument bezeichnet werden.

---

42 Vgl. Burkert, u.a., »Gott« in HWP3, 812. Man kann »von ihm nur als von einem ganz bestimmten reden« (ebd.).

43 Im einzelnen s.o. I.

Vor allem die Gegner des Gottesbezuges weisen darauf hin, daß mit einem Gottesbezug in der Präambel ein bestimmtes Gottesbild tradiert werde, nämlich das christliche, denn »welche sittlich verpflichtende Wirkung hätte ein Gottesbegriff noch, der bar jeglichen Bekenntnischarakters wäre?«[44] Diesbezüglich stellte der Bundesvorsitzende der Humanistischen Union, Ulrich Vultejus, fest:

»Es ist die Frage zu beantworten, welcher Gott benannt wird. (...) Die Gottesvorstellung ist auf 'den' Gott der christlichen Kirchen fokussiert und umfaßt dem Sinn, wenn auch nicht dem Wortlaut nach lediglich die Gottesvorstellungen der christlichen Bekenntnisse.«[45]

Daraus wird dann der Schluß gezogen, daß dies die christlichen Kirchen innerhalb der Staatsordnung gegenüber weltanschaulich anders gebundenen Menschen oder gar Atheisten, die nach ihrem Selbstverständnis überhaupt nicht weltanschaulich gebunden sind, privilegiere, was wiederum der durch die Verfassung garantierten weltanschaulichen Neutralität widerspreche[46]. Gelegentlich werden sogar die Begriffe »Gott« und »Kirche« tendentiell synonym verwendet. Das zieht bei der Forderung einer Trennung von Staat und Kirche notwendig die Forderung einer Präambel ohne Gottesbezug nach sich.[47] Eine interessante und für die Struktur dieser Argumentation paradigmatische Assoziationskette, welche den Ausgang beim Gottesbezug nimmt und bei dem Problem des Verhältnisses zwischen Staat und (christlicher) Kirche endet, begegnet bei der Abgeordneten Dückert (Bündnis 90/Die Grünen) in der Niedersächsischen Debatte:

»Nach meiner Auffassung ist mit dem Gottesbezug auch wirklich Gott gemeint.[48] Klar ist ebenfalls, daß eine Präambel mit dem Bezug auf die Menschenrechte oder auf die deutsche Geschichte nicht gewollt wird. (...) Die Rolle der Kirche in der deutschen Geschichte, insbesondere in der Geschichte von Nazideutschland, aber auch viele andere Entwicklungen, z.B. in Irland oder in Jugoslawien, haben wiederholt deutlich gemacht, daß der Gottesbezug oder der Bezug auf die Kirche niemanden schützen kann; vielmehr kann ein solcher Bezug auch dafür herhalten, unmenschlich oder unmoralisch zu handeln. Auch aus diesem Grunde halte ich diese Debatte für scheinheilig. Menschen sind oftmals unmenschlich.«[49]

44 Der Präsident des Niedersächsischen Landtages, Debatte, 10003.
45 Vultejus, Gott in der Verfassung, 99.
46 Vgl. Der Präsident des Niedersächsischen Landtages, Debatte, 10003; 10010.
47 Vgl. aaO., 10010.
48 Die weitere Argumentation dieser Abgeordneten läßt nur den Schluß zu, daß sie damit den Gott nach dem Verständnis der beiden großen christlichen Kirchen meinten. Vgl. aaO., 10009f.
49 AaO., 10010.

Durch diese Bervorzugung der christlichen Kirchen seitens des Staates würden andere Gruppen, die nicht an diesen Gott glaubten, diskriminiert[50], da ihnen abgesprochen werde, Verantwortung tragen zu können. Letzthin begründe dies die oben beschriebene »moralische Überheblichkeit der Christen gegenüber den Nichtchristen«[51]. Um evident zu machen, daß es sich um den christlichen Gott mit der Forderung der Nichtaufnahme des Gottesbezugs in die Verfassung handle, wird gelegentlich ein Rekurs auf die Bibel genommen, der sie zum historischen Dokument diskreditiert und ethisch für nicht mehr wegweisend erklärt[52].

Ob und inwieweit dieses Argument tragfähig ist, wird davon abhängen, wie die formalen und die materialen Gehalte des Gottesbegiffs in der Verfassung aufeinander bezogen werden. Die Aufgabe besteht demnach in der Problematisierung der Frage, ob die nominatio Dei in der Präambel notwendig ein christlich verstandenes Gottesbild impliziert, oder ob der Gottesbegriff zumindest formal so weit offen zu halten ist, daß sich verschiedene Konnotate unterschiedlicher weltanschaulicher Gemeinschaften darunter subsumieren lassen, ohne ihn in einer Leerformel aufgehen zu lassen.

2. Argumente und Anliegen für einen Gottesbezug in Verfassungspräambeln

2.1. Das ethische Begründungsargument – Die Bindung des Rechts

Eines der Hauptargumente der Befürworter des Gottesbezuges geht von der Prämisse aus, daß Glaube und Politik nicht zu trennen, sondern lediglich zu unterscheiden sind und insofern auch die Rechtsordnung auf metapolitischen Voraussetzungen beruhe, für deren Bewußtseinserhaltung der Gottesbezug figuriere. Demnach sei die Rechtsordnung gebunden an letzte Werte, die der Mensch nicht geschaffen hat, und die jedem Recht als ethisches Fundament zugrunde liegen.[53]

---

50 Vgl. aaO., 10002; 10008; 10009.
51 AaO., 10009f.
52 Vgl. aaO., 10016.
53 Vgl. aaO., 10001; 10015.

»Diese Formulierung stellt nicht nur die große Bedeutung der Verantwortung des Menschen heraus, sondern sie bringt auch zum Ausdruck, daß es Werte und Prinzipien gibt, die jeglicher Verfügbarkeit des Menschen entzogen sind und die über das von Menschen geschaffene Recht hinausgehen. Hinzu kommt, daß die Formulierung nicht nur leicht verständlich ist und hohen Bedeutungsgehalt für Menschen hat, die an Gott glauben, sondern auch Menschen, die nicht an Gott glauben, können in dem Wort 'Gott' ein Symbol sehen für das, was ihnen unverletzbar und unverfügbar ist.«[54]

Eine etwas andere Nuance weist das Votum des Abgeordneten Cassens (CDU) im Niedersächsischen Landtag an anderer Stelle auf, wo er auf den Verpflichtungsgrund der Verfassung hinweist:

»Diese Verfassung ist nicht zur Beliebigkeit verpflichtet, (...) sondern sie steht dafür, (...) daß es unverfügbare fundamentale Rechte gibt. Die Humanisten haben uns völlig zu Unrecht vorgeworfen, (...) daß mit dieser Initiative die Schaffung eines Gottesstaates verbunden sei. Darum geht es überhaupt nicht, sondern es geht um die Bindung an eine absolute Kraft, an eine letzte sittliche Kraft.«[55]

Diese letzte sittliche Kraft, die das ethische Fundament von Staat und Gesellschaft darstelle, werde symbolisiert durch den Gottesbezug im Präambeltext.[56] Insofern sei normatives Recht gar nicht zu trennen von Grundwerten, die sich einer bestimmten - hier der christlichen - Tradition verdanken.[57]

Auch die Menschenrechte ließen sich nicht ohne diese Tradition herleiten, selbst wenn sie - wie die Gegner behaupten - in der Aufklärung »entstanden« sein sollten. In der niedersächsischen Debatte machte der Abgeordnete Remmers (CDU) darauf aufmerksam,

»(...) daß gerade auch bei einer gründlichen kulturgeschichtlichen Betrachtung die Werte, die wir als Werte der Aufklärung bezeichnen, speziell in unserem Kulturraum und aus der Tradition unseres Kulturraums heraus gewachsen sind und auch nur so verstanden werden können. Man kann also nicht einfach sagen, da haben wir etwas ganz eigenes gefunden, gewissermaßen aus einem kulturfreien Raum heraus.«[58]

Nicht ganz präzise wird bei diesem Argument die Frage behandelt, ob es sich bei dieser überpositiven Verankerung um die Bindung an eine Instanz handelt, oder ob damit die Bindung an eine Form von überpositiven Normenkomplexen oder sogar Einzelnormen in Form von objektiven Werten intendiert ist.

---

54 So der Abgeordnete Cassens (CDU). AaO., 10015.
55 AaO., 10014.
56 Vgl. ebd.
57 Vgl. aaO., 10021.
58 AaO., 10017.

Gelegentlich wird demnach lediglich von einem »einheitlichen ethischen Fundament«[59] bzw. von einem »Gegenüber« gesprochen, »vor dem wir uns zu verantworten haben«[60], oder es wird von einer »Bindung unserer Rechtsordnung an eine ihr vorgegebene, jedem Zugriff entzogene letzte Instanz«[61] gehandelt.

Die Mehrheit der Befürworter des Gottesbezuges spricht an dieser Stelle von überstaatlichen Normen oder Normenkomplexen, zu denen der Gottesbezug ein Bekenntnis darstelle:

»Sie [sc. die Präambel] stellt das Bekenntnis zu einem vor- und überstaatlichen Normengefüge dar. Einem Kodex von Rechtssätzen, die ihre Geltung nicht von der Legislativgewalt des Staates und der diese tragenden Volkssouveränität ableiten, sondern Kraft ihrer selbst gelten, die daher auch nicht zur Disposition des Gesetzgebers stehen, die jegliche staatliche Macht relativieren und begrenzend kontrollieren.«[62]

Von sich an gesellschaftlichen Mehrheiten messenden Grundorientierungen, welche dann durch Wertbegriffe gefüllt werden, sprechen schließlich andere Voten:

»Staaten und Gesellschaften brauchen Grundorientierungen, die mindestens für eine übergroße Zahl der Menschen plausibel sind und nach denen sie ihr Handeln in der Gemeinschaft ausrichten.«[63]

Als »grundsätzliche Rechte«, an denen sich die Rechtsordnung zu orientieren habe, werden das Recht auf Freiheit, die Unverletzlichkeit der Person und die Gleichheit vor dem Gesetz genannt. Aber solche Rechte bedürften eines Hintergrundes »an Werten und Kultur, die diese Rechte erst begründen«[64]; insofern sei die Volksinitiative als »Dienst an der öffentlichen Wertediskussion«[65] zu verstehen.

»Dies gilt auch besonders im Hinblick darauf, daß die Frage öffentlich strittig war und für viele durchaus strittig bleiben wird, ob eine Verfassung den Bezug des konkreten positiven

---

59 Präsident des Niedersächsischen Landtags, Milde. Milde, Bekenntnis zu den Grenzen der menschlichen Entscheidungsgewalt, 77.

60 Ebd.

61 Heinrich Jürgens (FDP). Jürgens, Stellungnahme zum Gottesbezug in der Verfassung, 83. Vgl. auch Sievers, Gottesbezug in der Verfassung, 92f.

62 Jahn, Metapolitische Voraussetzungen des Staates, 222. Jahn verwendet diesen Gedanken als Antipode zu einem positivistischen Begründungsmodell von Recht. Vgl. aaO., 223.

63 Christian Wulff (CDU). Wulff, Der Gottesbezug in der Niedersächsischen Verfassung, 79.

64 Ebd.

65 AaO., 80.

Rechts auf übergeordnetes Recht formulieren soll und ob hierfür der Begriff Gott heute noch angemessen ist.«[66]

Die Befürworter des Gottesbezuges bejahen dessen Funktionsfähigkeit in der Verfassung und werten ihn als rechtspolitisches Signal,

»(...) wenn eine Landesverfassung zum Ausdruck bringt, daß konkretes Recht sich nicht nur auf den Willen und die Entscheidungskraft von derzeit handelnden Menschen berufen kann, sondern sich letztlich Voraussetzungen verdankt, die die Menschen nicht beeinflussen können. (...) Politik kann und darf ebenso wie eine Verfassung nicht voraussetzungslos sein.«[67]

Als ein Grundkonsens solcher überstaatlich verankerten Normenkomplexe werden auch die Menschenrechte bezeichnet.

Im Fortgang der Untersuchung wird demnach zu klären sein, inwieweit eine Rechtsordnung sich durch symbolisierte Hinweise - wie den Gottesbezug - ihrer Voraussetzungen versichern muß. Weiter wird zwischen der Interpretation des Gottesbezuges als einer Bindungsinstanz für die Rechtsordnung und deren Rechtssystem und der Meinung, hierbei handele es sich um die Symbolisierung eines irgendwie gearteten überpositiven Normenkomplexes, zu unterscheiden sein. Die letzte Meinung begegnet in den politischen Debatten häufiger. Demnach wird die Frage Berücksichtigung finden, ob der Gottesbezug ein formalisierter Hinweis auf einen solchen Wertekomplex sein kann, oder ob er als Benennung jener überpositiven Instanz fungiert, welcher sich letztlich jede Rechtsordnung und jeder Normenkomplex verdankt.

2.2. Das Argument der Begrenzung menschlicher Handlungs- und Entscheidungsmöglichkeiten

Der Benennung einer Instanz oder eines überpositiven Normenkomplexes impliziert den Anspruch der Begrenzung staatlichen Handelns und staatlicher Macht. Die Berufung auf überpositive Bindungen oder Begründungen von Normenkomplexen beruht demgemäß auf der Einsicht, daß alles menschliche Wissen und Wollen begrenzt und beschränkt ist. Ein Argument, welches demgemäß auf die Begrenzung menschlichen Handelns und analog staatlicher

66 Ebd.
67 Ebd.

Macht rekurriert, soll als Begrenzungsargument bezeichnet werden. Dieses Argument begegnet in den Debatten sehr häufig.[68]

Zunächst wird dabei betont, daß es keinen »allmächtigen Staat« geben könne, d. h. jede Staatsordnung müsse sich ihrer Grenzen und der Grenzen ihres Handlungsspielraumes bewußt sein.

»Die Berufung auf Gott bleibt Grenze für den politischen Handlungsspielraum und ist für den Verfassungsgeber bedeutend. Als Liberaler weiß ich, daß jede Freiheit ihre Grenzen hat. Uneingeschränkte Freiheit ist fatal.«[69]

Damit eng verbunden ist die Einsicht in die Begrenzung menschlichen Tuns, denn alles menschliche Tun und alle menschliche Vernunft haben Grenzen. Letztlich gebe es eine Instanz, vor der sich die Menschen verantworten müssen, woraus folgt, daß diese Instanz keine menschliche sein kann. Darin äußere sich die Grundintention des Gottesbezuges in der Verfassung, daß der Mensch nicht das Maß aller Dinge ist und sein kann.[70] Horst Milde (SPD) sieht in der Volksinitiative den Willen eines großen Teiles der niedersächsischen Bevölkerung zu Ausdruck kommen, dieses auch in der Verfassung zu äußern.

»Daß es nämlich offensichtlich einer großen Anzahl von Menschen in der Bevölkerung wichtig ist zu betonen, daß politisches Handeln nicht einfach selbstmächtiges Handeln ist, sondern 'unter Gott' bleibt.«[71]

Damit wolle der jeweilige Verfassungsgeber die Grenzen seiner Entscheidungsgewalt bekunden und anerkennen, daß er nicht Träger einer absoluten Volkssouveränität, sondern in Verantwortung vor Gott an die unverbrüchlichen Menschenrechte gebunden ist und es demnach keine Verabsolutierung der Staatsgewalt, keine Verabsolutierung des Staates, des Rechtes oder der Staatsgewalt gebe.[72] Die Gefahr der Mißachtung dieser Einsicht liegt in den möglichen verheerenden Folgen des eigenen Handelns und auch des politischen Agierens.

»Wir Menschen mögen auf dieser Erde viel bewegen und uns manchmal als große 'Macher' fühlen. Wir sind aber dennoch nicht Gestalter dieser Welt – eher sind wir wohl manchmal deren Verunstalter.«[73]

---

68 Vgl. Renesse, Metapolitische Voraussetzungen des Staates, 218.

69 So der Abgeordnete Jürgens (FDP). Der Präsident des Niedersächsischen Landtages, Debatte, 10011.

70 Vgl. aaO., 10006.

71 Milde, Bekenntnis zu den Grenzen der menschlichen Entscheidungsgewalt, 77.

72 Vgl. Krüger, Gehört Gott in die Verfassung, 70.

73 So der Präsident des Niedersächsischen Landtages, Milde (SPD). Der Präsident des Niedersächsischen Landtages, Debatte, 10005.

Die Einsicht in die Folgen einer Selbstüberschätzung ist in den Debatten an der Faktizität von menschenverachtenden Diktaturen staatlicher Macht im 21. Jahrhundert deutlich gemacht worden: Angesichts der »Schuldgeschichte des deutschen Volkes« sei es wichtig, dies zu betonen, da der Gottesbegriff eben die Grenzen der Selbstüberschätzung deutlich markiere.[74]

»Durch alle Entwicklungen, durch alle Leidenswege, auch durch die Schuldgeschichte des Christentums (...) hindurch bleibt Gott und die Frage nach Gott ein ständiger Punkt, weil Gott gerade in solchen extremen Situationen, auch in solchen menschlichen Versagens- und Belastungsereignissen, aus einer solchen Notsituation heraus doch wieder eine Rolle spielte, weil gebetet wurde und weil dieser Versuch gemacht wurde – gerade wenn es so schlimm und nach menschlichen Vorstellungen so unvorstellbar wie in Auschwitz war -, irgendwo außerhalb des Menschlichen einen Halt zu finden.«[75]

Diese Einsicht in die Begrenzung menschlichen Handelns und deren Symbolisierung durch den Gottesbezug wird auch als eine der grundlegenden Interpretationen in der juristischen und der theologischen Perspektive begegnen. Daher wird dieser Aspekt des Gottesbezuges auch in der weiteren Darstellung besondere Berücksichtigung finden.

2.3. Das historische Argument – Der Verweis auf den historischen Erfahrungsraum

Die Einsicht in die Fehlbarkeit menschlichen Handelns und menschlicher Entscheidungsfähigkeit leiten die Befürworter aus dem Erfahrungsraum her, in welchem sich die verfassunggebenden Organe jeweils befanden. In alle Debatten wird das Argument eingebracht, daß durch die Erfahrungen mit diktatorischen Staatsformen die Einsicht in die Schuld aufgrund eigenen Versagens im Bereich der Rechtsordnung gewachsen sei. Darauf ist im einzelnen bereits hingewiesen worden.[76] Das Argument, welches sich in einem solchen Erfahrungsraum herausbildet, soll allgemein als historisches Argument bezeichnet werden[77].

74 Vgl. aaO., 10018.

75 Abgeordneter Remmers (CDU). AaO., 10018.

76 S.o. I.6.

77 Es bietet sich auch eine Bezeichnung an, welche Bezug auf konkrete Unrechtstaten nimmt. Wegen der Allgemeinheit dieses Argumentes soll hier aber von historischem Ar-

Der Gottesbezug wird demnach als eine letzte Absage an jede Form des staatlichen Totalitarismus, wie man ihn in der unmittelbaren Vergangenheit erlebt hatte, verstanden. Einer in dieser Form erlebten »Metaphysik des Diesseits« sollte in dieser Form eine Absage erteilt werden:

»Wir kennen inzwischen aus leidvoller deutscher Geschichte zwei Varianten der Metaphysik des Diesseits im Staatsverständnis. (...) Und wir haben die Erfahrung zweimal machen müssen, daß dies verhängnisvoll zu einer menschenverachtenden und gar menschenvernichtenden Staatstheorie und Staatspraxis führt.«[78]

In diesem Sinne könne der Gottesbezug auch als Symbol für die Notwendigkeit der Aufarbeitung eigener Schulderfahrung dienen.

Ein eigenes Element innerhalb des historischen Argumentes bildet der Verweis auf den Respekt vor den Verfassungsvätern und -müttern des Grundgesetzes. Es wird dargestellt, daß Präambeltexte immer die Leitmotive der Schöpfer einer Verfassung offenlegen. Ihren Grenzen bei der Verfassungsgebung waren sich die Verfassungsväter und -mütter des Grundgesetzes bewußt. Diesen Grenzen müsse sich auch die verfassunggebende Gewalt von Niedersachsen bewußt sein.[79] Diesbezüglich stellte der Abgeordnete Cassens (CDU) in der niedersächsischen Debatte folgendes fest:

»Ich bitte Sie, einmal nachzulesen, was die Protokolle über die Beratung unseres Grundgesetzes dazu zum Ausdruck bringen. Damals sind es Sozialdemokraten gewesen, (...) die unter dem Nationalsozialismus schwer gelitten haben. (...) Die wollten damals ein ganz eindeutiges Bekenntnis im Grundgesetz festgehalten wissen. Ich finde, der Respekt vor diesen Vätern und Müttern des Grundgesetzes gebietet uns, dieses heute mit aller Deutlichkeit festzuhalten.«[80]

In ähnlicher Weise votierten auch die Gegner des Streichungsantrages den Gottesbezug im Grundgesetz betreffend in der Gemeinsamen Verfassungskommission:

»Vielmehr beinhalte diese Bezugnahme zunächst die Erinnerung daran, daß die Mütter und Väter des Grundgesetzes unter dem Eindruck der nationalsozialistischen Gewaltherrschaft und ihrer Verbrechen sich von dieser Diktatur mit ihrer menschenverachtenden Ideologie distanzieren wollten, daß sie damit deutlich machen wollten, daß der Mensch nicht allmächtig und

---

gument gesprochen werden. Das Argument liegt auch den Unrechts- oder Hitlerargumenten zugrunde; dazu s.u. IV.4.1.

78 So die SPD-Rechtsexpertin Margot von Renesse anläßlich der Tagung in Loccum. Renesse, Metapolitische Voraussetzungen des Staates, 219.

79 Vgl. Der Präsident des Niedersächsischen Landtages, Debatte,10014f.

80 AaO., 10014. Vgl. auch Renesse, Metapolitische Voraussetzungen des Staates, 219.

nicht die letzte Instanz sei; es handle sich um eine Selbsterinnerung an die Grenzen menschlichen Tuns.«[81]

Die Schwierigkeit, normative Aussagen aufgrund von historischen Verweisen zu machen, ist an dieser Stelle evident. Dennoch werden bei der weiteren Behandlung des Themas und der Interpretation des Gottesbezuges auch die historischen Motivationsgründe der jeweiligen verfassunggebenden Organe von Bedeutung sein.

2.4. Das kulturgeschichtliche Argument

Eine Variante historischer Argumentationen hebt darauf ab, daß bei der Bestimmung der materialen Gehalte der Bindungsinstanz oder der überpositiven Normenkodizees zu berücksichtigen sei, daß in Weltanschauungsfragen die westeuropäischen Kulturen in der christlichen Tradition stehen. Dieses Argument soll als das kulturgeschichtliche Argument bezeichnet werden.

Der Oberkirchenrat aus Hannover, Heinz Jürgen Kesper, stellte in diesem Sinne klar, daß bei einer historischen oder kulturgeschichtlichen Sichtweise die Frage nach materialen Gehalten des Gottesbezuges eindeutig sei:

»Man kann ja nicht sagen, da steht Gott und da ist dein Gott. Soll man den islamischen, den buddhistischen oder den jüdischen nehmen, wenn man den christlichen nicht nehmen will? Das kann wohl nicht sein. Also mußte das schon der christliche Gott sein, der dort im Grundgesetz gemeint ist, das kann ja auch gar nicht anders sein, der christliche Gott in diesem Sinne hat ja die ganze Kultur unseres Bereiches geprägt und gebildet.«[82]

Weiterhin wird von den Vertretern dieses Argumentes betont, daß gerade der christliche Glaube die Toleranz begründe.

Im übrigen sei die Bibel ein Bindungsort für feste Werte. Gerade in Zeiten des Werteverlustes bedürften staatliche Organe vom Menschen unabhängiger Werteordnungen. Das Grundproblem in dieser Frage machte in der Debatte des niedersächsischen Landtags der Abgeordnete Funcke (SPD) folgendermaßen deutlich:

»Es ist aber genauso wahr, (...) daß das Wissen um die Maßstäbe Gottes, daß das Geprägtsein von dem, was die Bibel über die Verantwortung des Menschen für seinen Mitmenschen vor Gott aussagt, immer wieder Menschen auch dazu förmlich getrieben hat, sich gegen Unrecht und staatliche Willkür zu stellen. (...) Ich sagte bereits, daß wir in einer pluralistischen Gesell-

---

81 Deutscher Bundestag, BT-Dr. 12/6000, 110.
82 Greive, Gott im Grundgesetz, 234.

schaft leben, (...) in der es keine allgemeinverbindlichen Wertordnungen mehr gibt. (...) Aber (...) ich bin auch der Überzeugung, daß die Politik eines demokratischen Staates nicht das Recht hat, verlorengegangene Wertmaßstäbe zu ersetzen und sie dem Bürger gleichsam vorzuschreiben. (...) Trotzdem (...) brauchen wir unverrückbare, von der Meinung der Menschen unabhängige Wertordnungen. Denn wenn alles relativ ist, alles vom Mehrheitswillen abhängig ist, (...) woher sollte dann die Korrektur, woher soll der Maßstab kommen, das Unrecht zu erkennen? Wenn Recht oder Unrecht (...) z.B. vom sogenannten Zeitgeist abhängig wären, dann wären die Verbrechen des Dritten Reiches keine Verbrechen im Sinne des Wortes mehr, sondern bloß system- und zeitkonforme Säuberungsaktionen. Ich muß aber mein Gewissen von etwas prägen lassen, das außerhalb des menschlichen Beliebens liegt. Für mich (...) ist dieses Etwas in den Aussagen der Bibel zu finden. (...) Ich meine damit (...) den Grundtenor, der um Vertrauen auf Gott wirbt und die Solidarität gegenüber den Mitmenschen einfordert.«[83]

Außerdem finden die Werte, welche die Verfassung transportiere, ihre Wurzeln in der christlichen Tradition. So hätten z. B. Begriffe wie »Schöpfung« ohne Bekenntnis zu einem Schöpfer gar keine Aussagekraft. Die christliche Tradition speise sich aus der Bibel als »Darstellung der Geschichte Gottes mit den Menschen«[84]. Damit transportiere die Bibel ein bestimmtes Menschenbild, und eben nicht das des unfehlbaren, autonomen, sondern das des durch Gott begrenzten Wesens. Dem solle durch den Gottesbezug in der Präambel Ausdruck verliehen werden.

Dieses Argument rückt in ähnlicher Weise wie das historische Argument den Entstehungsraum von Werteordnungen in das Bewußtsein. Insofern ist es auch nur begrenzt zu verwenden als Erklärung der Herkunft bestimmter Orientierungen, von der diese sich auch in ihrer säkularisierten Form – etwa der Menschenrechte – nicht lösen lassen. Normative Konsequenzen sind m. E. daraus jedoch nicht zu deduzieren.

2.5. Das Argument einer Qualifizierung der Verantwortungsbezüge

Ein grundsätzliches Argument wird in die Debatte um den Gottesbezug eingebracht, wenn betont wird, daß das Wahrnehmen von Verantwortung eine sozialethische Grundkategorie beschreibt. Eine qualifizierte Verwendung des Verantwortungsbegriffs verlange die Benennung einer dem Menschen entzogenen personalen Rechenschaftsinstanz. Auch dieses ist eine Erkenntnis, welche im

83 Der Präsident des Niedersächsischen Landtages, Debatte, 10012f.
84 AaO., 10017.

Zusammenhang mit der Einsicht in die Grenzen menschlicher Handlungsmöglichkeiten und menschlicher Vernunft gewonnen wird. Das Argument geht von der Voraussetzung aus, daß »Verantwortung« ein gesellschaftstragendes Prinzip darstelle.

»Wenn auch viele mit dem Begriff 'Gott' nichts anzufangen wissen, so möchte ich doch unterstellen, (...) daß sich alle Menschen das eine wünschen, nämlich daß wir als Politiker z.B. unsere Ämter und Aufgaben so wahrnehmen, als seien wir einer höheren Instanz verantwortlich, einer Instanz, die sich nicht hinters Licht führen läßt und die uns zum Guten verpflichtet, und daß Recht und Gesetz an eine Instanz gebunden sind, die über der Manipulation durch die Herrschenden steht.«[85]

Der Verweis auf dieses Grundprinzip staatlichen und gesellschaftlichen Zusammenlebens verlange jedoch nach einer Benennung der Verantwortungsbezüge. Einer dieser Bezüge ist die Frage nach einer begrifflichen Bestimmung für jenes Forum, vor dem sich der Mensch zu verantworten habe.

»Die (...) verfassungsrechtliche Bezugnahme auf eine Verantwortung vor Gott und den Menschen deckt sich in Ziel und Begründung weitgehend mit dem von der Philosophie der Gegenwart erneut eingeforderten 'Prinzip Verantwortung' als Grundlage einer Ethik für die heutige Zivilisation. Denn so verstandene Verantwortung setzt immer ein Gegenüber voraus, vor dem wir uns alle zu verantworten haben, und das kann schon im Blick auf die ökologische Krise nicht der Mensch allein sein.«[86]

Angesichts einer fortschreitenden Orientierungslosigkeit in der Gesellschaft komme es demnach darauf an, sich auf »das offene Bekenntnis zu den Wurzeln«[87] einzulassen, aus denen das Gemeinwesen lebt. Sehr qualifiziert votiert in diese Richtung auch der Oldenburger Bischof Wilhelm Sievers:

»Ein elementares Prinzip menschlichen Lebens ist der Ruf in die Verantwortung. Verantwortung aber verlangt ein personales Gegenüber, vor dem ich mich zu verantworten habe. Insofern tritt der Gottesbezug für diesen personalen Bezug menschlicher Verantwortung ein, solange kein anderer Begriff gefunden wird, der den hier angesprochenen Sachverhalt adäquat zum Ausdruck bringt. Es geht hier um eine letzte verbindliche Instanz, vor der alles menschliche Handeln sich zu verantworten hat.«[88]

Die »begriffliche Lücke« der Instanz, vor welcher sich der einzelne und letztlich auch das Gemeinwesen zu verantworten haben, wird in der philosophischen und theologischen Tradition Westeuropas mit dem Begriff »Gott« gefüllt. Wer

---

85 So der Abgeordnete Funcke (SPD). AaO., 10013.
86 So der Präsident des Niedersächsischen Landtags, Milde (SPD). AaO., 10005.
87 Ebd.
88 Sievers, Gottesbezug in der Verfassung, 92.

demnach einen Verantwortungshorizont in der Präambel der Verfassung benennen wolle, müsse auch einen Gottesbezug in die Verfassung aufnehmen, welcher integral zum Begriff der »Verantwortung« gehöre. An anderer Stelle ist bereits erwähnt worden, daß ein anders konzipierter Verantwortungsbezug nur in einer »Totalität«[89] von Verantwortung sprechen kann.

Schon an dieser Stelle läßt sich vermuten, daß der Verzicht auf die theologische Fragestellung zu einer Ideologisierung des Verantwortungsbegriffs führen würde. Und die Frage nach dem Forum, vor dem sich der Mensch zu verantworten hat, führt geradewegs auf das Gottesproblem zu. Der Verantwortungsbegriff als sozialethische Grundkategorie wird im weiteren Verlauf dieser Arbeit in seine verschiedenen Bezüge einzuordnen sein. Ein weiteres Problem, welches zu entscheiden sein wird, besteht in der Frage, ob Verantwortung lediglich von einzelnen wahrgenommen werden kann, oder ob auch von der Verantwortungsfähigkeit einer Staatsordnung oder der Gesellschaft zu sprechen ist, wie dies die Formulierung in der Mehrheit der untersuchten Verfassungstexte vorgibt.

2.6. Die andere Variante des Mehrheitsargumentes

Ein zunächst politisches Argument stellt das sogenannte »Mehrheitsargument« dar. Dieses Argument stellt - nach demokratischem Prinzip - die eigene Meinung in bestimmten Punkten in den Hintergrund und unterwirft sich der Meinung einer demokratischen Mehrheit, etwa einer Mehrheit von Bürgern und Bürgerinnen, welche sich einer bestimmten Weltanschauung verbunden fühlen.[90]

Das Argument wird gern in Verbindung gebracht mit dem Appell der Toleranz einer zahlenmäßigen Minderheit von Nicht-Glaubenden in der Gesellschaft gegenüber der weltanschaulichen Bindung der Mehrheit der Bürgerinnen und Bürger.

»Sicherlich wird man auch von einer Minderheit Toleranz gegenüber einer Mehrheit erwarten dürfen in einer Frage, die für diese Mehrheit von großer Bedeutung ist.«[91]

---

89 Vgl. Jonas, Prinzip Verantwortung, 189.
90 Vgl. Der Präsident des Niedersächsischen Landtages, Debatte, 10007; 10011; 10017.
91 So der Abgeordnete Isernhagen (CDU). AaO., 10007.

Der evangelische Theologe Friedhelm Krüger argumentiert in die gleiche Richtung:

»Toleranz ist im Verhältnis zur Religionsfreiheit ein Komplementärprinzip genannt worden. Nach dem Grundgesetz wird Toleranz von allen Staatsbürgern zueinander erwartet. Wenn eine überwiegende Mehrheit der Bürgerinnen und Bürger unseres Landes Glieder einer christlichen Kirche sind und eine noch größere Mehrheit sich zum jüdisch-christlichen Erbe und den daraus erwachsenen Werten (z.B. zur Gültigkeit der Zehn Gebote) bekennt, dann wird eine andersdenkende Minderheit dies tolerieren, zumal ihr durch die in der Verfassung zum Ausdruck gebrachte Bindung der Mehrheit an eine höhere Instanz (Gott) nichts aufgezwungen wird, wozu sie sich nicht verstehen kann.«[92]

Gelegentlich wird im politischen Diskurs erwähnt, daß schließlich das Prinzip der Mehrheiten zu den demokratischen »Spielregeln« selbst gehöre, denn die Behandlung des Themas im Landtag von Niedersachsen hänge natürlich an demokratischen Mehrheiten; und schließlich sei die Aufnahme einer Präambel mit Gottesbezug durch eine Verfassungsänderung am 19. Mai 1994 das Ergebnis einer demokratischen Abstimmung nach einem bestimmten Mehrheitsprinzip gewesen.

Im Bereich der politischen Abstimmungsverfahren hat dieses Mehrheitsargument seinen rechten Ort. Ein theologisches Argument ist daraus jedoch nicht ableitbar[93], denn das Argument geht von der Prämisse aus, der Gottesbezug gehöre in die Verfassung, weil eine Mehrheit der Bevölkerung den christlichen Kirchen angehöre. Daraus entstehen zwei Probleme: Zum einen wird der Gottesbegriff damit in einem exklusiv christlichen Sinn verstanden. Das Argument meint sodann, die Wendung »Verantwortung vor Gott und den Menschen« könne allen demokratisch gesinnten Bürgern und Bürgerinnen zugemutet werden, da es sich um das religiös-weltanschaulich begründete inhaltliche Verständnis von »Gott« bei der Mehrheit handele. In dem Mehrheitsargument bildet sich demnach das Verständnis des Staates als eines »christlichen Staates« fort, welches die politische Ordnung und ihre Grundsätze unbedenklich durch weltanschaulich-religiöse Überzeugungen einer Mehrheit inhaltlich vereinnahmen

92 Krüger, Gehört Gott in die Verfassung, 69f.

93 Dazu vgl. Herms, Keine Abwahl Gottes, 9f; Brandt, Ein verständlicher Fehler, 15f. Zur theologischen Problematik vgl. Evangelische Kirche und freiheitliche Demokratie, 36-38. Das soll politisch nicht den Minderheitenschutz in Frage stellen, zumal ja auch eine überstimmte Mehrheit eine vom Ergebnis her gesehene Minderheit darstellt, etwa wenn das Bundesverfassungsgericht die Mehrheitsentscheidung im Sinne der Minderheit zurücknimmt. Diese Grundaporie im Minderheitenschutz wird hier nicht diskutiert.

läßt. In Konsequenz führt das zu einer politischen Diskriminierung religiös-weltanschaulicher Minderheiten.[94] Auch die Stellungnahmen, welche an irgendwie gearteten Konsensen oder an Mehrheitsverhältnissen orientiert sind, werden in dieser Perspektive als problematisch zu beurteilen sein.

2.7. Das Argument der materialen Offenheit des Gottesbegriffs

Die Gegner des Gottesbezuges haben in den verschiedenen Debatten den Befürwortern vorgeworfen, sie verschleierten, daß in letzter Konsequenz das »Gottesbild des Präambelgottes« ein christliches sei. Dagegen betonten die Befürworter des Gottesbezuges, hier lediglich einen transzendenten Bezug zu meinen, welcher die formale Füllung einer begrifflichen Lücke darstelle. Damit sei nicht allein der christliche Gott gemeint, denn der Gottesbezug sei lediglich Chiffre für die formalisierte Aussage einer Instanz, vor welcher Verantwortung zu üben sei. Der Berichterstatter des Verfassungsausschusses im Landtag von Niedersachsen stellte dazu umfassend fest:

> »Über die Existenz dieser Verantwortung seien sich große Teile unserer Gesellschaft unausgesprochen einig. Unterschiedliche Auffassungen bestünden nur darüber, woraus sie abzuleiten sei. Die einen schöpften dieses Bewußtsein der Verantwortung aus ihrem Glauben, andere entnähmen es aus dem Menschenrechtskatalog und wieder andere der Vernunft. Die Anrufung Gottes in der Verfassung entspreche zugleich antiker, jüdischer, christlicher und muslimischer Tradition und der europäischen Philosophie. Daher sei mit der erbetenen Verfassungspräambel nicht allein der christliche Gottesbegriff gemeint. Der christliche Glaube soll nicht Verfassungsinhalt werden. (...) Der nichtchristlichen Minderheit in unserer Bevölkerung werde damit nichts aufgezwungen, zu dem sie sich nicht verstehen könne.«[95]

Darüber hinaus verwahren sich die Befürworter des Gottesbezuges gegen den Vorwurf, durch seine Aufnahme in die Präambel komme es programmatisch zu einer Vermischung von Staat und Kirche; das führe überdies nicht zu einem programmatisch vertretenen christlichen Staat.[96] Insofern tangiere der Gottesbezug auch nicht die verfassungsrechtlich angestrebte (relative) weltanschauliche Neutralität des Staates.[97]

---

94 Vgl. Herms, Verantwortung in der Verfassung, 459f.

95 Der Präsident des Niedersächsischen Landtages, Debatte, 10001.

96 Vgl. aaO., 10014.

97 Dieser Sachverhalt sei schon daran erkennbar, daß sich an der Volksinitiative Mitglieder jüdischer, katholischer und evangelischer Gemeinschaften beteiligt haben. Vgl. aaO., 10004; 10015.

»Auch dieses bleibt festzuhalten: Religiöse und weltanschauliche Offenheit und Toleranz (...) werden unter Berufung auf die Verantwortung vor Gott und den Menschen eben nicht in Frage gestellt. (...) Hinzu kommt, daß die Formulierung nicht nur leicht verständlich ist und hohen Bedeutungsgehalt für Menschen hat, die an Gott glauben, sondern auch Menschen, die nicht an Gott glauben, können in dem Wort 'Gott' ein Symbol sehen für das, was ihnen unverletzbar und unverfügbar ist.«[98]

Dieses Argument wird in zwei Richtungen ausgedeutet: Einerseits sei die Kirche nicht identisch mit Gott, sie könne auch nicht die Alleinverehrung Gottes reklamieren.

»Es kann sicherlich nicht darum gehen, die Verquickung von Kirche und Staat zu stärken und der Kirche etwa auf diesem Weg zusätzlichen Einfluß zu ermöglichen. (...) Es geht hier also nicht um die menschliche, allzu menschliche Institution Kirche. Es geht um Gott. Die Kirche ist nicht Gott (...). Sie hat auch nicht (...) die Alleinvertretung Gottes inne.«[99]

Insofern sei die Frage nach dem Gottesbezug auch nicht mit einer Kritik an den Kirchen zu verbinden.

»Ich behaupte, daß die allergrößte Zahl derer, die aus der Kirche austreten, sehr wohl an Gott glaubt (...). Ob das hierzu wichtig ist, ist eine ganz andere Frage. Das ist mehr ein Ausdruck von Kirchenkritik als ein Beleg des grundsätzlichen Aufgebens des Bezuges zu Gott.«[100]

Andererseits wird konstatiert, daß der Begriff »Gott« offen ist für die unterschiedlichsten inhaltlichen Positionen »von der persönlichen Gottesvorstellung bis hin zu Positionen, die darunter die Natur verstehen«[101].

»Und darum (...) weil wir mit 'Gott' diese Weite und Größe außerhalb von uns selbst als Begriff einfangen, möchte ich Ihnen vorschlagen, den Satz 'In der Verantwortung vor Gott und den Menschen ...' in diesem Verständnis unserer Verfassung voranzustellen.«[102]

Der evangelische Theologe Friedhelm Krüger, einer der Initiatoren der Volksinitiative in Niedersachsen hält diese offene Interpretation des Gottesbegriffs für die einzig mögliche Konsequenz eines Gottesbezuges im Verfassungstext einer säkularen Staatsordnung:

»Das Verständnis eines weltanschaulich und konfessionell neutralen Staates verlangt es, den Gottesbegriff offen zu halten und ihn nicht mit einer bestimmten Gottesvorstellung zu füllen. Das heißt: Verantwortung vor Gott meint nicht den genuin christlichen Gott (...). (...) Vorder-

---

98 Abgeordneter Cassens (CDU). AaO., 10015.

99 AaO., 10012. Zur Wichtigkeit7 der Feststellung, daß die Kirche nicht identisch mit Gott sei, vgl. aaO., 10010, wo der Beitrag der Abgeordneten Dückert dieses Mißverständnis beinhaltet.

100 Abgeordneter Remmers (CDU). AaO., 10017.

101 AaO., 10007.

102 Ebd.

gründig mag zwar der Eindruck entstehen, als werde damit der Gottesbegriff relativiert, doch drückt sich in Wahrheit mit der Öffnung des Gottesbegriffs ein religionsökumenischer Geist aus, der so weit geht, daß er dem Individuum die Freiheit läßt, sich auf Gott zu beziehen oder auch nicht.«[103]

Die beiden zuletzt genannten Argumente werden unterstützt durch den Verweis auf Beiträge, welche der evangelische Theologe Eilert Herms in die Diskussion eingebracht hat[104], daß der Begriff »Gott« auch in einer weltanschaulich pluralistischen Gesellschaft einen Grundkonsens zum Ausdruck bringen könne, daß Mensch und Staat sich nicht auf sich selber gründen[105]; und auch deren Freiheit finde ihre Grenze an der Verantwortung vor einem personalen Gegenüber, welches in der westeuropäischen Kultur die Titulatur »Gott« immer schon erhalten habe.[106]

»Jeder von uns spürt wohl das Bedürfnis und die Notwendigkeit, sich und sein Gewissen irgendwo festmachen zu können. Damit müssen wir uns auf die Suche begeben nach einem Begriff für die Transzendenz, den wir gemeinsam anerkennen können. (...) Nach der Überprüfung und letztlich der Verwerfung von Begriffen wie 'das Absolute', 'das Unbedingte' oder 'die Schöpfung' kommt man zu dem Ergebnis, daß alle Quellströme der europäischen Geschichte, des Judentums, des Christentums, die Mythologie der griechisch-römischen Antike, die späteren philosophischen Traditionen dafür einen Begriff haben, nämlich 'Gott'. Nur er bezeichnet gleichzeitig den Ursprung, dem sich der Mensch verdankt, und bietet die Unterschiedenheit vom Menschen und seinem Gewissen. Beides leistet kein anderer Begriff.«[107]

Eine Aporie hinsichtlich des Gedankens der Gestaltung einer pluralistischen Gesellschaft besteht darin, daß die deutschen Verfassungstexte ihre Wurzeln in der christlichen Tradition finden. In einer pluralistischen Gesellschaft könnte es durchaus eine andere Weltanschauungsgemeinschaft geben, deren Werte denen des christlichen Glaubens entgegen stehen.

Das Problem der materialen Füllung des Gottesbegriffes, das bereits bei den Gegnern des Gottesbezuges zur Sprache gekommen ist, wird den weiteren Verlauf der Arbeit begleiten, da es ein grundsätzliches Problem darstellt, denn der Gottesbezug steht einerseits in der Gefahr, als Grundartikel einer Zivilreli-

---

103 Krüger, Gehört Gott in die Verfassung, 69.
104 Auf den Ansatz von Herms wird später noch genauer einzugehen sein. S.u. V.2.7.
105 Vgl. Herms, Keine Abwahl Gottes, 6-10; Der Präsident des Niedersächsischen Landtages, Debatte, 10006.
106 Vgl. aaO., 10007.
107 So der Abgeordnete Isernhagen (CDU). Ebd.

gion[108] interpretiert zu werden, doch dann würde er als legitimitätsstiftende Größe funktionalisiert; und das würde die Politik religiös überladen.[109] In einem zu offenen Umgang mit dem Gottesbezug andererseits besteht das Problem, daß Rede von Gott immer zugleich perfomative Rede ist. Inwieweit das mit dem Begriff der »Offenheit« oder materialen Unbestimmtheit zu vereinbaren ist, soll an anderer Stelle eruiert werden.

3. Grundanliegen der Frage nach einem Gottesbezug in Verfassungspräambeln

Die Bearbeitung der Quellen hat einige Grundlinien in den Argumentationsketten erkennen lassen. Die Gegner des Gottesbezuges argumentieren im wesentlichen aus der Perspektive, daß der verfassungsrechtlichen Unterscheidung von Staat und Kirche (Art. 140 GG u. a.) eine kategorische Trennung von Glaube und Politik bzw. Recht und Ethik entspreche.

Ein anderer Aspekt dieses Grundmusters der Argumentations tangiert die juristische und die philosophische Sichtweise des Problems. Gerade in der Zeit seit dem Ende des Zweiten Weltkriegs und nach dem Untergang des NS-Reiches wird in der Rechtsphilosophie die Frage breit diskutiert, inwieweit Recht und Moral in einem Entsprechungsverhältnis stehen. Auch die Diskussion um die Frage der Rechtsbegründung (meist unter den Stichworten »positive und überpositive Begründung von Recht« zusammengefaßt) steht im Hintergrund der politischen Debatten.

Eine gewisse Unschärfe der Argumentationsmuster ergab die Untersuchung der inhaltlichen Füllung eines von den Befürwortern eingeforderten transzendenten Bezuges. Teilweise wurde dieser Bezug mit einem irgendwie gearteten überpositiven Normensystem identifiziert, was auf eine von naturrechtlichen Grundgedanken geprägte Argumentation hinwies. Andere Befürworter wiesen auf Grundnormen oder Grundkonsense bestimmter Normen innerhalb der Gesellschaft hin. Die hohe Diffusität der Einzelargumente und ihrer

108 Zum Problemhorizont vgl. Schöfthaler, Civil Religion, 754-761; Schieder, Civil Religion, 282-300.

Implikationen deutet darauf hin, daß ein Wunsch nach Grundwerten zwar besteht, aber zugleich deren subjektiver Charakter empfunden wird. In der Darstellung der juristischen Sichtweise wird dieses Problem wieder aufgenommen, da die Frage nach Grundwerten bzw. allgemein einsichtigen Prinzipien zu Theoriebildungen geführt hat, die auf der Basis positiver Rechtsbegründungsverfahren überpositive Normkomplexe bzw. Prinzipien aufzunehmen versuchen, um den Gefahren rein positivistischer Rechtsbegründungen damit zu entgehen.

Der historische Ort, von welchem aus die Frage nach der Rechtsbegründung und der metaphysischen Verankerung von Recht gestellt wird, steht ebenfalls im Hintergrund dieser Debatten.

Die Befürworter sowie die Gegner des Gottesbezuges legen besonderen Wert auf die Betonung dessen, daß es sozialethisch wünschenswert sei, daß die verfassunggebenden Organe sich in der Verfassung ihre Verantwortung bewußt machten. Entspreche dies einem Konsens, so müsse der Verantwortungsbezug auch in qualifizierter Weise, d. h. unter Hinweis auf den transzendenten Bezug, benannt werden.

Die Analyse der Texte in bezug auf das Gottesbild der Befürworter und Gegner des Gottesbezuges hat ein eher diffuses Bild gezeigt. Einerseits wird der Begriff »Gott« rein formal gebraucht. Andererseits versuchen viele Stimmen, diesen inhaltlich zu bestimmen, bis hin zu denjenigen Stimmen, die ihn eindeutig christlich definieren. Ein Grundproblem besteht in der Forderung, einen Begriff der Verantwortung zu entwickeln, welcher ihn einerseits durch die Benennung seiner Beziehungsgefüge qualifiziert und andererseits mit dem verfassungsrechtlich garantierten Ziel der (relativen) weltanschaulichen Neutralität der Staatsordnung in Einklang bringt.

Im Fortgang der Untersuchung sind demnach zwei grundsätzliche Argumentationsebenen zu unterscheiden: Einerseits argumentiert die Mehrheit der Stimmen unter zu Hilfenahme historischer Gesichtspunkte. Dabei ist zu beachten, daß diesen Gesichtspunkten lediglich deskriptiver Charakter inhäriert, indem sie beschreiben, aus welchem Grund es in einem bestimmten Erfahrungsraum sinnvoll erscheint, einen Gottesbezug in die Verfassung aufzunehmen.

109 Es ist m. E. deshalb nicht sachgemäß den Gottesbezug in Verfassungstexten eo ipso als »Verfassungspräsenz der Zivilreligion« zu bezeichnen. So Lübbe, Staat und Zivilreligion, 199.

Dieser Sachverhalt ist zwar für die Interpretation des Gottesbezuges von enormer Bedeutung, jedoch sind daraus keine normativen Konsequenzen in bezug auf den Gottesbezug in Verfassungstexten zu ziehen.

Andererseits ist eine erhebliche Zahl von Voten ausgehend von diesen historischen Gesichtspunkten von der Intention geleitet, dem Gottesbezug grundsätzliche Plausibilität in einem Verfassungstext abzugewinnen, indem sie auf die Wichtigkeit eines zu benennenden Verantwortungshorizontes innerhalb einer die Staats- und Rechtsordnung begründenden Verfassung hinweist. Zu dessen qualifiziertem Gebrauch sei es notwendig die »begriffliche Lücke« als Chiffre für eine Instanz zu benennen, vor der sich die Staatsordnung und letztlich jeder einzelne zu verantworten habe. Das sich dahinter verbergende Sprachproblem sei nur durch einen formalisierten Gebrauch des Begriffes »Gott« adäquat zu lösen. Bei diesem grundsätzlichen Argument spielen historische Gesichtspunkte insofern eine Rolle, als konstatiert wird, daß der Begriff »Gott« diese Funktion in allen »Quellströmen der europäischen Geschichte«[110] erfüllt habe. Darüber hinaus sei ein in dieser Weise formalisierter Begriff »Gott« offen für die unterschiedlichsten inhaltlichen Füllungen, so daß das Prinzip der weltanschaulichen Neutralität der Rechtsordnung nicht berührt werde.[111]

Diese beiden Argumentationsebenen liegen eng beieinander und werden zuweilen auch parallel in die Debatte eingebracht, weshalb sie im Fortgang der Untersuchung nur tendentiell unterschieden werden können. Im übrigen laufen *beide* Argumentationsebenen auf die Interpretation des Gottesbezuges als eines Hinweises auf die Begrenzung der Erkenntnis-, Entscheidungs- und Handlungsfähigkeit der Staats- und Rechtsordnung sowie des einzelnen hinaus.

---

110 Vgl. Der Präsident des Niedersächsischen Landtages, Debatte, 10007.
111 Vgl. ebd.

III. Strukturanalytische Betrachtung von Verfassungspräambeln

Die nun folgende Darstellung dient der Klärung formaler und inhaltlicher Fragen des Gottesbezuges innerhalb seines Zusammenhanges in der Verfassung. Zunächst soll daher der Gottesbezug innerhalb der Präambel und die Präambel in ihrer Gesamtheit in den Zusammenhang der Verfassung eingeordnet werden. Dabei wird sich die Untersuchung an der aktuellen Diskussion um das Grundgesetz in der juristischen Literatur orientieren und - wo es dienlich ist – auch Stellungnahmen in bezug auf die Länderverfassungen beiziehen. Dieses Vorgehen ist darum zu wählen, da sich die Kommentierungen der Länderverfassungen an denen des Grundgesetzes orientieren.

Demnach soll zunächst eine strukturanalytische Einordnung der zu behandelnden Präambeltexte erfolgen. Innerhalb dieser Betrachtung wird das Element des Gottesbezuges genauer analysiert und der sprachliche Rahmen des Gottesbezuges »in Verantwortung vor Gott und dem Menschen« genauer betrachtet werden.

Bei der Analyse wird einleitend Grundsätzliches zu Präambeln von Verfassungstexten und deren Geschichte zu sagen sein. Daran anschließend soll die Funktion von Präambeltexten im Gesamtgefüge der Verfassung behandelt werden, worauf die Erörterung der Frage nach deren inhaltlichen Elementen insbesondere in bezug auf den Problemkomplex erfolgen wird. Abschließend sollen sowohl das Problem der Bezeichnung des Gottesbezuges als »invocatio Dei« als auch die daraus resultierenden Konsequenzen für dessen Interpretation beleuchtet werden.

1. Einleitung - Allgemeines zu Präambeltexten

Als *Präambel* (lat. Präambulum = Vorspruch = Vorrede) wird die meist bei Verfassungen, Staatsverträgen und Gesetzen verwandte Einleitung, sowie die einer Mitteilung vorausgeschickte Erklärung bezeichnet.[1] Insofern geht die Präambel *formal* dem »*eigentlichen* Text« der Verfassung voraus. Dennoch sind die Prä-

1 Vgl. Creifelds, Rechtswörterbuch, 801 (1. Aufl. 1968); vgl. Zais, Rechtsnatur, 1.

ambeltexte nicht strikt von dem ihnen folgenden Text - in Verfassungen *den folgenden Artikeln* - zu trennen, da sie zumeist inhaltlich auf diesen zugreifen und mit ihm verzahnt sind. Der letzte Sachverhalt kann auch dadurch zum Ausdruck gebracht werden, daß in der Präambel nicht von der »folgenden Verfassung«[2], sondern in ihrem Text bewußt von »dieser Verfassung« [3] gesprochen wird.

Die Sprachform »Präambel« besitzt im juristischen Gebrauch eine eindrucksvolle, lange Geschichte.[4] Präambeln finden sich schon im Gesetzeswerk des babylonischen Königs Hammurabi, der Lex Salicana von 510, der Goldenen Bulle von 1356, dem Ewigen Landfrieden von 1495, der Peinlichen Gerichtsordnung Karls V. von 1532, im Sachsenspiegel und im Allgemeinen Preußischen Landrecht.[5] Insbesondere in Verfassungstexten bzw. Texten mit demselben Rang sind Präambeltexte seit je her sehr beliebt, da sie dem folgenden formal meist strikt normativ formulierten Textteil der Verfassung durch ihre sprachlich (oft) herausgehobene Form besondere Dignität verleihen.[6] So lautet etwa die Präambel der ältesten noch in Geltung stehenden Verfassung der Vereinigten Staaten von Amerika aus dem Jahr 1787[7]:

»Wir, das Volk der Vereinigten Staaten, von der Absicht geleitet, unseren Bund zu vervollkommnen, Gerechtigkeit zu verwirklichen, die Ruhe im Innern zu sichern, für die Landesverteidigung zu sorgen, die allgemeine Wohlfahrt zu fördern und das Glück der Freiheit uns selbst und unseren Nachkommen zu bewahren, setzen diese Verfassung für die Vereinigten Staaten von Amerika in Geltung.«

---

2 Vgl. etwa die Präambeltexte der Verfassungen von Bayern (s.u. Anhang I); Portugal (vgl. Die Verfassungen der EG-Mitgliedstaaten, 284), Spanien (vgl. aaO., 371).

3 Vgl. etwa die Präambel des Landes Hessen (s.u. Anhang I), Rheinland-Pfalz (ebd.), Grundgesetz für die Bundesrepublik Deutschland (ebd.), Nordrhein-Westfalen (ebd.), Hamburg (ebd.), Sachsen (ebd.), Sachsen-Anhalt (ebd.), Brandenburg (ebd.), Mecklenburg-Vorpommern (ebd.), Niedersachsen (ebd.), Baden-Württemberg (ebd.), Thüringen (ebd.), Weimarer Reichsverfassung (vgl. Schuster, Deutsche Verfassungen, 179).

4 Vgl. etwa den Vorspruch zum Dekalog in Ex 20, 2, der als Präambel bezeichnet wird; vgl. Grundwerte und Gottes Gebot, Gemeinsame Erklärung des Rates der Evangelischen Kirche in Deutschland und der Deutschen Bischofskonferenz, 1979, 21.

5 Vgl. Dietze, Gesetzesvorspruch, 10f. Vgl. auch Häberle, Präambeln, 213, Anm. 6; Waser-Huber spricht von einer »eindrucksvollen, langen Geschichte« der juristischen Sprachform Präambel. Vgl. Waser-Huber, Präambeln, 1988, 1ff.

6 Häberle spricht davon, daß sie meist in einer Art »Feiertagssprache« formuliert sind. Vgl. Häberle, Präambeln, 229; Papenheim, Präambeln, 57f. Dazu s.u. III.2.

7 Vgl. Häberle, Präambeln, 214; Zais, Rechtsnatur, 1. Vgl. auch die französische Menschenrechtserklärung von 1789 und die Verfassung der 5. Republik Frankreichs von 1958, die darauf Bezug nimmt. Vgl. Häberle, Präambeln, 214.

Peter Häberle klassifiziert diese gehobene Sprachform als eine

»(...) nicht ohne Pathos, besonders feierlich und programmatisch, gelegentlich 'barock', deutlich abgehoben von der gängigen eher fachtechnischen Rechtssprache. Ihre ornamentale Feiertagssprache zielt offenbar auf Kommunikation mit dem Bürger, nicht primär auf den juristischen Fachmann.«[8]

Die Sprache von Präambeltexten kann mitunter sehr realistisch werden, etwa in form einer Perhorreszierung früherer nunmehr überwundener historischer Zustände wie der NS-Diktatur oder eines anderen totalitären Regimes[9], oder einfach in der Explikation gegenwärtiger Bewußtseinslagen[10] bzw. in der Benennung der eigenen Traditionen und Kulturgeschichte[11].

Solche sehr konkreten Aussagen stehen oft neben sehr abstrakten Prinzipien, etwa dem Bekenntnis zu der Unveräußerlichkeit und Unverletzlichkeit der Menschenrechte[12], dem Postulat des wirtschaftlichen Fortschritts[13], oder einfach der Achtung der Würde des Menschen[14].

---

8 AaO., 212. »In der Zusammenschau vieler Präambeln von Verfassungen fallen auf: das hohe Pathos, die Feierlichkeit, das Barocke und Ornamentale, nicht selten Emotionale der Sprache der Präambeln, die von großem Engagement zeugen, ferner die Allgemeinheit der formulierten Inhalte, ihr Generalklauselcharakter (...)« (aaO., 227). Ein ähnliches Ergebnis formuliert Dietze. Vgl. Dietze, Gesetzesvorspruch,114f.

9 Allgemein stellt Badura fest: »Die *Landesverfassungen* nach dem Kriege haben in ihren Präambeln häufig auf die besondere Lage des Zusammenbruchs der alten Staats- und Gesellschaftsordnung hingewiesen.« Vgl. die Präambel des Freistaates Bayern: »Angesichts des Trümmerfeldes, zu dem eine Gesellschaftsordnung ohne Gott (...) die Überlebenden des Zweiten Weltkrieges geführt hat (...)« (s.u. Anlage I); ähnlich etwa Bremen »Erschüttert von der Vernichtung, die die autoritäre Regierung der Nationalsozialisten unter Mißachtung der persönlichen Freiheit und der Würde des Menschen (...) verursacht hat (...)« (ebd.); vgl. Badura, Staatsrecht, 1996, 65. Vgl. auch neuere Präambeltexte, etwa die Präambel der Verfassung von Sachsen: »(...) ausgehend von den leidvollen Erfahrungen nationalsozialistischer und kommunistischer Gewaltherrschaft, eingedenk eigener Schuld an seiner Vergangenheit (...)« (s.u. Anlage I). In anderer Weise Brandenburg: »(...) gründend auf den friedlichen Veränderungen im Herbst 1989 (...).« (ebd.).

10 Vgl. dazu die Präambel von Nordrhein-Westfalen: »(...) die Not der Gegenwart (...)« (ebd.).

11 Vgl. Bayern: »(...) eingedenk seiner tausendjährigen Geschichte (...)« (s.u. Anlage I); Hamburg: »Die freie Hansestadt Hamburg hat als Welthafenstadt eine ihr durch Geschichte und Lage zugewiesene (...) Aufgabe (...)« (ebd.); Sachsen: »Anknüpfend an die Geschichte (...) gestützt auf Traditionen (...)« (ebd.); ähnlich Brandenburg (vgl. ebd.).

12 Vgl. die Präambel von Baden-Württemberg: »(...) in feierlichem Bekenntnis zu den unverletzlichen und unveräußerlichen Menschenrechten (...)« (ebd.).

Bei den Präambeltexten neuerer westlicher Verfassungen läßt sich eine Tendenz zur Betonung universal-menschenrechtlicher bzw. völkerrechtsfreundlicher Elemente wahrnehmen. Darin zeigt sich ein deutlicher Wandel in der Verfassungsgeschichte. Während etwa die Schweizer Verfassung von 1874 lediglich nationalstaatlich von sich gesprochen hatte, formulieren insbesondere die behandelten Nachkriegsverfassungen universaler.[15] Diese Tendenz wird noch dadurch verstärkt, daß sich eine Mehrheit der Präambeln neuester Verfassungstexte explizit zu den Menschenrechten bzw. zu universalen Grundwerten bekennt.[16] Neuerdings wird dieser Aspekt einer universalen Sichtweise in den Präambeln gern durch einen Verweis auf die Verantwortung gegenüber zukünftigen Generationen[17] oder gegenüber der Schöpfung[18] zum Ausdruck gebracht.

---

13 Vgl. die Präambel von Rheinland-Pfalz: »(...) den wirtschaftlichen Fortschritt zu fördern (...)« (ebd.); ähnlich Baden-Württemberg, Hamburg, Bremen, neuerdings auch Mecklenburg-Vorpommern; vgl. ebd.

14 Vgl. die Präambel von Rheinland-Pfalz: »(...) die Freiheit und Würde des Menschen zu sichern (...)« (ebd.); Nordrhein-Westfalen: »(...) Freiheit, Gerechtigkeit und Wohlstand für alle zu schaffen (...)« (ebd.); für Bremen vgl. ebd.

15 Vgl. Rheinland-Pfalz: »ein neues demokratisches Deutschland als lebendiges Glied der Völkergemeinschaft zu formen.« (ebd.); Grundgesetz: »als gleichberechtigtes Glied in einem vereinten Europa dem Frieden der Welt zu dienen« (ebd.); Sachsen-Anhalt (1992): »(...) Ziel aller staatlichen Tätigkeiten ist es, (...) das Land Sachsen-Anhalt zu einem lebendigen Glied der Bundesrepublik Deutschland und der Gemeinschaft der Völker zu gestalten« (ebd.); Brandenburg (1992): »(...) entschlossen, das Bundesland Brandenburg als lebendiges Glied der Bundesrepublik Deutschland in einem sich einigenden Europa und in der Welt zu gestalten« (ebd.); Mecklenburg-Vorpommern: »(...) entschlossen, ein lebendiges eigenständiges gleichberechtigtes Glied der Bundesrepublik Deutschland in der europäischen Völkergemeinschaft zu sein (...)« (ebd.); Thüringen (1993): »(...) in dem Willen, (...) die demokratisch verfaßte Rechtsordnung zu erhalten und Trennendes in Europa und der Welt zu überwinden (...).« (ebd.). Vgl. auch die Verfassungen von Argentinien, Venezuela, und dem Tschad. Im einzelnen vgl. Häberle, Präambeln, 221.

16 Vgl. Albanien (1998): »(...) with the aim of respecting universal human values (...)«; Bosnien und Herzegowina (1995): »(...) Inspirated by the Universal Declaration of Human Rights (...)«; Bulgarien (1991): »(...) by pledging our loyalty to the universal human values of liberty, peace, humanism, equality, justice and tolerance; (...)«; Polen (1997): »(...) respecting (...) universal values (...). Mindful of the bitter experiances of the times when fundamental freedoms and human rights were violated in our homeland. (...)«; Rußland (1993): »(...) asserting human rights (...)«; Slowenien (1991): »(...) based on the protection of human rights (...).«; Südafrika (1997): »(...) Heal the divisions of the past and establish a society on (...) fundamental human rights (...)«.

17 Schweiz (1999): »(...) im Bewußtsein der gemeinsamen Errungenschaften und der Verantwortung gegenüber künftigen Generationen (...)« (Die neue Bundesverfassung, 5); Bayern (1946): »(...) in festem Entschlusse, den kommenden deutschen Geschlechtern die

In spachanalytischer Sichtweise sind im wesentlichen nach typologischen Gesichtspunkten drei Ebenen voneinander zu unterscheiden[19]: (1) Zum einen zeichnen sich die Präambeln durch eine »Feiertagssprache« aus, die oft an festlichen Stilelementen erkennbar ist und auf die besondere Situation der Verfassungsgebung abhebt. (2) Weiterhin zeichnen sich Präambeln häufig durch eine »Alltagssprache« aus. In diesen Passagen der Präambeltexte werden Begriffe verwendet, die den Bürgern und Bürgerinnen zunächst adäquater zu sein scheinen als der übrige Verfassungstext. (3) Die dritte Ebene bezeichnet eine dem juristisch gelehrten Leser geläufigere »Fachsprache«. Die Besonderheit dieser drei Sprachebenen in bezug auf Präambeltexte ist deren gleichzeitiges Erscheinen in denselben.[20] Häberle beschreibt, daß dieses parallele Vorkommen verschiedener Sprachformen in Präambeltexten beabsichtigt ist, denn, »normieren Präambeln Wichtiges der Verfassung sozusagen 'vor der Klammer', so liegt es nahe, daß alle drei Sprachebenen in dem positiven Verfassungstext 'schon' in der Präambel erscheinen«[21].

Jede der Sprachformen beschreibt dabei vorrangig eine Funktion der Inhalte: Die Feiertagssprache soll Bürger und Bürgerinnen auf eine besondere Weise ansprechen und auf die Besonderheit der Verfassung hinweisen. Ihre Funktion ist demgemäß, »die identitätsbestimmende Ordnung für den Bürger wie das politische Gemeinwesen im ganzen zu bekräftigen und zu veranschaulichen«[22]. Die »alltagssprachlichen Elemente« sollen die Bürger und Bürgerinnen in ihrer Normalität ansprechen, und die fachtechnischen Partien einer Präambel schließ-

---

Segnungen des Friedens, der Menschlichkeit und des Rechts dauernd zu sichern (...)« (s.u. Anlage I); Thüringen (1993): »(...) in dem Willen (...) der Verantwortung für zukünftige Generationen gerecht zu werden (...)« (ebd.).

18 Schweiz (1999): »(...) in der Verantwortung gegenüber der Schöpfung (...)« (Die neue Bundesverfassung, 5); Hamburg [schon sehr früh] (1952): »(...) Die natürlichen Lebensgrundlagen stehen unter dem besonderen Schutz des Staates. (...)« (s.u. Anlage I) ; Sachsen (1992): »(...) der Bewahrung der Schöpfung zu dienen (...)« (ebd.); Sachsen-Anhalt (1992): »(...) mit dem Willen, (...) die natürlichen Lebensgrundlagen zu erhalten (...)« (ebd.); Brandenburg (1992): »(...) Natur und Umwelt zu bewahren und zu schützen (...)« (ebd.); Mecklenburg-Vorpommern (1993): »(...) die natürlichen Grundlagen des Lebens zu sichern (...)« (ebd.); Thüringen (1993): »(...) in dem Willen, (...) Natur und Umwelt zu bewahren und zu schützen (...)« (ebd.).

19 Zum folgenden vgl. Häberle, Präambeln, 228. Dort auch weitere Literaturhinweise.

20 Zur Frage nach den Sprachstrukturen von Präambeln vgl. Papenheim, Präambeln, 55ff.

21 Häberle, Präambeln, 228.

22 AaO., 229.

lich zum Ausdruck bringen, »daß die Verfassung *juristische* Grundordnung ist, die den Rahmen und die Basis allen Rechts im Gemeinwesen darstellt, also vom Juristen praktisch gehandhabt werden muß«[23].

Im Rahmen der deutschen Rechtsgeschichte, ist die Verwendung von Präambeln durchaus üblich.[24] Daher wird es auch als Ausnahme zu bewerten sein, daß der Paulskirchenverfassung von 1849 keine Präambel vorangestellt wurde[25], wohingegen sowohl die Verfassung des Deutschen Reiches (Bismarksche Reichsverfassung) von 1871[26] als auch die Verfassung des Deutschen Reiches (Weimarer Verfassung) vom 11. August 1919[27] mit Präambeln eingeleitet worden sind.

Auch bei den nach dem Zweiten Weltkrieg entstandenen demokratischen deutschen Verfassungen ist es durchaus üblich, daß sie mit einer Präambel beginnen. Lediglich in den Länderverfassungen von Schleswig-Holstein, Niedersachsen (bis 1994) und dem Saarland (seit 1953) finden sich begründet durch

---

23 Ebd.

24 Im einzelnen für die Zeit seit Entstehung der Lex Salicana von 510 n.Chr. bis zur Neuzeit vgl. Schoepke, Präambel, XXIXff; Zais, Rechtsnatur, 2ff.

25 Der Eingangssatz der Paulskirchenverfassung lautet: »Die deutsche verfassunggebende Nationalversammlung hat beschlossen und verkündigt als Reichsverfassung.« (Text bei Schuster, Deutsche Verfassungen, 95ff). Im einzelnen vgl. Häberle, Präambeln, 215. Die neuerdings von Papenheim geäußerte Ansicht, der Vorspruch der Paulskirchenverfassung sei eine »sehr reduzierte Präambel«, ist m. E. nicht stichhaltig. (Vgl. Papenheim, Präambeln, 36.) Denn selbst der Redaktionsausschuß des Parlamentarischen Rates bemerkte in einer Stellungnahme von 13. Dezember 1948: »Die Verfassung von 1848 hat auf eine 'eigentliche' Präambel verzichtet«. (Zitiert nach Doemming, JöR nF 1951, 38). Eher ablehnend sind auch die Interpretationen von Häberle, aaO., 219; Münch/Kunig, Grundgesetz-Kommentar, Präambel, vor Rdnr. 1; Zais, Rechtsnatur, 5.

26 Text bei Schuster, Deutsche Verfassungen, 147. Zur Rechtsgeschichte vgl. Schoepke, Präambel, 1ff; Zais, Rechtsnatur, 4; Häberle, Präambeln, 215; Behrendt, Gott im Grundgesetz, 9. Hinzuweisen ist in diesem Zusammenhang darauf, daß dieser Präambeltext bewußt vom nachstehenden Verfassungstext abgehoben wird, in dem bekundet wird, daß »dieser Bund (...) den Namen *Deutsches Reich* führen und (...) nachstehende Verfassung haben [wird].« Schon an der Formulierung wird deutlich, daß dies auch Auswirkungen auf den Rechtsgehalt hat.

27 »Das Deutsche Volk, einig in seinen Stämmen und von dem Willen beseelt, sein Reich in Freiheit und Gerechtigkeit zu erneuern und zu festigen, dem inneren und äußeren Frieden zu dienen und den gesellschaftlichen Fortschritt zu fördern, hat sich diese Verfassung gegeben.« (Text bei Schuster, Deutsche Verfassungen, 179.) Hier wird die Präambel deutlicher als 1871 mit dem folgenden Text verknüpft. Im einzelnen vgl. Schoepke, Präambel, 26ff; Zais, Rechtsnatur, 4f; Häberle, Präambeln, 215; Behrendt, Gott im Grundgesetz, 9f.

die besondere historische Lage dieser Bundesländer keine Präambeln, worauf bereits hingewiesen worden ist.[28]

2. Zur Funktion von Verfassungspräambeln - Eine Verfassungstheoretische Analyse

Zu fragen ist nun nach der Funktion von Verfassungspräambeln im Gesamtrahmen des Verfassungstextes und in bezug auf die jeweilige historischen Situation, in welcher der Präambeltext formuliert wird.[29]

Bei den Verhandlungen um die Entstehung des Grundgesetzes bestimmte Carlo Schmid (SPD) die Funktion der zu schaffenden Präambel für diese Verfassung folgendermaßen:

»Wir sehen in der Präambel nicht einen rhetorischen Vorspruch, den man aus Gründen der Dekoration und der Feierlichkeit dem 'eigentlichen' Text voranstellt. Wir sehen darin ein wesentliches Element des Grundgesetzes. Von hier aus enthält es seine eigentliche politische und juristische Qualifikation.«[30]

Aus der Präambel sollte ersichtlich sein, was durch das Grundgesetz bewirkt werden sollte und was nicht.[31] Im wesentlichen habe demgemäß die Präambel des Grundgesetzes vier inhaltliche Merkmale vorzuweisen, sie müsse (1) das »Warum« der Tätigkeit des Parlamentarischen Rates enthalten, (2) die Quelle der Gewalt und des Rechts deutlich machen und sagen, wer der Schöpfer des Grundgesetzes sei, bzw. wer ihn legitimiert habe, (3) die räumlichen und zeitlichen Grenzen des Grundgesetzes deutlich machen, und sie müsse (4) die Ungewöhnlichkeit der momentanen Situation schildern.[32] Dementsprechend ist die Präambel verschiedentlich als »Verfassung der Verfassung« (Häberle) bzw. als »Eingang zum Haus der Verfassung«[33] oder als »Einstimmung in das Regel-

---

28 Zur genauen Begründung s.o. I.1.; I.3.

29 Auf die sprachlichen Besonderheiten der Verfassungstexte gegenüber den folgenden Artikeln ist bereits hingewiesen worden. Dazu vgl. auch Papenheim, Präambeln, 55ff.

30 Parlamentarischer Rat, Plenum, 70; vgl. auch Parlamentarischer Rat, Akten und Protokolle, Bd. 5/I, 229f. Zur Einordnung s.o. I.2.1. Dort sind auch die Belege, die nachweisen, daß mit Ausnahme des Abgeordneten der KPD, Renner, die überwiegende Mehrheit der Mitglieder des Parlamentarischen Rates diese Meinung teilte.

31 Vgl. ebd.

32 Vgl. Parlamentarischer Rat, Plenum, 71. Im einzelnen s.o. I.2.1.

33 Linck/Jutzi/Hopfe, Die Verfassung des Freistaates Thüringen. Kommentar, Präambel, Rdnr. 1.

werk der Verfassung«[34] bezeichnet worden. Die Präambel des Grundgesetzes und die Präambeln der Länderverfassungen der Bundesrepublik Deutschland sollen also mehr als bloße Einstimmung in den Verfassungstext sein, wenngleich sie sich zugleich als politische und kulturelle »Wegweisung« vom übrigen Verfassungstext abheben. Das wird nicht zuletzt durch die Formulierung zum Ausdruck gebracht, daß das deutsche Volk oder das Volk eines Bundeslandes »*diese* Verfassung« gegeben habe[35], womit auch ausgesagt wird, daß die Präambel als ein der Verfassung integrierter Bestandteil zu werten ist.[36] Adolf Süsterhenn (CDU) betonte während der Verhandlungen im Parlamentarischen Rat, die Präambel des Grundgesetzes müsse auch »(...) dem Grundgesetz diese geistige Ausrichtung, diese letzten Endes sittliche, ethische Qualifikation«[37] geben; vom Grundgesetz ginge schließlich eine »volkspädagogische, sozialpsychologische, dirigierende Kraft«[38] aus. Eine wichtige Funktion der Präambeltexte war demnach die Darstellung ihrer Inhalte in einer bürgernahen Sprachkultur.[39]

Insofern also die Präambeln einen Basiskonsens in einer direkt an alle Bürger gerichteten und darum möglichst allgemein verständlichen Weise zum Ausdruck bringen wollen, sind sie oft kompromißhaft und harmonisierend[40]

---

34 Münch/Kunig, Grundgesetz-Kommentar, Präambel, Rdnr. 1.

35 Eine Ausnahme davon bildet lediglich die Bayerische Verfassung, in der von »nachstehender demokratischer Verfassung« die Rede ist. Die Konsequenz der Formulierung »diese Verfassung« wird bei der Frage nach dem Rechtsgehalt der Präambel eine wichtige Rolle spielen.

36 Diese Ansicht ist in der neueren Rechtswissenschaft nicht mehr umstritten. Vgl. Feuchte, Kommentar, 48. Zur Genese des mißverständlichen Gebrauchs des Begriffs »integrierender Bestandteil« denn »integrierter Bestandteil« vgl. Zais, Rechtsnatur, 9 (insbes. Anm. 5).

37 Vgl. Parlamentarischer Rat, Plenum, 72f. Im einzelnen s.o. I.2.1.

38 Vgl. Parlamentarischer Rat, Plenum, 72. Zur begrifflichen Einordnung s.o. I.2.1.

39 S.o.; vgl. auch Papenheim, Präambeln, 55ff.

40 In bezug auf ihre historischen Gehalte sieht Zais in solchen Aussagen i. d. R. keine Erklärung, sondern »eine Verklärung des historischen Prozesses der Verfassungsentstehung, die mehr der politischen Erziehung als einer wahrheitsgetreuen Wiedergabe der Verfassungsentstehung dienten«. (Zais, Rechtsnatur, 2, in Anlehnung an Rumpf, Der ideologische Gehalt, 17); Ähnlich auch Nawiasky, Die Grundgedanken des Grundgesetzes, 79. Zu Recht weist Papenheim jedoch darauf hin, daß es in der Präambel nicht um eine rein wissenschaftliche Aufbereitung für ein bestimmtes Fachpublikum gehe. Es könne demnach nicht Sinn einer »Brückenfunktion« (Häberle) sein, ein faktenhistorisch exaktes Bild der Geschehnisse darzubieten. »Der Zweck der Präambel liegt vielmehr darin, die Ver-

verfaßt.[41] In dieser bürgernahen Sprache werden in Präambeln oft die verdeckten kulturellen Schichten promulgiert; und die positiv gesetzten Artikel der Verfassung haben ihren kulturwissenschaftlich zu explizierenden Wurzelgrund in diesen Formulierungen der Präambeltexte.[42] Häberle bezeichnet aus diesem Grund Präambeln als »das Erkenntnisfeld für kulturwissenschaftliches Denken im Verfassungsrecht«[43]. Prämisse sei ein bestimmtes Verständnis von Verfassung, das er in die Stichworte »Verfassung als rechtliche Grundordnung von Staat und Gesellschaft«, »Verfassung als öffentlicher Prozeß«, »Verfassung als Rahmen für immer neues Sichvertragen der Bürger«, »Verfassung als Beschränkung und Rationalisierung staatlicher wie gesellschaftlicher Macht«, »Verfassung als Ausdruck des kulturellen Entwicklungszustandes eines Volkes«[44] faßt.

Ein weiteres Merkmal sind die grundlegenden und bekenntnismäßigen Aussagen von Präambeltexten, in denen Werterhaltungen, Überzeugungen, Motivationen und das Selbstverständnis der Verfassungsgeber expliziert werden. Diese Aussagen sind meist in einer bekenntnishaften Form formuliert, wobei sich mitunter euphorische, fast hymnische Züge finden[45]. Ein hohes Pathos äu-

---

fassung in der Zeit, zwischen dem soziokuturellen Erbe der Vergangenheit einerseits, der Zukunft andererseits, m.a.W. zwischen Tradition und Fortschritt zu halten. So soll die Dauerhaftigkeit der Verfassung zum Ausdruck gebracht werden, um dem Adressaten eine Identifikation zu erleichtern. Die Sprache erfüllt hierbei die Aufgabe, zunehmender Entfremdung und mangelndem Vertrauen wirksam entgegentreten zu können.« (Papenheim, Präambeln, 81).

41 Diese Harmonisierungstendenzen können in pluriformen Gesellschaften auch zu verschiedene Meinungen ausgleichenden Präambelformulierungen führen. Vgl. etwa die neue Präambel der Verfassung von Polen: »In der Sorge um Sein und Zukunft unseres Vaterlandes, ... beschließen wir, das Polnische Volk - alle Bürger der Republik, sowohl diejenigen, die an Gott als Quelle der Wahrheit, Gerechtigkeit, des Guten und Schönen glauben, als auch diejenigen, die diesen Glauben nicht teilen und diese universalen Werte aus anderen Quellen ableiten, ..., im Gefühl der Verantwortung vor Gott oder vor dem eigenen Gewissen, die Verfassung der Republik Polen ...«. Zitiert nach Ennuschat, Gott und Grundgesetz, 953.

42 Vgl. etwa die Verfassungspräambel des Saarlandes von 1947: »Das Volk an der Saar, berufen, (...) sein gemeinschaftliches Leben kulturell, politisch und sozial neu zu gestalten (...)« (s.u. Anlage I). Vgl. auch die sehr auf das kulturelle Erbe abhebenden Verfassungspräambeln von Bayern, Hamburg, Sachsen, Brandenburg, Thüringen; ebd.

43 Häberle, Präambeln, 231.

44 Vgl. ebd.

45 Vgl. etwa die Verfassung der Türkei von 1961: »(...) begeistert und beseelt vom türkischen Nationalismus (...)«. Zitiert nach ebd.

ßert sich auch darin, daß die Präambeltexte gern auf transindividuelle Vorgegebenheiten wie Gott oder Christus rekurrieren[46] oder gelegentlich Beschwörungen[47] bzw. Anrufungen[48] formulieren. In Segmenten erweisen sich Präambeln also als bekenntnishafte Sätze eines politischen Gemeinwesens nicht nur bei Bezugnahmen auf Gott oder der Verantwortung vor Gott und den Menschen, sondern auch in anderen »Bekenntnisaussagen«[49], die »einen tiefen Glauben an diese Grundfreiheiten«[50] bekräftigen, bekenntnishafte Willensbekundungen objektivieren[51] oder subjektive Wünsche und Hoffnungen, Überzeugungen und Willensbekundungen normieren[52].

Auf diese Weise können Präambeln jedenfalls auf vorpositive Basis- bzw. Glaubenswahrheiten eines politischen Gemeinwesens hinweisen.[53] Die Tiefenschichten solcher Grundwahrheiten versuchen die Präambeltexte zu rationalisieren und teils in säkularisierter Form[54], teils unter Zuhilfenahme eines Gottesbezuges, oder auch nur durch die Benennung absoluter Freiheit zur Sprache zu bringen.

Darüber hinaus gelten Verfassungspräambeln als »Brückenfunktion in der Zeit« (Häberle), denn sie verarbeiten Geschichte in ihren verschiedenen Zeitdi-

---

46 Vgl. Präambel von Irland (Text bei: Die Verfassungen der EG-Mitgliedstaaten, 176); Schweiz (Text bei: Die neue Bundesverfassung, 5); bundesdeutsche Präambeltexte (Zum Text s.u. Anlage I); Griechenland (Texte bei: Die Verfassungen der EG-Mitgliedstaaten, 122); Polen.

47 Vgl. exemplarisch die Präambel von Württemberg-Hohenzollern: »(...) im Gehorsam gegen Gott und im Vertrauen auf Gott, dem allein gerechten Richter (...)«. Zitiert nach Pfetsch, Ursprünge der Zweiten Republik, 279. Vgl. s.o. I.3.1.3.

48 Zur invocatio Dei s.u. III.6.

49 Vgl. die Verfassung von Baden-Württemberg: »(...) in feierlichem Bekenntnis zu den unverletzlichen und unveräußerlichen Menschenrechten und den Grundrechten der Deutschen (...)« (s.u. Anlage I).

50 Konvention zum Schutze der Menschenrechte und Grundfreiheiten vom 4. November 1950. Zitiert nach Grundgesetz, 83.

51 Vgl. dazu die in den bundesdeutschen Verfassungspräambeln übliche Formulierung: »von dem Willen beseelt«; vgl. Rheinland-Pfalz, Grundgesetz, ähnlich Nordrhein-Westfalen, Sachsen, Sachsen-Anhalt, Brandenburg, Mecklenburg-Vorpommern, Baden-Württemberg, Thüringen; s.u. Anlage I.

52 Vgl. Bremen, Berlin, Hessen; s.u. Anlage I.

53 Dennoch ist es nicht adäquat, dies pauschal als Zivilreligion (Lübbe) oder ein Stück »religion civil« zu bezeichnen; vgl. Häberle, Präambeln, 232. Dazu im einzelnen s.u. V.3.

54 Vgl. neuerdings die Präambel von Mecklenburg-Vorpommern: »(...) im Wissen um die Grenzen menschlichen Tuns (...)« (s.u. Anlage I).

mensionen[55]. Das geschieht in der Abkehr von einer bestimmten *Vergangenheit*[56] oder in der Wiederanknüpfung an eine bestimmte Tradition bzw. bestimmte Überlieferungen[57], womit die Präambeln diese - je nach dem - positiv oder negativ bewerten sollen. In dieser Hinsicht transportieren Präambeln Geschichte, indem sie eine geschichtliche Bewußtseinslage in einer bestimmten historischen Situation eines Volkes zum Ausdruck bringen. Daher kann man in ihnen »geronnene und je neu gerinnende Geschichte«[58] sich widerspiegeln sehen. Textteile von Präambeln können sich aber auch auf die Gegenwart beziehen, wenn sie etwa einer Wunschorientierung Ausdruck verleihen, wobei auch die Zukunftsaspekte mit berücksichtigt sein können[59]. Pointiert finden alle drei Zeitmodi Ausdruck in der Verfassungspräambel von Sachsen (1992):

»Anknüpfend an die Geschichte der Mark Meißen (...) gestützt auf Traditionen (...) ausgehend von den leidvollen Erfahrungen (...) eingedenk eigener Schuld an seiner Vergangenheit, von dem Willen geleitet (...) hat sich das Volk im Freistaat Sachsen dank der Revolution im Oktober 1989 diese Verfassung gegeben.«[60]

Der *Zukunftsaspekt* wird zudem in den meisten deutschen Nachkriegsverfassungen durch Willensbekundungen bzw. Wunschäußerungen zum Ausdruck gebracht.[61] Durch die Plazierung dieser Aspekte in der Präambel

»(...) zieht [sie] den 'Geist' der nachfolgenden rechtlichen Normierung sozusagen vor die Klammer. - So gesehen formulieren Präambeln für den Bürger ein Stück politische und kultu-

---

55 Dieser Sachverhalt ist bei der Darstellung der Entstehungsbedingungen der bundesrepublikanischen Präambeltexte schon angeklungen. Dazu s.o. I.

56 Vgl. die Präambeln von Bayern : »Angesichts des Trümmerfeldes (...)« (s.u. Anlage I); Bremen: »Erschüttert von der Vernichtung (...)« (ebd.); Sachsen: »(...) ausgehend von den leidvollen Erfahrungen nationalsozialistischer und kommunistischer Gewaltherrschaft (...)« (ebd.); Thüringen: »(...) der leidvollen Erfahrungen mit überstandenen Diktaturen (...)« (ebd.).

57 Vgl. Irland (1937): »(...) In dankbarer Erinnerung an ihren [sc. der Väter] heldenhaften, unermüdlichen Kampf um die Wiedererlangung der rechtmäßigen Unabhängigkeit (...)« (Verfassungen der EG-Mitgliedstaaten, 176); Bremen (1947): »(...) jahrhundertealte Freie Hansestadt Bremen (...)« (s.u. Anlage I); Brandenburg (1992): »(...) im Geiste der Traditionen (...)« (ebd.).

58 Häberle, Präambeln, 236.

59 Berlin: »In dem Wunsch, die Hauptstadt eines neuen geeinten Deutschlands zu bleiben (...)« (s.u. Anlage I); Hessen (1946) (ebd.); Nordrhein-Westfalen: »(...) die Not der Gegenwart in gemeinsamer Arbeit zu überwinden« (ebd.).

60 Zum Text s.u. Anhang I.

61 Bayern (1946); Rheinland-Pfalz (1947); Bremen (1947); GG (1949); Nordrhein-Westfalen (1950); Hamburg; Sachsen; Sachsen-Anhalt; Brandenburg; Mecklenburg-Vorpommern; Baden-Württemberg; Thüringen. Für die einzelnen Texte s.u. Anlage I.

relle Heimat, die sich aus dem Werden der Geschichte und den gemeinsamen Fortschritts-Hoffnungen für eine Zukunft ergibt.«[62]

Insofern stellen Präambeln den Versuch dar, die Verfassung »in der Zeit« zu halten zwischen kulturellem Erbe und Zukunft, zwischen Tradition und Fortschritt.[63] Durch diese »Brückenfunktion«[64] wird die je eigene Geschichte verdeutlicht und die Verfassung selbst in ein »lebendiges Bild«[65] gefaßt. Diese Intention faßt Annette Papenheim folgendermaßen zusammen:

»So soll dem Adressaten die Möglichkeit eröffnet werden, sich das Verfassungswerk historisch zu vergegenwärtigen und zur Identität in der Zeit zu finden. Sprache kann so Vergangenheit, Gegenwart und Zukunft verknüpfen, einerseits im Dienst der Kontinuitätswahrung, andererseits, um eine ständige Entwicklung deutlich zu machen. Dem Adressaten wird auf diese Art und Weise die Möglichkeit gegeben, an Bestehendes anzuknüpfen und sich im staatlichen Gemeinwesen auch in Zukunft zurecht finden zu können, auch wenn sich das Verfassungsleben wandelt. Sprache macht es mithin möglich, Fragen und Antworten der Gegenwart so zu abstrahieren, daß sie auch zukünftige Lösungen vorwegnehmen.«[66]

Dieser besonderen Dimension entspricht eben auch die besondere Sprache, in welcher die Präambeltexte verfaßt werden.[67]

Zutreffend und auch auf die behandelten Präambeltexte übertragbar resümiert Feuchte in seinem Kommentar zur Baden-Württembergischen Verfassungspräambel, daß die Präambel eine Grundsatzaussage über Veranlassung, Motivation und Zielsetzung der Verfassungsgebung und damit wesentliche Elemente des Selbstverständnisses, der Substanz und der Identität der Verfassung artikuliere.[68] Die Präambel »formuliert Grundhaltungen und Grundsätze oder doch zumindest Gesichtspunkte, welche die grundlegenden Wertbezüge für die Begründung und die Ausübung der Staatsgewalt markieren«[69], wobei in ihr Faktoren zum Vorschein kommen, »die entscheidende Richtpunkte für die Legitimität des Staates bilden«[70].

62 Häberle, Präambeln, 235.
63 Vgl. ebd.
64 Vgl. aaO., 233.
65 Papenheim, Präambeln, 80.
66 AaO., 81.
67 Vgl. Häberle, Präambeln, 235.
68 Vgl. Feuchte, Kommentar, 48f.
69 AaO., 49.
70 Ebd.

3. Typologische Einordnung der einzelnen Teile bundesdeutscher Verfassungspräambeln

Bei den bundesrepublikanischen und den im vereinten Deutschland nach 1989/90 entstandenen Verfassungen lassen sich deren Präambeln bei genauer Betrachtung aufgrund der inhaltlichen Verschiedenheit ihrer Einzelaussagen inhaltlich kategorisieren.[71] Für die spätere Behandlung der Frage nach dem Rechtsgehalt ist es unabdingbar, diesen Sachverhalt zu berücksichtigen, da für eine qualifizierte Aussage über den Rechtsgehalt der Präambel - auch im Zusammenhang mit dem gesamten Verfassungstext - zunächst klassifizierende Entscheidungen über ihre Einzelinhalte getroffen werden müssen, d. h. die einzelnen inhaltlichen Elemente derselben sind gesondert zu betrachten und bewerten.

Bei seiner inhaltlichen Typisierung unterscheidet Uwe Lehmann-Brauns in seiner Dissertation bezüglich der Präambel des Grundgesetzes vier inhaltlich voneinander abzuhebende Schichten, einen *grundsätzlichen Teil (a)*, der Wesensmerkmale und Grundlagen des Staates enthält[72], einen *historischen Teil (b)*[73], der auf geschichtliche Begebenheiten oder Vorgänge Bezug nimmt, einen *programmatischen Teil (c)*[74], der die Ziele des Staates angibt, und schließlich einen *ethisch-religiösen Teil (d)*[75], der sich auf sittliche Werte bzw. transzendente Normvorgaben beruft. Diese Typisierung ist in der juristischen Literatur allgemein anerkannt und rezipiert worden.[76] Gelegentlich werden die einzelnen Elemente, welche Lehmann-Brauns herausgearbeitet hat, weiter differenziert. Für den Fortgang der Untersuchung sind diese weiteren Differenzierungen[77] jedoch ohne Belang, weshalb die m. E. hinreichende Typisierung von Lehmann-

---

71 Bei der folgenden Kategorisierung lege ich die Einteilung zugrunde, die Uwe Lehmann-Brauns in seiner Arbeit für die Präambel des Grundgesetzes vorgelegt hat. Vgl. Lehmann-Brauns, Präambel. Im wesentlichen läßt sich die dort getroffene formale Einteilung auch auf die anderen der Untersuchung zugrunde liegenden Verfassungspräambeln übertragen.

72 Vgl. Lehmann-Brauns, Präambel, 9-53.

73 Vgl. aaO., 54-58.

74 Vgl. aaO., 59-72.

75 Vgl. aaO., 73-78.

76 Vgl. Zais, Rechtsnatur, der sich im wesentlichen bei der rechtlichen Beurteilung der Grundgesetzpräambel daran orientiert. Ähnlich auch Schoepke, Präambel.

77 Vgl. etwa auch Zais, Schoepke u.a..

Brauns der Untersuchung zugrunde gelegt werden soll. Ihre Stärke liegt darin, daß sie in dieser Form einsichtig und auf alle bundesrepublikanischen Verfassungspräambeln anwendbar ist.[78]

Bei einer genaueren Erläuterung der einzelnen inhaltlichen Merkmale werde ich mich im folgenden auf Beispiele aus den zu behandelnden bundesrepublikanischen Nachkriegsverfassungen beschränken, wenngleich diese Typisierung auch auf andere Verfassungspräambeln übertragen werden könnte.[79]

3.1. Der grundsätzliche Teil

Die Präambel des Grundgesetzes enthält zunächst allgemeine Bestimmungen über Wesen und Grundlage der Bundesrepublik, weshalb diese Elemente als Teile des *grundsätzlichen Teiles*[80] bezeichnet werden. Gelegentlich wird dieser Teil als »Grundordnung« (Herbert Krüger) oder als »Aufzählung der konstitutiven Faktoren« (Karl Schmid) einer Verfassung beschrieben, welcher dazu dient, ein staatliches Gesamtleben der Gesellschaft zu bestimmen.[81]

»Seine Bestandteile enthalten allgemeine Formulierungen und Andeutungen über die Herkunft der Staatsgewalt, die Staatsform, die Struktur der politischen Einheit sowie über den nationalen Unterbau.«[82]

---

78 Interessant ist lediglich, daß der ethisch-religiöse Teil – obgleich er in fast allen behandelten Verfassungstexten wohlüberlegt am Anfang des Präambeltextes steht - bei Lehmann-Brauns als letzter genannt wird. Aus dem Gesamtrahmen der Untersuchung von Lehmann-Brauns ist ersichtlich, daß dieser Sachverhalt damit zusammenhängt, daß die staatsrechtliche Bedeutung der Präambel – und darum geht es in seiner Untersuchung – ihm an diesem Punkt die größten Schwierigkeiten bereitet, was letztendlich dazu führt, daß er lediglich diesem Teil der Präambel jegliche rechtliche Relevanz abspricht. Vgl. Lehmann-Brauns, Präambel, 78.

79 Vgl. etwa die im Literaturverzeichnis unter 1.2. aufgeführten Verfassungstexte.

80 Diese Terminologie übernimmt Lehmann-Brauns von Paul Yous. Vgl. Lehmann-Brauns, Präambel, 78.

81 Vgl. aaO., 3.

82 Lehmann-Brauns, Präambel, 3. Hessen (1946): »(...) hat sich Hessen als Gliedstaat der Deutschen Republik diese Verfassung gegeben« (s.u. Anlage I); Grundgesetz: »(...) hat sich das deutsche Volk kraft seiner verfassunggebenden Gewalt dieses Grundgesetz gegeben. (...)« (ebd.); Nordrhein-Westfalen (1950): »(...) verbunden mit allen Deutschen (...) haben sich die Männer und Frauen des Landes Nordrhein-Westfalen diese Verfassung gegeben« (ebd.); Niedersachsen (1993): »(...) hat sich das Volk von Niedersachsen durch seinen Landtag diese Verfassung gegeben« (ebd.); Thüringen (1993): »(...) gibt sich das Volk des Freistaates Thüringen (...) diese Verfassung« (ebd.); Sachsen (1992): »(...)

Auch Bekenntnisaussagen, wie etwa das Bekenntnis zu den Menschenrechten, gehören in diesen Teil der Präambel.[83] In den grundsätzlichen Passagen der Präambel sieht Lehmann-Brauns »die Fundamente (...), deren Einhaltung Voraussetzung für die Geltung weiterer staatlicher Akte ist«[84]. Interessant und für den Fortgang der Untersuchung von entscheidender Bedeutung ist der Sachverhalt, daß die Mehrheit der bundesdeutschen Verfassungen in ihrem grundsätzlichen Teil von »dieser Verfassung«[85] statt von der »folgenden oder nachstehenden Verfassung«[86] spricht.

Der grundsätzliche Teil der Präambel bestimmt darüber hinaus die prädikative Satzstruktur des Präambeltextes, wobei die überwiegende Mehrheit der Präambeltexte dort im reflexiven Stil der dritten Person verfaßt ist. Eine Ausnahme davon bildet lediglich die Verfassung von Brandenburg, die durch diesen »Stilbruch«[87] den gesamten sprachlichen Eindruck etwas auflockert durch die Formulierung:

»Wir, die Bürgerinnen und Bürger des Landes Brandenburg haben uns (...) diese Verfassung gegeben.«[88]

Den grundsätzlichen Passagen der Präambel wird gern auch die häufig in neueren Präambeltexten zu findende Auskunft subsumiert, die Verfassungsgebung

---

hat sich das Volk im Freistaat Sachsen (...) diese Verfassung gegeben« (ebd.); Sachsen-Anhalt (1992): »(...) gibt sich das Volk von Sachsen-Anhalt diese Verfassung. (...)« (ebd.); Mecklenburg-Vorpommern (1993): »(...) haben sich die Bürger Mecklenburg-Vorpommerns (...) diese Landesverfassung gegeben« (ebd.).

83 Baden-Württemberg (1953): »(...) in feierlichem Bekenntnis zu den unveräußerlichen Menschenrechten und den Grundrechten der Deutschen (...)« (s.u. Anlage I); Mecklenburg-Vorpommern (1993): »(...) haben sich die Bürger Mecklenburg-Vorpommerns auf der Grundlage des Grundgesetzes für die Bundesrepublik Deutschland diese Landesverfassung gegeben« (ebd.).

84 Lehmann-Brauns, Präambel, 31.

85 Vgl. die Präambeltexte der Verfassungen von Berlin; Hessen; Rheinland-Pfalz; Grundgesetz; Nordrhein-Westfalen; Hamburg; Niedersachsen; Baden-Württemberg; Thüringen; Sachsen; Sachsen-Anhalt; Brandenburg; Mecklenburg-Vorpommern. Zu den Texten s.u. Anlage I.

86 So Bayern. Zum Text vgl. ebd.

87 Von Stilbruch wird an dieser Stelle deshalb geredet, weil die Verwendung der dritten Person zu den Stilmerkmalen von Verfassungspräambeln gehört.

88 Die erste Person Plural verwendet auch die Präambel von Irland. Zum Text vgl. Die Verfassungen der EG-Mitgliedstaaten, 176.

sei »in freier Selbstbestimmung«[89] erfolgt. Diese Passage ist jedoch aus formalen wie aus sachlichen Gründen eher in den ethisch-religiösen Teil der Präambeln einzuordnen und dort zu verhandeln. Aus formalen Gründen, weil diese Passagen zumeist im Zusammenhang mit ethisch-religiösen Bewußtseinsbeschreibungen genannt werden, aus sachlichen, weil sie eben Teil dieser ethisch-religiösen Bewußtseinsbeschreibungen sind.

3.2. Der historische Teil

Die Beschreibung der entstehungsgeschichtlichen Situation sowie der Herkunft der Verfassung in »historischen Notizen«[90] (Zorn) ist in den bundesrepublikanischen Präambeltexten durchaus üblich, und wird daher klassifiziert als der *historische Teil* des Präambeltextes. Darin wird Bezug genommen auf das Zustandekommen der Verfassung[91] und auf die der Verfassungsgebung vorausgehenden Ereignisse sowie den damit verbundenen Bewußtseinszuständen der Mitglieder in den verfassunggebenden Organen. Gelegentlich wird auch auf die Herkunft des Landes rekurriert.[92] Zu unterscheiden sind hierbei mehr allgemein gehaltene Bezüge auf Traditionen, Herkommen oder Geschichte des jeweiligen Landes[93] von direkten Bezügen auf bestimmte geschichtliche Ereignisse, welche entweder die historischen Zustände vor der Demokratisierung[94] des Landes oder die Form der Demokratisierung[95] selbst beschreiben. Eindrücklich formuliert die Präambel der Sächsischen Verfassung:

89 So Thüringen (1993); Sachsen-Anhalt (1992); Brandenburg (1992); Mecklenburg-Vorpommern (1993). Zu den Texten s.u. Anhang I.

90 Vgl. Lehmann-Brauns, Präambel, 5.

91 Grundgesetz (1949/1995): »Die Deutschen (...) haben in freier Selbstbestimmung die Einheit und Freiheit vollendet. (...)« (s.u. Anlage I).

92 Bayern (1946): »(...) eingedenk seiner mehr als tausendjährigen Geschichte (...)« (ebd.).

93 Bayern (1946): (s.o.); Thüringen (1993): »(...) kulturellen Reichtums und der Schönheit des Landes (...) wechselvollen Geschichte (...)« (s.u. Anlage I).

94 Bayern (1946): »Angesichts des Trümmerfeldes (...)« (ebd.); Thüringen (1993): »(...) der leidvollen Erfahrungen mit überstandenen Diktaturen (...)« (ebd.); Bremen (1947): »Erschüttert von der Vernichtung, die die autoritäre Regierung der Nationalsozialisten (...) verursacht hat (...)« (ebd.).

95 GG (1949): »(...) in freier Selbstbestimmung die Einheit (...) vollendet. (...)« (ebd.); Thüringen (1993): »(...) des Erfolgs der friedlichen Veränderungen im Herbst 1989 (...)«

»Anknüpfend an die Geschichte der Mark Meißen, des sächsischen Staates und des niederschlesischen Gebietes, gestützt auf Traditionen der sächsischen Verfassungsgeschichte, ausgehend von den leidvollen Erfahrungen nationalsozialistischer und kommunistischer Gewaltherrschaft, eingedenk seiner Schuld an seiner Vergangenheit (...) hat sich das Volk im Freistaat Sachsen dank der Revolution des Oktober 1989 diese Verfassung gegeben.«[96]

3.3. Der programmatische Teil

Einen relativ breiten Raum nimmt in Verfassungspräambeln ein Teil ein, welcher die Ziele des jeweiligen Staatsgebildes beschreibt (*programmatischer Teil*).[97] Mit diesen Staatszielbestimmungen[98] wird neben den historischen Einblendungen der Präambeltexte eine Brücke in die Zukunft geschlagen.[99] Die Präambel des Grundgesetzes von 1949 etwa setzte für das deutsche Volk die Ziele,

»seine nationale und staatliche Einheit zu wahren und als gleichberechtigtes Glied in einem vereinigten Europa dem Frieden der Welt zu dienen [sowie] (...) in freier Selbstbestimmung die Einheit und Freiheit Deutschlands zu vollenden«[100].

Nach Vollendung der Einigung der beiden deutschen Staaten ist das zuletzt genannte Ziel in Erfüllung gegangen und wanderte somit in der neuen Präambel zum Grundgesetz[101] in den historischen Teil[102]. Das Ziel einer Wahrung der nationalen Einheit wurde zugunsten einer stärkeren Betonung des Europaargumentes[103] entfernt.

(ebd.); Brandenburg (1992): »(...) gründend auf den friedlichen Veränderungen im Herbst 1989 (...)« (ebd.).

96 Zum Text s.u. Anhang I. Interessant ist, daß im internationalen Vergleich in neueren Präambeltexten von Verfassungen gerade der historische Teil und damit das geschichtliche Bewußtsein eines Volkes erheblich an Umfang zugenommen hat. Dazu vgl. die im Literaturverzeichnis unter 1.2. aufgeführten Texte.

97 Vgl. Lehmann-Brauns, Präambel, 8.

98 In Hinblick auf neuere Verfassungen vgl. Fischer, Staatszielbestimmungen, 48ff.; Neumann, Staatszielbestimmungen, 77-160.

99 Vgl. Lehmann-Brauns, Präambel, 59.

100 S.u. Anlage I.

101 Geändert nach Art. 4 Nr. 1 des Einigungsvertrages vom 31. August 1990.

102 »Die Deutschen (...) haben in freier Selbstbestimmung die Einheit und Freiheit Deutschlands vollendet.« (S.u. Anlage I).

103 »(...) von dem Willen beseelt, als gleichberechtigtes Glied in einem vereinten Europa dem Frieden der Welt zu dienen« (s.u. Anlage I).

Überhaupt gewinnen internationale Ausrichtungen in neueren Präambeltexten an Gewicht.[104] Auch Grundüberzeugungen der Verfassungsgeber[105], Willensbekundungen und Staatsziele[106] sowie Aussagen über den Geltungsbereich[107] werden in dem programmatischen Teil der Präambel niedergelegt. Bei der Aufnahme von Staatszielen sind hierbei Motive wie »Garantie der Menschenwürde«, »Menschlichkeit«, »soziale Gerechtigkeit«, »wirtschaftlicher Fortschritt« und »Freiheit« besonders hervorzuheben. Neuere Verfassungspräambeln nehmen

---

104 Baden Württemberg (1953); Sachsen-Anhalt (1992); Brandenburg (1992); Mecklenburg-Vorpommern (1993). Zu den Texten s.u. Anlage I. Eher eine Ausnahme davon bildet die Präambel der neuen Verfassung der Schweiz vom 18. Dezember 1998 (per Volksabstimmung beschlossen am 18. April 1999), welche eher nationalen Charakter trägt und in ihrer Formulierung ein Gegenüber zu der internationalen Völkergemeinschaft bildet: »(...) Das Schweizer Volk und die Kantone, (...) im Bestreben, den Bund zu erneuern, um Freiheit und Demokratie, Unabhängigkeit und Frieden in Solidarität und Offenheit gegenüber der Welt zu stärken«. Interessant ist die Zusammenbindung dieser beiden Elemente im Einigungsvertrag vom 31. August 1991: »Die Bundesrepublik Deutschland und die Deutsche Demokratische Republik – entschlossen, *die Einheit Deutschlands in Frieden und Freiheit als gleichberechtigtes Glied der Völkergemeinschaft in freier Selbstbestimmung zu vollenden, ausgehend von dem Wunsch der Menschen in beiden Teilen Deutschlands, gemeinsam in Frieden und Freiheit in einem rechtsstaatlich geordneten, demokratischen und sozialen Bundesstaat zu leben*, in dankbarem Respekt vor denen, die auf friedliche Weise der Freiheit zum Durchbruch verholfen haben, die an der Aufgabe der Herstellung der Einheit Deutschlands unbeirrt festgehalten haben und sie vollenden, im Bewußtsein der Kontinuität deutscher Geschichte und eingedenk der sich aus unserer Vergangenheit ergebenden besonderen Verantwortung für eine demokratische Entwicklung in Deutschland, die der Achtung der Menschenrechte und dem Frieden verpflichtet bleibt, *in dem Bestreben durch die deutsche Einheit einen Beitrag zur Einigung Europas und zum Aufbau einer europäischen Friedensordnung zu leisten, in der Grenzen nicht mehr trennen und die allen europäischen Völkern ein vertrauensvolles Zusammenleben gewährleistet*, in dem Bewußtsein, daß die Unverletzlichkeit der Grenzen und der territorialen Integrität und Souveränität aller Staaten in Europa in ihren Grenzen eine grundlegende Bedingung für den Frieden ist – sind übereingekommen, einen Vertrag über die Herstellung der Einheit Deutschlands mit den nachfolgenden Bestimmungen zu schließen«. (Zitiert nach Papenheim, Präambeln, 200; Hervorhebungen durch den Verfasser.) Zum Begriff des »europäischen Verfassungszieles« vgl. Lehmann-Brauns, Präambel, 59ff.

105 Hessen (1946): »In der Überzeugung, daß Deutschland nur als demokratisches Gemeinwesen eine Gegenwart und Zukunft haben kann (...)« (s.u. Anlage I).

106 Grundgesetz (1949/1993): »(...) von dem Willen beseelt, als gleichberechtigtes Glied in einem vereinten Europa dem Frieden der Welt zu dienen (...)« (s.u. Anlage I); Bayern (1946): »(...) in festem Entschlusse, den kommenden deutschen Geschlechtern die Segnungen des Friedens, der Menschlichkeit und des Rechtes dauernd zu sichern (...)« (ebd.)

107 »(...) Damit gilt dieses Grundgesetz für das gesamte deutsche Volk« (ebd.).

auch das Ziel des »Schutzes der natürlichen Grundlagen«[108] sowie »den Schutz der Schwachen«[109] auf. Gelegentlich rekurrieren die Verfassungspräambeln im programmatischen Teil auf den Willen, an kulturelle und geschichtliche Traditionen anzuknüpfen[110], oder sie erinnern an die Verantwortung gegenüber zukünftigen Generationen[111]. Sehr oft wird auch das Willensmotiv aufgenommen, als lebendiges Glied des Staatenbundes in einem sich einigenden Europa und in der Welt zu dienen.[112] Als Beispiele sollen der programmatische Teil der Verfassungspräambel von Rheinland-Pfalz (1947) und der relativ ausführliche Text von Sachsen-Anhalt zitiert werden. In der Verfassungspräambel von Rheinland-Pfalz (1947) heißt es, das Volk von Rheinland-Pfalz sei bei der Verfassungsgebung

»von dem Willen beseelt, die Freiheit und Würde des Menschen zu sichern, das Gemeinschaftsleben nach dem Grundsatz der sozialen Gerechtigkeit zu ordnen, den wirtschaftlichen Fortschritt zu fördern und ein neues demokratisches Deutschland als lebendiges Glied der Völkergemeinschaft zu formen«[113].

Wesentlich ausführlicher formuliert die Verfassungspräambel von Sachsen-Anhalt (1992)[114]: Das Volk habe sich diese Verfassung gegeben

»(...) mit dem Willen, die Freiheit und Würde des Menschen zu sichern, die Grundlagen für ein soziales und gerechtes Gemeinschaftsleben zu schaffen, die wirtschaftliche Entwicklung zu fördern, die natürlichen Lebensgrundlagen zu erhalten und die kulturelle und geschichtliche Tradition in allen Landesteilen zu pflegen. Ziel aller staatlichen Tätigkeiten ist es, das Wohl der Menschen zu fördern, dem Frieden zu dienen und das Land Sachsen-Anhalt zu einem lebendigen Glied der Bundesrepublik Deutschland und der Gemeinschaft der Völker zu gestalten.«

---

108 Sachsen-Anhalt (1992). Zum Text s.u. Anlage I; Brandenburg (1992): »(...) Natur und Umwelt zu bewahren (....)« (ebd.); Mecklenburg-Vorpommern (1993): »(...) die natürlichen Grundlagen des Lebens zu sichern (...)« (ebd.); Thüringen (1993): »(...) Natur und Umwelt zu bewahren (...)« (ebd.).

109 Mecklenburg-Vorpommern (1993): »(...) die Schwachen zu schützen (...)« (ebd.).

110 Sachsen-Anhalt (1992). Zum Text vgl. ebd.

111 Bayern (1946): »(...) den kommenden deutschen Geschlechtern (...)« (ebd.); Thüringen (1993): »(...) der Verantwortung für zukünftige Generationen gerecht zu werden (...)« (ebd.).

112 Rheinland-Pfalz (1946); Grundgesetz; Saarland (1947); Sachsen-Anhalt (1992); Brandenburg (1992); Mecklenburg-Vorpommern (1993); Baden-Württemberg (1953); Thüringen (1993). Die Präambel der Hansestadt Hamburg (1952) erhebt sogar den Anspruch »im Geiste des Friedens eine Mittlerin zwischen allen Erdteilen und Völkern der Welt« zu sein. Zu den Texten vgl. ebd.

113 Zum Text s.u. Anhang I.

114 Zum Text s.u. ebd.

3.4. Der ethische-religiöse Teil

In dem *ethisch-religiösen Teil* werden ethisch-religiöse Bekenntnisse fixiert und Bewußtseinszustände[115] - sowohl allgemein als auch zum Zeitpunkt der Verfassungsgebung - und Überzeugungen[116] der verfassunggebenden Organe manifestiert. Gelegentlich wird auf sittliche Werte rekurriert. Neuere bundesrepublikanische Verfassungen betonen gerne auch, daß die Verfassungsgebung »in freier Selbstbestimmung« vollzogen worden sei.[117]

Durchaus geläufig im nationalen Vergleich ist die Benennung eines Verantwortungsbezuges in diesem Teil der Präambel. So benennen acht bundesdeutsche Verfassungstexte einen Verantwortungshorizont. Dies kann in verschiedener Weise erfolgen, etwa als Verantwortung »vor der Geschichte« oder »gegenüber zukünftigen Generationen«; gern wird auch eine Begründung für diesen Verantwortungshorizont genannt.[118] In qualifizierter Form[119] benennt die Mehrzahl derjenigen bundesdeutschen Verfassungstexte, welche einen Verantwortungsbezug herstellen, personale Bezüge einer Rechenschaftsinstanz,[120] die sowohl mit »den Menschen« als auch mit »Gott« bezeichnet wird.[121] Lediglich die Verfassung von Thüringen läßt die Apposition »vor den Menschen« weg.[122] Der Gottesbezug findet also in den bundesdeutschen Präambeltexten - von einer Ausnahme abgesehen[123] - seinen Platz in dem ethisch-religiösen Teil der Ver-

---

115 Thüringen (1993): »In dem Bewußtsein (...)« (ebd.).

116 Hessen (1946): »In der Überzeugung (...)« (ebd.).

117 Thüringen (1993); Sachsen-Anhalt (1992). Vgl. ebd. Ähnlich Brandenburg (1992): »(...) in freier Entscheidung (...)« (ebd.).

118 Mecklenburg-Vorpommern (1993): »Im Bewußtsein der Verantwortung aus der deutschen Geschichte sowie gegenüber den zukünftigen Generationen (...)« (ebd.).

119 Dazu s.u. III.5.

120 Eine Ausnahme davon bildet lediglich die Präambel der Verfassung von Mecklenburg-Vorpommern (1993). Zum Text s.u. Anlage I.

121 Rheinland-Pfalz; GG; Nordrhein-Westfalen; Niedersachsen; Baden-Württemberg. Zu den Texten s.u. Anlage I. Interessant ist die Formulierung in Sachsen-Anhalt: »Dies geschieht in Achtung der Verantwortung vor Gott und im Bewußtsein der Verantwortung vor den Menschen (...)« (ebd.).

122 »(...) in freier Selbstbestimmung und auch in Verantwortung vor Gott (...)« (ebd.).

123 Die Bayerische Verfassung (1946) formuliert: »Angesichts des Trümmerfeldes, zu dem eine Staats- und Gesellschaftsordnung ohne Gott, ohne Gewissen und ohne Achtung der Würde des Menschen die Überlebenden des Zweiten Weltkriegs geführt hat (...)« (ebd.). Interessant ist auch die Ersatzformulierung für den Gottesbezug in der Verfassung von Mecklenburg-Vorpommern: »(...) im Wissen um die Grenzen menschlichen Tuns (...)«

fassung lediglich als Apposition zu dem Begriff der Verantwortung[124]. In der Mehrheit der Verfassungstexte steht er unkommentiert.[125] Eine Ausnahme bildet die Präambel von Rheinland-Pfalz, in welcher der Begriff »Gott« die Ergänzung »Urgrund des Rechts und Schöpfer aller menschlichen Gemeinschaft« erhält.[126]

Der Gottesbezug in seiner Funktion als Element des ethisch-religiösen Teiles einer Präambel soll nun den weiteren Verlauf der Untersuchung juristischer Literatur bestimmen.

4. Der Gottesbezug als Sonderfall des ethisch-religiösen Teiles in Präambeltexten

In Präambeltexten von neueren Staatsverfassungstexten sind Gottesbezüge durchaus üblich, wenn auch ihr Vorkommen nicht als selbstverständlich gewertet werden kann. Es überrascht jedoch, daß trotz eines zunehmenden Säkularisierungsprozesses eine erhebliche Zahl von neueren demokratischen Verfassungen noch einen irgendwie gearteten Gottesbezug in ihrer Präambel aufweisen. Neben Polen sind dies u. a. Südafrika, Sachsen-Anhalt, Thüringen, Niedersachsen, die Schweiz und die Ukraine.[127]

Hierbei kann der Gottesbegriff auf verschiedene Weise verwendet werden. Die Mehrheit der Präambeltexte, welche einen Gottesbezug aufweisen, setzt diesen inhaltlich unspezifisch. Die neue Verfassung von Brasilien aus dem Jahre 1988 setzt z. B. den Staatsapparat »under the protection of God«.[128] Manche Verfassungstexte spezifizieren den Gottesbezug durch attributive Bestimmungen, wie etwa die Verfassung von Rheinland-Pfalz (1947), die von Gott als

(ebd.). Hier wird eine Verantwortungsformel verwendet, ohne die Rechenschaftsinstanz zu benennen. Dazu s.u. III.5.

124 Im einzelnen dazu s.u. III.5.

125 Niedersachsen; Baden-Württemberg; Thüringen; Sachsen-Anhalt; Nordrhein-Westfalen; GG. Zu den Texten s.u. Anlage I.

126 Zu den besonderen Entstehungsbedingungen der Rheinland-Pfälzischen Verfassungspräambel s.o. I.3.3.

127 Vgl. Ennuschat, Gott und Grundgesetz, 954. Dagegen entschieden sich etwa Brandenburg, Mecklenburg-Vorpommern, Sachsen, Namibia, Tschetschenien und die Slowakische Republik. Vgl. ebd.

128 Vgl. auch Kanada (1982): »(...) recognize the supremacy of God (...)«; Paraguay (1992): »(...) pleading to God (...)«; Ukraine (1996): »(...) aware of our responsibility before God (...)«.

»dem Urgrund des Rechts und Schöpfer aller menschlichen Gemeinschaft« spricht.[129] Andere geben in ihrem Präambeltext lediglich ein Bekenntnis zu einem in bestimmter Weise material spezifizierten Gott ab[130], oder stellen die Verfassung durch die Bezugnahme auf Gott unter dessen Schutzmacht[131]. Die Präambel der neuen Verfassung von Polen nimmt auf »Gott« gleich mehrmals Bezug:

»In der Sorge um Sein und Zukunft unseres Vaterlandes, (...) beschließen wir, das Polnische Volk - alle Bürger der Republik, sowohl diejenigen, die an Gott als Quelle der Wahrheit, Gerechtigkeit, des Guten und Schönen glauben, als auch diejenigen, die diesen Glauben nicht teilen und diese universalen Werte aus anderen Quellen ableiten, (...) im Gefühl der Verantwortung vor Gott oder vor dem eigenen Gewissen, die Verfassung der Republik Polen«[132].

In ähnlich vorsichtiger Weise nehmen auch die bundesrepublikanischen Verfassungen Bezug auf Gott, indem sie lediglich den Verantwortungshorizont der verfassunggebenden Organe benennen, welcher seinen letzten Grund zunächst rein formal in dem Begriff »Gott« findet.[133]

Von dieser Form des Gottes*bezuges*, ist eine »invocatio Dei« streng zu unterscheiden, denn um eine invocatio Dei handelt es sich bei den bundesrepublikanischen Gottesbezügen nicht, sondern um die Benennung eines transindivi-

---

129 Vgl. auch Argentinien (1853): »(...) invoking the protection of God, source of all reason and justice (...)«.

130 Madagaskar (1992): »(...) affirming their belief in God the Creator (...)«; Mauretanien (1991): »Trusting in the omnipotence of Allah (...)«.

131 Südafrika (1997): »(...) May God protect our people (...) God bless South Afrika. (...)«.

132 Präambel der polnischen Verfassung vom 2.4.1997. Zitiert nach Ennuschat, Gott und Grundgesetz, 953. Eine Problematisierung der Stilfragen dieses Wortlautes und der Verwendung verschiedener Begriffe, z. B. »Wert«, soll an dieser Stelle nicht erfolgen. Interessant an dieser Präambelformulierung ist jedoch, daß sie die Genese der Diskussionen um den Gottesbezug widerspiegelt. Die gefundene Kompromißlösung geht vor allem auf Tadeuz Mazowiecki zurück. Vgl. Ennuschat, Gott und Grundgesetz, 954. Der Streit der letzten Monate vor Beschlußfassung der Verfassung in Polen hatte sich allein um die Frage gedreht, ob Gott in der Präambel benannt werden dürfe oder nicht. Nicht verwunderlich ist dieser Streit, da er auch in einigen Länderparlamenten der Verfassungsgebung in der Bundesrepublik zu einer Art politischem »status confessionis« geführt hatte, und er gewinnt an Plausibilität, wenn berücksichtigt wird, daß der Eid der polnischen Untergrundarmee lautete: »Vor Gott dem Allmächtigen, vor der Heiligen Jungfrau Maria, der Königin der Krone Polens, lege ich meine Hand auf dieses heilige Kreuz, Symbol des Martyriums und der Erlösung, und ich schwöre, daß ich die Ehre Polens mit aller Kraft verteidigen will und bereit bin, mein Leben zu opfern (...)«.

133 Dazu s.u. III.5. Eine Ausnahme davon bildet lediglich die Verfassungspräambel von Bayern.

duellen Verantwortungshorizontes, dem sich die verfassunggebenden Organe bei dem Vorgang der Verfassungsgebung bewußt gewesen sind. So ist es immer primär Sache der Verfassungsgeber, an welchen Stellen und in welcher Form sie in ihren Verfassungstexten einen Gottesbezug aufnehmen wollen. Das hat auch die Bearbeitung der historischen und Entstehungszusammenhänge der behandelten Präambeltexte gezeigt.[134]

Evident ist auch, daß Gottesbezüge ein möglicher aber nicht notwendiger Bestandteil von Präambeltexten sind. So hängt es von den je eigenen kulturgeschichtlichen Traditionen und Situationen ab, ob und wie diese Gottesbezüge hergestellt werden sollen und welche Funktion ihnen zukommt. Nach Häberle bedeuten für das Grundgesetz und die deutschen Länderverfassungen die Gottesbezüge in den Präambeln,

»daß damit kulturell dem totalitären Staatsmodell 'ewig' und 'symbolisch' eine Absage erteilt und das Recht in überpositive Zusammenhänge gerückt wird, dies auch gegenüber einem voluntaristischen Volkssouveränitätsdenken«[135].

Selbst wenn die »Gottestexte« unter dem Vorbehalt des verfassungsstaatlichen Toleranzgebotes stehen, so transportieren sie dennoch Kulturgehalte, welche konkret zu ermitteln und wandelbar seien.[136]

Das Fehlen textlicher Gottesbezüge jedoch schließe nicht aus, bestimmte Religionen als »Kulturfaktor« im Wege der Verfassungsinterpretation zu berücksichtigen, wenn und solange die verfassungsstaatlichen Postulate der Offenheit und der Toleranz beachtet werden, da Gottesbezüge, wie auch immer beschaffen, nicht die weltanschauliche Offenheit und Toleranz als essentielle rechtliche Errungenschaften des Verfassungsstaates in Frage stellen dürfen und können.

5. Der Gottesbezug im Rahmen der Benennung des Verantwortungshorizontes

An verschiedenen Stellen ist darauf hingewiesen worden, daß der Gottesbezug in den deutschen Nachkriegsverfassungen, dort wo er positiv aufgenommen wird, im Rahmen der sogenannten Verantwortungsformel in der Form »Verant-

134 Im einzelnen s.o. I.
135 Häberle, Gott im Verfassungsstaat, 222.

wortung vor Gott und den Menschen« steht. Die Befürworter des Gottesbezuges haben darauf hingewiesen, daß diesem Sachverhalt auch Plausibilität inhäriert, denn eine qualifizierte Verwendung des Verantwortungsbegriffs verlangt die Benennung Rechenschaftsinstanzen, wobei ein Forum mit »Gott« benannt werden müsse.[137] Aus diesem Grunde soll nun der Verantwortungsbegriff in bezug auf den Problemkomplex genauer untersucht werden.

5.1. Annäherung an den Verantwortungsbegriff

Die Geschichte des Wortes »Verantwortung« liegt weitgehend im Dunkeln.[138] Das Wort »Verantwortung« im verbalen Gebrauch »verantworten« taucht in der deutschen Sprache relativ spät, nämlich im Mittelhochdeutschen, auf und hat seinen Sitz dort im Rechtsleben.[139] Sein Äquivalent hat der Begriff im römischen Recht in den Begriffen »respondere«, »resposio«, »responsum«, wobei er hier terminus technicus blieb und nicht auf die Ethik übertragen worden ist.[140] Das relativ späte Auftreten des Begriffs in der deutschen Sprache legt die Vermutung nahe, daß er aus dem Lateinischen übernommen wurde.[141]

Der Sinn des deutschen Begriffs »Verantworten« und dessen Derivate erstreckte sich im Mittelhochdeutschen auf den Sachverhalt, eine Sache vor Gericht zu verteidigen oder sein Handeln zu rechtfertigen, indem man auf eine Anklage hin zu antworten hat.[142] Zunächst war der Begriff verbunden mit dem der Haftung, d. h., man verantwortet sich in der Regel für eine betreffende Sache oder Handlung, für die man (im nachhinein) einstehen muß.[143] Später erhielt der Begriff dann die Bedeutung einer Rechtfertigung überhaupt, d. h. einer per-

---

136 Vgl. ebd. Häberle bezeichnet Gottesbezüge als »ein Stück Religionsverfassungsrecht«.

137 Im einzelnen s.o. II.2.5.

138 Vgl. Schwartländer, Verantwortung, 1579.

139 Vgl. Grimm, Deutsches Wörterbuch, Bd. 12, 1, Verantworten, 80.

140 Vgl. Picht, Rechtfertigung und Gerechtigkeit, 202; Wieacker, Römische Rechtsgeschichte, Bd. 1, 560f.

141 Vgl. Picht, Der Begriff Verantwortung, 318f. Picht vermutet, daß das rechtsgeschichtlich mit dem Vordringen der Form des Inquisitionsprozesses zusammenhängen könnte. Vgl. aaO., 319.

142 Vgl. ebd.; Schwartländer, Verantwortung, 1579.

143 Vgl. Grimm, Deutsches Wörterbuch, Bd. 12, 1, Verantworten, 82; Picht, Der Begriff der Verantwortung, 318.

sönlichen Rechtfertigung in eigener Sache oder in einer Sache, die sich der einzelne zu eigenen macht.[144]

Neben der Rechtfertigung vor Gericht begegnet in den Quellen die Rechtfertigung vor dem Richterstuhl Gottes und meint dann das Sich-Rechtfertigen-Müssen des Menschen vor Gott als dem höchsten Richter oder vor dem Richterstuhl Christi am Jüngsten Tag. Von hieraus ist wohl zu erklären, daß der Begriff der »Verantwortung« im westeuropäischen Raum vom Bereich des Rechtslebens auf den Bereich der Ethik übertragen worden ist, während im Lateinischen diese Übertragung nicht stattfand, denn der römischen Ethik ist der Gedanke fremd, daß man aufgrund moralischer Verfehlungen oder Gedanken vor einem (höchsten) Richter zur Verantwortung gezogen wird.[145] Damit wurde der ursprünglich im römischen Rechtsleben beheimatete Begriff auf die christliche Glaubenswelt übertragen und alles Handeln des Menschen innerhalb der christlichen Ethik überhaupt unter den Anspruch der Verantwortung im eschatologischen Horizont vor dem Richterstuhl Christi gerückt (1 Kor 5,10).[146]

»Erst aus der Erwartung dieses letzten Gerichtes konnte der Gedanke entspringen, daß das menschliche Leben insgesamt der Vorbereitung auf diese letzte 'Verantwortung' dienen müsse. Der Begriff der Verantwortung ist demnach als moralischer Begriff christlichen Ursprungs (...): er ist eschatologischer Begriff.«[147]

Damit hat der Begriff der »Verantwortung« erst durch den christlichen Glauben, insbesondere durch die Lehre von der Einzigartigkeit und dem unendlichen Wert des Menschen, welchem aus diesem Grunde auch das Seelenheil als höchstes Ziel gesetzt ist, jene Innerlichkeit erhalten, welche die christliche Moral fortan prägte und sie zunehmend subjektiv und individualethisch werden ließ.[148]

Die Philosophie schließlich hat im Zuge der Neuzeit die eschatologische Verankerung in das Zentrum der Subjektivität zurückgespiegelt; als das Forum der Instanz, vor welcher man sich verantworten muß, erscheint nun das eigene Gewissen.

---

144 Vgl. Grimm, Deutsches Wörterbuch, ebd.
145 Vgl. Picht, Der Begriff der Verantwortung, 318.
146 Vgl. aaO., 319.
147 Ebd.
148 Vgl. aaO., 321f.

Die neuere ethische Diskussion um den Begriff der Verantwortung hat Max Weber (1864-1920) in seinem Vortrag »Politik als Beruf« (1919) durch seine Unterscheidung von Gesinnungsethik und Verantwortungsethik angestoßen. Gesinnungsethik folge dabei der religiösen Maxime: »Der Christ tut recht und stellt den Erfolg Gott anheim«, während Verantwortungsethik der Maxime folge, »daß man für die (voraussehbaren) *Folgen* seines Handelns aufzukommen«[149] habe. Während demnach die Gesinnungsethik ihren Ausgang bei den Handlungsabsichten nehme, setze die Verantwortungsethik bei den Handlungsfolgen ein. Selbst wenn diese kategoriale Trennung aus mehreren Gründen nicht einleuchtet[150], so ist sie dennoch in der Folgezeit beachtlich rezipiert worden.[151]

Dietrich Bonhoeffer rückte auf dem Hintergrund von Erfahrungen mit der Zerstörung der Rechtsordnung durch das NS-Regime, des Zweiten Weltkrieges und der Judenverfolgung den Begriff der Verantwortung in einen engen Zusammenhang mit der Frage nach der Schuldübernahme. Verantwortung ist in Bonhoeffers Ethik jedoch nicht in die Frage der individuellen Lebensführung zu integrieren, sondern ist Aufgabe des gemeinsamen Lebens und des kommunikativen Handelns. Insofern sei Verantwortungsethik als Sozialethik zu begreifen.[152] Weiterhin beharrte Bonhoeffer darauf, daß bei der Bestimmung des Verantwortungsbegriffs seine Wortgeschichte zu berücksichtigen, er also theologisch zu fassen sei. Damit machte er darauf aufmerksam, daß der Verantwortungsbegriff von seiner religiösen Herkunft nicht zu isolieren ist, sondern weiterhin in seinem begrifflichen Verweisungszusammenhang interpretiert werden müsse, indem dasjenige Forum benannt werde, vor dem Verantwortung geübt

---

149 Weber, Gesammelte politische Schriften, 551f.

150 An dieser Stelle seien nur die grundlegenden Einwände genannt: (1) In der von Weber vorgetragenen Form erweist sich die Alternative von Gesinnungsethik und Verantwortungsethik als Scheinalternative, denn eine ethische Argumentation, welche lediglich auf die Handlungsabsichten abhebt, ist ebenso unzureichend wie eine, welche nur die Handlungsfolgen einbezieht. Der Zusammenhang von Handlungsabsichten und Handlungsfolgen darf aber gerade nicht in eine Einseitigkeit aufgelöst werden. (2) Weber selbst weist darauf hin, daß diese Alternativenbeschreibung auch nicht in seiner Absicht liegt: »Nicht daß Gesinnungsethik mit Verantwortungslosigkeit und Verantwortungsethik mit Gesinnungslosigkeit identisch wäre. Davon ist natürlich keine Rede.« (Weber, Gesammelte politische Schriften, 551.) Im einzelnen vgl. Huber, Sozialethik als Verantwortungsethik, in: Ders., Konflikt und Konsens, 139ff.

151 Dazu vgl. aaO., 138f.

152 Vgl. aaO., 143.

wird, wobei darauf hinzuweisen sei, daß der Begriff der Verantwortung seine religiösen Wurzeln in der Sprache des Jüngsten Gerichts hat.[153] Der Stellvertretungscharakter und die Antwortstruktur bilden demnach die Grundlagen des Verantwortungsbegriffs, wie ihn Bonhoeffer entwickelt und konsequent christologisch gefaßt hat.[154]

In der Folgezeit ist der Begriff immer mehr auch Gegenstand der praktischen Philosophie geworden. Besonders Hans Jonas hat das »Prinzip Verantwortung« zum Dreh- und Angelpunkt der zeitgenössischen philosophischen Ethik erklärt[155], wobei es die technologischen Entwicklungen sind, welche seine Verantwortungsethik motiviert haben. Die Bedrohung der Welt und des Menschen im Zuge eines durch wachsende Technisierung auch wachsenden Potentials der Selbstzerstörung versetze die Menschheit in eine neue Situation, in der eine neue Ethik entwickelt werden müsse. Jonas plädiert demgemäß für einen Wechsel der Betrachtungsweise: Einerseits müsse die Ethik die möglichen Folgen gegenwärtigen Handelns reflektieren (Handlungsfolgenorientierung). Andererseits müsse die Ethik jeglichem anthropologischen Optimismus den Abschied geben. Die Rolle des Menschen bestehe dabei in einer von ihm unzertrennlichen Zweideutigkeit von Schuld und Rechtfertigung, Größe und Erbärmlichkeit, Höhen und Tiefen. Bei der Bestimmung dieser Zweideutigkeit geht Jonas jedoch ausschließlich anthropologisch vor und entwickelt unter Abblendung jeder theologischen Fragestellung einen Begriff der Verantwortung, der elitär und undemokratisch wirkt, da er nicht die Einsicht in sich aufnimmt, daß der Mensch nur begrenzt Verantwortung wahrzunehmen vermag.[156] Huber sieht darin zu Recht eine Idealisierung des Verantwortungsbegriffs, der eben in diesem Verzicht auf theologische Fragestellungen seinen Grund finde.

»Jonas fragt nur, *für wen,* aber nicht: *vor wem* Verantwortung zu tragen sei. Jonas erkennt: diese Frage zu stellen, würde bedeuten, sich auf das Gottesproblem einzulassen.«[157] Dagegen stellt Huber die Vermutung, daß nur derjenige, der seine eigene Sterblichkeit, seinen eigenen Tod akzeptiere, verantwortlich sein könne.[158]

---

153 Vgl. aaO., 143f.
154 Vgl. aaO., 144.
155 Vgl. Jonas, Das Prinzip Verantwortung.
156 Dazu vgl. Huber, Sozialethik als Verantwortungsethik, 145ff.

5.2. Die Dimensionen der Verantwortung

Um die Bestimmung der Dimensionen der Verantwortung hat sich bereits 1933 Wilhelm Weischedel in seiner Dissertation über das »Wesen der Verantwortung«[159] bemüht. Dabei weist er der Verantwortung ausgehend von dem etymologisch indizierten Sprach- und Antwortcharakter ihren Platz im Dialog zu.[160] Weischedel vollzieht eine strukturelle Unterscheidung dieses Dialogs, indem er darauf hinweist, daß Verantwortung nicht in den zwischenmenschlichen Beziehungen aufgeht. Vielmehr sei eine Unterscheidung zu treffen zwischen der Selbstverantwortung, der religiösen Verantwortung[161] und der sozialen Verantwortung. Der Grund für die Reihenfolge in der Anordnung der Verweisungszusammenhänge liegt für Weischedel im Grad der »Intimität«[162]:

»Verantwortung vor Gott ist 'intimer' als soziale Verantwortung, wird aber an 'Intimität' übertroffen von Selbstverantwortung, in der der Mensch mit sich allein ist.«[163]

Diese Differenzierung in die drei Dimensionen der Verantwortung deutet Weischedel in einer Beschreibung des »Phänomens der Verantwortung« aus.

Die *soziale Verantwortung* beschreibt dabei jene Verantwortung, welche vor einer Gemeinschaft[164] geübt wird.[165] Weischedel macht sie am Beispiel der rechtlichen und staatlichen Verantwortung skizzenhaft deutlich.[166] Doch mit der sozialen Verantwortung sei noch nicht das Eigentliche der Verantwortung erreicht, denn unter der Voraussetzung, daß der Mensch sein Dasein im Rahmen pluraler Bezüge führt, sieht er sich faktisch von unterschiedlichen Verantwortungen beansprucht, die unter Umständen aus dem Sozialen selbst heraus nicht mehr lösbar sind, wenn verschiedene Ansprüche gleichberechtigt erscheinen und keine der beteiligten Gemeinschaften ihre höhere Berechtigung gegenüber

157 AaO., 147.
158 Vgl. ebd.
159 Vgl. Weischedel, Das Wesen der Verantwortung, 1933.
160 Vgl. Weischedel, Das Wesen der Verantwortung, 16.
161 Vgl. aaO., 43. »Religiöse Verantwortung ist der Titel für Verantwortung vor Gott.« (Ebd.).
162 Vgl. aaO., 27.
163 Ebd.
164 Zur Analyse des Weischedelschen Gemeinschaftsbegriffs vgl. Koschut, Strukturen der Verantwortung, 120f.
165 Vgl. Weischedel, Das Wesen der Verantwortung, 42.
166 Vgl. aaO., 27ff.

der anderen unter spezifisch sozialen Gesichtspunkten geltend zu machen vermag. Das »Ich« muß in diesem Fall auf eine andere Instanz rekurrieren, der es sich trotz aller Sozialgebundenheit ursprünglicher »zugesagt« hat. Diese Instanz wird deutlich in der Bestimmung der »Verantwortung vor Gott«.[167] Die benannte »Verantwortung vor Gott«, welche Weischedel als *religiöse Verantwortung* apostrophiert, wird hier von vornherein anthropologisch verstanden, d.h. vom individuellen Menschen her, an dessen Dasein etwas passiere.[168] Als schöpferischer Ursprung wird Gott demnach letztes Ziel des Menschen und Urgrund aller Verantwortung.[169] Diese religiöse Verantwortung bleibt aber schließlich eine besondere Art der Selbstverantwortung des Menschen, sie reduziert sich auf ein Gespräch des Menschen mit sich selbst.[170]

Die *Selbstverantwortung* versieht Weischedel mit dem axiologischen Primat im Verhältnis zur Verantwortung vor Gott und zur sozialen Verantwortung.[171] Der Mensch sei seinem ganzen Wesen nach »ich selbst« und so »sein eigener Ursprung«[172], wobei die Selbstverantwortung die tiefste und umfassenste Form der Verantwortung sei, aus welcher sich die beiden anderen Dimensionen der Verantwortung deduzieren ließen. Den Begriff der Selbstverantwortung sieht er dabei fundiert in dem »Grund des Geschehens von Selbstverantwortung«[173], der Grundselbstverantwortung, welche aus existentialontologischer Sicht eine Rückgewinnung der ursprünglichen Identität des Selbst darstelle und von daher als formale Entscheidung für die Eigentlichkeit einer Selbstwerdung zu verstehen ist.[174] Von dieser Grundselbstverantwortung her sind dann die beiden anderen Dimensionen der Verantwortung zu bestimmen.[175]

An der Unterscheidung der drei Dimensionen der Verantwortung von religiöser Verantwortung, Selbstverantwortung und sozialer Verantwortung ist

---

167 Vgl. aaO., 42f; vgl. auch Koschut, Strukturen der Verantwortung, 125f.

168 Vgl. aaO., 44. »Von Gott sprechen wir deshalb nur insoweit, als der Religiöse ihn als das »Wovor« seiner Verantwortung versteht.« (Ebd.).

169 Vgl. ebd.; vgl. Koschut, Strukturen der Verantwortung, 127. Für die genaue materiale Bestimmung dieser Verantwortung und daraus resultierende Implikationen vgl. aaO., 127ff.

170 Vgl. Weischedel, Das Wesen der Verantwortung, 53.

171 Im einzelnen dazu vgl. Koschut, Strukturen der Verantwortung, 131ff.

172 Vgl. Weischedel, Das Wesen der Verantwortung, 58.

173 AaO., 78.

174 Vgl. aaO., 86. Dazu vgl. Koschut, Strukturen der Verantwortung, 140.

m.E. festzuhalten, selbst wenn Weischedel nicht zuzustimmen ist, daß die religiöse und die soziale Verantwortung in der Selbstverantwortung gründen. Hier trifft zu, was bereits in der Auseinandersetzung mit Jonas gesagt wurde, nämlich, daß ein lediglich anthropologisch fundierter Verantwortungsbegriff defizitär bleiben muß, da er sich nicht zu seinen Wurzeln, d. h. zu seinen unverfügbaren Vorgaben verhält.

Theologisch zu rezipieren ist der Ansatz von Weischedel demnach lediglich in seinen formalen Gehalten, wobei inhaltlich zu verändern ist, daß die soziale Verantwortung und die Selbstverantwortung letztlich in der religiösen Verantwortung ihren Ursprung finden. In theologischer Perspektive ist insoweit über Weischedel hinauszugehen, als die religiöse Verantwortung nicht mehr wie bei ihm und der an ihn anschließenden philosophischen Tradition als Funktion der Selbstverantwortung, die von ihm als tiefste Dimension der Verantwortung beschrieben wird, sondern nun als diejenige verstanden wird, welche die Selbstverantwortung und die soziale Verantwortung in ihrer Tiefenstruktur übersteigt. Unter Rückgriff auf die christliche Tradition und deren eschatologische Dimensionierung der Verantwortung sind in theologischer Perspektive die verdankte Verantwortlichkeit und die geschuldete Verantwortung rechtfertigungstheologisch zu deuten; und in christlicher Perspektive ist die geschuldete Verantwortung als vor dem Richterstuhl Christi zu übende zu verstehen.

Hierbei ist zu beachten, daß diese geschuldete Verantwortung bzw. gewährte Verantwortungsfähigkeit nicht nur eine individuelle ist, sondern im Horizont der sozialen Verantwortung auch Kollektive, etwa ein Staat, eine Gesellschaft und eine Gemeinschaft diese übernehmen können. Mit der Frage, inwieweit einem kollektiven Handlungssubjekt auch die Dignität eines ethischen Subjekts zugeschrieben werden kann, hat sich Dietz Lange umfassend beschäftigt. Durch eine genauere Differenzierung des Verantwortungsbegriffs in die drei Strukturelemente »Stellvertretung«, »Gegenseitigkeit« und »gemeinsame« Verantwortung, kommt er zu dem Ergebnis: »Die Verantwortung einer Gruppe ist eben nichts anderes als die gemeinsame Verantwortung ihrer einzelnen Glieder.«[176] Bezüglich der gestellten Frage konstatiert Lange: »Auf diese Weise ist

175 Dazu vgl. aaO., 143ff.
176 Lange, Ethik, 363. Im einzelnen vgl. aaO., 350-363

die Gruppe in einem abgeleiteten Sinne als ethisches Subjekt etabliert.«[177] Letztlich stellen also auch Staat und Gesellschaft ein mehr oder weniger homogenes Subjekt von Handeln dar, welches personalen Charakter hat. Insofern ist der Verantwortungsbegriff theologisch soweit zu präzisieren, daß Subjekt der Verantwortung sowohl ein Individuum als auch ein Kollektiv (eine Gesellschaft, eine Regierung und ein Staat) sein kann.[178]

5.3. Strukturen der Verantwortung

Der Philosoph Georg Picht erarbeitete in seinen begriffsgeschichtlichen Untersuchungen zum Begriff der »Verantwortung«[179], daß dieser eine mehrstellige Relation bilde. »Verantwortung« sei ein relationaler Begriff, welcher ein Entsprechungsverhältnis von Personen und ihre Beanspruchung durch das Verhalten zu Sachen vor einer Instanz betreffe.[180] Ihr mehrfacher Bezugscharakter drücke sich nun in den beiden Präpositionen »vor« und »für« aus. Durch diese doppelte Verweisung wird der Begriff der Verantwortung aber nicht nur formal konstituiert, sondern er nimmt auch inhaltlich den Charakter eines kategorial unabgrenzbaren Terminus an, welcher über rechtliche und moralische Haftbarkeitsvorstellungen hinausreicht; das Feld der Verantwortung wird somit von seinem Wesen her als ein unabsehbares Feld von Rechenschaftsbezügen verstanden.[181] In der Nichtbeachtung dieses doppelten Verweisungszusammenhanges sieht nun Picht die Ursache dafür, daß die mit der Wende zum Subjektivismus verbundene neuzeitliche Philosophie zu massiven Irritationen im Verständnis der Verantwortung geführt hat.[182]

Wenn die Verantwortung als Verantwortung »vor« sowie als Verantwortung »für« nach außen verweist, so stellt sich die Frage nach dem Horizont dieser Verweisungen. Für den Problemzusammenhang dieser Untersuchung, also angewandt auf die Frage des Rechts, meint Verantwortung zunächst die rechtli-

177 AaO., 362.

178 Vgl. Honecker, Sozialethik, VIII.

179 Vgl. Picht, Der Begriff der Verantwortung; ders., Rechtfertigung und Gerechtigkeit. Zum Gesamtansatz von Picht vgl. Koschut, Strukturen der Verantwortung, 163ff.

180 Vgl. Picht, Der Begriff der Verantwortung, 319.

181 Vgl. aaO., 320; Koschut, Strukturen der Verantwortung, 167.

182 Im einzelnen dazu vgl. aaO., 169ff.

che Verpflichtung, *für* etwas geschehenes einzustehen. Die philosophische Tradition spricht an dieser Stelle vom »klassischen, retrospektiven Verantwortungsbegriff«; in der juristischen Literatur wird gelegentlich von einer »sanktionsrechtlichen Verantwortung« gesprochen.[183] Sodann meint Verantwortung im rechtlichen Sinn eine mit einer bestimmten Stellung oder Aufgabe verbundene rechtliche Verpflichtung. Auch diese Art der Verantwortung gehört in den Bereich der *Für*sorge bzw. Zuständigkeitsverantwortung.[184]

Weiterhin bedeutet Verantwortung, zur Rechenschaft verpflichtet zu sein, bzw. Rechenschaft zu schulden; diese Art der Verantwortung wird im juristischen Bereich auch als Rechenschaftsverantwortung bezeichnet.[185] Die Frage der dieser Verantwortung zugrunde liegenden Rechenschafts*instanz* soll nun näher erläutert werden.

5.4. Zur Qualifizierung der Rechenschaftsinstanz

Wenn »Verantwortung« als Verantwortung vor einer Instanz benannt werden soll, so stellt sich die Frage nach dem Horizont dieser Verweisungen. Bei der Frage nach der Rechenschaftsinstanz, die nur eine Personen sein kann, ist ein forum externum von einem forum internum zu unterscheiden. Das forum externum, also diejenige mitmenschliche Instanz, vor der die Person sich zu verantworten hat, wird in der Verfassung durch die Formulierung »Verantwortung vor den Menschen« dargestellt. Das forum internum wird in der philosophischen Tradition meist als »Gewissen« bezeichnet. Da aber nach dem Grund des Gewissens zurückgefragt werden muß - denn das Gewissen kann sich nicht selbst begründen und von hieraus ist noch nicht geklärt, von welchem Ort aus das Gewissen seine Unverletzlichkeit (Art. 4 Abs. 1 GG) und die Verantwortung letztlich ihre Möglichkeit hat - entstehen ein Sach- und ein Sprachproblem. Das Sachproblem besteht darin, daß der Grund des Gewissens von dem eigenen Gewissen und von der eigenen Person unterschieden sein muß und somit eine vom eigenen und dann eben von jedem, also auch von einem »kollektiven« Gewissen, unterschiedene personale Größe darstellen muß. Dieser Grund des Ge-

183 Vgl. Vossenkuhl, Artikel: Verantwortung, 672.
184 Vgl. ebd.
185 Vgl. ebd.

wissens, in dem jedes Gewissen gründet, muß außerhalb der Person und darum transzendent angesiedelt sein. Dieser Sachverhalt nimmt die Einsicht in die religiöse Dimension der Rechenschaftsinstanz auf. Zur Lösung des daraus entstehenden Sprachproblems ist im europäischen Sprachraum diese »begriffliche Lücke« in der Tradition durch den Begriff »Gott« und seine sprachlichen Übersetzungen gefüllt worden.[186]

5.5. Die theologische Verortung der Verantwortung

In theologischer Perspektive ist die Verantwortung des Menschen Ausdruck der Geschöpflichkeit und Gottesebenbildlichkeit des Menschen, denn weil der Mensch sein Personsein als gegebenes Geschenk Gottes annehmen darf, übernimmt er automatisch Verantwortung für diesen ihm gewährten Lebensraum, worin die Verantwortung für alle Geschöpfe mitgesetzt ist, denn der Mensch ist zur Gemeinschaft angelegt (animal sociale).[187] Dabei ist der Mensch in die Verantwortung zugleich vor Gott wie vor der menschlichen Gemeinschaft für die Schöpfung gerufen. Diese Verantwortungsfähigkeit gilt allen Geschöpfen (Gen 1,27) und findet sich in Christus verwirklicht (2 Kor 4,4). Die Rechtfertigungslehre gilt hierbei als der Schlüssel zum Verständnis der Verantwortlichkeit, denn Verantwortlichkeit ist immer eine dem Schöpfer verdankte Verantwortlichkeit. Diese Verantwortung beschränkt sich nicht auf den Bereich der Ethik, denn sie wird dadurch mitgesetzt, daß sich das Personsein des Menschen gerade nicht rechtfertigen muß, sondern als geschenktes empfangen kann. Da menschliches Handeln jedoch immer unter dem Vorbehalt seiner Endlichkeit steht, schließt Verantwortung die Selbstannahme und die Annahme des anderen unter den Bedingungen von Endlichkeit und Schuld mit ein.[188]

Aus dem Beschriebenen ergeben sich entscheidende Konsequenzen.[189] Erstens bleibt eine Verantwortungsethik auch dann an ihre theologischen Voraussetzungen gebunden, wenn sie ihre Voraussetzungen und damit ihre Wurzeln zu

186 Zur Vertiefung dieser Überlegungen vgl. den Beitrag von Herms. Dazu s.u. V.2.7.
187 Vgl. Biehl, Artikel: Verantwortung, 259ff.
188 Vgl. aaO., 259.
189 Für das folgende vgl. Huber, Sozialethik als Verantwortungsethik, 149ff.

kappen versucht. Die Aufgabe der Theologie besteht demnach darin, dies offenzulegen und die theologische Struktur der Verantwortung zu benennen.

Zweitens ist die Verantwortungsethik als Sozialethik zu entfalten, da bereits der Begriff der Verantwortung eine kommunikative Struktur aufweist. Das Thema der Verantwortungsethik ist demnach die Frage nach den Grundprinzipien der Gestaltung menschlicher Gemeinschaft aus dem Geist der Liebe.

Da »Verantwortung« also zum Schlüsselbegriff der ethischen Diskussion nach dem Zweiten Weltkrieg geworden ist, verwundert es nicht, daß auch an der Spitze von Verfassungstexten dieser Verantwortungsbedürftigkeit des Menschen Ausdruck gegeben wird, und das in einer qualifizierten Weise, in der die Rechenschaftsinstanzen zugleich mit »Gott« und »den Menschen« benannt werden.[190]

6. Zum Problem der Interpretation des Gottesbezuges als »invocatio Dei«.

Die überwiegende Mehrzahl der Kommentatoren des Gottesbezuges in den bundesdeutschen Verfassungstexten bezeichnet diesen als »Anrufung Gottes« bzw. »invocatio Dei«.[191] Sogar die umfassenden Monographien von Ethel Leonore Behrendt[192] und Annette Papenheim[193], welche sich explizit mit dem Gottesbezug deutscher Präambeltexte beschäftigen, halten an dieser Bezeichnung fest. Andere Kommentatoren weisen darauf hin, daß es sich bei dem Gottesbezug in den bundesrepublikanischen Präambeltexten gerade nicht um eine »invocatio Dei« handele.[194]

Von der Entscheidung der Frage, ob die Gottesbezüge der dieser Untersuchung zugrundeliegenden Präambeltexte als invocationes Dei bezeichnet wer-

190 Dazu s.u. VI.4.

191 Aus dem Bereich der juristischen Literatur seien genannt: Häberle, Gott im Verfassungsstaat, 213; Linck/Jutzi/Hopfe, Die Verfassung des Freistaates Thüringen. Kommentar, Präambel, Rdnr. 15; Mahnke, Kommentar Sachsen-Anhalt, Präambel, Rdnr. 5; Badura, Staatsrecht (1996), 66; Münch/Kunig, Grundgesetz-Kommentar, Präambel, Rdnr. 6f.; Starck in JZ 1981, 456; Zais, Rechtsnatur, 118.

192 Behrendt, Gott im Grundgesetz, 35ff.

193 Papenheim, Präambeln.

194 Hofmann, Grundgesetz ohne Gott, 216; Schneider, Gott im Grundgesetz, 11f; Campenhausen, in: Greive, Gott im Grundgesetz, 35.

den können, hängt die Tragfähigkeit einer breiten Argumentationslinie der Gegner des Gottesbezuges insbesondere im politischen Diskurs ab. Wolfgang Ullmann, Hauptgegner des Gottesbezuges in politischen Debatten und Redeführer der Partei Bündnis 90/Die Grünen auf Landes- und Bundesebene, hatte auf eine Nachfrage hin seine Vorbehalte gegen einen Gottesbezug so begründet.

»Nehmen Sie doch ernst, was in meinem Antrag steht, da steht nicht irgendein Votum über Gott und das Wort Gott, sondern da heißt es: Berufung auf, und das ist der Punkt«[195].

Auch die von Bündnis 90/Die Grünen herausgegebene Broschüre mit dem Titel »Um Gottes willen!«[196] assoziiert dies.

Als invocatio Dei im klassischen Sinn wird die ausdrückliche Anrufung Gottes bezeichnet, welche bereits in mittelalterlichen Urkundeneinleitungen auftaucht.[197] Karl der Große etwa führte in seinen Urkunden die invocatio: »In nomine patris et filii et spiritus sancti.«[198] Eine andere im Mittelalter durchaus gebräuchliche Form der Invokation begann mit den Worten »In nomine domini Jesu Christi«[199]. Eine interessante Formulierung, welche in ihrem ersten Teil an heutige Anrufungen Gottes erinnert, ist die von Lothar II. von Lothringen (855-869) gewählte Formel: »In nomine omnipotentis dei et salvatoris nostri Jesu Christi.«[200] Es ist davon auszugehen, daß die trinitarische Form der invocatio Dei sich ab dem 4. Jahrhundert gegenüber der vorher gebräuchlicheren unitarisch-christologischen Form in Byzanz durchsetzte und im Westen dann vornehmlich seit der Karolingerzeit zu finden ist.[201] Auch in den folgenden Jahrhunderten wird die klassische Form[202] der invocatio Dei in wichtigen Urkunden

195 Ullmann, anläßlich der Tagung »Gott im Grundgesetz« in Loccum 1993, in: Greive, Gott im Grundgesetz, 154.

196 Vgl. Bündnis 90/Die Grünen, Zur Sache.

197 Vgl. Waser-Huber, Präambeln, 82; Papenheim, Präambeln, 19. Vgl. auch die umfassende Arbeit zu den Karolingerurkunden von Seckel. Vgl. Seckel, Die erste Zeile Pseudoisidors, 41ff.

198 Vgl. Waser-Huber, Präambeln, 83. Waser-Huber führt diese Formel auf die christliche Taufformel zurück.

199 Vgl. Seckel, Die erste Zeile Pseudoisidors, 41. Für weitere Belege vgl. Waser-Huber, Präambeln, 83.

200 Fast jeder Regierungswechsel in der Politik führte auch zum Wechsel der invocatio Dei. Für weitere historische Verwicklungen im Mittelalter bezüglich der invocatio Dei vgl. Seckel, Die erste Zeile Pseudoisidors, 41ff; Waser-Huber, Präambeln, 83ff.

201 Vgl. Binder, Invokation, 576; Papenheim, Präambeln, 19.

202 Zur Verwendung des Begriffs der »klassischen Form« vgl. Papenheim, aaO., 19ff.

und Verfassungstexten oft verwendet. Z. B. beginnen die Verträge zum Westfälischen Frieden von 1648 mit einer trinitarischen Formulierung der invocatio Dei: »Im Namen der hochheiligen und unteilbaren Dreifaltigkeit«[203]; und auch die Deutsche Bundesakte von 1815 beginnt mit den Worten: »Im Namen der allerheiligsten und unteilbaren Dreieinigkeit«[204]. Etwas schlichter fallen dagegen die Einleitungsworte des ältesten Schweizer Bundesbriefes aus dem Jahre 1219 aus, welche von da an als Vorlage für die Schweizer Bundesverfassungen dienten: »In nomine domini. Amen«.[205]

Auch die Präambeln neuerer Verfassungsdokumente führen eine invocatio Dei. Neben der am 18. April 1999 durch Volksentscheid verabschiedeten schweizerischen Bundesverfassung[206] findet sich in der Verfassung von Griechenland aus dem Jahre 1975 eine invocatio Dei in der trinitarischen Form: »Im Namen der Heiligen, Wesensgleichen und Unteilbaren Dreifaltigkeit«[207]. Und im Rahmen der gegenwärtig in Geltung stehenden europäischen Verfassungen fällt auch der Präambeltext der irischen Verfassung von 1937 auf, welcher die invocatio Dei in folgender Weise aufnimmt:

»In the name of the Most Holy Trinity, from Whom is all authority and to Whom, as our final end, all actions both of men and States must be referred, we, the people of Ireland, humbly acknowledging all our obligations to our Divine Lord, Jesus Christ, who sustained our fathers through centuries of trial (...).«[208]

---

203 Zitiert nach aaO., 20.

204 Zitiert nach ebd.

205 Vgl. Waser-Huber, Präambeln, 84. Für weitere Beispiele von invocationes Dei vgl. aaO., 84-87; dies., Die Präambeln der Bundesverfassung, 105-108.

206 Text: »Im Namen Gottes des Allmächtigen!« (Die neue Bundesverfassung, 8). Im einzelnen dazu s.o. I.5.

207 Text abgedruckt bei Dagtoglou, Die Griechische Verfassung, 360. Zu den »Beziehungen zwischen Kirche und Staat« führt die Griechische Verfassung sehr aufschlußreich in Artikel 3 folgendes aus: »(1) Vorherrschende Religion in Griechenland ist die der Östlich-Orthodoxen Kirchen. Indem sie als Haupt unseren Herrn Jesus Christus anerkennt, bleibt die orthodoxe Kirche Griechenlands in ihrem Dogma mit der Großen Kirche in Konstantinopel und jeder anderen Kirche Christi des gleichen Bekenntnisses unzertrennlich verbunden und bewahrt wie jene unerschütterlich die heiligen apostolischen und die von den Konzilen aufgestellten Kanons sowie die heiligen Überlieferungen. (...) (3) Der Text der Heiligen Schrift bleibt unverändert erhalten. Eine offizielle Übertragung in eine andere Sprachform ohne vorherige Genehmigung der Autokephalen Kirche Griechenlands und der Großen Kirche in Konstantinopel ist verboten.« (Text übersetzt in: Die Verfassungen der EG-Mitgliedstaaten, 122f).

208 Übersetzt in: Die Verfassungen der EG-Mitgliedstaaten, 176. Interessant ist auch der Artikel 6 der Irischen Verfassung: »Alle Regierungsgewalt, die gesetzgebende, vollziehende

In den genannten Verfassungen wird die invocatio Dei in ihrer eigentlichen Bedeutung, nämlich als Anrufung Gottes verwendet, wobei Gott als Referenzpunkt fungiert, in dessen Namen gehandelt wird.[209]

Die invocatio Dei hat verschiedene Wurzeln: Zunächst steht sie in der Tradition des christlichen Abendlandes, »in der die Berufung auf Gott sehr ernstgemeinter Ausdruck einer Verbindung rechtlich-politischer und religiös-christlicher Überzeugung war«[210]. Dort hat sie besonders Ausdruck im Zeichen des monarchischen Prinzips im Gottesgnadentum und in der Formel »Dei gratia« gefunden.

Mit der Berufung auf Gott in der Formel »von Gottes Gnaden« war die invocatio Dei (im Sinne einer Berufung) fester Bestandteil konstitutioneller Verfassungen des 19. Jahrhunderts.[211] Die Lehre vom Gottesgnadentum betont die herausgehobene Stellung eines Monarchen hinsichtlich einer religiös-politischen Legitimierung, indem sie seine Herrschaft als eine gottgegebene Gnadenmacht versteht. Das Empfangen dieser göttlichen Gnadenmacht macht den Monarchen zum Habituanden dieser göttlichen Macht und »sakralisiert« ihn. Eben darum herrscht der Monarch durch göttlichen Willen und nicht durch den Willen seiner Untertanen, wobei er zum Mittler der göttlichen Macht und seiner Untertanen wird.[212]

Papenheim sieht in der Erhebung des Christentums zur Staatsreligion im Rahmen der sogenannten Konstantinischen Wende im Ergebnis eine »christliche Ideologie des Königtums, derzufolge die Autorität des Kaisers christlicher Vorstellungen entsprechend gottgewollt und dieser nunmehr als Stellvertreter

---

und rechtsprechende, gehen nächst Gott vom Volke aus (...)« (aaO., 177). Für den internationalen Vergleich interessant sind die Präambeln der Kuweitischen Verfassung vom 11. November 1962: »In the name of Allah, the Beneficent, the Merciful (...)«, und der Verfassung von Tunesien aus dem Jahre 1991: »In the name of God, the Compassionate and Merciful«.

209 Vgl. Schneider, Gott im Grundgesetz, 11.

210 Papenheim, Präambeln, 21.

211 Vgl. aaO., 22. Ein Beispiel bietet der Vorspruch der Verfassung des Großherzogtums Baden vom 22. August 1818 mit den Worten: »Carl, von Gottes Gnaden Großherzog von Baden, Herzog zu Zähringen« (zitiert nach ebd.).

212 Vgl. aaO., 22ff; vgl. auch Fears, Gottesgnadentum, 1103-1159; Flor, Gottesgnadentum und Herrschergnade, 10. Zur Geschichte des Gottesgnadentums vgl. Papenheim, Präambeln, 23.

Gottes galt«[213]. Ab dem 4. Jahrhundert wurde diese Herrschaft von Gottes Gnaden dann bestimmendes Moment für die Auffassung des Kaisertums, in welcher der Kaiser nunmehr als allein Gott untergeordnet verstanden wurde, welcher von dort seine Legitimation und Macht erhalte. Der Gedanke des Gottesgnadentums fand schließlich unter Justin Eingang in die römische Gesetzgebung, wobei in die offizielle Kaisertitulatur die Formel eingeführt wurde: »In nomine Domini nostri Iesu Christi Imperator Caesar Flavius Iustinianus«[214].

Vollständig im christlichen Kontext entstand die für die Idee des Gottesgnadentums wichtige Formel »Dei gratia«.[215] Im Mittelalter wurde sie noch als legitimationsbestärkende Formel für das Gottesgnadentum verwendet, verlor aber im Rahmen der Aufklärung[216] an Bedeutung. An die Stelle des Gottesgnadentums rückte allmählich die Berufung auf das Volk als wichtigster Legitimationsgrund staatlicher Macht[217]. In diesem historischen Zusammenhang brach die Tradition der invocatio Dei in deutschen Verfassungstexten ab.

Die Paulskirchenverfassung besaß nicht einmal mehr eine Präambel und auch in der Verfassung der Weimarer Republik von 1919 findet sich kein Bezug auf Gott. Erst nach den Wirren des Zweiten Weltkriegs besann man sich auf Gründungsinstanzen und verwendete den Gottesbezug auf neue Weise, jedoch nicht mehr in Form und Funktion einer invocatio Dei.

Demgegenüber handelt es sich bei denjenigen Formulierungen, in denen in irgendeiner Weise allgemein auf Gott Bezug genommen wird, ohne daß er konkret »angerufen« wird, nicht um invocationes Dei im klassischen Sinn, denn diese Formulierungen sprechen kein Bekenntnis im Sinne eines »Credo« aus, sondern bringen eine Überzeugung zum Ausdruck oder benennen den Horizont der Verantwortung des jeweiligen Verfassungsgebers.[218] Gott wird in diesen

---

213 AaO., 24. In Anlehnung an Rabe, Autorität, 384.

214 Zitiert nach Papenheim, Präambeln, 24.

215 Papenheim führt sie auf das paulinische Verständnis des Apostelamtes und den damit von Gott gegebenen Auftrag zurück (1Kor 15,10). Vgl. aaO., 25ff.

216 Im einzelnen vgl. aaO., 25ff.

217 Im einzelnen vgl. aaO., 28ff.

218 Vgl. Hollerbach, Grundlagen, 517; auch ders., in: Feuchte, Verfassung des Landes Baden-Württemberg. Kommentar, Präambel, Rdnr. 8; Dreier, Grundgesetz-Kommentar, Präambel, Rdnr. 14; Ennuschat, Gott und Grundgesetz, 954; Hofmann, Grundgesetz ohne Gott, 217; Schwemer, Gottesbezug, 8; Vögele, Zivilreligion, 266; Huber, Gerechtigkeit und Recht, 34.

Fällen nicht angerufen und der Verfassungsgeber will nicht vorgeben, im Namen Gottes zu handeln, sondern durch die Bezugnahme auf Gott darauf hinweisen, daß es außerrechtliche (!) Bezugszusammenhänge gibt, denen gegenüber das Verfassungswerk gebunden ist[219], so daß die Bezeichnung »invocatio Dei« für diese Gottesbezüge als inadäquat zu bezeichnen und aus diesem Grunde nicht zu verwenden ist.[220] Darauf, daß es sich bei der Formulierung im Grundgesetz und damit in den Länderverfassungen nicht um eine invocatio Dei handelt, hatte bekanntlich auch die Gemeinsame Verfassungskommission, die mit der Überarbeitung des Grundgesetzes betraut war, hingewiesen[221]; und auch bei den Verhandlungen im Parlamentarischen Rat (1948/49) waren z. T. feine Differenzierungen geltend gemacht worden.[222]

Wenig hilfreich sind auch die Bezeichnungen des Gottesbezuges als Berufung auf Gott (Huber[223], Hollerbach[224]) oder als »Gottes-Klausel« (Häberle[225], Vögele[226]). Die Bezeichnung »Berufung« kommt nicht aus der Assoziationskette der »invocationes Dei« heraus, da bei dieser Formulierung unklar bleibt, inwieweit einem Gottesbezug Legitimationsfunktionen für das Verfassungsgefüge zukommen. Die Bezeichnung der »Gottes-Klausel«, wie sie Vögele in Anleh-

---

219 Schwierig erscheint mir, diese außerrechtlichen Bezugszusammenhänge als Werteordnungen zu bezeichnen. So Papenheim, Präambeln, 21.

220 Wenig hilfreich erscheint der Vorschlag von Papenheim, zwischen invocatio dei *im engeren Sinn*, das ist die klassische Form, und der invocatio Dei *im weiteren Sinne* zu unterscheiden. Deinem Wortsinn entsprechend sei dann der Gottesbezug des Grundgesetzes als invocatio Dei im weiteren Sinne zu bezeichnen. So werde deutlich, daß eine konkrete Anrufung Gottes nicht gleichbedeutend mit der allgemeinen Inbezugnahme Gottes ist. Vgl. Papenheim, Präambeln, 21. Papenheim legt ihrer Dissertation diese Unterscheidung zugrunde. Das sei sachgerecht, »da zwischen beiden durch die Nennung Gottes eine unmittelbare Beziehung besteht und beide denselben geschichtlichen Kontext aufweisen« (ebd.). M. E. ist jedoch davon Abstand zu nehmen, da (1) die Verwendung des Begriffs »invocatio Dei«, wird sie durch diese Unterscheidung aufgeweicht, nicht mehr als terminus technicus verwendet werden kann. Außerdem (2) handelt es sich bei der Bezugnahme auf Gott im Grundgesetz und in den meisten Länderverfassungen um eine Kompromißformel, mit der man die Funktion von Invokationen bewußt umgehen wollte. Im einzelnen s.o. I.1.

221 Im einzelnen s.o. I.2.3.

222 S.o. I.2.2.

223 Vgl. Huber, Gerechtigkeit und Recht, 36; Vögele, Zivilreligion, 266.

224 Vgl. Hollerbach, Grundlagen, 517.

225 Vgl. Häberle, Gott im Verfassungsstaat, 225.

226 Vgl. Vögele, Zivilreligion, 265

nung an Häberle vorschlägt, ist m. E. auch nicht eine für den Sachverhalt adäquate Bezeichnung, weil der Begriff der »Klausel« auf eine juristische Abzweckung zielt.

Gelegentlich finden sich Bezeichnungen wie »nominato Dei«[227] oder auch »commemoratio Dei«[228] für die grundgesetzliche Präambel[229], welche lediglich Varianten der in dieser Arbeit verwendeten Bezeichnung »Gottesbezug« darstellen und in ihrem Aussagegehalt diesem Begriff entsprechen.

7. Zwischenergebnis – Vorläufige Fragen zur Verfassungs- und Gottesinterpretation

Als Resümee ist an dieser Stelle festzuhalten, daß Verfassungspräambeln mit Gottesbezügen keineswegs eine längst überwundene, atypische Entwicklungsstufe im Verfassungsrecht repräsentieren, sondern als mögliche kulturelle Varianten im Verfassungsstaat und somit als eine Art »Religionsverfassungsrecht« (Häberle) figurieren. Sie transporitieren ein Bild vom Menschen, welches ihn historisch wie aktuell in »höheren« Verantwortungsbezügen sieht.

Dabei werden Staat und Recht als begrenzte, ethisch fundierte Ordnungen verstanden, womit ein enger Zusammenhang zwischen den gottbezüglichen Verantwortungsklauseln und den dann folgenden Verfassungsartikeln, insbesondere der Menschenwürdegarantie, besteht.[230] Häberle sieht darin auch das verfassungsstaatliche Toleranzdenken sich gründen, wie überhaupt die Gottestexte in die als Einheit verstandene Verfassung zu integrieren seien.[231]

»Die epochale Entwicklung zum säkularisierten Verfassungsstaat wird damit nicht rückgängig gemacht, denn das Verfassungsrecht des Verfassungsstaates zwingt niemanden zum 'Gottesdienst' via Gottes-Texte. Doch ist der Mensch als *homo religiosus* kulturell ernst genommen bis hin zur Garantie seiner Freiheit, sich a-religiös oder gar anti-religiös zu verhalten. Es ist dieser *kulturelle* Hintergrund, der Gottestexte im Verfassungsstaat historisch und aktuell rechtfertigt, freilich auch begrenzt.«[232]

---

227 Vgl. Czermak, in: ZRP 1996, 204.
228 Merten, in: VVStRL 55 (1996), 7; 9.
229 Vgl. Ennuschat, Gott und Grundgesetz, 954.
230 Vgl. Häberle, Gott im Verfassungsstaat, 225.
231 Vgl. aaO., 225f.
232 AaO., 226.

Nach diesem eher an allgemein gehaltenen Aussagen orientierten ersten Zugang zu den juristischen Aspekten des Gottesbezuges ist nun abschließend und überleitend zu der Frage nach dessen Rechtsgehalt festzuhalten, welche konkrete Gottesvorstellung für die juristische Interpretation nötig und möglich ist, denn auch das implizite Vorkommen des Gottesbezuges innerhalb der »Verantwortungsformel« und dessen Funktionsgehalt, entbehrt nicht der Frage nach den materialen Gehalten der Nennung Gottes.

Die Verfassungsinterpretation hat unter Wahrung des Toleranzgebotes und des Zieles maximaler weltanschaulicher Neutralität auch des Rechtssystems zu bestimmen, ob hierunter Gottesvorstellungen nur der christlichen, aller drei monotheistischen Glaubensgemeinschaften - gemeint sind Judentum, Islam und Christentum - oder auch Gottesbestimmungen anderer Glaubensgemeinschaften subsumiert werden können. Häberle präferiert für diese Frage, von einen kulturwissenschaftlichen Ansatz auszugehen.[233] Hierbei konstatiert er, daß bei dem Gottesbild der Präambeln deutscher Verfassungstexte ein christliches als das kulturell »gemeinte« gelten könne[234], sich aber das Gottesverständnis des histo-

233 Vgl. aaO., 224. Zum Problemkomplex des kulturwissenschaftlichen Ansatzes vgl. auch Mangold/Klein/Starck, Grundgesetz-Kommentar, Präambel, Rdnr. 26. Im einzelnen s.u. VI.2.1.

234 Vgl. Häberle, Gott im Verfassungsstaat, 224. Häberle konstatiert an anderer Stelle, daß diese Interpretation des Gottesbezuges auch in Spannung mit den grundsätzlichen Errungenschaften des westlichen Verfassungsstaates stehen könne, insbesondere mit der Religionsfreiheit (Art. 4 Abs. 1, 2 GG) und dem Ziel der weltanschaulichen Neutralität des Staates. (Das Problem der weltanschaulichen Neutralität versucht Häberle zu umgehen, indem er lediglich von weltanschaulich-konfessioneller Neutralität spricht.) Vgl. Häberle, Präambeln, 242. »Darum ist hier von den Verfassungsartikeln wie Art. 4 und 140 GG in Verbindung mit Art. 136 Abs. 1 Weimarer Reichsverfassung her die Präambel *begrenzend* zu interpretieren.« (Häberle, ebd.) Im übrigen weise das Bundesverfassungsgericht in seinen Schulentscheidungen auf die kulturelle Bedeutung des Christentums hin. (Vgl. aaO., 242). Für weitere Belege vgl. Häberle, aaO., 243. Eine feine Differenzierung wird im sogenannten Kruzifixbeschluß aus dem Jahre 1995 eingeführt: »Zwar sind über die Jahrhunderte zahlreiche christliche Traditionen in die allgemeinen kulturellen Grundlagen der Gesellschaft eingegangen, denen sich auch Gegner des Christentums und Kritiker seines historischen Erbes nicht entziehen können. Von diesen müssen aber die spezifischen Glaubensinhalte der christlichen Religion oder gar einer bestimmten christlichen Konfession einschließlich ihrer rituellen Vergegenwärtigung und symbolischen Darstellung unterschieden werden. Ein staatliches Bekenntnis zu diesen Glaubensinhalten, dem auch Dritte bei Kontakten mit dem Staat ausgesetzt werden, berührt die Religionsfreiheit.« (Entscheidungen, in: NJW 1995, 2479.) An anderer Stelle wird betont: »Der Staat, in dem Anhänger unterschiedlicher oder gar gegensätzlicher religiöser und weltanschau-

rischen Verfassungsgebers von 1949 in dem Maße einer »Vielfalt« zu öffnen habe, wie sich die Bundesrepublik Deutschland durch Zuwanderung z. B. von Moslems und im Zuge der allgemeinen Säkularisierung eine »multikulturelle Gesellschaft« zu entwickeln beginnt.[235] »Der Verfassungsgeber wollte nicht sein Gottesbild festschreiben und z. B. gegen veränderte Sichtweise der Theologien immunisieren.«[236] Diese Offenheit des Gottesverständnisses habe jedoch auch Grenzen, denn eine Bezugnahme auf Gott ohne die Festlegung auf materiale Gehalte »kann die Gottesklauseln der Verfassungen (auch kulturell) zu Leerformeln degradieren und den Verfassungstext ad absurdum führen«.[237] Im übrigen beziehe sich die Verfassungskultur nicht auf »passiven oder aggressiven (Staats-)Atheismus«[238], wohl aber lasse eine im Pluralismus gültige Verfassung Raum für negative Religionsfreiheit und damit auch für Atheismus als Form individueller und kooperativer Grundrechtsbetätigung. Das müsse eine juristische Interpretation des Gottesbezuges berücksichtigen. Wie allerdings die Spannung aufgelöst werden kann, welche dadurch entsteht, daß das Gottesverständnis einerseits in der Verfassung des Pluralismus offen gehalten werden müsse, es aber andererseits nicht zur Leerformel degenerieren dürfe, läßt Häberle als Aufgabe an die Verfassungsinterpretation offen.[239]

Klaus Schlaich sieht in einer materialen Entleerung des Gottesbegriffs in der Präambel des Grundgesetzes unvermeidlich den Preis, dem Gottesbezug ei-

---

licher Überzeugungen zusammenleben, kann die friedliche Koexistenz nur gewährleisten, wenn er selber in Glaubensfragen Neutralität bewahrt.« (AaO., 2478) »Auf die zahlenmäßige Stärke oder die soziale Relevanz kommt es dabei nicht an (...). Der Staat hat vielmehr auf eine am Gleichheitssatz orientierte Behandlung der verschiedenen Religions- und Weltanschauungsgemeinschaften zu achten (...). Auch dort, wo er mit ihnen zusammenarbeitet oder sie fördert, darf dies nicht zu einer Identifikation mit bestimmten Religionsgemeinschaften führen (...).« (Entscheidungen, in: NJW 1995, 2478).

235 Vgl. Häberle, Gott im Verfassungsstaat, 224f.

236 AaO., 225.

237 Ebd.

238 Ebd. Diese Interpretation erfolgt in Anlehnung an die Auslegung des Gottesbezuges in dem Kommentar von Münch, welcher diesen als Absage an einen Atheismus als Staatsreligion versteht, diese Aussage aber nicht als allgemeine prochristliche Auslegung mißdeutet wissen möchte. Vgl. Münch/Kunig, Grundgesetz-Kommentar, Präambel, 2. Aufl. 1981, Rdnr. 7. In diesem Sinne bezeichnet Häberle den Kommentar von Zuleeg als unzutreffend, die Formel leite in die Irre und entbehre eines rechtlichen Sinngehaltes (Zuleeg, Alternativkommentar, 1984, Präambel, Rdnr. 21), denn dieser Kommentar übersehe die Kuturgehalte des Gottesbezuges. Vgl. Häberle, Gott im Verfassungsstaat, 225.

ne »unschädliche Allgemeinheit« beizulegen, will man ihm eine normative Bedeutung zumessen. »Und er [sc. der Preis] wird bezahlt! Es wird gefragt - und muß dann gefragt werden -, welcher Gott hier eigentlich gemeint sei.«[240] Davor jedoch solle die Verfassungsauslegung »Gott *und* die Verfassungsväter, die die Anrufung Gottes im Jahre 1949 beraten und beschlossen haben, bewahren«[241], denn der Gottesbezug im Grundgesetz sei zu verstehen als Bekenntnis der an der Verfassungsgebung beteiligten Personen und als solches - eindeutiges Zeichen - wichtig zu nehmen.

»Die Verfassungsväter bezeugen - in der Reformationszeit hätte man dies eine pro-testatio genannt -, daß sie ihre Arbeit in der Verantwortung vor Gott und den Menschen taten.«[242]

Der allgemeine Redaktionsausschuß des Parlamentarischen Rates habe festgestellt, daß die Präambel die subjektiven Empfindungen der Abgeordneten wiedergegeben habe[243], worin ein klarer Aussagegehalt des Gottesbezuges gründe, denn es sei kein Zweifel daran, welchen Gott die verfassunggebende Versammlung gemeint habe, nämlich den christlichen.[244] Als solches Zeugnis der Väter sei diese Formel zu achten und die Nachfahren haben nun zu entscheiden, »ob sie dieses Zeugnis hören und ihrerseits nun unter dem Grundgesetz in Verantwortung vor Gott und den Menschen handeln wollen und können«[245]. Normativ jedenfalls lasse sich Gott weder aufdrängen noch einem Staat zugrunde legen.[246] Letztendlich versucht Schlaich dem Dilemma zu entgehen, indem er sich auf eine rein historische Interpretation des Gottesbezuges als Bekenntnis der Verfassungseltern beschränkt, in welches die moderne Verfassungslehre einstimmen könne oder eben nicht. Die Frage nach der Rechtsnatur im folgenden Teil

---

239 Vgl. ebd.
240 Schlaich, Konfessionalität-Säkularität-Offenheit, 435.
241 Ebd.
242 AaO., 436.
243 Im einzelnen dazu s.o. I.2.
244 Vgl. Schlaich, Konfessionalität-Säkularität-Offenheit, 436.
245 Ebd.
246 Vgl. ebd. Schlaich schließt seine Überlegungen mit einer Anspielung auf die Titelskizze der zweibändigen von Ethel-Leonore Behrendt herausgegebenen Reiche Rechtsstaat und Christentum (ein Kreuzeszeichen efeuartig umschlungen von einem Paragraphenzeichen): »Bewahren wir also das Kreuz vor der Überwucherung durch das Recht! Es zählt zu den Kennzeichen der Säkularisierung im Gefolge der Aufklärung, daß der Herrscher durchaus Christ sein kann, daß er verfassungsrechtlich als solcher aber nicht in Anspruch genommen wird.« (Ebd.).

wird zu klären haben, inwieweit dieser Ansatz durch andere Zugangsmöglichkeiten zu dem Problemkomplex in juristischer Perspektive ergänzt werden muß, denn ein rein historischer Zugang muß in letzter Konsequenz einen normativen Charakter der nominatio Dei und auch der gesamten Verantwortungsformel negieren.[247]

247 Dies ist eine Frage, welche Häberle offen läßt.

IV. Der Gottesbezug im Rahmen juristischer Interpretation

Die nun folgende Darstellung der juristischen Sichtweise dient der Klärung rechtlicher Zusammenhänge des Gottesbezuges in der Präambel. Dabei werden die Argumente und Anliegen, welche anhand der Debatten um den Problemkomplex herausgearbeitet worden sind[1], sowie die Ergebnisse der strukturanalytischen Betrachtung[2] im Hintergrund der Argumentation stehen, ohne explizit zur Sprache zu kommen.

Dieser Teil der Untersuchung wird sich an der aktuellen Diskussion um das Grundgesetz in der juristischen Literatur orientieren und - wo es dienlich ist - auch Stellungnahmen in bezug auf die Länderverfassungen beiziehen. Dieses Vorgehen ist zu wählen, weil sich deren Kommentierung an der des Grundgesetzes orientiert.

Das Element des Gottesbezuges in der Präambel soll dabei auf seinen Rechtsgehalt hin befragt werden, wobei die kontroverse juristische Diskussionslage um dieses Problem im wesentlichen nachgezeichnet werden soll. In Anlehnung an die juristische Interpretation des Gottesbezuges als eines Merkpostens für die Begrenzung des Rechtssystems bzw. der Rechtsordnung soll daran anschließend eine Erörterung verschiedener Modelle der Definition des Rechtsbegriffs erfolgen, welche in einem abschließenden Teil auf den Aussagegehalt des Gottesbezuges der Präambel hin befragt werden.

1. Die Frage nach dem Rechtsgehalt des Gottesbezuges

Um den der Präambel inhärierenden Rechtsgehalt zu bestimmen, bedarf es zunächst einer Klärung ihres Ranges und ihrer Stellung im Zusammenhang mit den folgenden Artikeln des Verfassungstextes. Im folgenden Abschnitt soll aus diesem Grund zunächst die Frage nach der Rechtsnatur der Präambel allgemein im Vordergrund stehen, wobei auch hier vorrangig die Präambel des Grundgesetzes behandelt wird. Daran anschließend soll im Rahmen des Themas lediglich die Rechtsnatur des Gottesbezuges im Präambeltext genauer erarbeitet wer-

1 Dazu s.o. I.; II.
2 Dazu s.o. III.

den, wobei mit der Darstellung der Aussageabsicht derjenigen Organe eingesetzt wird, welche die jeweiligen Verfassungstexte erarbeitet haben (historische Zugangsweise[3]).

1.1. Zum Rechtsgehalt der Präambel des Grundgesetzes

1.1.1. Das Verhältnis der Präambel zum Gesamttext der Verfassung

Die Frage des Verhältnisses von der Präambel zu den ihr nachfolgenden Artikeln wird bei einer großen Mehrheit der Kommentatoren zu den Länderverfassungen und zum Grundgesetz nicht expliziert. Diese beschäftigen sich vornehmlich mit der Frage, inwieweit dem Vorspruch rechtliche Bedeutung zukomme.[4] Eher singulär ist auch die Betonung des Kommentars zur rheinland-pfälzischen Verfassung von Süsterhenn/Schäfer, daß die Präambel wesentlicher Bestandteil der Verfassung sei und echtes Verfassungsrecht bilde, dessen Bedeutung besonders durch die Stellung an der Spitze der Verfassung maßgeblich hervorgehoben sei.[5]

Dennoch werde das Vertrauen der Bevölkerung in den Inhalt des Verfassungstextes in nicht unerheblicher Weise auch davon abhängen, inwieweit der Präambeltext als integrierter Bestandteil der Verfassung angesehen wird. Die Auffassung, daß die Präambel des Grundgesetzes integrierter Bestandteil des Verfassungstextes ist, hat sich mehrheitlich durchgesetzt.[6] Peter Schoepke stellt diesbezüglich zusammenfassend fest: »Nach allgemeiner und von keiner Seite bestrittener Auffassung wird die Präambel des GG als ein Bestandteil desselben angesehen.«[7] Darin sieht Dietrich Zais ein generelles Prinzip[8], was schon dadurch deutlich wird, daß die Verfassungstexte mehrheitlich in ihren Präambeln

---

3 Im einzelnen dazu s.o. I.

4 Vgl. Zais, Rechtsnatur, 9.

5 Vgl. Süsterhenn/Schäfer, Kommentar, 64. Besonderes Gewicht erhält diese Aussage in der Verfassung von Rheinland-Pfalz dadurch, daß dieses die einzige Verfassung im bundesdeutschen Raum ist, welche in Art. 129 - der sogenannten Ewigkeitsklausel - ausdrücklich auch die im Vorspruch niedergelegten Grundsätze vor einer Verfassungsänderung schützt. Für weitere Belege zur Frage nach dem Zusammenhang des Verfassungstextes mit den nachfolgenden Artikeln vgl. Zais, Rechtsnatur, 9.

6 Für Nachweise vgl. Zais, Rechtsnatur, 9f; vgl. auch Lehmann-Brauns, Präambel, 1.

7 Schoepke, Präambel, 156. Dort auch weitere Verweisstellen.

8 Vgl. Zais, Rechtsnatur, 10.

von »dieser Verfassung«[9] sprechen[10]. Das entspricht im wesentlichen auch den Aussagen des Parlamentarischen Rates, welcher einmütig von der Zugehörigkeit des Präambeltextes zum »eigentlichen« Verfassungstext ausging[11].

1.1.2. Zum Rechtsgehalt der Präambel nach Ansicht der Verfassungsgründer

Die Frage der rechtlichen Relevanz der Präambel des Grundgesetzes stand im Parlamentarischen Rat nicht im Zentrum der Diskussion, selbst wenn der Abgeordnete Carlo Schmid als Berichterstatter des Ausschusses für Grundsatzfragen darauf hinwies, daß die Präambel nicht lediglich ein rhetorischer Vorspruch sei, sondern alle Elemente enthalte, welche für den Charakter des Grundgesetzes bestimmend seien, und aus der Präambel ersichtlich sein sollte, was durch das Grundgesetz bewirkt werden sollte und was nicht. Insofern sei sie ein wesentliches Element des Grundgesetzes, welches von hier seine eigentliche politische und juristische Qualifikation erhalte.[12] Sie enthalte »rechtlich erhebliche Feststellungen, Bewertungen, Rechtsverwahrungen und Ansprüche zugleich«[13]. Über diese eher allgemein gehaltenen Aussagen hinaus wurde im Parlamentari-

---

9 Für Baden-Württemberg s.u. Anlage I.; für Berlin vgl. ebd.; für Brandenburg vgl. ebd.; für Hamburg vgl. ebd.; für Hessen vgl. ebd.; für Mecklenburg-Vorpommern vgl. ebd.; für Niedersachsen vgl. ebd.; für Nordrhein-Westfalen vgl. ebd.; für Rheinland-Pfalz vgl. ebd.; für den Freistaat Sachsen vgl. ebd.; für Sachsen-Anhalt vgl. ebd.; für Thüringen vgl. ebd.; für das Grundgesetz vgl. ebd. Eine Ausnahme hiervon bildet lediglich die Präambel der Bayerischen Verfassung, in welcher ausdrücklich von der »nachstehenden demokratischen Verfassung« die Rede ist. Hierzu vgl. ebd. Diese Formulierung orientiert sich an der Verfassung des Deutschen Reiches vom 16.4.1871. Text bei Schuster, Deutsche Verfassungen, 147. Erklärbar ist diese Ausnahme aus der besonderen Situation der Entstehung dieses Präambeltextes. Im einzelnen s.o. I.3.2. Im übrigen gilt auch die bayerische Verfassungspräambel trotz dieser »verunglückten« Formulierung als integrierter Bestandteil der Verfassung. Vgl. Meder, Kommentar, Vorspruch, Rdnr. 1; Schmidt, Staatsgründung, 114.

10 Auf diesen Sachverhalt ist oben schon hingewiesen worden. S.o. III.3.

11 Vgl. Parlamentarischer Rat, Plenum, 70; 175. Eine Ausnahme bildete lediglich der KPD-Abgeordnete Renner, welcher die Ansicht vertrat, daß die Präambel nur ein rhetorisches Vorwort sei, nicht jedoch wegen seines fehlenden Rechtsgehaltes, sondern deshalb, weil sie weder hinreichende Aussagen über den politischen, den wirtschaftlichen noch über den gesellschaftlichen Charakter des zu schaffenden Staates mache. Vgl. aaO., 78. Im einzelnen s.o. I.2.1.

12 Vgl. Parlamentarischer Rat, Plenum, 70.

13 AaO., 175.

schen Rat nicht debattiert. Auch in den Länderparlamenten wurde diese Frage nicht explizit erläutert.[14]

1.1.3. Bewährung der Rechtsnatur am Beispiel des Gebotes der Wiedervereinigung

Bestimmend für die Auffassung der Staatsrechtslehre für die Rechtsrelevanz der Präambel ist ein Urteil des Bundesverfassungsgerichts vom 17. August 1956, in welchem die KPD für verfassungswidrig erklärt und dem Wiedervereinigungsgebot in der Präambel des Grundgesetzes bescheinigt wurde, unmittelbar wirksame Rechtsnorm zu sein[15]. Im Rahmen dieses Prozesses führte das Bundesverfassungsgericht aus, daß die Präambel des Grundgesetzes auch rechtliche Gehalte impliziere und sich nicht auf Feststellungen beschränke, welche lediglich bei der Auslegung des Grundgesetzes zu beachten seien.

Bevor das Bundesverfassungsgericht so geurteilt hatte, wurde die Präambel in der juristischen Literatur mehrheitlich lediglich als Auslegungshilfe für die nachfolgenden Artikel angesehen. Wolfgang Abendroth etwa bestritt zwar die Rechtsqualität der Präambel; er gestand aber ein, daß die Präambel ein leitender Gesichtspunkt für die Auslegung der Normen des Grundgesetzes sei, und daß sie als dessen Bestandteil ein verpflichtendes Programm für die Gesamtpolitik beinhalte.[16]

Nun wurde aus Anlaß der Frage des Wiedervereinigungsgebotes der Präambel neben einer politischen Bedeutung auch ein rechtlicher Gehalt zugesprochen. Die Richtungen der Kommentatoren des Grundgesetzes, welche der Präambel deutlich mehr Rechtscharakter zugesprochen haben, wurden demnach

---

14 Im einzelnen s.o. I.3.; I.4.

15 Für die genauen Zusammenhänge vgl. Zais, Rechtsnatur, 176ff; Lehmann-Brauns, Präambel, 35ff; Schoepke, Präambel 156; 174ff; Papenheim, Präambeln, 100. Ausgangspunkt für diese rechtliche Bewertung war ein Antrag der KPD, nach dem das Verfahren gegen sie als grundgesetzwidrige Partei eingestellt werden sollte, weil ein Verbot ein rechtliches oder tatsächliches Hindernis für die Durchführung freier gesamtdeutscher Wahlen darstelle und den Weg zur Wiedervereinigung Deutschlands verschließe. Vgl. ebd.

16 Vgl. Abendroth, Deutsche Einheit und europäische Integration in der Präambel des Grundgesetzes der Bundesrepublik, 4387. Für weitere Belege vgl. Papenheim, Präambeln, 101f.

durch das Bundesverfassungsgericht bestätigt.[17] Nur eine Minderheit der Kommentatoren reduzierte den Rechtsgehalt der Präambel weiterhin auf ihre Funktion als Auslegungsregel.[18] Später betonte das Bundesverfassungsgericht erneut den verpflichtenden Charakter des in der Präambel verankerten Wiedervereinigungsgebotes.[19] Der Präambel wurde also wiederholt rechtlich verpflichtender Charakter zuerkannt.

Aus dieser grundsätzlichen Aussage, daß einzelne Teile der Präambel rechtliche Relevanz in Form von normativen Bestimmungen haben, also präskriptive Funktion bei der Verfassungsanwendung implizieren, zieht Ethel Leonore Behrendt[20] in ihrer Monographie über den Gottesbezug in der Verfassung Schlüsse für die Interpretation desselben:

»Durch den Spruch des Bundesverfassungsgerichts zur Fähigkeit der Präambel, unmittelbare Rechtsgrundlage zu sein (...), werden auch alle übrigen Fragen ihres Inhalts in eine ganz neue Aktualität gehoben. Was heute im Hinblick auf die Einheit Deutschlands vom Vorzeichen der Verfassung rechtlich getragen und legitimiert wird, kann nicht ohne Wirkung für die anderen Merkmale des Vorspruchs bleiben - das gilt für die Erfassung des spezifisch rechtlichen Gehalts ihrer je einzelnen Aussagen wie vor allem auch für deren Wirkung auf die anderen Bestandteile dieser Präambel«[21].

Bei der Beurteilung des Rechtscharakters der Präambel darf jedoch nicht verkannt werden, daß die genannten Urteile des Bundesverfassungsgerichts sich speziell auf das Wiedervereinigungsgebot bezogen. Eine Beurteilung des Rechtscharakters der anderen Teile der Präambel wird berücksichtigen müssen, daß es sich bei den Aussagen der Präambel um Aussagen ganz unterschiedlicher Art handelt, wie es bereits herausgearbeitet worden ist. Eine Überprüfung des

---

17 Zu nennen sind an dieser Stelle vor allem der Kommentar v. Mangoldts, welcher in den einzelnen Aussagen der Präambel des Grundgesetzes rechtlich erhebliche Feststellungen und Rechtsverwahrungen sieht. Vgl. Mangoldt/Klein/Starck, Das Bonner Grundgesetz, Bd. 1, 3. Aufl. 1985, 40f. Grewe unterstreicht, daß bei der Auslegung und Anwendung des Grundgesetzes auf den rechtlichen Gehalt der Präambel zurückzugreifen sei. Diese Auslegungslinie wurde auch vom Bundesverfassungsgericht bestätigt. Im einzelnen vgl. Papenheim, Präambeln, 101f.

18 Vgl. Model/Müller, Grundgesetz für die Bundesrepublik Deutschland, Präambel, Rdnr. 2; Rumpf, Der ideologische Gehalt des Bonner Grundgesetzes, 17; Wertenbruch, Grundgesetz und Menschenwürde, 154.

19 Und zwar im Grundvertragsurteil vom 31.7.1973 (BVerfGE 36, 1ff). Im einzelnen vgl. Papenheim, Präambeln, 102.

20 Vgl. Behrendt, Gott im Grundgesetz, 32ff. Im einzelnen zu Behrendts Ansatz s.u. V.2.1.

21 Behrendt, Gott im Grundgesetz, 35.

rechtlichen Gehaltes des Gottesbezuges muß diese Verschiedenartigkeit der einzelnen Aussagen berücksichtigen und kann nicht einfach per Analogieschluß die positiven Aussagen zum Rechtsgehalt des Wiedervereinigungsgebotes auf den Gottesbezug der Präambel übertragen, wie dies etwa Behrendt unternimmt.[22] Indes ist zu betonen, daß im Bereich der juristischen Auslegung die Meinung Behrendts eher singulär geblieben ist und zu erheblichem Widerspruch geführt hat.[23]

Die herausgearbeitete typologische Unterteilung[24] der einzelnen Aussagegehalte der Präambel kann an dieser Stelle als einmütige Meinung in der juristischen Debatte anerkannt gelten und somit dem weiteren Verlauf der Analyse zugrunde gelegt werden.[25] Dabei soll im folgenden entsprechend dem Problemfeld dieser Arbeit lediglich der ethisch-religiöse Teil der Präambel des Grundgesetzes, insbesondere der Gottesbezug, auf seinen Rechtsgehalt hin untersucht werden.[26]

1.2. Stellung und Rechtsgehalt des Gottesbezuges in der Präambel

1.2.1. Problemanzeige – Der unsichere Umgang mit dem Unbekannten

In der juristischen Literatur, insbesondere in den Grundgesetzkommentaren, ist bei der Frage nach dem rechtlichen Gehalt des Gottesbezuges eine gewisse Unsicherheit vernehmbar.[27] So wird dem Gottesbezug der Präambel wenig oder gar keine Beachtung geschenkt[28].

---

22 Zur Verschiedenartigkeit der Aussagen s.o. III.3. Vgl. auch Papenheim, Präambeln, 103ff.

23 Vgl. aaO., 135; Häberle, Gott im Verfassungsstaat, 213; 220; 224; Starck in JZ 1981, 456.

24 S.o. III.3.

25 Vgl. Schoepke, Präambel; Papenheim, Präambeln, 103; Zais, Rechtsnatur, 117.

26 Zur Frage des Rechtscharakters der übrigen Teile des Grundgesetzes vgl. Schoepke, Präambel; Zais, Rechtsnatur; Lehmann-Brauns, Präambel; sowie die neueren juristischen Kommentare.

27 Zu dem gleichen Ergebnis kommen auch Behrendt, Gott im Grundgesetz, 41-72 (56), und Papenheim, Präambeln, 133.

28 Der Kommentar von Giese geht in der Kommentierung der Präambel auf deren Gottesbezug überhaupt nicht ein. Vgl. Giese, Grundgesetz für die Bundesrepublik Deutschland, Präambel. Auch der Grundgesetz-Kommentar von Leibholz erwähnt den Gottesbezug mit keinem Wort. Vgl. Leibholz/Rinck, Grundgesetzkommentar, 4. Aufl. 1971.

Schon frühe Kommentatoren blieben bei ihrer Auslegung allgemeinen Aussagen verhaftet. Willibalt Apelt bezeichnete 1949 den Gottesbezug mit einer in der Formulierung bemerkenswerten Wirkungsgeschichte als »ethisches Fundament von absoluter Tragfähigkeit«[29]. Die Eingangsformel der Verfassung sei jedoch rechtlich nicht bindend, dennoch bedürfe jede Verfassung einer Staatsidee als sittlichen Maßstab. Die mangelnde rechtliche Bindungswirkung sei darin begründet, daß grundsätzlich Moralgebote ethische Forderungen blieben und nicht dadurch geltendes Recht würden, daß sie in die Verfassung eingebunden sind.[30]

Auch neuere Kommentatoren bieten i. d. R. nur unbefriedigende Allgemeinplätze. Schmidt-Bleibtreu/Klein betonen in ihrem Kommentar zum Grundgesetz, mit der Wendung »im Bewußtsein seiner Verantwortung vor Gott und den Menschen« habe der Verfassungsgeber zum Ausdruck bringen wollen, »daß er die grundlegenden *Gerechtigkeitspostulate* anerkennt, die zu den Grundentscheidungen jeder menschlichen Ordnung gehören und nicht zur Disposition stehen«[31], ohne jedoch diese »Gerechtigkeitspostulate« inhaltlich zu bestimmen. Bei Maunz/Dürig findet sich der Hinweis, daß die Verfassungsgebung nicht »an einen Uranfang unverfaßter Ursprünglichkeit« zurückkehren, sondern an »überlieferte Rechtsgüter« anknüpfen wolle[32] und die Formulierung des Gottesbezuges die Einsicht der Mitglieder des Parlamentarischen Rates zum Ausdruck bringe, »daß es überstaatliche Normen gebe, wie man sie auch begründen mag, über die auch eine verfassunggebende Versammlung nicht hinwegschreiten könne«[33].

Andere Kommentare sprechen ähnlich unspezifisch von einem darin begründeten »Antrieb für den Verfassungsgeber«[34] (Model/Müller), oder davon, daß »mit dieser Formel (...) das GG (...) die dienende, verantwortungsbeladene Stellung des von ihm geschaffenen Staatswesens deutlich zum Ausdruck ge-

---

29 Apelt, Betrachtungen, 481. Vgl. Schmidt-Bleibtreu/Klein, Kommentar, 7. Aufl. 1990, Präambel, Rdnr. 2.

30 Apelt, Betrachtungen, 481.

31 Schmidt-Bleibtreu/Klein, Kommentar, 7. Aufl. 1990 / 8. Aufl. 1995, Präambel, Rdnr. 2.

32 Vgl. Maunz/Dürig, Grundgesetz-Kommentar, Präambel, Rdnr. 14.

33 AaO., Rdnr. 17.

34 Model/Müller, Grundgesetz für die Bundesrepublik Deutschland, Erl. 1

bracht«[35] habe (Hamann/Lenz); oder sie sehen darin eine »Absage an jeden prometheischen Größenwahn und Mahnung zur Bescheidenheit«[36].

Dementsprechend verwundert es nicht, daß sogar Kommentare zu dem ernüchternden Ergebnis kommen, »mehr als ein Hinweis auf ideologische Beweggründe des Grundgesetzgebers ist diesen Worten nicht zu entnehmen«[37] (Seifert u.a.). In der ersten Auflage des Alternativkommentars erläuterte dementsprechend Manfred Zuleeg den Beginn der Präambel mit folgenden mageren Worten:

»Die Anrufung Gottes führt nicht zu einer religiösen Bindung aus der Verfassung. Insoweit sind die Art. 4 Abs. 1 und 140 GG i. Verb. m. Art. 137 WRV maßgeblich. Die Formel leitet daher in die Irre und entbehrt eines rechtlichen Sinngehaltes. Die Verantwortung vor den Menschen bewegt sich hingegen im irdischen Rahmen. Sie gemahnt an die Sorge für zukünftige Generationen, denen die Lebenden keine Umwelt hinterlassen dürfen, in der Grundrechte nicht mehr zu verwirklichen sind. Folgen daraus keine bestimmten Rechtspflichten, so doch Auslegungs- und Anwendungsdirektiven.«[38]

Die Abweisung der Verantwortungsformel ist dann in der zweiten Auflage dieses Kommentars wesentlich abgemildert, wenn es statt »in die Irre geführt« nun an der entsprechenden Stelle heißt:

»Religiöse und weltanschauliche Offenheit und Toleranz dürfen nicht unter Berufung auf die Verantwortung vor Gott in Frage gestellt werden. Der Formel lassen sich aber Kulturgehalte abgewinnen. Sie entbehrt hingegen eines rechtlichen Regelungsgehaltes.«[39]

Allerdings führt die weitere Argumentation des Kommentars zu Widersprüchen, wenn aus der Verantwortung vor den Menschen ein Rechtsprinzip abgeleitet wird. Eine so geartete Aufspaltung lag sicher nicht in der Absicht der Mitglieder des Parlamentarischen Rates.

Neuere Kommentare orientieren sich bei einer weitergehenden Interpretation an den Motivationen der Verfassungsgeber. So betont Ingo von Münch in

---

35 Hamann/Lenz, Grundgesetz für die Bundesrepublik Deutschland, Anm. A.

36 Mangoldt/Klein/Stark, Grundgesetz-Kommentar, Präambel, Rdnr. 26.

37 Seifert, u.a., Taschenkommentar, Präambel, Rdnr. 2.

38 Zuleeg, Alternativkommentar, 1. Aufl. 1984, 139.

39 Zulegg, Alternativkommentar, 2. Aufl. 1989, 146. Durch die Bezeichnung »Anrufung Gottes« entzieht sich der Kommentar einer entscheidenden Interpretationsaufgabe, nämlich der Antwort auf die Frage, inwieweit der Gottesbezug mit dem Ziel der Religionsfreiheit aus Art. 4 GG vereinbar ist. In ähnlicher Weise beschränkt sich Jarass in dem Kommentar zum Grundgesetz darauf, hinzuweisen, daß sich aus dem Gottesbezug keine anti-atheistische oder pro-christliche Aulegungsmaxime für das GG ergebe. Vgl. Jarass/Pieroth, Grundgesetz, 1997, Präambel, Rdnr. 3.

seinem Kommentar, daß als relevanter rechtlicher Gehalt nur »die *Zurückweisung von Verabsolutierung von Staatsgewalt* (...) und die *Absage an den Atheismus als Staatsreligion*«[40]fixiert werden könne, denn der Verfassungsgeber habe im Jahre 1949 noch unter dem »Schock der *Erinnerung an die NS-Zeit*« gestanden[41], woraus in Anlehnung an eine Auslegung von Peter Häberle auch für die Zukunft eine Absage an totalitäre Staatsmodelle abzuleiten sei.[42] Hierbei habe die Präambel verstärkenden Charakter für Art. 4 Abs. 1 GG und Art. 140 GG.

Auch der Kommentar von Theodor Maunz hebt auf die Motivationsgründe der Mitglieder des Parlamentarischen Rates ab, denn diese haben fortdauernde Bedeutung für die Anwendung des Grundgesetzes überhaupt.[43] Demgemäß sollte durch diese Formulierung kundgetan und gerechtfertigt werden,

> »(...) daß die Mitglieder des Parlamentarischen Rates nicht von einer unbegrenzten und bedingungslosen Staats- und Volkssouveränität ausgegangen sind und diese auch nicht dem von ihnen geschaffenen Grundgesetz zugrunde gelegt haben. Vielmehr waren die Mitglieder des Parlamentarischen Rates davon überzeugt, daß es überstaatliche Normen gebe – wie man sie auch begründen mag -, über die auch eine verfassunggebende Versammlung nicht hinweg schreiten könne.«[44]

Insofern markiere die Verantwortungsformel die Grenzen der Entscheidungsfunktion der verfassunggebenden Gewalt.[45]

Bruno Schmidt-Bleibtreu und Franz Klein orientieren sich bei der Auslegung der Verantwortungsformel ebenfalls an den Motivationsgründen der verfassunggebenden Organe, berücksichtigen aber als erste in ihrem Kommentar die Debatte, welche in der Gemeinsamen Verfassungskommission[46] zu diesem

---

40 Münch/Kunig, Grundgesetz-Kommentar, Präambel, Rdnr. 7.

41 Vgl. aaO., Rdnr. 8 in Anlehnung an Bachof: »Erfahrungen mit dem gottlosen nationalsozialistischen Unrechtsstaat«.

42 Vgl. Münch/Kunig, Grundgesetz-Kommentar, Präambel, Rdnr. 8. Vgl. Häberle, Gott im Verfassungsstaat, 217: »Die 'Wiederaufnahme' Gottes in die bzw. in den westdeutschen Nachkriegsverfassungen erklärt sich aus der Erfahrung mit dem 'gottlosen' totalitären NS-Staat.« (AaO., 222.) »Für das GG und deutsche Länderverfassungen bedeuten aber die Gottesbezüge in den Präambeln auch heute, daß damit kulturell dem totalitären Staatsmodell 'ewig' und 'symbolisch' eine Absage erteilt und das Recht in überpositive Zusammenhänge gerückt wird, dies auch gegenüber einem voluntaristischen Volkssouveränitätsdenken.« (Ebd.).

43 Vgl. Maunz/Dürig, Grundgesetz-Kommentar, Präambel, Rdnr. 17.

44 Ebd.

45 Vgl. aaO., Rdnr. 17f.

46 Vgl. Deutscher Bundestag, BT-Dr. 12/6000. S.o. I.2.3.

Thema geführt worden ist, in welcher die Mehrheit bei der Entscheidung der Frage nach dem Gottesbezug in der Präambel auch von den Beweggründen der Mitglieder des Parlamentarischen Rates ausgegangen ist:

»Vielmehr beinhalte diese Bezugnahme zunächst die Erinnerung daran, daß die Mütter und Väter des Grundgesetzes unter dem Eindruck der nationalsozialistischen Gewaltherrschaft und ihrer Verbrechen sich von dieser Diktatur mit ihrer menschenverachtenden Ideologie distanzieren wollten, daß sie damit deutlich machen wollten, daß der Mensch nicht allmächtig und nicht die letzte Instanz sei; es handele sich um die Selbsterinnerung an die Grenzen menschlichen Tuns. Die 'Verantwortung vor Gott' sei zugleich eine Absage an einen relativistischen Gesetzespositivismus, der alles - unabhängig von materiellen Gerechtigkeitsgehalt der Norm - als Recht und damit auch als rechtmäßig ansehe, was als Gesetz beschlossen sei. Damit sollte das Grundverständnis der Mitglieder des Parlamentarischen Rates dokumentiert werden, daß es überstaatliche Normen und Werte gebe, über die auch der Verfassungsgeber nicht verfügen könne.«[47]

Joseph Isensee kommt zu dem Ergebnis, daß diese Verantwortung wie jede nur vor einem personalen Wesen getragen werden kann, woraus sich auch Konsequenzen für die nähere Bestimmung des Gottesbegriffes zu ergeben haben. Daß das Volk Verantwortung vor Gott trägt, zeige, daß es seinerseits nicht das letzte Wort haben wolle, sich sittlichen Bindungen füge und nicht in absoluter Selbstherrlichkeit agiere.[48]

Nach dieser ersten Durchsicht der Kommentare kann als Zwischenergebnis resümiert werden, daß sich die Verfassungskommentare der alten wie der neuen Bundesländer bei ihrer Auslegung im wesentlichen an der Gesetzgebung des Bundes, insbesondere an den einschlägigen Kommentaren zum Grundgesetz, orientieren.

Die Äußerungen in den Grundgesetzkommentaren bleiben schillernd allgemein und bedürfen einer näheren Analyse bezüglich ihres wirklichen Aussagehaltes. Im allgemeinen schreiben die juristischen Kommentare dem Gottesbezug eine in irgendeiner Weise geartete Rechtsnatur zu, wobei sich bei dem Grad der Rechtsrelevanz unterschiedliche Gewichtungen ergeben.[49]

Die überwiegende Mehrheit orientiert sich bei der Auslegung an den Motivationsgründen der Mitglieder des Parlamentarischen Rates. Damit wird bei der Auslegung des Gottesbezuges Ausgang genommen bei historischen Fragestel-

---

47 Schmidt-Bleibtreu/Klein, Kommentar, 8. Aufl. 1995, Präambel, Rdnr. 2.
48 Vgl. ebd.
49 Im einzelnen s.o. III.3.

lungen, etwa den Beweggründen der verfassunggebenden Organe. Aus diesem Grund werden nun die Aussagen des Parlamentarischen Rates zu dieser Frage noch einmal resümiert.[50]

1.2.2. Eine historische Zugangsweise - Zur Rechtsnatur des Gottesbezuges im Parlamentarischen Rat

Schon im Parlamentarischen Rat bestand Einigkeit darüber, daß die Präambel mehr als nur ein dekorativer und etwas pathetischer Vorspruch sei, sondern rechtserhebliche Feststellungen, Bewertungen und Ansprüche enthalte. Das Bundesverfassungsgericht hatte dies in zweifacher Hinsicht gedeutet. Zum einen enthalte die Präambel Hinweise für die Auslegung anderer Verfassungsnormen, zum anderen könne die Präambel sogar Rechtspflichten erzeugen. Auf den Zusammenhang des Gottesbezuges mit dem Artikel der Menschenwürdegarantie (Art. 1 GG), worauf auch im Parlamentarischen Rat besonderes Gewicht gelegt wurde, ist schon hingewiesen worden. Im wesentlichen ist die Entscheidung des Parlamentarischen Rates durch die Gemeinsame Verfassungskommission bestätigt worden.[51] Sie ist auch mit verschiedener Gewichtung in den juristischen Kommentaren präsent.

1.2.3. Tendenzen in der neueren Auslegung - Versuch einer Systematisierung

Umstritten in der rechtlichen Auslegung der Präambel ist weiterhin, ob die allgemeinen Aussagen über deren Rechtswirkungen auf den Gottesbezug übertragen werden können. Die Diskussion bewegt sich diesbezüglich zwischen zwei Extrempositionen[52].

Nach einer Auffassung (1) normiert die Präambel die Festlegung Deutschlands auf das Christentum. Insofern sei der Gottesbezug als eine prochristliche Auslegungsregel zu verstehen, welche konkrete Rechtsregeln und -pflichten begründe, wie z. B. die Vermittlung von christlichen Werten in staatlichen Schulen. Für diese Meinung wird ins Feld gerückt, daß die Mehrheit der Mitglieder im Parlamentarischen Rat und in den anderen verfassunggebenden Or-

50 Im einzelnen dazu s.o. I.2.1.

51 Im einzelnen s.o. I.2.3.

52 Für das folgende vgl. Ennuschat, Gott und Grundgesetz, 954ff; Zais, Rechtsnatur, 118f.

ganen ein christliches Gottesbild vor Augen gehabt und mit der Präambel in ihrer Mehrheit offensichtlich eine Art »Bekenntnis« verbunden haben. Am weitestgehend ist die Interpretation von Behrendt, welche aus der Verantwortungsformel mit Gottesbezug die Rechtspflicht für die Staatsgewalt herleitet, »das Bewußtsein der christlichen Botschaft für die Rechtsordnung (...) wachzuhalten«[53]. Zugespitzt formuliert sie:

»Die Anrufung Gottes in der Präambel des Grundgesetzes (...) meint den christlichen Gott und enthält einen Wertkodex im Sinne eines Leitwertes sowie eine Rechtsgrundlage. Die Heilige Schrift - das Neue Testament auf dem Hintergrund des Alten Testaments – bringt einen Leitwert für die gesamte Verfassung ein; er gilt für alle Gewalten. Sein Minimum ist die Ablehnung von Gewalt als Mittel in der Auseinandersetzung zwischen Menschen.«[54]

Sich daraus ergebende Rechtspflichten der einzelnen Bürger bestünden vor allem in der Befolgung des Präambelauftrags. Darüber hinaus sei aus dem Gottesbezug sogar ein Anspruch des Bürgers herleitbar, welcher ein Recht darauf habe, »in dem bei Verfassungsschöpfung grundlegenden Wert 'Gott' unterrichtet zu werden«[55]. Dieser Anspruch werde jedoch von der Rechtspflicht des Staates überlagert und lebe nur bei Versagen der Staatsgewalt zu einem einklagbaren Rechtsanspruch auf.[56] Jedoch dürfe dies nicht so weit gehen, daß der Gottesbezug den Charakter eines zusätzlichen Grundrechtes erhalten würde.[57]

Für diese pro-christliche Auslegung des Gottesbezuges in der Verfassungspräambel werden vorrangig die Aussagen der Mitglieder des Parlamentarischen Rates angeführt, denen wohl ein christliches Gottesbild vor Augen stand[58]. Dennoch ist festzuhalten, daß in der Präambel des Grundgesetzes weder das Christentum noch eine ausdrückliche Rechtspflicht benannt wird. Aus der nominatio Dei im Zusammenhang mit der Verantwortungsformel ist zwar zu folgern, daß der Grundgesetzgeber eine Verantwortung des Menschen vor Gott voraussetzt, welche aber mit rechtlichen Mitteln nicht einklagbar ist.

---

53 Behrendt, Gott im Grundgesetz, 284.
54 AaO., 279.
55 AaO., 284.
56 Vgl. ebd.
57 Vgl. ebd. Ebenso Süsterhenn/Schäfer, Kommentar, 62. Vgl. Ennuschat, Gott und Grundgesetz, 954 (Anm. 12).
58 Vgl. Behrendt, Gott im Grundgesetz, 118ff; Schlaich, Konfessionalität-Säkularität-Offenheit, 435f; Ennuschat, Gott und Grundgesetz, 954. Im einzelnen s.o. I.2.; I.3.8.; I.4.6.; I.6.

»Man kann sich die Verantwortung vor Gott bewußt machen - wie es die Präambel tut -; rechtsrelevante Handlungspflichten sind damit jedoch nicht verbunden.«[59]

Gegen eine solche Interpretation spricht zunächst der Sachverhalt, daß weder das Christentum explizit noch eine unmittelbar mit dem Gottesbezug zusammenhängende Rechtspflicht in der Präambel eruiert werden. Gegen die weitreichende Deutung des Gottesbezuges als rechtsverbindlicher Festlegung Deutschlands auf das Christentum spricht zudem das Gesamtgefüge des Grundgesetzes, denn die Präambel ist nicht nur als Auslegungsrichtlinie (s.u.) für andere Artikel der Verfassung anzusehen, sondern sie muß auch mit den anderen Artikeln der Verfassung in Einklang stehen[60]. Die in Art. 4 Abs. 1 GG verbürgte Religions- und Weltanschauungsfreiheit und das in Art. 140 GG in Verbindung mit Art. 137 Abs. 1 WRV geregelte Staatskirchenverbot widerspricht einer solchen Identifizierung. In diese Richtung votierte auch die Gemeinsame Verfassungskommission 1992/93: »Die Präambel bedeute weder eine Verpflichtung des einzelnen auf das Christentum noch charakterisiere sie die Bundesrepublik Deutschland als christlichen Staat.«[61]

Der zweiten Auffassung gemäß ist der Gottesbezug der Präambel ohne jeden Rechtsgehalt (2), obwohl die Präambel eine bedeutende Aussage darstelle, denn sie sei als Hinweis auf die seinerzeitige persönliche Motivationslage der Mitglieder des Parlamentarischen Rates zu verstehen, welche eine deutliche Abkehr von dem Schrecken der NS-Herrschaft vollziehen und zum Ausdruck bringen wollten, daß es überstaatliche Normen gebe, welche nicht zur Disposition des Verfassungsgebers stünden. Die Benennung dieser Motive durch das Platzhalterwort »Gott« sei als eine rechtlich unverbindliche Reverenz an die christlich-abendländische Tradition zu interpretieren. Besonderen Wert legen die Vertreter dieser Auffassung auf die Betonung, daß mit dem Gottesbezug keine Charakterisierung des Staates als eines *christlichen* Staates ausgesprochen werden konnte und sollte.[62] Eine außerrechtliche Bedeutsamkeit sehen jedoch

---

59 Ennuschat, Gott und Grundgesetz, 954. An dieser Stelle ist es auch nicht aussichtsreich, diese direkte Rechtsrelevanz aus der Entscheidung des Bundesverfassungsgerichtes in bezug auf das Wiedervereinigungsgebot analog abzuleiten. In bezug auf diesen Versuch vgl. Behrendt, Gott im Grundgesetz, 32ff.

60 Vgl. Häberle, Präambeln, 242f.

61 Deutscher Bundestag, BT-Dr. 12/6000, 110.

62 Vgl. Ennuschat, Gott und Grundgesetz, 955; Hamann/Lenz, Grundgesetz für die Bundesrepublik Deutschland, 3. Auflage, 118. Dieser Kommentar betont, daß das Verständnis

auch die Vertreter dieser Meinung in dem Gottesbezug insofern, daß »das Grundgesetz, im Gegensatz zur WRV, die von der Vorstellung einer durch keine Bindung eingeschränkten absoluten Souveränität des Deutschen Volkes ausgegangen sei - die 'dienende, verantwortungsbeladene Stellung' des von ihm geschaffenen Staatswesens deutlich zum Ausdruck«[63] bringe. Im Ansatz ist dem zuzustimmen, denn der Parlamentarische Rat intendierte durch den Gottesbezug eine Distanzierung von der als gottlos erfahrenen NS-Diktatur und überdies vom »atheistischen Stalinismus«. Diese Verfassungsmotive sind immer noch aktuell. Die Mitglieder der Gemeinsamen Verfassungskommission haben sich diese Meinung zu eigen gemacht[64] (s.u.), ähnliches gilt für die Verfassungsgeber von Thüringen[65] und Sachsen-Anhalt[66]. Lehmann-Brauns resümiert diesbezüglich in seiner Dissertation zur Präambel des Grundgesetzes:

»Das Fehlen hinreichender Sinngewißheit, der Wortlaut, die mangelnde Verknüpfung mit dem staatlichen Bereich und der Gehalt des ethisch-religiösen Teils der Präambel sprechen gegen die Annahme einer rechtlichen Bindung für die staatlichen Organe. Er genügt statt dessen dem Verlangen des Verfassungsgebers nach ethischer Legitimierung seiner Entscheidungen«[67], »ohne rechtlich relevant zu sein«[68].

In die gleiche Richtung weisen Schmidt-Bleibtreu und Klein, welche in ihrem Verfassungskommentar zum Grundgesetz in der Wendung »im Bewußtsein seiner Verantwortung vor Gott und den Menschen« den Willen des Verfassungsgebers zum Ausdruck kommen sehen, grundlegende Gerechtigkeitspostulate anzuerkennen, welche zu den Grundbedingungen jeder menschlichen Ordnung gehörten und nicht zu seiner Disposition stehen.[69] Einmütig stellt auch die Mehrheit der Kommentatoren dieser Auslegungslinie fest, die nominatio Dei bekunde die Ansicht des Verfassungsgebers, daß er nicht Träger einer absoluten Volkssouveränität ist, sondern in Verantwortung vor Gott an die unverbrüchlichen Menschenrechte gebunden ist. Er unterliege also in seiner Entscheidungs-

---

der Bundesrepublik Deutschland als eines christlichen Staates nach evangelischer Auffassung faktisch nicht legitim wäre. Vgl. ebd.

63 Zais, Rechtsnatur, 120. Vgl. Hamann/Lenz, ebd.

64 Im einzelnen s.o. I.2.3.

65 S.o. I.4.5.

66 S.o. I.4.2.

67 Lehmann-Brauns, Präambel, 77.

68 AaO., 78.

69 Vgl. Schmidt-Bleibtreu/Klein, Kommentar, Präambel, Rdnr. 2.

gewalt Grenzen.[70] Apelt, der bekanntlich in dem Gottesbezug ein »ethisches Fundament von absoluter Tragfähigkeit« sieht, scheint den Gottesbezug nicht in rechtlichem Sinn als bindend anzusehen, denn er unterscheidet zwischen ethischer Idee und ihrer juristischen Konkretion. Demgemäß bedürfe jede Staatsidee eines sittlichen Maßstabes, an welchem sich alle Normen orientieren; der Maßstab selbst entziehe sich aber juristischer Formulierbarkeit[71]: »Moralgebote bleiben immer ethische Forderung und werden auch nicht dadurch geltendes Recht, daß man sie in die Verfassung aufnimmt«[72].

Eine Mittelposition nehmen diejenigen Meinungen ein, welche in dem Gottesbezug des Grundgesetzes eine für die Verfassung maßgebliche Auslegungsrichtlinie sehen, denn man könne in der nominatio Dei nicht eine rechtliche Verpflichtung sehen, nur weil sie Teil einer verfaßten und verbindlichen Grundordnung eines Staates ist. Papenheim sieht darin die Gefahr, daß dies zur Folge hätte, daß jedes Handeln und jede Entscheidung mit der Berufung auf die Verantwortung vor Gott dann angreifbar wäre[73]. »Auf diese Art und Weise würde die Formulierung in der Präambel zu einer grundrechtsgleichen Gesetzesschranke.«[74] An dieser Stelle zeigt sich, daß der Gottesbezug der Präambel auf verschiedenen Ebenen zu interpretieren ist, denn die »Verantwortung vor Gott« liegt der Verfassung einerseits voraus und andererseits ist sie durch ihre Aufnahme in die Präambel in sie einbezogen.[75] Sie liegt der Verfassung voraus, indem sie deren »Gründungsbedürftigkeit« symbolisiert und damit offen darstellt, daß die Rechtsordnung sich ihrer Voraussetzungen nicht selbst versichern darf. Im einzelnen wird dieser Sachverhalt noch zu erläutern sein.[76] Aber sie ist der Verfassung eben auch »werthaft« implementiert.

Papenheim schreibt dem Gottesbezug sogar die Funktion eines »Wertmaßstabes« zu: »Die Anwendung und Auslegung des Verfassungsrechts muß sich kraft ausdrücklicher Aufnahme des Gottesbezuges durch den Verfassungsgeber an diesem Wertmaßstab messen lassen. Genau hier liegt eine wesentliche Funktion der *invocatio Dei*: Die Verfassung der Bundesrepu-

70 Vgl. Zais, Rechtsnatur, 120f; Schmidt-Bleibtreu/Klein, Kommentar, Präambel, Rdnr. 2; Maunz/Dürig, Grundgesetz-Kommentar, Präambel, Rdnr. 6; Apelt, Betrachtungen, 481.

71 Vgl. Apelt, ebd.

72 Ebd.

73 Vgl. Papenheim, Präambeln, 136.

74 Ebd.

75 Vgl. aaO., 191.

76 Im einzelnen s.u. IV.5./6.

blik Deutschland ist in bezug hierauf nicht völlig wertneutral.«[77] Papenheim sieht aber auch das Problem der materialen Füllung dieses durch die Aufnahme des Gottesbezuges symbolisierten »Wertmaßstabes«, denn auch wenn davon auszugehen ist, daß die Verfassungsgeber nach dem Zweiten Weltkrieg diesen Begriff in einem christlichen Sinn verstanden haben, hat sich dieses Verständnis im Zuge vielfältiger »multikultureller Entwicklungen« der Gesellschaft gewandelt. Dies sei aber nicht mit einer notwendigen Neubestimmung eines gesellschaftlichen Wertmaßstabes zu verwechseln; vielmehr ergebe sich die Wandlung und Erweiterung des Gottesbezuges aus konkreten verfassungsrechtlichen Erfordernissen.[78] Insofern beruhe die offenere Interpretation des Gottesbezuges also auf gesellschaftlichen Entwicklungen, welche konkrete rechtsdogmatische Auswirkungen zur Folge haben, wobei an dem Grundsatz der Neutralitätspflicht des Staates in weltanschaulichen Fragen festzuhalten sei.[79] »Mit der Zunahme nichtchristlicher Religionen mußte daher, wenn das Neutralitätsgebot aufrecht erhalten werden sollte, ein an diese Entwicklung angepaßtes Verständnis der *invocatio Dei* gefunden werden.«[80] In der Verfassungsinterpretation mußte also das Verständnis des Gottesbezuges für andere religiöse und weltanschauliche Ausrichtungen geöffnet werden.[81] Eine solche Öffnung des Gottesverständnisses führe jedoch nicht zu einer »Konturenlosigkeit und Aushöhlung« des Gottesbezuges, und sie sei auch kein »Einfallstor für totalitäre Geisteshaltungen«, denn die Verantwortung sei an dieser Stelle in ihrer »Zweipoligkeit« zu interpretieren. »Der Verfassungsgeber hat nämlich die Verantwortung vor Gott zugleich unmittelbar mit der Verantwortung vor den Menschen verbunden. Beiden Zielen muß die Verfassung und damit schließlich mittelbar auch die Rechtsordnung im Ganzen gerecht werden. Die 'Verantwortung vor Gott und den Menschen' wird damit zu einer zweipoligen Verantwortungsbeziehung. Für das Rechtsverständnis folgt daraus, daß beide Verantwortungsbereiche im Sinne praktischer Konkordanz in Wechselwirkung zueinander stehen.«[82] In dieser Doppelheit ist schließlich die Menschenwürdegarantie (Art. 1 Abs. 1 GG) verankert.[83] Ein totalitäres und menschenverachtendes Religions- und Staatsverständnis sei durch die Verantwortungsformel also ausgeschlossen. Damit verbunden sei die Rechtsordnung mit den je eigenen kulturellen Bedingungen von Staat und Gesellschaft in Einklang zu bringen, d. h., unter den Bedingungen einer freien Auseinandersetzung der verschiedenen Meinungen hätten sich vorherrschende Leitideen, Ziel- und Gerechtigkeitsvorstellungen herauszukristallisieren, welche in demokratischen Verfassungen dann als eines permanenten Minimalkonsenses in Form von Gesetzen ihren Niederschlag fänden.[84] »So werden die Leitideen der jeweiligen Kultur zu einer Grenze für die Auslegung verfassungsrechtlicher Garantien.«[85] Demnach stellt der Gottesbezug nicht einfach diesen Minimalkonsens dar, sondern er setzt nur die Möglichkeit eines Gespräches zur

---

77 Papenheim, Präambeln, 191.

78 Vgl. ebd.

79 Vgl. ebd.

80 Ebd.

81 Vgl. aaO., 192.

82 Ebd. Papenheim nimmt hier im wesentlichen die Argumentationen von Christian Starck und Peter Häberle in einer Rezeption von Wolfgang Vögele auf. Vgl. Starck, Menschenwürde, 463; Häberle, Gott im Verfassungsstaat, 225f; Vögele, Zivilreligion, 306f.

83 Häberle, Gott im Verfassungsstaat, 225.

84 Vgl. Papenheim, Präambeln, 192.

85 AaO., 192f.

Findung eines solchen Konsenses in Form einer Verfassung, welche dann in Verantwortung vor Gott und den Menschen konsensuell entwickelt wird. Papenheim sieht jedoch auch die Schwierigkeiten, welche sich aus dieser Folgerung ergeben, denn die Orientierungs- und Integrationsfunktion habe die Kehrseite, in eine Intoleranz gegenüber Gemeinschaften umzuschlagen, welche auf anderen Weltanschauungen beruhen, sobald es zu dogmatischen Festlegungen kommt. Aus diesem Grund bedürfe es stets einer kritischen Prüfung, ob neben der eigenen Weltanschauung auch andere Sichtweisen eine Berechtigung haben. Insofern sei die Artikulation von kulturspezifischen Leitideen nur begrenzt geeignet, um sich einer inhaltlichen Bestimmung der Gehalte des Gottesbezuges anzunähern. Demgemäß sei der Gottesbezug in Hinblick auf die faktische Pluriformität der Gesellschaft notwendig *wertoffen*, »ohne dabei totalitären Weltanschauungen und Religionen Einflußmöglichkeiten auf das Verfassungsverständnis gewähren zu wollen«[86].

Seine Funktion gewinne der Gottesbezug daraus, daß er in die Verfassung werthaft, also durch eine Wertentscheidung des Verfassungsgebers, implementiert sei.[87] »Damit wird das Bekenntnis zu einer höheren, wenn nicht absoluten Autorität und damit zur Begrenztheit menschlichen Handelns Teil der Verfassungsordnung.«[88] Gleichzeitig werde durch den Gottesbezug eine Verbindung der Rechtsordnung mit außerrechtlichen Kategorien induziert.[89] Diese Verbindung mit metarechtlichen Kategorien schützt die Wertentscheidung infolge ihrer rechtlichen Eingebundenheit vor einer schrankenlosen Verfügbarkeit im Sinne eines Mißbrauches.

»Das Beispiel der Weimarer Reichsverfassung hat gezeigt, wie eine ursprünglich demokratische, auch das Individuum respektierende Verfassung durch ideologische Instrumentalisierung zur Grundlage eines menschenverachtenden gottlosen Regimes wurden.«[90]

Nach dem Verständnis des Grundgesetzes ist dem Staat jedoch eine solche unbegrenzte Machtausübung durch die Benennung des Verantwortungshorizontes entzogen. »Sie steht damit für eine ausdrückliche Absage an die menschliche Allmacht und insbesondere die Unbegrenztheit staatlicher Handlungsmöglichkeiten.«[91] Hier liegt auch in der juristischen Auslegung einer der Hauptaspekte

---

86 AaO., 193.
87 Vgl. ebd.
88 Ebd.
89 Daß Papenheim diese Form der außerrechtlichen Kategorien als werthaft vertypten Gebrauch des Gottesbezuges bezeichnet, und dadurch den Gottesbezug direkt mit einem irgendwie gearteten Wertedenken in Beziehung bringt, wäre einer eigenen Betrachtung würdig. Dieser Sachverhalt kann im Rahmen dieser Arbeit nicht problematisiert werden. Dazu vgl. aaO., 192ff.
90 AaO., 193.
91 AaO., 194.

des Gottesbezuges. Die Gemeinsame Verfassungskommission hatte dem Gottesbezug in der Präambel bei der Revision des Grundgesetzes 1992/93 genau diese Auslegungsrichtlinie vorgeprägt:

»Vielmehr beinhalte diese Bezugnahme zunächst die Erinnerung daran, daß die Mütter und Väter des Grundgesetzes unter dem Eindruck der nationalsozialistischen Gewaltherrschaft und ihrer Verbrechen sich von dieser Diktatur mit ihrer menschenverachtenden Ideologie distanzieren wollten, daß der Mensch nicht allmächtig und nicht die letzte Instanz sei; es handele sich um eine Selbsterinnerung an die Grenzen menschlichen Tuns. Die 'Verantwortung vor Gott' sei zugleich eine Absage an einen relativistischen Gesetzespositivismus, der alles – unabhängig vom materiellen Gerechtigkeitsgehalt der Norm - als Recht und damit auch als rechtmäßig ansehe, was als Gesetz beschlossen sei.«[92]

Einen Schritt weiter bei der Interpretation des Gottesbezuges geht Jörg Ennuschat, der es für fraglich hält, daß sich der Bedeutungsgehalt der nominatio Dei darin erschöpft, hier sei in bewußter Abkehr von vorangegangenen Regimen eine Absage an jegliche Form des Totalitarismus und eine Verankerung in überpositivem Recht intendiert. »Selbst wenn man darauf abstellt, daß der Grundgesetzgeber der christlich-abendländischen Tradition Tribut zollen wollte, hätte er dafür eine Formulierung ohne 'Gott' finden können.«[93] An dieser Entscheidung habe die Gemeinsame Kommission festgehalten gegen den Vorstoß einiger Mitglieder, die den Grundsatz der »Trennung« von Staat und Kirche im Grundgesetz stärker zu normieren suchten und darum beantragten, Art. 140 GG zu streichen, und zusätzlich verlangten, den Gottesbezug aus der Präambel zu entfernen[94]. Weil der Antrag auf die Entfernung des Gottesbezuges aus der Präambel des Grundgesetzes rechtlich motiviert ist, nämlich im Sinne einer stärkeren Trennung von Staat und Kirche, sei der Entscheidung für die Beibehaltung des Gottesbezuges[95] ebenfalls ein Maß an Rechtsrelevanz zuzuerkennen[96].

---

92 Deutscher Bundestag, BT-Dr. 12/6000, 110.

93 Ennuschat, Gott und Grundgesetz, 955.

94 Votum von Ullmann. Vgl.Deutscher Bundestag, Gemeinsame Verfassungskommission, Stenographischer Bericht, 18. Sitzung vom 4.3.1993, 10.

95 S.o. II.2.3.

96 Vgl. Ennuschat, Gott und Grundgesetz; Maunz/Dürig, Grundgesetz-Kommentar, Präambel, Rdnr. 17; Hollerbach, HbStR VI, 1989, §138, Rdnr. 84; Mangoldt/Klein, Kommentar, Präambel, Rdnr. 21; 27; Münch/Kunig, Grundgesetz-Kommentar, Präambel, Rdnr. 7; Wiegand, Das Prinzip Verantwortung, 33ff.

Diese rechtliche Bedeutung des grundgesetzlichen Gottesbezuges in der Präambel konstatiert Ennuschat in einer »gewissen Unbefangenheit« des Staates gegenüber Religion und Religionsgemeinschaften, denn das Grundgesetz kenne nicht die Zurückhaltung gegen jede Erwähnung Gottes, wie sie in der deutschen Verfassungsgeschichte sich in der Neuzeit herausgebildet hatte[97]. Diese Unbefangenheit sei bei der Auslegung auch anderer Grundgesetzartikel zu berücksichtigen, ohne damit die *Direktionskraft* der Präambel überzubewerten.

Ennuschat deutet diese Unbefangenheit in einer dreifachen Weise, nämlich als Charakteristikum des grundgesetzlichen Staatskirchenrechtes, als Unbefangenheit im Staatlichen Bereich und als einen Ausdruck von Toleranz gegenüber der Religionsausübung Dritter.

Die Unbefangenheit lasse sich als *Charakteristikum des grundgesetzlichen Staatskirchenrechts* zeigen, denn auffällig sei, »daß das Grundgesetz eine Reihe von Regelungen kennt, welche die in der Präambel zum Ausdruck gelangte unbefangene Nähe des Staates zu Religion und Religionsgemeinschaften aufgreifen«[98]. Umstritten sei lediglich, ob diese Unbefangenheit als Ausnahmeregelung oder als Regel zu verstehen ist. Die Präambel deute darauf hin, daß sie als eine Regel aufzufassen sei, da sie Verfassungsmotive enthalte, welche die Verfassung insgesamt prägen sollen[99]; damit indiziere die Präambel eine Unbefangenheit des Staates gegenüber Religion und Religionsgemeinschaften als Charakteristikum des grundgesetzlichen Staatskirchenrechts.[100]

Auch an dieser Stelle ist deutlich festzuhalten, daß diese Unbefangenheit in der Praxis vorrangig zwar den schon wegen ihrer zahlenmäßigen Größe bedeutsameren christlichen Konfessionen gilt, aber keinesfalls darauf beschränkt ist. »Vielmehr bezieht sich die grundgesetzliche Unbefangenheit auf alle Religionen und Weltanschauungen, wie sich aus Art. 1I, 140 GG i.V. mit Art. 137VII WRV ergibt. Die Präambel enthält deshalb keine pro-christliche Auslegungsregel.«[101]

Der Gottesbezug signalisiert zugleich eine gewisse *Unbefangenheit im staatlichen Bereich.* Der Staat erkennt damit an, daß auch die Staatsordnung und die Gesellschaft keine religions-

---

97 Vgl. Ennuschat, Gott und Grundgesetz, 955f. Ennuschat führt als Beispiel die Reichsverfassung von 1919 an. Vgl. ebd.

98 AaO., 956. Zu nennen sind die Gewährleistung des Religionsunterrichtes an staatlichen Schulen (Art. 7 Abs. 3 GG), die Anerkennung vieler Religionsgemeinschaften als Körperschaften öffentlichen Rechts (Art. 137 Abs. 5 WRV in Verbindung mit Art. 140 GG), die Gewähr von Militär- und Anstaltsseelsorge (Art. 141 WRV in Verbindung mit Art. 140 GG), die religiöse Beteuerungsformel bei der Leistung von staatlichen Eiden (Art. 56 GG). Danach gehört die Beteuerungsformel »So wahr mir Gott helfe« zur Eidesformel für den Bundespräsidenten, die zwar weggelassen werden kann, doch sah Art. 42 WRV das umgekehrte Regel-Ausnahme-Verfahren vor. Diese Marginalie ist zwar nicht überzubewerten; sie zeigt jedoch, daß das Grundgesetz der Religion mit größerer Unbefangenheit begegnet als andere Verfassungen.

99 Dazu s.o. III.2.; III.3.

100 Vgl. Ennuschat, Gott und Grundgesetz, 956.

101 Ebd.; vgl. Münch/Kunig, Grundgesetz-Kommentar, Präambel, Rdnr. 7; Jarass, Kommentar, Präambel, Rdnr. 3.

freien Zonen darstellen, was wiederum nicht bedeutet, daß sich der Staat zu bestimmten Glaubenswahrheiten verpflichtet, »denn wenn sich der Staat nicht scheut, in der Präambel seiner Verfassung 'Gott' zu erwähnen, dann muß er auch in der übrigen Staatssphäre keine Scheu vor der Religion kennen«[102]. Der Staat darf den Religionsgemeinschaften im Bereich der Staatsordnung unbefangen begegnen und der Religionsausübung im staatlichen Bereich Raum geben. »Insoweit bestätigt die Präambel, daß Art. 4 II GG auch im staatlichen Bereich gilt«[103], und widerspricht dem gerade nicht. In der Rechtsanwendung könnte dies praktisch bedeuten, daß der Staat die Anbringung von Kreuzen an den öffentlichen Schulen durch Schüler und Eltern duldet, fördert oder in die eigenen Hände nimmt, wenn dies gewünscht wird und niemand dem widerspricht, sofern es sich nicht um bekenntnisfreie Schulen im Sinne von Art. 7 Abs. 3 GG handelt. Ennuschat stellt dazu fest: »Soweit diese Berechtigung unter Hinweis auf Art. 4 I, 140 GG i.V. Art. 137 I WRV in Abrede gestellt wird, ist dem entgegenzuhalten, daß dem Wortlaut dieser Artikel ein entsprechendes Handlungsverbot nicht ohne weiteres entnommen werden kann. Ein Handlungsverbot könnte sich allenfalls im Wege systematischer oder teleologischer Auslegung ergeben. Aber ein Argument gegen ein derartiges Auslegungsergebnis ist die Unbefangenheit des Grundgesetzes gegenüber der Religion, wie sie u. a. aus der Präambel erkennbar ist.«[104]

Damit verbunden symbolisiert die Präambel auch die *Toleranz des Staates gegenüber der Religionsausübung Dritter*, denn »die Unbefangenheit des Staates gegenüber der Religion gibt schließlich einen Anhaltspunkt für die Auflösung eines Konfliktes zwischen positiver und negativer Religionsfreiheit«[105].

An diesem Punkt wurde auch im Bereich der juristischen Literatur zum sogenannten »Kruzifixurteil« des Bundesverfassungsgerichtes 1995 intensiv diskutiert. Denn ein Konflikt zwischen positiver und negativer Religionsfreiheit entsteht bei der Frage nach der Anbringung eines Kreuzes in einem Klassenzimmer einer staatlichen Schule. Manche Eltern und Schüler wünschten dies und konnten sich mit diesem Wunsch auf die positive Religionsfreiheit gemäß Art. 4 Abs. 1 und 2 GG berufen. Andere wiederum lehnten dies unter Berufung auf das in Art. 4 Abs. 1 GG verankerte Grundrecht der negativen Religionsfreiheit ab. Bei allen Bemühungen um praktische Konkordanz blieb ein unvermeidliches Spannungsverhältnis bestehen, das nicht im Wege eines echten Kompromisses zu lösen war, da in diesem Punkt nur eindeutig einer der zwei Parteien zugestimmt werden konnte. Das Bundesverfassungsgericht hat in seinem »Kruzifix-Beschluß«[106] diesen Konflikt ohne nennenswerte Abwägung zugunsten der negativen Religionsfreiheit entschieden. Die Präambel des Grundgesetzes deutet jedoch eher auf eine andere Lösung dieses Konfliktes hin, da nicht unbeachtet bleiben darf, daß das Grundgesetz in seiner Präambel die Verantwortung vor Gott nennt, obwohl ein beträchtlicher Teil des Volkes überhaupt nicht an Gott glaubt und deshalb keine Verantwortung vor Gott kennt. Der Verfassungsgeber mutet demnach auch Nicht- und Andersglaubenden eine religiöse Überzeugung zu. Auch an diesem Punkt gibt es demnach einen Konflikt zwischen der positiven und der negativen Religionsfreiheit, den die Präambel zu Ungunsten der negativen Religionsfreiheit

102 Ennuschat, Gott und Grundgesetz, 956.

103 Ebd.

104 Ebd.

105 Ebd.

106 Entscheidungen. 1.Bundesverfassungsgericht: Senatsentscheidung: 1.Anbringen von Kruzifixen in staatlichen Pflichtschulen als Verstoß gegen Art. 4 I GG, in: NJW 48 (1995), 2477-2483.

entscheidet.[107] Der Staat hat also im Sinne echter Toleranz ein Nebeneinander von religiösen Symbolen zu fördern, wie dies in einigen Landesverfassungen ausdrücklich festgelegt ist. Art. 136 Abs. 1 der Bayerischen Verfassung etwa legt fest: »An allen Schulen sind beim Unterricht die religiösen Empfindungen aller zu achten.« Damit sind eben auch diejenigen gemeint, welche ein Kreuz wünschen. Vor diesem Hintergrund ist in jedem Klassenzimmer Raum genug für ein Kreuz und auch für andere religiöse oder weltanschauliche Symbole, sofern dies gewünscht wird.[108]

Im Rahmen dieser Unbefangenheit der Staatsordnung gegenüber Religion und Weltanschauung sind demgemäß auch andere grundgesetzliche Artikel auszulegen. Besonders hinzuweisen ist darauf, daß in dem Verantwortungshorizont des Grundgesetzes schließlich die Garantie der Unverletzlichkeit der menschlichen Würde (Art. 1 Abs. 1 GG) gründet.

Bei der Interpretation des Gottesbezuges geht demnach die Mehrheit der juristischen Kommentare von den Entstehungsbedingungen und von der Intention der verfassunggebenden Organe aus. Schon im Parlamentarischen Rat hatte der Gottesbezug die Funktion, auf transpositive Begründungsmechanismen der Rechtsordnung hinzuweisen, um einem Gesetzespositivismus und der Idee der »Allmacht des Staates« einen Riegel vorzuschieben. Diese Intention des Gottesbezuges ist auch gegenwärtig in den juristischen Kommentaren unumstritten. Mehrheitlich votieren die juristischen Kommentare dafür, daß im Sinne einer sich in weltanschaulichen Fragen pluralisierenden Gesellschaft in der Bundesrepublik auch die Staatsordnung eine relative weltanschauliche Neutralität zu wahren habe und im Sinne des Art. 4 Abs. 1 GG den Gottesbezug nicht in irgendeiner Weise material präformieren dürfe. Der Gottesbezug der Präambel ist also in juristischer Perspektive keinesfalls als pro-christliche Auslegungsregel des Grundgesetzes zu interpretieren[109], sondern hat seine grundsätzliche formaljuristische Funktion darin, daß er eine Auslegungsrichtlinie darstellt, welche auf die ethische Grundlage der Verfassung hinweist[110]. Weiterhin signalisiert er die Grundeinsicht der verfassunggebenden Organe, daß dem Staat keine Attribute von Allmacht zuzuschreiben sind.

---

107 Auch die Auskunft, daß das auf die verschiedenen historischen Bedingungen zurückzuführen ist, trägt hier nichts aus, da die Präambel des Grundgesetzes in dieser Form erst 1993/94 bestätigt worden ist.

108 Vgl. Ennuschat, Gott und Grundgesetz, 956f; dort auch weitere Literatur.

109 Gegen Behrendt.

110 Vgl. Papenheim, Präambeln, 136.

Einig ist sich die Mehrheit der Kommentatoren darin, daß durch den Gottesbezug der Präambel die Religionsfreiheit nicht tangiert werde, und auch die weltanschauliche Neutralität des Staates nicht angetastet werden dürfe. Die Konsequenz in bezug auf die materiale Füllung des Gottesbegriffs in einer sich in weltanschaulichen Fragen zunehmend pluralisierenden Gesellschaft ist eine zunehmend »offenere« Interpretation desselben.

1.2.4. Zur besonderen Form des Gottesbezuges im Rahmen der Verantwortungsformel

Eine Mehrheit der juristischen Stellungnahmen hält an der Berechtigung eines Gottesbezuges in der Verfassung und seine Einbindung in den Begriff der Verantwortung fest.[111]

Indem das Grundgesetz die verfassunggebende Gewalt in den Verantwortungshorizont rückt, versinnbildlicht es damit die Fehlbarkeit und Unabgeschlossenheit bzw. Vorläufigkeit, Endlichkeit und Zeitlichkeit menschlichen Tuns und gleichzeitig die Vorläufigkeit aller menschlichen Verfassung.[112] Gelegentlich wird vorgeschlagen, diesen Verantwortungshorizont mit anderen Begriffen als mit dem Begriff »Gott« zu benennen, etwa »der deutschen Geschichte«.[113] Dieser Vorschlag verkennt, daß Verantwortung nur vor einer personalen Instanz übernommen werden kann.[114] Verantwortung vor einem geschichtlich zeitlichen Ablauf, der seinerseits seine Existenz vom Sein und Wirken des Menschen ableitet, ist begrifflich demnach nicht möglich[115], denn eine Anbindung an die Geschichte würde keine stabile Bezugsgröße bilden, sondern in ih-

---

111 Zur Verschränkung des Gottesbezugs in die sogenannte Verantwortungsformel s.o. III.5.

112 Vgl. Deutscher Bundestag, BT-Dr. 12/6000, 110; Schneider, Gott im Grundgesetz, 17f; Wertenbruch, Grundgesetz und Menschenwürde, 155.

113 Vgl. den Vorschlag der Grünen und der PDS in der Kommission zur Verfassungsreform des Grundgesetzes. Vgl. Deutscher Bundestag, BT-Dr. 12/6686,4; ders., BT-Dr. 12/6570.

114 Zur Frage nach der Rechenschaftsinstanz s.o. III.5. Neuerdings wird diese Erkenntnis auch in der juristischen Literatur rezipiert. Vgl. Hofmann, Grundgesetz ohne Gott, 217; Schmidt-Bleibtreu/Klein, Kommentar zum Grundgesetz, 8. Aufl. 1996, Präambel, Rdnr. 2 in Anlehnung an Isensee; ferner Papenheim, Präambeln, 128. Vgl. auch Saladin, Verantwortung als Staatsprinzip, 31ff, der seine Ergebnisse an denen Georg Pichts orientiert; vgl. Forschner, Verantwortung, 590; Krawietz, Risiko, Recht und normative Verantwortungsattribution in rechtsethischer Perspektive, 160.

115 Vgl. Papenheim, Präambeln, 128.

rem Facettenreichtum die Möglichkeiten mehrerer »Wahrheiten« offenlassen[116]. In dem qualifizierten Gebrauch des Verantwortungsbezuges wird demnach auch der metaphysische Bezug deutlich, welchen bereits die Verfassungsgeber 1949 in der Präambel zu verankern intendierten[117], der auch in einer pluralistischen Gesellschaft noch als ein gründender Hinweis auf ethische Grundsätze wie Mitmenschlichkeit und Gemeinsinn darstellen könne.[118] Papenheim resümiert diesbezüglich:

»Gedacht als Neuorientierung des individuellen Bewußtseins und der persönlichen Verhaltensweise im Sinne einer Sozialpflichtigkeit ergänzt dieser Gedanke die in der *invocatio Dei* enthaltene Grundausrichtung und erinnert an die Begrenztheit menschlichen Tuns.«[119]

Verfassungspräambeln sollen bekanntlich Aufgabe, Zweck, Ziel und Beweggründe der Verfassungsgebung offenlegen.[120] Die Präambel des Grundgesetzes steht darum nicht außerhalb des Geltungsbereiches des Grundgesetzes, sondern ist ein eigenständiger Teil darin und genießt daher den gleichen rechtlichen Schutz - etwa bei Verfassungsänderungen - wie alle anderen Teile der Verfassung.[121] »Sie enthält auch Bindungen für die Rechtsanwendung«[122], hat also politische und rechtliche Wirkungen, indem sie Maßstäbe für die Auslegung des Grundgesetzes setzt, was nicht bedeutet, daß aus ihr subjektive Rechte für den einzelnen abzuleiten sind.[123]

»In *politischer* Hinsicht enthält sie ein Bekenntnis zu den Vorstellungen und Vorsätzen des Verfassungsgebers«[124]. Verfassungsgeber ist immer das Volk, welches die Aufgabe der Verfassungsgebung delegieren kann (z. B. an den Parlamentarischen Rat).[125] Die Verfassungsgebung will selber nicht an einen »Uranfang ungefaßter Ursprünglichkeit« zurückschauen, »sondern an überlieferte Rechtsgüter anknüpfen«[126]. Sie ist an ein jedem geschriebenen Recht

116 Vgl. Hofmann, Grundgesetz ohne Gott, 217.
117 S.o. I.2.1.
118 Vgl. Papenheim, Präambeln, 128 in Anlehnung an das Votum der Gemeinsamen Verfassungskommission. Vgl. Deutscher Bundestag, BT-Dr. 12/6000, 82; s.o. I.2.3.
119 Papenheim, Präambeln, 128f.
120 Vgl. Maunz/Dürig, Grundgesetz-Kommentar, Präambel, Rdnr. 7.
121 Vgl. ebd.
122 Ebd.
123 Vgl. ebd.; Schmidt-Bleibtreu/Klein, 7. Aufl., Präambel, Rdnr. 1.
124 Maunz/Dürig, Grundgesetz-Kommentar, Präambel, Rdnr. 11.
125 Vgl. aaO., Rdnr. 12.
126 AaO., Rdnr. 14.

vorausliegendes, überpositives Recht gebunden.[127] Solche Bindung des Rechts wird in Anlehnung an die Naturrechtslehre, zu der sich das Bundesverfassungsgericht in Abgrenzung zu einem positivistischen Rechtsverständnis bekannt hat[128], durch die Formulierung »Im Bewußtsein der Verantwortung vor Gott und den Menschen« erreicht.

Dabei fungiert der Gottesbegriff in der Präambel zunächst als eine Kundgabe des Parlamentarischen Rates (historisch), sodann inhäriert ihm aber auch eine Bedeutung für die Anwendung des Grundgesetzes (politisch/rechtlich).[129] Zunächst wird dem Gedanken Ausdruck gegeben, »daß die Mitglieder des Parlamentarischen Rates nicht von einer unbegrenzten und bedingungslosen Staats- und Volkssouveränität ausgegangen sind«[130]. Hierbei wird die verfassunggebende Gewalt des Volkes nicht geleugnet, sondern an ihre Grenze verwiesen. Die Nennung dieser Grenze intendiert die Formulierung »In Verantwortung vor Gott und den Menschen«. Der Gottesbezug symbolisiert demnach gemäß herrschender Meinung juristischer Auslegung eine Instanz, welche die Existenz eines »höheren, überpositiven Rechts«[131] begründet. Demgemäß besteht eine Grenze der verfassunggebenden Gewalt in bezug auf deren Entscheidungsfähigkeit, worin die Anerkenntnis von Grenzen menschlicher Erkenntnis- und Verantwortungsfähigkeit liegt, was eine Absage an jeglichen relativistischen Gesetzespositivismus impliziert, dem alles als rechtmäßig gilt, was als Gesetz beschlossen ist.[132] Dem Begriff »Verantwortung« wird also der ihm inhärierende Bedeutungszusammenhang zuerkannt, indem forum internum und forum externum der Rechenschaftsinstanz bei seiner Aufnahme in den Präambeltext benannt wurden.[133]

Die Frage des Rechtsgehaltes der Verantwortungsformel und des darin enthaltenen Gottesbezuges zieht die Fragen nach den Gründen für seine Aufnahme in die Verfassung und nach seinen rechtshistorischen Motivationen nach sich; aber auch die Fragen nach der Gründungsinstanz für den Verantwortungs-

---

127 Vgl. Schmidt-Bleibtreu/Klein, Kommentar, 7. Aufl., Präambel, Rdnr. 1.
128 Vgl. Badura, Verfassung, EvStL 2, 3747.
129 Vgl. Maunz/Dürig, Grundgesetz-Kommentar, Präambel, Rdnr. 17.
130 Ebd.
131 Vgl. Hofmann, Grundgesetz ohne Gott, 217.
132 Vgl. Hofmann, Grundgesetz ohne Gott, 217.
133 S.o. III.5.

horizont und eben damit verbunden auch nach den Voraussetzungen des Rechtssystems sowie des Staates werden hier evident. Die Suche nach einer adäquaten Definition des Rechtsbegriffs (Rechtspositivismus vs. überpositive Bindung des Rechts) erhält an dieser Stelle ihre Relevanz und soll im folgenden erörtert werden.

2. Zur Rückbesinnung auf Begründungsmodelle von Rechtssystemen mit überpositiven Elementen

2.1. Rückbesinnung auf naturrechtliche Modelle der Rechtsbegründung in den Nachkriegsjahren

In der Epoche der Nachkriegszeit nach 1945 wurde in der Bundesrepublik in Kreisen der Politik und der Rechtstheorie die Setzung ungerechten Rechtes auf den vorherrschenden philosophischen Positivismus zurückgeführt. Auch wenn sich diese Wahrnehmung im Nachhinein als sehr einseitige herausgestellt hat[134], ist festzuhalten, daß im Zuge dieses Denkens nach dem Zweiten Weltkrieg naturrechtliche[135] Modelle der Rechtsbegründung eine Wiederbelebung erfuhren.[136] Denn schon in den Verfassungsberatungen verschiedener Länderparlamente und des Parlamentarischen Rates zeigte sich nach 1945 ein starkes Inte-

134 Es war Radbruchs These, daß das Rechtsdenken der deutschen Juristen in der Zeit des Nationalsozialismus vom Rechtspositivismus beherrscht gewesen sei. Diese These hat sich jedoch als nicht tragfähig erwiesen, denn offenbar war die herrschende Rechtsauffassung jener Zeit keineswegs geltungspositivistisch orientiert, sondern eher von der Vorstellung eines hoheitlichen, das Volksganze repräsentierenden Staates und Rechts beherrscht. »Eben diese ideologische Orientierung, die den Juristenstand mehrheitlich an vor- und antidemokratische Denk- und Verhaltensmuster band, ermöglichte die schnelle Gleichschaltung des ganz überwiegenden Teiles der deutschen Juristen mit dem nationalsozialistischen Herrschaftssystem und seiner Instrumentalisierung des Rechts.« (Huber, Gerechtigkeit und Recht, 82.) Vgl. Walther, Hat der juristische Positivismus die deutschen Juristen im 'Dritten Reich' wehrlos gemacht?, 323-354; Böckenförde, Staatsrecht und Staatslehre im Dritten Reich. Weitere Literatur bei Huber, Gerechtigkeit und Recht, 82.

135 Zur Tradition des Naturrechts vgl. Huber, aaO., 88ff.

136 Vgl. den Sammelband: Maihofer, Naturrecht oder Rechtspositivismus.

resse, naturrechtliche Überzeugungen in der Rechtsordnung zu verankern[137]; und auch die Rechtsprechung der frühen Bundesrepublik wurde durch ein am Naturrecht orientiertes Denken beeinflußt.[138] Die Mitglieder des Parlamentarischen Rates und Rechtstheoretiker waren der Ansicht, daß auf die totalitäre Rechtsverachtung in der Nachkriegszeit in der Bundesrepublik eine Wiederbelebung des Naturrechts erfolgen müsse.[139] Dabei sollten Rechtsüberzeugungen unmittelbar aus immer gleichen und allen einsichtigen naturrechtlichen Grundlagen ableitbar sein.

Bei der Eröffnung des Bundesgerichtshofes am 8. Oktober 1950 in Karlsruhe bezeichnete es der Präsident Hermann Weinkauff in seiner Eröffnungsansprache als eine besondere Aufgabe dieses obersten Gerichtes,

»sich auf die metaphysische Grundlage des Rechts zurückzubesinnen und (...) in besonnener Kühnheit den Versuch zu machen, diejenigen wenigen, inhaltlich erfüllten, aus sich selbst heraus geltenden, allgemeinen Rechtssätze wieder zu erarbeiten, die jedem positiven Recht bindend vorausliegen«[140].

Damit war innerhalb der Rechtsprechung die Aufgabe einer neuerlichen Naturrechtsdiskussion eröffnet. Nach der offenkundigen Rechtswillkür in der Zeit der Regierung des nationalsozialistischen Regimes, welches Unrecht als Recht bezeichnet und angewendet hatte, sollte das positive Recht wieder auf vorpositive Rechtsgrundsätze zurückbezogen werden. Walter Kerber stellt zusammenfassend fest:

»Tatsächlich hat die Rechtsprechung nicht nur des Bundesverfassungsgerichtes, sondern auch der anderen obersten Gerichte der BRD vor allem in der Auseinandersetzung mit dem zwischen 1933 und 1945 geschehenen gesetzlichen Unrecht in vielen Urteilen auf naturrechtliche Gedankengänge zurückgegriffen und konkrete Fälle nach dem Maßstab allgemeinverbindlicher rechtlicher Grundsätze entschieden, die unabhängig von staatlicher Anerkennung gelten. Es wird also mit der Möglichkeit gerechnet, daß die materiale Gerechtigkeit höher zu werten sei als die Rechtssicherheit, wie sie in der Geltung des positiven Gesetzes für die Regel der Fälle zum Ausdruck kommt.«[141]

---

137 Im einzelnen s.o. I. Besonders am Beispiel der Rheinland-Pfälzischen Verfassung und den Initiativen von Adolf Süsterhenn ist darauf bereits eingegangen worden. Im einzelnen dazu s.o. I.3.3.

138 Dazu vgl. Faller, Wiederkehr des Naturrechts, 1-17.

139 Vgl. Rommen, Die ewige Wiederkehr des Naturrechts, 1947; Huber, Gerechtigkeit und Recht, 29.

140 Zitiert nach aaO., 85.

141 Kerber, Positives Recht versus Naturrecht, in: HCE, Bd. 2, 311.

Zu diesen Rechtsüberzeugungen naturrechtlichen Charakters des Bundesgerichtshofes und anderer Gerichte in der Zeit nach dem Zweiten Weltkrieg gehören u. a. die Vorstellungen des Grundrechtskatalogs, insbesondere die Garantie der Unantastbarkeit der menschlichen Würde, der freien Entfaltung der Persönlichkeit, sowie der Gleichheitsgrundsatz und die Gewissensfreiheit.[142]

Der Rückbezug des Grundrechtskatalogs auf die Präambel, besonders auf deren Gottesbezug, stellt diesen dann ebenfalls in ein naturrechtliches Gedankenschema, wenn etwa in den politischen Debatten festgestellt wurde, daß mit dem Rekurs auf Gott eine Abgrenzung zu der »gottlosen« NS-Zeit intendiert gewesen ist. Sehr eindrückliche Beispiele dafür sind die Verfassungspräambeln von Bayern[143] und Rheinland-Pfalz[144].

Aus dem Einbringen einer naturrechtlichen Argumentation in dic Nachkriegsverfassungen folgt die Installation einer Wertehierarchie in den Verfassungstext, da die unmittelbar naturrechtlichen Sätze damit zum Auslegungskanon für die anderen Verfassungsbestimmungen erklärt werden; die Grundwerte etwa figurieren dann als Auslegungsrichtlinien für die Grundrechte. Somit bildet letztlich nicht mehr der Text der Verfassung den Auslgungskanon, sondern der sich jeweils in einer bestimmten historischen Situation ausbildende Wertekanon, welcher dem Text der Verfassung überpositiv vorausliegt.[145]

An naturrechtlichen Argumentationsmustern in der höchstrichterlichen Rechtsprechung der Nachkriegszeit läßt sich zeigen, daß dort solche Wertvorstellungen mit einem naturrechtlichen Anspruch umkleidet werden, in denen sich ein zeitgebundenes Wert- und Rechtsbewußtsein ausdrückt.[146] Auf das Problem der Frage nach einem allgemeinverbindlichen Grundbestand materialer naturrechtlich verankerter Werte macht auch Kerber aufmerksam:

---

142 Vgl. Huber, Gerechtigkeit und Recht, 86f. Daneben nennt Huber das Gebot, jeder Person einen unantastbaren Rechts- und Freiheitsbereich einzuräumen, die daraus resultierende naturrechtliche Begründung des Privateigentums, den Gleichheitsgrundsatz, die Ordnung von Ehe und Familie, in welcher die Familie als von Gott gestiftete Institution definiert wird, die naturrechtliche Verurteilung des Suizides als Selbstmord und das Selbstbestimmungsrecht eines geschichtlich gewordenen, staatlich geeinten Volkes. Vgl. aaO., 86f.

143 Dazu s.o. I.3.2.

144 Dazu s.o. I.3.3.

145 Vgl. Huber, Gerechtigkeit und Recht, 87f.

146 Vgl. aaO., 88.

»Mit dieser grundsätzlich zu bejahenden Offenheit der Rechtsordnung für moralische Argumente verschiebt sich aber das Problem 'positives Recht versus Naturrecht' auf die Frage, was in einer pluralistischen Gesellschaft als unabdingbarer Grundbestand von Menschenrechten anzusehen ist.«[147]

Die naturrechtliche Begründung des Rechts hat sich aus den eben genannten Gründen als nicht tragfähig erwiesen. Dennoch hat die öffentliche Debatte, die darum geführt worden ist, evident gemacht, daß bestimmte Bereiche des menschlichen Lebens der positiven Rechtssetzung entzogen sind, und daß das Recht wie die Rechtsordnung diese zu schützen habe. Das gilt auch bei der Frage nach der Rechtsbegründung. Der Gottesbezug fungiert an dieser Stelle als Symbol für die diese Bereiche schützende und verbürgende Instanz.

2.2. Ein alternatives Modell - Gustav Radbruch

Obwohl sich das Modell einer (rein) naturrechtlichen Begründung des Rechts leer gelaufen hat, ist dennoch zu fragen, ob im Rahmen der Nachkriegsdebatten um die Bestimmung des Rechtsbegriffs Grundeinsichten der Rechtsbestimmung entwickelt wurden, welche wegweisend für die Rechtsbegründung geworden sind. Daß dies der Fall ist, soll am Beispiel von Gustav Radbruch, einem der führenden Rechtstheoretiker der juristischen Szene im Nachkriegsdeutschland erläutert werden.

Gustav Radbruchs[148] (1878-1949) Biographie kann als eindrückliches Beispiel verstanden werden, daß die Konfrontation mit gesetzlichem Unrecht zu einer Revision der eigenen rechtsphilosophischen Grundhaltung veranlassen kann. Seiner Herkunft und Entwicklung nach war Radbruch dem Rechtspositivismus zugewandt, »jemand, der das jeweils gesetzte (von ponere, positum) Recht gegenüber dem Naturrecht und anderen Gerechtigkeitsvorstellungen«[149] hochhielt. Auch in seiner Tätigkeit als SPD-Abgeordneter des Weimarer Reichstages und als Reichsjustizminister (1921/22 und 1923) entwickelte er keine Neigungen zu überpositiven Begründungsmodellen für Rechtssysteme. Das hängt entscheidend mit der Biographie Radbruchs zusammen, denn der damals 40jährige Jurist war 1918 von den Kieler Matrosen- und Arbeiterauf-

147 Kerber, Positives Recht versus Naturrecht, in: HCE3, Bd. 2, 311.
148 Vgl. insbes. Kaufmann, Gustav Radbruch.
149 Adomeit, Rechtsphilosophie II, 150.

ständen hingerissen in die Sozialdemokratische Partei geführt worden, für die er schließlich in den Reichstag ging und Reichsjustizminister wurde. 1918 und 1919 hatte die Revolution in Deutschland mit einer sehr begrenzten Reichweite stattgefunden und mit der Weimarer Verfassung sollten ein Stück weit die Errungenschaften der französischen Revolution in die eigene Rechts- und Staatsordnung einfließen. Daraus ist auch erklärbar, warum Radbruch selbst in seiner Tätigkeit als Reichsjustizminister während der Weimarer Zeit keine Neigungen zu naturrechtlichen Argumenten entwickelte und seinen Rechtsbegriff fast ausschließlich an den Grundsätzen der Rechtssicherheit orientierte. Gleichwohl verwendete er schon vor 1933 die Trias der Begriffe »Gemeinwohl«, »Gerechtigkeit« und »Rechtssicherheit« als integrale Elemente der Definition des Rechtsbegriffs, akzentuierte diese aber anders als in den Jahren nach dem Krieg. Der Begriff der Gerechtigkeit wurde bis dahin bei ihm als ein dem Prinzip der Rechtssicherheit untergeordnetes Kriterium verwendet, wobei Gerechtigkeit hier noch als ein rein formaler, also moral-neutraler Begriff verwendet wurde.[150]

Nach 1933 verschob sich die Bestimmung des Gerechtigkeitsbegriffs in der Radbruchschen Rechtstheorie und materialisierte sich in zunehmendem Maße.[151] Die Erfahrungen mit dem Unrecht im Naziregime und die Einsicht, daß vom Positivismus geprägte Juristen sich diesem Regime bereitwillig zur Verfügung gestellt hatten, veranlaßten ihn nach dem Zweiten Weltkrieg, den Begriff des Rechts völlig neu zu akzentuieren. Er knüpfte, nachdem er 1946 wieder auf seinen Heidelberger Lehrstuhl berufen wurde, nicht bei seinem ursprünglich primär an der Rechtssicherheit orientierten Rechtsbegriff an, sondern bemerkte zu diesem positivistischen Ansatz, er habe »in der Tat mit seiner Überzeugung 'Gesetz ist Gesetz' den deutschen Juristenstand wehrlos gemacht gegen Gesetze willkürlichen und verbrecherischen Inhalts«[152]. Bereits 1945 deutete er die rechtsphilosophische Situation folgendermaßen:

»Diese Auffassung vom Gesetz und seiner Geltung (wir nennen sie die positivistische Lehre) hat die Juristen wie das Volk wehrlos gemacht gegen noch so willkürliche, noch so grausame,

---

150 Vgl. Saliger, Radbruchsche Formel und Rechtsstaat, 23ff. Saliger führt das darauf zurück, daß bis dahin die theoretische Komponente des Relativismus, der die Rechtsphilosophie Radbruchs zeitlebens bestimmte, überwog. Saliger kommt zu dem Ergebnis: »*Radbruchs* formaler Gerechtigkeitsbegriff bis 1933 ist daher primär moralneutral.« (AaO., 26).

151 Vgl. aaO., 26ff.

152 Radbruch, Gesetzliches Unrecht und übergesetzliches Recht, 88.

noch so verbrecherische Gesetze. Sie setzt letztenendes das Recht und die Macht gleich: nur wo Macht ist, ist das Recht.«[153]

Dieser Rechtszersetzung sei nur mit einer Rückbesinnung auf überpositive Grundlagen des Rechts zu begegnen.

»Der Positivismus, der jedem ordnungsgemäß entstandenen Gesetze den Charakter des Rechts und die Geltung zugestand, war solchen ungerechten und verbrecherischen Gesetzen gegenüber wehrlos. Wir müssen uns wieder besinnen auf die Menschenrechte, die über allen Gesetzen stehen, auf das *Naturrecht* [sic!], das gerechtigkeitsfeindlichen Gesetzen die Geltung versagt.«

Gelegentlich ging Radbruch sogar noch einen Schritt weiter, indem er Sympathien für einen dem Naturrechtsdenken entlehnten Rechtsbegriff assoziierte:

»Die überkommene Auffassung des Rechts, der seit Jahrzehnten unter den deutschen Juristen unbestrittene *Positivismus* und seine Lehre 'Gesetz ist Gesetz', war gegenüber einem solchen Unrecht wehrlos und machtlos: die Anhänger dieser Lehre waren genötigt, jedes noch so ungerechte Gesetz als Recht anzuerkennen. Die Rechtswissenschaft muß sich wieder auf die jahrtausendalte gemeinsame Weisheit der Antike, des christlichen Mittelalters und des Zeitalters der Aufklärung besinnen, daß es ein höheres Recht gebe als das Gesetz, ein Naturrecht, ein Gottesrecht, ein Vernunftrecht, kurz ein übergetzliches Recht, an dem gemessen das Unrecht Unrecht bleibt, auch wenn es in die Form des Gesetzes gegossen ist (...).«[154]

Dennoch hielt Radbruch an seinen Vorbehalten gegenüber einem Rechtsbegriff, welcher sich an zeitlosen naturrechtlichen Prinzipien orientiere, fest. Um der Rechtssicherheit willen müsse der Geltungsgrund des Rechts in seinem positiven Gesetztsein gefunden werden. Aus diesem Grund bestimmte er bei der Definition des Rechtsbegriffs,

»daß das positive, durch Satzung und Macht gesicherte Recht auch dann den Vorrang hat, wenn es inhaltlich ungerecht und unzweckmäßig ist, es sei denn, daß der Widerspruch des

---

153 Radbruch, Fünf Minuten Rechtsphilosophie, 1945, 78.

154 Radbruch, Die Erneuerung des Rechts, 1947, 108. Bemerkenswert ist, daß Radbruch seine Vorschule der Rechtsphilosophie von 1948 mit einem Abschnitt über das übergesetzliche Recht beendet, indem er dieses folgendermaßen umreißt: »Der Zusammenbruch des nationalsozialistischen Unrechtsstaates stellt die deutsche Rechtsprechung immer wieder vor Fragen, die der überkommene Positivismus nicht zu beantworten vermag: Soll es bei den Maßnahmen bleiben, die auf Grund der Nürnberger Rassengesetze verhängt worden sind? Hat die Beschlagnahme jüdischer Vermögen, wenn sie sich zu ihrer Zeit auf geltendes Recht der nationalsozialistischen Zeit stützen konnte, auch jetzt noch Rechtsgültigkeit? (...) So ist die Idee eines übergesetzlichen Rechts, an dem gemessen auch positive Gesetze als gesetzliches Unrecht sich darstellen können, nach einem Jahrhundert des juristischen Positivismus wieder mächtig auferstanden. Inwieweit Gerechtigkeit fordere, daß ihr widersprechende positive Satzungen als rechtsungültig anzusehen seien (...): auf diese Frage ist bereits (...) geantwortet worden. (...) *Naturrecht.*« (Vorschule der Rechtsphilosophie, 226f).

positiven Gesetzes zur Gerechtigkeit ein so unerträgliches Maß erreicht, daß das Gesetz als 'unrichtiges Recht' der Gerechtigkeit zu weichen hat«[155].

Radbruch machte also nicht moralische, d. h. naturrechtliche, Maßstäbe zur Voraussetzung für die Bestimmung des Rechts, sondern ging von der Erfahrung unerträglichen und offensichlichen Unrechts aus, als er sich gegen eine nach positivistischen Grundsätzen präferierte Trennung von Recht und Moral aussprach. Diese Erfahrung mit unerträglichem Unrecht veranlaßte ihn, ausgehend von der sogenannten »Unrechtsformel« die schon früher fixierten Grundelemente der Rechtsidee neu zu akzentuieren. Von nun an konstatierte er ein Primat der Gerechtigkeit vor der Zweckmäßigkeit und der Rechtssicherheit.[156] Winfried Hassemer kommt ausgehend von der Analyse der Schriften Radbruchs zu folgendem Ergebnis:

»Geändert hat sich die Favorisierung der Bestandteile der Rechtsidee als Leitbild der Justiz. Leitbild der 'Rechtsphilosophie' ist eher die Rechtssicherheit, Leitbild der späteren Schriften, besonders nach 1945, ist eher die Gerechtigkeit (...). Der Wandel der Akzentuierung verdankt sich, nach Radbruch, nicht einem Gebot der Wissenschaft, er liegt jenseits deren Grenze; er verdankt sich politischer und rechtsphilosophischer Erfahrung.«[157]

Radbruch selbst hatte die Erfahrungen mit der Rechtszersetzung in der Zeit des Nationalsozialismus vor Augen, wenn er beschreibt:

»Wir blicken zurück auf zwölf Jahre voll Unrecht und Willkür, auf die Herrschaft einer Staatsgewalt, die alles für zulässig hielt, was ihr als nützlich erschien, und sich unbedenklich über geltende Gesetze hinwegsetzte (...). Wir blicken zurück auf eine Zeit, in der die Gesetze selbst dazu dienen mußten, die Ungerechtigkeit, ja das Verbrechen zu sanktionieren.«[158]

An anderer Stelle zog er praktische Konsequenzen:

»Wenn Gesetze den Willen zur Gerechtigkeit bewußt verleugnen, zum Beispiel Menschenrechte Menschen nach Willkür gewähren und versagen, dann fehlt diesen Gesetzen die Geltung, dann schuldet das Volk ihnen keinen Gehorsam, dann müssen auch die Juristen den Mut finden, ihnen den Rechtscharakter abzusprechen.«[159]

---

155 Radbruch, Gesetzliches Unrecht und übergesetzliches Recht, 89.

156 Vgl. Radbruch, Fünf Minuten Rechtsphilosophie, 78ff; ders., Gesetzliches Unrecht und übergesetzliches Recht, 83ff; ders., Die Erneuerung des Rechts, 107ff.

157 Hassemer, Einführung, 14f. Frank Saliger hat unlängst nachgewiesen, daß diese neue Akzentuierung zwar im Erfahrungsraum der NS-Zeit entwickelt worden ist, aber sogar nach Radbruchs Selbstverständnis grundsätzlich unabhängig vom NS-Kontext seine Geltung erhält. Dazu vgl. Saliger, Radbruchsche Formel und Rechtsstaat, 34ff.

158 Radbruch, Erneuerung des Rechts (1946), 80.

159 Zitiert nach Huber, Gerechtigkeit und Recht, 80.

Damit fixierte Radbruch die Forderung des Absprechens eines Rechtscharakters bei gesetzlichem Unrecht als einen Hinweis auf die äußerste Grenze; es bestehe sogar die Möglichkeit, daß einem schlechten oder schädlichen Recht und einem ungerechten Gesetz um der Rechtssicherheit willen die Geltung zuzusprechen sei.[160]

»Das aber muß sich dem Bewußtsein des Volkes und der Juristen tief einprägen: es *kann* Gesetze mit einem solchen Maß an Ungerechtigkeit und Gemeinschädlichkeit geben, daß ihnen die Geltung, ja der Rechtscharakter abgesprochen werden muß.«[161]

Trotz der Problematik der historischen Herleitung der Radbruchschen These aus der Interpretation des nationalsozialistischen Rechtsgedankens als eines positivistischen[162] ist an ihrer sachlichen Richtigkeit festzuhalten, denn die legale Geltung von Recht ist eine notwendige, aber keine hinreichende Bedingung für die Anerkennung des Rechts. Die Gefahr einer »legalen« Pervertierung von Recht, wie dies etwa im Nationalsozialismus geschehen war, ist evident. Demnach finden rechtspositivistische Rechtsinhalte dort ihre Grenze, wo Gesetze und deren Anwendung die Verbindung zu einer inhaltlichen Geltungsgrundlage verlieren. Insofern bleibt Radbruchs grundsätzliche Erkenntnis von Bedeutung, daß der Widerspruch eines positiven Gesetzes zur Gerechtigkeit ein Maß an Ungerechtigkeit erreichen kann, daß ihm der Rechtscharakter abzusprechen ist.[163]

Dieser Erkenntnis schloß sich in den Nachkriegsjahren eine erhebliche Zahl von Rechtstheoretikern und Rechtspraktikern an. Der Gottesbezug in der Präambel steht als Zeichen für die Selbsterinnerung des Volkes an eine so geartete überpositive Verankerung von Recht.[164] Und auch die Mehrheit der Mitglieder in der Gemeinsamen Verfassungskommission zur Revision des Grundgesetzes stellte in ihrem Votum für die Beibehaltung des Gottesbezuges fest, daß diese Selbsterinnerung an die Grenzen menschlichen Tuns bewußt in Anlehnung an die Aussageabsicht der Väter und Mütter des Grundgesetzes ge-

160 Vgl. aaO., 81.

161 Zitiert nach ebd.

162 Zu der Debatte vgl. Walther, Hat der juristische Positivismus die deutschen Juristen im 'Dritten Reich' wehrlos gemacht?, 323-354; Huber, Gerechtigkeit und Recht, 82.

163 Vgl. Huber, Gerechtigkeit und Recht, 83.

164 Vgl. Feuchte, Verfassung des Landes Baden-Württemberg, Eingangsformel, Rdnr. 8ff; u.a.

schehen sei.[165] Der Grund für die Aktualität dieser Feststellung liegt demnach in einer Absage an ein positivistisches Rechtsverständnis.[166]

Die verschiedenen Varianten eines solchen »Rechtspositivismus«, dem durch die Aufnahme eines Gottesbezuges symbolisch ein Riegel vorgeschoben werden sollte, soll nun in ihren Grundzügen nachgezeichnet werden, wobei der für den Verlauf der Untersuchung relevante Aspekt, nämlich die Verhältnisbestimmung von Recht und Moral, bzw. Recht und Ethik im Vordergrund stehen soll.

3. Die normative Selbstbegründung des Rechts - Zur rechtspositivistischen Trennung von Recht und Moral

Anhand der eben dargestellten und erörterten »Radbruchschen Formel« werden im folgenden die Tragfähigkeit und die Grenzen des rechtsphilosophischen Modells der Rechtsbegriffsdefinition expliziert, welches gemeinhin als »Rechtspositivismus« bezeichnet wird, wobei das Modell einer an positiven Prinzipien orientierten Definition des Rechtsbegriffs auf seine Grenzen und Stärken hin befragt werden soll. Mit Hilfe der Darstellung dieser Denkrichtung soll deutlich werden, welches die Gründe für die Aufnahme des Gottesbezuges gewesen sind.

Bevor die rechtspositivistische Sicht anhand der durch die »Radbruchsche Formel« gewonnenen Erkenntnisse auf ihre Tragfähigkeit hin untersucht werden kann, soll die rechtspositivistische Grundposition geklärt werden. Diese Darstellung dient als Grundlage für die Herausfilterung der Stärken und Schwächen, sowie der Offenlegung der Grenzen der rechtspositivistischen Sicht.

---

165 Vgl. Deutscher Bundestag, Gemeinsame Verfassungskommission, Stenographischer Bericht, 20. Sitzung, 22. April 1993, 17.

166 Darauf wird auch im Bericht der Gemeinsamen Verfassungskommission hingewiesen. Vgl. Deutscher Bundestag, Bericht der Gemeinsamen Verfassungskommission, BT-Dr. 12/6000, 110.

3.1. Rechtspositivistische Grundpositionen – Das Problem der Trennung

Der Begriff »Positivismus« geht auf Auguste Comte (1798-1857) zurück, der ihn in das politisch-philosophische Denken eingeführt hat.[167] In der Sozial- wie in der Rechtswissenschaft bildet der Positivismus den Versuch, im Zuge des Relevanzgewinnes von Naturwissenschaft und Technik mit einer rationalen Begründung der Wissenschaften die Frage nach der Gesellschaft und dem Recht zu beantworten.[168] Den engeren Zusammenhang zwischen dem allgemeinen philosophischen Positivismus und dem Rechtspositivismus hat Walter Ott herausgearbeitet.[169] Demnach knüpfen beide an ein »positiv Gegebenes« an, wobei unter dem positiven Recht im allgemeinen »das von einer sozialen Autorität, einer staatlichen Instanz, *gesetzte* Recht«[170] verstanden wird. Hierbei beschränkt sich die positive Setzung jedoch nicht auf die soziale Autorität.[171]

In bezug auf den wissenschaftlich-philosophischen[172] Sprachgebrauch des Begriffs »Rechtspositivismus« in der neueren Rechtstheorie sind in Anlehnung an H.L.A. Hart fünf verschiedene Definitionen in Umlauf:[173] Die erste Definition lautet, daß Gesetze bzw. Rechtsnormen menschliche Befehle sind. Diese an utilitaristische Befehlstheorien anknüpfende Definition betrachtete Austin als den »Schlüssel zum Verständnis des Rechts wie der Moral«[174]. Die zweite Form bildet die Behauptung, daß kein notwendiger Zusammenhang bestehe zwischen Recht und Moral bzw. zwischen dem Recht, wie es ist, und dem Recht, wie es sein sollte.[175] Eine dritte Theorie orientiert sich an der Behauptung, daß die

---

167 Vgl. Brieskorn, Rechtsphilosophie, 79. »Auguste Comte (...) führt in seinem 'Cours de philosophie positive', später 'Système de philosophie positive' genannt (1830-1842), und in seinem 'Système de politique positive', erarbeitet zwischen 1851-1854, den Begriff »Positivismus« in das philosophisch-politische Denken ein.« (Ebd.).

168 Vgl. Huber, Gerechtigkeit und Recht, 73; Alexy, Begriff und Geltung des Rechts, 15; ders., Zur Kritik des Rechtspositivismus, 9; Dreier, Der Begriff des Rechts, 890.

169 Vgl. Ott, Rechtspositivismus.

170 Ott, Rechtspositivismus, 19f.

171 Vgl. aaO., 20.

172 Ott geht sogar davon aus, daß dieser Begriff in der Alltagssprache keine Verwendung findet. Vgl. aaO., 104.

173 Vgl. Hart, Recht und Moral, 23. Vgl. auch Hoerster, Einleitung, 6f; Ott, Rechtspositivismus, 104; Hoerster, Recht und Moral, 12.

174 Austin, Rechtsnorm als Befehl, 15. »Every law or rule ... is command.« (Zitiert nach Alexy, Begriff und Geltung des Rechts, 35).

175 Vgl. Hart, Recht und Moral, 17ff; 23. Später wird zu zeigen sein, daß alle rechtspositivistischen Theorien sich in dieser Definition wiederfinden, sofern man bei der Betrachtung

Analyse der Bedeutung von Rechtsbegriffen lohnend sei, daß sie aber zu unterscheiden sei von der historischen Erforschung der Ursachen und des Ursprunges des Rechts, von der soziologischen Erforschung der Beziehung des Rechts zu anderen sozialen Phänomenen wie von der kritischen Würdigung des Rechts vom Standpunkt der Moral oder sonstiger sozialer Zielvorstellungen.[176] Die vierte Begriffsbestimmung geht davon aus, daß ein Rechtssystem ein »in sich geschlossenes« System darstelle, aus welchem sich mittels logischer Deduktion ohne Rücksicht auf außerpositive Prinzipien richtige rechtliche Entscheidungen fällen lassen.[177] Einer fünften Theorie gemäß beschreibe der Rechtspositivismus die Behauptung, daß moralische Urteile nicht rational begründbar seien (ethischer Nonkognitivismus).[178]

Schon aus der Fülle der Definitionen, welche Hart zusammenfaßt, geht hervor, daß der Begriff des »Rechtspositivismus« mehrdeutig ist.[179] Fällt aus diesem Grunde also eine rein analytisch-semantische Definition für den Begriff außer Betracht, so ergibt sich die Aufgabe, einen möglichst adäquaten Begriff für den Rechtspositivismus zu erarbeiten, der offenlegt, was sinnvollerweise unter Rechtspositivismus zu verstehen ist. Hierbei ist es notwendig, drei Problemkreise auseinanderzuhalten. Der erste bezieht sich auf die *Bestimmung des Begriffs des Rechts*.

> »In diesen Problemkreis gehören die Fragen nach den Merkmalen der Positivität, nach der Rechtsgeltung, nach der Trennung bzw. Verbindung von Recht und Moral, nach der Relativität und Beliebigkeit des Rechtsinhaltes, nach der Rechtspflicht und dem Widerstandsrecht im *juristischen* Sinne sowie nach der Verwandtschaft des juristischen Positivismus mit dem allgemeinen philosophischen Positivismus.«[180]

Einen zweiten Problemkreis bildet das sogenannte *Interpretations- und Lückenproblem*. Dieses betrifft die Fragen nach der Bindung und der Freiheit eines

---

von der Rechtsbegriffsdefinition ausgeht, was in bezug auf den Problemkomplex durchaus sinnvoll erscheint.

176 Vgl. aaO., 23.

177 Vgl. aaO., 32ff; 23.

178 Vgl. aaO., 51ff; 23.

179 Gelegentlich wird der Begriff des Rechtspositivismus sogar lexikalisch reduktionistisch benutzt. Vgl. etwa die Definition von Hoffmeister im Wörterbuch philosophischer Begriffe, in dem der Rechtspositivismus als »die Gleichsetzung des Rechts mit dem in Gesetzen, Satzungen usw. gegebenen sog. positiven Recht« bezeichnet wird. Im einzelnen vgl. Ott, Rechtspositivismus, 106 (insbes. Anm. 8).

180 AaO., 107.

Richters dem Gesetz gegenüber bzw. nach der Berechtigung oder der Nichtberechtigung einer rein formallogischen Methode der Rechtsanwendung.[181]

Der dritte Problemkreis betrifft das *Wertproblem*, also die Frage nach der Möglichkeit bzw. Unmöglichkeit einer rationalen Begründung axiologischer Sätze, nach dem Verhältnis von Sein und Sollen und nach dem Widerstandsrecht im moralischen Sinne.[182]

Zweckmäßig ist bei der Bearbeitung der rechtspositivistischen Grundposition der Einsatz bei dem ersten Problemkomplex, also bei der Frage, welchen Begriff des Rechts die einschlägigen Theorien voraussetzen.[183] Demgemäß lautet die Definition des Rechtspositivismus in Anlehnung an die von Walter Ott vorgeschlagene folgendermaßen: Unter Rechtspositivismus soll eine Theorie verstanden werden, die unter Vermeidung jedweder überpositiver Annahmen den Begriff des Rechtes mit Hilfe empirischer Merkmale zu bestimmen sucht, die jeweils veränderlich sind.[184]

Die Theorien, die sich allgemein als rechtspositivistische Denkmodelle klassifizieren lassen, orientieren sich demnach bei der Definition des Rechtsbegriffs an der faktischen Existenz, also an der faktischen Geltung bzw. Wirklichkeit des Rechts. Faktisch meint hierbei, daß es sich um tatsächlich existierendes Recht handelt. Geltung meint nicht normatives, sondern tatsächliches, also bereits faktisch in Geltung stehendes Recht.[185] Dabei sind die Merkmale der Positivität die entscheidenden Merkmale des Begriffs des Rechtes im Sinne der jeweiligen rechtspositivistischen Theorie. Aufgrund dieses Kriteriums unterscheidet Ott drei Hauptgruppen rechtspositivistischer Denkmodelle.[186]

---

181 Vgl. ebd.

182 Vgl. ebd.

183 Sowohl der Einsatz bei dem zweiten als auch bei dem dritten Problemkomplex birgt das Problem, daß er bestimmte als rechtspositivistisch zu bezeichnende Grundpositionen (Austin, Kelsen, Bieling, Geiger, Hart) nicht berücksichtigt. Im einzelnen vgl. Ott, Rechtspositivismus, 107f.

184 Vgl. aaO., 108. Wie das im einzelnen auszuführen ist, wird nach der Darstellung der einzelnen Theorien erörtert.

185 Vgl. aaO., 21.

186 Vgl. aaO., 21ff. Hart mit Sonderstatus; vgl. aaO., 24. Im wesentlichen kommen Dreier und Alexy zu dem gleichen Ergebnis. Zu einer ähnlichen Unterscheidung kommt auch A. Baratta, der drei Bedeutungen des Rechtspositivismus auseinanderhält. Im einzelnen vgl. Ott, Rechtspositivismus, 105ff.

Die erste Gruppe bilden die Vertreter einer sogenannten etatischen Theorie, welche die Positivität im Sinne eines Gesetztseins durch eine besondere staatliche oder soziale Autorität verstehen.[187] Diese rechtspositiven bzw. rechtspositivistischen Theorien werden im folgenden als *primär setzungsorientierte* rechtspositivistische Theorien bezeichnet (Austin, Kelsen[188]).

Die Vertreter einer rechtsphilosophischen Theorie des Positivismus, den Ott als psychologischen Positivismus bezeichnet, erblicken die Positivität des Rechtes in bestimmten Gefühls- bzw. Bewußtseinsinhalten[189] (Luhmann[190], Bierling). Die Vertreter dieser Theorien heben also auf einen inneren Aspekt der Wirksamkeit eines Rechtssystems bzw. eines Normsystems oder einer einzelnen Norm ab. Im folgenden werden diese Modelle rechtsphilosphischer Spielarten als diejenigen Modelle eines *primär wirksamkeitsorientierten* Positivismus bezeichnet, die auf einen *Innenaspekt* abheben, d. h. diese Theorien heben auf eine *Bereitschaft* zur Befolgung der jeweiligen Norm bzw. Anerkennung des jeweiligen Normsystems ab.[191] »Der innere Aspekt einer Norm besteht in der (...) Motivation ihrer Befolgung und/oder Anwendung. Entscheidend sind psychische Dispositionen.«[192]

Die von Ott als soziologischer[193] Positivismus klassifizierte Richtung bezeichnet diejenige Variante des wirksamkeitsorientierten Rechtspositivismus, die sich an der *tatsächlichen Befolgung* bzw. an der tatsächlichen Anwendung des Rechtes orientiert. (Theodor Geiger, Max Weber). Die soziologische Zwangstheorie etwa (Weber, Geiger)[194] hebt auf die Existenz eines spezifischen Rechtsstabes ab, wobei das Recht die Ordnung dafür darstellt, daß ein darauf

187 Vgl. aaO., 24.

188 Vgl. Kelsen, Reine Rechtslehre, 1960.

189 Im einzelnen vgl. Ott, Rechtspositivismus, 26.

190 Vgl. Luhmann, Das Recht der Gesellschaft, 1995; ders., Rechtssoziologie 1 und 2, 1972.

191 Vgl. Dreier, Der Begriff des Rechts, 891; Alexy, Begriff und Geltung des Rechts, 33.

192 Alexy, aaO., 34f. Als Beispiel sei an dieser Stelle die Definition Ernst Rudolf Bierlings angeführt, der in dem Begriff der Anerkennung eine zentrale Rolle konstatiert: »Recht im juristischen Sinne ist im allgemeinen alles, was Menschen, die in irgend welcher Gemeinschaft leben, als Norm und Regel dieses Zusammenlebens wechselseitig anerkennen.« (Zitiert nach aaO., 34).

193 Der Begriff scheint mir unscharf. Vgl. Ott, Rechtspositivismus, 26f. Besser ist die Kategorisierung von Dreier, Der Begriff des Rechts, 890f.

194 Für andere Spielarten dieses rechtspositivistischen Denkmodells vgl. Ott, Rechtspositivismus, 26.

abgestimmter Sanktionsapparat (z. B. ein bestimmter Menschenstab) auf einen Normbruch mit einem Zwang reagiert. Diese Formen des Rechtspositivismus werden im folgenden als diejenigen der primär *wirksamkeitsorientierten Rechtspositivismen* bezeichnet, die an *einem Außenaspekt*, d. h. an der *tatsächlichen Befolgung* von Rechtsnormen orientiert sind.[195]

Die skizzierten Gruppen sollen nun anhand einiger ausgewählter Beispiele für rechtspositivistische Theorien erörtert werden.

Der Rechtspositivismus, als dessen Begründer der englische Jurist John Austin (1790-1859) gilt, vertritt in allen seinen Varianten die Generalthese, daß kein notwendiger Zusammenhang zwischen Recht und Moral bestehe. Recht wird also als das angesehen, was die Mehrheit der Bevölkerung anerkennt.[196] Insofern könne jeder beliebige Inhalt, auch solcher, der gegen fundamentale Prinzipien der Gerechtigkeit verstoße, positives Recht sein. Um der begrifflichen Klarheit des Rechts willen sei streng zu unterscheiden zwischen dem Recht, wie es ist, und dem Recht, wie es sein sollte. Der Rechtsbegriff sei also lediglich an der autoritativen Gesetztheit (primär setzungsorientierter Rechtspositivismus) bzw. an der sozialen Wirksamkeit (primär wirksamkeitsorientierter Rechtspositivismus) zu orientieren.[197] Die Frage nach der materialen Richtigkeit von Recht wird dabei ausgeklammert. Diese Leugnung eines Zusammenhanges von Recht und Moral[198] wird in der juristischen Diskussion als sogenannte

---

195 Vgl. Dreier, Der Begriff des Rechts, 890; Alexy, Begriff und Geltung des Rechts, 32f.

196 Vgl. Ott, Rechtspositivismus, 109ff. Ott untergliedert diese Variante noch weiter in generelle Anerkennungstheorien (Merkel/Jellinek), individuelle Anerkennungstheorien (Bierling) und den skandinavischen Rechtsrelativismus (Alf, Ross). Vgl. aaO., 109. Bei der Bearbeitung des eigentlichen Problemkomplexes kann diese weitere Untergliederung jedoch vernachlässigt werden, da sie für die verfassungstheoretische Frage der Rechtsbegründung bzw. Rechtsbindung insbesondere in bezug auf die Frage nach der Rechtsbegriffsdefinition (s.u.) unerheblich ist.

197 Diese Kategorisierung findet sich schon bei Radbruch: Rechtssicherheit, Zweckmäßigkeit. Bei Radbruch kam als dritter der nach dem Zweiten Weltkrieg besonders pointierte Begriff der Gerechtigkeit hinzu. Dazu s.o. IV.2.2.

198 Die Bezeichnung »Recht und Moral« wird hier aufgenommen, weil die Diskussion der sogenannten Trennungsthese in der juristischen Literatur überwiegend mit den Begriffen »Recht« und »Moral« geführt wird. Aus diesem Grund scheint es sinnvoll, sich an dieser Stelle an den in der juristischen Literatur vorgefundenen Begriffen zu orientieren. In Anlehnung an Wolfgang Huber, Gerechtigkeit und Recht, 1996, könnte man auch das Begriffspaar »Recht« und »Sittlichkeit« verwenden.

Trennungsthese bezeichnet.[199] Diese Generalthese soll bei der Darstellung der einzelnen rechtspositvistischen Ansätze im Hintergrund stehen.

3.2. Die eine Variante des Rechtspositivismus - Theorien primär setzungsorientierter Rechtspositivismen

Primär setzungsorientierte Rechtsbegriffe finden sich vor allem in der analytischen Rechtstheorie, d. h. im Bereich derjenigen Richtungen, welche sich vornehmlich um eine logische bzw. begriffliche Analyse juristischer Praxis bemühen. Bei diesen Rechtsbegriffen dominiert die Teilnehmerperspektive, insbesondere die Richterperspektive.[200] Zu dieser Spielart rechtspositiver Denkmodelle gehören die Rechtsbegriffe von Hans Kelsen[201] und Herbert L.A. Hart[202].

Ein klassisches Beispiel eines setzungsorientierten Rechtsbegriffs findet sich bei *John Austin*, dem Lehrer von John Stuart Mill, der seine Theorie in Anlehnung an den Utilitarismus Jeremy Benthams entwickelte. Er begründete eine *analytische* Rechtstheorie[203], welche im 20. Jahrhundert vornehmlich von Hans Kelsen (1881-1973) und H.L.A. Hart (*1907) aufgenommen wurde. Analytisch ist seine Rechtstheorie insofern, als sie die verschiedenen Rechtsbegriffe streng logisch in ihrer gegenseitigen Abhängigkeit untersucht und die Ergebnisse zu einem System zusammenfügt. Sie ist bemüht, dabei in der für den Rechtspositivismus üblichen Weise *streng* analytisch vorzugehen, also die Frage nach dem Recht, wie es sein *soll*, streng zu trennen von der Frage nach dem Recht, wie es *ist*. Nur letzteres sei wesentlich für die Frage nach dem Rechtsbegriff.[204] Diese

---

199 Vgl. Alexy, Zur Kritik des Rechtspositivismus, 9f; ders., Begriff und Geltung des Rechts, 29f; Dreier, Der Begriff des Rechts, 890.

200 Vgl. Alexy, Begriff und Geltung des Rechts, 34f; Dreier, Der Begriff des Rechts, 891f.

201 Dazu im einzelnen vgl. Ott, Rechtspositivismus, 45ff; Alexy, Begriff und Geltung des Rechts, 36f.

202 Dazu im einzelnen vgl. Ott, Rechtspositivismus, 89ff; Alexy, Begriff und Geltung des Rechts, 38.

203 Zum diesem Begriff vgl. Kaufmann, Rechtsphilosophie, 331ff; Ott, Rechtspositivismus, 33f; Alexy, Begriff und Geltung des Rechts, 34f.

204 Vgl. Hart,. Recht und Moral, 16; Ott, Rechtspositivismus, 34. »The existence of law is one thing; its merit or demerit is another. Wether it be or be not is one enquiry; wether it be or be not conformable to an assumed standard, is a different enquiry. A law, which actually exists, is a law, though we happen to dislink it, or though it vary from the text, by which we regulate our approbation and disapprobation.« (Austin, Providence of Ju-

Rechtstheorie ist allgemein als »Imperativtheorie«[205] bzw. als »Befehlstheorie« zu bezeichnen, denn Normen im weitesten wie im engeren Sinn (als Rechtsnormen) seien als Befehle zu apostrophieren.[206] Demnach sei der Begriff des Befehls auch ein Schlüsselbegriff zum Verständnis des Rechts.[207]

Unter Recht im weitesten Sinn (Law) versteht Austin die von einem Mächtigeren bzw. Übergeordneten einem niedriger Geordneten zugeteilten Befehle, welche mit Sanktionen behaftet sind; insofern wird der Befehl dadurch ausgestaltet, daß er *sanktionsbewehrt* ist.[208]

»A command is distinguished from other significations of desire, not by the style in which the desire is signified, but by the power and the purpose of the party commanding to inflict an evil or pain in case the desire be disregarded.«[209]

Dieses positive Recht wird einerseits streng unterschieden vom »göttlichen Recht« durch die Person des Befehlenden, zum anderen von einer »positiven Moral«. Das göttliche Recht nämlich sei von einem überirdischen Gesetzgeber für die Menschen erlassen worden, während das positive Recht von Menschen (befehlender Übergeordneter) für Menschen (gebundener Untergebener) gesetzt sei, also grundsätzlich menschliches Recht darstelle. Andererseits erweise sich das positive Recht in Abgrenzung zur positiven Moral[210] als Inbegriff höchster

---

rissprodence Determinated, 184 (Zitiert nach Ott, Rechtspositivismus, 34)). Eine Übersetzung findet sich bei Hoerster, Recht und Moral, 17.

205 Zu diesem Begriff vgl. Kaufmann, Rechtsphilosophie, 334; Brieskorn, Rechtsphilosophie, 46.

206 Vgl. Hoerster, Recht und Moral, 15.

207 Vgl. ebd.; Alexy, Begriff und Geltung des Rechts, 35.

208 Vgl. Ott, Rechtspositivismus, 36; Alexy, Begriff und Geltung des Rechts, 35; Hoerster, Recht und Moral, 15f. »Ein Befehl ist also der Ausdruck eines Wunsches. Doch ein Befehl unterscheidet sich von anderen Ausdrucksweisen eines Wunsches durch folgende typische Eigenschaft: Derjenige, an den der Befehl sich richtet, ist von seiten des Befehlenden einem Übel ausgesetzt, sofern er dem Befehl nicht nachkommt.« (Austin, Begriff und Geltung des Rechts, in: Hoerster, Recht und Moral, 15f.). »Das im Fall der Nichtbefolgung eines Befehls, das heißt der Verletzung einer Pflicht, voraussichtlich zu erleidende Übel wird häufig als *Sanktion* oder als *Erzwingungsmittel des Gehorsams* bezeichnet. Oder, um es anders auszudrücken, der Befehl oder die Pflicht wird durch die Wahrscheinlichkeit des Übels *sanktioniert* oder *erzwungen*. (...) Normen und andere Befehle gehen von *Höhergestellten* aus und verpflichten oder binden *Untergebene*.« (AaO., 16f).

209 Zitiert nach Alexy, Begriff und Geltung des Rechts, 35.

210 Austin unterscheidet zwischen einer positiven menschlichen Moral und einer Moral an sich, welche er als ein Gesetz Gottes versteht. Vgl. Ott, Rechtspositivismus, 37 (Anm. 29).

politischer Instanz einer unabhängigen politischen Gesellschaft, die den Untertanen Verhaltensregeln setze, was das positive Recht als *staatliches* Recht qualifiziere.[211]

Ein Rechtsbefehl stelle also den Ausdruck eines Wunsches eines Befehlenden dar, wobei ein Befehl sich von gewöhnlichen Ausdrücken des Wunsches dadurch unterscheidet, daß »derjenige, an den der Befehl sich richtet, (...) von Seiten des Befehlenden einem Übel ausgesetzt [ist], sofern er dem Befehl nicht nachkommt«[212]. Eine Pflicht ist demnach die »Kehrseite« eines Befehls, weil der Untergebene durch den Befehl des Höheren in der Pflicht steht, diesen zu erfüllen.[213]

Der Fall der Nichtbefolgung eines Befehls, d. h. die Verletzung einer Pflicht, zieht nun ein zu erleidendes Übel nach sich, welches als Sanktion bzw. Erzwingungsmittel zu bezeichnen ist.[214] Dieses Wechselverhältnis der Bindung durch einen Befehl und des Erfüllenmüssens einer Pflicht gilt sowohl in allgemeiner Weise für eine Klasse von Handlungen oder Unterlassungen, wobei dann von einer generellen Norm (general command) zu handeln ist, als auch in bezug auf einzelne situationsbedingte Befehle oder Einzelnormen, wobei dann von einem individuellen Befehl zu handeln ist.[215]

»Durch eine generelle Norm oder Regel wird eine Klasse von Handlungen erfaßt und sämtliche Handlungen, die dieser Klasse angehören, sind angeordnet beziehungsweise verboten. Dort aber, wo ein situationsgebundener Befehl oder eine Einzelnorm vorliegt, sind die Handlung oder die Handlungen, die der Befehl anordnet oder verbietet, sowohl durch ihre individuellen oder konkreten Eigenschaften als auch durch die Klasse, der sie angehören, definiert.«[216]

Zusammenfassend ist festzuhalten, daß Austin Recht als die Gesamtheit der sanktionsbewehrten Befehle eines Souveräns definiert, worin eine sehr starke Orientierung an der Setzung impliziert ist.[217]

---

211 Vgl. ebd.

212 Austin, Begriff und Geltung des Rechts, in: Hoerster, Recht und Moral, 15f.

213 Vgl. Ott, Rechtspositivismus, 37. »Deshalb sind Befehl und Pflicht wechselseitige Begriffe: Sie umfassen einander beziehungsweise setzen einander voraus. Oder anders ausgedrückt: Wo es Pflicht gibt, da wurde ein Befehl gegeben; und wo ein Befehl gegeben wird, da entsteht eine Pflicht.« (Austin, Begriff und Geltung des Rechts, in: Hoerster, Recht und Moral, 16.)

214 Vgl. ebd.; Ott, Rechtspositivismus, 37.

215 Vgl. ebd.; Austin, Begriff und Geltung des Rechts, in: Hoerster, aaO., 17.

216 Ebd.

217 Vgl. Alexy, Begriff und Geltung des Rechts, 36.

Hans Kelsen definiert das Recht als normative Zwangsordnung, deren Geltung auf einer von ihm postulierten Grundnorm beruhe[218],

»derzufolge man einer tatsächlich gesetzten, im großen und ganzen wirksamen Verfassung und daher den gemäß dieser Verfassung tatsächlich gesetzten, im großen und ganzen wirksamen Normen entsprechen«[219] solle.

Kelsen läßt jedoch offen, worauf die Anerkennung der Grundnorm beruhen soll, auf Zwang oder auf moralischer Verpflichtung, was die strikte Trennung von Recht und Moral in diesem Denkmodell schwierig macht.

Hart definiert das Recht als ein System von Regeln, welches sich anhand einer Erkenntnis- oder Anerkennungsregel (rule of recognition) identifizieren läßt, und versucht damit den Schwierigkeiten des Begriffs der Grundnorm bei Kelsen zu entgehen. Die Regel entspricht lediglich in ihrem funktionalen Gebrauch noch der Grundnorm Kelsens; ihre Existenz ist jedoch eine soziale Tatsache.

»The rule of recognition exists only as a complex, but normally concordant, practice of courts, officials, and private persons in identifying the law by reference to certain criteria. Its existence is a matter of fact.«[220]

In bezug auf das englische Rechtssystem formuliert Hart: »What the Queen in Parliament enacts is law.«[221] Auch dieser Ansatz spiegelt eine hohe Orientierung am Setzungsakt des Rechts wider.

3.3. Die andere Variante des Rechtspositivismus - Theorien primär wirksamkeitsorientierter Rechtsbegriffe

Primär wirksamkeitsorientierte Rechsdefinitionen finden sich vor allem im Umfeld soziologischer Rechtstheorien. Wie erwähnt unterscheiden sie sich dadurch, daß sie bei der Wirksamkeit einer gesetzten Norm auf ihren Außen- oder Innenaspekt abstellen. Der Außenaspekt einer Norm orientiert sich dabei an der tatsächlichen Befolgung oder Anwendung, während sich der Innenaspekt an einer Bereitschaft zu ihrer Befolgung oder Anwendung orientiert.[222] Als Bei-

---

218 Vgl. Kelsen, Reine Rechtslehre, 45ff; Alexy, Begriff und Geltung des Rechts, 36f; Ott, Rechtspositivismus, 45ff.

219 Kelsen, Reine Rechtslehre, 219.

220 Zitiert nach Alexy, Begriff und Geltung des Rechts, 38.

221 Zitiert nach ebd.

spiel einer auf den Außenaspekt abhebenden Rechtstheorie soll im folgenden diejenige von Max Weber exemplarisch vorgeführt werden. Für eine auf den Innenaspekt abhebende Rechtsdefinition wird daran anschließend die Frage nach dem Rechtsbegriff an die Theorie von Niklas Luhmann gestellt.

Max Weber (1864-1920), dessen Denken sich durch eine Methodenstrenge auszeichnet, setzt sich mit der Frage auseinander, wodurch die Geltung einer legitimen Ordnung gewährleistet wird. Die Antwort auf diese Frage sei eine doppelte, denn einerseits kann die Geltung einer Ordnung innerlich gewährleistet sein aus gefühlsmäßigen, wertrationalen oder religiösen Gründen einer Person, welche sich der Ordnung unterstellt[223]. Äußerlich kann andererseits die Geltung einer Ordnung in einer doppelten Weise sein: Eine Form dieser äußerlichen Garantie einer Ordnung ist als *Konvention* zu benennen. Von Konvention ist zu sprechen, wenn ein Abweichen von der Ordnung die Chance[224] einer praktisch fühlbaren Mißbilligung nach sich zieht[225].

Eine andere Form für die äußere Garantie einer Ordnung bildet das Recht. Bei der Rechtsordnung tritt nun als ein spezifisches Merkmal der auf die Erzwingung eingestellte Menschenstab hinzu. Nach Weber soll also eine Ordnung dann Recht heißen, »wenn sie äußerlich garantiert ist durch die Chance des (physischen oder psychischen) *Zwanges* durch ein auf Erzwingung der Innehaltung oder Ahndung der Verletzung gerichtetes Handeln eines *eigens* darauf eingestellten *Stabes* von Menschen«[226]. Demgemäß verbinden sich im Recht drei Momente: Es handelt sich um eine *äußere* Ordnung des Verhaltens; die Einhaltung dieser Ordnung wird durch *Zwang* durchgesetzt bzw. ihre Verletzung durch Zwang geahndet. Der Aufrechterhaltung und Wiederherstellung dieser Ordnung dient ein besonderer *Rechtsstab*. Zu jedem Rechtssystem gehört demnach das Vorhandensein eines Erzwingungsstabes. Recht kann also nur eine Ordnung genannt werden, wenn dieser Erzwingungsstab vorhanden ist.[227] We-

222 Vgl. Dreier, Der Begriff des Rechts, 890; Alexy, Begriff und Geltung des Rechts, 32ff.
223 Weber, Wirtschaft und Gesellschaft, 17.
224 Huber schlägt die Interpretation des Wortes »Chance« als »Wahrscheinlichkeit« vor. Vgl. Huber, Gerechtigkeit und Recht, 45.
225 Vgl. Weber, Wirtschaft und Gesellschaft, 17.
226 Ebd.
227 Insofern kann nach Weber das »Völkerrecht« nicht in den Bereich des Rechts eingeordnet werden, weil es ihm an einem Erzwingungsstab mangele. Vgl. aaO., 18.

bers Rechtsdefinition kann als eine enge rechtspositivistische Auffassung bezeichnet werden, denn die Geltung von Rechtsnormen wird hier unabhängig von ihrer inhaltlichen Rechtmäßigkeit allein aus der äußerlichen Erzwingbarkeit heraus bemessen. Diesem Kriterium genügen auch die Maßnahmen einer Gewaltherrschaft, »denn an einem besonderen Erzwingungsstab fehlt es bekanntlich in Gewaltsystemen am wenigsten«[228]. Recht und Moral fallen also bei Weber völlig auseinander.

Die als Zwangstheorie zu bezeichnende Begriffsbestimmung Webers hat sich in der neueren Rechtssoziologie bei den primär wirksamkeitsorientierten Rechtstheorien durchgesetzt[229]. Theodor Geiger[230] etwa definiert Recht folgendermaßen:

»Was Recht sei, d. h. der Inhalt, den mit dem Wort Recht zu bezeichnen mir praktisch erscheint, ist schon des langen und breiten dargetan: die soziale Lebensordnung eines zentral organisierten gesellschaftlichen Großintegrats, sofern diese Ordnung sich auf einen von besonderen Organen monopolistisch gehandhabten Sanktionsapparat stützt.«[231]

Eine andere Variante der Definition des Rechts, welche auf den inneren Aspekt in Gestalt einer normativen Verhaltenserwartung abhebt, findet sich bei Niklas Luhmann, der das Recht wie folgt definiert:

»Wir können Recht nunmehr definieren als Struktur eines sozialen Systems, die auf kongruenter Generalisierung normativer Verhaltenserwartungen beruht.«[232]

Das Recht selbst erhalte seine spezifische Ausprägung in einer bestimmten Gesellschaftsform. Demgemäß resultiere aus der zunehmenden funktionalen Ausdifferenzierung der Gesellschaft auch eine andere Strukturierung des Rechts als in vorhergehenden Gesellschaftsformationen. Luhmann vertritt die Meinung, »daß das Recht in der modernen, komplexen Gesellschaft 'auf sich selbst gestellt ist' und bei seinen Operationen immer wieder nur auf sich selbst zurückgreift«[233]. Insofern trägt das Recht einen autopoietischen Charakter. An anderer Stelle spricht Luhmann von dem Begriff der »Selbstreferenz« des Rechts.[234]

---

228 Huber, Gerechtigkeit und Recht, 45.
229 Vgl. Ott, Der Rechtspositivismus, 82ff.
230 Zu Geiger vgl. Ott, Der Rechtspositivismus, 82ff.
231 Zitiert nach Alexy, Begriff und Geltung des Rechts, 3.
232 Luhmann, Rechtssoziologie, 105.
233 Horster, Niklas Luhmann, 115.
234 Vgl. Luhmann, Das Recht der Gesellschaft, 12ff.

Die Frage nach ethischen Gehalten des Rechts löst er dahingehend auf, daß eine Entscheidung etwa zwischen Recht und Unrecht nur innerhalb des Rechtssystems getroffen werden könne.

»Für ein voll ausdifferenziertes Rechtssystem gibt es demnach nur positives Recht, d. h. Recht, über das ausschließlich im Rechtssystem selbst befunden wird. Das heißt zugleich, daß die Entscheidung zwischen Recht und Unrecht nur im Rechtssystem selbst getroffen werden kann.«[235]

Insofern bestimmt das Rechtssystem selbst, wo seine Grenzen sind:

»*Wenn* Recht in Anspruch genommen wird, das heißt: wenn über Recht und Unrecht disponiert werden soll, *dann nach meinen Bedingungen*. Und nur in diesem Sinne ist das System ein operativ geschlossenes und strukturdeterminiertes System.«[236]

Aus diesem Grund könne Moral auch nicht unmittelbar im Rechtssystem gelten, denn moralische Wertungen sind typisch pluralistisch gegeben und widersprechen damit einer hinreichenden Konsistenz zur Einheitsstiftung.[237] Luhmann kommt zu der prägnanten Definition des Rechts, daß »Recht ist, was das Recht als Recht bestimmt«[238]. Den Unterschied zwischen Recht und Moral sieht er vor allem darin, daß das Recht auf eine moralische Gesinnung verzichtet, da es bei seiner Durchsetzung mit dem äußeren Zwang operieren kann. Weiterhin gelten im Recht Normen, in der Moral Werte. Werte jedoch seien subjektiv geteilte Präferenzen. Undenkbar für moralische Regeln sei auch, daß Gesetze durch Mehrheitsbeschluß und zu einem bestimmten Zeitpunkt in Kraft treten.[239] Ihre Geltungskraft erhalten Normen auch nach dieser Theorie allein aus den Verhaltenserwartungen.

---

235 Zitiert nach Horster, Niklas Luhmann, 118.
236 Luhmann, Das Recht der Gesellschaft, 72.
237 Vgl. aaO., 78f.
238 AaO., 143f.
239 Vgl. Horster, Niklas Luhmann, 120. Daß Luhmann dennoch eine Komplementarität von Recht und Moral konstatieren kann, ist hier weniger von Belang und soll darum auch nicht erläutert werden. Dazu vgl. Luhmann, Das Recht der Gesellschaft, 85; Horster, Niklas Luhmann, 120.

3.4. Das gemeinsame Anliegen der positivistischen Rechtsmodelle - Das Problem der Trennung

Die rechtspositivistische bzw. rechtspositive Grundposition basiert auf dem Postulat der sogenannten Trennungsthese, die konstatiert, es gebe keinen notwendigen Zusammenhang zwischen Recht und Moral (Naturrecht, Vernunftrecht, etc.), d. h., jeder beliebige Inhalt könne Recht sein. Dies sei um der begrifflichen Klarheit des Rechtes willen zu postulieren.

Zwei Formen der positiven Rechtsbegründung sind zu unterscheiden. Das eine ist die primär setzungsorientierte Definition des Rechtsbegriffs, die auf seine autoritative Gesetztheit abhebt. Dieser Form der Rechtsbegründung bedienen sich eher die Anhänger einer juristisch-analytischen Rechtstheorie, die aus der Perspektive des Teilnehmenden - etwa aus der Richterperspektive - argumentieren (Austin, Kelsen, Hart).

Die andere Form ist die der primär wirksamkeitsorientierten Definition einer Norm bzw. eines Normsystems, welche auf die soziale Wirksamkeit des Rechtes abhebt. Diese Form der Rechtsbegründung vertreten die eher soziologisch orientierten Rechtstheorien, die aus der Perspektive eines relativ unbeteiligten Beobachtenden argumentieren. Die Orientierung an der sozialen Wirksamkeit kennt weiterhin die Unterscheidung eines Außenaspektes, d. h. die Orientierung an der *tatsächlichen Befolgung* der Rechtsnorm (Weber), von einem Innenaspekt, d. h. die Orientierung an der *Bereitschaft zur Befolgung* der Norm (Luhmann).

Den vorgestellten positivistischen Rechtsbegriffen eignet die Betonung einer strikten Trennung von Recht und Moral. Die dabei vertretenen rechspositivistischen Grundpositionen lassen sich nunmehr zusammenfassen in der anfangs geäußerten Vermutung, daß jeder beliebige Inhalt als solcher, auch wenn er evident gegen fundamentale Prinzipien der Gerechtigkeit verstößt, positives Recht sein könne. Zugeordnet ist dieser These das Postulat, daß aus Gründen der sprachlich-begrifflichen Klarheit streng zu trennen sei zwischen dem Recht, wie es ist, und dem Recht, wie es sein soll. Daraus folgt: Der positivistische Rechtsbegriff »beschränkt sich auf das Recht, wie es ist, d. h. das positive Recht, und er klammert die materiale Richtigkeit einer Norm oder einer Normenordnung als Definitionselement aus«[240].

4. Die Grenzen der positivistischen Rechtsbegründung

Gegen die These einer kategorialen Trennung von Recht und Moral sind im rechtsphilosophischen Diskurs im wesentlichen drei Argumente vorgetragen worden, die für den Zusammenhang dieser Untersuchung von Bedeutung sind: das *Unrechtsargument,* das *Prinzipienargument* und das Argument der *Richtigkeit* bzw. der *Gerechtigkeit.* Diese Argumente sollen nun in der Weise, wie sie von den Rechtstheoretikern Robert Alexy und Ralf Dreier in der Debatte zusammenfassend vorgetragen worden sind, resümiert werden.

4.1. Das Unrechtsargument

Das Hauptargument der Gegner einer Trennung von Recht und Moral ist das schon bei Radbruch begegnete Unrechtsargument[241]. Es besagt, daß es Normen und Normensysteme gibt, welche in einem solchen Maße ungerecht sind, daß ihnen die Rechtsgeltung oder der Rechtscharakter abgesprochen werden muß[242]. Der Sache nach ist dieses Argument in der Rechtsphilosophie in mehreren Variationen als Tyrannis- oder lex corrupta-Argument bekannt. Seine Aktualität erhält es aufgrund der Perversion des Rechtes in den totalitären Diktaturen dieses Jahrhunderts, insbesondere des Dritten Reiches. Aus diesem Grund wird es gelegentlich auch als »Hitler-Argument«[243] oder als »Perversions- bzw. Totalitarismusargument«[244] bezeichnet.[245] Ott bezeichnet es als »jenen Einwand gegen die Trennungsthese, der als eigentlicher Kardinalbeweis gegen den Rechtsposi-

240 Dreier, Der Begriff des Rechts, 890.

241 Um dieses Argument ist eine breite Debatte geführt worden. Im wesentlichen findet sich diese Debatte nachgezeichnet bei Ott, Rechtspositivismus, 187-224. Im folgenden sei die wichtigste Literatur aufgeführt: Dreier, Der Begriff des Rechts, 891f; Alexy, Begriff und Geltung des Rechts, 70ff; ders., Zur Kritik des Rechtspositivismus, 14-18; Hart, Recht und Moral, 39ff; Hoerster, Einleitung, 9ff; ders., Zur Verteidigung des Rechtspositivismus, 2480-2482; ders., Zur Verteidigung der rechtspositivistischen Trennungsthese, 27ff; Radbruch, Gesetzliches Unrecht und übergesetzliches Recht (1946), 83-93.

242 Vgl. Dreier, Der Begriff des Rechts, 891; Alexy, Begriff und Geltung des Rechts, 70ff.

243 Vgl. Ott, Rechtspositivismus, 187f.

244 Vgl. Dreier, Der Begriff des Rechts, 891.

245 An dieser Stelle kann unbeachtet bleiben, daß sich das Unrechtsargument entweder auf den Begriff oder die Geltung des Rechts in der jeweiligen Theorie bezieht bzw. wie sich diese zueinander verhalten. Dieser Sachverhalt kann vernachlässigt werden, da er für den Problemzusammenhang des Gottesbezuges nicht von Belang ist.

tivismus gilt und die unter dieser Bezeichnung laufenden rechtstheoretischen Positionen in offensichtlichen Mißkredit gebracht hat, erscheint doch der Positivist heute vielen Juristen 'als ein minderwertiges Mitglied seiner Zunft'«[246].

Gegenständlich tritt das Unrechtsargument in zwei Varianten auf, wobei sich die eine auf *Einzelnormen*, die andere auf *Normensysteme* bezieht.

In der Variante der Anwendung auf *Einzelnormen* besagt das Unrechtsargument, daß einzelne Normen eines Rechtssystems dann den Rechtscharakter verlieren, wenn eine bestimmte Schwelle des Unrechts oder der Ungerechtigkeit überschritten ist.[247] Nach der klassischen Formulierung von Gustav Radbruch[248] ist ein Konflikt zwischen positivem Recht und der Gerechtigkeit dahingehend zu lösen, daß das positive Recht (insbesondere das staatliche Gesetz) auch dann Vorrang hat, wenn es inhaltlich ungerecht ist[249], »es sei denn, daß der Widerspruch des positiven Gesetzes zur Gerechtigkeit ein so unerträgliches Maß erreicht, daß das Gesetz als 'unrichtiges Recht' der Gerechtigkeit zu weichen hat«[250]. Hierbei ist die Bezeichnung des »unrichtigen Rechts« synonym zu dem Begriff des »gesetzlichen Unrechts« zu verwenden. Dabei sei betont, daß eine Norm nicht schon dann ihren Rechtscharakter verliert, wenn sie ungerecht ist, sondern der Rechtscharakter erst dann verlorengeht, wenn die Ungerechtigkeit ein »unerträgliches Maß« erreicht. Die Kriterien der Gerechtigkeit entnimmt Radbruch der Tradition der Menschen- und Bürgerrechte bzw. deren Gründungszusammenhängen.[251] Bekanntlich ist die Radbruchsche Formel in Grundsatzentscheidungen des Bundesverfassungsgerichtes rezipiert worden.[252]

---

246 Ott, Rechtspositivismus, 187.

247 Vgl. Alexy, Begriff und Geltung des Rechts, 71.

248 Dazu s.o. IV.2.2.

249 Vgl. Radbruch, Gesetzliches Unrecht und übergesetzliches Recht, 89; Dreier, Der Begriff des Rechts, 891.

250 Radbruch, Gesetzliches Unrecht und übergesetzliches Recht, 89.

251 S.o. IV.2.2. Gelegentlich spricht Radbruch sogar von Naturrecht.

252 Vgl. Alexy, Begriff und Geltung des Rechts, 71ff; Dreier, Der Begriff des Rechts, 891; dort auch Belege für BVerfGE. Alexy und Dreier führen als Beispiel den Staatsangehörigenbeschluß an. Vgl. Alexy, aaO., 71; Dreier, aaO., 891. Zur umfassenden Auseinandersetzung mit diesem Argument vgl. Alexy, aaO., 72ff. Alexy benennt im Streit um die Geltungskraft dieser Variante des Unrechtsargumentes acht verschiedene Argumente: (1) Das Sprachargument, vgl. aaO. 72ff; (2) das Klarheitsargument, vgl. aaO., 75ff; (3) das Effektivitätsargument, vgl. aaO., 80ff; (4) das Rechtssicherheitsargument, vgl. aaO., 90ff; (5) das Relativismusargument, vgl. aaO., 92ff; (6) das Demokratieargument, vgl. aaO.,

Die andere Variante des Unrechtsargumentes bezieht sich auf *Normensysteme.*[253] Diese Theorie konstatiert einen notwendigen Zusammenhang zwischen »Rechtspflicht« und »Moralpflicht« derart, daß dem positiven Recht folge zu leisten sei, sofern es »im großen und ganzen« der Sittlichkeit Rechnung trage. Auch in totalitären Diktaturen gebe es eine solche unmittelbare Rechtslegitimität, sofern das Rechtssystem ethisch gerechtfertigt sei.[254]

Wie bereits erwähnt, verdankt sich dieses Argument nicht lediglich rechtstheoretischen Überlegungen, sondern es ist aus der Sprachlosigkeit angesichts des hohen Maßes von gesetzlichem Unrecht im 20. Jahrhundert erwachsen. Das Unrechtsargument weist demnach im Erfahrungsraum einer bestimmten Erlebnisgeschichte auf die Notwendigkeit hin, neben der legalen Geltung des Rechts durch den Akt seiner Setzung bzw. durch den Grad seiner sozialen Wirksamkeit andere Aspekte in die Bestimmung des Rechtsbegriffs aufzunehmen.

Deshalb werden zwei weitere Argumente, nämlich das der Orientierung an Prinzipien und das des Anspruchs auf Richtigkeit (im Sinne von Gerechtigkeit) vorgetragen.

4.2. Das Prinzipien-Argument

Während das Unrechtsargument auf eine Ausnahmesituation zielt, nämlich die des extrem ungerechten Rechts, hebt das Prinzipienargument auf den juristischen Alltag ab. Es konstatiert, daß allen Rechtssystemen, die sich entwickelt haben, Prinzipien immanent sind, welche kraft ihrer Struktur oder Geltungsbegründung den positivistischen Rechtsbegriff sprengen.[255]

Grundlegend für den Problemkomplex ist lediglich die strukturtheoretische Variante[256] dieses Arguments. Es ist darauf abzuheben, daß jedes positive Recht eine offene Struktur hat, da es eine Vagheit der Sprache des Rechts, die Möglichkeit von Normwidersprüchen, das Fehlen einer Norm, auf welche sich be-

---

97f; (7) das Unnötigkeitsargument, vgl. aaO., 98ff; (8) das Redlichkeitsargument, vgl. aaO., 101ff.

253 Hauptvertreter dieser Richtung ist Martin Kriele. Vgl. Kriele, Recht und praktische Vernunft; dazu vgl. Dreier, Der Begriff des Rechts, 891f; Alexy, Begriff und Geltung des Rechts, 108ff.

254 Vgl. Dreier, Der Begriff des Rechts, 891f.

255 Vgl. Dreier, aaO., 892; Alexy, Begriff und Geltung des Rechts, 117ff.

stimmte Entscheidungen stützen können, und die Möglichkeit, in einigen Fällen auch gegen den Wortlaut einer Norm entscheiden zu können, impliziere. Im Rahmen einer positivistischen Rechtstheorie kann in zweifelhaften Fällen nur anhand außerrechtlicher Maßnahmen entschieden werden, also in einem Offenheitsbereich außerhalb des Rechts. Damit wird ausgesagt, daß Recht dort sein Ende finde, wo die Abwägung beginne.[257]

Das Prinzipienargument besagt nun, daß auch bei Entscheidungen im Offenheitsbereich des positiven und insofern gesetzten und wirksamen Rechts eine Rechtsbindung bestehe, in welcher eine notwendige Verbindung von Recht und Moral postuliert werden müsse.[258] Das Bundesverfassungsgericht hatte diesbezüglich folgendermaßen votiert:

»Das Recht ist nicht mit der Gesamtheit der geschriebenen Gesetze identisch. Gegenüber den positiven Satzungen der Staatsgewalt kann unter Umständen ein Mehr an Recht bestehen.«[259]

Grundlegend für das Prinzipienargument ist nun die Unterscheidung von Regeln und Prinzipien. Während Regeln solche Normen sind, die bei Erfüllung eines Tatbestandes bestimmte Rechtsfolgewirkungen erzielen, sind Prinzipien sogenannte Optimierungsgebote, also Normen, welche gebieten, daß etwas in relativ hohem Maße realisiert wird. Prinzipien können also in unterschiedlichen Graden erfüllt werden, wobei das Maß ihrer Erfüllung nicht lediglich von den tatsächlichen, sondern auch von den rechtlichen Möglichkeiten abhängt. Diese rechtlichen Möglichkeiten von Prinzipienerfüllungen werden durch Regeln und durch gegenläufige Prinzipien bestimmt, die abwägungsfähig und -bedürftig sind.[260] Aus dieser normentheoretischen Unterscheidung resultiert ein notwendiger Zusammenhang zwischen Recht und Moral, da jedes entwickelte Rechtssystem notwendig Prinzipien enthält, die es inkorporiert und damit positiviert hat (*Inkorporationsthese*). Dafür bietet das Grundgesetz ein instruktives Beispiel, denn es hat mit den Prinzipien der Menschenwürde (Art. 1 Abs. 1 GG), der Freiheit (Art. 2 Abs. 1 GG), der Gleichheit (Art. 3 Abs. 1 GG) u.a. die Grundprinzipien des neuzeitlichen Natur- und Vernunftrechts und somit der neuzeitli-

256 Zu diesem Terminus vgl. Dreier, Der Begriff des Rechts, 892.
257 Vgl. Dreier, aaO., 891f; Alexy, Begriff und Geltung des Rechts, 118f.
258 Vgl. Alexy, aaO., 119.
259 BVerfGE 34, 269 (287). (Zitiert nach Alexy, Begriff und Geltung des Rechts, 119).
260 Vgl. Dreier, Der Begriff des Rechts, 892; Alexy, Begriff und Geltung des Rechts, 119f.

chen Moral des Rechts und des Staates als Prinzipien positiven Rechts in das Rechtssystem der Bundesrepublik eingebracht.[261]

Die Einsicht, daß alle entwickelten Rechtssysteme notwendig Normen mit der Struktur von Prinzipien enthalten, die als Grundprinzipien der neuzeitlichen Moral des Rechts dem Rechtssystem inkorporiert sind, ist insofern zu erweitern, als damit ein notwendiger Zusammenhang des Rechts mit irgendeiner Moral zu postulieren ist (schwache Moralthese).[262]

Tragfähig wird dieser Zusammenhang jedoch nur, wenn der Anspruch erhoben werden kann, daß nicht ein Zusammenhang zu einer beliebigen Moral, sondern zu der richtigen Moral hergestellt werden kann (*Richtigkeitsthese*), denn mit jeder Entscheidung auf der Grundlage von rechtsstaatlich verankerten Prinzipien im Rahmen eines Abwägungsprozesses wird zugleich ein Anspruch auf rechtliche wie auf moralische Richtigkeit erhoben.[263]

»Insofern besteht in Rechtssystemen, deren positivrechtliche Prinzipien einen Inhalt haben, der moralisch gefordert oder zumindest moralisch zulässig ist, ein notwendiger Zusammenhang zwischen dem Recht und der richtigen Moral.«[264]

Diese Idee einer richtigen Moral wiederum hat den Charakter einer »regulativen Idee im Sinne eines anzustrebenden Ziels«[265]. Der Anspruch auf Richtigkeit führt somit zu einer dem Recht notwendig verbundenen idealen Dimension.[266]
Auf der Basis des zugrunde gelegten Prinzipienbegriffs kann demnach die strukturtheoretische Version des Prinzipienarguments dahin formuliert werden, daß rechtlich geltende Prinzipien kraft ihrer Struktur den positivistischen Rechtsbegriff sprengen, weil sie die approximative Realisierung eines moralischen Ideals zur Rechtspflicht machen.

In der Bundesrepublik kann dieses Ideal material gefüllt werden durch die Prinzipien der Menschenwürde, der Freiheit, der Rechtsstaatlichkeit etc.

---

261 Vgl. Alexy, aaO., 121f. Dort findet sich auch eine umfassende Auseinandersetzung mit möglichen Einwänden. Vgl. aaO., 122ff.

262 Vgl. aaO., 126ff.

263 Vgl. aaO., 130f.

264 AaO., 131.

265 AaO., 136.

266 Vgl. ebd.

4.3. Das Argument der Richtigkeit bzw. der Gerechtigkeit

Das Richtigkeitsargument bildet die Basis für das Unrechts- und das Prinzipienargument, denn es setzt voraus, daß einzelne Rechtsnormen oder Rechssysteme notwendig einen Anspruch auf Richtigkeit erheben, um in einer qualifizierten Weise als Normen oder Normensysteme bezeichnet werden zu können. Der Anspruch auf Richtigkeit hat demnach für Rechtssysteme eine klassifizierende Funktion.[267] In Anwendung auf die Verfassung ist daraus zu folgern, daß mit dem Akt der Verfassungsgebung notwendig ein Anspruch auf Richtigkeit verbunden ist, welcher vor allem als Anspruch auf Gerechtigkeit zu materialisieren ist.[268]

»Ein Verfassungsgeber begeht einen performativen Widerspruch, wenn der Inhalt seines verfassunggebenden Aktes diesen Anspruch negiert, obwohl er ihn mit dessen Vollzug erhebt.«[269]

Dadurch wird deutlich, daß die Teilnehmer an einem Rechtssystem notwendig einen Anspruch auf Richtigkeit erheben. Soweit mit diesem Anspruch auch moralische Implikationen verbunden sind, ist damit ein notwendiger Zusammenhang von Recht und Moral zu postulieren (Verbindungsthese).

Gegen die Verbindungsthese lassen sich nun zwei Einwände geltend machen: Zum einen könnte ein positivistisches Argument lauten, daß dem Anspruch auf Richtigkeit zuzustimmen aber dennoch an dem Trennungsargument festzuhalten sei, da die Nichterfüllung des Anspruchs auf Richtigkeit noch nicht zum Verlust der Rechtsqualität führe, d. h. der Anspruch auf Richtigkeit begründe lediglich einen qualifizierenden, nicht aber einen klassifizierenden Zusammenhang. Die Trennungsthese werde demnach nicht getroffen, da sie auf einen qualifizierenden, nicht aber auf einen klassifizierenden Zusammenhang abhebe. Dieser Einwand ist durch das Unrechtsargument widerlegt worden. Zum anderen könnte eingewandt werden, daß ein Anspruch auf Richtigkeit einen trivialen Inhalt habe, wenn er keine moralischen Implikationen einschließe, weshalb er nicht zu einem begrifflich notwendigen Zusammenhang von Recht und Moral führen könne. Dieser Einwand ist bereits durch das Prinzipienargument destruiert worden.

---

267 Im einzelnen vgl. aaO., 64f.
268 Vgl. aaO., 67.
269 AaO., 67f.

Die rechtspositivistische These von der Trennung zwischen Recht und Moral um der begrifflichen Klarheit des Rechtsbegriffs willen wurde anhand der drei vorgetragenen Argumente widerlegt. Sie hat sich als nicht tragfähig erwiesen. Bei der Frage der Tragfähigkeit rechtspositivistischer Trennungstheorien hat sich das Problem ergeben, daß diese dann an ihre Grenzen verwiesen werden, wenn es um die Bewältigung bzw. Aufarbeitung gesetzlichen Unrechts nach dem Zusammenbruch etwa eines totalitären Staates geht. In solchen Situationen erweist sich ein ethisch angereicherter Begriff des Rechts eher als tragfähig. In den Fällen gesetzlichen Unrechts führen die verschiedenen Varianten der rechtspositivistischen Trennungsthese zu fatalen Ergebnissen, bis dahin, daß systemimmanent unmöglich wird, gegen erkanntes Unrecht mit den Mittel des Rechtssystems vorzugehen. Das war besonders evident bei dem System von Austin. Will man dieses Dilemma vermeiden, so ist an einem Begriff des Rechts festzuhalten, der beinhaltet, daß offensichtlich ungerechte oder inhumane Normen nicht mehr den Charakter des Rechts tragen. Die Überlegungen zu der Frage nach den Grenzen des Rechtspositivismus lassen deutlich werden, daß an der Verbindung von Recht und Sittlichkeit festzuhalten und ein Rechtsbegriff zu formulieren ist, welcher die Grunderkenntnis Radbruchs aufnimmt, daß bei dem Primat der Gerechtigkeit ein Rechtsbegriff auf die drei Momente der Gerechtigkeit, der Rechtssicherheit und der ordnungsgemäßen Gesetztheit zu fundieren ist. Eine solche Definition des Rechtsbegriffs, die in der juristischen und theologischen Literatur vielfach rezipiert wird, stellen Robert Alexy und Ralf Dreier vor:

»Das Recht ist ein Normensystem, das (1) einen Anspruch auf Richtigkeit erhebt, (2) aus der Gesamtheit der Normen besteht, die zu einer im großen und ganzen sozial wirksamen Verfassung gehören und nicht extrem ungerecht sind, sowie aus der Gesamtheit der Normen, die gemäß dieser Verfassung gesetzt sind, ein Minimum an sozialer Wirksamkeit oder Wirksamkeitschance aufweisen und nicht extrem ungerecht sind, und zu dem (3) die Prinzipien und die sonstigen normativen Argumente gehören, auf die sich die Prozedur der Rechtsanwendung stützt und/oder stützen muß, um den Anspruch auf Richtigkeit zu erfüllen.«[270]

Die verfassunggebenden Organe und die Organe der Rechtsanwendung interpretieren den Gottesbezug in der Präambel als symbolisierten Hinweis darauf, daß man sich für die Absage an einen nach den Prinzipien einer strikten Trennung von Recht und Moral orientierten Rechtspositivismus entschieden hat.

---

270 AaO., 201.

5. Alternative Modelle der Rechtsbegründung - Zur Offenheit des Rechtssystems

5.1. Zur Wertbegründung des Rechts

Vor allem in der juristischen Debatte wird sehr häufig der Anspruch der Gerechtigkeit an einer überpositiven Bindungsinstanz material in irgendeiner Weise wertethisch gefüllt. Überpositive Werte bzw. Normenkomplexe oder Normensysteme seien in gewisser Weise ein Anker, in dem der positive Normenkomplex begründet liegt.[271] Die qualifizierteren Lösungen in der juristischen Debatte leiten dieses Postulat aus dem Unrechts-[272], aus dem Gerechtigkeits- bzw. Richtigkeits-[273] oder aus dem Prinzipienargument[274] ab. Die Berechtigung dieser Interpretation liegt darin, daß natürlich die Werteordnung, welche das Grundgesetz widerspiegelt, insofern vorpositiv ist, als sie ihre Wurzeln in der abendländisch-europäischen Tradition hat, welche sich primär aus christlichen Inhalten speist. An verschiedenen Stellen in der Arbeit ist auch darauf hingewiesen worden, daß mit der relativen weltanschaulichen Neutralität keine Aussage darüber getroffen wird, ob der Staat damit auch *wert*neutral sein müsse. In diesen Zusammenhang wird auch der Gottesbezug in Verfassungspräambeln als Rechtfertigung einer Wertbegründung des Rechts in das Gespräch eingebracht.[275] Bei der Debatte um die Frage nach einer Wertbegründung des Rechts stehen sich im wesentlichen zwei Positionen gegenüber, die nun exemplarisch erörtert werden.

Die eine Ansicht lehnt jede Wertbegründung des Rechts und damit auch der Verfassung ab.[276] Das Wertdenken sei demgemäß lediglich als Begründung ethisch-sittlichen Handelns innerhalb einer vorgegebenen Rechtsordnung zu verstehen, und es sei darauf ausgerichtet, allgemein eine Orientierung des sittlichen Handelns des einzelnen zu erklären und anzuleiten[277]. Eine Rechtsordnung

---

271 Kelsen etwa hatte von einer Grundnorm vor jeder Verfassung gesprochen. Im einzelnen s.o. IV.3.2.

272 Im einzelnen dazu s.o. IV.4.1.

273 Im einzelnen dazu s.o. IV.4.3.

274 Im einzelnen dazu s.o. IV.4.2.

275 Vgl. Papenheim, Präambeln, 189.

276 Hierzu vgl. vor allem Böckenförde, Zur Kritik der Wertbegründung des Rechts, 33-46.

277 Vgl. aaO., 41.

könne Werte jedoch nicht begründen, da sie ihrer Grundlage entzogen seien[278]. Im übrigen könne ein durch irrationale Faktoren begründeter Normenkomplex in seiner Konsequenz subjektiven Einflüssen in die Rechtsordnung Eingang gewähren, welche von einem wechselnden Wertekonsens der Gesellschaft abhängig wären; die Richtigkeit des Handelns ließe sich dann nicht mehr an der Rechtsordnung, sondern nur noch an der gerade geltenden Werteordnung beurteilen[279], womit die Wertbegründung des Rechts das Recht auf ein schwankendes Fundament - eben den zeitgebundenen Wertekonsens - stelle, welcher gerade in einer pluralistischen Gesellschaft häufigen Veränderungen unterliege und keine Gewähr für Richtigkeit biete[280].

Der konträre Ansatz[281] setzt grundsätzlicher bei den Begriffsdefinitionen ein, indem er konstatiert, daß jede Schaffung von Recht eine Wertung des Normgebers voraussetze, welcher seine Wertvorstellungen in Rechtsnormen verwirkliche, so daß alles Recht durch Wertungen begründet werde. Insofern können auch rechtliche Normen an Werten gemessen werden.[282] Jeder Rechtsordnung liegen demnach Maßstäbe zugrunde, welche endlich auf der Annahme beruhen, daß bestimmte Verhaltensweisen wertvoller seien als andere. Deshalb könne es eine wertneutrale Ordnung nicht geben[283]. Auch der Einwand der z. T. erschreckenden Wandelbarkeit von Werten im letzten Jahrhundert stehe dem nicht entgegen, denn dabei handele es sich nicht um eine Frage der Wertbegründung des Rechts, sondern lediglich um die Frage der Richtigkeit von Wertungen[284]. Als Kriterien bezeichnet etwa Starck einerseits die intersubjektive Anerkennung von Werten in Verbindung mit deren empirisch nachweisbarer praktischen Bewährung für das Zusammenleben der Menschen im Laufe der Geschichte und andererseits die Notwendigkeit, anthropologische Grundgegebenheiten bei er Grundlegung des Rechts zu berücksichtigen[285].

---

278 Vgl. aaO., 42f.
279 Vgl. aaO., 45f.
280 Vgl. aaO., 46.
281 Hierzu vgl. Starck, Zur Notwendigkeit einer Wertbegründung des Rechts, 47-61.
282 Vgl. aaO., 47.
283 Vgl. aaO., 50.
284 Vgl. ebd.
285 Vgl. aaO., 51.

Der Gottesbezug der Präambel des Grundgesetzes und der Länderverfassungen ist mit beiden Ansichten vereinbar, denn er ist sowohl ein Bestandteil der Verfassung und liegt der Verfassung andererseits zugrunde, insofern er auf eine der Verfassung enthobene Instanz verweist.[286] Mit seiner Aufnahme hat demnach der Verfassungsgeber eine Entscheidung - und insofern eine Wertung für den zu schaffenden Normenkomplex vollzogen - und diese anläßlich der Novellierung der Präambel des Grundgesetzes im Zuge der Wiedervereinigung in dem Sinne bestätigt, daß die »Verantwortung vor Gott« der Verfassung einerseits vorausliegt, andererseits in sie einbezogen sei. Die rechtsphilosophische Frage einer *Wert*begründung stellt sich an dieser Stelle nicht, da die Anwendung und die Auslegung des Verfassungsrechts kraft ausdrücklicher Aufnahme des Gottesbezuges durch den Verfassungsgeber sich an einem »Wertmaßstab« messen lassen müssen, worauf hier lediglich formal hingewiesen wird. Insofern ist die Verfassung der Bundesrepublik auch nicht völlig wertneutral. Die materiale Füllung dieses »Wertmaßstabes« obliegt jedoch in einer weltanschaulich pluralistischen Gesellschaft nicht dem Staat selbst und auch nicht mehr exklusiv den christlich präformierten Glaubensgemeinschaften, sondern reduziert sich auf einen für das gesellschaftliche Zusammenleben notwendigen »Minimalkonsens« an Orientierungen, welcher sich im Miteinander der verschiedenen Glaubensgemeinschaften herauskristallisieren muß. Dabei haben die christlichen Kirchen ihren Teil zu dem Ganzen[287] beizutragen.

Der Gottesbegriff selber stellt aber nicht diesen Wertkonsens quasi als Minimalkonsens dar[288], er figuriert auch nicht als Wert[289] - geschweige denn als Grundwert[290] - der Verfassung, sondern stellt diejenige Instanz dar, in welcher alle Normenkomplexe, und letztlich auch die Verfassung und die sie begründenden Wertungen gründen[291]. Insofern eignet sich der Wertbegriff auch nicht,

---

286 Zu einer ähnlichen Auslegung kommt auch Papenheim.Vgl. Papenheim, Präambeln, 191.

287 Dazu s.u. VII.2.4.

288 Diese Frage wird im Zusammenhang mit einer zivilreligiösen Interpretation des Gottesbezuges hinreichend erörtert werden. Im einzelnen s.u. V.3.

289 So tendentiell der Theologe Hartmut Kreß. Dazu s.u. V.2.3. Dieses Argument begegnet auch in der juristischen Literatur häufig. Vgl. Papenheim, Präambeln, 191.

290 So Ethel Leonore Behrendt. Im einzelnen s.u. V.2.1.

291 Diesem Problem ist auch nicht auszuweichen, indem der Verantwortungsbezug als Wert bezeichnet wird, da die Anwendung des Wertbegriffs auf den Verantwortungsbegriff ähnliche Probleme nach sich zieht.

um den Gottesbezug an dieser Stelle hinreichend zu interpretieren.[292] Da nämlich die »Verantwortung vor Gott« der Verfassung vorausliegt, weist der Gottesbezug zugleich darauf hin, daß *»der freiheitliche, säkularisierte Staat (...) von Voraussetzungen [lebt], die er selbst nicht garantieren kann«*[293].

5.2. Die Unverfügbarkeit der Voraussetzungen – Ernst-Wolfgang Böckenförde

Eine aus der Staatsphilosophie abgeleitete Lösung für das Begründungsproblem bietet der Jurist Ernst-Wolfang Böckenförde an, der die Frage nach den materialen Gehalten der überpositiven Begründungen von Recht kategorial von diesem trennt und von der Ebene der Religionsgemeinschaften die verfassungsrechtliche Ebene unterscheidet. Er geht von der These aus, daß Staat und Gesellschaft und in Folge davon auch Staat und Religion zu unterscheiden sind.

Zur Einordnung dieser Äußerung Böckenfördes in sein Gesamtwerk sind einige Anmerkungen notwendig. Wichtige Merkmale im Denken von Böckenförde sind in diesem Zusammenhang, daß er juristische mit theologischen Fragestellungen verbindet (1), wobei es ihm auf den liberalen Rechtsstaat der Bundesrepublik mit seinem komplexen Verhältnis zu den unterschiedlichen Religionsgemeinschaften - insbesondere zur katholischen Kirche - ankommt (2).[294] Wenn Böckenförde also von der Kirche spricht, ist i. d. R. die katholische Kirche gemeint, welche um eines geistlichen, nicht um eines weltlichen Zweckes willen bestehe, in welcher es um das Heil und nicht um das Wohl der Welt gehe. Das unterscheidet sie vom Staat, dem es um das Wohl der Gesellschaft gehe.[295] Insofern ist der Auftrag der Kirche ein zunächst »unpolitischer«, denn in Mittelpunkt stehe die »Verkündigung von Christus selbst, der kein Politiker, Revolutionär oder Umstürzler war«[296]. Die Folge ist nicht, daß die Kirche dadurch insgesamt unpolitisch werde, da die unpolitische Verkündigung der Kirche durchaus politische Auswirkungen zeigen kann. Der leitende Gesichtspunkt für das Wirken der Religionsgemeinschaften im Bereich des Politischen ist demnach ein »unpolitisch-politischer«: »Vom Ausgangspunkt her unpolitisch, allein auf die Verkündigung der eigenen Botschaft bezogen, in

---

292 Die Gefahr, auf die Böckenförde hingewiesen hat, nämlich daß der Rekurs auf Werte, auf seinen mittelbaren Inhalt hin befragt, ein höchst dürftiger und auch gefährlicher Ersatz für eine »Homogenitätsgrundlage« des Staates bildet, bleibt bestehen. Denn »er öffnet dem Subjektivismus und Positivismus der Tageswertungen das Feld, die, je für sich objektive Geltung verlangend, die Freiheit eher zerstören als fundieren.« (Böckenförde, Die Entstehung des Staates als Vorgang der Säkularisation, 112).

293 Ebd.

294 Vgl. Vögele, Zivilreligion, 397.

295 Böckenförde, Staat-Gesellschaft-Kirche, 19.

296 Böckenförde, Das neue politische Engagement der Kirche, 222; vgl. Vögele, Zivilreligion, 399.

ihren Wirkungen durchaus potentiell politisch, ohne daß aber diese Wirkung gesucht wird oder das Ziel ist.«[297] Demgemäß könne es keine Religion und keine Kirche um der politischen Implikationen ihrer Botschaft vermeiden, daß sie in den politischen Bereich hineinwirkt.[298] Dem Staat komme nun die Aufgabe zu, »alle aufkommenden, für das äußere Zusammenleben der Menschen relevanten Ordnungsprobleme und Streitfragen seiner Regelungs- und Entscheidungsmacht zu unterwerfen und die Befolgung der getroffenen Entscheidungen durchzusetzen.«[299] Im Gegensatz zur Gesellschaft[300] ist der freiheitlich demokratische Staat ausschließlich durch weltliche Zwecke bestimmt[301], also Frieden, Sicherheit, Recht, Freiheit, Wohlfahrt und Kultur[302]; er ist ein »Verstandesstaat«, also »die Organisation des subjektiv Gemeinsamen (der gemeinsamen Bedürfnisse und Interessen) auf der Basis der Anerkennung der Subjektivität, aber ohne verbindliche Grundsätze für den Inhalt der Subjektivität«[303]. Verbunden mit der Ablösung des Staates von der Religion können auch Staat und Gesellschaft nicht mehr als Einheit gedacht werden.[304] »Gesellschaft ist für Böckenförde der Inbegriff freier Handlungsmöglichkeiten der Bürger, die nur vom Staat um der Erhaltung des Friedens willen begrenzt werden.«[305] In diesen Bereich gehört auch die Religion, denn sie ist im Rahmen der gebotenen Religionsfreiheit eine Angelegenheit der Interessen und Entscheidungen der einzelnen Bürger[306]. Dem Staat kommt nun die Aufgabe zu, den Raum zu schaffen für die gesellschaftliche Pluralität, Vielfalt und Freiheit.[307]

Das staatliche Handeln ist dabei nicht kategorial getrennt vom gesellschaftlichen Prozeß, sondern der Staat ist unter Aufnahme der These, daß er auf Voraussetzungen beruhe, die er nicht hervorbringen kann, auf die Gesellschaft verwiesen.[308] Die Pointe ist nun, daß der Staat sich dieser gesellschaftlichen Voraussetzungen nicht direkt versichern kann, denn das würde eine Verletzung der bürgerlichen Freiheiten einschließlich der Religionsfreiheit[309] bedeuten. Der

297 Böckenförde, Stellung und Bedeutung der Religion in der »Civil Society«, 274.

298 Vgl. Vögele, Zivilreligion, 399.

299 Böckenförde, Staat-Gesellschaft-Kirche, 38.

300 Zur Unterscheidung von Staat und Gesellschaft bei Böckenförde vgl. Vögele, Zivilreligion, 399ff.

301 Vgl. Böckenförde, Staat-Gesellschaft-Kirche, 43.

302 Böckenförde, Der Staat als sittlicher Staat, 18f.

303 Böckenförde, Recht, Staat, Freiheit, 140.

304 Vgl. Böckenförde, Staat-Gesellschaft-Kirche, 30.

305 Vögele, Zivilreligion, 401.

306 Vgl. Böckenförde, Die Entstehung des Staates als Vorgang der Säkularisation, 108.

307 Böckenförde, Staat-Gesellschaft-Kirche, 51. Auch umgekehrt gilt: »Staatliches Handeln und staatliche Entscheidungen sind daher politisch an die Gesellschaft und die aus ihr hervorgehenden Kräfte des politischen Prozesses, nicht zuletzt an die Mehrheit der Bürger rückgekoppelt.« (AaO., 50).

308 Vgl. Vögele, Zivilreligion, 402.

309 Religionsfreiheit ist das Resultat eines Prozesses, in dem sich der Staat vom Prinzip der res publica christiana abgewandt hat und sich zu seiner Legitimation nicht mehr auf die Religion beruft. Vgl. Böckenförde, Staat-Gesellschaft-Kirche, 109.

Staat selbst bezieht sich also nur in Form von Symbolen auf jene Voraussetzungen, die er selbst nicht garantieren kann.[310] Aber aus der Tatsache, daß der Staat sich als weltanschaulich neutral versteht, folgt nicht, daß er diese Neutralität von seinen Bürgern verlange.[311] Für den Staat gelte wegen seiner Neutralität in Weltanschauungsfragen das Gebot, zu seiner Selbstdarstellung nicht Symbole einer bestimmten Weltanschauung oder Religion zu gebrauchen, denn der Staat habe keine Religion mehr.[312] »Das Maß der Verwirklichung der Religionsfreiheit bezeichnet daher das Maß der Weltlichkeit des Staates.«[313] Die Kehrseite liegt darin, daß die Bürger des Staates in ihrer Entscheidung für eine bestimmte Weltanschauung frei sind[314], denn die Zugehörigkeit zu einer bestimmten Weltanschauung ist nicht mehr mit irgendwie gearteten Rechtsfolgen behaftet[315]. Auch der sich von seinen religiösen Voraussetzungen entfernende Staat benötigt zu seiner Existenz den Hinweis auf diese Voraussetzungen. In diesem Zusammenhang erhält dann auch der klassische und vielfach zitierte Satz Böckenfördes, welcher als »Kernsatz seiner juristischen wie theologischen Staatstheorie«[316] bezeichnet worden ist, seinen guten Sinn: »Der freiheitliche, säkularisierte Staat lebt von Voraussetzungen, die er selbst nicht garantieren kann.«[317] Diese Rückbesinnung des Staates jedoch kann nur mittelbar erfolgen, etwa durch die Überzeugungen der Bürger des Staates.[318] Dies geschieht z. B. in der Weise, daß die christlichen Kirchen ihren Beitrag leisten zur Erlangung des für das gesellschaftliche Zusammenleben notwendigen Konsenses an Grundorientierungen:

»Ein auf Pluralität und Offenheit angelegtes Gemeinwesen (...) bedarf (...), um als solches lebensfähig zu sein, eines integrierenden Fundamentalkonsenses, der den zentrifugalen Ten-

---

310 Vgl. Vögele, Zivilreligion, 402.

311 Vgl. Böckenförde, Kreuze (Kruzifixe) in Gerichtssälen, 131.

312 Vgl. Vögele, Zivilreligion, 403; Böckenförde, Bemerkungen zum Verhältnis von Staat und Religion bei Hegel, 139; ders., Kreuze (Kruzifixe) in Gerichtssälen, 132.

313 Böckenförde, Die Entstehung des Staates als Vorgang der Säkularisation, 108. Vögele, Zivilreligion, 403.

314 Vgl. Böckenförde, Stellung und Bedeutung der Religion in einer »Civil Society«, 587.

315 Vgl. Böckenförde, Die Entstehung des Staates als Vorgang der Säkularisation, 108.

316 Vögele, Zivilreligion, 404.

317 Böckenförde, Die Entstehung des Staates als Vorgang der Säkularisation, 112; Vgl. auch ders., Der Staat als sittlicher Staat, 37. Zur Frage nach einer inhaltlichen Bestimmung dieser Voraussetzungen vgl. Vögele, Zivilreligion, 404f.

318 Böckenförde, Die Entstehung des Staates als Vorgang der Säkularisation, 113f.

denzen gegenübertritt, die sich aus dem weltanschaulichen und geistig-ethischen Pluralismus ergeben. Religion und Religionsgemeinschaften gehören dabei zu jenen Instanzen, die ethisch-sittliche Grundauffassungen und Grundhaltungen vermitteln und lebendig erhalten.«[319]

An dieser Stelle erhalten die Kirchen in ihrer institutionellen Verfaßtheit eine Bedeutung, denn Staat und Kirche sind nach Böckenfördes Meinung in der Bundesrepublik nicht kategorial getrennt, sondern stehen im Verhältnis der »balancierten Trennung« einander gegenüber[320]; und es ist ein Ausdruck dieses Verhältnisses, daß die Kirchen den Status einer Körperschaft öffentlichen Rechtes (Art. 140 GG in Verbindung mit Art. 137 Abs. 5 WRV) haben[321]. Kirche und Staat beschreiben hierbei keine Subsysteme der Gesellschaft, sondern Staat, Kirche und Gesellschaft stehen einander gegenüber, denn der Staat stehe in seiner »Ordnungs-, Integrations- und Entscheidungsaufgabe« den anderen Systemen gegenüber; und die Kirche könne kein Segment der Gesellschaft bilden, da sie einen universalen Anspruch des in Jesus Christus geschehenen Heils zu vermitteln habe.[322] Staat und Gesellschaft bedürfen demnach der weltanschaulich gebundenen Institutionen, wie der Kirche, um das Vakuum zu füllen, welches daraus entstehe, daß der Staat auf Voraussetzungen beruhe, welche er nicht garantieren könne. Die Kirche vermittelt der Gesellschaft und dem Staat an dieser Stelle inhaltliche Bestimmungen dieser Voraussetzungen, sie vermittelt damit auch Orientierungen, ohne die das gesellschaftliche Zusammenleben nicht möglich wäre. Diese Werte können aber nicht als allgemeinverbindlich von den weltanschaulich gebundenen Gemeinschaften postuliert werden, sondern sind lediglich offene Begründungsangebote, welche Verbindlichkeit nur für jene prätendiere, die sie zuvor akzeptieren.[323]

Dabei befinden sich Staat und Gesellschaft in einem Dilemma, denn einerseits ist der Staat auf Voraussetzungen angewiesen, die er nicht garantieren kann; andererseits stehen einer pluriformen Gesellschaft und dem freiheitlich-demokratischen Staat keine Mittel zur Verfügung, Werte oder Orientierungen

---

319 Böckenförde, Stellung und Bedeutung der Religion in einer »Civil Society«, 268.

320 Vgl. Böckenförde, Staat-Gesellschaft-Kirche, 64.

321 Vgl. aaO., 34.

322 Vgl. aaO., 59f. Bezüglich des Modells der Institutionenbeziehungen, welches Böckenförde hier aufnimmt vgl. aaO., 60f; Vögele, Zivilreligion, 406.

323 Vgl. Böckenförde, Staat-Gesellschaft-Kirche, 70; ders., Stellung und Bedeutung der Religion in der »Civil Society«, 268f.

allgemein verbindlich zu machen[324]. Auch die Kirche kann dieses Dilemma nicht lösen, weil sie aus der Perspektive der Gesellschaft nur Begründungsangebote, nicht aber objektive Begründungsordnungen beisteuern kann. Diese Spannung bleibt ungelöst.[325] Die Kirchen müssen sich zu diesem Bedürfnis, das ihnen aus der Gesellschaft - symbolisiert im Gottesbezug - entgegengebracht wird, verhalten in der Rückbesinnung auf ihre je eigenen inneren Bindungskräfte und Orientierungssysteme, welche aus dem eigenen Glauben resultieren[326]; denn auch bei der Setzung von Grundorientierungen lebt der Staat von Voraussetzungen, die er nicht selbst garantieren kann, und für deren Verwirklichung er auf die Mitwirkung der gesellschaftlich relevanten Kräfte[327] angewiesen ist.

Die Wirksamkeit einer Glaubensgemeinschaft im politischen Bereich kann aber nicht auf ihre *integrierende* Funktion festgelegt werden, denn ebenso kann etwa die christliche Kirche *desintegrierend* wirken, indem sie die Unvereinbarkeit eines bestimmten Handelns oder bestimmter Strukturen in Staat und Gesellschaft mit theologischen Grundeinsichten aufgedeckt.[328] Daran wird deutlich, daß der Religion neben einer integrierenden Funktion auch eine kritische Funktion[329] gegenüber dem Staat und der Gesellschaft zukommt, wobei Kritik nicht

---

324 Vgl. dazu Böckenförde, Zur Wertbegründung des Rechts.

325 Vgl. Böckenförde, Staat-Gesellschaft-Kirche, 70.

326 Vgl. Böckenförde, Stellung und Bedeutung der Religion in der »Civil Society«, 269; ders., Staat-Gesellschaft-Kirche, 71f; Schlaich, Konfessionalität-Säkularität-Offenheit, 446.

327 Nur an diesem Punkt kann ein Mehrheitsargument, wenn auch in abgeschwächter Form seine Relevanz haben. Denn nachweislich liegt im westlichen Teil Deutschlands der hohe Relevanzgehalt der christlichen Kirchen auch an deren Mitgliederzahl. Andererseits ist dieses Argument hier nur in abgeschwächter Form zu verwenden, denn auch in den Bundesländern auf dem Gebiet der ehemaligen DDR haben die Kirchen gesellschaftliche Relevanz erhalten, obwohl die Mitgliederzahl dort vergleichsweise sehr gering ausfällt. Das deutet darauf hin, daß es neben Mehrheiten noch andere Kriterien für die gesellschaftliche Relevanz von weltanschaulichen Gemeinschaften geben muß. M. E. ist dies die Frage nach der Glaubwürdigkeit und Integrität. Die sogenannte Wende in den fünf neuen Ländern ist maßgeblich von den Kirchen als in relativ hohem Maße intakte und ethisch integere Institutionen mitgetragen worden. Eine ähnliche Situation hatte sich für die christlichen Kirchen nach dem Zweiten Weltkrieg ergeben. Im einzelnen dazu s.o. I.2.2.

328 Vgl. Böckenförde, Stellung und Bedeutung der Religion in der »Civil Society«, 269; Huber, Gerechtigkeit und Recht, 40.

329 Das darf jedoch nicht dazu führen, daß die Religion damit aus dem Zusammenhang religiöser Verkündigung herausgelöst und zu einer Art institutionalisierter Kritik verselbständigt wird, die lediglich religiös motiviert ist. Eine solche Gefahr sehe ich bei allen Formen einer sogenannten »politischen Theologie«.

eigentliches Ziel, sondern lediglich Funktion sein kann, welche sich aus theologischen Einsichten und christlicher Verkündigung in deren menschlicher Dimension ergibt.[330] Dabei kann es nicht primär um die Sicherung ethischer Minima gehen, wie dies etwa bei einem Wächteramt[331] der Fall wäre, sondern Auftrag und Sendung des christlichen Glaubens ist es, die in der öffentlichen Welt offenbar gewordene Wahrheit in ihrer ganzen Fülle zu verkündigen, nicht aber auf ein Minimum zu beschränken.[332]

Der Weg, auf welchen die Glaubensgemeinschaften ihre Wirksamkeit im Bereich der Öffentlichkeiten entfalten, ist wiederum ein doppelter[333]: Sie treten einmal in der Form der Religionsgemeinschaften auf, welche eine organisatorisch-institutionelle Struktur aufweisen, und zum anderen in der Vielzahl der Glaubenden, die aus ihrem Glauben leben und ihn zu verwirklichen suchen, ohne als Einheit oder institutionelles Subjekt aufzutreten.

Den Religionsgemeinschaften geht es dabei um die Wahrnehmung des eigenen Auftrages, den der Glaube aus sich selbst fordert. Dieser liegt in der Verkündigung des eigenen Daseins- und Wirklichkeitsverständnisses und in dem Eintreten für die darin enthaltene - im übrigen unteilbare - Wahrheit. Dieser Auftrag ist ein primär »geistlich-religiöser«, nicht ein politischer. Indem aber jede Religionsgemeinschaft diese Aufgabe erfüllt, wirkt sie notwendig - gerade weil diese Botschaft auch eine Botschaft für die Menschen und deren Ordnung des Zusammenlebens ist - auf das Leben der Menschen und deren Ordnung des Zusammenlebens ein. In diesem Sinne wirkt sie, insoweit sie ihre Aufgabe in

---

330 Vgl. dazu Böckenförde, Stellung und Bedeutung der Religion in der »Civil Society«, 270f. Böckenförde folgert: »Nur wenn dies beachtet wird, läßt sich vermeiden, daß die Religion, zumal die christliche und jüdische Religion, zu einer radikal-politisierten Sprengkraft für jedwede politische Ordnung wird, indem sie deren - eschatologische – Vorläufigkeit und auch Gebrochenheit mit theologischer Unmittelbarkeit und Unbedingtheit *politisch* in Frage stellt – das Kennzeichen aller 'Schwärmerei'.« (AaO., 271).

331 Von der kritischen Funktion der Kirchen ist jedoch ein sogenanntes Hüter- und Wächteramt zu unterscheiden, weil das Denkmodell eines solchen letztlich ein gesellschaftlich allgemein verbindliches ethisches Minimum voraussetzt. Vgl. Böckenförde, Stellung und Bedeutung der Religion in der »Civil Society«, 271; Zum Wächteramt vgl. Schlaich, Der Öffentlichkeitsauftrag der Kirchen, 501f.

332 So bringt etwa die Beschränkung auf ein Hüter- oder Wächteramt die Gefahr mit sich, daß eine Gefährdung solcher ethischen Minima zum Kriterium und auch zur Grenze des herausfordernden öffentlichen Redens in kirchlicher Verantwortung wird. Vgl. Böckenförde, Stellung und Bedeutung der Religion in der »Civil Society«, 272.

333 Vgl. Böckenförde, Stellung und Bedeutung der Religion in der »Civil Society«, 272f.

der Welt und für die Welt wahrnimmt, unaufhebbar politisch, denn der Bereich des Politischen und analog auch der Bereich der Rechtsordnung beschreiben keinen abgrenzbaren Gegenstandsbereich, der kategorial getrennt von dem Bereich der Orientierungssysteme existiert; vielmehr ist der Bereich des Politischen ein

»öffentliches Beziehungsfeld zwischen Menschen und Menschengruppen, das durch einen bestimmten Intensitätsgrad der Assoziation oder Dissoziation gekennzeichnet ist, der seinen Anlaß, sein 'Material', aus allen Sach- und Lebensbereichen beziehen«[334] muß.

Aus diesem Grund wird auch der religiöse, primär geistliche Auftrag, den die christlichen Kirchen neben den anderen Religionsgemeinschaften haben, je nach der gegebenen Situation immer wieder in das Beziehungs- und Spannungsfeld des Politischen einwirken.[335] Der leitende Gesichtspunkt für das Wirken der Religionsgemeinschaften im Bereich des Politischen ist demnach ein »unpolitisch-politischer«:

»Vom Ausgangspunkt her unpolitisch, allein auf die Verkündigung der eigenen Botschaft bezogen, in ihren Wirkungen durchaus potentiell politisch, ohne daß aber diese Wirkung gesucht wird oder das Ziel ist.«[336]

Die Umsetzung von einzelnen Gehalten des Glaubens in das staatliche und gesellschaftliche Leben sowie in den Gestaltungsraum der Rechtsordnung hinein ist heute weithin eine Sache der einzelnen Glaubenden. Diese Form der Einwirkung muß sich im freiheitlich-demokratischen Staatswesen durch einen demokratischen Prozeß vollziehen. Den einzelnen Glaubenden kommt damit eine besondere Bedeutung für die Verwirklichung der Glaubensinhalte verschiedener Religionsgemeinschaften zu, insofern sie als Bürger des Staates auch an dessen Gestaltung mitwirken. In einer Predigt Papst Johannes Pauls II. wird dieser Gestaltungskraft folgendermaßen Ausdruck gegeben:

»Gerade die großen Kräfte, die unsere Welt gestalten (...) sind die Bereiche, in denen (...) [Christen und Christinnen] berufen sind, ihre Sendung zu erfüllen. Wenn diese Kräfte in der Hand von Menschen liegen, die wahre Jünger Christi sind und die gleichzeitig in ausreichen-

334 Böckenförde, aaO., 273; in Anlehnung an Carl Schmitt. Vgl. auch Schlaich, Der Öffentlichkeitsauftrag der Kirchen.

335 In diesem Sinne kommt die Denkschrift der EKD, »Aufgabe und Grenzen kirchlicher Äußerungen zu gesellschaftlichen Fragen«, zu dem grundsätzlichen Ergebnis: »Christliche Existenz ohne politische Relevanz gibt es nicht«. (Ebd., 14 (Rdnr. 20)).

336 Böckenförde, Stellung und Bedeutung der Religion in der »Civil Society«, 274.

dem Maße über das einschlägige Fachwissen und -können verfügen, dann wird die Welt in der Tat von innen her durch die erlösende Kraft Christi verwandelt.«[337]

Böckenfördes Argumentation kommt demnach in juristischer Perspektive über eine formale Bestimmung, *daß* der freiheitlich-demokratische Staat auf Voraussetzungen beruht, die er selbst nicht garantieren kann, nicht heraus. Es obliege den Religionsgemeinschaften, diese formale Offenheit des Rechtssystems inhaltlich zu füllen. Aus den Verantwortungsformeln des Grundgesetzes und der Länderverfassungen dürfe dabei keinesfalls die »Bevorzugung einer bestimmten theistischen Religion, etwa der christlichen«[338] hergeleitet werden. Das schließe es auch aus, aus dem Gottesbezug der Präambel etwa das Aufstellen von Kreuzen im Gerichtssaal zu legitimieren[339]. Dennoch obliege es den christlichen Kirchen und den Glaubenden neben den anderen weltanschaulich gebundenen Gruppen innerhalb der Gesellschaft, das Vakuum inhaltlich zu füllen und die inneren Bindungskräfte von Staat und Rechtsordnung material zu bestimmen[340].

6. Konklusio und Bündelung – Der juristische Ort des Gottesbezuges

Die juristischen Voten zum Gottesbezug in den Präambeltexten sind sich im wesentlichen einig darin, daß bei dessen Interpretation der Motivationsgrund der verfassunggebenden Organe zu berücksichtigen ist (historisch-genetische Interpretation). In Hinblick auf die unmittelbare Vergangenheit waren sich demnach die verfassunggebenden Organe einig, daß mit dem Gottesbezug in der Präambel ein Verantwortungshorizont benannt wird, welcher als Absage an eine Vorstellung zu verstehen ist, die den Menschen als unbegrenztes Wesen,

337 Predigt in Limerick am 1. Oktober 1979, in: Osservatore Romano, deutsch v. 19. Oktober 1979, 8. (Zitiert nach Böckenförde, aaO., 276.)

338 Böckenförde, Kreuze (Kruzifixe) in Gerichtssälen,134.

339 Vgl. ebd.

340 In ähnlicher Weise beschreibt der Verfassungsrechtler Christian Starck die Verweltlichung als einen Prozeß, »der sich nur so lange vollziehen kann, wie die Nabelschnur zur metaphysischen Quelle nicht abgerissen ist« (Starck, Menschenwürde als Verfassungsgarantie, 463). Dies sei im deutschen Staatsrecht anerkannt auch durch die Berufung auf Gott in der Präambel des Grundgesetzes. Vgl. ebd. Klaus Obermayer meint sogar, daß mit dieser Anerkennung eines »verfassungsrechtlichen Strukturprinzips der Sinnverantwortung« des Staates sich eine Auffassung als überholt erweise, nach welcher aus der Bekenntnisneutralität des Staates eine Religionslosigkeit des Staates hergeleitet werde. Vgl. Schlaich, Konfessionalität – Säkularität – Offenheit, 429.

als »Allesmacher« versteht. Diesem Größenwahn sollte im Horizont der unmittelbar erlebten Geschichte (Drittes Reich und DDR-Dikatatur) ein für alle Mal mit dem Gottesbezug symbolisch abgeschworen werden. Zugleich sollte damit an die Begrenztheit und Vorläufigkeit alles menschlichen Handelns erinnert werden.

Ein weiteres eng damit verbundenes Moment ist die Absage an jede Form von Rechts- und Gesetzespositivismus, die mit dem Gottesbezug als Hinweis auf eine überstaatliche, transzendente Gründungsinstanz für das Recht und die Rechtsordnung vollzogen wird. Die verschiedenen Modelle einer rechtspositivistischen Begründung von Recht haben sich als nicht tragfähig erwiesen, da sie den Zusammenhang von Recht und Ethik nicht hinreichend zu erfassen und die Voraussetzungen bzw. Vorgaben jedes Rechtssystems und jeder Rechtsordnung nicht in dem eigenen Theoriemodell zu berücksichtigen vermögen.

Aber auch die verschiedenen Modelle einer naturrechtlichen Begründung oder Verankerung des Rechts, welche in Folge der totalitären Rechtsverachtung und Rechtszerstörung in der Nachkriegsphase der Bundesrepublik eine Wiederbelebung erfuhren, haben sich als nicht tragfähig herausgestellt[341], denn es ist evident, daß damit zeitgebundene Rechtsüberzeugungen mit zeitlosem Wahrheitscharakter behaftet wurden. Die Auslieferung des Rechts an partikulare Interessen ist demnach die Gefahr des Rechtspositivismus; eine Ideologisierung des Rechts das Problem von Naturrechtslehren.[342]

Aus diesem Grund ist bei der Frage des Rechts nach neuen Lösungsmodellen für die Frage nach dem Zusammenhang von Recht und Ethik gesucht worden, welche in die Definition des Rechtsbegriffs das Gut der Gerechtigkeit aufnehmen und sich der Offenheit des Rechts und der Angewiesenheit jedes Rechts und jeder Rechtsordnung auf Bindung vergewissern.

Das Gespräch mit der theologischen Frage nach einer Rechtsethik kann dabei ein Bewußtsein dafür einschärfen, daß jedes Recht angewiesen ist auf vorrechtliche Bedingungen[343], letztlich auf Bindung.

341 Vgl. Rommen, Die ewige Wiederkehr des Naturrechts, 1947.
342 Vgl. Huber, Gerechtigkeit und Recht, 29.
343 Vgl. aaO., 65 in Anlehnung an Dworkin. Zu Dworkins Ansatz über Rechtsprinzipien vgl. Alexy, Recht, Vernunft, Diskurs, 177-212.

Die neuere Rechtstheorie versucht in Hinblick auf die Erfahrungen mit der Destruierung von Recht und Gesetz in totalitären Regimen überpositive Elemente in die Rechtsdefinition mit dem Ziel aufzunehmen, die Schwächen rechtspositivistischer Rechtsbegriffsbestimmungen zu überwinden. Dabei wird neben dem Prinzip der Wirksamkeit und dem Prinzip der Setzungsorientierung auch das Gut der Gerechtigkeit in die Definition des Rechtsbegriffs aufgenommen (Alexy, Dreier). Dieser am Beispiel von Robert Alexy, Ralf Dreier und Gustav Radbruch vorgeführte Versuch, einen den Rechtspositivsmus in seinen Schwächen überwindenden Rechsbegriff zu bestimmen, ist auch von neueren Rechtsethiken konzediert worden.[344]

Die Rechtsordnung appelliert also in ihrem Gerechtigkeitssinn an eine sittliche Einsicht der Bürgerinnen und Bürger, ohne sie selbst hervorzubringen oder zu erzwingen. Ihre Funktion für die Rechtsordnung erfüllen diese außerrechtlichen Bedingungen erst, wenn ihr außerrechtlicher Charakter unangetastet bleibt[345], sie aber durch symbolisierte Verweisungen in das Rechtssystem implementiert werden. Insofern ist die doppelte Stellung des Gottesbezuges in die Interpretation aufzunehmen, nach der er zugleich in der Verfassung steht, ihr aber in seinen Aussagegehalten als Bedingung oder Bindung entzogen ist.[346] Damit verweist der Gottesbezug, der Teil der Verfassung ist, auf die Offenheit der Rechtsordnung und des Rechtssystems bei »letzten Fragen« und ist ein wichtiger Hinweis darauf, daß die Rechtsordnung und das Rechtssystem auch in einer sich fortschreitend säkularisierenden Gesellschaft auf Voraussetzungen beruhen, die sie selbst nicht garantieren können.[347] Ein möglicher Zugang zu dieser Frage ist an dem Ansatz von Böckenförde deutlich gemacht worden. Eine theologische Interpretation dieses Ansatzes soll an späterer Stelle der Arbeit erfolgen.[348]

---

344 Exemplarisch vgl. Reuter, Rechtsethik, 125f.

345 Vgl. Huber, Gerechtigkeit und Recht, 65.

346 Vgl. dazu die Interpretation von Papenheim; s.o.

347 Huber resümiert: »Das Bonner Grundgesetz läßt diese Bindung an vorrechtliche Bedingungen durch die Präambel und seine beiden ersten Artikel erkennen.« (Huber, Gerechtigkeit und Recht, 65.)

348 S.u. VII.6.

V. Der Gottesbezug im Rahmen theologischer Interpretationen

Im folgenden Teil der Untersuchung sollen nun die Argumente in bezug auf den Problemkomplex herausgearbeitet werden, welche innerhalb der evangelischen Theologie vorgetragen worden sind. Um einen Überblick über die Diskussionslage in der evangelischen Theologie zu erhalten, werden einleitend einige Stellungnahmen von Theologen zusammengefaßt, die sich marginal oder im Rahmen von Glossen zum Problem des Gottesbezuges in Verfassungstexten geäußert haben. Dieser Teil hat im wesentlichen deskriptiven Charakter (1). Daran anschließend werden ausführlicher die Denkmodelle einiger ausgewählter Autoren nachgezeichnet und beurteilt, welche sich explizit zu dem Problemkomplex geäußert haben und m. E. die Anliegen aus vielen Äußerungen zu diesem Problemkomplex bündeln (2).[1] Ein eigener Teil (3) wird sich mit der Einordnung des Gottesbezuges in die von Teilen der evangelischen Theologie rezipierte Theorie der »Zivilreligion« auseinandersetzen, wobei sich auch das Vorgehen in diesem Teil an den Denkmodellen verschiedener Autoren orientieren wird. Die besondere Berücksichtigung dieser Theorie ist schon deshalb gerechtfertigt, weil die Entscheidung der Frage, ob der Gottesbezug *notwendig* Artikel einer irgendwie gearteten »Zivilreligion« ist, erhebliche Konsequenzen für seine theologische, rechtliche und gesellschaftspolitische Einordnung zeitigt. Geboten ist eine umfassendere Auseinandersetzung mit diesem Aspekt des Problemkomplexes auch deshalb, weil in einem gerade zu einem Konsultationsprozeß übergebenen Impulspapier der EKD zum Thema »Protestantismus und Kultur« der Gottesbezug zivilreligiös gedeutet worden ist.[2] In diesem Zusammenhang wird ein weiterer Abschnitt (4) seine Aufnahme in die Voten verschiedener kirchlicher Gremien nachzeichnen (EKD, EKU). Abschließend sollen die Argumente zusammengetragen und gebündelt werden, die innerhalb der Darstellung herausgearbeitet worden sind (5).

---

1 Aus Platzgründen wird hierbei jedoch keine umfassende Einordnung in den Gesamtzusammenhang der Theologie des jeweiligen Denkmodells geleistet werden können.

2 Vgl. Der Rat der Evangelischen Kirche in Deutschland (EKD), Gestaltung und Kritik. Zum Verhältnis von Protestantismus und Kultur im neuen Jahrhundert, Hannover März 1999.

1. Zur Diskussionslage in der evangelischen Theologie

Die meisten theologischen Stellungnahmen beginnen die Erörterung des Gottesbezuges der Präambel mit einer Darstellung der historischen Situation zum Zeitpunkt der Entstehung der Verfassungen.

Schon 1974 bezeichnete Eberhard Stammler den Gottesbezug in der Präambel als »Grund des Grundgesetzes«[3], als ein aus dem »noch nachhallenden Schock des atheistischen Hitler-Reiches«[4] erklärbares »Bedürfnis nach einer theologischen Begründung«[5] des Rechtes. Er beschreibt den Zeitpunkt der Entstehung der Verfassung 1948/49 als einen, an dem die Verfassungsväter und -mütter die Absicht gehabt hätten, die Bundesrepublik Deutschland zwar als säkulares Staatsgebilde zu verstehen; aber »damals [sei] offensichtlich jene 'Stunde Null' als eine so weittragende geschichtliche Entscheidungssituation empfunden [worden], daß man glaubte, dafür auch noch die Dimension der Transzendenz in Anspruch nehmen zu müssen«[6]. An seiner durch historische Gesichtspunkte geprägten Ansicht hält Stammler fest, wenn er fast 20 Jahre später den Gottesbezug als »ein kritisches Vermächtnis«[7] der Gründergeneration apostrophiert, welches »Einsicht in die Abgründe staatlichen Machtmißbrauchs«[8] und Einsicht in »das relative Geschehen der Politik«[9] gebe. Daran sei immer noch festzuhalten, um sich nicht einem Trend zu unterwerfen, welcher ohnehin höchst bedenkliche Entwicklungen anzeige, etwa »den Verlust an verpflichtenden Werten, die Dominanz eines banalen Materialismus, die Profanisierung des Weltbilds«[10].

Auch Klaus Tanner orientiert sich bei seinem Votum primär an den Entstehungsbedingungen der Präambel des Grundgesetzes nach dem Zweiten Weltkrieg[11] und bezeichnet die Staatsgründung der Bundesrepublik als ein spezifisch katholisches Produkt.[12] In »ihrer religiösen Prägung« verweise die Prä-

3 Vgl. Stammler, Grund.
4 Stammler, Grund, 65.
5 Ebd.
6 Ebd.
7 Vgl. Stammler, Vermächtnis, 1993.
8 Stammler, Vermächtnis, 255.
9 Ebd.
10 Ebd.
11 Vgl. Tanner, Gehört Gott in die Verfassung, 1991.
12 Vgl. aaO., 260; s.o. I.2.2.

ambel auf den historischen Erfahrungszusammenhang des Nationalsozialismus; dennoch sei daraus die grundsätzliche Einsicht möglich, daß eine politische Ordnung immer dann zum Unrecht hin pervertiert wird, wenn keine Grenzen des politischen Systems mehr formuliert und anerkannt werden. Damit verbunden impliziere die Präambel immer auch ein bestimmtes Menschenbild, nach welchem die Würde des Menschen als unbedingt zu achtende verstanden, und der Gottesbezug damit in einen engen Zusammenhang mit den Grundrechtsnormen gestellt werde. Die fundamental-politische Relevanz bestehe beim Gottesbezug darin, daß sie »im Grundtext des politischen Systems an ein Subjekt erinnert, das weder mit dem Verfassungsgeber noch mit dem individuellen Bürger identisch ist«[13]. Theologisch sei aus der Interpretation des Gottesbezuges als »Chiffre für einen über alles Menschliche hinausgehenden Verpflichtungshorizont« (von Mangold/Klein) ableitbar, daß »Gott« im Grundgesetz eine »freiheitsnotwendige Leerstelle« bezeichne, welche nicht weiter positiviert werden könne:

»Jeder Versuch, den Präambelgott zu positivieren, bringt gerade das zum Verschwinden, was der Sinn der Rede von Gott im Eingang der Verfassung ist. Gott gehört niemandem. Er gehört keiner Kirche, aber auch keiner Partei, selbst einer christlichen nicht.«[14]

In dem Bewußtsein der Akzeptanz eigener Endlichkeit sieht Tanner eine enorme politische Funktion des Gottesbezuges in der Präambel, denn sie sei die elementare Voraussetzung für eine politische Konsens- und Kompromißbildung; und gerade in der Abstraktheit dieses Gottesbezuges liege seine Stärke, denn sie impliziere »die Aufforderung, zwischen den individuellen Wertsetzungen und den Regelungsmechanismen zu differenzieren, die eine friedliche Koexistenz dieser Wertoptionen ermöglichen«[15], worin auch die Möglichkeit der Toleranz begründet sei.[16]

Auch für Richard Schröder bezeichnet der Anfang der Präambel des Grundgesetzes zunächst eine historische »Feststellung«. Dennoch stellt er klar, daß der Gottesbezug nicht schon aus dem Grunde unangreifbar sei, weil die Verfassungsväter und -mütter ihn in die Verfassung aufgenommen haben.[17]

---

13 Tanner, Gehört Gott in die Verfassung, 263.
14 Ebd.
15 Ebd.
16 Vgl. ebd. Zu den Folgen für eine europäische Integration vgl. aaO., 263f.
17 Schröder, Kommentar. Wenn nicht Gott – was dann?, in: idea spektrum 14/1994, 17f.

Auch gegenwärtig eigne dem Gottesbezug demnach Relevanz, denn für den Begriff »Gott« gebe es keine Alternativen, falls der Verantwortungshorizont der Verfassungsgeber weiterhin benannt werden soll. Die möglichen Alternativen »in seiner Verantwortung vor der Gesellschaft«, »vor der Geschichte«, »vor den kommenden Generationen« und auch »vor dem Gewissen« stellt Schröder als Scheinalternativen heraus, die unweigerlich in tiefere Problemzusammenhänge führen. Die ersten drei Alternativen beschreiben s. E. eher das »Wofür« als das »Wovor« des Verantwortungshorizontes[18]. Aber auch die Alternative, zukünftig von der »Verantwortung vor dem Gewissen« zu sprechen, eigne sich schon wegen der Vieldeutigkeit des Wortes »Gewissen« nicht als Ersatz für den Begriff »Gott«[19].

»Es handele sich beim Gewissen, wird gesagt, um verinnerlichte gesellschaftliche Normen, die ihrerseits relativ, wenn nicht gar Niederschlag partikularer Machtinteressen sein sollen. Dann ist es ja eher geraten, sich von diesem (desorientierten) Gewissen zu befreien, was denn in beiden deutschen Diktaturen reichlich geschehen ist. Diese Fatalitäten können wir nur umgehen, wenn wir dazusetzen, wovor das Gewissen wiederum verantwortlich, woran es gebunden ist.«[20]

Und das führe wieder in den eigentlichen Problemhorizont zurück.

Auch die mögliche Streichung der ganzen Verantwortungsformel aus der Präambel hält Schröder für nicht geboten, denn sie mache die Verfassung zum »Zufallsprodukt« oder Ergebnis einer Mehrheit, die *in ihrer Mehrheit* ihre Irrtumslosigkeit manifestiere.[21] Um die Intention des zu streichenden Gottesbezuges zu erhalten, sei eine alternative Formulierung die folgende:

»Nach sorgfältigster Prüfung und mit der größtmöglichen Gewissenhaftigkeit, als müßten sie dabei mit einem Zuschauer rechnen, der sie ganz und gar kennt, der sich nicht hinters Licht führen läßt und die hinter Vorwänden versteckten partikularen Absichten durchschaut, hat sich das deutsche Volk diese Verfassung gegeben.«[22]

Damit werde aber nichts anderes gesagt, als »in der Verantwortung vor Gott«. In diesem Sinn sei denn auch der Gottesbezug zu verstehen als das »letzte, un-

---

18 Im einzelnen vgl. Schröder, Kommentar, 17.

19 Es stellt sich an dieser Stelle allerdings die Frage, ob nicht auch der Begriff »Gott« für eine solche Vieldeutigkeit offen ist. Die Stärke des Begriffes »Gott« gegenüber anderen genannten Begriffen liegt m. E. auf einer anderen Ebene.

20 AaO., 17.

21 Vgl. aaO., 18. »Bloß: Wir würden lügen. Das deutsche Volk hat sich in seiner Mehrheit nachweislich schon mehrfach furchtbar geirrt.« (Ebd.).

22 Ebd.

bestechliche Wovor von Verantwortung«[23], als Verpflichtung derjenigen, die an der Verfassung arbeiten, einer Instanz gegenüber, »die sich nicht hinters Licht führen läßt und zum Guten verpflichtet«[24].

Obwohl diese mit »Gott« betitelte Instanz ihre Benennung der biblischen Tradition verdanke, inhäriere den christlichen Kirchen keine Definitionsvollmacht an dieser Stelle und auch das verfassungsrechtliche Gebot, daß keine Staatskirche bestehe, welches besagt, daß Staat und Kirche zu unterscheiden seien, werde durch die nominatio Dei in der Präambel nicht verletzt[25], da diese nur die Option beinhalte, das »letztgültige Wovor« der Verantwortung zu benennen. »Die Verfassungsgeber sollen handeln, als stünden sie vor Gott, auch wenn einige von ihnen nicht an Gott glauben,«[26] denn es stehe jedem frei, den Begriff Gott als Letztinstanz der Verantwortung unterschiedlich zu füllen[27].

»Deshalb stimmt es auch nicht, daß diejenigen die Verfassung nicht verstehen oder akzeptieren können, die nicht an Gott glauben. Und so frei sollte jedenfalls kein Gewissen sein, daß es Letztverantwortung leugnet.«[28]

Schröder orientiert sein Votum demgemäß - ähnlich, wie dies später in der Argumentation bei Wolfgang Huber[29] aber vor allem bei Eilert Herms[30] wieder auftauchen wird - an der Verantwortungsformel, in deren Verstehenshorizont sich die Frage nach der Rechenschaftsinstanz stellt. Für die Benennung der »letzten« Instanz dieser Verantwortung durch den Begriff »Gott« gebe es keine alternative Formulierung.

Wolfhart Pannenberg beginnt wie Schröder sein Votum damit, daß er konstatiert, der Gottesbezug in der Verfassung bekunde zunächst das Bewußtsein der Verfassungsgeber: »Damit wollten die Verfasser das Grundgesetz in Gegensatz zum nationalsozialistischen Staat stellen, wo das Unrecht in Geset-

---

23 Ebd.
24 Ebd.
25 Vgl. ebd.
26 Ebd.
27 Vgl. ebd. »Es steht jedem frei, das Wort 'Gott' hier als ein X zu lesen, als Stellvertreter für die Instanz der Letztverantwortung. Es soll aber den Verfassungsgebern nicht freistehen, uns ein X für ein U vorzumachen und ihre Verantwortung für die Gestaltung der Verfassung herunterzuspielen.« (Ebd.).
28 Ebd.
29 S.u. V.2.6.
30 S.u. V.2.7.

zesform herrschte.«[31] Dadurch sollte deutlich werden, »daß Recht nicht nur Ausdruck menschlichen Beliebens der jeweils herrschenden Meinungen, Machthaber oder Mehrheiten sein kann«[32], sondern Recht könne nur in der Bindung an eine Instanz, welche über jeder Manipulation der Herrschenden stehe, als Recht bezeichnet werden. An dieser Erkenntnis sei auch heute noch festzuhalten, denn als »Legitimationsinstanz«[33] für eine allgemeine Ordnung stehe Gott über der Willkür der politischen Willensbildung, was auch für Nichtchristen und Nichtglaubende von evidenter Bedeutung sei; schließlich liege die Gewähr der Nichtmanipulierbarkeit der geltenden Rechtsordnung durch jeweilige Herrschaftsverhältnisse auch in deren Interesse. Die »Berufung« auf Gott bleibe »als Grenze für politische Willkür auch des Verfassungsgebers bedeutsam«[34], womit niemandem der Glaube an die Existenz Gottes abgenötigt werde.

Diesen Gedanken verbindet Pannenberg mit dem der Rechtssicherheit, indem er folgert:

> »auch konfessionslose Menschen genießen damit den Vorzug der Rechtssicherheit, die durch die Bindung der Rechtsordnung an eine ihr vorgegebene, die Integrität der menschlichen Natur begründende Instanz gewährleistet wird.«[35]

Pannenberg zieht sogar mögliche praktische Konsequenzen, welche bei dem Gottesbezug ihren Einsatz finden können:

> »Denn beim Verweis auf Gott in der Präambel einer Verfassung könnte Kritik an Rechtsnormen ansetzen, die die menschliche Würde verletzen. Dadurch würde unter Umständen gezeigt, daß gesetztes Recht faktisch Unrecht darstellt.«[36]

Hinsichtlich des zuletzt genannten Aspektes geht Pannenberg über Schröders Votum hinaus. Weiterhin verbindet er den Gottesbezug nicht ausschließlich mit der Verantwortungsformel, sondern betrachtet ihn als eine »Legitimationsins-

---

31 Pannenberg, Kommentar. Gott steht über der Willkür der Politik, in: idea spektrum 6/1994, 18. Vgl. auch Pannenberg, Christliche Rechtsüberzeugungen im Kontext einer pluralistischen Gesellschaft; ders., Zur Theologie des Rechts.

32 Pannenberg, Kommentar, 18.

33 Vgl. ebd. Der Begriff der »Legitimation« ist allerdings an dieser Stelle kritisch zu beurteilen, denn er spiegelt etwas vor, was die nominatio Dei in letzter Konsequenz nicht erbringen kann, nämlich eine Staatsordnung oder ein Regelsystem zu legitimieren.

34 Ebd.

35 Ebd.

36 Ebd.

tanz für die allgemeine Ordnung«[37] bzw. eine der Rechtsordnung vorgegebene, »die Integrität der menschlichen Natur begründende Instanz«.[38]

Die Darstellung ließ bisher einige grundlegende Tendenzen erkennen, welche nun - ohne schon an dieser Stelle bewertet zu werden - aufgezeigt werden sollen. (1) Fast alle Stellungnahmen zum Gottesbezug sind durchaus positiv[39] und suchen nach Gründen für eine Beibehaltung desselben in der Verfassung. (2) Eine Mehrheit der theologischen Stellungnahmen zum Gottesbezug setzt mit der Frage nach den Entstehungsbedingungen der Präambeltexte ein, bleibt aber nicht dabei stehen, sondern konstatiert darüber hinaus in der durch historische Gesichtspunkte motivierten Betrachtungsweise die Relevanz des Gottesbezuges in der Gegenwart.[40] (3) Weiterhin auffällig ist der Sachverhalt, daß der Gottesbegriff im Zuge einer zunehmenden Komplexität weltanschaulicher Gebundenheit der bundesdeutschen Gesellschaft bewußt material offen und unspezifisch, also rein formal bzw. funktional interpretiert wird. Aber dennoch wird seine Wichtigkeit betont.

Im wesentlichen entspricht dieses Zwischenergebnis auch den anderen theologischen Stellungnahmen zum Gottesbezug, wobei es Differenzen in den Gewichtungen gibt, und eine Minderheit der Stellung nehmenden Personen den Gottesbezug auch material füllt.

Im folgenden werden einige Stellungnahmen dargestellt, welche nach den unterschiedlichen Gewichtungen der einzelnen Argumente und Lösungswege zu dem Problemkomplex ausgewählt worden sind.

2. Einzelne theologische Stellungnahmen und ihre Schwerpunkte

Die Anordnung der folgenden Beiträge orientiert sich an der Frage nach der materialen Füllung des Gottesbezuges. Dabei wird die Untersuchung mit Stellungnahmen einsetzen, welche den Gottesbegriff der Präambel als eindeutig christlichen identifizieren. Bei den weiteren Stellungnahmen findet dann eine zunehmende Öffnung der materialen Gehalte des Gottesbezuges statt. Diese spitzt

37 Ebd.
38 Ebd.
39 Vgl. u.a. auch Sparn, Einleitung, 15; Auer, Politik im Widerstreit der Interessen, 264.
40 Vgl. auch Raiser, Gott im Grundgesetz, 124.

sich in dem Gebrauch des Gottesbezuges als Artikel einer Zivilreligion zu, in deren Theorie der Gottesbezug lediglich formalen Charakter hat.

Bei den einzelnen Stellungnahmen liegen wieder die zwei grundsätzlichen Argumentationsebenen mit unterschiedlicher Gewichtung zugrunde.[41] Dabei geht die Mehrheit der Stimmen von historischen Fragestellungen aus, indem sie auf den Erfahrungsraum hinweist, in welchem der Gottesbezug in den Nachkriegsverfassungen Einzug in die Präambeltexte genommen hat. Lediglich eine Minderheit weitet die historische Argumentation so weit aus, daß aus der traditionellen materialen Füllung des Gottesbezuges als des christlichen Gottes auch normative Konsequenzen zu ziehen seien, damit sei (noch immer) ein christliches Gottesbild zu gemeint. Die Mehrheit der Stimmen bleibt jedoch nicht bei dem historischen Befund stehen, sondern versucht den Gottesbezug darüber hinaus grundsätzlich plausibel zu machen, indem sie auf die Verweisungsbezüge des Verantwortungshorizontes rekurriert.

Auch bei den einzelnen theologischen Stellungnahmen sind diese Interpretationsebenen z. T. parallel verwendet, weshalb sie nicht systematisch getrennt werden sollen.

2.1. Ethel Leonore Behrendt - Der Gottesbezug als oberster (christlicher) Wert der Verfassung

Den einzigen monographischen Beitrag zur Frage »Gott im Grundgesetz« legte 1980 die Jurististin und Theologin Ethel Leonore Behrendt vor.[42]

Ausgehend von einer Analyse der historischen Entstehungsbedingungen und der Verfassungsauslegung der Präambel[43], als dessen Ergebnis Behrendt eine »Abstinenz der großen Mehrzahl der Juristen gegenüber der religiösen Frage des Rechts«[44] resümiert, unternimmt sie den Versuch, den Gott der Prä-

---

41 Dazu s.o. II.3.

42 Vgl. Behrendt, Gott im Grundgesetz. Der vergessene Grundwert »Verantwortung vor Gott«, 1980; dies., Recht auf Gehör. Grundrecht und Grundwert, 1978, 120-158; dies., Rechtsstaat und Christenbekenntnis, 163-186; dies., Wozu steht Gott im Grundgesetz?. Der vergessene Grundwert in der Verfassungsspitze, 207-211. Vgl. auch die Rezension von Christian Starck. Vgl. Starck, JZ 1981, 456.

43 Vgl. Behrendt, Gott im Grundgesetz, 1-80.

44 Behrendt, Gott im Grundgesetz, 56. Bei den sich ergebenden rechtsphilosophischen Fragen konstatiert Behrendt sogar ein »Koma der Rechtsphilosophie« (aaO., 64), die gegen-

ambel als den christlichen Gott zu identifizieren[45] und schließlich den Nachweis einer rechtlichen Relevanz des »Christengottes«[46] zu führen.[47]

Den Konsens der Verfassungsauslegung der Präambel faßt sie zusammen als ein Bewußtsein für die Grenzen der Entscheidungsgewalt des Verfassungsgebers[48]; dennoch sei diesbezüglich festzuhalten:

»Dem, der den Sinn Gottes im Grundgesetz sucht, offenbart sich im juristischen Schrifttum nichts von Gottes Wesen, sondern Ratlosigkeit vor dem Gott, der Verantwortungsadressat unseres Volkes ist. Es offenbart sich ein Minimalkonsens ohne Wurzel, Desinteresse der Mehrheit, tastendes Suchen einzelner (...), Verzicht an einer Stelle, wo Verzicht Beschränkung auf das weniger Wesentliche bedeutet.«[49]

An dieser Stelle sei es Aufgabe der Theologie, aussagekräftiger die materialen Gehalte des Gottesbezuges in der Präambel offen zu legen, wobei zu betonen sei, daß damit nicht eine spezifisch christliche Sicht unter weiteren, anders orientierten Religionssystemen in der bundesdeutschen Gesellschaft eingenommen werden soll, sondern die herausgearbeiteten materialen Gehalte für *alle* Bürger des Staates bindend sein sollen.

In Anlehnung an das Religionsverständnis von Wolfhart Pannenberg und Paul Tillich kommt Behrendt zu dem Ergebnis, daß es auch bezüglich des »Gottes des Grundgesetzes« einer Klarstellung bedürfe, »daß ein Ausweichen in ein nichtchristlich-allgemeines Gottesbekenntnis für die Sache des Rechts (...) letztlich einer Preisgabe der Gottesanrufung gleichkäme«[50]. Mit einem in seinem inhaltlichen Aussagegehalt neutral gehaltenen Gottesbegriff hätte die verfassunggebende Gewalt sich zwar zu dem Bewußtsein der Begrenztheit menschlichen Handelns bekannt, die Präambel enthielte dann aber keine Aussage über die Kennzeichnung dessen, was binden und dem Begriff der Verantwortung Kontur geben könne. »Damit wäre sie leer und richtungslos«[51].

---

wärtige Zeit bezeichnet sie allgemein als eine »Krise der Religion« (aaO., 70), in welcher die Juristen den Platz Gottes füllen (vgl. ebd.).

45 Vgl. Behrendt, Gott im Grundgesetz, 81-258.

46 So als Überschrift des dritten Teiles der Arbeit: Gottes rechtliche Relevanz. Konsequenzen des Christengottes. Vgl. aaO., VI; 259.

47 Vgl. aaO., 259-322.

48 AaO., 73.

49 AaO., 74.

50 Behrendt, Gott im Grundgesetz, 87. Behrendt verwendet, wie die Mehrzahl der Kommentatoren, den Begriff der »Gottesanrufung« synonym mit dem der »invocatio Dei«; vgl.

Um dem Anspruch der materialen Füllung des Gottesbegriffes gerecht zu werden, sei der Gott der Präambel »als der in Jesus Christus Mensch gewordene Gott zu identifizieren«[52]. Für den Nachweis dieser These seien sieben »Argumentationsebenen« zu unterscheiden, eine kulturgeschichtliche des Abendlandes, insbesondere der Rechtsgeschichte und darin inbegriffen die jüngste Verfassungsgeschichte (1). Eine andere Argumentationsebene betreffe eine Rechtsvergleichung deutschen und europäischen Verfassungsrechts (2), eine weitere die Verfassungskonformität des christlichen Gottes mit den verschiedenen »Anrufungen Gottes« in Verfassungen und anderen Gesetzen, »und zwar alleinige [sic!] Konformität dieses Gottesbegriffes«[53] (3). Auf der vierten Ebene seien die Argumente der Direktions- und Integrationsaufgabe der Präambel aufzunehmen (4), die nächste beschreibe die Zuordnung verschiedener christlicher Elemente in Verfassungen und Gesetzen als korrespondierende Teile eines christlichen Gottesverständnisses (5); außerdem seien philosophische, theologische und juristische Erwägungen zum Begriff der »Verantwortung« zu betrachten (6), und schließlich sei die »neue Ordnung« des Grundgesetzes selbst als eine »Ordnung christlichen Geistes« zu bezeichnen (7).[54]

Mit unterschiedlicher Gewichtung werden diese Argumentationsebenen in Behrendts Untersuchung abgehandelt. Bezüglich der »neuen Ordnung« unterscheidet sie eine materielle, eine formelle und eine geschichtliche Betrachtungsweise. Auf der materiellen Ebene beschreibe die Garantie der Menschenwürde als des höchsten Wertes der Verfassung[55] einen engen Zusammenhang mit dem Gottesbezug der Präambel, denn sie sei anders als religiös nicht zu begründen[56]. Doch nicht das Religiöse »schlechthin« begründe diese Würde, »sondern die spezifische Füllung dieses Religiosum durch die christliche Reli-

---

Behrendt, Gott im Grundgesetz, 2; 28; 32; 35ff; 90; u.a.. Zur Problematik dieser Bezeichnung s.o. III.6.

51 AaO., 88.

52 AaO., 91; vgl. dies., Christenbekenntnis, 172.

53 Behrendt, Gott im Grundgesetz, 91; vgl. dies., Christenbekenntnis, 172.

54 Vgl. Behrendt, Gott im Grundgesetz, 91; vgl. dies., Christenbekenntnis, 172.

55 Vgl. Behrendt, Gott im Grundgesetz 95ff; zur Problematik der Eingliederung der Menschenwürde in ein Werteschema vgl. Jüngel, Tyrannei der Werte; vgl. die Beiträge von Peter Saladin, Robert Spaemann und Józef Tischner, in: Böckenförde, Menschenrechte und Menschenwürde, 267-327.

56 Vgl. Behrendt, Gott im Grundgesetz, 96-110, insbes. 102.

gion«[57]. An der Stelle der materiellen Füllung dieses Religiosums stelle sich die Frage nach der Bedeutung der christlichen Botschaft für den Rechtsstaat.[58] Formell gelte, daß mit der christlichen Bestimmung der Menschenwürdegarantie der Rechtsordnung auch ein ihren Bestand sichernder »christlicher Eckstein« gegeben werde.[59] Schließlich gelte geschichtlich, daß »unsere Rechtsordnung (...) auch Jesu Einschätzung des Gesetzes [teile]: dessen Achtung auf der einen, aber seine Hinterfragbarkeit und Korrigierbarkeit (...) auf der anderen Seite«[60].

In bezug auf die Rechts- und Verfassungsgeschichte resümiert Behrendt, daß der 1949 »angerufene Gott zweifelsfrei der geschichtlich gelebte, der konkret in den Generationen erfahrene, der christliche Gott«[61] gewesen sei. Auch die Entwicklungen in den Bundesländern könnten dafür als Nachweis dienen.[62] Der internationale Vergleich mit anderen europäischen Verfassungen (»Europaargument«) führe zu dem Ergebnis, daß in einigen europäischen Staaten deutlicher als in den bundesrepublikanischen Präambeltexten der »Gott der Präambel und einiger Artikel« mit dem christlichen identifiziert werde.[63]

Nach dem Willen der Verfassungsgeber sollte die Präambel dem Grundgesetz eine »geistige Ausrichtung« geben, von ihr sollte eine »Direktionskraft« ausgehen. In der gegenwärtigen Legitimationskrise des Staates, welche Behrendt als »Krise des Rechtsstaates zu Gott«[64] apostrophiert, sei es um so wichti-

---

57 Behrendt, Christenbekenntnis, 177; vgl. dies., Gott im Grundgesetz, 104.

58 Vgl. Behrendt, Gott im Grundgesetz, 106. Behrendt formuliert an der gleichen Stelle bezüglich des Heiligen Geistes: »Ist die Würde der Schlüssel zu den Grundrechten und ist dieser Schlüssel seinerseits erst zurechtzufeilen aus dem Ausgangspunkt der 'neuen Ordnung', aus Gott, so wird nunmehr die Frage nach dem rechtlichen Geist im Heiligen Geist in die Werkstatt der Heiligen Schrift gewiesen.« (AaO., 105.).

59 Vgl. aaO., 112.

60 AaO., 114f. »In diesem Sinne ist Jesus Christus nicht nur der große Hörer schlechthin, sondern auch 'verus legis interpres' der rechtsstaatlichen Ordnung.« (AaO., 115). Vgl. Behrendt, Recht auf Gehör, 267-276.

61 Behrendt, Gott im Grundgesetz, 121. Vgl. aaO., 118-122.

62 Vgl. aaO., 123-127. Behrendt führt im wesentlichen die Präambeln und Artikel an, welche die Erziehungsziele definieren als Erziehung zur »Ehrfurcht vor Gott« in Baden-Württemberg und Nordrhein-Westfalen, sowie die Artikel in den Länderverfassungen der alten Bundesländer der Bundesrepublik, in welchen sich das Wort »christlich« findet. Vgl. ebd.

63 Vgl. aaO., 128f.

64 Vgl. Behrendt, Gott im Grundgesetz, 130.

ger, sich daran zu erinnern, daß Garant für die Orientierung der Gesellschaft nur ein »unserem Volk vertrauter Gott, (...) der christliche Gott«[65], sein könne.

Mit diesen Erörterungen sei die notwendige Bedingung für die These erfüllt, »daß die markierenden Stellen unserer Rechtsordnung - der 'neuen Ordnung' - auf den christlichen Gott als den obersten Wert [sic!] der Verfassung hinweisen«[66]. Das widerspreche auch nicht einem faktischen Pluralismus, da gerade der christliche Glaube zu Toleranz befreie, wie dies kein anderer Glaube in unserer Gesellschaft zu tun vermöge.[67] Bezüglich des Grundgesetzes sei zu resümieren, »daß die grundlegenden Strukturen desselben als Übersetzungen der christlichen Botschaft zu deuten sind«[68]. Dieses Ergebnis lasse sich auch an der Frage nach dem Verantwortungsbegriff explizieren.[69]

Aus der eindeutigen inhaltlichen Bestimmung des Gottesbezuges in der Präambel ergeben sich nun nach Ansicht Behrendts Rechtsfolgen. Zunächst sei die Präambel des Grundgesetzes als eine »besondere Rechtsform«[70] zu bezeichnen, welche das gesamte Rechtssystem christlich präformiere, denn der christliche Gott sei »für unser Gemeinwesen, darüber hinaus für den westeuropäischen Rechtsbereich, noch (!) das tragfähige Fundament für ein gemeinsames Verständnis der Grundwerte, der aus ihnen abgeleiteten Grundrechte und der Pflichten«[71], und schließlich hätten diese Grundrechte und Grundpflichten als »(...) Legitimationsgrund den ersten Grundwert [sic!] des Grundgesetzes. Den christlichen Gott.«[72] Insofern sei die Präambel nicht lediglich als »Vorgesetz«,

65 AaO., 131.

66 AaO., 132. Da sich die Bestimmung »Gottes« als eines Wertes an verschiedenen Stellen in der Arbeit von Behrendt findet (vgl. aaO., 155; 267; 279; u.a.), und sogar in den Untertitel aufgenommen wird, handelt es sich m. E. nicht um eine sprachliche Unschärfe der Autorin, wenn sie Gott als »Wert« bzw. »Grundwert« bezeichnet.

67 Vgl. aaO, 153ff. Behrendt wendet dann die Identifikation des Präambelgottes mit dem christlichen Gott auf die Erziehungsziele und Eidesformeln einiger deutscher Nachkriegsverfassungen an, kommt aber zu dem auch für ihre Argumentation unbefriedigenden Ergebnis, daß unsere Rechtsordnung einen Gott in Anspruch nehme, »der teils unabdingbar, teils abdingbar ist« (aaO., 164). Vgl. aaO., 160ff.

68 AaO., 175.

69 Vgl. aaO., 176ff.

70 Vgl. aaO., 259.

71 AaO., 262f.

72 AaO., 264. Vgl. aaO., 267; 269.

sondern gerade darum auch als »Verteilernorm« für einzelne Artikel des Grundgesetzes zu verstehen.[73]

Demnach interpretiert Behrendt den Gott in der Präambel des Grundgesetzes (weiterhin) als den christlichen Gott und verbindet mit dieser Interpretation die weitreichende Folgerung, daß Staat, Gemeinwesen und Grundgesetz somit christlich präformiert und gebunden seien.[74] Als Fazit hält sie fest:

»Der Gott, den die Präambel [des Grundgesetzes] beim Namen nennt, ist nicht irgendein metaphysischer Bezug, nicht irgendein monotheistischer Adressat. Es ist der christliche Gott.«[75] Und weiter: »Gott im Grundgesetz hat (...) Berechtigung und Rechtswirkung.«[76] Mit der »Bewältigung« der Gottesaussage der Verfassung komme schließlich auf die Juristen eine wahrhaft entscheidende Verantwortung zu, »doch allein könnten Juristen sie gar nicht tragen (...). Hilfe kann, muß ihnen vor allem von der Theologie her kommen. Die invocatio dei ist ein Anruf für die Theologie zur Einmischung. Sie dürfen nicht fragen, ob sie willkommen sind. Das Vakuum der Präambel allein beruft sie als die bekennenden Sachwalter. Der Gott des Rechts hat Anspruch auf ihre Verteidigung.«[77]

Behrendt sieht hier weder die juristische Problematik, welche der Präambel eine christliche Interpretation der gesamten Verfassung abzugewinnen versucht und diese höher wertet als die Religionsfreiheit, noch sieht sie die theologische Problematik, welche darin besteht, daß sie Wahrheit und Identität des christlichen Glaubens an die Repräsentanz des Gottesbegriffs in dem Gesetzestext knüpft.[78]

Die eindeutige Festlegung der materialen Gehalte des Gottesbezuges der Präambel auf den christlichen Gottesbegriff steht darüber hinaus im Widerspruch dazu, daß die Bundesrepublik sich faktisch von einem christlichen Tole-

---

73 Vgl. aaO., 275. Behrendt nennt vornehmlich Art. 2 Abs. 2 GG; Art. 1 Abs. 1 GG; Art. 19 Abs. 2 GG. Vgl. aaO., 275f; vgl. auch dies., Christenbekenntnis, 186.

74 Vgl. Vögele, Zivilreligion, 305.

75 Behrendt, Gott im Grundgesetz, XIII. Vgl. auch dies., Wozu steht Gott im Grundgesetz, 209; dies., Christenbekenntnis, 185. Zu einem ähnlichen Ergebnis war auch Pöhlmann gekommen. Vgl. Pöhlmann, Kirche, 112.

76 Behrendt, Gott im Grundgesetz, 318. Pöhlmann verbindet den Gottesbezug der Präambel mit dem biblischen Dekalog. Vgl. Pöhlmann, Kirche, 112.

77 Behrendt, Wozu steht Gott im Grundgesetz, 211. An diesem Punkt knüpft auch Andreas Pawlas mit seinem Votum an, daß im Falle des Fehlens eines Gottesbezuges in einer nach der Vereinigung der beiden deutschen Staaten nach 1990 zu beschließenden neuen Verfassung, für Christen das Widerstandsrecht der clausula Petri gelte, denn in diesem Falle sei die unversehrte Menschenwürde nicht mehr garantiert. Vgl. Pawlas, Ungehorsam, 180.

78 Dazu vgl. Vögele, Zivilreligion, 305.

ranzstaat zu einem pluralistischen Staat der Glaubensfreiheit (Pawlowski)[79] entwickelt hat. Aus diesem Grund können auch die Argumente von Behrendt nicht überzeugen, welche vorwiegend von historischen Belegen geleitet sind und aus diesem historischen Befund allein die Normativität des Gottesbezuges als eines christlich präformierten ableiten. Im übrigen fällt auf, daß Behrendt diese historischen Bezüge indifferent verwendet, da eine umfassendere Analyse der historischen Herleitung der Gottesbezüge in Verfassungstexten zeigen könnte, daß Gottesbezüge nicht etwas typisch christliches sind.[80]

2.2. Reinhard Slenczka – Der Gottesbezug zwischen Letztbegründung und Integration

Reinhard Slenczka untersucht den Gottesbezug in dem Präambeltext des Grundgesetzes im Rahmen einer Betrachtung über Recht und Rechtsordnung in theologischer Sicht.[81]

Dabei geht er von der Diagnose eines faktischen Auseinanderfallens von Kirchengemeinschaft und politischer Rechtsgemeinschaft im Zuge des Säkularisierungsprozesses[82] aus, welcher seit der Reformation fortschreite. Dieser Prozeß dauere an und werde noch verstärkt durch die Zuwanderung anderer religiöser Gemeinschaften, welche in die Rechtsordnung integriert werden müßten.[83] Einem Befund Ernst Wolfs sei zustimmend zu folgen, der konstatiert hatte:

»Der deutsche Protestantismus, auf den wir uns nunmehr beschränken, ist geistesgeschichtlich am Aufkommen und an der Isolierung einer autonomen Rechtswissenschaft, an der Trennung von Recht und Sittlichkeit, Recht und Glauben stark beteiligt, seitdem er mit dem katholischen Verständnis des ius divinum, des 'göttlichen Rechts', zugleich das Recht überhaupt aus dem Bereich des Glaubens verwies, seitdem er menschliches Recht und Gottes Gerechtigkeit auseinanderriß und die Liebe gegen das Recht ausspielt, kurz, seitdem er aufgrund der mißverstandenen Lehre Luthers von den beiden Reichen zum Teil bis heute weltliches und geistliches Reich als zwei in sich geschlossene Lebensräume und den Christenmenschen als einen Bürger zweier Reiche auffaßte (...).«[84]

79 Dazu s.u. VII.2.

80 In Ansätzen wird dies auch deutlich an den Ergebnissen der strukturanalytischen Betrachtung. Dazu s.o. III.3.4.; III.4.

81 Slenczka, Die Verantwortung vor Gott und den Menschen, 1994.

82 Hier orientiert sich Slenczka an der Analyse des Begriffs und des Phänomens der Säkularisierung von Martin Heckel. Vgl. Heckel, Säkularisierung.

83 Vgl. Slenczka, Die Verantwortung vor Gott und den Menschen, 87f.

Es begegnen aber in der Rechtsprechung und Gesetzgebung an entscheidenden Stellen theologische Elemente, in denen ausdrücklich auf Gott Bezug genommen wird, und eben auch in der Präambel.[85] Diesen Gottesbezug bezeichnet Slenczka als »das am stärksten hervortretende theologische Element im deutschen Recht«[86], wobei es sich - wie bei parallelen Erscheinungen religiöser Bestimmungen in Verfassungen alter und neuerer Zeit - der Form nach nicht um einen theoretischen Satz, sondern um einen Vorgang handle, welcher daher zutreffend als Anrufung (invocatio) zu verstehen sei, und ebenfalls als Bekenntnis verstanden werden könne.[87] »Nach der Funktion wird damit ein Grund angegeben, der keiner weiteren Begründung fähig oder bedürftig ist, wohl aber alles weitere begründet und trägt.«[88] Formal sei demnach von Gott als von einem »primum principium« zu sprechen, »wenn freilich eine solche Letztbegründung nicht durch anderes begründet werden kann, ohne dadurch aufgehoben zu werden, so ist damit nicht ausgeschlossen, daß andere Letztbegründungen an die Stelle treten oder damit konkurrieren können.«[89]

Einer Begründung inhäriere jedoch immer auch der Charakter einer Begrenzung, welche der Gottesbezug der Verfassung an dieser Stelle impliziere.[90] Nach seiner Funktion unterscheidet Slenczka insgesamt vier Aspekte des Gottesbezuges. Zum einen sei er »Letztbegründung« (1) und »Abgrenzung gegenüber praktischem und theoretischem Atheismus« (2), zum anderen »integrieren-

---

84 Ernst Wolf, Zum protestantischen Rechtsdenken, in: Ders., Peregrinatio. II, München 1965, 191. (Zitiert nach Slenczka, Die Verantwortung vor Gott und den Menschen, 88f).

85 Neben dem Gottesbezug in der Präambel des Grundgesetzes nennt Slenczka die Glaubens- und Gewissensfreiheit in Art. 4 GG, die Erziehungsziele in einigen Länderverfassungen, die Eidesformeln, Art. 140 GG und die Paragraphen 166 und 167 StGB, die sich mit »Straftaten, welche sich auf die Religion und Weltanschauung beziehen«, beschäftigen. Im einzelnen vgl. Slenczka, Die Verantwortung vor Gott und den Menschen, 92ff.

86 Slenczka, aaO., 92. Slenczka übernimmt aus der juristischen Fachliteratur die Bezeichnung »invocatio dei« als Konsensformulierung innerhalb der juristischen Literatur. Vgl. aaO., 93. Dabei verschweigt er, daß diese Formulierung nicht unumstritten ist und für den Sachverhalt keinen angemessenen Terminus darstellt. S.o. III.6.

87 Vgl. Slenczka, Die Verantwortung vor Gott und den Menschen, 94f.

88 AaO., 95.

89 Ebd.

90 Vgl. aaO., 96. Interessant ist der enge Zusammenhang, in welchem Slenczka den Gottesbezug der Nachkriegsverfassungen mit dem legitimierenden Aspekt der »Gottesanrufung« im Gottesgnadentum sieht. »Begründung impliziert allerdings immer auch Begren-

de Grundlage einer pluralistischen Gemeinschaft« (3), sowie »Begrenzung der staatlichen Macht durch Gebot und Gericht Gottes« (4).[91] Dieses theologische Element im Recht - neben anderen - habe grundlegende, entscheidende, umgrenzende und abgrenzende Funktion, wenngleich es auch durch die vollzogene Trennung[92] von Staat und Kirche seine Schwierigkeiten habe.[93] Aber es könne dort, »wo es um die Begründung des Rechts, die Gemeinschaft der Gesellschaft und die Begrenzung von Macht geht, [offenbar] keine Neutralität geben«[94], und wer auf die Letztbegründung durch den Gottesbezug verzichte, stehe unweigerlich vor der Frage, was an ihre Stelle tritt bzw. an sie gesetzt werde.[95]

Nun stelle sich die Frage nach einer materialen Füllung des Gottesbezuges, denn bisher ist nur von einem funktionalen Gebrauch des Gottesbegriffes die Rede gewesen. Funktional bedeute hierbei, daß der Begriff im Erfahrungshorizont der Zeit nach 1945 verwendet worden sei, damit nicht andere Begrifflichkeiten verwendet werden sollten.[96] Neutral gehalten worden sei die Formel, weil auf einen bestimmten Inhalt und auf eine bestimmte Vorstellung verzichtet wurde, denn »eine Identität von politischer Rechtsgemeinschaft und christlicher Glaubensgemeinschaft ist weder vorauszusetzen noch zu fordern«[97], was eine materiale Offenheit des Gottesbegriffs zur Folge habe. »Es ist eine Leerstelle, die allerdings dann auch offenstehen kann für verschiedene Inhalte, wenn sie nicht überhaupt sinnlos wird.«[98] Andere Beispiele von Präambeln im internationalen Vergleich sprächen sehr viel genauer und inhaltlich bestimmter von Gott.[99]

---

zung. (...) Dies war auch der gute Sinn eines 'Gottesgnadentums'« (ebd.). Vgl. auch aaO., 94. Ähnlich hatte auch Pannenberg votiert. Dazu s.o. V.1.

91 Vgl. Slenczka, Die Verantwortung vor Gott und den Menschen, 96. Zur Problematik des Begriffes der »Letztbegründung« vgl. Marquard, Abschied vom Prinzipiellen, 4ff; ders., Ende des Schicksals, 67ff.

92 Vgl. aaO., 97.

93 An dieser Stelle führt Slenczka eine differenzierte Sichtweise der Unterscheidung anhand von Ulrich Stutz (»hinkende Trennung«) und Ulrich Scheuner (»gelockerte Fortsetzung der Verbindung«) ein. Vgl. Slenczka, aaO., 97f.

94 AaO., 98.

95 Vgl. ebd.

96 Vgl. aaO., 98f

97 AaO., 99.

98 Ebd.

99 Slenczka führt die »Deutsche Bundesakte« von 1815, die Verfassung von Griechenland (1975), die Verfassung von Irland, die Verfassung der Schweizerischen Eidgenossen-

Unter Bezugnahme auf Peter Häberle benennt Slenczka ein Dilemma der juristischen Interpretationsmöglichkeiten, dem sich auch die theologische Interpretation nicht entziehen könne, denn der faktische in der juristischen Literatur (überwiegend)[100] material unspezifisch gedachte Gottesbegriff könne die »Gottesklauseln« der Verfassungen zu Leerformeln degradieren und somit den Verfassungstext an dieser Stelle ad absurdum führen. Daran wird sichtbar, welche Konsequenzen und Probleme sich daraus ergeben, daß Slenczka an der Bezeichnung »invocatio Dei« festhält. Gerade darin unterscheidet sich ja der Gottesbezug von den angeführten Beispielen, und gerade an diesem Punkt ist die Formel im Grundgesetz ein Novum nach 1945, welches auch die Verfassungsentwicklung anderer Länder beeinflußt hat.[101]

Häberle[102] folgend weist Slenczka darauf hin, daß die Gottesbezüge eine mögliche Form einer kulturellen Variante des Verfassungsstaates darstellten. Insofern seien sie eine Form des Ausdrucks von »'Religionsverfassungsrecht' und damit eines Bildes vom Menschen, das diesen - und auch das Volk (!) - historisch wie aktuell in höheren Verantwortungszusammenhängen sieht (...) [,denn] Staat und Recht werden als begrenzte, ethisch fundierte Ordnungen bekräftigt«[103], weshalb ein innerer Zusammenhang zwischen den gottbezüglichen Verantwortungsbezügen und der Menschenwürde sowie dem Toleranzprinzip bestehe.[104] Es gebe demnach auch einen kulturellen Hintergrund, der »Gottestexte« im Verfassungsstaat historisch wie aktuell rechtfertige wie begrenze.

Die theologische Deutung bezüglich einer materialen Füllung des »Gottesbegriffes« bewertet Slenczka als ähnlich zurückhaltend und unsicher wie die der Juristen.[105] Das Phänomen einer »Zivilreligion«, welches als Vakuum bei einer

---

schaft und die älteren nicht mehr in Geltung stehenden Verfassungen von Württemberg-Hohenzollern und Baden (1947) an. Vgl. aaO., 99f.

100 Vom Verfasser eingefügt.

101 Vgl. etwa die Bundesländer Nordrhein-Westfalen, Baden-Württemberg (nach 1949), und die Schweiz (nach 1989). Insgesamt s.o. IV.1.; II.

102 S.o. IV.1.

103 Slenczka, Die Verantwortung vor Gott und den Menschen, 101. Vgl. auch Häberle, Gott im Verfassungsstaat, 225f. Von Häberle stammt auch der Begriff des »Religionsverfassungsrechts«. (Vgl., ebd.).

104 Vgl. Slenczka, Die Verantwortung vor Gott und den Menschen, 101. Hier verbindet Slenczka ähnlich wie Huber die Präambel mit Art. 1 GG.

105 Eine Ausnahme davon bildet die Arbeit von Behrendt; für deren Definition vgl. Behrendt, Gott im Grundgesetz, 279. S.o. V.2.1.

Inhaltsentleerung des Gottesbegriffs dient, führt er darauf zurück, daß unter den Theologen die verbreitete Neigung bestehe, »den Gottesnamen in Allgemeinbegriffe und entsprechende Erfahrungen aufzulösen«[106]. Solche Umschreibungen wären zwar einer Erweiterung des Geltungsbereiches für diesen Begriff zuträglich, seien aber mit dessen inhaltlicher Entleerung verbunden. »Unklar bleibt dann freilich, wie ein funktionalisierter Gottesbegriff ohne Inhalt überhaupt eine Funktion ausüben kann.«[107] Das Neutralitätsgebot für den Staat und die Glaubens- und Gewissensfreiheit für die Bürger darf nach Meinung Slenczkas nicht auch für Theologen Grenze und Richtpunkt der Interpretation dieses Gottesbezuges sein, denn das Ausschließen der Wahrheitsfrage aus dem Bereich des Politischen dürfe nicht dazu führen, daß diese auch aus dem theologischen Fragen ausgeschlossen werde; das nämlich würde mit staatlichen Gesetzen den Pluralismus in den Kirchen verbindlich machen. Es sei daher ein historischer wie theologischer Fehler, aus der rechtlichen und politischen Neutralisierung der Wahrheitsfrage zu folgern, die Wahrheitsfrage sei historisch wie gesellschaftlich überholt und moralisch oder rechtlich abzulehnen.[108]

Ein weiteres Kriterium für die inhaltliche Bestimmung des Gottesbezuges sei der Glaube als Gabe des Geistes, denn darin zeige sich eine christliche Voraussetzung für die weltanschauliche Neutralität des Staates, die darin bestehe, daß die Glaubensgemeinschaft und die Volksgemeinschaft ihrem Wesen und der Wirkung des Evangeliums nach nicht identisch seien und es geistlich auch niemals sein und werden könnten[109]. Außerdem seien Glaubens-, Gewissens- und Bekenntnisfreiheit »nachweisbar christlichen Ursprungs«[110]. Die »nach ihrem christlichen Ursprung und Inhalt« volle Bedeutung des ersten Satzes der Präambel könne nun in »theologischer Klarheit« folgendermaßen expliziert werden:

»Diese Verantwortung bezieht sich auf das Gericht Gottes nach dem materialen Maßstab seiner Gebote, und sie zielt auf das Heil der Menschen zur Ordnung und Wahrung ihres Zusammenlebens trotz des in dieser Weltzeit herrschenden Bösen.«[111]

---

106 Slenczka, Die Verantwortung vor Gott und den Menschen, 102.

107 AaO., 102f; anders Honecker, s.u. V.2.4.

108 Vgl. Slenczka, Die Verantwortung vor Gott und den Menschen, 104; in Anlehnung an Heckel. Vgl. Heckel, Säkularisation.

109 Vgl. Slenczka, Die Verantwortung vor Gott und den Menschen, 104.

110 Ebd.

Bei einer näheren Bestimmung der Bezüge von Verantwortung muß weiterhin gefragt werden, ob die Verantwortungsformel in der Präambel nicht zuerst auf die Wohlordnungen der Menschen zielt, deren Wohlergehen zwar dem Heil korreliert, aber niemals das Ziel hat, im Bereich des »Vorletzten« (Bonhoeffer) mit diesem identisch zu werden (Barmen II und V). In Slenczkas Argumentationsgang ist eine Tendenz wahrnehmbar, die das Maß an Eigengesetzlichkeit des Staates im Bereich der Wohlordnungen sehr stark reduziert.

Zu Recht weist Slenczka zwar auf das Dilemma hin, daß einem zu einer »Leerformel« degenerierten Gottesbegriff in der Verfassung letztlich keine Aussagegehalte mehr inhärieren. Es stellt sich dennoch die Frage, ob die ausschließlich negative Apostrophierung des bedingten Offenhaltens der materialen Gehalte des Gottesbezuges hinreichend ist. Den weiteren Verstehenshorizont wird demnach die Frage zu begleiten haben, ob dieser Offenheit nicht auch eine Stärke oder sogar ein theologischer Sinn abgewonnen werden kann.

Im Gesamtrahmen der Argumentation Slenczkas wird ebenfalls die Einordnung der Aussage nicht deutlich, daß im rechten Verständnis seine Interpretation des Gottesbezuges diesen weder auf die christliche Gemeinde begrenzt, noch für Nichtchristen zu erzwingen sei, gerät sie doch durch seine Ergänzung dazu schon in Spannung, daß das Subjekt nicht eine christliche Gemeinde mit beliebigen menschlichen Ansprüchen, sondern der in seinem Wort offenbare dreieinige [sic!] Gott sei.[112] Damit werde signalisiert, »daß die christliche Kirche eben auch eine gesellschaftliche Größe ist, daß sie zur Wahrung gesellschaftsschützender Werte beiträgt oder an der öffentlichen Meinungsbildung beteiligt ist«[113], womit m. E. wieder eine spezifisch christliche Sicht eingenommen wird.[114]

111 AaO., 109. Der Verweis auf den Maßstab der Gebote Gottes intendiert eine Reminiszenz an den Dekalog.

112 Vgl. Slenczka, Die Verantwortung vor Gott und den Menschen, 109. Auch an dieser Stelle wird deutlich, wie eng sich Slenczka an der Interpretation von Behrendt orientiert, und wie sehr er den Gottesbezug aus der Sicht einer »invocatio Dei« interpretiert.

113 AaO., 109.

114 Vgl. Behrendt; s.o. V.2.1.

2.3. Hartmut Kreß - Der Gottesbezug als Symbol für eine »werteverankernde« Instanz

Eine Mittelposition hinsichtlich der materialen Gehalte des Gottesbezuges nimmt der Bonner Systematische Theologe Hartmut Kreß[115] ein. Er versucht einerseits den Gottesbezug der Präambel des Grundgesetzes im Rahmen eines weltanschaulichen Pluralismus zu deuten und ihn andererseits zu dem Begriff einer Wertethik in Beziehung zu setzen.

In der Diskussion zum Gottesbegriff, wie sie bis 1994 geführt worden war, sieht er, »daß evangelische und auch katholische Stimmen die Entwicklung zur religiös pluralen, faktisch multikulturellen Gesellschaft nachvollziehen und einer konfessionell oder naturrechtlich enggeführten Verfassungsauslegung den Abschied geben«[116]. Kreß nimmt dabei Bezug auf Äußerungen von Richard Schröder[117] und Eilert Herms[118]. Diese interpretieren die nominatio Dei in der Verfassung in einem bewußt weiten, allgemeinen Sinn, für welche die Kirchen[119] nicht eine »Definitionsvollmacht« an dieser Stelle beanspruchen könnten.[120]

An die Erwägungen von Herms und Schröder anknüpfend führt Kreß einige zusätzliche Aspekte in die Debatte um den Gottesbezug aus der »Sicht evangelischer Ethik«[121], welche die »Weltlichkeit des Staates« achte, ein. Die nominatio Dei sei in einem weltanschaulich pluralen Staat wie der Bundesrepublik »allgemein« und »kulturübergreifend« zu verstehen, denn sie dürfe die Gewissens- und Religionsfreiheit jedes Bürgers nicht einschränken und müsse gegen das Mißverständnis einer Abwertung Anders- oder Nichtgläubiger klar geschützt werden.[122]

---

115 Vgl. Kreß, Der Gottesbegriff in der Präambel von Verfassungen, 1994.

116 Kreß, Der Gottesbegriff in der Präambel von Verfassungen, 45.

117 Vgl. Schröder, Wenn nicht Gott – was dann?, in: idea spektrum 6/1994, 17f.

118 Vgl. Herms, Keine Abwahl Gottes.

119 Kreß meint hier offensichtlich einen engen Kirchenbegriff im traditionellen Sinn, der Kirchen als die beiden großen christlichen Kirchen versteht, im Gegensatz zu Herms, der den Begriff »Kirche« - in einem kantischen Sinn - für einen dem Pluralismus zu öffnenden hält. Vgl. das Votum von Herms in: Greive, Gott im Grundgesetz, 22f.

120 Vgl. Kreß, Der Gottesbegriff in der Präambel von Verfassungen, 45.

121 So die Überschrift seiner eigenen Stellungnahme. Vgl. ebd.

122 Vgl. ebd. Aber schon das wird durch die Interpretation eingeschränkt, die er von Münch/Kunig und Häberle übernimmt.

Eine verfassungsrechtliche Interpretation, die den Gottesbezug der Präambel des Grundgesetzes als eine »Absage an den Atheismus als Staatsreligion«[123] sehe, ihm aber sonst keine »unmittelbar konkreten Rechtsentscheidungen« abgewinne, sei auch als Argument in der theologischen Diskussion plausibel.[124]

Dementsprechend ließen sich aus dem »weit gefaßten«, »uninterpretierten« Gottesbegriff als solchem, wie er in der Präambel vorkomme, weder staatskirchenrechtliche noch andere rechtliche oder spezielle ethische Aussagen deduzieren.[125] In dieser Hinsicht dürften an die formale Nennung Gottes keine überzogenen inhaltlichen Erwartungen herangetragen werden.[126] Der Gottesbegriff in der Präambel sei lediglich als ein Symbol und ein Appell zu verstehen, daß sich die Bürger an Werten und Normen zu orientieren haben, womit noch keine Entscheidung über deren Inhalte getroffen sei.[127] Nach solchen zu suchen, bleibe dem Gewissen der Bürger und der ethischen wie theologischen Reflexion überlassen. Der Gottesbezug ist als Auftrag zu solcher Suche zu verstehen.[128] Um den letzten Aspekt erweitert Kreß die Debatte um den Gottesbezug, indem er den Gottesbegriff mit wertethischen Gesichtspunkten verknüpft.[129] Werte sieht er dabei allgemein in theologischer Perspektive als in dem Gottesgedanken begründete und verankerte.[130]

---

123 Vgl. Münch/Kunig, Grundgesetz-Kommentar, Präambel, Rdnr. 7.

124 Vgl. Kreß, Der Gottesbegriff in der Präambel von Verfassungen, 45. Kreß nennt die Interpretation von Münch/Kunig, Grundgesetz-Kommentar, Rdnr. 7, als Mehrheits- oder sogar Grundinterpretation, denn er konstatiert, »verfassungsrechtlich« sei das so. Gestützt wird dies durch Häberle, Gott im Verfassungsstaat, 225. Dazu s.o. IV.1. Zu dieser Interpretation vgl. auch Vögele, Zivilreligion, 299. Vögele diagnostiziert allgemein Zurückhaltung der Juristen an dieser Stelle. Ebenso die meisten Analysen, auch die des Verfassers. Bei Kreß deutet sich eine andere Tendenz an. Auch die Wahl der Begrifflichkeiten ist nicht ganz klar: »Konkrete Rechtsentscheidungen« und »Unmittelbarkeit« sind Begriffe, die nicht unbedingt mit dem des »Rechtsgehaltes« kompatibel sind. Und wenn ja, stellt sich die Frage, in welchem Sinne?

125 Vgl. Kreß, Der Gottesbegriff in der Präambel von Verfassungen, 45. Kreß nennt die Zulässigkeit von Kernenergie, die Form der Friedenssicherung, den konkreten Umgang mit der Gentechnik oder andere.

126 Vgl. aaO., 45f. Hier taucht ein grundsätzliches Problem auf, denn inhaltliche Benennung und inhaltliche Kriterien lassen sich nicht so einfach ausklammern.

127 Vgl. aaO., 46.

128 Vgl. ebd.

129 Inhaltlich expliziert er diesen Aspekt in seiner Untersuchung: Ethische Werte und der Gottesgedanke. Probleme und Perspektiven des neuzeitlichen Wertbegriffs, 1990.

Einer theologischen Profilierung des Wertbegriffes im Gottesgedanken inhärieren jedoch nicht nur begründende Faktoren, sondern auch relativierende Aspekte, welche jeder Verabsolutierung als materiale Bestimmtheit und Bindungskraft innerweltlicher Werte entgegenstehen.[131] »Überhaupt ist aus theologischer Sicht die Gefahr einer Verabsolutierung einzelner ethischer Wertbegriffe zu beachten. (...) Gegen die Verabsolutierung einzelner Werte ist nicht nur einzuwenden, daß Wertbegriffe Relationsbegriffe sind, und daß daher stets unterschiedliche Werte in ihren einander ergänzenden und korrigierenden Aspekten wahrgenommen werden müssen. Vielmehr ist theologisch zur Geltung zu bringen, daß (...) der Werte transzendierende und begründende Gottesgedanke einem Verständnis einzelner ethischer Werte als 'absolut' entgegensteht.«[132]

Selbst ein Wert wie der der Zukunft[133] dürfe gerade nicht als Ersatz für den Gottesbegriff (Bloch[134]) verstanden werden, sondern ein theologisches Verständnis von Zukunft wird dieses als einen im Gottesgedanken verankerten Wert betrachten, der unter einem eschatologischen Vorbehalt steht.[135]

Ein solcher durch seine theologische Perspektivierung sich ergebender und dadurch um einen ideologiekritischen Gehalt bereicherter Wertbegriff[136] könne auch dem Einrücken eines anders spezifizierten Wertbegriffes in eine »scheinbar leere« Stelle des Gottesgedankens in einer sich säkularisierenden Gesellschaft Einhalt gebieten.[137]

Im rechtsethischen Diskurs gehe es dann darum, die Spannung auszuhalten, die darin besteht, daß Rechtsentscheidungen einerseits von christlichen Wertvorgaben abhängig sind[138], aber andererseits in der bundesrepublikanischen Gesellschaft sehr heterogene moralische Standards vorzufinden sind. Das Recht selbst müsse dabei die Balance halten, welche die Wertbindung des Rechts beachtet und zugleich den faktischen gesellschaftlichen Wertepluralismus respek-

---

130 Vgl. Kreß, Ethische Werte und der Gottesgedanke, 232; 242. Im Zusammenhang der wertethischen Debatte sieht er hierin die Alternative von subjektivem und objektivem Wertedenken aufgelöst. Vgl. aaO., 242.

131 Vgl. aaO., 243. »Als Beispiel für die relativierende Konsequenz, die sich aus der Lehre von den göttlichen Eigenschaften ergibt, ist die Begrenzung menschlicher Macht durch die göttliche Allmacht zu nennen.« (Ebd.).

132 Ebd.

133 Kreß hatte diesen als Fundamentalwert in Anlehnung an Blochs Ansatz einer »Wertphilosophie als Zukunftsphilosohie im christlichen Erbe« herausgearbeitet. Im einzelnen vgl. Kreß, Ethische Werte und der Gottesgedanke, 164-196.

134 Bloch entwickelt dieses Modell einer Zukunftsethik in seinem umfassenden Beitrag: Bloch, Das Prinzip Hoffnung.

135 Vgl. Kreß, Ethische Werte und der Gottesgedanke, 243f.

136 Vgl. aaO., 244. »Diese Überlegungen bekräftigen nochmals die ideologiekritische Komponente einer theologischen Ethik der Werte. Die Theologie steht vor der Aufgabe, im Blick auf die Probleme und Tendenzen des neuzeitlichen ethischen Diskurses ihrerseits den Gehalt christlicher Wertbegriffe zur Geltung zu bringen.« (Ebd.).

137 Vgl. ebd. Zum Werteproblem in der säkularisierten Gesellschaft vgl. aaO., 204-213.

138 Zum Problemkomplex der »Wertbeerbung des Christentums in der neuzeitlichen Welt« und des Zusammenhangs zwischen »Werten und Kulturreligion« bzw. »religiösen Werten als gesellschaftlichen Legitimationsbegriffen« vgl. aaO., 208ff; 210ff.

tiert.[139] Aus der Perspektive theologischer Ethik seien ethische Werte »prägnant als Brückenprinzipien zu bezeichnen, welche eine Vermittlung zwischen Theologie und Weltwirklichkeit wahrzunehmen haben«[140].
Nicht zu rezipieren seien diejenigen Denkmodelle, die versuchten, die neuzeitliche Kultur aus christlichen Werten herzuleiten.[141] Theologisch auch nicht zu reformulieren seien diejenigen Meinungen, die in den Werten gesellschaftliche Legitimationsbegriffe sehen, wie dies in kulturreligiösem und zivilreligiösem Denken verhafteten Erklärungsmodellen geschieht.[142] Hierbei denkt Kreß auf der einen Seite vor allem an die Theorieansätze von Hermann Lübbe und Niklas Luhmann[143], sowie auf der anderen Seite an Wolfhart Pannenberg.[144] Schließlich widerstreite die Idee einer religiös legitimierten und integrierten Gesellschaft dem faktischen weltanschaulichen Pluralismus in der Gesellschaft und drohe überdies, christliche Werte - quasi als christliche (Rest-)Werte - und die Theologie auf eine statisch-legitimatorische Funktion zu reduzieren. Demgegenüber seien die »Wertbegriffe des Christentums *ethisch-normativ* und als *kritischer* Impuls im Blick auf gesellschaftliche Entwicklungen«[145] aufzufassen.[146]

Diese Überlegungen zu wertethischen Fragestellungen, nach welchen Werte im Gottesbegriff gründeten, haben auch Konsequenzen für die Benennung der Verantwortungsinstanz in der Präambel von Staatsverfassungen, denn eine nominatio Dei dürfe auch dort nicht legitimatorisch, im Sinne einer »Legitimationsinstanz für die allgemeine Ordnung«[147], mißdeutet werden, wie dies etwa bei Wolfhart Pannenberg geschehe.[148] Eine religiös-legitimatorische Deutung sei

---

139 Dazu vgl. Kreß, Ethische Wertbindung des Rechts, 90-95. »Einer theologischen Ethik fällt in besonderem Maße die kritische Aufgabe zu, einem gesellschaftlichen Wertewandel dieser Art christlich begründete Wertauffassungen entgegenzuhalten.« Kreß, Ethische Werte und der Gottesgedanke, 227. Zum Problem einer Wertethik angesichts eines faktischen gesellschaftlichen Wertewandels vgl. aaO., 225ff.

140 AaO., 220.

141 Vgl. aaO., 208ff; 213. Vor allem gegen Trutz Rendtorff.

142 Vgl. aaO., 210ff; 213f.

143 Vgl. aaO., 210ff. Dazu vgl. Lübbe, Staat und Zivilreligion; Luhmann, Grundwerte als Zivilreligion.

144 Vgl. Kreß, Ethische Werte und der Gottesgedanke, 211f.

145 AaO., 214.

146 Vgl. ebd. »In diesem letzteren Sinn läßt sich der Wertbegriff als ein ethisch programmatischer Begriff interpretieren.« (Ebd.).

147 Kreß, Der Gottesbegriff in der Präambel von Verfassungen, 46.

148 Vgl. ebd. Dort findet sich auch ein Verweis auf Pannenberg. Vgl. Pannenberg, Gott steht über der Willkür der Politik, in: idea spektrum 6/1994, 18: »(...) Recht ist nur Recht, wenn es an eine Instanz gebunden ist, die über jeglicher Manipulation der Herrschenden steht. (...) Denn als Legitimationsinstanz für die allgemeine Ordnung steht Gott über der Willkür der politischen Willensbildung. (...) Außerdem wird die Rechtsordnung im öffentlichen Bewußtsein so eher als verbindlich betrachtet und in den Herzen der Bürger verankert.«

begrifflich nicht hinreichend gegenüber der Idee einer religiösen Staatsbegründung oder christlichen Gesellschaftsordnung abgesichert, welche in der pluralen Gesellschaft der Gegenwart ohnehin fiktiv geworden sei.[149] Demgegenüber bestehen Sinn und Gehalt des Transzendenzbezuges darin, »neben dem *'Daß'* der Verantwortung zugleich die *Begrenzung* des Staates und des politischen Handelns zu unterstreichen und jedweder Verabsolutierung von Staat und Politik entgegenzustehen«[150].

Kreß verbindet demnach die Frage des Gottesbezuges mit fundamentalethischen Fragen einer Wertethik bzw. einer Wertebegründung, ohne den Gottesbegriff dabei zu einem Grundwert zu erklären und ihn damit zu konterkarieren, wie dies bei Behrendt geschieht.[151] Interessant ist die Frage, ob »Verantwortung« dadurch auch zu einem Wert wird, dessen Begründung bzw. innerweltlicher Begrenzungscharakter aufgezeigt würde, indem dieser Begriff in der Verfassungspräambel in einen Verweisungszusammenhang mit dem transzendenten Grund »Gott« gestellt wird. Dann wäre wieder eine gewisse Nähe zu Behrendts Ansatz vorhanden. Ohnehin scheint es problematisch, den Gottesbegriff mit wertethischen Fragestellungen zu verbinden. Eine grundsätzliche Kritik an einer evangelischen Werteethik soll an dieser Stelle jedoch nicht erfolgen.[152]

An Kreß ist die Anfrage zu richten, inwieweit den Werten nicht doch eine in überpositiven Begründungszusammenhängen verankerte Dignität zukommt. Unklar ist diesbezüglich die Formkategorie der Begründungsinstanz. Ein analoges Problem war bereits bei der Behandlung der rechtsphilosophischen Frage nach der Definition des Rechtsbegriffs aufgetaucht, bei welcher einerseits Positionen vertreten worden sind, daß jedem Normsystem, welches seine Richtigkeit voraussetzt, Prinzipien zugrunde liegen, die es nicht aus sich hervorbringen kann, und die eine Art Minimalkonsens überpositiver Bindung des Rechts darstellen (Ralf Dreier, Robert Alexy)[153]. Davon wurden diejenigen Positionen unterschieden, welche an dieser Stelle eine Offenheit des Rechtssystems konstatieren und statt von der Bindung des Rechts an überstaatliche, normative Voraus-

149 Vgl. Kreß, Der Gottesbegriff in der Präambel von Verfassungen, 46.
150 Ebd.
151 S.o. V.2.1.
152 Dazu vgl. Jüngel, Tyrannei der Werte; Böckenförde, Zur Kritik der Wertbegründung des Rechts.
153 Im einzelnen s.o. VI.5.1.

setzungen lediglich von einer überpositiven Bindungs- oder Gründungsinstanz sprechen (z.B. Böckenförde)[154]. Diese Unterscheidung wird bei Kreß nicht ganz deutlich.

Offen bleibt auch die Frage, wie konkret die Balance zwischen der Wertgebundenheit des Rechtes und einem faktischen gesellschaftlichen Wertepluralismus zu deuten ist, so daß die enge Verzahnung des Gottesbezuges in der Präambel mit dem Wertbegriff doch eher hinderlich für den Problemkomplex denn ihn klärend wirkt.

2.4. Martin Honecker – Der Gottesbezug als »Platzhalter-Wort«

Der Bonner evangelische Sozialethiker Martin Honecker äußerte sich 1990 im Rahmen seiner Beschäftigung mit dem Thema »Eschatologie und Zivilreligion« auch zum Thema des Gottesbezuges[155] und stellte verschiedene Aspekte zum Thema gebündelt dar.[156]

Das Problem der Aufnahme des »Gottesgedankens« in die Verfassung als »*invocatio dei*«[157] sei ein Sonderproblem der Theologie und gehöre nicht etwa in den Bereich einer Zivilreligion, denn die »*invocatio dei*« solle gerade nicht ein »theonomes Verfassungsrecht« legitimieren, »sondern den Raum für Glaubensfreiheit und eine 'weltliche' Politik offenhalten«[158].

Damit grenzt Honecker sich gegen verschiedene soziologisch und politisch fundierte Interpretationen des Gottesgedankens in Verfassungspräambeln ab. Unter der soziologisch fundierten Form einer Zivilreligion versteht er in Anlehnung an Hermann Lübbe »das Ensemble derjenigen Bestände religiöser Kultur, die in das politische System faktisch oder sogar förmlich-institutionell«[159] wie im »religiösen Staatsrecht« integriert sind, also eine programmatische, mit staatslegitimierenden Funktionen ausgestattete Variante von Religion.[160] Bei dem Phänomen einer »Zivilreligion« diagnostiziert Honecker eine »Vielzahl der Begriffe«[161]; das allein verdeutliche die Unschärfe des Begriffs und des dahinter stehenden Phänomens. Gemeinsam

154 Im einzelnen s.o. IV.5.2.

155 Vgl. Honecker, Eschatologie und Zivilreligion, 1991.

156 Im wesentlichen faßt er die Beiträge von Leuze, Blumenwietz und Behrendt zusammen. Vgl. Leuze, Gott im Grundgesetz; Blumenwietz, Gott und Grundgesetz; s.o. V.2.1.

157 Zur Problematik des Begriffs s.o. III.6.

158 Honecker, Eschatologie und Zivilreligion, 40.

159 AaO., 41. Im einzelnen s.u. V.3.1.

160 Im einzelnen s.u. V.5.

161 Er nennt »Zivilreligion«, »Ziviltheologie«, »Bürgerliche Religion«, »Religion des Bürgers«; vgl. Honecker, Eschatologie und Zivilreligion, 44.

sei den Begriffen die Ausrichtung auf einen gesellschaftlichen Konsens.[162] Trotz seiner begrifflichen Unschärfe formuliert Honecker eine Definition des Begriffes »Zivilreligion«, den er gegen eine »politische Theologie« und eine »Bürgerreligion« wie folgt abgrenzt: »'Zivilreligion' bezeichnet ein Geflecht von Symbolen, Ideen und Handlungsweisen, welche gesellschaftliche Institutionen legitimieren sollen. Sie will einen Konsens über eine gemeinsame Wertorientierung beschreiben. 'Religiös' (...) ist dieser Konsens, weil er fundiert ist in einer gemeinsamen Sinngebung und Weltsicht. 'Zivil' ist er, weil er sich auf das öffentliche Leben bezieht.«[163]

Politische Theologie dagegen formuliere ein theologisch-politisches Programm, ein Handlungsprogramm theologischer Theorie für die politische Praxis.[164] Als »Bürgerreligion« schließlich bezeichne man die Summe derjenigen religiösen Überzeugungen, die im wesentlichen in Umlauf seien, »wie sie [sc. die Religiosität] sich geschichtlich in konkreten geschichtlichen Erscheinungsformen manifestiert«[165]. Eine gedankenlose und unkritische Vermengung von Politik und Religion, wie sie Honecker als notwendige Konsequenz der oben genannten Phänomene annimmt, sei nicht ungefährlich.[166] »Allen drei Varianten gemeinsam ist (...), daß sie zwischen Moral und Politik eine sehr enge Verbindung sehen.«[167] Sowohl einer Indienstnahme der Moral durch den politischen Bereich, als auch einer »Moralisierung der Politik« sowie einer »Politisierung der Moral« inhärieren Unschärfen bzgl. der Trennlinie zwischen Ideologie und Religion; dagegen plädiert Honecker für eine deutlichere Unterscheidung von Ethik und Glauben, bzw. Moral und Religion, denn Religion fungiere nicht primär als wertevermittelnde Instanz, sondern diene der umfassenden Lebensdeutung.[168]

Aus der Diskussion um den Begriff der »Zivilreligion« nimmt Honecker (zustimmend) eher ablehnende Argumente auf, die diese als »religiöses Nichts«[169] oder als »Restrisiko-Religion«[170] beschreiben, welche ein Postulat von Gesellschaftstheoretikern sei, die aufgrund des Verlustes religiöser Grundlagen der Gesellschaft moralische und politische Folgen befürchten.

Andererseits werde gelegentlich postuliert, daß Staat und Gesellschaft freilich ohne religiöses Fundament auskämen[171], denn, um staatliche Legitimität zu sichern - so die Vertreter dieser These -, bedürfe man nicht des Postulates des »Büttels aus dem Jenseits«; vielmehr bedürfe der aufgeklärte, pluralistische Staat - so der religionstheoretische Einwand seitens der Soziologie - des Konstruktes einer Zivilreligion nicht mehr, denn Religion sei schließlich Privatsache. Honecker vertritt keine dieser Extrempositionen; ausgehend von seiner Diagnose konsta-

162 Vgl. ebd. Schon das macht den Gebrauch dieses Begriffes in der evangelischen Theologie problematisch, denn Honecker bemerkt selbst: »Überdies ist das Selbstverständnis des christlichen Glaubens auf die *Wahrheitsfrage* hin ausgerichtet und nicht vordringlich der Konsensstiftung verpflichtet.« (AaO., 42).

163 AaO., 44.

164 Vgl. ebd.

165 AaO., 45.

166 Vgl. ebd.

167 Ebd.

168 Vgl. ebd.

169 Vgl. aaO., 46 in Anlehnung an Döbert, Zivilreligion, 67-84.

170 Vgl. Honecker, Eschatologie und Zivilreligion, 46; Döbert, Zivilreligion, 82.

171 Vgl. Honecker, Eschatologie und Zivilreligion, 46.

tiert er die Notwendigkeit, den Gottesbezug in den Verfassungspräambeln anders zu fundieren.[172]

Wenngleich die »*invocatio dei*« in der Präambel verfassungsgeschichtlich in einer Tradition stehe, wonach Herrschaft »von Gottes Gnaden« legitimiert werde[173], könne man die Präambel nicht im Sinne einer »theonomen Legitimation« der Verfassung deuten[174], denn das Grundgesetz könne von seiner religionsneutralen Ausrichtung[175] her nicht einen christlichen Staat installieren.[176] Ein »theonomes Superverfassungsrecht« werde von der Präambel gerade nicht sanktioniert[177], noch habe der Verfassungsgeber damit ein bestimmtes Gottesverständnis proklamieren wollen[178] - »etwa des christlichen, trinitarischen Glaubens«[179].

---

172 Vgl. aaO., 46f. »Es bleibt hier freilich noch die Frage offen: Wieso kommt der Gottesgedanke dann überhaupt in die Verfassung?« (Ebd.).

173 Vgl. ebd.; zum Problem der Bezeichnung »invocatio Dei« und der Behauptung einer Kontinuität der Formel vom »Gottesgnadentum« zum Gottesbezug in den Nachkriegsverfassungen s.o. III.6.

174 Vgl. Honecker, Eschatologie und Zivilreligion, 47.

175 Honecker führt Art. 140 GG, welchen Ulrich Stutz als »Hinkende Trennung von Staat und Kirche« kommentiert hatte, Art. 20 Abs. 2 GG, welcher die zentrale Staatsgewalt vom Volke ausgehend fixiert, und Art. 4 Abs. 1 GG, welcher die Freiheit des Glaubens, des Gewissens und des religiösen und weltanschaulichen Bekenntnisses der Bürger garantiert, an. Vgl. Honecker, Eschatologie und Zivilreligion, 47.

176 Vgl. ebd. »Die staatliche Ordnung ist, so das Grundgesetz, verglichen mit der göttlichen Ordnung 'kein »minus«, sondern ein »aliud«'; das läßt an die lutherische Unterscheidung der zwei Reiche denken.« (Ebd.) Dieser Gedankengang ist charakteristisch für Honecker, denn er orientiert die Sozialethik insgesamt und die politische Ethik insbesondere an der »Zwei-Reiche-Lehre«. Vgl. Honecker, Sozialethik, Vff; 1-31; Lange, Ethik, 95ff.

177 Vgl. Honecker, Eschatologie und Zivilreligion, 47. Hier nimmt Honecker einen Gedanken von dem Juristen Dieter Blumenwitz auf, der davon ausgeht, daß die korrekte verfassungsrechtliche Interpretation zwar ein »theonomes Superverfassungsrecht ablehne«, was aber nicht eine »profane Ausschließlichkeit« impliziere, denn »religionsbestimmte und staatliche Normen wurzeln im gleichen 'numinosen' Urgrund. (...) Die Gottheit ist Quelle, Hüterin und Wahrerin des Rechts und der Gerechtigkeit.« (Blumenwitz, Gott und Grundgesetz, 132.) Trotz der Emanzipation des Rechtes von seiner naturrechtlichen Begründung im Zuge des Säkularisierungsprozesses finde es aber letztlich seine Grenze im Wesen des Rechts und der Rechtsidee selber, »die auch heute noch 'ein Schimmer der Heiligkeit' [W. Schilling] umgibt. Dies zeigt sich nicht zuletzt auch darin, daß eine Rechtsnot, wie sie mit dem Jahre 1945 über das deutsche Volk hereingebrochen war, nicht allein durch rechtstechnische Mittel, sondern nur durch metaphysische Neubesinnung behoben werden konnte – eine Erkenntnis, die in der 'invocatio dei' im Grundgesetz reflektiert wird« (Blumenwitz, aaO., 133).

178 Vgl. Honecker, Eschatologie und Zivilreligion, 47. Proklamieren wollte der Verfassungsgeber sicher kein bestimmtes Gottesbild. Dennoch deuteten die inhaltlichen Vorstellungen in eine bestimmte Richtung, nämlich in die eines christlichen Gottesbildes.

Die »*invocatio dei*« sei aber auch nicht lediglich »rhetorisches Ornament«, »Erinnerung an traditionelle politische Legitimation« und an das Erbe christlicher Kultur, heute Ausdruck einer »peinlichen« Verlegenheit.[180]

Vielmehr erinnere die Präambel des Grundgesetzes an die Grenze aller staatlichen Gewalt, und indem sie an eine höhere Verantwortung, als es die innerweltliche politische Verfassungsordnung etwa ist, erinnere und anerkenne sie etwas politisch Unverfügbares: »Die unableitbare These: 'Die Würde des Menschen ist unantastbar' (GG 1I) gründet nach christlichem Glaubensverständnis in der Anerkennung Gottes als Herrn.«[181] Honecker weist hier also auf ein doppeltes hin: Er sagt einerseits, daß der Gottesbezug in der Präambel auf die Grenzen menschlicher Verfügungsgewalt hinweise, andererseits bindet er davon ausgehend die Grundrechte, insbesondere die Menschenwürdegarantie, unmittelbar mit der Präambel zusammen.

---

179 Honecker, Eschatologie und Zivilreligion, 48. Damit grenzt sich Honecker gegen eine genuin christliche Interpretation und Bestimmung des »Gottesbegriffs« bei Behrendt ab.

180 Vgl. Honecker, Eschatologie und Zivilreligion, 48. Damit grenzt sich Honecker gegen Klaus Schlaich ab, welcher konstatiert, daß die Präambel die subjektiven Empfindungen der Abgeordneten wiedergebe. Vgl. Schlaich, Konfessionalität-Säkularität-Offenheit, 434. Schlaich zitiert damit nicht, wie Honecker, Eschatologie und Zivilreligion, 48, anmerkt, eine Auslegung der sogenannten »invocatio dei«, sondern Schlaich zitiert allgemeine Aussagen des Redaktionsausschusses zur Präambel. Vgl. Doemming, JöR 1951, 38. Im übrigen geht Schlaich von anderen Prämissen aus: (1) Er setzt sich mit Meinungen auseinander, die den »Gott des Grundgesetzes« zu einem »Gott der 'religion civile'« machen, und meint, »davor sollten wir (...) Gott *und* die Verfassungsväter, die die Anrufung Gottes im Jahre 1949 beraten und beschlossen haben, bewahren.« (Schlaich, aaO., 435.) (2) Die Formel sei als Zeugnis, als Bekenntnis der an der Verfassungsgebung Beteiligten zu verstehen und sollte (3) als solches, eindeutiges Zeugnis wichtig genommen werden, (vgl. Schlaich, aaO., 435f) »(...) [d]enn es ist gar kein Zweifel, wen die verfassunggebende Versammlung mit Gott gemeint hat« (Schlaich, aaO., 436). (4) »Die Nachfahren müssen sehen, ob sie dieses Zeugnis hören und ihrerseits nun unter dem Grundgesetz in Verantwortung vor Gott und den Menschen handeln wollen und können. Aber normativ läßt sich Gott weder aufdrängen noch dem Staat zugrunde legen [mit Raiser, Gott im Grundgesetz, 124f]. Bewahren wir also das Kreuz vor der Überwucherung durch das Recht! [gegen Behrendt].« (Schlaich, aaO., 436).

181 Honecker, Eschatologie und Zivilreligion, 48. Auch Huber bindet den Gottesbezug der Präambel mit dem Artikel der Menschenwürdegarantie zusammen. Im einzelnen s.u. V.2.6.

Die Gesellschaft sei jedoch eine »postchristliche« geworden, die das christliche Erbe inkulturiert habe.[182] Dennoch sei es inadäquat, die gegenwärtige Politik als eine im »Horizont des Unglaubens« geschehende zu bezeichnen.[183] Es stelle sich die Frage, ob in der weltanschaulich und religiös pluralistischen Gesellschaft und im säkularen Staat politisch nur handeln könne, wer Gott ausdrücklich absage, was »Unglaube« impliziere, oder ob es nicht um ein »bewußtes Heraushalten des Gottesgedankens aus der Politik« gehe, was im Sinne von Bonhoeffers Unterscheidung von »Vorletztem« und »Letztem« eine Relativierung des Politischen intendiere.[184]

»So verstanden kann sich Religion doch nur auf ein Letztes, auf Gott beziehen. Die Formulierung, demokratische Politik sei nur möglich, wenn man bewußt darauf verzichtet, *mit dem Glauben* Politik zu machen, scheint dann freilich zutreffender zu sein.«[185]

Auch der Gottesbezug erhalte dann einen »guten Sinn«, denn er beschreibe keine »Leerformel«[186], sondern ein »Platzhalter-Wort«[187], welches in seiner Offenheit darauf hinweise, daß der moderne Verfassungsstaat von Voraussetzungen lebt, über die er selbst nicht verfüge.[188]

Die Bezeichnung des Gottesbezuges als eines »Platzhalter-Wortes« entlehnt Honecker von dem Theologen Reinhard Leuze[189], der diese Bezeichnung von Helmut Fischer übernimmt.[190] Fischer versteht unter den »Platzhalter-Worten« im Unterschied zu den »Leerformeln«, »die bewußt oder unbewußt nur Scheinaussagen enthalten (...) Worte oder Aussagen (...), die bewußt formal und ohne konkreten Inhalt sein wollen, *damit* sie individuell gefüllt werden kön-

182 Vgl. ebd. Interessant ist die Hypothese Honeckers, daß »vielleicht« die Säkularität des Staates eine Wirkung des Christentums sei.

183 Honecker nimmt hier die These Christian Graf von Krockows auf, demokratische Politik sei überhaupt nur in einem »Horizont des Unglaubens« möglich. Vgl. Honecker, Eschatologie und Zivilreligion, 48. Genauer bei Schlaich, Konfessionalität-Säkularität-Offenheit, 426; Boventer, Gott, 89ff.

184 Vgl. Honecker, Eschatologie und Zivilreligion, 48.

185 Ebd.

186 Diese Bezeichnung findet sich bei Häberle. Vgl. Häberle, Gott im Verfassungsstaat, 225. Vgl. Slenczka, Verantwortung vor Gott und den Menschen, 97; 99.

187 Vgl. Honecker, Eschatologie und Zivilreligion, 48f.

188 Vgl. ebd.

189 Vgl. Leuze, Gott im Grundgesetz.

190 Vgl. bei Leuze, Gott im Grundgesetz, 192; Fischer, Glaubensaussage und Sprachkultur, 311.

nen«[191]. Damit hätten die Verfasser der Präambel nicht ihr eigenes Gottesverständnis weitergeben wollen, sondern die Forderung, sich dieses Wort so anzueignen, »wie es (...) je nach (...) [den] spezifischen Voraussetzungen möglich erscheint«[192]. Das Wort »Gott« in der Präambel erlaube insofern nicht nur vielfältige Deutungen, es *fordere* sie sogar.[193]

Der Begriff »Gott« expliziere demnach »das unverfügbare Geheimnis der Wirklichkeit«.[194] »Die Transzendenz eröffnet die Weltlichkeit der Politik und begrenzt diese dadurch zugleich auf das Innerweltliche.«[195] Der christliche Glaube habe also kein »Monopol« auf die Begründung des neuzeitlichen Verfassungsstaates, denn die Säkularität des Staates sei um der Freiheit der Bürger willen notwendig. Eine so geartete Säkularität entspreche sowohl der Zwei-Reiche-Lehre als auch der 5. These der Barmer Theologischen Erklärung[196].

Die von Fischer entlehnte Unterscheidung von »Leerformel« und »Platzhalter-Wort«, welche in der Intention der im Rahmen der gesellschaftspolitischen Betrachtung des Problemkomplexes herausgearbeiteten Unterscheidung von »Leerstelle« – so die Gegner des Gottesbezuges - und »Chiffre« – so im wesentlichen die Befürworter des Gottesbezuges - entspricht, ist für den Ertrag dieser Arbeit fruchtbar zu machen, denn im Rahmen dieser differenzierten Weise der Betrachtung einer bewußt offen gehaltenen »Stelle« erhält dann der Gottesbezug auch einen theologischen Sinn, nämlich denjenigen, die verfassunggebende bzw. -anwendende Person von dem »Zwang« der Letztbegründungen zu entlasten, indem hier eine Art »Letztoffenheit« des Rechtssystems einer Verantwortungs- bzw. Gründungsinstanz[197] gegenüber fixiert wird.

Der damit hergestellte Bezug zu den Voraussetzungen, von denen der moderne Verfassungsstaat zehre, sei begründet in der Angewiesenheit des Staates auf ein Ethos der Bürger; »kurzum Bürgertugenden sind Voraussetzungen da-

---

191 Fischer, ebd.

192 Leuze, Gott im Grundgesetz, 192.

193 Vgl. Leuze, ebd. Vgl. auch Schlaich, Konfessionalität-Säkularität-Offenheit, 433ff.

194 Vgl. Honecker, Eschatologie und Zivilreligion, 48.

195 AaO., 48f.

196 Dazu s.u. VI.1.

197 Es ist von fundamentaler Relevanz, hier eine Gründungsinstanz von einer den Sachverhalt aus der Perspektive des Verfassers verfälschenden Be-Gründungsinstanz zu unterscheiden. Hier handelt es sich *nicht* lediglich um Varianten desselben Sachverhaltes. Im einzelnen s.u. VI.6.

für, daß Demokratie gelebt wird«[198]. Demnach beruhe eben auch die »nachchristliche Gesellschaft« und eine »weltliche« Politik auf Voraussetzungen, die durch die Religion geschaffen und vom christlichen Glauben geformt worden seien, die der säkulare Staat nicht selbst erbringen könne.[199] Auch Honecker nimmt mit dem Verweis auf die Voraussetzungen, von denen der moderne Verfassungsstaat zehre, eine Grundeinsicht auf, die von Böckenförde[200] formuliert worden ist und bei Huber im Mittelpunkt der Bemühungen um eine theologische Rechtsethik steht.[201] Die Formel von Böckenförde weist auf eine »offene Stelle« hin, was sicher in einer sich weltanschaulich pluralisierenden Gesellschaft im Sinne einer verfassungsrechtlichen Interpretation konform zu der gebotenen »weltanschaulichen Neutralität« des Staates adäquat ist. Wichtiger für den Fortgang der Interpretation wird die Klärung der Frage sein, welche Konsequenzen aus theologischer Sicht diese Einsicht in die »Unverfügbarkeit der Vorgaben« (Marquard) hat.[202]

2.5. Trutz Rendtorff - Der Gottesbezug als Markierung der Grenze politischer Verfahrensgerechtigkeit

Ähnlich wie Honecker verweist der Münchener Systematische Theologe Trutz Rendtorff auf den Gottesbezug der Präambel, wenn er in seiner Ethik unter der Fragestellung nach den Konkretionen der Ethik von dem Problem ausgeht, »vor welcher Instanz das Politische überhaupt gefordert ist«[203]. Die Verantwortung in der politischen Lebensform führe zur Rechenschaft darüber, welchen Zielen die politische Ordnung dienen könne und solle. Politisches Handeln wiederum sei als stellvertretendes Handeln an die Verfassung gebunden, »(...) *die politische Zielsetzungen durch normierte Verfahren kontrolliert und zur Rechenschaft*

198 Honecker, Eschatologie und Zivilreligion, 49. Honecker nennt die Bürgertugenden: »Verantwortungsbereitschaft«, »Solidarität«, »den Willen zur Wahrnehmung von Freiheit«; vgl. ebd.; hier zeigt sich auch eine Nähe zum werteethisch orientierten Interpretationsansatz von Kreß. S.o. V.2.3.

199 Vgl. ebd.

200 Im einzelnen dazu s.o. IV.5.2.

201 Vgl. ebd. Zur Fundstelle Honeckers vgl. Schlaich, Konfessionalität-Säkularität-Offenheit, 426. Für weitere Belege dieser Formel vgl. Kleger/Müller, Religion, 257 (Anm. 4).

202 Dazu s.u. VI.6.

203 Rendtorff, Ethik II, 73.

fordert. Die Erwartungen der Bürger an den Staat wie die Ausübung staatlicher Macht müssen sich am Gemeinwohl orientieren.«[204] Die ethische Forderung der Rechenschaft über die Ziele politischen Handelns richte sich an verschiedene Adressaten. Werde die Forderung an den Politiker unter den Bedingungen rechtsstaatlich verfaßter Demokratie im Unterschied zu der absoluten Autorität eines politischen Souveräns gerichtet, so müsse entgegen einem Führerprinzip dieser über die Ziele seines Handelns vor dem Forum der Öffentlichkeit der Bürger Rechenschaft ablegen.[205] Diese Rechenschaft über die Ziele politischen Handelns müsse schließlich als ein »Strukturmerkmal« politischer Ordnung angesehen werden, welches als allgemeines »Strukturmerkmal« konkret wird im Verfahren politischer Legitimation, deren wichtigstes Instrument durch Verfahren, allgemeine, freie und geheime Wahlen, dargestellt wird. Wahlen seien das originäre demokratische Verfahren politischer Rechenschaft. Im Rahmen »geregelter Legitimationsverfahren« und demokratischer Ordnung sei die inhaltliche Rechenschaft über den Bereich des Politischen nicht der Ausnahmezustand, sondern politische Rechenschaft habe gerade innerhalb der Struktur des politischen Gemeinwesens ihren Ort, sie gehöre zur Lebensform des Politischen.[206] Aber die Rechenschaft des Politischen erschöpfe sich nicht in Verfahren, denn sie habe es mit »schwer entscheidbaren grundsätzlichen, inhaltlichen Fragen«[207] zu tun: »Rechenschaft über die Quellen der Normativität von Gesetz und Ordnung, über das Verhältnis politischer Strukturen zu anderen Grundstrukturen der Lebensführung in Ehe und Familie, Wirtschaft, Kultur und Religion.«[208] Diese Rechenschaft über die Ziele veranlasse schließlich zu einer kritischen Explikation der Grenzen der Politik, was zu der eingangs gestellten Frage führe, vor welcher Instanz das Politische überhaupt zur Rechenschaft gefordert sei.[209]

»Christliche Ethik verweist als Antwort auf die Rechenschaft in Verantwortung vor Gott. Eine Reihe demokratischer Verfassungen haben die 'Invocatio Dei' ausdrücklich in ihre Präambel

---

204 AaO., 72. Zur Frage des Zusammenhangs zwischen politischer Kultur und Protestantismus vgl. Rendtorff, Vielspältiges, 1991, 57-120; 265-300.

205 Vgl. Rendtorff, Ethik II, 72. Auch wenn das bei Rendtorff nicht explizit zum Ausdruck kommt, so impliziert diese Aussage die Nennung des forum externum: Verantwortung vor den Menschen.

206 Vgl. aaO., 73.

207 Ebd.

208 Ebd.

209 Vgl. ebd.

aufgenommen. Das gilt auch für das Grundgesetz der Bundesrepublik Deutschland. Aber symbolisierte Antworten theologischer Natur sind nicht das letzte Wort in der Frage grundsätzlicher, inhaltlicher Rechenschaft. Sie verweisen vielmehr darauf, daß es nötig ist, diese Frage immer wieder zu stellen.«[210]

Diese Frage nach »grundsätzlicher, inhaltlicher Rechenschaft« könne in den Rang einer Debatte um die Grundlagen von Politik erhoben werden, an der sich jeder beteiligen könne. Der alltägliche politische Streit spitze sich aber erst dann inhaltlich zu, wenn in der politischen Öffentlichkeit eine Definition von Grundwerten unternommen werde, die für alle Glieder der Gesellschaft als verpflichtend betrachtet wird. »An der Diskussion um die Grundwerte ist deutlich geworden, daß Politik von Voraussetzungen lebt, die sie nicht selbst gelegt hat und über die politisches Handeln um seiner pragmatischen Begrenztheit willen nicht verfügen wollen soll.«[211] Hier deutet sich an, wie eng Rendtorff die Verantwortungsformel mit den Grundrechtsartikeln des Grundgesetzes verknüpft.[212] Er kann in Anlehnung an Carl Schmitt[213] sogar von einer »implizit theologischen Struktur der Verfassungslehre«[214] im modernen Verfassungsstaat sprechen. Demgemäß übernimmt er von Schmitt die Ansicht, daß die entscheidenden Fragen des neuzeitlichen Verfassungsprinzips von derselben Art seien wie die Frage der Anerkennung einer von Gott gegebenen Ordnung der Welt des Menschen.[215]

»Auch wenn die Verfassungstheorie mit gutem Grund keine ausdrücklich theologischen Absichten verfolgt und die Verfassung gerade durch die bewußte Eingrenzung von staatlichen Omnipotenzansprüchen definiert sein soll, ist die Sachebene ihrer Grundlegung durchaus der theologischen Ebene äquivalent.«[216]

An anderer Stelle verteidigt er den Gottesbezug[217] gegen einen »Purismus der Staatsrechtslehre« und gegen einen »politikwissenschaftlichen Empirismus«.

---

210 AaO., 73f.

211 AaO., 74. Hier nimmt Rendtorff die Formulierung Böckenfördes auf, die den Staat auf seine Funktion im Bereich des »Vorletzten« beschränkt.

212 Vgl. auch Honecker; s.o. 2.4.

213 »Alle prägnanten Begriffe der modernen Staatslehre sind säkularisierte theologische Begriffe.« (Schmitt, Carl, Politische Theologie. Vier Kapitel zur Lehre von der Souveränität, 1922, 37. Zitiert nach Rendtorff, Artikel: Verfassung, in: HCE 2, 216).

214 Rendtorff, Artikel: Verfassung, in: HCE 2, 216.

215 Vgl. ebd.

216 Ebd.

217 Rendtorff benutzt ebenfalls die den Sachverhalt konterkarierende Begrifflichkeit der »invocatio Dei«. Vgl. ders., Ethik II, 73; ders., Religion in der liberalen Demokratie, 97.

Die Verantwortungsformel mit Gottesbezug markiere die »Vernunft der Verfassung«, welche »um der Freiheit willen Grenzen gesetzgeberischer Kompetenz bewußt hält, wie sie im übrigen in den Grundrechtsartikeln definiert und ausgelegt werden«[218].

2.6. Wolfgang Huber – Der Gottesbezug im Rahmen seiner Entstehungsbedingungen

Der frühere Heidelberger Sozialethiker und jetzige Landesbischof von Berlin, Wolfgang Huber, widmet sich dem Thema »Gott im Grundgesetz« ausführlich in seiner 1996 veröffentlichten Rechtsethik.[219] Den Problemkomplex betrachtet er dort als einen von mehreren möglichen Zugängen zu dem Problem unter der Überschrift »Recht und Ethik«. Mit der Frage nach »Gott im Grundgesetz« sei die rechtsethische Rolle der Theologie berührt: »Kann die Theologie sich an den Bemühungen um eine neue, nachpositivistische Rechtsethik beteiligen?«[220] Huber beantwortet die Frage ausgehend von einer Analyse der gegenwärtigen Lage eines rechtsethischen Bedürfnisses positiv. Dabei beschreibt er die Situation in der zweiten Hälfte des 20. Jahrhunderts als eine »von einer vorher ungeahnten Ausdehnung des Rechts«[221] bestimmte Epoche; man könne sogar von einer »Allgegenwart des Rechts«[222], in der das Recht zu einer »globalen Wirklichkeit«[223] werde, und von einem Prozeß der »Verrechtlichung«[224] als Antwort auf die technisch-industrielle Entwicklung der Moderne sprechen[225], in wel-

218 Rendtorff, Religion in der liberalen Demokratie, 97. Zu den Grenzen des Staates im einzelnen vgl. Rendtorff, Ethik II, 74-79. Vgl. auch ders., Artikel: Verfassung, in: HCE 2, 215-233.

219 Vgl. Huber, Gerechtigkeit und Recht 1996, 30-40. Huber nimmt hier die Ergebnisse auf, die sein Schüler, Wolfgang Vögele, Zivilreligion, 265-318, schon dargestellt hatte. Er nimmt in seine Darstellung die Entwicklungen nach 1992 nicht auf. Zu Vögele vgl. s.u. V.3.3.

220 Huber, Gerechtigkeit und Recht, 30.

221 AaO., 21.

222 So die Überschrift A.I.1.a.; ebd.

223 Ebd.

224 So die Überschrift A.I.1.b.; aaO., 23.

225 In Anlehnung an Habermas konstatiert Huber vier Phasen in der Verrechtlichung der modernen Gesellschaft: Die Übergänge zum bürgerlichen Staat (1), zum Rechtsstaat (2), zum demokratischen Staat (3) und schließlich zum sozialen und demokratischen Rechts-

chem das Recht selbst technischen Charakter annehme.[226] Damit verbunden sei eine Verschiebung der Dimension des Rechts von dessen früherer Form als Institution, in welcher es nicht allein durch Verfahren legitimiert, sondern einer inhaltlichen Legitimation zugänglich und auf sie angewiesen war, hin zu der Funktion des Rechts als Medium, wobei es dann rein prozeduralen Charakter trage, für dessen Geltung eine Legitimation durch Verfahren genüge. An der Angewiesenheit des Rechtes auf Bindung[227] sei dennoch festzuhalten, denn trotz aller negativen Folgen der Verrechtlichung müsse in Erinnerung bleiben: »*Das Recht ist die Hoffnung derer, die unter Machtmißbrauch und Willkür leiden.*«[228] Lediglich eine Einschränkung der Lebensbereiche, welche rechtlich normiert sein sollen, sei vorzunehmen, denn »wenn alle Lebensbereiche rechtlich normiert sind, verliert das Recht seine Freiheitsfunktion«[229], welche es nur dann erfüllen könne, wenn seine Reichweite begrenzt und »rechtsfreie Räume« erhalten blieben. Das Recht beruhe schließlich auf Voraussetzungen, die es selbst nicht hervorzubringen vermöge, in deren Bereich es nicht vordringen dürfe.[230]

Weiterhin diagnostiziert Huber momentan einen »Epochenwechsel im Verständnis des Rechts«[231], der hauptsächlich dadurch geprägt sei, daß die Frage nach dem Zusammenhang von Gerechtigkeit und Recht bzw. von Recht und Moral wieder gestellt werde. Während die Rechtswissenschaft im 19. Jahrhun-

---

staat (4), die mit jeweils spezifischen Verrechtlichungsschüben verbunden seien. Vgl. Huber, Gerechtigkeit und Recht, 23; Habermas, Theorie des kommunikativen Handelns, Bd. 2, 1981, 522-547. Huber selbst fügt noch eine fünfte Phase hinzu, nämlich den die Gegenwart prägenden Übergang zur Informationsgesellschaft. Vgl. Huber, Gerechtigkeit und Recht, 23.

226 Vgl. aaO., 24.

227 Vgl. aaO., 25.

228 AaO., 26. Die Passage geht folgendermaßen weiter: »Die Wiederherstellung des Rechts ist das Ziel der Unterdrückten. Das technologische Zeitalter ist eine Epoche zuvor unvorstellbarer Machtkonzentrationen«, die ein Recht notwendig mache, »(...) das die Macht wirklich zu bändigen vermag (...). (...) Heute tritt die Frage nach dem Verhältnis von Recht und Gerechtigkeit in den Vordergrund. (...) Eine kritische Theologie des Rechts beginnt mit den Ausgeschlossenen und Eingesperrten, die politischer Willkür ausgeliefert sind.« (Ebd.).

229 AaO., 24.

230 Vgl. aaO., 24f. Huber nimmt hier in abgewandelter Form wiederholt diese Formulierung auf, die Böckenförde geprägt hat. Vgl. Böckenförde, Die Entstehung des Staates als Vorgang der Säkularisierung, 92-114. [112]. S.o. IV.5.2.

dert eher dadurch geprägt gewesen sei, jede Frage der überpositiven Rechtsbegründung aus der Rechtswissenschaft auszuklammern und einen am Modell des Positivismus von Jeremy Bentham und John Austin[232] orientierten Rechtspositivismus zu entwickeln[233], in welchem programmatisch Recht und Moral kategorial getrennt wurden, sei es in unserer Gegenwart auf »neue Weise« sinnvoll geworden, das Verhältnis von Recht und Ethik zu bedenken[234],

»[d]enn die Epoche des Rechtspositivismus, der auf der einfachen Trennung von Recht und Moral beharrte, ist zu Ende gegangen. (...) [D]ie (...) Trennung von Recht und Moral hat sich nicht durchhalten lassen. Sie hat nämlich das Recht zum beliebig manipulierbaren Spielball der jeweils durchsetzungstärkeren politischen oder wirtschaftlichen Interessen gemacht.«[235]

Auf die »totalitäre Rechtsverachtung und Rechtszerstörung« in der Zeit des Nationalsozialismus sei in der Zeit nach dem Zweiten Weltkrieg eine Phase der Wiederbelebung des Naturrechts in der Bundesrepublik gefolgt.[236] Das naturrechtlich positionierte Verständnis des Zusammenhanges von Recht und Moral habe sich jedoch »leergelaufen«, so daß in neuer Weise nach dem Zusammenhang von Recht und Moral unter Beibehaltung der Unterscheidung beider Größen gefragt werden müsse.[237]

Der Gottesbezug stelle nun die Brücke[238] her, um die Notwendigkeit der Beteiligung der Theologie an den Bemühungen um eine »neue, nachpositivistische Rechtsethik« zu fundieren.[239] Huber sieht die bewußte Abkehr von naturrechtlichen Begründungen des Rechts auf dem Hintergrund der »blutigen Grausamkeit konfessioneller Bürgerkriege« motiviert, bei der eine Berufung auf religiöse Argumente eine Rolle spielt. Diese Abkehr vom Naturrecht habe nicht zum Rechtsfrieden, sondern eher zu Religionskriegen geführt. »Dem Recht

---

231 So die Überschrift A.I.1.c.2., vgl. Huber, Gerechtigkeit und Recht, 27-29.

232 Austins Verdienst wurde von einem Vorkämpfer des Rechtspositivismus und einem seiner englischen Nachfolger, Amos, auf die Formel gebracht: »Er habe 'das Recht vom toten Ballast der Moral befreit'«. Zitiert nach H.L.A. Hart, Recht und Moral, 21, der diese Formulierung positiv aufnimmt. Vgl. auch Huber, Gerechtigkeit und Recht, 28 (Anm.19), der diese Formel unzutreffend auf Hart zurückführt.

233 Vgl. Huber, Gerechtigkeit und Recht, 27f; im einzelnen dazu s.o. IV.3.

234 Vgl. Huber, Gerechtigkeit und Recht, 28.

235 Ebd.

236 Vgl. aaO., 29.

237 Vgl. ebd. Im einzelnen s.o. IV.2.; 3.; 4.

238 Auf eine »Brückenfunktion« des Gottesbezuges hatte in anderem Zusammenhang schon Häberle hingewiesen. Dazu s.o. I.4. und III.2.

mußte deshalb eine Basis gegeben werden, die von den konkurrierenden religiösen Überzeugungen unabhängig war.«[240] Aus diesem Grund habe Hugo Grotius die auf die spanischen Spätscholastiker und letztlich auf Thomas von Aquin zurückgehende Formel aufgenommen, daß das Naturrecht aus sich selbst heraus erkennbar sei und ihm darum auch dann Gültigkeit inhärieren würde, »etimasi daretur non esse Deum«.[241] Grotius knüpft damit an die scholastische Tradition an, um dem neuzeitlichen Völkerrecht eine objektive naturrechtliche Grundlage zu verleihen.[242] »Et haec quidem quae iam diximus [sc. die Definition des Naturrechts] locum aliquem[243] haberent, etiamsi daremus ... non esse Deum, aut non curari ab eo negotia humana.«[244] Durch die Aufnahme dieser aus der Spätscholastik stammenden Denkform wollte er »die durch die Konfessionskriege zerstörte Friedensfunktion des Rechts rekonstruieren«[245] und mußte zu diesem Zweck dessen Geltungsgrund unabhängig von denjenigen Überzeugungen formulieren, die gerade in die »Zwietracht« geführt hatten.[246]

Dieser Vorgang verlief synchron zu der Ausbildung des neuzeitlichen Staates als Ergebnis eines Säkularisierungsprozesses[247], in dessen Folge die Legitimationsformen - wie etwa die Berufung darauf, daß die Inhaber der staatlichen Gewalt ihr Amt von »Gottes Gnaden« inne hätten - an Bedeutung verloren und eine lediglich ornamentale Bedeutung erhielten. »In der Folge verschwinden im Lauf der neuzeitlichen Entwicklung Bezugnahmen auf die Autorität

---

239 Vgl. Huber, Gerechtigkeit und Recht, 30.

240 AaO., 32.

241 Vgl. aaO., 31; Boventer, Gott, 108ff. Die dahinter stehende Lehrtradition findet sich schon bei Hugo von Sankt Viktor. Franciscus Suarez greift sie 1612 auf in seiner Schrift »De legibus et legislatore deo«: »Das Gebot der Vernunft besäße auch dann Gültigkeit, 'wenn es Gott nicht gäbe, oder wenn er die Vernunft nicht gebrauchte, oder wenn er nicht richtig über die Dinge urteilte'; denn die Qualität von Handlungen als gut oder böse existiere in den Dingen selbst.« (Zitiert nach Huber, Gerechtigkeit und Recht, 31).

242 Vgl. Huber, Gerechtigkeit und Recht, 31.

243 »Aliquem« hinzugefügt seit der Ausgabe von 1631. Vgl. ebd.

244 Grotius, De iure ac pacis, Leiden 1939, Prol.11, p. 10; zitiert nach Huber, Gerechtigkeit und Recht, 31.

245 Huber, Gerechtigkeit und Recht, 32.

246 Vgl. ebd.

247 Vgl. ebd.; im einzelnen vgl. Böckenförde, Die Entstehung des Staates als Ergebnis der Säkularisation (1967), 92-114.

Gottes aus den staatlichen Verfassungsurkunden«[248]; die Verfassungsurkunden werden formuliert etsi deus non daretur.[249]

Erst durch die Erfahrungen mit der Zerstörung von Staat und Recht durch das nationalsozialistische Regime habe sich eine veränderte Situation ergeben, denn bis dahin zeige die deutsche Verfassungsgeschichte ein erstaunlich säkulares Gepräge.[250] Doch die Erfahrungen mit der Destruierung von Recht und Staatlichkeit haben eine Situation geschaffen, für die es charakteristisch gewesen sei, »daß es beim verfassungspolitischen Neubeginn im westdeutschen Teilstaat auch zu einem ausdrücklichen Hinweis auf die Verantwortung der Menschen vor Gott«[251] gekommen sei. »Die Berufung auf Gott erhält wieder einen Platz in Verfassungstexten. Die staatliche Ordnung wird nun so betrachtet, als ob es Gott gäbe (*etsi Deus daretur*).«[252]

Wie die Mehrzahl der Juristen sieht Huber die Aufnahme des Gottesbezuges primär durch die Erfahrung mit den Verbrechen des nationalsozialistischen Regimes zwischen 1933 und 1945 motiviert. Er nimmt damit eine historische bzw. genetische Argumentationsweise für die Befürwortung des Gottesbezuges in den Präambeltexten auf. Angesichts der maßlosen Ungerechtigkeit, welcher sich die staatliche Macht in der Zeit zwischen 1933 bis 1945 bedient hatte, habe sich nach dem Untergang dieses Regimes der Wunsch ergeben, eine Instanz zu benennen, an welcher alle staatliche Ordnung ihre Grenze finde. Und angesichts einer tiefgreifenden Schuldverstrickung der Menschen in der Zeit des Nationalsozialismus sei es notwendig, einen Grund zu explizieren, auf den jede menschliche Verantwortung sich beziehen müsse.[253]

Diesem Wunsch sei durch die Aufnahme der »Berufung« auf die Verantwortung vor Gott in den Präambeltexten der westdeutschen Nachkriegsverfassungen Rechnung getragen worden.[254] Damit sei aber nicht notwendig eine Op-

---

248 Huber, Gerechtigkeit und Recht, 32.

249 Vgl. ebd. So auch die Überschrift des Abschnittes A.I.3.a., Huber, Gerechtigkeit und Recht, 30-32.

250 Vgl. aaO., 33.

251 Ebd.

252 AaO.,33. So auch die Überschrift des Abschnitts A.I.3.b.; aaO., 33-40. Huber verwendet durchweg den Begriff »Berufung« für die Bezugnahme auf Gott, möchte davon aber ausdrücklich seine Funktion als »invocatio« unterschieden wissen; vgl. aaO., 36.

253 Vgl. aaO., 33

254 Vgl. aaO., 33f.

tion für eine bestimmte religiöse Prägung verbunden[255], selbst wenn mit der Aufnahme des Gottesbezuges einem Bekenntnis der Mitglieder des Parlamentarischen Rates Ausdruck gegeben worden sei[256]. Andererseits gesteht Huber zu, daß »die Aufnahme der Gottesformel in das Grundgesetz von der Absicht geprägt [sei], das Gewicht christlicher Überzeugungen für den Neuaufbau des Gemeinwesens hervorzuheben«[257]; zugleich sei die Formulierung jedoch »so unspezifisch, daß sie sich mit sehr unterschiedlichen Gottesvorstellungen verbinden«[258] ließe; und sie dürfe »auch nicht als Ausschluß derjenigen verstanden werden, die für sich keinerlei Glauben an Gott gelten lassen«[259]. Pointierter: »Die Bezugnahme auf den Gottesgedanken erfolgt auf dem Hintergrund christlichen Denkens; der Formulierung soll aber von Anfang an ein überkonfessioneller Charakter zukommen.«[260] Seit der Aufnahme der »Gottesformel« in den Präambeltext des Grundgesetzes sei sie interreligiös offen gewesen, weil sie sogar jene nicht ausschließen sollte, welche sich in keiner Weise religiös gebunden fühlen. Auch in der religiös sich pluralisierenden Gesellschaft habe diese Formel in der Präambel der Verfassung ihren Sinn, denn sie könne die Einsicht offen halten, »daß auch die Glieder einer religiös pluralistischen Gesellschaft in

---

255 Vgl. aaO., 35. Deutlich wird auch hier die bewußte Ablehnung der Interpretation von Behrendt.

256 Vgl. aaO., 36. Dennoch hat die historische Perspektivierung gezeigt, daß dieser Sachverhalt differenzierter betrachtet werden muß. Zwar handelt es sich um ein Bekenntnis der Mitglieder des Parlamentarischen Rates, und zwar hat Carlo Schmid später – immerhin lagen zwischen dem Selbstzeugnis Schmids und den tatsächlichen Ereignissen einige Jahrzehnte - gesagt, daß die Möglichkeiten vom Gottesgedanken der christlichen Kirchen über deistische und freimaurerische Vorstellungen bis zum marxistischen Gottesbild Ernst Blochs reichten (vgl. Carlo Schmid, Erinnerungen, 371f; Huber, Gerechtigkeit und Recht, 37, Anm. 52; s.u. V.3.2.), aber dennoch gingen die Mitglieder des Parlamentarischen Rates eher von einem christlichen Gottesbild aus. Dazu s.o. I.2. Ähnliches legt auch der Sachverhalt nahe, daß man in Art 1 GG bewußt gegen den Antrag Süsterhenns den Gottesbezug nicht herstellte. Ähnliches merkt auch Schlaich an, der im übrigen der historisch-genetischen Argumentation Hubers konform läuft. Dazu vgl. Schlaich, Konfessionalität-Säkularität-Offenheit, 430ff.

257 Huber, Gerechtigkeit und Recht, 36f.

258 AaO., 37. Huber verweist auf Carlo Schmid; s.u. V.3.2.

259 Huber, Gerechtigkeit und Recht, 37. Huber denkt an agnostisch und atheistisch orientierte Menschen. Anders urteilt der Grundgesetzkommentar von Münch/Kunig, Grundgesetz-Kommentar, Präambel, Rdnr. 7: »(...) so kann als rechtlich relevanter Gehalt nur fixiert werden die Zurückweisung von Verabsolutierung von Staatsgewalt (...) und die Absage an den Atheismus als Staatsreligion«. Im einzelnen s.o. IV.1.

260 Huber, Gerechtigkeit und Recht, 37.

ihrem Handeln auf einen gemeinsamen Verantwortungshorizont bezogen sind«[261].

Durch die wiederholte Aufnahme der Formel von Böckenförde, daß der freiheitliche, säkularisierte Staat von Voraussetzungen lebe, die er selbst nicht garantieren könne[262], konstatiert Huber, daß die Präambel des Grundgesetzes »die Grundbedingung des säkularisierten, freiheitlichen Staates nicht aufheben, sondern nur auf ihre Weise einschärfen«[263] wolle. Dann dürfe dem Gottesbezug in der Präambel aber gerade kein legitimatorischer Charakter im Sinne eines »religiösen Staatsrechts«[264] beigemessen werden. Mit dieser Aussage grenzt sich Huber gegen die Interpretation der Verantwortungsformel als zivilreligiöses Element der Verfassung ab, wie dies vor allem von Hermann Lübbe konstatiert worden ist.[265] Das Grundgesetz beginne gerade nicht

»mit einer religiösen Anrufung, sondern mit dem Versuch, in neun Worten auszudrücken, in welchem Horizont nach der (mehrheitlichen) Überzeugung der Verfassungsgeber menschliche

---

261 Ebd. An dieser Stelle äußert Huber andererseits die Vermutung, daß bei der Formulierung einer neuen Präambel heute wahrscheinlich keine »Gottesklausel« wieder in sie aufgenommen würde. Vgl. ebd. Er verweist dabei auf die Analyse von Vögele, Zivilreligion, 236-240, mit der Begründung, dies zeige sich auch an der Diskussion über die Präambel für die Verfassungen der neuen Bundesländer. Es legt sich aber unter Berücksichtigung der Ergebnisse des historischen Bezugsfeldes in Hinblick auf die Diskussion in Niedersachsen und die Schlußdiskussionen in den neuen Ländern sowie der Diskussion in der Gemeinsamen Verfassungskommission zur Revision des Grundgesetzes ein anderes Ergebnis nahe. Im einzelnen s.o. I.2.3.; I.3.7; I.4.2./5./6.

262 Vgl. Huber, Gerechtigkeit und Recht, 37; Schlaich bemerkt zu dieser Formel: »Das Legitimationsgebäude des freiheitlichen Verfassungsstaates nimmt sich also eher bescheiden aus. Um so entscheidender sind dessen Grundlagen bzw. die *Voraussetzungen zu seiner Verwirklichung*. Sie sind unser Thema. (...) [Ich] greife (...) nun einen Satz auf aus dem schon genannten Aufsatz von Böckenförde aus dem Jahre 1967. Dieser Satz ist bereits klassisch geworden; Hermann Lübbe stellte fest, er werde 'mit einer innovationsfreien Regelhaftigkeit wiederholt', die zeige, daß er auf einen Sachverhalt ziele, der ebenso unwidersprechlich wie fundamental sei. [Lübbe, Staat und Zivilreligion] Der Satz lautet: 'Der freiheitliche, säkularisierte Staat lebt von Voraussetzungen, die er selbst nicht garantieren kann. Das ist das große Wagnis, das er, um der Freiheit willen eingegangen ist.'[Böckenförde, Die Entstehung des Staates als Vorgang der Säkularisation, 112]« (Schlaich, Konfessionalität-Säkularität-Offenheit, 437.) Zu Böckenförde s.o. IV.5.2.

263 Huber, Gerechtigkeit und Recht, 37.

264 Den Begriff des »religiösen Staatsrechts« verwendet vornehmlich Lübbe. S.u. V.3.1.

265 Vgl. Huber, Gerechtigkeit und Recht, 37; Lübbe, Staat und Zivilreligion, 195-220; ders., Religion nach der Aufklärung, 306-327; dazu vgl. Reuter, Zivilreligion, 327-330. Im einzelnen s.u. V.3.1.

Verantwortung nicht nur in ihren privaten, sondern auch in ihren öffentlichen Dimensionen ihren Ort hat«[266].

Die menschliche Verantwortung habe ihre verpflichtende Grundlage nicht ausschließlich in der Fürsorge für andere Menschen, sondern verdanke sich einer Autorität, »der gegenüber alle Rücksichtnahme auf andere Menschen nur eine relative Bedeutung zukommen«[267] könne. Im Erfahrungshorizont der deutschen Geschichte des nationalsozialistischen Regimes solle durch den »Appell« an die Verantwortung vor Gott also deutlich werden, »daß Menschen vor einer anderen Instanz als dem Staat letzte Rechenschaft schulden«[268], weshalb jede Loyalität gegenüber dem Staat recht verstanden allein den Charakter der kritischen Loyalität innehaben könne.[269] Huber rekurriert auch hier auf seine von historischen Gesichtspunkten geleitete Argumentation, um die Benennung des Verantwortungsbezuges in der Verfassung zu erklären.

Als Interpretation dessen, was die Verantwortungsformel der Präambel des Grundgesetzes aussagt, versteht er die Anerkennung der Menschenwürde und der Menschenrechte in Art. 1 GG. Damit nimmt er einen Gedanken auf, den er schon früher expliziert hatte, nämlich daß die Garantie der Menschenwürde in Art. 1 GG ihre letzte Dignität von der Präambel des Grundgesetzes her erhalte, wodurch eine Bereitschaft zur »Umkehr aus deutschen Verhältnissen, in denen Menschenrechte nicht nur verletzt, sondern durchaus und vollständig veräußert wurden«[270], entstehe.[271] Es findet also eine Verknüpfung des Gottesbezuges mit dem Gebot der Unantastbarkeit der Würde des Menschen statt.

»Was in der Präambel des Grundgesetzes mit der 'Verantwortung vor Gott und den Menschen' gemeint sein kann, wird hier, in der Anerkennung der Menschenrechte, in einer Weise veranschaulicht, die sich der religiösen Sprache bedient, ohne doch Bürgerinnen und Bürger

---

266 Huber, Gerechtigkeit und Recht, 37. Zum Begriff der Verantwortung bei Huber vgl. Huber, Friedensethik, 256ff; ders., Konflikt und Konsens, 135ff. Zur Frage des je eigenen Verwiesenseins auf die Verantwortung vgl. Raiser, Gott im Grundgesetz. Im einzelnen s.o. III.5.

267 Huber, Gerechtigkeit und Recht, 38.

268 Ebd.

269 Vgl. ebd.

270 Ebd.

271 Auch an dieser Stelle kommt Huber auf seine historisch motivierte Argumentation zurück. Interessant ist in diesem Zusammenhang, daß im Parlamentarischen Rat beantragt worden war, auch hier eine nominatio Dei einzufügen, was jedoch bekräftigt durch ein Votum von Theodor Heuss abgelehnt worden war. Dazu s.o. I.2.1.

von Staats wegen auf ein bestimmtes religiöses Bekenntnis zu verpflichten. Vielmehr zeigt der Menschenrechtsartikel des Grundgesetzes besonders deutlich, in welchem Sinn eine freiheitliche Verfassungsordnung auf Voraussetzungen ruht, die sie selbst nicht hervorzubringen vermag. Denn einen Grund für die Unantastbarkeit der menschlichen Würde vermag der Verfassungsgeber gerade nicht zu benennen.«[272]

Damit rekurriert Huber auf einen Sachverhalt, den vor ihm schon Wilhelm Wertenbruch artikuliert hatte[273] und nimmt, indem er die Präambel des Grundgesetzes mit seinen folgenden Grundrechtsartikeln verbindet, ein Anliegen der Juristen auf.[274]

Die Benennung des Verantwortungshorizontes vor Gott und den Menschen erinnere daran, daß der Staat und letztlich auch jede Rechtsordnung auf Voraussetzungen beruhen, die das Recht nicht selbst erschwingen kann.[275] Die Formel

272 Huber, Die Menschenrechte und das Grundgesetz, 191. Damit nimmt Huber wiederholt die Formulierung Böckenfördes auf.

273 Vgl. Wertenbruch, Grundgesetz und Menschenwürde, 154-160, der zwar ebenfalls einen Zusammenhang zwischen der Verantwortungsformel der Präambel und dem Menschenwürdeartikel des Grundgesetzes herstellt, aber von anderen theologischen und rechtsphilosophischen Voraussetzungen ausgeht.

274 Dazu vgl. Häberle, Gott im Verfassungsstaat, 221. »Letztlich führt die Verantwortungsklausel direkt zur Menschenwürdegarantie des Art. 1 Abs. 1 GG.« (Ebd.) Vgl. ebd., Anm. 38. In die gleiche Richtung weist Starck, der die Menschenwürde letztlich im metaphysischen Bereich verankert sieht. Vgl. Starck, Menschenwürde als Verfassungsgarantie im modernen Staat, 463f. Zur Genese der Menschenwürdegarantie (Art. 1 GG) im Parlamentarischen Rat und zu dem engen Zusammenhang mit der Präambel des Grundgesetzes vgl. aaO., 457f. »Bedeutsam für die Bestimmung des Menschenwürdebegriffs kann außerdem die Berufung der Präambel auf die *Verantwortung vor Gott* sein. Die Berufung auf Gott (...) muß freilich einen Stellenwert haben, der nicht mit dem Schutz der (auch negativen) Glaubensfreiheit in Widerspruch steht: etwa im Sinne eines allgemeinen Transzendenzbezuges, einer metaphysischen Position des Menschen und damit eines Bekenntnisses zur Relativität aller staatlichen Macht. Eine metaphysische Grundlage der Menschenwürde bedeutet in ihrem rechtlichen Kern eine letzte Sicherung des Menschen vor einer totalen Verfügung durch staatliche oder gesellschaftliche Mächte.« (AaO., 458). »Die metaphysisch fundierte Menschenwürde ist der Schlüsselbegriff für das Verhältnis des Menschen zum Staat. Das Verhältnis des Staates zur Metaphysik ist ambivalent. Der Staat muß die metaphysische Dimension des Menschen durch die Rechtsordnung achten und schützen. Darüber hinaus hat der Staat nichts mit Metaphysik zu tun, insbesondere darf er weder Glauben noch Metaphysik zur Pflicht machen, noch sich selbst unmittelbar metaphysisch begründen.« (AaO., 463f). Zur Genese der Menschenwürdegarantie (Art. 1 GG) im Parlamentarischen Rat und zu dem engen Zusammenhang mit der Präambel des GG vgl. aaO., 457f; Leuze, Gott im Grundgesetz, 188; Blumenwietz, Gott und Grundgesetz, 134ff.

275 Vgl. auch den Rekurs, den Huber auf die Allgemeine Erklärung der Menschenrechte nimmt. Vgl. Huber, Gerechtigkeit und Recht, 38f.

von Böckenförde dient Huber als Interpretament des Gottesbezuges der Präambel, womit die Interpretation und Kritik des Rechtes eben eine unaufgebbare Aufgabe auch für die Theologie sei.[276]

Als »problematisch« bezeichnet Huber eine Meinung, die angesichts einer faktisch uns umgebenden »polyzentrischen Welt«, welche weder politisch noch weltanschaulich, kulturell oder religiös auf ein einziges Zentrum ausgerichtet sein könne, und einer faktisch existierenden »pluriformen Gesellschaft«, in welcher keine bestimmte »Religion« oder »Weltanschauung« mit exklusiven Sonderrechten begünstigt werden dürfe, »die Berufung auf Gott im exklusiven Sinn als Verweis auf den christlichen Gott interpretiert«[277]. Mit der weltanschaulichen Neutralität des Staates sei allein eine Interpretation des Gottesbezuges in der Präambel vereinbar,

> »(...) die den Beginn der Präambel als Bekenntnis der Verfassungsgeber in einer bestimmten geschichtlichen Situation deutet und Bürgerinnen und Bürgern die Freiheit läßt, auf die Frage nach dem Grund menschlicher Verantwortung ihre je eigenen Antworten zu finden. Keine derartige Antwort kann von Staats wegen mit exklusiver Geltung ausgestattet werden.«[278]

Zusammenfassend läßt sich in bezug auf Hubers Ansatz festhalten, daß seinen Gedankengang drei Argumentationslinien begleiten. Erstens das von historischen Gesichtspunkten motivierte Argument Hubers für die Aufnahme einer nominatio Dei, die Verantwortungsformel in den Präambeltexten bundesdeutscher Nachkriegsverfassungen erkläre sich aus der »Situation nach den Verbrechen des nationalsozialistischen Regimes«[279]. Diese geschichtliche Konstellation impliziere aber nicht lediglich historische Dignität, sondern präge auch die gegenwärtige politische Verantwortung mit.[280] Damit bestätigt Huber die Ergebnisse der Analyse der historischen Dokumente in dieser Arbeit.[281] »Eine isolierte Veränderung der Verantwortungsformel müßte deshalb auf viele Men-

276 Vgl. aaO., 39.
277 AaO., 39. Hier grenzt Huber sich gegen die Interpretation von Behrendt ab. S.o. »Drastisch zeigt sich die Unhaltbarkeit dieses Vorgehens auf dem Titelblatt der von E.L. Behrendt herausgegebenen Bände über »Rechtsstaat und Christentum«; auf ihm wird das Kreuz efeuartig von einem Paragraphenzeichen umschlungen. Klaus Schlaich sah sich dadurch zu der Frage provoziert: 'Christlicher Rechtsstaat oder rechtsstaatliches Christentum?' (...).« (Huber, Gerechtigkeit und Recht, 39).
278 Ebd.
279 Ebd.
280 Vgl. ebd.
281 Im einzelnen s.o. I.2.3.; I.3.8.; I.4.6.; I.5.

schen als Ausdruck einer verhängnisvollen Verdrängung wirken.«[282] Huber verbindet hier seine historisch-genetische Argumentation mit dem Sachverhalt, daß der Verantwortungsformel in der Präambel die Funktion der Aufarbeitung dieser »bestimmten Vergangenheit« des Dritten Reiches inhäriere.[283] Aus diesem Grund sei bei jeder Revision der Verfassung in bezug auf dieses Element Behutsamkeit notwendig. Der Sachverhalt der Aufarbeitung einer bestimmten Vergangenheit wird später noch genauer zu behandeln sein.[284] Weiterhin dürfe der Gottesbezug nicht dahingehend mißverstanden werden, als hätte er jemals die Religionsfreiheit beeinträchtigt.

Die zweite Argumentationslinie, welche bei Huber den Denkweg begleitet, expliziert die in Anlehnung an Böckenförde formulierte Einsicht, daß der säkulare Staat sich in der Spannung zwischen Religionsneutralität und Religionsabhängigkeit befinde.[285] Er dürfe politische Herrschaft nicht legitimieren und in dieser Absicht eine bestimmte Religion staatlich privilegieren; doch anerkenne er seine Grenzen und Aufgaben nur dann, »wenn das Bewußtsein lebendig bleibt, daß er von Voraussetzungen abhängig ist, die er selbst weder hervorzubringen noch zu garantieren vermag«[286]. Der Theologie komme die Aufgabe der »kritischen und wachsamen« Begleitung nach *beiden Seiten* hin zu. Sie habe zum einen dazu beizutragen, daß die Religionsfreiheit geachtet werde und die staatliche Religionsneutralität gewahrt bleibe. Sie habe zum anderen auch die Voraussetzungen staatlichen Zusammenlebens aus der christlichen Perspektive, d. h. »aus der Perspektive der vorbehaltlosen Menschenfreundlichkeit Gottes«[287], und damit ihre je eigene Positionalität, klarzustellen.

Drittens insistiert Huber auf den Zusammenhang der Grundgesetzpräambel mit Grundrechtsartikeln, insbesondere der Funktion des Gottesbezuges als Interpretament der Menschenwürdegarantie.

Beim Ausgehen von historischen Fragestellungen zum Gottesbezug liegen eindeutig die Stärken des Ansatzes von Huber, denn gerade die Erfahrungen mit

---

282 Huber, Gerechtigkeit und Recht, 39.

283 Der Aspekt einer Aufarbeitung von Schuldverstrickung war schon bei der Analyse der parlamentarischen Debatten deutlich geworden. Im einzelnen s.o. I.; II.2.3.

284 S.o. I.6.; s.u. VII.3.

285 Vgl. Huber, Gerechtigkeit und Recht, 40.

286 Ebd.

287 Ebd.

der Geschichte des Nationalsozialismus haben das Bewußtsein dafür geschärft, daß auch der säkulare Staat auf Voraussetzungen beruhe, die er selbst nicht hervorbringen, auf dessen Berufung er aber auch nicht verzichten kann. Nicht ganz richtig - wenn auch in der groben Tendenz völlig adäquat bezeichnet - ist die Auskunft des säkularen Gepräges der deutschen Verfassungsgeschichte bis zur zweiten Hälfte des 20. Jahrhunderts, denn auch bei den Debatten um die Weimarer Verfassung gab es Stimmen, die einen Gottesbezug in die Verfassung implementieren wollten; dieser Vorstoß scheiterte daran, daß der Antrag aus Furcht, er könnte abgelehnt werden, in letzter Instanz gar nicht erst gestellt wurde.[288]

Ziel von Hubers Gedankenweg ist der Nachweis der Notwendigkeit der Beteiligung der Theologie an den Bemühungen um eine Rechtsethik. Die Frage nach dieser Beteiligung beantwortet Huber positiv. Haben die Erfahrungen der konfessionellen Bürgerkriege des 16. und 17. Jahrhunderts den Schluß nahegelegt, das Bekenntnis zu Gott sei für die Begründung des Rechtes weder notwendig noch hilfreich und daher müsse man das Recht unabhängig von allen religiösen Voraussetzungen *etsi Deus non daretur* interpretieren, so haben die Erfahrungen mit »staatlich organisierter Grausamkeit« im 20. Jahrhundert dazu geführt, wieder explizit den Horizont zu benennen, innerhalb dessen Menschen für ihr Handeln rechenschaftspflichtig sind; es wird also in Verfassungspräambeln ein Verantwortungsbezug hergestellt *etsi Deus daretur*. »Die Rolle der Theologie für die Deutung des Rechts besteht darin, diese Voraussetzungen wie ihre Folgen zu präzisieren«[289], ohne die Religionsneutralität des Staates und die Religionsfreiheit der einzelnen Bürgerinnen und Bürger anzutasten.

2.7. Eilert Herms - Fundamentalethische Aspekte des Gottesbezuges

Eilert Herms hat zu dem Gottesbezug in Präambeltexten insbesondere des Grundgesetzes und der Verfassung des Landes Niedersachsen mehrmals Stellung genommen.[290] Er bietet einen Lösungsvorschlag an, in welchem er versucht, den Gottesbezug unter den Bedingungen einer faktisch weltanschaulich-

288 Dazu im einzelnen vgl. Papenheim, Präambeln, 117f. Dort auch weitere Quellen.
289 Huber, Gerechtigkeit und Recht, 40.
290 Vgl. Herms, Gott im Grundgesetz; ders., Verantwortung in der Verfassung.

pluralistischen Gesellschaftsstruktur in der Bundesrepublik im Unterschied zu Huber unter Abblendung historischer und genetischer Fragestellungen[291] zu verstehen, in dem er aber dessen zivilreligiöse Interpretation vehement ablehnt.[292] Dieser Lösungsansatz unterscheidet sich von den anderen dadurch, daß er den Problemkomplex grundsätzlich behandelt. Diesem Ansatz soll nun im einzelnen nachgegangen werden.

Erstmals äußerte Herms sich zu dem Problemkomplex im Rahmen der schon erwähnten Tagung mit dem Thema »Gott im Grundgesetz?«, die 1993 in Loccum stattfand.[293] Das zweite Mal nahm er im Rahmen der niedersächsischen Debatte 1994 um den Gottesbezug zu diesem Thema Stellung.[294] Die letzte Stellungnahme ist unmittelbar in die Diskussionen der parlamentarischen Organe, die mit der Erweiterung der Verfassung des Landes Niedersachsen beschäftigt waren, eingeflossen.[295]

In beiden Voten beschränkt Herms sich darauf, in evangelischer Sicht die normative Frage zu klären, welche Gründe heute dafür sprächen, daß eine Verfassung eine Präambel mit Gottesbezug enthalte.[296] Diese Frage beantwortet Herms aus *evangelischer Sicht*, »d.h. auf dem Boden und im Lichte desjenigen Verständnisses von Wirklichkeit, Welt und Mensch, das [er] (...) im christlichen Glauben evangelischer Prägung enthalten sehe«[297], denn die Abhängigkeit von kategorialen Grundannahmen gehöre zu jeder wissenschaftlichen Arbeit, welche durch Standpunkt und Überzeugung der wissenschafttreibenden Subjekte bedingt und deshalb unaufhebbar perspektivisch bleibt.[298]

291 Vgl. Gott im Grundgesetz, 432.

292 Vgl. besonders Herms, Gott im Grundgesetz, 440.

293 Das Einführungsreferat findet sich unter dem Titel »'Gott im Grundgesetz' - aus evangelischer Sicht« in der Dokumentation von Greive, Gott im Grundgesetz, 20-28. Zugänglich in: Herms, Kirche für die Welt, 432-440. Im folgenden hiernach zitiert [Herms, Gott im Grundgesetz]. Vgl. auch die Dokumentation: Greive, Gott im Grundgesetz, insbes. 29-48.

294 Vgl. Herms, Keine Abwahl Gottes. Die Offenlegung der Verantwortung in der Verfassung, in: LM 33 (1994), Heft 2, 6-10, wieder abgedruckt in einer erweiterten Form als: Ders., »Verantwortung in der Verfassung«, in: Ders., Kirche für die Welt, 441-461. [Im folgenden nach letzterem zitiert: Herms, Verantwortung in der Verfassung].

295 Vgl. Der Präsident des Niedersächsischen Landtages, Debatte, 10006.

296 Vgl. Herms, aaO., 432; ders., Verantwortung in der Verfassung, 442.

297 Herms, Gott im Grundgesetz, 432.

298 Vgl. ebd.

Es ist charakteristisch für das theologische Denken von Herms, daß alle Phänomene der Wirklichkeit in einer doppelten Perspektive wahrgenommen werden. Zum einen erfahren Menschen ihre Lebenswirklichkeit als eine vorgegebene 'objektive Einheit', zum anderen können sie diese immer nur aus einer bestimmten Perspektive wahrnehmen.[299] Beide Perspektiven sind untrennbar aufeinander bezogen, so daß jede Theorie, welche die Gesellschaft als eine objektive Einheit zu erfassen sucht, in einer bestimmten Perspektive, die zu erfassen es gilt, fundiert ist.[300] Herms legt seine Überlegungen zur Gesellschaftstheorie aus der Perspektive des evangelischen Theologen und Sozialethikers dar, insofern fundieren auch seine Überlegungen in einer bestimmten Perspektive.

Die Überlegungen zur Perspektivität weitet er auch auf die Handlungstheorie aus, indem er schließlich folgert, daß jedes qualifizierte Handeln »durchgehend *undelegierbare eigene Entscheidungen einer Einzelperson, von denen jede den Charakter einer Wahl von leibhaftem Verhalten hat, die selbstbewußt-frei, regelmäßig, folgeträchtig und zielstrebig*«[301] sei, also - verstanden als Selektion von Zielen und Mitteln - religiös-weltanschaulich fundiert sei.[302] »Menschliches Handeln ist als solches stets und immer getragen von der Religion oder weltanschaulichen Überzeugung des Handelnden.«[303] Diese These von der weltanschaulichen Fundierung des Handelns gelte für jede Form des Handelns, also für das öffentliche sowie für das private. Die Begründung dafür liegt in der Form der Qualifizierung des Handlungsbegriffs bei Herms, da - wie oben erwähnt - Handeln wesentlich auch durch Ziele bestimmt ist, in welchen sich bestimmte Interessen des Handelnden widerspiegeln.[304] Jeder Mensch handelt, er steht also in einer Situation, »in der endliche Selbste, personale Individuen im intersubjektiven Medium und Kontext des objektiv (...) geregelten Naturgeschehens interagieren und dadurch soziale Lebenszusammenhänge (Interaktionsordnungen, 'soziale Systeme') erzeugen (zustandekommen lassen)«[305]. Soziale Systeme sind demnach »Interaktionsordnungen«, welche durch die Befolgung von Regeln entstehen[306]; die Gesellschaft als »Gesamtsphäre des Sozialen« ist der »Inbegriff aller füreinander zugänglichen Interaktionen«[307]. Von solchen Interaktionsordnungen bzw. Systemen unterscheidet Herms vier für den Bestand jeder Gesellschaft konstitutive Systeme: das politische, das ökonomische, das des ethisch orientierten und das des technischen Wissens. Da Herms seinen Handlungsbegriff auf alle vier Systeme appliziert, ist die entscheidende Wendung für seine Staatstheorie nun folgende: »Auch in den *weltanschaulich neutralen Institutionen* der neuzeitlichen Gesellschaft gibt es kein *weltanschaulich neutrales Handeln.*«[308] Herms bestreitet also das Prinzip der weltanschaulichen Neutralität

299 Vgl. Herms, Die Rolle der Evangelischen Kirche in der Technologiegesellschaft, 349.
300 Vgl. Herms, Gesellschaft gestalten, XVII; Vögele, Zivilreligion, 369.
301 Herms, Gesellschaft gestalten, IXf. Vgl. auch ebd., 55, 62, 126; ders., Ist Religion noch gefragt, 27.
302 Vgl. Vögele, Zivilreligion, 370.
303 Herms, Ist Religion noch gefragt, 30.
304 Vgl. Herms, Die Rolle der Evangelischen Kirche in der Technologiegesellschaft, 357; ders., Grundzüge eines theologischen Begriffs sozialer Ordnung, 63; 68; ders., Ist Religion noch gefragt, 30.
305 Herms, Theologie und Politik, 105.
306 Vgl. Herms, Religion und Organisation, 55.
307 AaO., 58.
308 Herms, Gewalt und Recht in theologischer Sicht, 125.

des Staates ebenso wie die These von der bloß privaten und nicht öffentlichen Relevanz der Religion.[309]
Bezüglich der Rechtssysteme kommt Herms im Zusammenhang mit der Behandlung der Begründung des Kruzifixbeschlusses des Bundesverfassungsgerichtes vom 16. Mai 1995 zu dem Ergebnis, daß »die Auslegung des positiven Rechts und der Verfassung durch die Gerichte (...) nicht 'weltanschaulich neutral' ist«.[310] Schließlich verabschiedet Herms die Bezeichnung der »weltanschaulichen Neutralität« des Staates als unpraktizierbar.[311]

Die Einsicht in die wesentliche Perspektivität aller Wissenschaft präsentiere sich als Zielpunkt, »auf den der gesamte erkenntniskritische, geschichtsphilosophische, wissenschaftstheoretische und handlungstheoretische Diskurs der Neuzeit«[312] konvergiere, so daß sich alle Erkenntnisaktivität des Menschen auf dem Boden seines jeweiligen »Vorverständnisses der allgemeinen Züge seines Daseins und seiner Welt bewegt, das einer unaufhörlichen geschichtlichen Variabilität und einer unaufhebbaren individuellen Perspektivität unterliegt«[313]. Diese prinzipielle weltanschauliche Voreingenommenheit führe jedoch nicht in eine Beliebigkeit weltanschaulicher Vorstellungen, »denn für diese Voreingenommenheit durch eine weltanschaulich-kategoriale Überzeugung gilt ja in *formaler* Hinsicht immer, daß sie sich uns im Laufe unserer Bildungsgeschichte aufdrängt und, solange sie herrscht, für uns alternativenlos ist«[314]. Diese Perspektivität sieht Herms ihrerseits so weit relativiert, als sie sich auf den Weg eines Verständigungsprozesses mit anderen in einer bestimmten Perspektive stehenden Handlungspositionen in einen Dialog begeben müsse, was den Schritt der diskursiven Selbstrelativierung jeder Perspektive auf andere Perspektiven einschließt.
Hinsichtlich des Gottesbezuges folgert Herms:

»Auch die Gesamtgesellschaft und ihre Ordnung sowie ihr politisches System und dessen Verfassung können von niemandem anders als im Licht solch weltanschaulicher Voreingenommenheit erkannt und beurteilt werden.«[315]

---

309 Vgl. aaO., 126; ders., Ist Religion noch gefragt, 35. Vgl. vor allem Herms, Theologie und Politik, 95-124.
310 Herms, Die Begründung des Kruzifixbeschlusses des Bundesverfassungsgerichts vom 16. Mai 1995, 125.
311 Vgl. Herms, Was besagt die »weltanschauliche Neutralität des Staates«?, 144-155.
312 Herms, Gott im Grundgesetz, 432.
313 AaO., 433. »Hier bewegt sich tatsächlich niemand auf neutralem Boden.« (Ebd.)
314 Ebd.
315 AaO., 434.

Die sich in weltanschaulichen Fragen pluralisierende bundesdeutsche Gesellschaft verlange nun auch eine im Sinne des Pluralismus verstandene Definition des Begriffs »Kirche«[316], denn auch das Verhältnis zwischen »Staat« und »Kirche« bzw. »Kirche« und »Gesellschaft« pluralisiere sich. »Die Diskussion des Verhältnisses zwischen 'Kirche und Staat' betrifft also de facto stets *alle* diese vielen Überzeugungsgemeinschaften«[317]. Jedes Votum zum Gottesbezug der Präambel einer Verfassung stehe nun auf dem positionalen Boden einer der vielen orientierunggebenden Gemeinschaften (Glaubensgemeinschaften), das von Herms auf dem der evangelischen Kirche.[318]

Von dieser Perspektive aus begründet Herms zunächst allgemein, warum es sozialethisch wünschenswert sei, daß eine Verfassung eine Präambel besitze. Eine demokratische Vollverfassung fixiere rechtlich die Organe des politischen Systems und ihre Zuständigkeiten, die formalen Normen, nach denen diese Organe zu konstituieren sind und zu verfahren haben und die obersten inhaltlichen Ziele und Normen des Staates sowie der Bürger. Präambeln bilden weiterhin einen *integralen* Bestandteil des Verfassungstextes vieler Länderverfassungen[319], »(...) unterscheiden aber ihre eigenen Aussagen ausdrücklich von den normativen Rechtssätzen der 'folgenden' Verfassung. Sie selbst enthalten nur deskriptive Aussagen«[320]. Diese »deskriptiven« Aussagen beinhalten, daß die Verfassung eine menschliche Setzung sei, wer diese Setzung vollzogen habe, unter welchen »äußeren Bedingungen« der jeweilige Souverän die Setzung vollzogen habe, und unter welchen »inneren Bedingungen« die Verfassungsset-

---

316 Herms bedient sich hier eines sehr offenen Kirchenbegriffs im kantischen Sinne. Vgl. aaO., 434f.

317 AaO., 435.

318 Vgl. ebd.

319 Dazu s.o. IV.1.

320 Herms, Verantwortung in der Verfassung, 442. (1) Herms spricht einerseits davon, daß die Präambel integraler Bestandteil des Grundgesetzes ist, dann aber spricht Herms von der »folgenden« Verfassung. (2) Die rein deskriptive Interpretation kommt zwar einer breiten Strömung der Kritiker des Gottesbezuges der Präambel entgegen, verschweigt jedoch die juristische Diskussion um den Rechtsgehalt dieses Teiles der Verfassung. (S.o. IV.1.; 2.). Nicht rein deskriptiv, sondern auch präskriptiv, wenn nicht sogar normativ wollten einige verfassunggebende Organe diese Präambel aber verstanden wissen. Durch die Abblendung der historischen Fragestellung kann Herms jedoch einer genetischen Interpretation, welche auch Argumente für einen präskriptiven Gehalt der Aussageinhalte der Präambel impliziert, aus dem Wege gehen.

zung stehe.[321] Zu den inneren Bedingungen der Verfassungssetzung gehören die Aussagen über das Verantwortungsbewußtsein des Souveräns.

Daß die Aussagen der Präambel alle deskriptiv seien, bedeutet, daß »Feststellungen über Sachverhalte, die nicht Regelungsgegenstand der politischen Ordnung und des Rechtssystems sind, sondern allen seinen Regelungen vorausliegen, sie bedingen und von ihnen in Anspruch genommen werden«[322]. In den Aussagen der Präambel findet demnach das Selbstbewußtsein des Verfassungsgebers seinen expliziten Ausdruck als Bewußtsein derjenigen Befindlichkeiten, »aufgrund deren die gesamte politische und rechtliche Ordnung gewollt und realisiert«[323] werde »bzw. überhaupt erst gewollt, gesetzt, aufrechterhalten und fortentwickelt werden«[324] könne, »somit als Bewußtsein der Abhängigkeit dieser gesamten politischen und Rechtsordnung von ihrem geschichtlichen Subjekt, seiner Befindlichkeit und seinem konkreten Selbstbewußtsein, und als Bewußtsein ihrer Relativität auf es«[325]. Dieser Sachverhalt sei um so evidenter, als es sich bei der Bekundung der Befindlichkeit des Subjektes eines politischen Systems um ein höchst komplex zu denkendes Subjekt handelt. Zu dem Bewußtsein dieses Subjektes gehöre die Einsicht, daß eine Verfassung das Ergebnis des Setzungsaktes von Menschen darstelle, daß es sich hierbei, wie bei der Bestandsgarantie der Verfassung um das Wollen des ganzen Volkes (eingeschlossen aller einzelnen) handele, und daß das politische wie rechtliche Tätigwerden dieses Subjektes unter kontingenten inneren wie äußeren Bedingungen stehe.[326] Die Darstellung der Befindlichkeiten bzw. des Selbstbewußtseins des Verfassungsgebers in einem Präambeltext sei demgemäß aus sozialethischer Sicht ihrer impliziten Fixierung durch den Setzungsakt der Verfassung oder ihrer impliziten Nennung in einzelnen Verfassungsartikeln vorzuziehen, um der »gefährlichen Illusion einer Selbstverständlichkeit dieser Voraussetzungen *de-*

---

321 Vgl. Herms, Verantwortung in der Verfassung, 442. Dazu s.o. III.1.; 2.

322 Herms, Verantwortung in der Verfassung, 443. Zur Problematik der Ausblendung des Rechtsgehaltes der Präambel s.o. IV.1. Schon der Rechtsgehalt des Wiedervereinigungsgebotes in der Präambel des Grundgesetzes schränkt die These von der rein deskriptiven Funktion der Präambel ein.

323 Herms, Verantwortung in der Verfassung, 443.

324 Ebd.

325 Ebd.

326 Vgl. aaO., 444. Herms fixiert hier die häufigsten Stilelemente der bundesdeutschen Präambeltexte als gesollt.

mokratischer Politik«[327] vorzubeugen und ein Bewußtsein für ihre »Kostbarkeit« zu erhalten.[328]

Nachdem er die Wichtigkeit einer Präambel in einem Verfassungstext expliziert hat, begründet Herms, warum es unter Berücksichtigung dieser Voraussetzungen sozialethisch wünschenswert, ja sogar »sachgemäß« und »unverzichtbar« sei, daß eine Verfassung in ihrer Präambel einen Rekurs auf die »Verantwortung vor Gott und den Menschen« nehme[329], wobei Gegenstand der Untersuchung nicht der isolierte Gottesbegriff ist, sondern sein Vorkommen in der Verantwortungsformel »als derjenigen motivierenden und orientierenden ethischen Grundhaltung, in der die im Grundgesetz vorliegende Verfassung entwickelt und in Geltung gesetzt worden ist«[330].

Er konstatiert, daß es sozialethisch wünschenswert sei, daß in den deskriptiven Teilen der Verfassung sich der Verfassungsgeber die Wahrnehmung seiner »Verantwortung« bewußt macht, denn »wer sich nicht für sein Handeln verantwortlich weiß, kennt auch keine Verbindlichkeiten für sein Handeln«[331]. Wünschenswert sei diese Feststellung im Präambeltext einer Verfassung, wenn sie und die auf ihr aufbauende politische Ordnung aus menschlichem Handeln stammt und wenn Subjekt dieses Handelns das ganze Volk sei, denn dann stehe dessen verfassunggebendes Handeln unter der inneren Bindung, »entweder um sich selbst und *seine* - eben nicht an Gott, die Natur, die Evolution oder die Obrigkeit delegierbare - Verantwortung für die politische Ordnung zu wissen und sie in diesem Bewußtsein wahrzunehmen, oder nicht«[332]. Dies in der Verfassung zu explizieren, sei wegen der Nichtselbstverständlichkeit dieses Sachverhaltes evident.[333] Die Negation dieser Verantwortung führe unmißverständlich weg vom Kreis der demokratisch gesonnenen Bürger.[334] Für das christliche Selbst-

---

327 Herms, Verantwortung in der Verfassung, 444.

328 Vgl. ebd. Eine Streichung der Präambel und Verschiebung ihrer Aussagegehalte in die Artikel der Verfassung verschiebe die deskriptive Pointe dieser Aussagen zu einer normativen Pointe. Exemplarisch macht Herms das an der Verfassung von Niedersachsen vom 19. Mai 1993 deutlich, bei der dies faktisch vollzogen worden ist. S.o. I.3.7.; Herms, Verantwortung in der Verfassung, 444.

329 Vgl. Herms, Gott im Grundgesetz, 435; ders., Verantwortung in der Verfassung, 445.

330 Herms, Gott im Grundgesetz, 435.

331 Herms, Verantwortung in der Verfassung, 446.

332 Ebd.

333 Herms rekurriert damit wohl auf die deutsche Vergangenheit. Vgl. ebd.

verständnis spreche die Präambel der Verfassung damit ein ethisches Gut aus, denn sie bringe zum Ausdruck, »daß dieses Grundgesetz für die politische Interaktion und das Handeln des Staates selbst ein Resultat verantwortlicher Interaktion«[335] sei.

Das christliche Daseinsverständnis impliziere die Überzeugung, daß die geschaffene Welt eine gemeinsame für Christen und Nichtchristen sei, in welcher *alle* Menschen ihrer Bestimmung entsprechend zu leben und zu handeln und diese Welt in Kooperation zu bewahren und zu gestalten haben.[336] Christen leben in der Gewißheit, daß diese Ordnung der Gesamtgesellschaft mit ihren funktionsspezifischen Subsystemen (inklusive der Ordnung des Subsystems Politik durch die Verfassung des Staates) »nicht eine fertige *Gabe* ist (...), die einfach in Empfang und hingenommen werden könnte, sondern daß sie den Charakter einer *Aufgabe* hat, die durch verantwortliche Interaktion in Angriff genommen und gelöst werden«[337] müsse. Folglich sei gemäß dem christlichen Selbstverständnis jede in der Geschichte vorfindliche Ordnung ein Resultat menschlicher Interaktion, die sich im Horizont eines leitenden Verständnisses[338] (Perspektivität) über Gewißheit und Bestimmung von Welt und Mensch und eben dadurch den Wesenszug von Verantwortlichkeit gewinne.[339]

Bei der Qualifizierung des Verantwortungsbegriffes bedient sich Herms der Kategorien der Benennung der »Verantwortung für und - vor«[340], wobei er sich auf die Problematisierung der »Verantwortung vor« beschränkt. Aus sozialethischen Gründen sei es sinnvoll, daß die Verantwortung des Verfassungsgebers *vor* einer bestimmten Instanz wahrgenommen werde, da der qualifizierte Gebrauch des Begriffes der Verantwortung immer auch nach dem Forum fragen lasse, vor dem diese Verantwortung geübt werde. Herms nimmt also die Ein-

334 Vgl. aaO., 447. »Wer diese Verantwortung des demokratisch gesonnenen Volkes und seine spezifische Teilhabe an ihr programmatisch (durch Widerspruch gegen die entsprechende Präambelfeststellung) verneint, verläßt ipso facto den Kreis der demokratisch gesonnenen Bürger.« (Ebd.).

335 Herms, Gott im Grundgesetz, 436.

336 Vgl. aaO., 435.

337 Ebd.

338 Zu Herms' Handlungsbegriff, s.o.

339 Vgl. Herms, Gott im Grundgesetz, 435f.

340 Zum Verantwortungsbegriff s.o. III.5.

sichten des dialogischen Charakters auf, die oben herausgearbeitet worden sind.[341]

»Die (...) begründete Forderung, in der Präambel einer demokratischen Verfassung überhaupt festzustellen, daß der demokratische Verfassungsgeber in Wahrnehmung seiner Verantwortung handelt, ist erst erfüllt, wenn auch konkret benannt wird, 'vor' welchem Forum diese Verantwortung besteht.«[342]

Die Benennung dieses Forums müsse jedem demokratisch gesonnenen Glied des jeweiligen Volkes zugemutet werden können, da nur so gewährleistet sei, daß sich in einer weltanschaulich pluralistisch geprägten Gesellschaft jedes einzelne Glied unter die Verfassung stellen kann. Unterbleibe die explizite Benennung dieser Rechenschaftsinstanz der »Verantwortung vor (...)«, »so müssen dann stillschweigend *beliebige* Foren ins Spiel gebracht werden, ohne Rücksicht darauf, ob sie überhaupt als Forum genau derjenigen Verantwortung fungieren *können*, die in der Setzung einer demokratischen Verfassung und der Ausgestaltung und Aufrechterhaltung einer demokratischen Ordnung wahrgenommen wird«[343]. Die Verantwortung jedenfalls könne nicht beliebig gedacht werden[344]. Der Benennung der Instanz des forum externum mit der Formulierung »Verantwortung vor den Menschen« inhäriert diesbezüglich keine Problematik. Doch dürfe damit nicht der Regress der Frage nach dem Forum, vor dem Verantwortung geübt werden soll, beendet werden, sondern die Instanz des forum internum müsse benannt werden.[345]

---

341 Vgl. Herms, Verantwortung in der Verfassung, 447.

342 Ebd.

343 Ebd.

344 Vgl. aaO., 447f. »Demokratie kann nur funktionieren, wenn die Bürger sämtlich nur von Überzeugungen mit solchen Inhalten beherrscht werden, die nicht in Konflikt kommen mit der Würde jedes Menschen als gewissenhafter Person (was die Anerkennung einschließt, daß dieses Gewissen der Person unübersehbar viele inhaltliche Bestimmungen erfahren kann, die selbst dem genannten Kriterium genügen (...)).« (AaO., 448, Anm. 3). Das sei erheblich weniger als jeder beliebige Inhalt. »Mit 'allen möglichen' Lebensüberzeugungen, die in eines Menschen Herz kommen können, ist *keine* politische und Rechtsordnung kompatibel.« (AaO., 449.) Herms konstatiert eine Unterscheidung zwischen (a) den Grundnormen der politischen Ordnung und der Rechtsordnung einer Gesellschaft, die selbst als Rechtsnormen politisch gesetzt und fixiert sind in der Verfassung und politisch gewahrt werden durch eine verfassungstreue Politik, und (b) den ethisch orientierenden Gewißheiten der Bürger, wie sie jeweils fundiert sind in deren Weltanschauung oder Religion, beides im Sinne der weltanschaulichen Neutralität des neuzeitlichen Staates. Vgl. aaO., 448f.

345 Vgl. aaO., 449.

»Aber es macht ihre [sc. der Menschen] Würde als Person aus, daß sie es [sc. ihr Handeln] nicht ausschließlich und nicht in letzter Instanz vor diesem externen Forum zu verantworten haben, sondern vor dem internen Forum, das in allen zum Ethos der Menschenrechte führenden Traditionen bestimmt wird als: ihr 'Gewissen'. Dessen Respektierung als einer dem forum externum nicht unterworfenen, durch keine Mehrheitsentscheidung oder -meinung zu zwingenden Instanz ist folglich auch als unveräußerliches Menschenrecht anerkannt (Erklärung der Menschenrechte Präambel und Art. 18) und unter die von ihnen abgeleiteten Grundrechte aufgenommen (GG Art. 4 Abs. 1).«[346]

Herms konstatiert an dieser Stelle seines Argumentationsganges ein Sach- und ein Sprachproblem. Das Sachproblem bestehe darin, daß die Benennung der Instanz des forum internum durch die Formulierung »Gewissen« nicht hinreichend ist, da sie dessen Grund nicht benennt, denn seine Würde besitze jedes Gewissen erst kraft seines Grundes, »der die Gewißheit des Gewissens so schafft und trägt, daß sie der Verfügung der jeweils betroffenen Einzelnen und überhaupt aller Menschen entzogen«[347] sei. Die Frage nach dem Grund des Gewissens, der unterschieden sein müsse vom begründeten Gewissen und von der Person, deren Gewissen er begründet[348] führt unmittelbar zu einem Sprachproblem:

»Gibt es einen Ausdruck, durch den zwar einerseits die Unterschiedenheit der Instanz, der sich der Mensch als gewissenhafte Person verdankt, von ihm selbst und seinem Gewissen unmißverständlich zur Sprache kommt, der aber zugleich andererseits diese Instanz auf keine einzelne inhaltliche Bestimmung festlegt, sondern für alle hier möglichen verschiedenen inhaltlichen Bestimmungen offenhält?«[349]

Herms konstatiert, daß es für den europäischen Sprachraum nur einen Begriff gebe, der diese Bedingung erfüllt, nämlich der Begriff »Gott« (»theos«, »deus«, »elohim«), da dieser Begriff jene Instanz unmißverständlich in ihrer formalen Unterschiedenheit vom Menschen und seinem Gewissen beschreibe, welcher sich der Mensch als gewissenhafte Person verdanke.[350] Dieser Begriff mache nur auf die formale Differenz derjenigen Instanz aufmerksam, der sich der Mensch als gewissenhafte Person verdanke, sei aber im übrigen, d. h. bei seiner

346 Ebd.
347 AaO., 450. Herms stellt hier die Frage nach der transzendenten Begründungsinstanz.
348 Im einzelnen s.o. III.5.
349 Herms, Verantwortung in der Verfassung, 452.
350 Vgl. aaO., 452f. Er grenzt diesen bewußt gegen andere sich anbietende Ausdrücke wie »das Absolute«, »das Unbedingte« ab.

inhaltlichen Bestimmung der Instanz, für die unterschiedlichsten inhaltlichen Konnotate offen.[351]

»Es ist ein (...) Faktum, daß der Ausdruck 'Gott' durch seine unterschiedlichen Herkünfte und bisherigen geschichtlichen Verwendungsweisen wie kein anderer ausgewiesen ist als denkbar unmißverständliche Bezeichnung der vom Menschen definitiv unterschiedenen Instanz, der sich der Mensch als gewissenhafte Person verdankt, aber zugleich auch als eine Bezeichnung, die für die ganze Spannbreite möglicher inhaltlicher Bestimmungen dieser Instanz offen ist.«[352]

Da dieser Begriff von keinem anderen in der beschriebenen Funktion übertroffen werden könne, bezeichne er in adäquater Form in der Präambelfeststellung *rein formal* den Grund des Gewissens, der dem forum internum des Gewissens seine spezifische Gewißheit verschaffe. Durch diese grundsätzliche Klärung der Funktionszusammenhänge von »Verantwortung«, »Gewissen« und »Gewissensgrund« werden zum einen die »semantische Klarheit« der Rede von »Verantwortung« und »Gewissen« im gesamten politischen Diskurs gesteigert und die formalen Bedingungen, von welchen das Gewissen selbst die letztinstanzliche Autorität habe, und von woher seine nicht anzutastende Würde lebe, dargelegt.[353] Zum andern müßten gerade die weltanschaulich gebundenen Gemein-

---

351 Vgl. Herms, Verantwortung in der Verfassung, 453. »Der Eindruck, daß der Ausdruck 'Gott' inhaltlich auf ein 'monotheistisches', irgendein dezidiert 'religiöses' (im Unterschied zum philosophischen oder wissenschaftlichen) Verständnis oder gar auf ein Verständnis im Sinne irgendeiner einzelnen Religion, der israelitisch-jüdischen, der christlichen oder islamischen, eingeschränkt sei, ist so oberflächlich, daß er schon der einfachsten Überprüfung, etwa durch einen Blick in den Art. 'Gott' im Historischen Wörterbuch der Philosophie (...), nicht standhält.« (Ebd.) Es stellt sich die Frage, ob es sich bei der Benennung dieses transzendenten Grundes um eine aus einer Alternativenlosigkeit stammende Formulierung handelt, oder ob hier nicht auch eine Konsensbildung, nämlich eine geistesgeschichtliche, eine Rolle spielt (formaler Konsens). Hier wird der Begriff »Gott« fundamental-anthropologisch gefaßt. In seiner formalen Aufnahme ist er lediglich fundamental-anthropologische Leerformel. Die Stärke dieser Interpretation ist klar. Sie ist tragfähig in einer sich weltanschaulich pluralisierenden Gesellschaft. Aber ist sie dann überhaupt noch tragfähig, oder ist mit der inhaltlichen Entleerung, bzw. dem formal gedachten »fundamental-anthropologischen« Begriff »Gott« nicht die Tragfähigkeit gerade negiert, denn sinnstiftend kann schließlich nur ein gedachtes Gegenüber »Gottes« werden.

352 Herms, Verantwortung in der Verfassung, 453. Es ist die Frage, ob das erste noch erfüllt werden kann, wenn das zweite schon gilt, oder ob nicht vielmehr die plurale Öffnung des zweiten Teiles in eine Beliebigkeit führt, die das erste negiert oder zumindest als beliebig darstellt - natürlich im Rahmen der Prämissen, die Herms setzt. Vgl. Herms, aaO., 449.

353 Vgl. Herms, Verantwortung in der Verfassung, 455.

schaften an einer »derartigen expliziten und definitiven« Unterscheidung des Ausdrucks »Gott« im Verfassungstext interessiert sein,

»[d]enn sie könnte nur der Klarheit und Unverwechselbarkeit jeweils ihres inhaltlich besonders bestimmten Gottesverständnisses dienen und der Klarstellung des ihnen allen zustehenden Rechts, jeweils diese ihre unverwechselbare eigene Sicht des letzten inneren Verpflichtungsgrundes öffentlich zu vertreten und wirksam werden zu lassen in der Mitgestaltung der Ordnung einer offenen, pluralistischen und multikulturellen Gesellschaft, die diesen Namen tatsächlich verdient.«[354]

Weiterhin verhindere die Klarstellung der inhaltlichen Offenheit des Begriffs »Gott« seine Einschränkung auf das Verständnis einzelner Religionen und Weltanschauungen, weshalb er dann aus den Verfassungstexten gestrichen werden müßte.[355] Darüber hinaus würde eine solche Klarstellung der Aussageabsicht der Präambelfeststellung über das motivierende Handeln des Verfassungsgebers in »Verantwortung vor Gott« den Einwänden der Gegner des Gottesbezuges Rechnung tragen, denn »es wäre deutlich, daß die Feststellung nicht Ausdruck von Intoleranz ist«[356], sondern gerade den Grund für die innere Verpflichtungskraft des Gewissens und seine unantastbare Würde namhaft mache; »und damit auch den Grund aller echten Toleranz, die selbst aus sie innerlich ermöglichenden, verpflichtenden und tragenden Gewissensmotiven lebt«[357].

An dieser Stelle macht Herms die spezifisch christliche Sicht deutlich, nach welcher der Grund des Gewissens im Schöpfer- und Gnadenhandeln Gottes gleichzeitig Grund seiner Verbindlichkeit und Grund seiner Toleranz ist. Und daraus folgert er, daß in christlicher Perspektive eine Verfassung als

354 Herms, ebd. Zum Begriff des »Pluralismus« bei Herms vgl. Herms, Auf dem Weg in die offene Gesellschaft; ders., Theologie und Politik; ders., Vom halben zum ganzen Pluralismus; ders., Pluralismus aus Prinzip.

355 Herms schließt eine historische Interpretation methodisch aus. Hätte er eine typologische Interpretation mit aufgenommen und historische Fragestellungen berücksichtigt, dann hätte er zu dem Ergebnis kommen müssen, daß selbst »in der europäischen Verfassungsgeschichte« (Herms, Verantwortung in der Verfassung, 452; 453; 455) der Begriff »Gott« in einem bestimmten Sinn gebraucht wurde, mindestens, seitdem er in demokratischen Verfassungen steht. Selbst die Aussage von Carlo Schmid (s.u. V.3.2.) kann nicht darüber hinwegtäuschen, daß bei den verfassunggebenden Organen immer ein christlich motiviertes Gottesbild im Hintergrund stand, sowohl bei den Gegnern, als auch bei den Befürwortern. (Dazu s.o. I.6.). Auch dieses Untersuchungsergebnis schränkt das Modell von Herms ein, wenngleich bei der materialen Füllung aus juristischer Sicht sehr vorsichtig vorgegangen werden muß.

356 Herms, Verantwortung in der Verfassung, 455.

357 Ebd.

Grundordnung für das Zusammenleben verschiedener weltanschaulich gebundener Bürger und Bürgerinnen dienen kann, gerade »*weil* diese in der Verantwortung vor Gott erlassen und geachtet wird und solange - nur solange - sie in dieser Verantwortung vor Gott geachtet wird«[358]. Insofern könne diese Formel dann auch allen Gliedern der Gesellschaft zugemutet werden.[359]

Auch der Mißbrauch dieser Präambelfeststellung »im Dienst des politischen Machtstrebens einer der Weltanschauungs- oder Religionsgemeinschaften« sei durch diese Klarstellung ausgeschlossen, und es bestände Klarheit darüber, »daß ein Verständnis der Wendung, als beanspruche das politische System (der Staat) mit ihr irgendeine religiöse oder gar göttliche Würde für sich selbst (...), durch die Systematik, den Kontext und den Wortlaut des Textes ausgeschlossen ist«[360].

Ausdrücklich betont Herms, daß ein sich an politischen Mehrheiten orientierendes Argument aus der Debatte um den Gottesbezug zu entfernen sei, denn es leide an zwei fundamentalen Fehlern; zum einen verstehe es den Begriff »Gott« in der zu behandelnden Präambelfeststellung in einem inhaltlich exklusiv christlich bestimmten Sinn. Zum anderen meine es, in diesem christlich bestimmten Sinn allen demokratisch gesonnenen Gliedern des Staates zugemutet werden zu können, also auch den Nichtchristen.[361]

---

358 Herms, Gott im Grundgesetz, 437. Vgl. Greive, Gott im Grundgesetz, 42. In der im Anschluß an sein Referat zu dem Problemkomplex in Loccum stattfindenden Diskussion faßt Herms den Sachverhalt folgendermaßen zusammen: »Wenn ich selbst hier als evangelischer Theologe rede, so bin ich natürlich ebenfalls Sachwalter von bestimmten (...) Einsichten (...), die sich ebenfalls einer bestimmten weltanschaulich-religiösen Tradition verdanken, nämlich der des reformatorischen Christentums. Und aus der Perspektive dieser fundamental-anthropologischen Überzeugung gilt eben: a) Alle Menschen sind Geschöpfe (...); b) sie sind als *in* der Welt existierende Wesen (un)endlich [(un) ist wohl ein Fehler im Protokoll] und fehlbar; c) als solche sind (d)[s]ie faktisch sämtlich dem Einfluß des Trugs ausgesetzt, der Verkennung ihrer wahren Bestimmung, und als solche (...) 'Sünder'; d) (...) keiner von ihnen besitzt von sich aus eine brechungs- und perspektivenfreie Erkenntnis des Allgemeinen oder die Macht zu seiner unfehlbaren Definition; e) dennoch bleiben sie Vernunftwesen, die keineswegs einfach der Irrationalität ausgeliefert sind. (...) Sie sind dazu verpflichtet, ihre Sicht des Allgemeinen, ihre Lebensüberzeugung, ihre letzten Lebensmotive zu veröffentlichen mit der Absicht, sie zu klären und eine praktische Verständigung mit Andersglaubenden zu erreichen.« (Herms, in: Greive, aaO., 42).

359 Vgl. Herms, Gott im Grundgesetz, 437f.

360 Herms, Verantwortung in der Verfassung, 456.

361 Vgl. Herms, aaO., 459f.

»In dem (...) Mehrheitsargument lebt das - die Konsequenz der Zwei-Reiche-Lehre letztlich verleugnende - Verständnis des Staates als 'christlichen Staates' fort, das die politische Ordnung unbedenklich durch die Inhalte der weltanschaulich religiösen Überzeugung einer Mehrheit vereinnahmen läßt«[362].

Dieses Mehrheitsargument sei auf der Linie der Demokratiedenkschrift der EKD als theologisch definitiv falsch zu kennzeichnen.[363]

Herms hält es schließlich für sozialethisch wünschenswert, »daß der Verfassungsgeber nicht auf eine Präambel verzichtet, und daß er in die Reihe ihrer Feststellungen auch die Feststellung aufnimmt, die Verfassung 'in seiner Verantwortung vor Gott und den Menschen' zu setzen«[364], »weil allein sie den Grund der Verbindlichkeit und Selbstrelativierung *jeder* pluralismusfähigen Lebensüberzeugung im Kontext unserer - das Christentum zwar einbeziehenden, aber nicht auf es beschränkten - regionalen Tradition und Bildungssprache festhält und so unmißverständlich wie möglich zum Ausdruck bringt«[365].

Welches Verständnis des Pluralismus liegt dem Hermsschen Denkmodell zugrunde? Nach Herms wird die Gesellschaft nicht mehr durch einen weltanschaulich-ethischen Konsens zusammengehalten. Im Funktionssystem der Weltanschauungen und Religionen herrsche in der Gesellschaft die »*Situation eines grundsätzlich unbeschränkten weltanschaulich-ethischen Pluralismus*«[366], eines »Pluralismus aus Prinzip«.[367] »Der Pluralismus aus Prinzip hat sein Fundament in einer weltanschaulich-religiösen Gewißheit, in deren Inhalt zweierlei zugleich durchschaut ist: Die Unverfügbarkeit jeder weltanschaulich-religiösen Gewißheit *und* ihre Öffentlichkeitsrelevanz. Nur durch einen solchen Pluralismus aus Prinzip sind große Gesellschaften gegen totalitäre Tendenzen geschützt.«[368] Diese Form des Pluralismus sei beständig durch Totalitarismen gefährdet. Als totalitär sei eine Weltanschauung oder Religion zu bezeichnen, welche für die von ihr erkannten Wahrheiten absolute Verbindlichkeit und Geltung durchzusetzen sucht; solche Totalitarismen gefährden den Bestand von Religionen und Politik. Zu stabilisieren sei der gesellschaftliche Pluralismus jedoch nicht durch die Politik, sondern durch die Weltanschauungsgemeinschaften bzw. deren Orientierungssysteme.[369] Diese Stabilität ist wiederum an zwei Bedingungen geknüpft: »(1) Sie [sc. die Orientierungsgemeinschaften] gehen entsprechend dem jeweiligen Inhalt ihrer ethisch orientierenden Gewißheiten unrestringiert 'aufs Ganze'. - (2) Sie arbeiten nicht aufgrund irgendwelcher äußerer Schran-

362 AaO., 460.

363 Vgl. ebd.; Evangelische Kirche und freiheitliche Demokratie, 36ff. Für die Theorie einer Zivilreligion bei Hermann Lübbe wird das Mehrheitsargument von fundamentaler Bedeutung sein. Dazu s.u. V.3.1.

364 Herms, Verantwortung in der Verfassung, 457.

365 Herms, Gott im Grundgesetz, 440.

366 Herms, Theologie und Politik, 99.

367 Vgl. Herms, Pluralismus aus Prinzip, 467-485.

368 Herms, Pluralismus aus Prinzip, 481.

369 Vgl. Herms, Theologie und Politik, 100.

ken, sondern aus Gründen des Inhaltes ihrer eigenen Gewißheit, also aus Motiven, die aus ihren eigenen Grundüberzeugungen stammen, auf die Erhaltung eines nichttotalitären, prinzipiell pluralistischen Zustandes hin.«[370] Ein solcher Grund kann etwa sein, daß sich zwischen verschiedenen Orientierungsgemeinschaften keine allgemeinverbindliche Aussage bezüglich Wahrheit oder Richtigkeit treffen läßt.[371] Aus diesem Grunde fordert Herms ein öffentliches Gespräch »über die religiös-weltanschaulichen Fundamente des öffentlichen Ethos«[372], welches in der Bundesrepublik Deutschland durch das Grundgesetz vor Störungen und Beeinträchtigungen geschützt sei.[373] Ausschließlich dieses Gespräch entscheide darüber, »(...) *welche* religiös-weltanschaulichen Überzeugungen öffentliche Anerkennung finden; und welche Zielwahlen des politischen und wirtschaftlichen Handelns sich durch Orientierung an solchen Perspektiven öffentlich rechtfertigen können. Eine Sicherstellung der Anerkennung von religiös-ethischen Überzeugungen in der gesellschaftlichen Öffentlichkeit mit den Mitteln des Rechts scheidet aus. Sie behindert das Wachstum eines öffentlichen Konsenses durch das öffentliche Gespräch.«[374]

Dieses Verständnis eines »Pluralismus aus Prinzip«[375] führt in seiner Konsequenz zur Ablehnung der Interpretation des Gottesbezuges als Grundartikel einer Zivilreligion[376], wobei Herms bei seiner Definition einer Zivilreligion sehr stark das Motiv des Konsenses, hier des gesellschaftlichen Konsenses, betont.[377]

Demnach bezeichne Zivilreligion »die in einer gesellschaftlichen Öffentlichkeit vorherrschende Überzeugung, daß: - (1) alle Bürger *als solche* an einem grundlegenden weltanschaulich-ethischen Konsens partizipieren; - (2) dieses Verständnis als conditio sine qua non des Zusammenlebens eingestuft wird; - (3) es daher auch gegen auflösende Infragestellung zu verteidigen sei, durch unterschiedliche Maßnahmen, die aber jedenfalls effektiv, also konsensstiftend und -erhaltend sein müssen«[378]. Herms bestreitet, daß es diesen »Grundbestand an welt-

370 AaO., 101.

371 Vgl. ebd.

372 Herms, Der religiöse Sinn der Moral, 248.

373 Vgl. ebd.

374 Ebd.

375 Vorbehalte gegen einen prinzipiellen Pluralismus äußert neuerdings Reuter, der zwar einen deskriptiven Pluralismus anerkennt, einen Pluralismus der Denkungsart, »der die eigene Perspektive (...) als eine unter vielen (...) begreift« (Reuter, Rechtsethik, 16). Die pluralistische Position widerspreche sich aber selbst, »wenn sie sich zu einem normativen Pluralismus und damit zu einem prinzipiellen Relativismus verabsolutiert« (ebd.). Ein normativer Pluralismus sei auf der Ebene der Artikulation von Wahrheits- und Richtigkeitsansprüchen denn auch nur um den Preis eines performativen Selbstwiderspruchs möglich. »Er muß behaupten, daß inmitten des Pluriversums konkurrierender Überzeugungen *allein* diejenige Gültigkeit besitzt, die doch – inkonsistenterweise – die prinzipielle Gleichgültigkeit *aller* Überzeugungen propagiert.« (Ebd.).

376 Vgl. Herms, Gott im Grundgesetz, 440

377 Vgl. Herms, Pluralismus aus Prinzip, 472. Ähnlich definiert auch Honecker den Begriff der Zivilreligion; vgl. Honecker, Eschatologie und Zivilreligion, 41.

378 Herms, Pluralismus aus Prinzip, 472.

anschaulichen bzw. religiösen Überzeugungen und ethisch orientierenden Gewißheiten«[379] gebe, welcher *einheitlich* für *alle* Staatsangehörigen gelte.[380] Im übrigen ist er skeptisch gegenüber der Möglichkeit, einen so gearteten Konsens begrifflich zu bestimmen[381] und bestreitet die Möglichkeit, aus verschiedenen Religionen und Weltanschauungen einen kleinsten gemeinsamen Nenner herauszufiltern, welcher sich als Konsens ermitteln lasse, da Weltanschauungen ein in sich zusammenhängendes *Ganzes* von Überzeugungen bilden, aus dem Teile nicht isoliert werden können, es sei denn um den Preis, diesen herausgefilterten »einheitlichen Grundbestand an Überzeugungen an die Stelle der positiven Religion zu setzen oder ihm zumindest für das öffentliche Handeln deren Orientierungsfunktion zu übertragen«[382]. Darüber hinaus sei die Theorie der Zivilreligion zu bewerten als ein Versuch, den gesellschaftlichen Pluralismus zu unterlaufen[383]; und sie ziele darauf ab, »daß 'kirchliche' Züge auf den Staat selbst übergehen«[384]. Schließlich tendiere jede Form der Zivilreligion zur »Staatsreligion«[385], habe einen inneren Hang zum Totalitarismus[386] und bezeuge allenfalls einen »Scheinpluralismus«, welcher vom »echten Pluralismus« zu unterscheiden sei.[387] Der Gottesbezug in den Präambeln der Verfassungen jedenfalls sei nicht durch die Theorie einer Zivilreligion zu interpretieren.[388]

Die Stärke des Lösungsansatzes von Herms liegt in seiner Grundsätzlichkeit als eines sozialethischen Lösungsansatzes in evangelischer Perspektive, wobei er m. E. durch die Grundsätzlichkeit seiner Aussagen eher fundamentalethisch argumentiert. Auch die Abgrenzung gegenüber anderen Erklärungsmodellen, wie etwa der Einordnung des Gottesbezuges in eine zivilreligiöse Theorie, leuchtet ein, wobei noch zu prüfen sein wird, ob Herms dieses Theoriegebäude in seiner Differenziertheit bezüglich des Problemkomplexes hinreichend erfaßt.[389]

---

379 Herms, Theologie und Politik, 98.

380 Vgl. Herms, Theologie und Politik, 98; vgl. ders., Pluralismus aus Prinzip, 472.

381 Vgl. Herms, Theologie und Politik, 98; ders., Pluralismus aus Prinzip, 473f.

382 Herms, Theologie und Politik, 97. Vgl. Herms, Pluralismus aus Prinzip, 473f.

383 Vgl. Herms, Theologie und Politik, 99; ders., Pluralismus aus Prinzip , 473f.

384 Herms, Theologie und Politik, 99.

385 Vgl. Herms, Pluralismus aus Prinzip, 473; ders., Der religiöse Sinn der Moral, 245.

386 Vgl. Herms, Pluralismus aus Prinzip, 473; ders., Vom halben zum ganzen Pluralismus, 406; ders, Theologie und Politik, 99.

387 Vgl. Herms, Pluralismus aus Prinzip, 475. Zur Interpretation des Gottesbezuges im Horizont zivilreligiöser Gedankenmuster vgl. s.u. V.3.

388 Vgl. Herms, Gott im Grundgesetz, 440. Zur Auseinandersetzung mit der Analyse einer Zivilreligionstheorie von Herms vgl. Vögele, Zivilreligion, 377ff.

389 Daß er das nicht tut, wirft ihm Vögele vor. Vgl. Vögele, Zivilreligion, 378ff. Vögele behauptet sogar, »für die Gottes-Klausel der Präambel des Grundgesetzes, für die religiösen Passagen der Reden des Bundespräsidenten und anderes mehr (...) [sei dann] in Herms' Theorie kein Platz« (aaO., 379).

Die Interpretation des Gottesbegriffs in einem rein formalen Sinn als Grund des Gewissens bereitet allerdings auch bei Herms Schwierigkeiten. Die Stärke auch dieser Interpretation des Begriffs »Gott« als eines fundamental-anthropologischen Funktionalbegriffs für die Benennung des Grundes des Gewissens ist - bezogen auf die Frage nach seiner Pluralismusfähigkeit - evident. Andererseits ist an dieser Stelle zu fragen, welche Konsequenzen dies für die Frage nach der Personalität Gottes hat, und inwieweit »Gott« dann noch als personales Gegenüber begriffen werden kann. Es ist demnach an den Ansatz von Herms die Anfrage zu richten, in welcher Weise die Argumentationsebenen zum Ausgleich kommen können, wenn auf der einen Seite der Gottesbezug fundamentalanthropologisch funktional zu deuten ist, wenn aber auf der anderen Seite (sozialethisches Argument) aus der Perspektive des christlichen Wirklichkeitsverständnisses argumentiert werden soll.

Weiterhin ist zu fragen, ob hier materiale Aspekte wirklich ausgeklammert werden können und der Gottesbegriff rein funktional zu denken ist. Trotz des Verweises auf die Verwendung des Begriffes »Gott« in der europäischen Geistesgeschichte ist für den zu behandelnden Problemkomplex in Anlehnung an die Ergebnisse der historischen Perspektivierung festzuhalten, daß in der neueren deutschen Verfassungsgeschichte (bezogen auf die demokratischen Verfassungen) »Gott« immer in einem bestimmten »Sinn« gebraucht worden ist, nämlich in dem eines christlichen Gottesbildes. Selbst die Debatten in den fünf neuen Ländern waren von einem christlichen Gottesbild geprägt[390]. Das ist festzuhalten und schränkt das Modell von Herms zumindest ein, wenngleich eine materiale Füllung des Gottesbegriffs sehr differenziert stattzufinden hat.

Auch die Ausblendung historischer Fragestellungen erweist sich als Schwäche des Hermsschen Modells, denn die Aufnahme dieser Fragen hätte unweigerlich vor das Problem der materialen Füllung des Gottesbegriffs als personales Gegenüber der Verantwortung in der je eigenen Geschichte der verfassunggebenden Organe gestellt.[391]

---

390 Im einzelnen s.o. I.3.8.; I.4.7.; I.6.

391 Ein weiteres - eher marginales - Problem bei dem Lösungsansatz von Herms stellt seine Prämisse dar, die Präambel habe in juristischer Perspektive lediglich deskriptive Funktion. Die Darstellung der Diskussion um den Rechtsgehalt der Präambel allgemein und deren Gottesbezug im besonderen schränkt das Ergebnis von Herms insoweit ein, als ein präskriptiver und normativer Charakter der Präambel in der juristischen Literatur durch-

2.8. Zusammenfassung

An dieser Stelle soll eine Zusammenfassung der einzelnen dem Problemkomplex dienlichen Überlegungen der verschiedenen Stellungnahmen gegeben werden, welche bis hierhin bearbeitet worden sind.

Der Ansatz von Herms unterscheidet sich von den übrigen dadurch, daß er den Problemkomplex grundsätzlich aus sozialethischer bzw. fundamentalethischer Perspektive betrachtet. Dabei zeigen sich für den Fortgang der Untersuchung wichtige Hinweise für die theologische Weiterarbeit an den Ergebnissen der juristischen Betrachtungsweise und den Verweisungszusammenhang der Rechenschaftsinstanz. Von hohem Relevanzgehalt ist diesbezüglich auch das einmütige Votum aller Stellungnahmen, daß der Gottesbezug in der Präambel als Bestandteil der sogenannten Verantwortungsformel zu interpretieren sei.

Mit Ausnahme von Herms ordnen alle anderen dargestellten Ansätze den Gottesbezug in einen Verweisungszusammenhang ein, welcher von historischen Gesichtspunkten geprägt ist, wobei der Abgrenzung von der unmittelbaren Vergangenheit eine hohe Evidenz zukommt. Damit verbunden inhäriert dem Gottesbezug die Funktion, auf die Begrenzung menschlicher Erkenntnis- und Handlungsfähigkeit hinzuweisen; demnach unterliege auch das Rechtssystem einer solchen Begrenzung. Gleichzeitig soll damit ein Bewußtsein dafür wachgehalten werden, daß der säkularisierte Staat und damit dessen Rechtssystem von Voraussetzungen abhängig ist, welche sie nicht selbst erbringen und garantieren können (Böckenförde).

Bei der weiteren Bestimmung des Gottesbezuges ist sich die überwiegende Zahl der Stellungnehmenden darin einig, daß die »Verantwortungsfomel« in der Präambel und deren Gottesbezug in unmittelbarem Zusammenhang mit den Grundrechten, insbesondere der Menschenwürdegarantie stehen, und daß mit dem Gottesbezug die Religionsfreiheit nicht angetastet werden dürfe. Der Gottesbezug müsse demgemäß so interpretiert werden, daß er in einem säkularisierten Rechtssystem bzw. in einer faktisch weltanschaulich-pluralistischen Gesell-

---

aus umstritten sind, da den in der Präambel gemachten Aussagen zwar nicht ein unmittelbarer Rechtsfolgecharakter inhäriert, wie etwa den folgenden Artikeln, die Präambel aber dennoch integraler Bestandteil der Verfassung ist.

schaft die Religionsfreiheit nicht einschränke, also dem Prinzip einer »relativen« weltanschaulichen Neutralität des Staates entspreche.

Daran anschließend stellt sich die Frage der materialen Füllung des Gottesbegriffs. Hier plädiert die Mehrheit der Stimmen dafür, im Sinne der weltanschaulichen Neutralität des Staates den Gottesbegriff inhaltlich sehr weit offen zu halten (»Leerformel«, »Platzhalter-Wort«, »Chiffre«), ihm aber dennoch integrierende Bedeutung für Staat und Gesellschaft zuzuschreiben. Die aus diesen beiden Prämissen entstehende Spannung, welche an den verschiedenen Stellen angesprochen worden ist, löst keines der Erklärungsmodelle auf. Auch die Interpretation von Behrendt und anderen, welche den Gottesbegriff material definitiv als den christlichen Gott bestimmen und damit die christliche »Religion« staatlich präferieren, vermag nicht zu überzeugen, denn diese Stimmen unterminieren den Selbstanspruch der Religionsneutralität des Staates.

Einig sind sich alle bisher behandelten Stellungnahmen in der Ablehnung einer Interpretation des Gottesbezuges als eines Artikels einer Zivilreligion. Dieses Denkmodell soll deshalb im folgenden nach seinem Aussagegehalt in bezug auf den Problemkomplex befragt werden.

3. Die Interpretation des Gottesbezuges im Rahmen einer zivilreligiösen Theorie

Ein breiter Strom der theologischen und philosophischen Interpretatoren des Gottesbezuges in den Präambeln der deutschen Nachkriegsverfassungen sehen in ihm einen Hinweis auf die religiöse Dimension des politischen und gesellschaftlichen Bereiches, welche unter die Begrifflichkeit einer »Zivilreligion« subsumiert werden müsse. Für Hermann Lübbe und ihm nachfolgend Wolfgang Vögele stellt der Gottesbezug in der Präambel des Grundgesetzes und der Länderverfassungen sogar »das wichtigste rechtliche Element der deutschen Zivilreligion«[392] dar.

Eine erhebliche Zahl der Interpretatoren aus dem theologischen und philosophischen Bereich distanziert sich vom Gebrauch des Gottesbezuges in Ver-

392 Vögele, Zivilreligion, 337.

fassungen in Konsequenz seiner Einordnung als Artikel einer Zivilreligion[393] (Kreck, Moltmann).

Das Phänomen »Zivilreligion« und die Theoriebildung dazu sind sehr komplex, so daß im Rahmen dieser Arbeit keine grundsätzliche Auseinandersetzung damit geführt werden kann.[394] Untersucht werden soll unter Berücksichtigung des je eigenen Theorieansatzes einiger ausgewählter Autoren lediglich, ob der Gottesbezug notwendig als Artikel einer Zivilreligion zu deuten ist, und welche Konsequenzen sich daraus für dessen Interpretation ergeben. Dafür werden nach einer kurzen Einführung in den Problemhorizont der Zivilreligion drei Vertreter einer Zivilreligionstheorie[395] genauer betrachtet (Hermann Lübbe, Karl Fritz Daiber, Wolfgang Vögele) und anschließend zwei Interpretatoren des Gottesbezuges behandelt, welche ihn »aus theologischen Gründen« ablehnen, gerade weil sie ihn als Artikel einer Zivilreligion verstehen (Walter Kreck, Jürgen Moltmann).

Der Begriff der »Zivilreligion« geht zurück auf Jean Jaques Rousseau (1712-1778), der seinen »Contrat social« von 1762 nachträglich mit einem Kapitel »De la Religion civile« abschloß.[396] Seine Intention war eine Versöhnung der Aufklärung mit den Grundideen eines konfessionell und regional zersplitterten Christentums[397], wobei die »religion civile«, welche inhaltlich der Religion des Evangeliums entspreche, das synthetische Produkt eines philosophisch wahren und zugleich sozial nützlichen Glaubensbekenntnisses sein sollte. Deren Artikel sollten das Dasein einer allmächtigen Gottheit, das ewige Leben und die gerechte Vergeltung, sowie die Heiligkeit des Contrat social, der Gesetze und das Gebot der Toleranz umfassen.[398]

---

393 Für Honecker s.o. V.2.4.; für Huber s.o. V.2.6.; für Herms s.o. V.2.7. »Aus evangelischer Sicht ist also die Rede von der 'Verantwortung vor Gott' nicht etwa deshalb (...) [zu fordern], weil sie der Grundartikel einer Zivilreligion wäre oder werden könnte (davor bewahre uns Gott)« (Herms, Gott im Grundgesetz, 440).

394 Zur Einführung vgl. Schöfthaler, Civil Religion, in: EKL 3, Bd. 1, 754ff; Schieder, Civil Religion, 1987; Vögele, Zivilreligion, 15ff; 210ff. Eine Bibliographie findet sich bei Kleger/Müller, Religion, 263.

395 Zum Begriff der »Theorie« der Zivilreligion vgl. Rendtorff, Civil Religion.

396 Vgl. im einzelnen Schöfthaler, Civil Religion, 755f; Reuter, Zivilreligion, 327.

397 Vgl. Schöfthaler, Civil Religion, 755.

398 Vgl. Reuter, Zivilreligion, 327. Für eine genauere Analyse der Zivilreligion als historisches Phänomen, welches sich in das »religiöse Vakuum« einer sich primär in komplexe-

Diesen Begriff der »Zivilreligion« nahm 1967 der amerikanische Soziologe Robert N. Bellah wieder auf[399], gebrauchte ihn programmatisch und regte damit die neueren Debatten über Zivilreligion wieder an.[400] Er bezeichnet als Civil Religion die in den USA unter dem Eindruck der Kennedy-Ära[401] bestehende Verflechtung von Religion und Politik, als »ein Sortiment von Überzeugungen, Symbolen und Ritualen, die als Träger des nationalen Selbstverständnisses Amerikas religiös grundiert und in ihrer Gesamtheit institutionalisiert sind«[402], wobei es ihm auf die erstaunliche Präsenz religiöser Gehalte in einer durch die verfassungsrechtliche Trennung von Kirche und Staat geprägten politischen Kultur ankam. Das amerikanische Selbstverständnis sah er sich aus zwei Hauptquellen speisen, nämlich einerseits aus der Selbstapplikation des alttestamentlichen Bundesgedankens und andererseits aus dem in der Antike und der klassischen politischen Philosophie wurzelnden Denkhorizont der Gründerväter.[403] In Bellahs Konzept geht es nicht primär um eine Instrumentalisierung religiöser Gehalte für politische Interessen, sondern um einen Akt »horizontaler Übereinkunft und reziproker Konsensbildung«[404] auf dem Hintergrund des angloamerikanischen Gedankens einer civil society. Hierbei seien der mit der Civil Religion verbundene Glaube an ein höheres Recht und ihr ultimativer Bezug auf den transzendenten Richter Integrale für eine politische Gegenmacht zu der »unheiligen Allianz« von Intoleranz, Konsumismus und Kapitalismus, um die ethische Substanz des Bundesgedankens zu erneuern und zur Basis einer »de-

re Funktionsbereiche transformierenden Gesellschaft im 17. Jahrhundert drängt, vgl. Luhmann, Grundwerte als Zivilreligion, 176ff.

399 Vgl. Bellah, Staat und Zivilreligion, 23. »Der Ausdruck 'Zivilreligion' stammt natürlich von Rousseau.« (Ebd.)

400 Vgl. Bellah, Zivilreligion in Amerika; ders., Religion und die Legitimation der amerikanischen Republik. Eine umfassende Untersuchung zu diesem amerikanischen Modell der Zivilreligion liegt vor von Rolf Schieder. Vgl. Schieder, Civil Religion, 1987; ders., Marktlücke Zivilreligion.

401 Vgl. Bellah, Zivilreligion in Amerika, 19ff.

402 Reuter, Zivilreligion, 327.

403 Vgl. Kleger/Müller, Religion, 16; Reuter, Zivilreligion, 327. »Dabei verwendet die Zivilreligion zwar die Gehalte der biblisch-christlichen Überlieferung, doch indem sie sie aus den Beschränkungen der denominationellen Interpretationen des Christentums löst und in Interpretamente nationaler Selbsterfahrung überführt, wird sie zu einem neuen Religionstypus, der für alle Bürger zustimmungsfähig ist.« (Ebd.).

404 Reuter, Zivilreligion, 327.

mokratisch-republikanischen Ethik« zu machen.[405] Damit erhalte die Religion eine soziale Integrationsfunktion. Bellah löste in den USA eine umfassende Debatte um die Civil Religion aus, die ihren Niederschlag auch in Deutschland gefunden hat.[406]

In einem völlig anderen Rahmen, nämlich in dem einer Debatte über ein staatsethisches Minimum an »Grundwerten«, führte Niklas Luhmann den Begriff der Zivilreligion 1978 in Deutschland ein und unterzog ihn einer eingehenden Analyse.[407] Nach Luhmann verlangen zunehmende strukturelle Differenzierungen des Gesellschaftssystems auch zunehmende Generalisierungen einer für alle verbindlichen Symbolik.[408] Die kirchlich organisierte Religion sei zu solchen Generalisierungen nicht mehr in der Lage, da sie selbst teilhabe an der Ausdifferenzierung des Gesellschaftssystems und neutralisierbar geworden sei; also suche die »Zivilreligion diesem Trend zu folgen und Religion als Moral oder als Wertorientierung zu generalisieren«[409], weil sie es als gesellschaftlicher Universalkonsens mit dem Gesamtsystem der Gesellschaft zu tun habe. Die sich innerhalb des sich selbst reproduzierenden Kommunikationssystems der Welt ansiedelnde Zivilreligion verfalle jedoch dem gleichen Verdikt wie die Debatte um die Grundwerte »Gleichheit«, »Gerechtigkeit«, »Freiheit« und »Solidarität«, nämlich einer Beliebigkeit der Interpretationsmöglichkeiten, was sie allenfalls zur Fortsetzung der Kommunikation motiviere.[410] Luhmanns Haltung gegenüber der Zivilreligion bleibt also verhalten und kritisch-distanziert.[411]

Seine These einer nur teilsystemspezifischen Reformulierbarkeit von Zivilreligion hat Hermann Lübbe für das politische System der Bundesrepublik aufgegriffen und sich mit dem Phänomen einer »deutschen Zivilreligion«[412] ausei-

---

405 Vgl. aaO., 327f.

406 Vgl. Vögele, Zivilreligion, 15; 210ff; Reuter, Zivilreligion, 328; Schöfthaler, Civil Religion, 756ff.

407 Vgl. Luhmann, Grundwerte als Zivilreligion. Das ist nicht verwunderlich, da Luhmann als Schüler des amerikanischen Soziologen Talcott Parsons gilt. Vgl. Schieder, Civil Religion, 287.

408 Luhmann, Grundwerte als Zivilreligion, 184.

409 Ebd.

410 Vgl. Schöfthaler, Civil Religion, 759.

411 Zur Notwendigkeit der Historisierung des Phänomens und den Schwächen gegenüber den ausdifferenzierten (offenbarungstheologischen) Religionssystemen nach Ansicht Luhmanns vgl. Reuter, Zivilreligion, 328. Vgl. auch Schöfthaler, Civil Religion, 759.

412 Dieser Begriff ist Vögele entlehnt. Vgl. Vögele, Zivilreligion, 14.

nandergesetzt. Er präsentiert die von ihm explizierten zivilreligiösen Bestände als »religiöses Staatsrecht«. Sein Ansatz wird weiter unten genauer betrachtet werden.

Hatte Luhmanns Aufsatz »Grundwerte als Zivilreligion« von 1978 die deutsche Debatte um die Zivilreligion eröffnet, so kommt Lübbe das Verdienst zu, ihn positiv auf den Bereich des Politischen anzuwenden. Die beiden Ansätze bilden die Hauptbezugspunkte der deutschen Debatte, denn die meisten Voten zu der Zivilreligion nehmen bei ihnen ihren Ausgang[413], wobei von Seiten der Theologie sowohl befürwortende (Daiber) als auch ablehnende (Herms, Honecker, Reuter, Moltmann) Stellungnahmen erfolgten.

Schon bei der Frage nach einer Bestimmung des Begriffs der »Zivilreligion« ergeben sich unmittelbar Probleme, da diese bei den verschiedenen Vertretern nicht einheitlich ist.[414] Festzuhalten ist lediglich, daß die Auseinandersetzung um Zivilreligion in Deutschland an die sogenannte »Grundwertedebatte« in den 70er Jahren anschloß und mit dieser eng verbunden ist.[415], insofern signalisiert auch die Debatte um die Zivilreligion eine »Unsicherheit in der Frage nach der Legitimation des Staates«[416].

Auch bei der Benennung der inhaltlichen Bestände, welche als Zivilreligion in den verschiedenen Denkansätzen bezeichnet werden, ergibt sich ein rela-

---

413 Vgl. aaO., 210. Im einzelnen vgl. aaO., 210ff.

414 Kleger/Müller versuchen die Formulierung einer Definition durch Abgrenzung von »Bürgerlicher Religion« »Religion des Bürgers«, »politischer Religion«, »Staatsreligion« und »Kulturreligion« von »Zivilreligion«. Vgl. Kleger/Müller, Einleitung. Dieser Versuch leidet jedoch darunter, daß einzelne Autoren diese Unterscheidung nicht treffen und die Begriffe teilweise synonym verwenden. Dazu s.u. V.3.2. Zur Abgrenzung von anderen Begriffen vgl. auch Vögele, Zivilreligion, 222ff. Vögele grenzt »Zivilreligion« ab von »neutralisierter Religion«, »Leutereligion«, »Volksfrömmigkeit«, »Volksreligion«, »öffentlicher Moral«, »Kulturreligion«, »Gesellschaftsreligion«, »Sozialreligion«, »Bürgerreligion, bürgerlicher Religion, bzw. Religion des Bürgers«. Zur Uneinheitlichkeit schon der Prämissen über den Begriff der Religion innerhalb des zivilreligiösen Denkmodells vgl. Kleger/Müller, Mehrheitskonsens als Zivilreligion, 221ff.

415 Vgl. Vögele, Zivilreligion, 212; Luhmann, Grundwerte als Zivilreligion; Reuter, Zivilreligion, 328.

416 Vögele, Zivilreligion, 213. Vögele formuliert noch pointierter: »Beides, Zivilreligion und Grundwertedebatte, sind Reaktionen auf die Legitimationskrise von Demokratie und Staat.« (Ebd.). Zur Grundwertedebatte allgemein vgl. Honecker, Theologische Ethik, 213-233; auch die Beiträge in dem Sammelband von Gorschenek, Grundwerte in Staat und Gesellschaft, 1977; sowie die umfassende Untersuchung von Brunner; Brunner, Grundwerte als Fundament der pluralistischen Gesellschaft, 1989.

tiv diffuses Bild. Luhmann etwa definiert Zivilreligion als »Mindestelemente eines religiösen bzw. quasireligiösen Glaubens«[417], während Daiber vorsichtiger von einem »Symbolsystem« spricht. Ähnlich votiert die Studienkommission des Lutherischen Weltbundes, welche sich unter der Leitung von Béla Hamarti zwischen 1981 und 1987 in einem Studienprogramm mit der Zivilreligion beschäftigt hatte.[418] Diese deutet die Zivilreligion als ein »Geflecht von Symbolen, Gedanken und Handlungsweisen«[419]. Nach Rolf Schieder kann Zivilreligion die Gestalt von »Überzeugungen, von Symbolen oder von Ritualen«[420] annehmen, und Hans-Richard Reuter bezeichnet die Zivilreligion als »die öffentliche Darstellung religiöser Symbolik in Handlungen, Reden und Texten, die für die Vergewisserung der Bestandsgrundlagen eines politischen Gemeinwesens bedeutsam sind oder dafür gehalten werden«[421]. Lübbe schließlich sieht in der Zivilreligion »Bestände religiöser Kultur, die in das politische System (...) integriert sind«[422].

Unter Ausblendung von Teilaspekten der einzelnen Theorien lassen sich hinsichtlich der materialen Gehalte von Zivilreligion drei Typen unterscheiden.[423] Der erste Typ bezeichnet die Zivilreligion von vornherein als »Religion«[424] bzw. als »(politischen) Glauben«, ohne bei der Begriffsbestimmung auf eine eigene Religionsdefinition Bezug zu nehmen (Luhmann, Lübbe, Sparn[425]), was die Zivilreligion als einen Sonderfall von Religion erscheinen läßt. Im zweiten Typ von Definitionen wird die Zivilreligion allgemein als ein »Symbolsystem« bezeichnet (Schieder, Daiber, Honecker, LWB). Hier wird sie primär

417 Vgl. Luhmann, Grundwerte als Zivilreligion, 175.

418 Die Ergebnisse der deutschen Diskussion finden sich in den epd-Dokumentationen Nr. 18/87; 35/87; 47/87; 8/88. Für den Abschlußbericht vgl. Studienprogramm »Die Kirche und Civil Religion« des LWB, Kirche, 1988.

419 Hamarti, Bedeutung, 1987, 3. Wohl in Anlehnung an diese Interpretation spricht Honecker von einem »Geflecht von Symbolen, Ideen und Handlungsweisen«. Vgl. Honecker, Eschatologie und Zivilreligion, 44.

420 Schieder, Civil Religion, 21.

421 Reuter, Zivilreligion, 327.

422 Lübbe, Religion nach der Aufklärung, 321.

423 Die folgende Unterscheidung ist übernommen von Vögele. Vgl. Vögele, Zivilreligion, 217f.

424 Zur Frage nach der Zivilreligion und den verschiedenen Religionsdefinitionen vgl. Vögele, Zivilreligion, 234ff.

425 Sparn geht es darum, die Zivilreligion von den moralischen und rechtlichen Diskursen zu unterscheiden. Vgl. Sparn, Christentum zwischen Innerlichkeit und Öffentlichkeit, 30-36.

über ihre Funktion bestimmt und die Frage nach ihrer Bestimmung als Religion (zunächst) offengelassen.[426] Der dritte Typ versucht einen Mittelweg zwischen diesen beiden zu gehen, wenn er den Akzent darauf legt, daß es sich bei Zivilreligion um eine *öffentliche* Darstellung religiöser Symbolik handle (Reuter). Aber auch bei dieser Einteilung in die verschiedenen Typen bleiben die Aussagen über die Gegenstände und Inhalte abstrakt und unbestimmt, wenn von »Symbolsystemen«, »Reden«, »Ritualen«, »Handlungsweisen«, »Ideen«, »Handlungen«, »Gedanken« usw. gesprochen wird.

Einig ist sich die überwiegende Zahl der Stimmen im Rahmen einer funktionalen Beurteilung der Zivilreligion darin, »daß die Zivilreligion legitimatorische Funktion wahrnimmt, und zwar in bezug auf die Politik, den Staat, das Gemeinwesen, das Gemeinwohl, die Demokratie, die politische Kultur«[427], wobei nicht eindeutig bestimmt wird, was genau die Zivilreligion legitimiert.[428] Vögele faßt die Diskussion um den Begriff der Zivilreligion folgendermaßen zusammen:

> »Der Zivilreligion werden zwei Hauptaufgaben zugeschrieben: Sie soll Staat und Gesellschaft legitimieren, und sie soll einen Beitrag zur gesellschaftlichen Integration leisten. Insofern ist [die] Theorie der Zivilreligion ein Medium zur Reflexion der religiösen Elemente des Konsenses, der eine Gesellschaft trägt.«[429]

Bei der Aneignung und Bewertung einzelner Theorieansätze zur Zivilreligion ist es sinnvoll, drei verschiedene Ebenen bzw. Betrachtungsweisen zu unterscheiden.[430] Die erste Ebene ist eine *phänomenale* Betrachtungsweise, welche sich mit dem faktischen Vorkommen von zivilreligiösen Elementen in der politischen Öffentlichkeit beschäftigt. Die zweite Betrachtungsweise ist eine *analytische*; hier geht es um die Frage nach der faktischen Funktion der Zivilreligion

---

426 Dann könnte es sich auch um eine Ideologie, eine Weltanschauung, einen Aberglauben oder gar um eine »Antireligion« (Béla Hamarti) handeln. Vgl. Hamarti, Die Kirche und Zivilreligion, 6.

427 Vögele, Zivilreligion, 218. Vgl. Honecker, Eschatologie und Zivilreligion, 44; Hamarti, Die Kirche und Zivilreligion, 6; Reuter Zivilreligion, 327; Schieder, Civil Religion, 21.

428 Vgl. Vögele, Zivilreligion, 219f.

429 AaO., 247. Ähnlich Schieder, der eine »pragmatisch rationale« Variante der Zivilreligion mit »ihrer Idee der Legitimation nach Verfahren« als die »herrschende Zivilreligion« apostrophiert. Vgl. Schieder, Marktlücke Zivilreligion, 92. »(...) [U]nd [sie] wird es (...) auch für den Rest des Jahrhunderts bleiben« (ebd.).

430 Die folgende Unterscheidung ist übernommen von Vögele. Vgl. Vögele, Zivilreligion, 18.

im politischen System. Die dritte Betrachtungsweise ist eine *normative*. In ihr werden die Chancen und Gefahren einer Zivilreligion behandelt. Auf dieser Ebene ist auch die Frage einer *programmatisch* vertretenen Zivilreligion zu verhandeln. Diese Unterscheidung soll bei der folgenden Analyse der einzelnen Zivilreligionstheorien im Hintergrund stehen.

Die Auswahl der nun zu untersuchenden Denkmodelle orientiert sich an der Implementierung des Gottesbezuges in der Verfassungspräambel in den jeweiligen Entwurf. In allen beschriebenen Denkansätzen ist der Gottesbezug integraler Bestandteil der Bestimmung der Zivilreligion. Die diesen Teil der Untersuchung begleitende Frage ist die nach der Notwendigkeit einer Interpretation des Gottesbezuges als Artikel einer Zivilreligion und deren Konsequenzen.

3.1. Hermann Lübbe - Der Gottesbezug als Liberalitätsgarant

Hermann Lübbe hat als erster den Gottesbezug der Präambeltexte bundesdeutscher Verfassungen in den Zusammenhang eines zivilreligiösen Systems eingeordnet. Aus diesem Grunde soll dieser Ansatz im folgenden nachgezeichnet werden.[431] »Zivilreligion«, die einen Teil der Kulturreligion darstelle[432], definiert er allgemein als

»das Ensemble derjenigen Bestände religiöser Kultur, die in das politische System faktisch oder sogar förmlich-institutionell, wie im religiösen Staatsrecht, integriert sind, die somit auch den Religionsgemeinschaften nicht als ihre eigene interne Angelegenheit überlassen sind, die unbeschadet gewährleisteter Freiheit der Religion die Bürger unabhängig von ihren konfessionellen Zugehörigkeitsverhältnissen auch in ihrer religiösen Existenz an das Gemeinwesen binden und dieses Gemeinwesen selbst in seinen Institutionen und Repräsentanten als in letz-

431 Zum Gesamtkomplex des Lübbeschen Ansatzes einer Zivilreligion vgl. Vögele, Zivilreligion, 74-207 [167-207]. Lübbes Überlegungen zum Phänomen einer Zivilreligion gehen im wesentlichen zurück auf den Aufsatz »Staat und Zivilreligion. Ein Aspekt politischer Legitimität« aus dem Jahr 1981. Diesen Aufsatz, wieder abgedruckt in Kleger/Müller, Religion, 195-220, lege ich den Ausführungen zugrunde. Die Ausführungen in Religion nach der Aufklärung, 306-327 entsprechen diesem Aufsatz im wesentlichen. Mit Jürgen Moltmann führte Lübbe eine heftige Debatte um den Begriff »Zivilreligion« in den Evangelischen Kommentaren. Vgl. dazu Lübbe, Bürger, 1982; ders., Religion, 1982; Moltmann, Politisierung, 1982; ders., Zivilreligion, 1983; Kleger/Müller, Religion, 1983. Vgl. auch Lübbe, Für alles sind wir nicht verantwortlich, in: RM 10. 1. 1997, 20.

432 Dazu vgl. Vögele, Zivilreligion, 172f.

ter Instanz religiös legitimiert, das heißt auch aus religiösen Gründen anerkennungsfähig darstellt«[433].

Eine andere von Lübbe gebrauchte Definition lautet:

»Religion, als Zivilreligion, ist ein Ensemble von Symbolen, rituellen Handlungen und Gemeinüberzeugungen, über deren öffentliche Präsenz sich bürgerliche Zugehörigkeitserfahrungen machen lassen und die insofern als Medien-politische Einheitsstiftung fungieren.«[434]

Die Zivilreligion, welche Lübbe als religiöses Phänomen öffentlicher Kultur wahrnimmt[435], müsse vereinbar mit der staatlich garantierten Religionsfreiheit sein, sie sogar voraussetzen.[436] Außerdem eigne der Zivilreligion kein institutioneller Charakter, sondern sie beschreibe eher »das religiöse Implement herrschender politischer Kultur«.[437] Schon hieran wird deutlich, wie eng Lübbe den Begriff der Zivilreligion an einen an Mehrheiten orientierten Konsensbegriff bindet[438]; insofern gehört die Zivilreligion selbst oder gehören ihre Inhalte zu den »Selbstverständlichkeiten« einer Gesellschaft.[439] Wegen eines zu erreichenden inhaltlichen Minimalkonsenses innerhalb einer Gesellschaft sind auch die Gehalte der Zivilreligion extrem »minimalisiert«. Im Rechtssystem finde Zivil-

433 Lübbe, Staat und Zivilreligion, 206. Dieser Definition folgen Vögele und Daiber, Honecker und Huber.

434 Lübbe, Politische Theologie, 53. Zitiert nach Vögele, Zivilreligion, 172.

435 Darin unterscheidet sie sich gerade von der Kulturreligion, denn Zivilreligion ist ein Phänomen der öffentlichen Kultur, während Kulturreligion auch die privat-persönliche Lebenskultur erfaßt. Vgl. Lübbe, Religion nach der Aufklärung, 286.

436 Vgl. Lübbe, Staat und Zivilreligion, 197.

437 Vgl. Lübbe, aaO., 203; ders., Religion nach der Aufklärung, 319. Der nicht institutionelle Charakter der Zivilreligion mache es aber fraglich, von einer »Religion« zu sprechen, weshalb Lübbe die vorsichtigere Formulierung erwägt, es handele sich um das »religiöse Implement herrschender politischer Kultur«. Vgl. ders., Staat und Zivilreligion, 203.

438 Interessant ist die Tatsache, daß Lübbe diesen für sein Denken eine wichtige Rolle spielenden Sachverhalt nicht in seine Definition für eine Zivilreligion aufnimmt, obwohl er darauf insistiert, daß nicht partikulare Besonderheiten die Zivilreligion ausmachen, sondern die als »universalkonsensfähig unterstellten religiösen Orientierungen, die in unsere politische Kultur integriert sind« (Lübbe, Religion nach der Aufklärung, 316). Vgl. im einzelnen Vögele, Zivilreligion, 175.

439 Vgl. Vögele, aaO., 175f. Lübbe selbst formuliert an anderer Stelle: »Kein Gemeinwesen ist ohne eine Basis politischer und kultureller Selbstverständlichkeiten existenzfähig. Solche Selbstverständlichkeiten sind im Normalfall öffentlicher Diskussionen nicht bedürftig. Wenn man sie in der Öffentlichkeit herausstellt, so geschieht das in ritueller, nicht in problematisierender Absicht« (Lübbe, Endstation Terror, 172). Zur Frage der Abhängigkeit der Zivilreligion von den institutionalisierten Religionsgemeinschaften vgl. Vögele, Zivilreligion, 176ff.

religion ihren Ort in dem von Lübbe so bezeichneten »religiösen Staatsrecht«[440]. Exemplarisch nennt er die Formulierung des Gottesbezuges aus der Präambel des Grundgesetzes, welche ihn als »Exempel für den Schwundstufencharakter des explizierbaren zivilreligiösen Bekenntnisses, der offensichtlich auf jenes Minimum hin tendiert, der als maximal konsensfähig angenommen wird«[441], interessiere. Weil der Differenzierungsgrad dessen, »was in einem kulturellen und politischen System als Universalkonsens funktionsfähig bleiben soll, mit zunehmender Differenzierung dieses Systems abnehmen muß«[442], setze etwa die zivilreligiöse Aussage in der Präambel des Grundgesetzes nichts anderes als lediglich die Existenz Gottes voraus[443], was daran deutlich werde, daß hier zwar zivilreligiös Gott genannt, aber genauere Aussagen über Wesen, Eigenschaften oder Handeln Gottes nicht gemacht werden. Dennoch gehöre das religiöse Leben der Religionsgemeinschaften zu den Voraussetzungen des zivilreligiösen Universalkonsenses, da diese die materialen Gehalte zur Verfügung stellen, aus welchen sich dann quasi als Schnittmenge jene Konsensformeln ergeben.[444] Die Pointe der Lübbeschen Theorie läßt sich folgendermaßen formulieren:

> »Im Verlauf des Differenzierungsprozesses des Christentums in unterschiedliche Konfessionen und im parallel verlaufenden gesellschaftlichen Differenzierungsprozeß wird die Zuständigkeit der Konfessionen allein für die Religion aufgehoben. Im Verlauf dieses Prozesses nimmt die Gesellschaft selbst religiöse Züge an und auf (Kulturreligion); ein Sonderfall davon ist die Repräsentanz religiöser Phänomene in der Politik, eben die Zivilreligion.«[445]

Wie oben erwähnt, handelt es sich bei diesem Konsens religiöser Bestände einer Gesellschaft um einen an Mehrheiten orientierten Konsens, wobei Lübbe die Religionsfreiheit, wie sie etwa durch das Grundgesetz garantiert ist, nicht von der Zivilreligion berührt sieht.[446] Das sei weniger problematisch, wenn unter

---

440 Vgl. Lübbe, Staat und Zivilreligion, 197f. Zur Begrifflichkeit vgl. Lübbe, aaO., 198ff; ders., Religion nach der Aufklärung, 312. Vgl. auch Vögele, Zivilreligion, 174. Lübbe kann gelegentlich auch Zivilreligion selbst als religiöses Staatsrecht bezeichnen. Vgl. Lübbe, Staat und Zivilreligion, 200.

441 AaO., 198. Lübbe sieht in der im Staat identifizierbaren Zivilreligion eine »ihrem expliziten religiösen Aussagegehalt nach extrem minimalisiert[e Form der Religiosität]« (aaO., 197f).

442 AaO., 198; ders., Religion nach der Aufklärung, 311.

443 Vgl. Lübbe, Staat und Zivilreligion, 198.

444 Vgl. Lübbe, Religion nach der Aufklärung, 317f; ders., Staat und Zivilreligion, 202f.

445 Vögele, Zivilreligion, 178.

446 Vgl. Lübbe, Staat und Zivilreligion, 200f.

Religionsfreiheit das Recht einer religiösen Gemeinschaft, ihren Prinzipien und ihrem Glauben entsprechend zu leben, verstanden wird. Schwieriger stelle sich das Problem dar, »wenn man die in den Staat integrierte Zivilreligion zum Individualrecht der Glaubens- und Religionsfreiheit in Beziehung setzt«[447], denn in diesem Fall schließt der kleinste gemeinsame Nenner, den etwa der Gottesbezug in den Verfassungstexten zum Ausdruck bringt, eine Minderheit von Atheisten aus, welche nicht an die Existenz Gottes glauben.[448] In diesem Fall stehe der Atheist »in einer unbestritten legalen Rolle als Mehrheitskulturdissident«[449], welchem als Teil einer Minderheit die Meinung der Mehrheit zugemutet werden könne, daß ein Rechtssystem religiöse Voraussetzungen macht, welche er zwar nicht teilen kann, die aber durch eine Mehrheit als konsensfähig erklärt werden.[450] Dies sei weniger problematisch, weil die Bestreitung dieses religiösen Konsenses für den Nichtzustimmenden - etwa den Atheisten - keine negativen juristischen Konsequenzen habe, denn die Präambeltexte der deutschen Verfassungen z. B. gehörten juristisch zu den Voraussetzungen des Rechts, nicht aber zu den sanktionsbestimmten Rechtssätzen mit unmittelbarem Rechtsfolgecharakter.[451] Diese »religiöse Indifferenz« des Staates tangiere jedoch nicht seine Verpflichtung zur weltanschaulichen Neutralität.[452]

Zu fragen ist nun nach der Funktion[453] der Zivilreligion im Konzept Lübbes, und damit verbunden nach der Funktion des Gottesbezuges in diesem Kon-

447 Ebd.

448 Vgl. aaO., 201. Das Problem verschärft sich dadurch, daß die Anerkenntnis der Existenz Gottes für Lübbe gerade entscheidender Bestandteil des gesellschaftlichen zivilreligiösen Konsenses ist. Vgl. Vögele, Zivilreligion, 180.

449 Lübbe, Staat und Zivilreligion, 202. Zu dem ganzen Komplex vgl. Vögele, Zivilreligion, 179ff.

450 Zur Problematik des Mehrheitsargumentes s.u. V.5.

451 Vgl. Lübbe, Staat und Zivilreligion, 201f. »Da überdies schwerlich dargetan werden kann, wie es sich eigentlich real rechtsbeeinträchtigend auswirken solle, da der Atheist in einer unbestritten legalen Rolle als Mehrheitskulturdissident unter einer Verfassung zu existieren gezwungen ist, die sich als in Verantwortung vor Gott gegeben im Gesetzestext selbst deklariert, scheint die offenbare religiöse Nichtindifferenz unseres Staates von den Bürgern, die sich intellektuell und existentiell außerhalb unserer religiös geprägten Mehrheitskultur verorten, hingenommen werden zu müssen.« (Ebd.).

452 Vgl. aaO., 200ff; Vögele, Zivilreligion, 181.

453 Mit der Bestimmung der Funktion der Zivilreligion verläßt Lübbe die phänomenale und die analytische Ebene seiner Darstellung und begibt sich auf eine sehr problematische normative Ebene. Vgl. Vögele, aaO., 182ff.

zept. Lübbe selbst hatte in der bereits zitierten Definition konstatiert, daß die Zivilreligion ein »Gemeinwesen selbst in seinen Institutionen und Repräsentanten als in letzter Instanz religiös legitimiert, das heißt auch aus religiösen Gründen anerkennungsfähig darstellt«[454]. Im Medium der Zivilreligion verschafft sich der Staat demnach eine Art von Selbstlegitimation.[455] Dem Gottesbezug kommt hier besondere Bedeutung zu, denn dieser beschreibt rein formal das religiöse Implement oder Argument, welches dem Staat seine religiöse Legitimation verschaffe.[456]

Weiterhin fungiere die Zivilreligion als »Liberalitätsgarant« des Staates, denn Adressat der »religiösen Verantwortung, auf den die Zivilreligion in der Tat den liberalen Staat verweist, ist eben Gott und nicht ein heiliges Politbüro als religiöser Liberalitätsgarant«[457]. Die Zivilreligion kompensiere demnach die Abhängigkeit des Staates von Voraussetzungen, die er nicht garantieren kann, indem sie als Puffer fungiert, der vor der Totalität einer Weltanschauung, Staatsphilosophie etc. schütze.[458] Zugespitzt läßt sich für den Problemkomplex resümieren: In der Lübbeschen Theorie ist die Zivilreligion der »politische

---

454 Lübbe, Staat und Zivilreligion, 206.

455 Vögele betont, daß es in der Theorie Lübbes nicht um eine religiöse Überhöhung des Staates gehe, sondern Lübbe lediglich konstatiere, daß der Staat zu seiner Legitimierung auch religiöse Argumente benutzt. »Der Staat wird mit Hilfe religiöser Argumentation verstanden und legitimiert, er ist aber nicht selbst religiös.« Vgl. Vögele, Zivilreligion, 182.

456 An dieser Stelle seiner Argumentation führt Lübbe die bereits mehrfach erwähnte Formulierung Böckenfördes als »ebenso unwidersprechlich wie fundamental« ein, daß der liberale Staat von Voraussetzungen lebe, die er selbst nicht garantieren könne. »Zivilreligion ist dann, in Beziehung auf diesen Bestand, die Form, in der sich das politische System und dann speziell auch der Staat selber auf diese Voraussetzungen, von denen er lebt, ohne sie garantieren zu können, ausdrücklich zurückbezieht.« (Lübbe, Staat und Zivilreligion, 207.) Der Staat unterliege also historischen Kontingenzen, die in letzter Instanz nur religiös bewältigt werden können; vgl. Vögele, Zivilreligion, 183. Er bedient sich nicht einem Legitimitätsverzicht »im Vertrauen darauf, daß liberale politische Systeme eben auch ohne kulturell anerkannte religiöse und moralische Geltungsansprüche bestandsfähig seien« (Lübbe, Staat und Zivilreligion, 207). Die zivilreligiöse Legitimation des Staates sei lediglich »Konsequenz aus der Erfahrung des religiösen und weltanschaulichen Terrors, der in modernen Gesellschaften die zwangsläufige Folge des Versuchs ist, die Legitimitätsgrundlagen des politischen Systems innerhalb seiner selbst zu verorten und zu verwalten« (ebd.).

457 Lübbe, aaO., 209.

458 Vgl. Vögele, Zivilreligion, 184.

Glaube«[459] der demokratischen Kultur der Bundesrepublik, deren »Explikator« der Gottesbezug in Rechtstexten, insbesondere in den Präambeltexten der bundesdeutschen Staatsverfassungen ist. Lübbe wendet den Gottesbezug betont programmatisch an, wenn er ihn als Implikat der Zivilreligion dem »religiösen Staatsrecht« zuordnet, ihm damit legitimatorischen Charakter für das Rechtssystem und integrierende Funktion für die Gesellschaft zuschreibt und ihn endlich als »Liberalitätsgarant« für Staat und Gesellschaft bezeichnet, welcher auf dem Konsens der Mehrheit einer demokratisch verfaßten Gesellschaft von Bürgern ruhe.

Dieser Ansatz bleibt wegen des Festhaltens an einem Minimalkonsens einer Mehrheit, welcher eine andersdenkende Minderheit lediglich als Dissidenten toleriert, der Vorstellung eines Toleranzstaates verhaftet[460], bei welchem an die Stelle christlicher Werte ein - wenn auch minimaler - Konsens einer pluriformen Gesellschaft tritt. Dieser Toleranzstaat entspricht aber nicht der Wirklichkeit eines pluralistischen Staates der Glaubensfreiheit.

An der Bestimmung der Zivilreligion und der zivilreligiösen Interpretation des Gottesbezuges bei Lübbe orientieren sich m. W. alle theologischen Stellungnahmen zu diesem Thema. Zwei theologische Interpretationen in dieser Richtung sollen nun genauer untersucht werden.

3.2. Karl Fritz Daiber - Der Gottesbezug als staatslegitimierendes Symbol

Der praktische Theologe und Religionssoziologe aus Marburg, Karl-Fritz Daiber, betrachtet den Gottesbezug ebenfalls im Rahmen eines zivilreligiösen Deutungsmusters. Zivilreligion definiert Daiber ähnlich wie die Studienkommission des Lutherischen Weltbundes[461] als funktional orientiertes »Symbolsystem«[462].

---

459 Vgl. dazu aaO., 196, der diesen Begriff von Nipperdey übernimmt.

460 Vgl. Pawlowski, Probleme der Rechtsbegründung, 15.

461 Vgl. Hamarti, Die Bedeutung der Religion, 3. Zivilreligion sei »ein Geflecht von Symbolen, Gedanken und Handlungsweisen« (Vögele, Zivilreligion, 217).

462 Zur Definition des Begriffes der Zivilreligion in diesem Sinne vgl. auch Honecker, Eschatologie und Zivilreligion, 44, der von Zivilreligion als von einem »Geflecht von Symbolen, Ideen und Handlungsweisen« spricht. Ähnlich auch Schieder, Civil Religion, 21; Vögele, Zivilreligion, 217. Daß Daiber die Begriffe »Zivilreligion« und »Bürgerreligion« synonym verwendet, ist für den Zusammenhang des Problemkomplexes nicht von

In enger Anlehnung an Hermann Lübbe[463] versteht er den Begriff der Zivilreligion sodann »als Ausdruck für alle jene Phänomene religiöser Symbolik, die der nationalen bzw. staatlichen Identitätsformulierung und damit zugleich der gesellschaftlichen Integration und der staatlichen Legitimierung dienen«[464], wobei er einschränkt, daß diese »staatslegitimierende religiöse Symbolik in der Bundesrepublik nur in höchst begrenztem Umfang vorhanden«[465] sei. An anderer Stelle präzisiert Daiber diesen Sachverhalt, indem er konstatiert, der Begriff der Zivilreligion oder Bürgerreligion sei eine Formkategorie, »die alle jene Phänomene umschreibt, in denen Religion öffentliche Bedeutung zur Integration eines Gemeinwesens hat, ohne kirchlich institutionell gebunden zu sein«[466]. Dennoch sei eine Rezeption von Elementen der bürgerlichen Welt- und Lebensanschauung in den westlichen Gesellschaften vorauszusetzen.[467] Eine öffentliche Relevanz erhalte die Zivil- oder Bürgerreligion in demokratischen Gesellschaften immer dann, wenn sie mehrheitlich von einzelnen akzeptiert werde.[468] Das Vor-

---

Belang. Dazu vgl. Vögele, Zivilreligion, 230; vgl. auch Daiber, Religion in Kirche und Gesellschaft, 120.

463 Bei der Interpretation von der »Gottespräsenz in Verfassungspräambeln« spricht Daiber selbst davon, daß der Darstellung ein Verständnis von Zivilreligion zugrunde gelegen habe, wie es etwa von Hermann Lübbe vertreten wird. Vgl. Daiber, Religion unter den Bedingungen der Moderne, 99.

464 AaO., 94.

465 Ebd. Damit grenzt Daiber das Phänomen einer bundesrepublikanischen Zivilreligion gegen eine Konzeption in den Vereinigten Staaten von Nordamerika ab, wie sie der amerikanische Soziologe Robert N. Bellah beschrieben hatte. Vgl. Bellah, Zivilreligion in Amerika. Vgl. auch Rolf Schieder, Marktlücke Zivilreligion, 81ff; Kleger/Müller, Religion, 16.

466 Daiber, Religion in Kirche und Gesellschaft, 120. Interessant ist, wie eng Daiber den Begriff »Zivilreligion« als »Religion der politischen Ebene« bestimmt: »Zivilreligion ist (...) nicht einfach Volksreligiosität, sondern sie ist öffentliche Religion, Religion der politischen Ebene. In Deutschland findet sie sich beispielsweise im Gottesbezug von Verfassungspräambeln, auch zum Teil in den Schulgesetzen der Nachkriegszeit. (...) Zivilreligion entsteht auch, wenn umfangreiche schicksalhafte Erfahrungen Politikern religiöse Deutungen geradezu abnötigen. Äußerungen aus den Jahren der Wiedervereinigung Deutschlands zwischen 1989 und 1990 lassen dies deutlich erkennen.« (Daiber, Pastoralsoziologie, 239).

467 Vgl. Daiber, Religion in Kirche und Gesellschaft, 120. Daiber nennt an dieser Stelle die Stichworte »Diesseitigkeit«, »Leistungsorientierung«, »Aktionsbezogenheit« und »Selbstverantwortung des Individuums«; vgl. ebd.

468 Vgl. Daiber, Religion in Kirche und Gesellschaft, 120. Hier deutet sich an, daß in der zivilreligiösen »Theorie«, welche Daiber entwirft, konsensuelle Elemente eine erhebliche Rolle spielen.

handensein einer solchen Zivilreligion verweise »implizit« auf ihre Beziehung zur »kirchlich institutionalisierten Religion«, wobei sich das Problem ergebe, wie diese ihr Verhältnis zu den anderen Religionsformen jener bestimme. Generell beurteilten die Vertreter einer »institutionell-kirchlichen Religion« die anderen vorkommenden Religionsphänomene tendentiell kritisch, beobachtungs- oder kontrollbedürftig; allerdings gebe es im Rahmen »dieser Grundorientierung« mehrere praktizierte »Handlungsmodelle«, das der Adaption, das der Toleranz, der Auseinandersetzung oder der Ignorierung.[469]

»Zivilreligion« begegne jedoch nicht nur in Ideensystemen[470], sondern auch in aktuellen Ansprachen von Politikern, Staatsritualen etc.[471] Im Rahmen der Deutung der neuen Situation angesichts der Überwindung der Spaltung Deutschlands hätten beispielsweise Politiker auch religiöse Formeln verwendet, um die Erfahrung der Einheit zu verarbeiten. Insbesondere zeige sich das Vorhandensein dieser zivilreligiösen Elemente im Zusammenhang mit verschiedenen Verfassungsgebungsprozessen nach 1990.[472]

Aber bereits die Phase der Neukonsolidierung nach 1945 sei geprägt gewesen von einer Einbeziehung moralischer Elemente als Grundlagen des staatlich-politschen Handelns.

Wie Lübbe benennt Daiber im Rahmen der Verfassungsgesetzgebung, insbesondere in den Präambeln des Grundgesetzes und einiger Länderverfassungen, den Gottesbezug als Präsenz von Zivilreligion im politischen wie im rechtlichen Bereich. S. E. spiegelten diese »explizit zivilreligiösen Texte der Verfassungen die Erfahrungen jener Zeit wider«; wenngleich sie im wesentlichen auf

469 Vgl. aaO., 120f.

470 Daiber erläutert diesen Begriff durch die Beispiele »politische Philosophien« und »Darstellungen der Geschichte«. Vgl. aaO., 121.

471 Vgl. ebd. Er macht auch auf die kritische Haltung von Vertretern der Kirchen gegenüber einem »Vorantreiben« zivilreligiöser Elemente aufmerksam, wenn er von einer fortschreitenden Tendenz spricht, »(...) auf eine religiöse Symbolisierung staatlicher und erst recht nationaler Sachverhalte zu verzichten. Es sollte nicht mehr zu einem zivilreligiösen Mißbrauch des christlichen Glaubens kommen.« (Daiber, Religion unter den Bedingungen der Moderne, 95.) Dies zeige sich ausgeprägt darin, daß besondere Dankgottesdienste 1989/90 zur Beendigung der Spaltung Deutschlands fast zögerlich stattfanden, und bei der lange anhaltenden Diskussion, ob am 3. Oktober 1990, dem Tag der staatlichen Vereinigung, Glockengeläut stattfinden sollte. Vgl. ebd.

472 Vgl. ebd. Vgl. dazu im einzelnen ders., Ritual von Bedeutung, 12ff; ders., Debatte um ein Wortsymbol, 35ff.

die Gedanken »christlich orientierter Politiker« zurückgingen, hätten sie doch die deutliche Unterstützung der beiden großen Kirchen erhalten.[473]

Die kollektive Erfahrung des nationalen Zusammenbruchs nach dem Zweiten Weltkrieg und die daraus resultierende »moralische Neuverpflichtung« haben die zivilreligiöse Verwendung religiöser Symbolik für eine nationale Identitätsstiftung gefördert. Carlo Schmid habe in bezug auf die Präambel des Grundgesetzes deutlich gemacht, daß zwar die Mehrheit der Mitglieder des Parlamentarischen Rates ein christliches Gottesbild vor Augen hatte, als der Gottesbezug beschlossen worden sei, daß der Gottesbezug aber dennoch bewußt offen gehalten worden wäre.

»Die meisten Bewohner der Bundesrepublik werden unter diesem Gott, den die Präambel nennt, den Gott verstehen, dessen Gebote ihnen die religiöse Unterweisung im Elternhaus und in der Schule sowie ihr Leben in den Kirchen unseres Landes nahegebracht haben. Für viele wird er identisch sein mit dem Herrn des 'Stirb und werde' unseres Schicksals. Für andere wird er der Weltbaumeister sein, der mit der Schöpfung in sein Werk die Ursachenreihen eingeführt hat, aus denen alles kommt, was durch sich selbst und in der Vermittlung durch unser Tun geschieht; andere wiederum werden jenen Gott in allem finden, was dieser Welt eigen ist, das 'hen kai pan' und es gibt, wie das Beispiel des 'Materialisten' Ernst Bloch zeigt, jenes Göttliche auch für den Marxisten, den die Erfahrung gelehrt hat, daß der Mensch nicht vom Brot allein lebt, sondern daß es in seinem Bewußtsein eine übergreifende Transzendenz gibt, die ihre Forderungen stellt, und der, wie Faust, weiß, daß das Gewebe des Da-Seins in Natur und Geschichte in seinem Innersten von einer numinosen Macht zusammengehalten wird.«[474]

Der Gottesbezug der Präambel des Grundgesetzes und das allgemeine Sittengesetz sind demgemäß funktional äquivalent.[475] Das zeige, »in welchem hohen Maße religiöse Aussagen generalisiert werden müssen, wenn sie konsensfähig sein sollen«[476]. Damit macht Daiber auf ein Problem aufmerksam, welches schon die Gegner des Gottesbezuges in die Diskussion eingebracht hatten, wobei er damit eine nicht unproblematische Außenperspektive einnimmt, denn in der Verfassungsinterpretation könnte diese Generalisierung schon wieder eingeschränkt sein. Außerdem ist die Dignität dieser Aussage abhängig von dem eigentlichen Duktus des Gottesbezuges (s.u.). Zivil- oder Bürgerreligion sei demgemäß eine »höchst generalisierte Form von Religion«, welche aus ihrem histo-

473 Vgl. Daiber, Religion unter den Bedingungen der Moderne, 95.

474 Carlo Schmid, Erinnerungen, 371f; vgl. Daiber, Religion in Kirche und Gesellschaft, 122.

475 Vgl. Daiber, ebd.; in Anlehnung an Carlo Schmid, dem an dieser Stelle der Hinweis auf ein allgemeines Sittengesetz genügt hätte. »Er akzeptierte aber unter dem Gesichtspunkt einer pluralistischen Interpretation des Gottesbegriffs die religiöse Formel.« (Ebd.).

risch-geschichtlichen Zusammenhang gelöst ist.[477] Zur Zeit ihrer Entstehung sei die Befürwortung der »Gottesformel« konsensfähig gewesen, in den neunziger Jahren habe sich die Situation nicht grundlegend verändert[478], denn auch bei der Verfassungsgebung der Niedersächsischen Verfassung vom 23. Mai 1993 und den Verfassungen der fünf neuen Länder spielte die Frage nach einem Gottesbezug in der Präambel eine wesentliche Rolle.[479]

Im Zusammenhang mit einer Analyse der Entstehungsbedingungen der Präambeltexte der fünf neuen Länder vergleicht Daiber Präambeln in Verfassungen mit Ritualen, »die durch ihren Vollzug Wirklichkeit setzen«[480], d. h., sie seien am ehesten erinnernd zu deklamieren und gehörten von ihren Aussagen her in ein religiöses Umfeld.[481] Im Ergebnis zeige die Debatte in Ostdeutschland, daß es nach wie vor eine öffentliche Rolle der Religion und damit verbunden eben auch eine öffentliche Rolle des Christentums gebe. Diese Form der Religion werde in Ostdeutschland über christlich mitgeprägte Eliten repräsentiert, »nicht immer die Breite der Orientierung der Bevölkerung widerspiegelnd, aber doch öffentlich einflußreich«[482], was die These der religionssoziologischen Deutung einer wachsenden Säkularisierung nur »höchst begrenzt« stützen könne, denn die Analyse der Verfassungstexte zeige, »daß selbst in staatlichen Einheiten, in denen eine Mehrzahl von Menschen keiner Religionsgemeinschaft angehören, eine religiöse Dimension politischer Öffentlichkeit erhalten geblieben«[483] sei. Zivilreligiös »im präzisen Sinne« seien die Texte der Debatten, weil sie politische Texte, keine theologischen Aussagen, weil sie von Politikern, nicht von Kirchenleuten sind. Dennoch konstatiert Daiber in bezug auf diese Texte eine »Basis der öffentlichen Mitverantwortung«[484] der Kirchen. »Wie die Kirchen damit umgehen wollen, ist ihre Sache.«[485]

---

476 Ebd.
477 Ebd.
478 Ebd.
479 S.o. I.4.
480 Daiber, Ritual von Bedeutung, 13.
481 Vgl. ebd.
482 AaO., 14.
483 Ebd.
484 Ebd.
485 Ebd.

Die Debatte um eine Präambel mit Gottesbezug in Niedersachsen[486] apostrophiert Daiber - ganz im Sinne seiner Definition des Begriffes bzw. Phänomens der Zivilreligion - als »Debatte um ein Wortsymbol«[487]. Der Gottesbegriff stelle in unserer Gesellschaft eine Art religiöser Konsensformel dar, welche, »gerade weil sie so unbestimmt religiöse Orientierung thematisiert, verallgemeinerungsfähig ist - man kann auf höchst unterschiedliche Weise an Gott glauben«[488]; das spiegelten nicht zuletzt auch die Debatten um den Gottesbezug in der Niedersächsischen Verfassung wider.[489] Eher neu jedoch sei, daß auch evangelische Theologen[490] und der katholische Bischof von Hildesheim[491] eine »weitere Verallgemeinerungsstufe des Gottessymbols« als »ethische Letztinstanz für Letztorientierungen höchst unterschiedlicher Art«[492] anböten. Bei den Befürwortern habe allerdings ein christliches Gottesverständnis im weitesten Sinne im Hintergrund ihrer Überlegungen gestanden[493], woraus evident werde, daß, wo im politischen Zusammenhang von der »Verantwortung vor Gott« gesprochen werde, sich dieser zivilreligiöse Gottesbegriff nicht aus seiner »unmittelbaren« christlichen Erfahrungsgeschichte lösen lasse.[494] So folgert Daiber:

> »Zivilreligion in Deutschland speist sich nach wie vor aus Quellen der christlichen Tradition. Sie lebt aus der Lebenswelt der Menschen, auch aus den Biographien der Politiker, die heute

---

486 S.o. I.3.7.2.

487 So der Titel seines Beitrages. Vgl. Daiber, Debatte um ein Wortsymbol, 35ff.

488 AaO., 37.

489 Vgl. ebd.

490 Daiber denkt an den Beitrag von Eilert Herms. Vgl. Daiber, aaO., 37; Herms, Keine Abwahl Gottes.

491 Der Bischof von Hildesheim, Josef Homeyer, hatte in einem Brief geäußert: »Es liegt im Interesse aller Bürgerinnen und Bürger Niedersachsens, die Unverfügbarkeit der fundamentalen Rechte zu sichern. Diese Unverfügbarkeit scheint mir nicht besser zum Ausdruck gebracht werden zu können als durch den Verweis auf die Verantwortung vor Gott. Für eine letzte, jedem Zugriff entzogene Instanz haben wir auch in einem weltanschaulich neutralen Staat kein besseres Wort als 'Gott'.« (Zitiert nach Daiber, Debatte um ein Wortsymbol, 36.) Vgl. auch Homeyer, Invocatio Dei, 89ff.

492 Vgl. Daiber, Debatte um ein Wortsymbol, 37.

493 Vgl. ebd. »Deutlich ist jedenfalls die Präsenz christlicher Überlieferung im weitesten Sinne.« (Ebd.) Daiber gibt jedoch keine Auskunft über die inhaltliche Füllung des »im weitesten Sinne«.

494 Vgl. ebd. Interessant ist, daß Daiber hier von einem »unmittelbaren christlichen Erfahrungshorizont« spricht, wo er kurz vorher von »christlicher Überlieferung im weitesten Sinn« gesprochen hatte.

Politik machen. Sie entzieht sich der Bevormundung durch die Kirchen, aber sie bleibt einer christlich geprägten Kultur verpflichtet.«[495]

Im übrigen sei »nicht unwahrscheinlich, daß es überhaupt nur Zivilreligion gibt, wenn sie sich aus den Quellen historischer Religionen speist, wenn also Gott, von dem die Verfassungen reden, der Gott ist, mit dem Menschen auch zu leben und zu sterben versuchen«[496].

Diese lebensweltliche Präsenz von Religion sei in so hohem Maß selbstverständlich, daß sie überhaupt nicht als etwas christlich religiös Bedingtes[497] in das Bewußtsein dringe. Auffallend an dieser Form der christlich bestimmten Religiosität sei ihre faktische Existenz *entgegen* allem weltanschaulichen Pluralismus. Damit sei die Zivilreligion als ein den weltanschaulichen Pluralismus zumindest in seiner konsequenten Form einschränkendes Phänomen.[498]

»Auffallend bleibt, daß diese lebensweltlich verankerte Religion entgegen allem weltanschaulichen Pluralismus christlich bestimmt bleibt (...). (...) Auch von daher gesehen bestätigt sich noch einmal die Beobachtung einer begrenzten Spannweite des weltanschaulichen Pluralismus.«[499]

---

495 Ebd. Als argumentativ wie faktisch außer Kraft gesetzt bezeichnet Daiber jenes Argument, welches den Gottesbegriff generalisierend für jedwede Form ethischer Letztinstanz funktionell verstehe. Damit bezieht er Stellung vor allem gegen das vorgeschlagene Erklärungsmodell von Herms. »Die Zivilreligion (...) ist kein gesellschaftliches Konstrukt, das interpretiert oder theologisch-philosophisch fixiert werden müßte.« (Ebd.) Weiter sei auffällig, daß die Landtagsdebatte dieses Interpretationsangebot (von Herms und Homeyer) nicht aufnehme. Das Modell erweise sich nicht als konsensstiftend, sondern wird höchst interessengebunden empfunden. (Vgl. ebd.) Dazu sind drei Anmerkungen zu machen: (1) Die vorher beschriebene Argumentationslinie, die von Eilert Herms für diesen Rahmen nachgezeichnet worden ist, hat in der Beratung und Entscheidung der Abgeordneten in Niedersachsen eine nicht unerhebliche Rolle gespielt. (Dazu s.o. I.3.7.2.). (2) Daß Daiber diese Argumentationslinie jedoch richtig interpretiert, wenn er konstatiert, damit solle eine ethische Letztinstanz, ein »Gewissensgarant im Horizont staatlichen Handelns« intendiert werden, halte ich für nicht zutreffend. (Dazu vgl. den Abschnitt zu Herms; s.o. V.2.7.) (3) Durch Daibers Ergebnis, daß Zivilreligion nicht das darstelle, was Herms hinsichtlich des Gottesbezuges entwickle, deutet sich an, daß es sich wohl auch bei dem Gottesbezug nicht (unbedingt) um ein zivilreligiöses Wortsymbol handelt.

496 Daiber, Debatte um ein Wortsymbol, 37.

497 Vorsichtiger formuliert Daiber später in bezug auf die Zivilreligion, »auf allen Ebenen von Religion 'außerhalb der Kirche' überwiegen in der deutschen Gesellschaft noch christliche oder jedenfalls christentumsnahe Elemente. Veränderungsprozesse in Richtung auf eine wachsende Pluralisierung bzw. eine Erschließung von neuen Symbolsystemen, die nicht aus der christlichen Überlieferung stammen, sind am ehesten auf der Ebene der Individualreligionen zu beobachten.« (Daiber, Pastoralsoziologie, 239).

498 Vgl. Daiber, Religion unter den Bedingungen der Moderne, 99.

In bezug auf Daibers Argumentation läßt sich demnach folgendes resümieren: Der Gottesbezug in der Präambel der Verfassung ist Ausdruck einer auf einem irgendwie gearteten politischen oder gesellschaftlichen Konsens beruhenden zivilreligiösen Formel, welche staatslegitimierende Funktion erhält, die aber auch integrierend für Staat und Gesellschaft wirkt.[500] Auch Daiber geht über eine rein phänomenale und analytische Betrachtungsweise hinaus, selbst wenn auf letzterer der Schwerpunkt seiner Überlegungen liegt. Tendentiell programmatisch wirkt seine positive Bewertung der Zivilreligion auf der normativen Ebene, wenn er festhält, daß »die politischen Erfahrungen zeigen, daß die Respektierung der Menschenrechte humanes menschliches Leben relativ voranbringen«[501] könne, und Erfahrungen dieser Art Herausforderungen des menschenfreundlichen Gottes[502] seien, die zu benennen und zu bejahen eine Aufgabe bleibe.

»Nur in diesem Kontext der Weltgesellschaft und nur bezogen auf die Respektierung elementarer Menschenrechte ist Zivilreligion theologisch verantwortbar, ist dann aber auch ein Beitrag der Predigt zu ihrer Gestaltwerdung in den verschiedenen nationalen Gesellschaften sinnvoll.«[503]

Daibers Ansicht nach wirkt die Zivilreligion in der analytischen Betrachtungsweise einen weltanschaulichen Pluralismus mindestens hemmend, woraus die Frage resultiert, ob dann der Gottesbezug in der Verfassungspräambel pluralismushemmend oder vielleicht sogar *anti*pluralistisch wirkt.

3.3. Wolfgang Vögele - Der Gottesbezug im Rahmen des Projektes einer öffentlichen Theologie

Wie Lübbe und in Ansätzen auch Daiber apostrophiert Wolfgang Vögele in seiner Dissertation über die »Zivilreligion in der Bundesrepublik Deutschland«[504] den Gottesbezug in der Präambel der Verfassung als »das wichtigste rechtliche Element der deutschen Zivilreligion«[505].

---

499 AaO., 99f.
500 Vgl. Vögele, Zivilreligion, 220.
501 Daiber, Religion in Kirche und Gesellschaft, 141.
502 Vgl. ebd.
503 Ebd.
504 Vgl. Vögele, Zivilreligion, 1994.
505 Vögele, Zivilreligion, 337.

In seinem umfassenden Beitrag, in welchem er die Zivilreligion in ein »Projekt öffentlicher Theologie« einzugliedern versucht, orientiert er sich bei deren Definition an den Ergebnissen Hermann Lübbes, dessen Zivilreligionsdefinition sich im Ergebnis in ihren analytischen Gehalten bewährt habe[506], wobei Vögele einräumt, es sei »vielleicht (...) angemessener, von der zivilreligiösen Dimension der politischen Öffentlichkeit zu reden«[507]. Den Aspekt eines programmatischen Gebrauches der Zivilreligion übernimmt Vögele von Lübbe nicht [508], wenngleich er im Ergebnis an der positiven Verwendung des Begriffes und Modells der Zivilreligion als Bestandteil einer öffentlichen Theologie festhält, und insofern doch über einen rein »phänomenalen« und »analytischen« Gebrauch von »Zivilreligion« hinausgeht.[509] Er selbst räumt ein, daß sich Analytik und Programmatik in der Zivilreligion nur »bis zu einem gewissen Grad« auseinanderhalten lassen, gibt aber über das Maß dieses »gewissen Grades«

506 Vgl. Vögele, Zivilreligion, 432. Vgl. auch: »Gibt es in der Bundesrepublik so etwas wie Zivilreligion? Ich halte den Beweis, den Lübbe dafür antritt, für schlüssig und konsistent.« (AaO., 203).

507 AaO., 203. Mutiger ist Vögele jedoch am Ende seiner Untersuchung, wo er den Begriff »Zivilreligion« nur noch absolut verwendet. Vgl. aaO., 425ff.

508 Vgl. aaO., 18f.

509 Im einzelnen vgl. aaO., 418ff. Vögele spricht in seinem Resümee davon, daß »Zivilreligion eine öffentliche Angelegenheit der Gemeinschaft aller Bürger und Bürgerinnen« sei (aaO., 425); und daß »Zivilreligion (...) darum nicht ausschließlich, aber auch [sic!] eine Angelegenheit der Kirchen und damit der öffentlichen Theologie [ist]. (...) [Und] es kommt darum für die Kirchen zuallererst darauf an, zivilreligiöse Bestände in der Politik und im gesellschaftlichen Leben wahrzunehmen, zu analysieren und zu interpretieren« (ebd.); er spricht dann davon, daß öffentliche Theologie eine Brücke schlage zwischen den ausdifferenzierten Theologien der einzelnen Kirchen und der Zivilreligion, und es in den Aufgabenbereich der öffentlichen Theologie gehöre, die wahrgenommenen zivilreligiösen Phänomene theologisch zu interpretieren und gegebenenfalls zu kritisieren oder zu korrigieren (vgl. aaO., 429); bzw. »zivilreligiöse Konsense sind gleichzeitig eine Anfrage an die Dialog- und Lernfähigkeit der Kirchen. Die Kirchen müssen ernst machen mit der sich verändernden Stellung der Religion in der Gesellschaft, denn sie sind nicht mehr die Monopolisten, sondern sie sind Konkurrenten anderer Religionen auf dem 'religiösen Supermarkt'« (aaO., 430f).
Das ist m. E. wesentlich mehr als die Zivilreligion nur zum »Gegenstand« öffentlicher Theologie zu machen (vgl. aaO., 425), denn damit wird die Zivilreligion in eine öffentliche Theologie, die wiederum Bestandteil der evangelischen Theologie sein soll, inkorporiert. Dabei wird angenommen, daß es sich bei der Zivilreligion um eine faßbare Größe handelt. Die Ergebnisse von Vögele zeigen aber gerade, wie diffus es sich mit dem behandelten Komplex verhält; vgl. aaO., 434f.

keine nähere Bestimmung[510]. Dieser Aspekt wird auch für die Einordnung des Gottesbezuges von fundamentaler Bedeutung sein.

Das Phänomen der Zivilreligion selbst betrachtet Vögele sehr stark unter dem Gesichtspunkt des Konsenses unter Berücksichtigung verschiedener Bezugssysteme, d. h. daß die Zivilreligion von mehreren Voraussetzungen abhängig sei, die eben nicht lediglich der Verfügungsgewalt des Staates entspringen.[511]

»Zivilreligion greift auf Inhalte und Elemente der Kulturreligion zurück, sie ist abhängig vom Beitrag der Kirchen, Konfessionen und Religionsgemeinschaften. Aus diesen Beiträgen erst wird der zivilreligiöse Konsens ermittelt. (...) Kulturreligion, Religionsgemeinschaften und Konfessionen, die bürgerliche Religiosität - sie alle beeinflussen den zivilreligiösen Konsens.«[512]

Ein solcher von religiösen Elementen bestimmter Konsens innerhalb der Gesellschaft wirke integrierend.[513] Neben der gesellschaftlich integrierenden inhäriere der Zivilreligion aber auch eine legitimierende Funktion für Staat und Gesellschaft.[514] »Insofern ist Theorie der Zivilreligion ein Medium zur Bestimmung und Reflexion der religiösen Elemente des Konsenses, der eine Gesellschaft trägt.«[515]

Den Gottesbezug[516] in der Verfassung bezeichnet Vögele - wegen seines Vorkommens in Reden einiger Politiker[517] - als die »zentrale Verständigungs-

---

510 Vgl. aaO., 336. »Lassen sich Analytik und Programmatik in der Zivilreligion auseinanderhalten? Ich meine, bis zu einem gewissen Grad ist das möglich, und die bisherigen Erörterungen haben das auch unter Beweis gestellt.« (Ebd.).

511 Vgl. aaO., 206. An dieser Stelle führt Vögeles Deutungsversuch über den von Lübbe hinaus, welcher die Zivilreligion als Versuch des Staates, sich seiner eigenen (religiösen) Voraussetzungen zu vergewissern, interpretiert hatte. Vgl. ebd.

512 Ebd.

513 In Anlehnung an Lübbe vgl. Vögele, aaO., 246.

514 Vgl. aaO., 247.

515 Ebd. Zur Frage der Legitimation vgl. aaO., 433.

516 Vögele spricht von »Gottes-Klausel«. (Vgl. aaO., 265ff). Den Begriff übernimmt er von Häberle, vgl. Häberle, Gott im Verfassungsstaat, 217; 219. Auf die Problematik dieser Bezeichnung für den Gottesbezug ist in anderem Zusammenhang schon hingewiesen worden. S.o. III.6.

517 Vögele nennt explizit die Rede des damaligen Bundespräsidenten der Bundesrepublik, Richard von Weizsäckers, beim Staatsakt zur Deutschen Einheit am 3. Oktober 1990. Vgl. Vögele, Zivilreligion, 433.

formel deutscher Zivilreligion«[518]. Er stützt seine These, daß die Präsenz des Gottesbegriffes in Verfassungspräambeln das wichtigste Element der Zivilreligion sei, auf eine umfassende Analyse der Entstehungsbedingungen der Präambeltexte einzelner Länderverfassungen und des Grundgesetzes. Hierbei kommt er zu dem Ergebnis, daß die Gottesbezüge in den Präambeln des Grundgesetzes und der Länderverfassungen der alten Länder ausnahmslos auf christliche Vorstellungen zurückgehen, wobei verschiedene Motive im Hintergrund stehen: »Abwehr des 'gottlosen' Nationalsozialismus«, »der Versuch, Staatsmacht und Staatsgewalt durch Anrufung einer transzendenten, höheren 'Gewalt' zu begrenzen«.[519] Bei manchen Parteien konstatiert Vögele »Elemente einer christlichen Weltanschauung«, »Vorstellungen einer christlichen Gesellschaft, eines christlichen Staates«.[520] Gleichzeitig handele es sich bei der Formulierung des Gottesbezuges um eine Kompromißformel, wobei sich die zeitlich nach dem Grundgesetz entstandenen Verfassungen in ihren Formulierungen an der des Grundgesetzes orientierten.[521] »Man wollte den eindeutig christlich-konfessionellen Charakter einer Verfassung vermeiden und wählte statt dessen eine Version, die der Interpretation mehrerer Konfessionen und Religionen offenstand.«[522] Schon bei dem Vorgang der Verfassungsgebung des Grundgesetzes und der Länderverfassungen nach dem Zweiten Weltkrieg (alte Länder) »zeigen sich also Tendenzen, die ursprünglich christlichen Formulierungen zivilreligiös umzuinterpretieren«[523]. Als Nachweis für diese These benennt Vögele die Stellungnahmen von Heinz Kühn[524] und Carlo Schmid.[525]

---

518 Ebd. Vgl. auch aaO., 33. Vögele bezeichnet die Verwendung des Verantwortungsbegriffes in politischen Texten als typisch zivilreligiös.

519 Vgl. aaO., 287. Schwierig ist der Gebrauch der Vokabel »Anrufung«, stellt Vögele doch in Anlehnung an Huber (vgl. aaO., 266) zu Recht fest, daß diese »Formel« (besser: Formulierung) gerade keine Anrufung (lat. invocatio) darstellt.

520 Vgl. aaO., 287.

521 Vgl. ebd.

522 Ebd.

523 Ebd.

524 Heinz Kühn (SPD), der spätere Ministerpräsident, begründete die Entscheidung in bezug auf die Verfassungspräambel von Nordrhein-Westfalen mit dem gefundenen Kompromiß zweier Positionen, »nämlich des Wunsches, diese Formel verbindlicher im Sinne der Geltung christlicher Normen zu gestalten, und der Ablehnung eines solchen Versuches aus Sorge, Minderheiten nicht zu berücksichtigen, obwohl die Verfassung für alle Staatsbürger da sein sollte«. (So die Interpretation von Beutler, Staatsbild, 179.) Kühn selbst bemerkt: »Die überwiegende Mehrzahl der Sozialisten erkennt im Religiösen, unabhängig

Aus der Analyse der Quellen in bezug auf die verfassunggebenden Prozesse in den neuen Bundesländern konkludiert Vögele eine doppelte Tendenz; nämlich einerseits ein Festhalten daran,

»(...) zivilreligiöse Formeln in die Präambeln der Verfassungen einzubauen. Aber der zivilreligiöse Bezug findet - mit Ausnahme Thüringens - im Gegensatz zum Grundgesetz und zu einigen Verfassungen der alten Bundesländer seinen Ausdruck nicht in expliziten, sondern in

---

von seiner konfessionellen Prägung, einen Eigenwert, eine im letzten Grund unzerstörbare Kraft, einen unverzichtbaren sittlichen Wert.« Zitiert nach Beutler, Staatsbild, 180. Vgl. Vögele, Zivilreligion, 285.

525 Mit diesem Ergebnis verlagert Vögele das Aussagegewicht früherer Interpretationen, wenn er an anderer Stelle konstatiert: »Über die Notwendigkeit einer Berufung auf Gott in der Präambel gab es im Parlamentarischen Rat keine große Diskussion, denn das gehörte offenbar noch zu den nicht hinterfragten Selbstverständlichkeiten. Es ist interessant zu sehen, daß keiner der Abgeordneten Vorschläge machte, um das Wort 'Gott' näher zu bestimmen (...). Solche Überlegungen standen damals nicht zur Diskussion. Daß es sich bei der Berufung auf Gott in der Präambel um den christlichen Gott handelte, war eine Selbstverständlichkeit, obwohl es expressis verbis nicht zum Ausdruck kam. Die exemplarischen Äußerungen von Heuss tragen demgegenüber einen sozusagen frühzivilreligiösen Charakter.« (AaO., 271) Dazu ist folgendes anzumerken: (1) Es ist Sache der Interpretation, wann eine Diskussion als »groß« bezeichnet wird. M. E. war die Diskussion im Parlamentarischen Rat eine solche unter Berücksichtigung dessen, daß erstens in den politischen Organen der Verfassungsgebung in den Ländern, welche ihre Verfassung vor dem Grundgesetz verabschiedeten, z.T. dieselben Personen dieses Problem schon heftig diskutiert hatten (etwa in Württemberg und Bayern), daß zweitens bei dem verfassunggebenden Prozeß für die Weimarer Verfassung aus Angst vor fehlendem Konsens die Frage gar nicht erst aufgeworfen wurde, und schließlich, daß drittens diese Frage überhaupt so lange diskutiert worden ist. Darum ist hier auch von Vehemenz und nicht einfach von Selbstverständlichkeit zu sprechen. (2) Auch die Auskunft, Heuß transportiere frühzivilreligiöses Gedankengut, ist m. E. problematisch zu beurteilen, denn die »exemplarischen« Aussagen, die Vögele zitiert, sind m. W. die einzigen, die es überhaupt gibt. (3) Schließlich zu Vögeles Bewertung: Entweder, es handelt sich in den Debatten um ein christliches Gottesbild, oder es ist nicht der christliche Gott gemeint. Vgl. auch aaO., 278: »Schmids Äußerung legt eine zivilreligiöse Interpretation der Präambel nahe, ebenso einige der Debattenbeiträge von Heuss im Parlamentarischen Rat. Dennoch zeigt sich für die Entstehung der Präambel und für die damalige [sic!] Diskussion: Die Verantwortungsformel in der Präambel war vor allem Anliegen der katholischen Kirche und der CDU. Man hatte ein Interesse daran, christliche Werte und Vorstellungen im Grundgesetz zu verankern. Die weiteren Erläuterungen werden zeigen, daß sich dieses Interesse später in zivilreligiöser Richtung verlagert hat.« Die Äußerung Schmids, die schon bei der Argumentation Daibers, Religion in Kirche und Gesellschaft, 122 (=EPD-Dok. 37/87; s.o., V.3.2.), eine entscheidende Rolle spielte, stammt aus dem Jahre 1980. Auch die eingeführte Entwicklungslinie: frühzivilreligiöses Gedankengut, Verlagerung in zivilreligiöser Richtung, zivilreligiöses Gedankengut (...) scheint nicht ganz durchsichtig.

impliziten Formeln wie in Sachsen oder in abgeschwächten Formulierungen wie in Sachsen-Anhalt.«[526]

Die Diskussion um die Verantwortungsformel mit Gottesbezug deutet Vögele folgendermaßen: Der Gottesbezug bezeichne nicht mehr nur den christlichen Gott[527], da sich die Struktur der Gesellschaft und damit verbunden die Religiosität ihrer Glieder im Laufe der letzten Jahrzehnte verändert haben.[528] Eine Interpretation, die den Gott der Präambel als eindeutig christlichen Gott verstehe und dies mit der These verbinde, daß Staat, Gemeinwesen und Grundgesetz damit christlich präformiert und gebunden seien, wie dies etwa bei Behrendt der Fall ist, lehnt Vögele als juristisch und theologisch problematisch ab.

Die Perspektive Pawlowskis, der eine Entwicklung der Bundesrepublik vom christlichen Toleranzstaat (1945ff) zum pluralistischen Staat bzw. zum Staat der Glaubensfreiheit diagnostiziert hatte, welche noch nicht zum Abschluß gekommen sei, hält Vögele für plausibel; ebenso dessen Konstatierung der Konsequenzen für die Interpretation der »Gottes-Klausel« in der Präambel, denn diese sei nun im Sinne einer uneingeschränkten Religionsfreiheit unbestimmt zu interpretieren[529], »jeder legt in sie seine Gottesvorstellung hinein«[530]. Die Präambel sei dann »Projektionsfläche« für das jeweilige Gottesbild der einzelnen Bürger und Bürgerinnen.[531] Vögele sieht die theologische Problematik auch dieses Ergebnisses, da die Formel, wird sie als Projektionsfläche verstanden, zur »Leerformel« degeneriere, und ihr dann keine Bedeutung mehr inhäriere, da sie auf keinen bestimmten Gott deute.[532] Eine andere Einordnung dieser »Leerformel Gott« böte ihre Interpretation als Konsens der Bürger, in welchem die religiösen Aussagen sehr weit generalisiert werden müssen, um konsensfähig sein zu können.[533]

---

526 Vögele, Zivilreligion, 292.
527 Vgl. aaO., 304.
528 Vgl. aaO., 304f. Vögele kleidet diese Aussage in eine Frage.
529 So Vögele in Anlehnung an Pawlowski; vgl. aaO., 305.
530 Ebd.
531 Vgl. aaO., 306.
532 Vgl. ebd. Vögele zieht nicht die Konsequenz, daß die Formel dann in eine interpretatorische Beliebigkeit führe.
533 In Anlehnung an Daiber; vgl. ebd.

Weiterhin beschreibe der Gottesbezug der Präambel eine Absage an jedweden staatlichen Totalitarismus, was vor dem Hintergrund der Erfahrungen mit dem Nationalsozialismus durchaus plausibel sei.[534]

Sodann begründe der Gottesbezug der Präambel eine Option für eine bestimmte Werteordnung; diese Aussage ist abhängig von der schon zitierten Äußerung Böckenfördes, daß der Staat und das Recht von Bedingungen abhängig seien, die sie selbst nicht hervorbringen können, wodurch das Recht an überstaatliche, normative Voraussetzungen gebunden sei, die sich auch in der Präambel des Grundgesetzes im besonderen in der Verantwortungsformel widerspiegelten.[535] Neu ist die Interpretation dieser Formel als zivilreligiös.

Mit der Interpretation des Gottesbezuges als einer Option für eine bestimmte Werteordnung werde die Abhängigkeit des Rechtes vom metaphysisch-theologischen Bedingungen trotz zunehmender Säkularisierung verdeutlicht[536], was eine »interpretatorische Beliebigkeit« der »Gottes-Klausel« in der Präambel verhindere. Das Grundgesetz könne nicht von den Bedingungen losgelöst werden, unter denen es entstand, denn das Recht sei von kulturellen Umständen abhängig, die bei der Interpretation von Gesetzen zu berücksichtigen sind.[537] In dem Zwischenergebnis einer Analyse von juristischen, theologischen und historischen Stellungnahmen zu dem Gottesbezug konstatiert Vögele, daß »die Gottes-Klausel der Präambel (...) offensichtlich an der Grenzlinie zwischen Recht, Theologie, Gesellschaft, Kultur und Philosophie«[538] stehe. Dabei beschreibe sie

---

534 Vgl. ebd. Hier einmütig mit großen Teilen der juristischen Auslegung; vgl. insbesondere Süsterhenn/Schäfer, Kommentar, 1950, 22f: Die Gottesbezüge der Präambeln deutscher Verfassungen entsprängen dem »elementar empfundenen Bedürfnis der deutschen Menschen, ihre persönliche Freiheit gegen die in nationalsozialistischer Zeit erlebte und im sowjetischen Herrschaftsbereich auch heute noch zu beobachtende Vergewaltigung durch den Staat zu sichern« (ebd.).

535 Vgl. Vögele, Zivilreligion, 306f. Die Formel Böckenfördes muß nicht notwendig so interpretiert und weitergeführt werden. Diese Interpretation entspricht m. E. auch nicht der Aussageabsicht Böckenfördes. Für eine alternative Interpretation s.o. IV.5.2.

536 Vgl. Starck, Menschenwürde, 463; Vögele, Zivilreligion, 307.

537 Vgl. Vögele, ebd.; vgl. auch Häberle: »Gottes-Texte, wenn positivrechtlich vorhanden, beruhen auf einer *kulturanthropologischen* Aussage und insoweit sind sie ernst zu nehmen. So wie die Garantie der Religionsfreiheit eine kulturanthropologische Dimension besitzt und zwingend aus der Menschenwürde als 'Prämisse des Verfassungsstaates' folgt, so können ausdrückliche Gottes-Texte diese Dimension bekräftigen und spezifisch einfärben.« (Häberle, Gott im Verfassungsstaat, 226).

538 Vögele, Zivilreligion, 307.

eine der Schnittstellen, »die zeigen, daß Recht und Rechtsprechung nicht autark existieren und selbständig funktionieren, sondern über kulturelle und historische Voraussetzungen und Bedingungen in die Gesellschaft eingebunden sind und von diesen abhängen«[539]. Somit figuriere der Gottesbezug als eine Schaltstelle für die Bestimmung der Zivilreligion in der Bundesrepublik.[540]

Vieles spreche für die Annahme, daß die »Gottes-Klauseln« ein Indiz für eine »bundesrepublikanische Zivilreligion« seien, denn (1) in den Präambeln gehe es um die metarechtlichen Grundlagen und Voraussetzungen des Rechtes, sowie um (2) die Legitimation des Staates insgesamt. Als weiteren Anhalts-

539 Ebd.

540 An seine Analyse der »Gottes-Texte« (Häberle) anschließend fixiert Vögele eine historische Phaseneinteilung der Geschichte der Gottesbezüge in den deutschen Nachkriegsverfassungen: (1) In der ersten Phase von 1946-48 seien die Gottes-Klauseln eindeutig christlich präferiert gewesen. Beispiele dafür seien die Vorläuferverfassungen von Baden-Württemberg. (2) Die zweite Phase, 1948-49, sei dominiert gewesen von der Diskussion der »Verantwortungsformel« des Grundgesetzes im Parlamentarischen Rat und in der Öffentlichkeit. In dieser Phase habe sich deutlich der Einfluß der katholischen Kirche gezeigt, aber auch schon ein Bemühen, die Formel so zu gestalten, »daß sie für alle, nicht nur für katholische Christen tragbar« (ebd.) sei. (3) Die dritte Stufe umfasse die Zeit von 1949-53, in welcher die Länderverfassungen in Anlehnung an das Grundgesetz ihre Präambeltexte und damit eben auch deren Gottesbezüge formuliert hätten. (4) Die vierte Phase, 1954-1989, sei charakterisiert durch ein Verschwinden der Diskussion über die »Gottes-Klauseln« aus der öffentlichen Diskussion, was sich erst »mit der Wende« 1989 geändert habe. (5) Die Zeit nach 1989 sei geprägt von der Debattierung auch der »Gottes-Klauseln« im Zuge der Revision des Grundgesetzes und einiger Länderverfassungen. In dieser Phase habe sich die Tendenz abgezeichnet, den expliziten Bezug auf Gott in implizite, vorsichtigere Formulierungen umzuprägen. Vgl. Vögele, Zivilreligion, 307f.
Dieses historische Phasenmodell weist einige Schwierigkeiten auf: (1) Eine qualitative Verschiebung ist m. E. für die Zeiträume der Phasen 1 und 2 nicht zu konzedieren. Ebenso nicht für die Phasen 2 und 3. Denn bei den verfassunggebenden Prozessen in diesen drei Phasen waren z. T. dieselben Personen maßgeblich beteiligt. (2) Die Kirchen, insbesondere die katholische Kirche, nahmen in jeder Phase der Verfassungsgebung Einfluß, und nicht erst beim Grundgesetz. (3) Die Verantwortungsformel findet sich schon in Verfassungstexten, die vor dem Grundgesetz entstanden sind (Beispiel: Rheinland-Pfalz). Daran kann man die interpretatorische Öffnung für mehrere weltanschaulich gebundene Gemeinschaften also nicht festmachen. (4) In der Zeit nach dem Zweiten Weltkrieg gab es auch andere Verfassungen in Deutschland (West), die in ihre Präambeln überhaupt keinen Gottesbezug aufnehmen. Wo kommen die eigentlich in dem Modell vor? (Hessen 1946; Bremen 1947; Hamburg 1952). (5) Wie vorsichtig mit der Perspektivierung der fünften Phase umzugehen ist, zeigen die Entwicklungen in der Kommission zur Revision des Grundgesetzes und die Entwicklungen in Niedersachsen 1993/94. Das konnte Vögele nicht im Blick haben, aber es relativiert seine Interpretation und sein Phasenmodell.

punkt für die zivilreligiöse Interpretation des Gottesbezuges (3) führt Vögele an, daß zwar in der Intention der Verfassungsgeber mit dem Gottesbezug »der christliche Gott« gemeint gewesen sei und sich darin der starke Einfluß der katholischen Kirche bemerkbar mache, »jedoch finden sich schon in den Debatten über die Verabschiedung der Verfassungen Stellungnahmen, die betonen, daß es nicht um einen 'konfessionellen' Gott gehen kann, sondern daß es sich um eine Art Stellvertreterformel handelt, die für unterschiedliche Gottesvorstellungen offen ist«[541], so daß (4) die »Gottesformel« nicht nur einen Konsens der christlichen Konfessionen beschreibe, sondern auch in andere Religionen hinein interpretierbar sei.[542] Als letzten Grund (5) für eine zivilreligiöse Interpretation des Gottesbezuges führt Vögele an, daß es offensichtlich möglich sei, »die Präambeln so zu verstehen, daß sie das Prinzip der Religionsfreiheit nicht tangieren«[543]. Demgemäß widerspreche das von Vögele entwickelte Konzept einer begrifflichen Bestimmung der Zivilreligion nicht dem Staat der Glaubensfreiheit.[544]

Eine Spannung entstehe dadurch, daß trotz des fortschreitenden Säkularisierungsprozesses der freiheitlich demokratische Staat an Voraussetzungen gebunden sei, über welche er keine Verfügungsgewalt habe. Diesem Problem zu begegnen und die Spannung aufzulösen, ständen zwei Konzepte zur Verfügung. Das eine bestehe in einer Reaktivierung und Verstärkung der Rolle der Kirchen[545] das andere bestehe in dem Konzept der Zivilreligion.[546] Letzteres werde eher dem weltanschaulichen Pluralismus der Gesellschaft gerecht, soweit dabei eine notwendige Rolle der Religionen vorausgesetzt werde.[547]

541 Vögele, Zivilreligion, 308.

542 Vögele macht darüber hinaus keine Angaben über die »anderen Religionen«. Vgl. ebd.

543 AaO., 308. Vgl. dazu auch aaO., 308ff.

544 In Anlehnung an das Konzept von Pawlowski, vgl. aaO., 316ff; 318.

545 Vgl. aaO., 318. Als Vertreter eines solchen Modells werden Josef Isensee (vgl. aaO., 311), Rupert Scholz (vgl. aaO., 311f), E.L. Behrendt (vgl. aaO., 312), Hermann Boventer (vgl. aaO., 312), Otto Schnübbe (vgl. aaO., 313) und Horst Georg Pöhlmann (vgl. aaO., 313) angeführt, deren Ansätze einem Verständnis der Bundesrepublik als einem christlichen Toleranzstaat verpflichtet seien, welcher heute nicht mehr den Realitäten entspreche. Vgl. aaO., 314.

546 Dafür wird Lübbe angeführt. Vgl. aaO., 311.

547 Vgl. aaO., 318. Wesentlich differenzierter hatte Daiber das Phänomen der Zivilreligion als ein den weltanschaulichen Pluralismus eher einschränkendes, denn als ihn förderndes eingeschätzt. S.o. V.3.2.

Vögele kommt zu dem Ergebnis, daß die Theorie der Zivilreligion eine Möglichkeit biete, die Phänomene religiöser Dimension der Öffentlichkeiten, welche sich alle an der Grenze zwischen Religion und Politik ansiedelten, zu begreifen.[548] Dabei hält er an der Bestimmung von »Zivilreligion«, wie sie Hermann Lübbe vornimmt, fest[549], wobei er, wie schon erwähnt, sie lediglich als *formale* und *analytische* rezipiert wissen will[550], wenngleich er konzediert, daß es nur »bis zu einem gewissen Grade möglich« sei, Analytik und Programmatik in der Zivilreligion auseinanderzuhalten.[551] Eindeutig als Zivilreligion werden von Vögele in seiner Konklusio die »Gottesklauseln« apostrophiert und auf ihre Wichtigkeit für die Bestimmung von Zivilreligion hingewiesen.

»Die Verantwortungsformel der Präambel des Grundgesetzes und die verschiedenen Gottes-Klauseln in den Länderverfassungen sind das wichtigste rechtliche Element der deutschen Zivilreligion. Das hat die Analyse der Präambeln und ihrer verschiedenen Interpretationen gezeigt. Die Präambelformel des Grundgesetzes vereinigt in sich konsensuelle, legitimatorische und theologische Elemente. Programmatisch bestimmt sie die folgenden Grundgesetzartikel; sie ist Ausdruck des Selbstverständnisses der Väter des Grundgesetzes und nicht nur das: Sie gilt – mit dem Hintergrund der beschriebenen Differenzierungen und Einschränkungen – auch aktuell und ist insofern ein Kennzeichen deutscher Zivilreligion wie auch eines deutschen Verfassungspatriotismus, und zwar gerade auch in seiner 'konstitutionellen' Variante.«[552]

Das von Vögele entwickelte Konzept einer öffentlichen Theologie[553], welches die Zivilreligion als einzig die religiöse Dimension des Politischen evident ma-

548 Vgl. Vögele, Zivilreligion, 333. Jeder, der die Zivilreligion ablehne, müsse sich die erwähnten Phänomene vor Augen halten und ein alternatives theoretisches Modell zu ihrem Verständnis anbieten, denn eine vollständige Trennung von Religion und Politik lasse sich nicht durchführen. Vgl. ebd.

549 Vgl. aaO., 333f. Die Definition Lübbes habe sich auch nach Vögeles eigenen Analysen bewährt. (Vgl. ebd.).

550 Vgl. aaO., 334.

551 Vgl. aaO., 336.

552 AaO., 337f.

553 Zum Begriff vgl. aaO., 418ff. »Öffentliche Theologie ist die Reflexion des Wirkens und der Wirkungen des Christentums in die Öffentlichkeiten der Gesellschaft hinein; das schließt ein sowohl die Kritik und die konstruktive Mitwirkung an allen Bemühungen der Kirchen, der Christen und Christinnen, dem eigenen Öffentlichkeitsauftrag gerecht zu werden, als auch die orientierend-dialogische Partizipation an öffentlichen Debatten, die unter Bürgern und Bürgerinnen über Identität, Ziele, Aufgaben und Krisen dieser Gesellschaft geführt werden.« (AaO., 421f).

chendes Theoriegebilde apostrophiert[554], habe eine Brückenfunktion »zwischen den ausdifferenzierten Theologien der einzelnen Kirchen und der Zivilreligion«[555], denn es gehöre in den Aufgabenbereich einer öffentlichen Theologie, »die wahrgenommenen zivilreligiösen Phänomene theologisch zu interpretieren und gegebenenfalls zu kritisieren oder zu korrigieren«[556]. Auch diesen Sachverhalt expliziert Vögele am Beispiel des Gottesbezuges in der Präambel des Grundgesetzes. Die Verantwortungsformel, wie sie sich im Grundgesetz und einigen Länderverfassungen finde, gehe auf die christliche Tradition zurück. Analog spiele der Verantwortungsbegriff in der evangelischen Theologie und Ethik eine zentrale Rolle.

In der Perspektive der öffentlichen Theologie stelle sich nun die Frage, welcher Gott mit demjenigen gemeint sei, der in der Verfassung in Verbindung mit dem Verantwortungsbegriff steht. Jene Identifikationsmodelle, welche den »Gott der Verfassung« als christlichen apostrophierten (Behrendt, Barth) bzw. ihn als Götzen oder dekoratives Deckmäntelchen (Moltmann) ablehnten oder

---

554 Vgl. aaO., 425ff. »In der Zivilreligion begegnen die christlichen Kirchen der Bundesrepublik sich selbst - teilweise in fremder, abgewandelter Gestalt. Die deutsche Zivilreligion befindet sich jenseits der Konfessionen, aber nicht jenseits des Christentums; sie ist – in großen Teilen - eine christliche Zivilreligion. Und weiter: zwischen Zivilreligion und christlichen Konfessionen in der Bundesrepublik besteht ein Verhältnis der Osmose; die Grenze zwischen beiden ist nicht klar definiert, sondern porös und durchlässig. (...) Die religiöse Dimension des politischen Diskurses läßt sich nicht nur in Gestalt einer Theorie der Zivilreligion begreifen. So weit ich sehe, konkurrieren mit ihr in der Bundesrepublik mindestens zwei andere Modelle: In einem Modell wird das Christentum – in Gestalt der Kirchen – weiterhin als die wichtigste und alleinige Legitimationsinstanz der Demokratie des Grundgesetzes gesehen. [Behrendt, Isensee, Boventer, dazu: Vögele, Zivilreligion, 311ff] (...) Das andere Modell sieht in den gegenwärtigen religiösen Elementen des politischen Diskurses nur noch Atavismen, die mit der Zeit verschwinden werden. An die Stelle der im letzten religiös legitimierten demokratischen Strukturen wird die Zivilgesellschaft treten, deren Identität sich durch ausgestandene und bewältigte Konflikte konstituiert. (...) Die Theorie der Zivilreligion entspricht gegenwärtig am besten den Anforderungen einer öffentlichen Theologie, weil sie beide Extreme vermeidet: Weder wird in ihr die Rolle des Christentums und der Kirchen überschätzt, noch werden die aktuellen religiösen Elemente des politischen Diskurses unterschlagen.« (Vögele, Zivilreligion, 426f.) Hierbei sei jede Zivilreligion – wie jede öffentliche Theologie einerseits den Bedingungen der Religionsfreiheit unterworfen, andererseits müssen die zivilreligiösen Konsense so weit gefaßt sein, daß sie »potentiell universalisierbar« seien. (Vgl. aaO., 427; 429).

555 AaO., 429.

556 Ebd.

auch die Modelle, die hier lediglich nach der Funktion des Gottesbezuges fragten (Rendtorff, Huber) greifen nicht weit genug.[557] Im Rahmen seines Konzeptes einer öffentlichen Theologie schlägt Vögele folgende Interpretation vor:

»Nähe und Distanz öffentlicher Theologie zur Verantwortungsformel des Grundgesetzes lassen sich am besten zum Ausdruck bringen, wenn man den in der Verantwortungsformel angesprochenen Gott als einen 'unbekannten Gott' sieht und ebenso verfährt wie Paulus in der Areopagrede (Apg 17,16-34). Unbekannt ist der Gott des Grundgesetzes in der Tat, denn er wird ja nicht genauer gekennzeichnet. Die Untersuchung der Entstehungsgeschichte der Präambel hat jedoch gezeigt, daß mit dem unbekannten nur der im Christentum verkündigte Gott gemeint sein kann. (...) Der Gott, den das Grundgesetz nicht kennt, weil es ihn nicht genauer bestimmt, wird im Christentum verkündigt.«[558]

Dies sei nicht als Destruktion des zivilreligiösen Charakters der Verantwortungsformel zu verstehen, denn sie fungiere als zivilreligiöse Konsensformel, in die verschiedene Gottes-Bilder hineininterpretiert werden können. »Dieser 'Riß' im zivilreligiösen Gottesverständnis mag zwar theologisch unbefriedigend sein, läßt sich aber - im Bereich des Vorletzten - nicht auflösen.«[559] Weil die »Gottes-Klausel« auch in Politikerreden[560] auftauche, sei sie als die »zentrale Verständigungsformel deutscher Zivilreligion«[561] zu betrachten, deren Interpretation man nicht allein den Juristen überlassen dürfe. »Hier liegt eines der wichtigsten Interventionsfelder von öffentlicher Theologie und Zivilphilosophie.«[562]

Wie bei Lübbe und Daiber nimmt der Gottesbezug bei Vögele eine fundamentale Bedeutung für den Nachweis bundesdeutscher Zivilreligion (im Be-

---

557 Vgl. aaO., 429f.

558 AaO., 430. Diese These ist nur eingeschränkt vertretbar, denn die Volksinitiative in Niedersachsen wäre, wenn Vögele recht hätte, nicht von Vertretern jüdischer Gemeinden mitgetragen worden. Auch im Ausschuß für Grundsatzfragen des Parlamentarischen Rates ist das Problem erörtert worden, daß man mit dem Gottesbezug den Vertretern des jüdischen Volkes »nicht auf die Füße treten« dürfe.

559 Ebd.

560 Interessant ist in diesem Zusammenhang die Frage Vögeles, ob die Zivilreligion ein besonderes Steckenpferd von CDU-Politikern sei. (Vgl. aaO., 434) »Könnte man sich auch bei einer Bundesregierung, die von anderen Parteien gestellt wird, zivilreligiöse Passagen in den Reden der Minister vorstellen? Die Antwort auf diese Frage ist schwierig. (...) Am Zustandekommen der Gottes-Klausel in der Präambel des Grundgesetzes war die CDU in Gestalt Hermann von Mangoldts und Adolf Süsterhenns wesentlich mitbeteiligt, aber es haben eben auch Politiker anderer Parteien mitgewirkt – wie Carlo Schmid (SPD), Hans-Christoph Seebohm (DP) und Theodor Heuss (FDP).« Vögele beantwortet die Frage positiv.

561 Vögele, Zivilreligion, 433.

562 AaO., 433.

reich des politischen Systems und des Rechtssystems) ein. Dabei geht Vögele ebenfalls von einem funktionalen Gebrauch desselben aus, wenn er dem Gottesbezug legitimierende und integrierende Funktionen zuschreibt. Auch der Begriff eines gesellschaftlichen Kosenses spielt für das Modell von Vögeles Zivilreligion und damit für die Beurteilung des Gottesbezuges in der Verfassung eine wichtige Rolle, wobei offen bleibt, wie dieser orientiert ist, wenn Vögele sich bewußt gegen das Prinzip der demokratischen Mehrheiten, wie Lübbe es vertritt, abgrenzt.

Interessant ist die Interpretation des Gottesbegriffs in der Präambel unter Zuhilfenahme der Areopagrede des Paulus (Apg 17, 16-34), wobei die Interpretation dieses Textes Vögele in Widersprüche verwickelt, welche in das eigentliche Dilemma der materialen Füllung des Gottesbezuges zurückführen. Es stellt sich dann nämlich die Frage, wie einerseits mit dem »Gott der Präambel« (natürlich) der im Christentum verkündigte gemeint sein kann, wie aber andererseits im Rahmen einer zivilreligiösen Interpretation eine Konsensformel gemeint ist, in welche verschiedene Gottesbilder hineininterpretiert werden können? Schwierig ist demnach die Ansicht Vögeles, das Konzept der Zivilreligion als eines zu benennen, welches dem weltanschaulichen Pluralismus der Gesellschaft gerecht werde. Das dahinter stehende Denkmodell eines weltanschaulichen Pluralismus kann diesen lediglich auf einen Konsens fundieren. Herms hatte schon darauf hingewiesen, daß dies allenfalls ein den »konsequenten« Pluralismus unterlaufender »Scheinpluralismus« sein könne. Ähnliches hat auch Daiber festgestellt, der die Zivilreligion als ein den Pluralismus einschränkendes Phänomen einordnet.

3.4. Widerspruch seitens der Theologie

Waren die Voten der übrigen theologischen Stellungnahmen durchaus positiv akzentuiert, bleibt Walter Kreck in seiner Stellungnahme zum Verhältnis von Kirche und Staat in einer säkularisierten Gesellschaft gegenüber dem Gottesbezug in der Präambel aufgrund einer Interpretation desselben als zivilreligiöse Formel eher skeptisch.[563]

---

563 Vgl. Kreck, Kirche und Staat, 1992.

In Auseinandersetzung mit Trutz Rendtorff, der an die historischen Wurzeln des faktisch bestehenden liberalen Rechtsstaates im Christentum erinnert, diagnostiziert Kreck in dem Gottesbezug der Präambel eine unzulässige Berufung auf »eine Art Zivilreligion«[564]. Bedenklich sei es, wenn der säkulare Staat wegen einer kurzschlüssigen Konvergenz zwischen »christlicher Religion« und »liberaler Demokratie«, jedem Bürger, also auch dem Atheisten, zumute, der Formulierung in der Präambel des Grundgesetzes mit der Begründung zuzustimmen, hier handele es sich um einen »allgemeinen« Transzendenzbezug, der eine Selbstbeschränkung des Staates expliziere, und nicht um das Bekenntnis irgendeiner weltanschaulich gebundenen Gemeinschaft[565]. Aber auch für einen Christen sei es »eine Zumutung, sich vorzustellen, daß mit solchen religiösen Aussagen nur ein derartig allgemeiner Transzendenzbezug gemeint sei, in dem sich die verschiedensten Gottheiten wie im römischen Pantheon vereinen lassen«[566].

Aus dem Sachverhalt, daß der christliche Glaube sich auch gesellschaftlich auswirke, sei nicht zu schließen, »man dürfe hier mit zivilreligiösen Vermittlungen einen Grundkonsens festschreiben - sei es, um dem Staat ein religiöses Fundament und der Gesellschaft einen Einheit stiftenden Kitt zu liefern oder um der Kirche ihre Unentbehrlichkeiten in Staat und Gesellschaft zu beweisen«.[567]

In Anlehnung an die Thesen V und II der Barmer Theologischen Erklärung entwickelt Kreck den Gedanken einer strikt gedachten Trennung von Kirche und Staat, auf dessen Hintergrund er eine als zivilreligiös gedachte Präambel mit Gottesbezug ablehnt.[568]

»Sie [sc. die christliche Gemeinde] bleibt also in jedem politischen Gemeinwesen ein gewisser Fremdkörper und kann nie so selbstverständlich wie Wirtschaft, Verwaltung, Bildung u.ä. in dies integriert werden. (...) 'Konvergenzen' können zu 'gottlosen Bindungen' (Barmen, These 2) entarten, die aufgekündigt werden müssen. Wie Christen dem römischen Imperator das Opfer des Weihrauchkorns verweigerten, wie sie Adolf Hitler den bedingungslosen Treueeid nicht hätten leisten dürfen (...), so müssen sie meines Erachtens heute dem Totalitätsanspruch ökonomischer Eigengesetzlichkeit widersprechen (...).«[569]

---

564 Vgl. Kreck, Kirche und Staat, 1362.
565 Vgl. ebd.
566 Ebd.
567 Ebd.
568 AaO., 1363f.
569 AaO., 1364.

Das Ziel eines Dialoges der »Religionen« könne nicht eine Einigung auf eine »verschwommene religio civilis« sein, sondern nur eine »iustitia civilis«, d. h. eine »weltliche« Gerechtigkeit, die alle umfasse, denn »auf die 'Verantwortung vor Gott' beruft man sich nicht - so wenig wie auf das Gewissen -, sondern man handelt danach«[570].

Neben der m. E. sehr engen und staatskritischen Interpretation der Thesen II und V der Barmer Theologischen Erklärung, die Glaube und Politik fast dialektisch auseinanderfallen läßt[571], macht das Votum von Kreck deutlich, wie schwierig die Anwendung des Denkmodells einer Zivilreligion auf die Frage des Gottesbezuges ist.

Der von Kreck avancierte und kritisierte zivilreligiöse Gebrauch des Begriffes »Gott« im Rahmen einer Präambel von bundesdeutschen Verfassungstexten als Grundkonsens einer »verschwommenen religio civilis« ist m. E. auch zu kritisieren und als problematisch zu bezeichnen[572].

Doch leidet die Argumentation von Kreck an einem Mißverständnis, das sie in eine Schieflage bringt. Zum einen beschreibt der Gottesbezug in den bundesdeutschen Verfassungstexten nicht notwendig einen Artikel einer irgendwie gearteten Zivilreligion[573]. Zum anderen handelt es sich dabei nicht um eine Berufung auf Gott, die notwendig mit der in jeder Spielart eines zivilreligiösen Denkmodells verbundenen Programmatik als Anrufung Gottes in der Funktion eines »Legitimationsgrundes« konterkariert werden muß.[574] Selbst Kreck, der lediglich den Begriff der Berufung gebraucht, verwendet diesen jedoch in einer

570 AaO., 1365.

571 Daß auch eine wesentlich engere Beziehung zwischen dem politischem und dem weltanschaulich gebundenem Subsystem der Gesellschaft bei aller Unterschiedenheit (aber eben keiner Trennung) der beiden Bereiche denkbar ist, wird bei der Beschäftigung mit den Voten der EKD und EKU herausgearbeitet werden. S.u. V.4.

572 S.o. Vögele, Daiber und Lübbe haben den Gottesbezug konsequent als Artikel einer Zivilreligion betrachtet, wobei die Untersuchung an diesem Punkt gezeigt hat, daß schon bei dieser Auswahl der Autoren die Denkmodelle, welche mit dem Begriff der »Zivilreligion« (alternativ: »religion civile«, »Civil Religion« bzw. »bürgerliche Religion«) beschrieben werden, sich erheblich in ihren Aussageinhalten unterscheiden, was sich auswirkt auf die Bestimmung der Funktion des Gottesbezuges im Rahmen des jeweiligen Theoriegebäudes.

573 Dazu vgl. die Auseinandersetzung mit den Modellen der Zivilreligion. S.o.

574 Dazu vgl. Kreck, Kirche und Staat, 1364, für seine Interpretation des Modells von Rendtorff.

Weise, die dem eben genannten Gebrauch sehr nahe kommt: »Auf die 'Verantwortung vor Gott' beruft man sich nicht (...).«[575] Kreck geht es in seinem Votum gegen den Gottesbezug also weniger um eine Fehlinterpretation des Sachverhaltes als vielmehr darum, daß ein Gottesbezug in einem Gesetzestext und dann auch in der Verfassung deplaziert sei. Das Votum von Kreck scheitert aber an einer undifferenzierten Sichtweise des Problemhorizontes, da dieser Kritik mit der Falsifikation ihrer Prämissen (»Legitimationsgrund«; »Zivilreligion«) auch die Argumentationsgrundlage entzogen ist.

Ähnlich wie Kreck sieht auch Jürgen Moltmann in dem Gottesbezug der Präambel des Grundgesetzes einen Erweis für die Präsenz von Zivilreligion. Im Rahmen einer schroffen Auseinandersetzung mit Hermann Lübbes Theorie einer Zivilreligion[576], von welcher er die »kritische politische Theologie« abzugrenzen sucht, bezeichnet er jene als ein »Geschäft (...) mit der Angst« zur »Religiofizierung der Politik«[577], wobei er historische Parallelen zu einer konstruierten »Zivilreligion des deutschen Nationalismus« zieht, in deren Denkschemata es zu den perversen ideologischen Auswüchsen des 20. Jahrhunderts gekommen sei.[578]

Den von Lübbe als zivilreligiöses Symbol beschriebenen Gottesbezug in den Verfassungspräambeln beschreibt er als einen in »Schwundstufen«[579] vorkommenden Sachverhalt, der den säkular gewordenen Staat »zum Zwecke seiner Legitimation eine 'religiöse Selbsterklärung'« gebe, womit einem systemstabilisierenden Götzendienst das Wort geredet werde.[580]

Diesen in der Präambel des Grundgesetzes angesprochenen Gott identifiziert er an anderer Stelle als dekorativen Glimmer, der lediglich Projektions-

575 Ebd. Eine ähnliche Argumentation war im politischen Bereich von Ullmann vorgetragen worden. S.o. I.2.3.

576 Vgl. Moltmann, Das Gespenst einer neuen »Zivilreligion«, 70-78.

577 Vgl. aaO., 72.

578 Vgl. aaO., 71. »Im Namen der 'Zivilreligion' des deutschen Nationalismus – 'Für Gott, König und Vaterland' – wurden unsere Großväter und Väter im 1. Weltkrieg nach Langemark und Verdun getrieben. Im Namen der 'Zivilreligion' (...) - 'Für Führer, Volk und Vaterland' – wurde meine Generation im 2. Weltkrieg bis nach Stalingrad gejagt.« (Ebd.).

579 Damit ist wohl ein auf ein Minimum reduzierter Konsens attackiert.

580 Vgl. aaO., 73. Die Auseinandersetzung mit dem materialen Gehalt des von Moltmann herausgearbeiteten Verständnisses von »Zivilreligion« soll an dieser Stelle nicht geführt werden. Dazu vgl. Vögele, Zivilreligion, 253f; 328f.

fläche für das jeweilige Gottesbild der einzelnen Glieder eines Gesellschaftssystems bilde. Dieser Sachverhalt sei als theologisch problematisch einzuordnen, denn »the God who is named in the preambel of our Constitution is purely decorative; no one calls upon that God«[581]. Ein in dieser Form gebrauchter Gottesbegriff sei lediglich eine Leerformel ohne irgendeinen Aussagegehalt und verliere dadurch jegliche Bedeutung.

Wesentlich versöhnlicher urteilt Moltmann über den Gottesbezug der Grundgesetzpräambel in seinem 1997 veröffentlichten Beitrag zur Darlegung einer »öffentlichen Relevanz der Theologie«.[582] Auf dem Weg vom einheitlichen Glaubensstaat zur »multireligiösen Gesellschaft« sei von Seiten der Theologie darauf hinzuweisen, daß Religion keine Privatsache sei, sondern in einer »öffentlichen Theologie« ihren Ort zu finden habe, denn kein Pluralismus sei möglich ohne gemeinsame Grundlagen, welche Moltmann in der Präambel des Grundgesetzes als einen »Grundkonsens« symbolisiert sieht.

3.5. Bewertung und Zusammenfassung

Dazu, die religiöse Dimension von Öffentlichkeiten insbesondere von politischen Öffentlichkeiten wahrzunehmen und beschreibbar zu machen, bietet die Theorie der Zivilreligion eine Möglichkeit. Hans-Richard Reuter gewinnt dieser Form einer »kultur- und sozialanthropologisch informierten« Theologie etwa den Sinn ab, beschreibbar zu machen, »daß das Recht eine relativ eigenständige Sphäre reziproker Anerkennungsverhältnisse darstellt, daß es sich aber wie jede normative soziale Ordnung mit dem Bedürfnis nach einer symbolischen Autorisierung der Normregelung verbindet, die ursprünglich und latent der Sphäre des Heiligen«[583] entstamme.

Bei den behandelten Denkmodellen stimmen wesentliche Voraussetzungen für eine Bestimmung der Zivilreligion überein. Auf der phänomenalen Ebene sind sich die Erklärungsmodelle einig darüber, daß zivilreligiöse Elemente vorwiegend in politischen Öffentlichkeiten auftreten und dort einen fundamentalen

581 Vgl. Moltmann, Theology, 42. In ähnlicher Weise hatte die katholische Theologin Uta Ranke-Heinemann im Zuge der Debatten um eine neue Niedersächsische Verfassung votiert. Dazu s.o. I.3.7.

582 Moltmann, Gott im Projekt der modernen Welt, 197.

583 Reuter, Rechtsethik, 20.

Grundkonsens darstellen, welcher lediglich als ein formaler bzw. funktionaler beschreibbar ist. Auf der analytischen Ebene sind sich die Theoriemodelle einig darüber, daß Zivilreligion in den politischen Öffentlichkeiten und im speziellen in Rechtssystemen als Legitimations- und Integrationsfaktoren für dieselben fungieren, wobei bei keinem Lösungsvorschlag in bezug auf den Problemkomplex deutlich wird, wer sich vor wem legitimiert. Am weitesten geht der Ansatz von Lübbe, welcher auf der normativen Ebene eine Zivilreligion programmatisch vertritt, wenn er sie bewußt als eine Art »politischen Glaubens« bezeichnet. Aber selbst Vögele betont, daß bei der Zivilreligion eine Abblendung von ihren programmatischen Tendenzen nur begrenzt möglich ist.

In bezug auf die Bewertung der Theorie einer Zivilreligion angesichts der Frage nach einem weltanschaulichen Pluralismus wird man eher den kritischen Interpretationen von Herms[584] und Daiber[585] folgen müssen[586], welche konstatieren, daß die Zivilreligion den weltanschaulichen Pluralismus einschränke bzw. ihn in der Möglichkeit seiner Entfaltung unterlaufe[587], denn zivilreligiöse Rechtslegitimationen neigen dazu, an ein Bündnis zwischen einer bestimmten Vernunft und einer bestimmten Einheit eines konventionellen Wertbewußtseins zu appellieren, dessen Restauration nicht aussichtsreich erscheint.[588]

Bei der Frage nach den materialen Gehalten der bundesdeutschen Zivilreligion kommt keiner der Ansätze darüber hinaus, die Spannung in der Argumentation stehen zu lassen, die entsteht, wenn einerseits konstatiert wird, daß es sich bei dem gesellschaftlichen Grundkonsens der Zivilreligion um einen (möglichst) keine Gruppe ausschließenden handeln darf und die weltanschauliche Neutralität des Staates und damit auch des Rechtes (möglichst) zu wahren seien; andererseits aber wird herausgearbeitet, daß die Zivilreligion in ihrer faktischen Gestalt sich (immer noch) primär aus Quellen christlicher Traditionen speise. Je nach Gewichtung wirkt dann der gesellschaftliche Konsens, welchen die Zivilreligion beschreiben soll, entweder Teile der Gesellschaft ausgrenzend bzw. das

584 S.o. V.2.7.
585 S.o. V.3.2.
586 Gegen Vögele.
587 Auch Reuter weist darauf hin, daß sich »kulturchristliche Versionen der zivilreligiösen Rechtslegitimation nicht selten als faktisch antipluralistisch« (Reuter, Rechtsethik, 20) entpuppen.
588 Vgl. Reuter, Rechtsethik, 20.

Rechtssystem weltanschaulich nicht-neutral, oder der Konsens wird inhaltsleer.[589]

Einig sind sich die Kommentatoren auch darin, daß der Gottesbezug in der Präambel der bundesdeutschen Verfassungen ein wichtiges Indiz für den Nachweis einer Zivilreligion sei.[590] Die Frage nach einem Konsens ist sehr problematisch, da betreffs des Gottesbezuges in der Verfassung m. E. nicht über einen funktional orientierten Konsens hinauszukommen ist. Jede inhaltliche Bestimmung des Gottesbezuges auf der Basis eines Konsenses schränkt nämlich einen möglichen Pluralismus insoweit ein, als aus der Fülle weltanschaulicher Gemeinschaften nur diejenigen für die materiale Bestimmung des Gottesbezuges berücksichtigt werden könnten, welche diesem Grundkonsens entsprächen. Im übrigen bestünde eine weitere Schwierigkeit darin, daß eine Autorität benannt werden müßte, die über die Bestandsgarantie dieses inhaltlichen Minimalkonsenses wachen müßte, die aber mit keiner der an diesem Grundkonsens beteiligten Glaubensgemeinschaften und deren Orientierungssystemen identisch sein könnte.

Weiterhin ist der Gottesbezug m. E. nicht als legitimierende Größe noch als Liberalitätsgarant zu mißverstehen, denn das sollte ihn gerade von den invocationes Dei unterscheiden, in deren Tradition er gerade nicht steht.[591] Es ist nämlich bereits gezeigt worden, daß der Bruch mit der Tradition der invocationes Dei und die Neueinbindung einer nominatio Dei in einen bundesdeutschen Verfassungstext gerade von einer solchen Funktion der Legitimierung der Staatsordnung abstrahierte.[592] Vielmehr intendierten die Mitglieder der verfassunggebenden Organe durch die nominatio Dei in den Nachkriegsverfassungen die Bewußtmachung einer offenen Stelle in Begründungsfragen und einer Verantwortungsinstanz außerhalb der eigenen Verfaßtheit.[593]

---

589 Lübbe sprach von »Schwundstufencharakter«. S.o. V.3.1.

590 Er scheint mir bei Lübbe, Daiber und Vögele das einzige konsequent herausgearbeitete Indiz für eine Zivilreligion zu sein. Bei Vögele nimmt er immerhin ein Viertel der phänomenalen Betrachtungsweise ein.

591 Reuter weist darauf hin, daß aus theologischen Gründen gegen eine religiöse Rechtslegitimation einzuwenden sei, sie verfehle die Aufgabe christlicher Theologie, indem sie der jüdisch-christlichen Transformation des Heiligen die subversive und herrschaftskritische Spitze nehme. Vgl. Reuter, Rechtsethik, 20.

592 S.o. III.6.

593 Dazu s.o. I.3.8.; I.4.7.; I.6.

Auch den Versuch, die Formel von Böckenförde in ein zivilreligiöses Gedankenmuster zu implementieren, halte ich für nicht stichhaltig belegbar, denn diesem Deutungshorizont steht Böckenförde selbst kritisch gegenüber, wenn er in bezug auf einen integrierenden gesellschaftlichen Konsens anmerkt:

»Nicht selten kommt es dabei - über Grundwertedebatten hinaus - zum Rückgriff auf eine 'religion civile' als politischer Basisideologie. Auch unter dieser Bedingung kann ein Gemeinwesen leben und eine eigene Existenzform finden. Aber in Hinblick auf die Wirklichkeit der konkreten Freiheit scheint dies ein 'zweiter', wenn nicht gar ein dritter Weg.«[594]

Demnach eignet sich eine Theorie der Zivilreligion nicht, um in deren Rahmen den Gottesbezug in den deutschen Verfassungspräambeln nach 1945 als »Artikel einer Zivilreligion« zu interpretieren.

Damit erledigen sich auch die Stimmen gegen den Gottesbezug, welche ihn aufgrund des Sachverhaltes kritisieren und ablehnen, daß er zivilreligiöses Gedankengut transportiere.

4. Der Gottesbezug in einzelnen Stellungnahmen der Evangelischen Kirche

Offizielle Stellungnahmen im Bereich der Evangelischen Kirche in Deutschland nehmen den Gottesbezug in den Präambeltexten an verschiedenen Stellen in ihren Voten auf. Auf einige wichtige Texte soll im folgenden abschließend eingegangen werden.

4.1. Die Voten der Evangelischen Kirche von Deutschland

Die sogenannte Demokratie-Denkschrift der Evangelischen Kirche in Deutschland, »Evangelische Kirche und freiheitliche Demokratie. Der Staat des Grundgesetzes als Angebot und Aufgabe«[595], von 1985 interpretiert in theologischer

594 Böckenförde, Bemerkungen zum Verhältnis von Staat und Religion bei Hegel, 142.

595 Evangelische Kirche und freiheitliche Demokratie, 9-54. Zur Einordnung dieser Denkschrift vgl. Vögele, Zivilreligion, 45-60. Dort auch weitere Literatur. Vögele deutet diese Schrift als enthalte sie zivilreligiöse Elemente. Vgl. Vögele, Zivilreligion, 436; 59f. Anders deutet Rendtorff die Denkschrift, der die Frage nach dem zivilreligiösen Charakter dieser Schrift »schlichtweg verneint«. Vgl. Rendtorff, Civil Religion, 270. Im einzelnen aaO., 270-278.

Perspektive die Formulierung: »Verantwortung vor Gott und den Menschen«, als gelte sie der in dieser Verfassung niedergelegten Ordnung der staatlichen Aufgaben und schließe ausdrücklich ein, »daß die staatsbürgerlichen Rechte 'unabhängig von dem religiösen Bekenntnis' sind (Art. 33 Abs. 3) und daß niemand wegen seines Glaubens oder seiner religiösen Anschauungen benachteiligt oder bevorzugt werden darf (Art. 3 Abs. 3)«[596]. Insofern berufe sich die Demokratie damit nicht auf ein bestimmtes religiöses Bekenntnis und verlange auch keine Zustimmung im Sinne eines Glaubensbekenntnisses.

Diese hier erklärte klare Unterscheidung zwischen dem geistlichen Auftrag der Kirche und dem weltlichen Auftrag des Staates entspreche dem Selbstverständnis der Kirche ebenso wie dem der Demokratie und sei eine bleibende Voraussetzung für die Bereitschaft evangelischer Christen zur Demokratie in der »besonderen Art und Weise, in der die menschliche Verantwortung für das Politische im freiheitlichen demokratischen Rechtsstaat Gestalt annimmt«[597]. Für den Christen erfolge die Freiheit zu dieser Bereitschaft »aus dem Bekenntnis zu der evangelischen Wahrheit, daß allein Gott ein Anspruch auf unser ganzes Leben zukommt«[598], womit dem Anspruch jedes Staates Grenzen gesetzt seien.[599]

In bewußter Anlehnung an die fünfte These der Barmer Theologischen Erklärung wird sodann expliziert, daß der Staat seine Aufgaben im Vorletzten (Bonhoeffer) finde, er im Bereich der »noch nicht erlösten Welt« agiere. Damit wird die staatliche Ordnung an ihre Grenzen verwiesen, denn sie habe nicht letzte, absolute Autorität über den Menschen, was jedoch keinen christlichen Staat intendiere[600]. Das Votum nimmt dementsprechend die Anliegen der meisten theologischen Stellungnahmen auf. Grundelemente des so gearteten freiheitlichen demokratischen Staates seien die Achtung der Würde des Menschen[601] und die Anerkennung der Freiheit und der Gleichheit.

596 Evangelische Kirche und freiheitliche Demokratie, 18.
597 AaO., 18f.
598 AaO., 19.
599 Vgl. auch die christliche Perspektive: »Der Staat hat keine letzte, absolute Autorität über Menschen. Letzten, unbedingten Gehorsam schuldet der Christ allein Gott.« (AaO., 22.).
600 Vgl. aaO., 19.
601 Der Aspekt des Zusammenbindens der Menschenrechte und einzelner Verfassungsartikel mit der Präambel kommt pointiert auch in dem vom Rat der EKD und der Deutschen Bischofskonferenz herausgegebenen Wort »Für eine Zukunft in Solidarität und Gerechtig-

Die Denkschrift bejaht den Gottesbezug der Präambel als einen Merkposten für diese Begrenzung der staatlichen Ordnung auf den Bereich der Wohlordnungen, da Glaube und Politik in einem Entsprechungsverhältnis stehen.

»Auch die Demokratie ist keine 'christliche Staatsform'. Aber die positive Beziehung von Christen zum demokratischen Staat des Grundgesetzes ist mehr als äußerlicher Natur; sie hat zu tun mit den theologischen und ethischen Überzeugungen des christlichen Glaubens. Die Christen sind aufgerufen, Leben und Gestaltung dieses Staates in der Richtung, in die seine geistigen Grundlagen weisen, als Teil ihrer christlichen Verantwortung anzunehmen.«[602]

Dabei verstehen sie ihre politische Existenz als einen »ihnen von Gott zugewiesenen Beruf im Alltag der Welt«[603] im Vertrauen darauf, daß ihre »Mitverantwortung und (...) Mitwirkung in der Demokratie begleitet ist vom Segen des Herrn, der seine Welt und die Menschen in ihr nicht allein läßt«[604].

Diese grundsätzliche Bejahung des Gottesbezuges in der Präambel des Grundgesetzes und damit der Länderverfassungen wird in einer unlängst erschienenen Erklärung des Rates der Evangelischen Kirche in Deutschland, die das Verhältnis des demokratischen Rechtsstaates zum Christentum thematisiert, noch einmal betont.[605] Diese Erklärung äußert sich direkt zu dem Problem des Verhältnisses von Glaube und Politik, indem sie konstatiert, das Christentum dem Bereich bloßer Privatheit zuzuweisen, sei weder vom Selbstverständnis des Christentums her noch im Kontext der politischen Kultur angemessen[606]; eher müsse der Tatsache des Zusammenhanges zwischen Christentum und Rechtsstaat mehr Beachtung beigemessen werden, denn »Christentum und demokrati-

---

keit« zum Ausdruck: »Aus den anerkannten und geschützten Menschenrechten folgen Leitbilder für die staatliche Ordnung, die sich das deutsche Volk 'in Verantwortung vor Gott und den Menschen' (Präambel des Grundgesetzes) gegeben hat. Danach sind Demokratie, Rechtsstaat, Sozialstaat und Föderalismus die grundlegenden Staatsstrukturprinzipien. Sie finden im deutschen Grundgesetz ihren Ausdruck in den Artikeln 1 bis 20, die den Kern der Verfassung ausmachen. In Artikel 1 werden der Grundsatz der Menschenwürde und das Bekenntnis 'zu den unverletzlichen und unveräußerlichen Menschenrechten als Grundlage jeder menschlichen Gemeinschaft, des Friedens und der Gerechtigkeit in der Welt' festgeschrieben.« (Für eine Zukunft in Solidarität und Gerechtigkeit, 55 (Ziff. 136)).

602 Evangelische Kirche und freiheitliche Demokratie, 20.

603 AaO., 51.

604 AaO., 53.

605 Der Rat der Evangelischen Kirche in Deutschland (EKD), Christentum und politische Kultur. Über das Verhältnis des demokratischen Rechtsstaates zum Christentum, Hannover, 29.10.1997, epd-Dokumentation 46a/97.

606 Vgl. Christentum und politische Kultur, 4 (Ziff. 6).

scher Rechtsstaat sind in fundamentalen Lebensinteressen aufeinander bezogen«[607].

Stärker als noch die Demokratie-Denkschrift von 1985 profiliert die Stellungnahme aus dem Jahre 1997 die Prägekraft des Christentums für die Gesellschaft, denn das Grundgesetz kenne keinen laizistischen Auftrag, sondern stehe in einer christlich-abendländischen Tradition, wobei der Staat ein Urteil über »letzte Wahrheiten« den einzelnen und ihren Kirchen überlasse.[608] Dennoch habe der freiheitliche, säkularisierte Staat ein Bewußtsein dafür wachzuhalten, daß er von Voraussetzungen lebe, die er selbst nicht garantieren könne.[609] Im Rahmen dieser Grundeinsicht habe auch der Gottesbezug der Präambel seinen Sinn als Erinnerung daran, »daß der Mensch nicht allmächtig ist und nicht die letzte Instanz ist, und daß es bei der Normierung einer Verfassung eine besondere Verantwortung gibt«[610]. Dieses Votum zum Gottesbezug der Präambel, das aus der Gemeinsamen Verfassungskommission stammt, nimmt die EKD-Schrift positiv auf und bestärkt damit eine schon in der Demokratie-Denkschrift von 1985 angedeutete Interpretationslinie, daß es dabei »nicht um das Gottesverständnis einer bestimmten Religion oder Konfession oder um den Versuch gehen konnte, das Verfassungsrecht theologisch anzureichern«[611], sondern daß der Gottesbezug hier »bewußt allgemein« gehalten wurde.

Die weiterhin in diesem Zusammenhang erwähnte Rechtsauffassung des Bundesverfassungsgerichtes von einer zulässigen staatlichen Bejahung des Christentums als prägender Kraft[612] verweise auf Tiefendimensionen unserer Kultur, »die in einer Welt, die sich durch eine hohe Veränderungsdynamik auszeichnet, leicht vergessen und verdeckt werden«[613]. Darum solle die Kirche au-

607 AaO., 5 (Ziff. 8).

608 Vgl. aaO., 6f (Ziff. 12); 10f (Ziff. 28ff).

609 Vgl. aaO., 11 (Ziff. 33). Auch dieses Votum nimmt die Formulierung von Böckenförde befürwortend auf, die in der Untersuchung schon an verschiedenen Stellen aufgetaucht ist.

610 AaO., 13 (Ziff.44). Hierbei handelt es sich um ein direktes Zitat einer Äußerung Hans-Jochen Vogels in der Gemeinsamen Verfassungskommission. Vgl. Gemeinsame Verfassungskommission, 25. Sitzung, 01. Juli 1993, 29. Im einzelnen s.o. I.2.3.

611 Christentum und politische Kultur, 13 (Ziff. 44).

612 Die Denkschrift stellt unmittelbar den Zusammenhang dieser Aussage mit der Aussage »Böckenförde-Formel« her, indem sie an dieser Stelle auf jene zurückverweist. Vgl. aaO., 13 (Ziff. 47); 11 (Ziff. 33).

613 AaO., 16 (Ziff. 59).

ßerhalb ihrer Mauern (extra muros ecclesiae) die lebendigen Wirkungen des Christentums konstruktiv begleiten[614], was besonders auf

»dem Hintergrund der Erfahrungen dieses Jahrhunderts [gelte], in dem staatliche Willkür und gottlose Hybris sich über die Grenzen hinweggesetzt haben, die menschlichem Handeln durch die Anerkennung der in der Gottebenbildlichkeit des Menschen gründenden Würde gezogen sind«[615].

Direkter noch als die Demokratie-Denkschrift von 1985 nimmt die Erklärung »Christentum und politische Kultur« von 1997 die Anliegen mehrerer theologischer Stellungnahmen auf. Zum einen wird in bewußter Anlehnung an die Formulierung von Böckenförde die Einsicht in die Begrenztheit allen staatlichen Handelns[616] betont, und damit verbunden das Verständnis des Gottesbezuges so stark formalisiert, daß eine materiale Füllung des Gottesbegriffes in den Verfassungspräambeln sich als schwierig erweist, denn der Bezug auf Gott hat in seiner »bewußten Allgemeinheit« lediglich einen an diese Begrenzung erinnernden Charakter.

Auch auf eine historisch-genetische Interpretation, wie sie etwa Huber vornimmt, wird in der Erklärung indirekt rekurriert, wenn auf die »Erfahrungen dieses Jahrhunderts« Bezug genommen wird.

Noch einen Schritt weiter in der Interpretation des Gottesbezuges geht ein im März 1999 erschienenes Impulspapier mit dem Titel »Gestaltung und Kritik. Zum Verhältnis von Protestantismus und Kultur im neuen Jahrhundert«[617], welches die Evangelische Kirche in Deutschland (EKD) und die Vereinigung Evangelischer Freikirchen (VEF) in einem Konsultationsprozeß über das Verhältnis von Protestantismus und Kultur erarbeitet haben. In Anlehnung an »Christentum und politische Kultur« wird an der »Unterscheidung von Gott und Welt« festgehalten und diese auf den Bereich des Politischen angewendet.[618] »Sie weist dem Politischen nur einen zweiten Rang zu und schützt dadurch vor politischen Heilserwartungen, die allzu schnell Unheil bewirken.«[619] Darin und auch in der Erkenntnis, daß das »Prinzip individueller Verantwortung (...) aus

614 Vgl. aaO., 16 (Ziff. 59f).
615 AaO., 17 (Ziff. 60).
616 Vgl. aaO., 11 (Ziff. 33).
617 Der Rat der Evangelischen Kirche in Deutschland (EKD), Gestaltung und Kritik. Zum Verhältnis von Protestantismus und Kultur im neuen Jahrhundert, Hannover März 1999.
618 Vgl. Gestaltung und Kritik, 13 (I.3.4.).

der christlichen Überzeugung [stamme], daß jeder Mensch vor Gott rechenschaftspflichtig ist (...) [und] jeder Mensch einen elementaren Anspruch darauf hat, auf Grund seiner unveräußerlichen Würde als Rechtsperson anerkannt zu werden«[620], läuft diese Erklärung konform mit den vorher behandelten Texten, wobei jedoch eine Bezugnahme auf den Gottesbegriff in der Präambel des Grundgesetzes nicht mehr stattfindet.

Dieser kommt nun an anderer Stelle zum Ausdruck, denn erstmals in dieser Schrift wird der Gottesbezug interpretiert als Teil zivilreligiöser Bestände der politischen Kultur.[621] Als Zivilreligion versteht die Erklärung »diejenigen religiösen Elemente der politischen Kultur (...), die - relativ unabhängig von den verfaßten Kirchen - wichtige Integrations- und Legitimationsfunktionen für die politische Ordnung erbringen«[622], wobei unter Beachtung des Gebotes der religiös-weltanschaulichen Neutralität des Staates und entsprechend den zunehmenden Pluralisierungsprozessen »solche zivilreligiösen Bestände allerdings auf einen inhaltlich dünnen Minimalkonsens beschränkt bleiben«[623] müßten.

»Sie reduzieren sich hierzulande vor allem auf die (deutungsoffene, nicht nur christlich zu interpretierende) Nennung Gottes als letzter Verantwortungsinstanz in Verfassungspräambeln und auf seine Anrufung anläßlich bestimmter öffentlich relevanter Handlungen (...).«[624]

Diese zivilreligiöse Symbolik könne, wenn sie auf das gesellschaftliche Wirken konkreter Kirchen und Religionsgemeinschaften bezogen bleibe, das Bewußtsein wachhalten, daß der freiheitliche Verfassungsstaat von Voraussetzungen lebe, die er selbst nicht hervorbringen könne.[625]

In diesem Punkt geht die Erklärung von 1999 über die vorher genannten hinaus. Problematisch wird eine Interpretation des Gottesbezuges als Ausdruck von Zivilreligion dadurch, daß er damit die Funktion der Staatslegitimierung

619 Ebd. (I.3.4.).
620 AaO., 14 (I.3.5.).
621 Vgl. aaO., 19 (II.1.4.3.).
622 Ebd. (II.1.4.3.).
623 Ebd. (II.1.4.3.).
624 Ebd. (II.1.4.3.).
625 Ebd. (II.1.4.3.). Die Aufnahme der Formel von Böckenförde erfolgt an dieser Stelle zwar indirekt, doch ist der Zusammenhang offensichtlich. Neu ist die Interpretation der Formel von Böckenförde im Rahmen eines zivilreligiösen Deutungshorizontes. M. E. konterkariert dieser Deutungshorizont auch diese Formel, denn dieser Möglichkeit steht Böckenförde selbst kritisch gegenüber. Die Interpretation der Formel Böckenfördes als Ausdruck von Zivilreligion halte ich für nicht belegbar. S.o. 3.5.

übernimmt. Diese Funktion kommt ihm eigentlich nicht zu, wie in der Auseinandersetzung mit der Zivilreligion schon gezeigt worden ist, weshalb es sinnvoll erscheint, von dieser Interpretation keinen Gebrauch zu machen.

4.2. Das Votum der Evangelischen Kirche der Union (EKU) - Für Recht und Frieden sorgen

Ein analoges Ergebnis zu der Demokratie-Denkschrift von 1985 ergibt die Analyse einer Stellungnahme der Evangelischen Kirche der Union[626] aus dem Jahre 1986, die in dem Gottesbezug der Präambel eine Selbstbeschränkung der absoluten Volkssouveränität sieht. Dennoch habe der Staat nach Maß menschlicher Einsicht und menschlichen Vermögens die Aufgabe, für Recht und Frieden zu sorgen, womit der Staat des Grundgesetzes den theologischen Anforderungen der fünften These der Barmer Theologischen Erklärung entspreche.

»Das Volk wird insofern nicht als absolute Instanz betrachtet, sondern in seiner Verantwortung vor Gott und den Menschen. Wo dieses geschieht, besteht kein Gegensatz zwischen der Aussage der fünften These, daß der Staat nach göttlicher Anordnung für Recht und Frieden zu sorgen hat, und dem demokratischen Prinzip der Volkssouveränität.«[627]

Dies ist zugleich ein Hinweis auf ein relatives Maß an Eigengesetzlichkeit im Bereich der noch nicht erlösten Welt, welches dem Staat einzuräumen ist.[628]

Bei der Beurteilung der rechtlichen Konsequenzen der Präambel ist »Für Recht und Frieden sorgen« allerdings vorsichtiger, denn »auch wenn sich der Staat des Grundgesetzes in dessen Präambel mit der Betonung der Verantwortung des Verfassungsgebers vor Gott der Erinnerung an sein Gebot zugänglich zeigt, ist diese von keinem Rechtsanspruch auf Durchsetzung gestützt«[629]. Vielmehr obliege es an dieser Stelle der Kirche, »ihre Glaubensaussagen zu veranschaulichen und die vorgegebenen Entsprechungen von Gottes Gebot und Gerechtigkeit und der Verwirklichung des Rechts in der staatlichen Gemeinschaft einsehbar zu machen«[630] und dadurch auf die staatliche Rechtspraxis einzuwirken.

---

626 Hüffmeier, Für Recht und Frieden sorgen.
627 Hüffmeier, Für Recht und Frieden sorgen, 76f.
628 Vgl. aaO., 77.
629 AaO., 85.
630 AaO., 85f.

5. Bewertung und Ausblick - Die verschiedenen theologischen Anliegen und Argumente

An dieser Stelle sollen die wesentlichen Ergebnisse der Untersuchung einzelner theologischer Denkmodelle in gebündelter Form dargestellt werden, soweit sie für die weitere Betrachtung des Problemkomplexes von Bedeutung sind.

Die Mehrheit der theologischen Stellungnahmen zum Gottesbezug ist positiv befürwortend.[631] Auch die Schriften der EKD und EKU halten an der Bedeutung des Gottesbezuges für Theologie und Gesellschaft fest.

Alle Stellungnahmen betonen die besondere Form des Gottesbezuges in der Präambel in einem Verweisungszusammenhang mit der Rechenschaftsinstanz der Verantwortung, wobei m. E. mit der Mehrheit der Stimmen daran festzuhalten ist, daß das Forum der »Verantwortung vor (...)« nur eine personale Instanz sein kann, also bei der Bestimmung des Gottesbegriffs an dessen personaler Struktur festzuhalten ist.[632] Zunächst wird damit rein formal eine Rechenschaftsinstanz benannt, welche auf die Grenzen der Politik bzw. die Grenzen menschlichen Handelns und die Angewiesenheit des Rechts auf Bindung hinweist. Das bringt die Erkenntnis zum Ausdruck, daß es für den Menschen schwierig ist, menschlich zu bleiben, wenn die Stelle Gottes Gefahr läuft, vakant zu werden. Im Horizont der Erfahrung mit den Konsequenzen einer Gesellschaft, welche nicht um diese Begrenzung allen Handelns wissen wollte, standen die verfassunggebenden Organe, welche den Gottesbezug in die Präambeln der entsprechenden Verfassungen aufnahmen.[633]

Bei der Behandlung des Problemkomplexes gingen dementsprechend die Stellungnahmen im wesentlichen von der historischen Fragestellung aus, was die verfassunggebenden Organe animierte, den Gottesbezug in dieser Form aufzunehmen.[634] In dieser Perspektive fungiert der Gottesbezug als Absage an ei-

---

631 Eine Ausnahme davon bilden lediglich die Voten von Walter Kreck und Uta Ranke-Heinemann, denn auch Moltmann kann dem Gottesbezug, wenn er nicht zivilreligiös gedeutet werde, eine Bedeutung abgewinnen. S.o. V.3.4.

632 Gegen Herms, welcher den Begriff »Gott« zunächst fundamental-anthropologisch versteht. S.o. V.2.7. Die Betonung der Personalität Gottes wird neuerdings auch in juristischen Stellungnahmen betont.

633 S.o. I.

634 Eine Ausnahme hiervon bildet Herms, der aus systematisch-theologischen Gründen diese Frage ausblendet. S.o. V.2.7.

nen staatlichen Totalitarismus, in dessen Erfahrungsraum sowohl die verfassunggebenden Organe nach dem Zweiten Weltkrieg, als auch nach dem Zusammenbruch des DDR-Regimes (1989) standen.[635] Dabei beschränken sich die Voten nicht darauf, hierin ein lediglich historisches Argument zu eruieren, sondern sie stellen dessen Relevanzcharakter für die Gegenwart heraus, etwa bezüglich der Aufarbeitung dieser in Schuld verstrickten Zeit oder zum Wachhalten eines Bewußtseins dafür, wohin eine Gesellschaft führen kann, welche die Grenzen menschlichen Handelns und damit verbunden eben auch der Politik und der Rechtsordnung negiert.

Bei der näheren Bestimmung, welche über den funktionalen Gebrauch des Gottesbezuges hinausweist, herrscht unter den Voten Einmütigkeit in der Zusammenschau desselben mit den Grundrechten (z. B.) des Grundgesetzes, insbesondere der Menschenwürdegarantie, denn der Gottesbezug gibt zunächst formal Auskunft über die nicht zur Disposition menschlicher Macht stehende unantastbare Würde jedes Menschen. Probleme ergeben sich dann, wenn die Menschenwürde oder der »Gott der Präambel« zum Wert konterkariert werden. Aber m. E. entstehen schon dort Probleme, wo der Gottesbezug der Verfassung als Werte verankernde Instanz funktionalisiert wird[636], weshalb von wertethischen Fragestellungen in bezug auf den Problemkomplex abzusehen ist.

Einig sind sich die Stellungnahmen auch darin, daß sie die faktische pluralistische Struktur der Gesellschaft konzedieren und ihre Erklärungsmodelle den Problemkomplex betreffend mit dem Verständnis eines tendentiell weltanschaulich neutralen Rechtssystems in Einklang zu bringen suchen.

Bei der Frage nach einer materialen Füllung des Gottesbezuges im Rahmen dieser Prämisse besteht eine Spannung, wenn einerseits von dem Ziel der Religionsneutralität ausgegangen wird, der Gottesbegriff aber andererseits material gefüllt werden soll. Für die Bestimmung der materialen Gehalte werden ver-

---

635 Damit wird ein Argument eingebracht, welches auch in verschiedenen juristischen Kommentaren aufgetaucht ist. Für Josef Isensee etwa ist das Grundgesetz »(...) durchdrungen von der Ablehnung einer Tyrannis, die wesenhaft unsittliche Herrschaft geübt hatte. Der Verfassungsgeber entsagt der Selbstherrlichkeit hergebrachter Souveränitätsideologien. Er bejaht 'Verantwortung vor Gott und den Menschen' und gründet sein Werk auf ein vorgegebenes (...) Fundament.« (Isensee, Rechtsstaat, in: Ders., HbStR I, 93.) Vgl. Häberle, Gott im Verfassungsstaat, 12; 14f; Hollerbach, Grundlagen, 517; Boventer, Gott, 111.

636 Dies geschieht zumindest tendentiell bei Kreß. S.o. V.2.3.

schiedene Konzepte vorgestellt, wobei sich drei Tendenzen wahrnehmen lassen. Das eine Modell versucht die Spannung aufzulösen durch die Interpretation des Gottesbegriffs als christlichen Gott (1). Das zweite Modell sucht dem Problem zu entgehen, indem es einen gesellschaftlichen Grundkonsens behauptet; dieses Erklärungsmodell ist das einer zivilreligiösen Interpretation des Gottesbezuges (2). Das dritte Modell schließlich sieht von einer materialen Bestimmung des Gottesbezuges ab (3). Die verschiedenen Modelle sollen nun im einzelnen resümiert werden.

Behrendt, als eine der Vertreterinnen des ersten Modells, füllt die nominatio Dei material, indem sie sie eindeutig christlich interpretiert und vornehmlich Argumente vorbringt, in welchen einerseits darauf hingewiesen wird, welche »Gottesbilder« bei den verfassunggebenden Organen 1945ff im Hintergrund gestanden haben, und in denen andererseits betont wird, daß die orientierunggebende Gemeinschaft im Europa der frühen Neuzeit das Christentum gewesen sei. Ähnlich votiert auch Hermann Boventer, der in bewußter Ablehnung einer Interpretation des Gottesbezuges als »Leerformel« aus der Präambel eine Art Vorrangstellung der christlichen Religion ableitet.[637]

Horst Georg Pöhlmann stellt den Gottesbezug ähnlich wie Slenczka in einen Verweisungszusammenhang mit dem biblischen Dekalog, welcher die für Staat und Gesellschaft verbindlichen Grundwerte zusammenfasse.[638]

Die Berechtigung einer solchen Interpretation des Gottesbezuges liegt darin, daß damit versucht wird, dem Umstand Rechnung zu tragen, daß immer noch eine Mehrheit der bundesrepublikanischen Bevölkerung sich den christlichen Glaubensgemeinschaften zugehörig fühlt, und daß die überwiegende Zahl derer, die sich für bzw. gegen einen Gottesbezug in der Präambel der Verfassung entscheiden, ein aus der christlichen Tradition herkommendes und sich aus dieser speisendes Gottesbild vor Augen hat. Andererseits führt diese Interpretation vor Augen, welche Gefahr in einer zu starken Formalisierung eines inhaltlich entleerten Gottesbezuges stecken kann.

Diesem Interpretationsmodell eignen jedoch auch erhebliche Schwächen. Grundsätzlich leiden alle Versuche, ein christliches Fundament der Bundesrepublik herauszuarbeiten und es mit normativer Geltung zu versehen, daran, daß

---

637 Vgl. Boventer, Gott, 112.
638 Vgl. Pöhlmann, Kirche, 112.

ihr Verhältnis zur Religionsfreiheit unbestimmt bleibt und sie unsachgemäß aus der historischen Herleitung der materialen Gehalte des Gottesbezuges normative Konsequenzen ziehen. Weiterhin sind diese Erklärungsmodelle einem Verständnis der Bundesrepublik als eines christlichen Toleranzstaates verpflichtet, wie er nicht den gesellschaftlichen Realitäten der Bundesrepublik entspricht, denn dieser christliche Toleranzstaat, wie es ihn allenfalls nach dem Zweiten Weltkrieg gegeben hat, hat sich zu einem Staat der Glaubensfreiheit und schließlich zu einem pluralistischen Staat entwickelt.[639] Ein christlich präformierter Staat bleibt aber Postulat, der nicht (mehr) den Realitäten entspricht.[640]

Ein weiteres Problem eignet dem Umstand, daß ein mit christlichen Inhalten angereicherter Gottesbegriff in der Verfassung seine Gültigkeit an demokratische Mehrheiten bindet und mit dem Schwinden dieser Mehrheiten auch diese Gültigkeit verliert.[641]

Ein an gesellschaftlichen bzw. demokratischen Mehrheiten orientiertes Konsensprinzip ist auch für das zivilreligiöse Erklärungsmodell konstitutiv, in welches am Beispiel von Lübbe, Daiber und Vögele eingeführt worden ist. Die Bestimmung der materialen Gehalte des Gottesbezuges wird hier vornehmlich an einem Konsensprinzip orientiert, welches die Minderheiten, die sich diesem Konsens nicht anschließen können, zwar ausschließt, aber diesen Ausschluß nicht mit Rechtsfolgen behaftet. Trotz der These von Vögele, dieses Modell komme dem Problem des Pluralismus am ehesten entgegen, ist an der geäußerten Kritik festzuhalten, daß ein zivilreligiöses Denkmodell einen Pluralismus und damit verbunden die »Pluralismusfähigkeit« des Gottesbezuges unterlaufe[642], da die Zivilreligion teils selbst zu einem irgendwie gearteten Glauben tendiert (Lübbe) oder mit einem gesellschaftlichen Konsens arbeitet, welcher, wie einmütig alle behandelten Stellungnahmen expliziert haben, sich vornehmlich doch noch an christlichen Inhalten (auch bei der Bestimmung des Gottesbegriffs in der Präambel des Grundgesetzes) orientiert. Die Frage, wie ein im Zuge eines konsensuellen Aktes bestimmter Gottesbegriff inhaltlich bestimmt werden kann, ohne in Spannung mit der verfassungsrechtlich garantierten Religionsneutralität

639 Vgl. Pawlowski, Verhältnis, 355f.
640 Vgl. Vögele, Zivilreligion, 314.
641 Auf die Problematik des »Mehrheitsargumentes« in diesem Zusammenhang ist schon hingewiesen worden. S.o. V.2.4.

des Staates zu geraten, worin auch eine (relative) weltanschauliche Neutralität desselben begründet liegt, wird auch durch dieses Modell nicht hinreichend beantwortet.

Nicht zu rezipieren ist m. E. auch die Interpretation des Gottesbezuges als »legitimitätsstiftende« Größe für die bestehende Rechtsordnung. Diese aus der zivilreligiösen Theorie auf den Problemkomplex übertragene Interpretation scheint eher ein Indiz dafür zu sein, daß die Bezeichnung »invocatio Dei« für den Gottesbezug zwar als nicht adäquat abgelehnt wird (Vögele), die Vertreter dieser These doch aber über die hinter dieser Bezeichnung stehenden Gehalte (»Legitimationsgrund«, »Liberalitätsgarant« etc.) nicht hinausführen.

Die Stärke dieses Erklärungsmodells liegt darin, daß es die Möglichkeit bietet, religiöse Phänomene im Politischen wahrzunehmen und innerhalb einer Theorie beschreibbar zu machen und somit die religiöse Dimension des Politischen zu erfassen, wenngleich die Diffusität wahrnehmbarer religiöser Phänomene in der Öffentlichkeit die Theoriebildung von »Zivilreligion« m. E. unmöglich macht. Damit wird ein deskriptiver Gebrauch der Zivilreligion zu präferieren sein, ein normativer ist jedoch vehement abzulehnen.

Dem Prinzip der weltanschaulichen Neutralität des Staates am ehesten entspricht die dritte Möglichkeit der materialen Bestimmung des Gottesbezuges. Die Mehrheit der Stimmen läßt diese Frage nämlich bewußt offen und fundiert den Gottesbezug demgemäß als »Platzhalter-Wort«[643]. Dieses »*bewußte* Offenhalten« des Gottesbegriffs ist nicht lediglich als Schwäche seiner Interpretation zu werten, denn es entleert den Gottesbegriff ja nicht seines performativen Charakters. Bedenkenswert ist in diesem Zusammenhang auch der Hinweis Rendtorffs, daß »symbolisierte Antworten theologischer Natur nicht das letzte Wort in der Frage grundsätzlicher, inhaltlicher Rechenschaft«[644] sind, sondern eher darauf verweisen, »daß es nötig ist, diese Frage immer wieder zu stellen«[645].

642 Vgl. s.o. V.2.4.; V.3.4.

643 Das »Platzhalter-Wort« unterscheidet sich von den Leerformeln gerade dadurch, daß es nicht – wie diese – nur Scheinaussagen enthält, sondern diese Bezeichnung beschreibt diejenigen Worte, welche bewußt formal und ohne konkreten Inhalt sein wollen, um individuell gefüllt werden zu können. Für diese Unterscheidung vgl. Fischer, Glaubensaussage und Sprachkultur, 295ff; 311ff; vgl. Krüger, Gehört Gott in die Verfassung, 69f.

644 Rendtorff, Ethik II, 73f.

645 Ebd.

Der Gottesbezug enthält - freilich in seinen materialen Gehalten zurückgeschraubt - einen Hinweis auf die Angewiesenheit des Rechts auf Bindung (Huber), er ist eine offene Stelle[646], welche auf die »Unverfügbarkeit der Vorgaben«[647] (Marquard) hinweist, und ein Bewußtsein dafür wach hält, daß auch der säkulare Staat von Voraussetzungen abhängig ist, welche er selbst nicht hervorbringen und garantieren kann (Böckenförde).

Die Brückenfunktion (Huber), welche dem Gottesbezug damit zukommt, läßt eintreten in ein Gespräch mit den Ergebnissen der anderen Bezugsfelder, welche bis hierhin herausgearbeitet worden sind. Am zuletzt beschriebenen Punkt wird dieses »Gespräch« einsetzen, denn in dem juristischen Bezugsfeld war anhand von juristischer Literatur herausgearbeitet worden, daß es Positionen gibt, die an dieser Stelle eine Offenheit des Rechtssystems konstatieren und statt von der Bindung des Rechtes an überstaatliche, *normative* Voraussetzungen allenfalls von einer überpositiven Bindungs- bzw. Gründungs*instanz* sprechen. In diesem letzten Sinne fungiert dann der Gottesbezug lediglich als die Benennung dieser offenen Stelle. Ihre inhaltliche Füllung obliegt dann nicht mehr dem Rechtssystem selbst, sondern wird einem anderen, weltanschaulich gebundenen Orientierungssystem übertragen, wobei im Bereich der Rechtsanwendung auch das Rechtssystem auf die Ressourcen des weltanschaulich gebundenen Systems zurückgreifen muß.

---

646 Damit fungiert der Gottesbezug eben nicht als »Letztbegründung« des Rechtssystems oder der Rechtsordnung, wie dies etwa bei Slenczka und Pannenberg (s.o. V.1.;V.2.2.) der Fall ist.

647 Vgl. Marquard, Abschied vom Prinzipiellen, 18.

VI. Ertrag – Grundeinsichten des Gottesbezuges

Zusammenfassend sollen nun die Grundeinsichten aus den verschiedenen betrachteten Bezugsfeldern des Gottesbezuges dargestellt werden. Ausgehend von dem gemeinsamen Anliegen der verschiedenen Sichtweisen und von der theologischen Fokussierung der herausgearbeiteten Grundeinsichten werden diese nun theologisch vertieft. Im Mittelpunkt der Fragestellung wird dabei stehen, inwieweit aus der Perspektive der Theologie dem Gottesbezug »Brückenfunktion« zukommt für das gemeinsame Gespräch zwischen den verschiedenen Disziplinen.

Dabei wird zunächst die Brückenfunktion des Gottesbezuges für die Bestimmung von Recht und Ethik beschrieben und profiliert werden. Diese soll in den Rahmen historischer Argumentationsmuster gestellt werden, um daran anschließend vier Funktionen des Gottesbezuges deutlich zu machen. Am Ende soll eine dem weltanschaulichen Pluralismus konforme Annäherung an die materialen Gehalte des dem Gottesbezug zugrunde liegenden Gottesbegriffs erfolgen.

Es handelt sich dabei um *theologische* Grundeinsichten, welche sich bei diesem »Kulminationspunkt religiöser Rede« in einem Verfassungstext eines an sich säkular geprägten Staatsgebildes in Hinblick auf bestimmte primär historisch motivierte Anliegen ergeben. Diese theologischen Grundeinsichten sollen die Aufnahme des Gottesbezuges in die Präambel theologisch plausibel machen und vertiefen. Auf diesen *Grundlinien* weiterzudenken, ist für die Erhellung des Gottesbezuges in Präambeltexten m. E. dienlich.

1. Die Brückenfunktion des Gottesbezuges für das Verhältnis von Glaube und Politik wie Recht und Ethik

Vor allem die Gegner des Gottesbezuges in der Präambel argumentieren mit der Forderung der kategorialen Trennung von Staat und Kirche[1] ausgehend von dem verfassungsrechtlichen Sachverhalt, daß keine Staatskirche bestehe (Art.

1 S.o. II.1.1.; II.3.; vgl. Deutscher Bundestag, BT-Dr. 12/6000, 108. Die Partei Bündnis 90/Die Grünen spricht von dem Ziel der »Verwirklichung des Prinzips der Trennung von Staat und Kirche«; vgl. Deutscher Bundestag, BT-Dr. 12/6686, 2.

140 GG in Verbindung mit Art. 137 WRV). In Analogie dazu wird eine Trennung von Glaube und Politik bzw. Recht und Ethik konstatiert, weil Politik keine Analogie zum (christlichen) Glauben haben könne, denn Glaube sei schlechthin »Privatsache«, während sich Politik mit dem Wohl von Staat und Gesellschaft befasse. Da dem christlichen Glauben keine öffentliche Relevanz eigne, müsse dem Staat absolute Autonomie und Eigengesetzlichkeit in bezug auf die Verfassungsgebung und die rechtliche Ausführung eingeräumt werden. Ein Gottesbezug gehöre also nicht in die Verfassung.

Die Befürworter eines Gottesbezuges argumentieren genau anders herum. Ihrer Meinung nach bestehe zwischen Recht und Ethik ein Beziehungsverhältnis, da jedes Recht einer Bindung bedürfe. Aus der Erfahrung mit positiv gesetzten Rechtssystemen habe man gelernt, daß es eine Beziehung zwischen Glaube und Politik gebe, damit sich der Staat, der in den Bereich des Politischen gehöre, nicht absolut setzt. Der Glaube sei demnach keine »Privatangelegenheit«, sondern impliziere politische Verantwortung.

Theologisch qualifiziert wird diese Verantwortung als »Verantwortung vor Gott«. Demnach hat die Rechtsordnung »Affinität« zum Glauben, insbesondere zum christlichen Glauben, sofern sie sich ihrer Grenzen und der Grenzen ihres Handelns bewußt ist.[2] In theologischer Perspektive kann es demnach keine Trennung von Glauben und Politik geben (Barmer Theologische Erklärung, These V).

Wenn der Glaube sich seiner politischen Relevanz bewußt wird und der Glaubende sich im politischen und sozialen Interagieren der Grenzen seiner Handlungen und seiner Verantwortung vor Gott bewußt wird, ist dem theologischen Gehalt des in der Präambel durch den Gottesbezug benannten Verantwortungshorizontes Genüge getan.

In theologischer Perspektive ist demnach für die Verhältnisbestimmung von Recht und Ethik bzw. Recht und Moralität zu folgern, daß diese zwar unterschieden werden müssen, aber nicht kategorial getrennt werden können. Im einzelnen ist das am Beispiel der rechtsphilosophischen Frage nach der Definition des Rechtsbegriffs vorgeführt worden.[3]

---

2 Vgl. Jüngel, Hat der christliche Glaube, 370; 374.

3 Im einzelnen s.o. IV.3.

Die neuere Diskussion diesbezüglich kreist um die Frage nach dem Zusammenhang von Recht und Moral bzw. Ethik (als der Summe von Grundwerten). Arthur Kaufmann etwa lehnt eine strikte Trennung von Recht und Ethik ab, denn zwischen Recht und Sittlichkeit bestehe »das Verhältnis eines nur relativen Gegensatzes«, »der einen engen sachlichen Zusammenhang nicht aus- sondern einschließt, eine Gegensätzlichkeit bei wesensmäßiger Zusammengehörigkeit«[4].

Der Gottesbezug in der Präambel begründet demnach auch eine Option für eine bestimmte Werteordnung[5], in der jedes Recht an überstaatliche Voraussetzungen gebunden ist, die es selbst nicht erbringen kann, auf welche der Gottesbezug in der Präambel hinweist. Bei der Frage nach diesen überstaatlichen Voraussetzungen von Normsystemen sind jedoch die Positionen weiter zu differenzieren. Die Vertreter der einen Position konstatieren, daß jedem Normsystem, welches seine Richtigkeit voraussetzt, Prinzipien zugrunde liegen, die es selbst nicht hervorbringen kann, und welche als eine Art Minimalkonsens überpositiver Bindung des Rechts fungieren (Ralf Dreier, Robert Alexy). Die Vertreter der anderen Position konstatieren an dieser Stelle lediglich eine Offenheit des Rechtssystems; dabei wird statt von einer Bindung des Rechts an überstaatliche, *normative* Voraussetzungen nur von einer Bindung des Rechts an eine überpositive Bindungs- bzw. Gründungs*instanz* gesprochen. Die zuletzt beschriebene Variante, welche auf die Unverfügbarkeit der Vorgaben von Rechtssystem und Rechtsordnung hinweist, ist bekanntlich von Ernst-Wolfgang Böckenförde auf die Formel gebracht worden, daß der säkularisierte Staat auf Voraussetzungen beruhe, die er nicht hervorbringen und garantieren könne.[6] Damit symbolisiert der Gottesbezug an dieser Stelle die »Offenheit des Rechtssystems«.

Der Gottesbezug macht demnach deutlich, daß trotz einer notwendigen Unterscheidung von Recht und Moral diese nicht kategorial zu trennen sind. Auf die verheerenden Folgen einer solchen kategorialen Trennung ist an ver-

---

4 Kaufmann, Recht und Sittlichkeit, 1964. (Zitiert nach Anselm, Jüngstes Gericht und irdische Gerechtigkeit, 23).

5 Dazu vgl. neuerdings Papenheim, Präambeln, 189ff.

6 Im einzelnen s.o. IV.5.2.; vgl. Böckenförde, Die Entstehung des Staates als Vorgang der Säkularisierung, 92-114 [112].

schiedenen Stellen in dieser Arbeit hingewiesen worden[7]. Nach einer Zeit, in der faktisch die Staatsordnungen nach den Grundsätzen solchen Trennens existierenden haben, ist die Erkenntnis um so größer gewesen, daß Moral und Recht (Recht und Ethik) lediglich unterschieden werden dürfen.[8] Es besteht demnach eine wechselseitige Beziehung[9] zwischen Moralität und Recht[10], so daß die Geltung der Rechtsordnung auf vorrechtliche Bedingungen angewiesen ist.

Daraus sind positiv mehrere Schlüsse zu ziehen. Zum einen dokumentiert die Verantwortungsformel in der Präambel, die bewußt einen Gottesbezug herstellt, eine gewisse *Unbefangenheit* der Staatsordnung gegenüber der Religion und den Religionsgemeinschaften. Aus dieser Unbefangenheit resultiert eine gewisse, wenn auch nicht überzubewertende, Direktionskraft der Präambel etwa des Grundgesetzes. Diese Unbefangenheit wurde an anderer Stelle schon als Charakteristikum des grundgesetzlichen Staatskirchenrechts beschrieben[11], da das Grundgesetz eine Reihe von Regelungen kennt, welche die in der Präambel zum Ausdruck gelangte unbefangene Nähe des Staates zu Religion und Religionsgemeinschaften aufgreifen[12]. Dabei ist festzuhalten, daß diese Unbefangen-

---

7 S.o. I.; IV.2.; IV.4. Historische Beispiele für die Durchbrechung einer an rechtspositivistischen Grundsätzen orientierten Rechtslegitimierung sind in der jüngeren Rechtsgeschichte zum einen die Verurteilungen vor dem Nürnberger Tribunal, andererseits die sogenannten Mauerschützenprozesse. Im einzelnen dazu vgl. Adomeit, Rechts- und Staatsphilosohie II, 152ff; Alexy, Mauerschützen.

8 Dieser Sachverhalt ist am Beispiel des Unrechtsargumentes im juristischen Bezugsfeld erläutert worden. S.o. IV.4.1.Auch auf die Geschichtlichkeit von Recht ist in Auseinandersetzung der systemtheoretisch enggeführten Rechtsbestimmung Luhmanns hinzuweisen. (S.o. IV.3.3.) Neuerdings wird die systemtheoretisch enggeführte Sichtweise von Recht in der Theologie von Kerstin Gäfgen rezipiert. Vgl. Gäfgen, Das Recht in der Korrelation von Dogmatik und Ethik, 14ff; 133f. An dieser Stelle hat auch der Hinweis auf die Geschichtlichkeit des Rechts seinen guten Sinn, denn er macht deutlich, daß Recht eben nicht als autopoietisches System betrachtet werden kann, welches sich unabhängig von historischen und geschichtlichen Erfahrungen und unabhängig von den Intentionen oder moralischen Vorstellungen derer, die es prägen und mit ihm umgehen, bilde. Vgl. auch Anselm, Jüngstes Gericht und irdische Gerechtigkeit, 22f.

9 Auf diese wechselseitige Beziehung weist Wolfgang Huber anhand der Debatten um den § 218 StGB für die Frage nach der rechtlichen Dimension sittlicher Konflikte (vgl. Huber, Gerechtigkeit und Recht, 67ff) und anhand der Frage nach dem Asylrecht (Art. 16 Abs. 2 GG) für den Sachverhalt der sittlichen Dimension rechtspolitischer Kontroversen (vgl. Huber, Gerechtigkeit und Recht, 70ff) hin.

10 Vgl. auch Huber, aaO., 64ff.

11 S.o. IV.1.2.3.

12 Vgl. Ennuschat, Gott und Grundgesetz, 956.

heit keineswegs auf das Verhältnis gegenüber den christlichen Konfessionen eingeschränkt ist, sondern sich auf alle Religionsgemeinschaften und Weltanschauungen erstreckt. Die Präambel enthält aus diesem Grund auch keine prochristliche Auslegungsregel.[13]

Zudem macht der Gottesbezug deutlich, daß es auch im Bereich der Staatsordnung eine gewisse Unbefangenheit in der Frage nach der Religion gibt. Insofern stellen Staat und Gesellschaft keine religionsfreien Zonen dar. Der Staat darf den Religionsgemeinschaften im Bereich der Staatsordnung unbefangen begegnen und der Religionsausübung im staatlichen Bereich ihren Raum geben.[14] Der Gottesbezug ist demnach ein Angebot an die christlichen Kirchen, neben anderen Religionsgemeinschaften das Vakuum zu füllen, welches durch die »begriffliche Lücke« des Gottesbezuges in der Verfassung entsteht. Die »balancierte Trennung« von Staat und Religion verlangt den Kirchen[15] ab, durch die Bereitstellung ihrer Orientierungssysteme das Vakuum zu füllen, welches daraus entsteht, daß der säkulare Staat von Voraussetzungen lebt, die er selbst nicht garantieren kann. Insofern ist der Staat zu seiner eigenen Fundierung und Erhaltung auf die einzelnen weltanschaulich gebundenen Gemeinschaften angewiesen, welche auf dem Boden ihrer eigenen Position[16] in einer doppelten Weise fungieren: Zum einen vermittelt jede dieser Orientierungsgemeinschaften der Gesellschaft und dem Staat integrierende und die Ordnung begründende Orientierungen[17], die freilich als offenes Begründungs-

13 Vgl. Münch/Kunig, Grundgesetz-Kommentar, Präambel, Rdnr 7; Jarass, Kommentar, Präambel, Rdnr 3.

14 Mit dem Gottesbezug in der Präambel wird weiterhin eine Toleranz des Staates gegenüber der Religionsausübung Dritter symbolisiert, denn »die Unbefangenheit des Staates gegenüber der Religion gibt schließlich einen Anhaltspunkt für die Auflösung eines Konfliktes zwischen positiver und negativer Religionsfreiheit« (Ennuschat, Gott und Grundgesetz, 956).

15 Hier ist ein offener Kirchenbegriff in der von Eilert Herms eingeführten Weise gemeint. Dazu s.o. V.2.7.

16 »Jede Religion muß diese Frage, so scheint mir, von sich selbst aus, nach dem Inhalt ihres Glaubens und ihrer Botschaft beantworten, andernfalls verliert sie ihre inkommensurable Position.« (Böckenförde, Stellung und Bedeutung der Religion in der »Civil Society«, 268).

17 Hier ist bewußt von Orientierungen zu sprechen, da der Wertbegriff, welcher an dieser Stelle in verschiedenen Argumentationen begegnet, aus mehreren Gründen als problematisch zu beurteilen ist. Dazu vgl. Pawlowski, Probleme der Rechtsbegründung im Staat der Glaubensfreiheit, 26f.

angebot verstanden werden müssen, welches Verbindlichkeit nur für jene prätendiere, die es zuvor anerkennen.[18] Die Kirchen müssen sich zu diesem ihnen aus der Gesellschaft entgegengebrachten Bedürfnis verhalten in der Rückbesinnung auf ihre je eigenen inneren Bindungskräfte und Wirklichkeitsverständnisse, welche aus dem eigenen Glauben resultieren.[19]

Die Religionsgemeinschaften nehmen dabei ihren je eigenen Auftrag wahr, welcher sich aus dem Glauben ergibt. Dabei geht es primär um die Verkündigung des eigenen Daseins- und Wirklichkeitsverständnisses. Dieser Auftrag ist als ein religiöser, nicht als ein politischer zu apostrophieren, auch wenn die Erfüllung dieses Auftrages sich zuweilen auf die Ordnung des Zusammenlebens auswirkt und insofern politische Wirkungen hat, denn weder der Bereich des Politischen noch der Bereich der Rechtsordnung beschreiben abgrenzbare Gegenstandsbereiche[20], die kategorial getrennt von dem Bereich der Orientierungssysteme existieren.[21] Vielmehr werden die christlichen Kirchen neben den anderen Religionsgemeinschaften in bestimmten Situationen in das Beziehungs- und Spannungsfeld des Politischen und der Rechtsordnung einwirken, wobei der leitende Gesichtspunkt dabei ein »unpolitisch-politischer« (Böckenförde) ist.

In den zuletzt beschriebenen Weisen ist der Gottesbezug in der Präambel der Nachkriegsverfassungen dann als ein Auftrag auch an die christlichen Kirchen zur Einmischung zu interpretieren, aber eben nicht in einem exklusiv verstandenen Sinn[22], sondern im Miteinander verschiedener Orientierungsgemeinschaften in einer pluralistischen Gesellschaft zur Ermöglichung der gemeinsamen Gestaltung der Wohlordnungen und des öffentlichen Lebens.

Daran wird deutlich, daß es im Bereich der Staats- und Gesellschaftsordnung Fragen gibt, deren Beantwortung nur im Gespräch mit den Religionsgemeinschaften möglich wird.

---

18 Vgl. Böckenförde, Staat-Gesellschaft-Kirche, 70; ders., Stellung und Bedeutung der Religion in der »Civil Society«, 268f.

19 Vgl. Böckenförde, Stellung und Bedeutung der Religion in der »Civil Society«, 269; vgl. ders., Staat-Gesellschaft-Kirche, 71f; vgl. auch Schlaich, Konfessionalität-Säkularität-Offenheit, 446.

20 Die Schwierigkeit der systemtheoretischen These, bei der Rechtsordnung handle es sich um ein autopoietisches System, ist zu bedenken. Eine ähnliche Prämisse lag der Ansicht zugrunde, daß Glaube und Politik strikt zu trennen sind (s.o. II.1.1.; VI.1.).

21 Dazu im einzelnen s.o. IV.5.2.

22 Gegen Behrendt.

2. Die Brückenfunktion des Gottesbezuges im Rahmen historischer Argumentationsmuster

2.1. Der kulturwissenschaftliche Ansatz

Ein großer Teil der Befürworter des Gottesbezuges argumentiert auf dem Hintergrund historischer Gegebenheiten und Erfahrungen. Es bieten sich nun mehrere mögliche von historischen Gesichtspunkten geleitete Zugänge zu einer theologischen Reformulierung des Gottesbezuges in deutschen Nachkriegsverfassungen an. Eine mögliche Variante ist der »kulturwissenschaftliche Zugang«[23], welchen Peter Häberle als den einzig adäquaten Zugang zu dem Problem des Gottesbezuges in Präambeltexten apostrophiert.

Nach Ansicht Häberles ließe sich eine verfassungstheoretische Einordnung des Gottesbezuges nur mit diesem Ansatz bearbeiten: »Legitimation und Interpretation von 'Gottes-Klauseln' in verfassungsstaatlichen Verfassungen lassen sich nur im *kulturwissenschaftlichen* Ansatz bewältigen«[24], denn es sei von der jeweiligen individuellen Kulturgeschichte eines Staatsvolkes abhängig, ob und in welcher Weise in dessen positivem Verfassungstext ein Gottesbezug verwendet werde[25]. »Die Verfassungslehre als Wissenschaft vom *Typus* 'Verfassungsstaat' kann schwerlich *allgemein* sagen, welches Gottes-Verständnis das 'richtige', d. h. jeweils verfassungskonforme ist, wohl aber muß sie im Blick auf die 'Essentialia' ihres Typus, nämlich Grundsätze wie Verfassungsstaat als 'Heimstätte aller Bürger' (BVerfGE 19, 206 [216]), Verfassung als 'Verfassung des Pluralismus' und der 'Offenheit'[26], individuelle und korporative Religionsfreiheit (...), einschließlich der dem Verfassungsstaat möglichen Modelle von 'Staatskirchenrecht' (...), bestimmte Direktiven aufstellen: Will der Verfassungstypus als solcher seine Identität nicht verlieren, dürfen über Gottes-Klauseln, welcher Art auch immer,

---

23 Für diesen Zugang vgl. Häberle, Gott im Verfassungsstaat.

24 AaO., 219. Im einzelnen s.o. III.2; IV.1. Vgl. Häberle, Verfassungslehre als Kulturwissenschaft, 1982.

25 Vgl. Häberle, Gott im Verfassungsstaat, 219.

26 Vgl. BVerfGE 41, 29 (50): »Der 'ethische Standard' des Grundgesetzes ist vielmehr die Offenheit gegenüber dem Pluralismus weltanschaulich-religiöser Anschauungen angesichts eines Menschenbildes, das von der Würde des Menschen und der freien Entfaltung der Persönlichkeit in Selbstbestimmung und Eigenverantwortung bestimmt ist. In dieser Offenheit bewährt der freiheitliche Staat des Grundgesetzes seine religiöse und weltanschauliche Neutralität.« (Zitiert nach Häberle, Gott im Verfassungsstaat, 219 (Anm. 30)). An anderer Stelle weist Häberle darauf hin, daß hier eine Spannung entstehe, denn »die Anrufung 'Gottes' steht z. B. in Spannung mit grundgesetzlichen Errungenschaften des westlichen Verfassungsstaates, insonderheit der Religionsfreiheit und der weltanschaulich-konfessionellen Neutralität« (Häberle, Präambeln, 242). Darum sei von Art. 4 und 140 GG in Verb. mit Art. 136 Abs. 1 WRV her die Präambel »begrenzend« zu interpretieren, wenn auch das BverfGe in seinen Schulentscheidungen auf die kulturelle Bedeutung des Christentums hinweise. (Vgl. aaO., 242f).

nicht bestimmte Inhalte und Zwänge ins Spiel kommen, die der Verfassungsstaat der heutigen Entwicklungsstufe gerade *überwunden* hat: indem er die *offene* Gesellschaft konstituiert und 'Toleranz' garantiert. Das schließt über Gottes-Klauseln *grundierte* Kulturgehalte und -traditionen nicht aus.«[27] Diesem Trend sei auch das Bundesverfassungsgericht im wesentlichen gefolgt.[28] Die Prägekraft der eigenen Kulturgeschichte dürfe jedoch nicht dazu anleiten, eine verdeckte »Restauration von Varianten eines christlichen Staates«, von »Staatsreligion« oder »Staatskirchentum« zu forcieren, wie dies tendentiell bei der Entstehung einiger Verfassungen in den alten Bundesländern geschehen ist[29], denn im Rahmen der »Verfassung des Pluralismus« hätten verschiedene Modelle von »Religionsverfassungsrecht« ihren Platz[30]. Andererseits sei auch bei der Frage nach materialen Gehalten des Gottesbezuges der kulturwissenschaftliche Ansatz konsequent durchzuführen. Demnach habe schon die Verfassungsinterpretation zu bestimmen, »ob Gottesvorstellungen einer, zweier oder aller drei *monotheistischen* Weltreligionen gemeint sind (Judentum, Christentum, Islam) und ob auch anderen 'Gottes-Verständnissen' Raum zu geben ist«[31]. Dabei räumt Häberle ein, daß herkömmlich in Deutschland ein christliches Gottesbild kulturell »gemeint« sein könne, daß sich aber dieses Gottesverständnis der Verfassungsgeber nach dem Zweiten Weltkrieg im Zuge der Zuwanderung von Menschen, die anderen Religionsgemeinschaften angehören, dieser kulturellen Vielfalt zu öffnen habe.

Tendenziell orientieren sich an dem diesem Modell zugrunde liegenden Argumentationsmuster einige theologische Voten (Rendtorff, Pannenberg). Auch das Modell einer zivilreligiösen Interpretation nimmt bei der materialen Bestimmung des Gottesbezuges und den Konsequenzen für dessen Auslegung den Ausgang bei einer Analyse der traditionell gewachsenen gesellschaftlichen Relevanz des christlichen Glaubens.

Mit dem kulturwissenschaftlichen Ansatz läßt sich beschreiben, daß mit dem Gottesbezug von seiner geistesgeschichtlichen Einordnung her mindestens in den Präambeltexten der Nachkriegsverfassungen ein christliches Gottesver-

---

27 Häberle, Gott im Verfassungsstaat, 219f.

28 Vgl. aaO., 220. Häberle belegt das mit Zitaten aus Urteilen des Bundesverfassungsgerichtes und Verfassungstexten einzelner Länderverfassungen. Als Beispiel sei angeführt BVerfGE 41, 65 (84): »Zweifellos ist das Christliche – als Ganzes gesehen – ein Stück abendländischer Tradition. Die Werte, die den christlichen Bekenntnissen gemeinsam sind, und die ethischen Normen, die daraus abgeleitet werden, äußern aus der gemeinsamen Vergangenheit des abendländischen Kulturkreises eine gewisse verpflichtende Kraft.« (Zitiert nach Häberle, Gott im Verfassungsstaat, 220 (Anm. 32)).

29 Im einzelnen s.o. I.3.; vgl. auch Häberle, Gott im Verfassungsstaat, 220f (insbes. Anm. 35). Anders hatte Behrendt votiert. Dazu s.o. V.2.1.

30 Vgl. Häberle, Gott im Verfassungsstaat, 220.

31 AaO., 224.

ständnis konnotiert worden ist.[32] Am eindrücklichsten zeigen das die Debatten in Bayern[33], Baden-Württemberg[34] und Rheinland-Pfalz[35]. Diesen Sachverhalt wahrzunehmen, ist gerade in sich säkularisierenden Gesellschaften von besonderer Evidenz, denn die Analyse verschiedener Voten macht deutlich, daß eine Staatsordnung zwar den Anspruch auf relative weltanschauliche Neutralität zu wahren hat; dieser Aspekt besagt aber noch nichts über die Identitätsbindungen der einzelnen Glieder einer Gesellschaft, die bei der Entstehung und Anwendung von Normenkomplexen mit im Hintergrund stehen. Dem kulturwissenschaftlichen Ansatz inhärieren dennoch lediglich deskriptive Momente, denn er eignet sich zwar zur Benennung der Herkunft von Normensystemen, nicht jedoch zur Begründung ihrer Normativität. So hält Pawlowski zwar fest: »Zur Vermeidung von Mißverständnissen sei noch betont, daß der Inhalt unserer Gesetze auch heute noch in weitem Umfang durch die christliche Traditionen bestimmt ist. Es geht auch keinesfalls darum, dies zu ändern.«[36]

---

32 Im einzelnen s.o. I.2.; I.3. Das gleiche ist – wenn auch mit Abstrichen – für die Verfassungen der fünf neuen Länder zu konstatieren; dazu s.o. I.4.

33 S.o. I.3.2.

34 S.o. I.3.1.

35 S.o. I.3.3.

36 Pawlowski, Probleme der Rechtsbegründung im Staat der Glaubensfreiheit, 20. Pawlowski konstatiert eine Entwicklung der Bundesrepublik vom christlichen Toleranzstaat (1945ff) zum pluralistischen Staat der Glaubensfreiheit (1989). Zur Aufgabe der Rechtsdogmatik im Staat der Glaubensfreiheit vgl. ders., Bemerkungen zum Verhältnis von Staat und Kirche. Hierbei sei bei der Verfassungsgebung des Grundgesetzes 1949 der Gottesbezug der Präambel ein Indiz für die »Christlichkeit des Staates« (Pawlowski, Probleme der Rechtsbegründung im Staat der Glaubensfreiheit, 18) gewesen, deren »Gott« fraglos der christliche gewesen sei, wenn auch ein »christlicher (ökumenischer) Gott und nicht ein katholischer oder evangelischer Gott« (ebd.), in keinem Fall jedoch »*Allah* oder *Buddha*« (ebd.). Das lasse sich auch an einigen Länderverfassungen verdeutlichen. In Konsequenz einer vertieften rechtswissenschaftlichen Erkenntnis verdanke sich der Staat der Glaubensfreiheit einer Entwicklung, welche auch durch Lehren christlicher Theologen eingeleitet worden sei. »Der Staat der Glaubensfreiheit ist nach meiner Überzeugung eine Konsequenz des Christentums und seiner Theologie; er ist jedoch *kein christlicher Staat*. Er hat vielmehr den Glauben freigegeben und verzichtet darauf, die geistigen (weltanschaulichen) Überzeugungen seiner Bürger zu kontrollieren.« (Pawlowski, Probleme der Rechtsbegründung im Staat der Glaubensfreiheit, 19). Von daher sei es auch wahrscheinlich, daß der Staat der Glaubensfreiheit nur so lange Bestand haben werde, als Christen in ihm leben, die diesen Verzicht konzedieren und vertreten, »weil sie wissen, daß (ihr) Gott Herr der Geschichte ist – ihr Gott nämlich, dessen Wesen Liebe ist« (AaO., 19f; vgl. auch Trillhaas, Wie weit ist der Staat des Christlichen fähig?, 511ff). Dennoch geht Pawlowski so weit, daß er die Meinungen ablehnt, welche die Verbindlichkeit von

Der Wandel der Bundesrepublik zum Staat der Glaubensfreiheit schließe es jedoch aus, die Rechtlichkeit (im Sinne von Richtigkeit) von Normen - eingeschlossen die »überkommenen Gesetze« - durch einen Hinweis auf die christliche Tradition zu legitimieren.[37]

Das Problem der verschiedenen kulturwissenschaftlichen Ansätze besteht demnach zum einen darin, daß sie den faktischen weltanschaulichen Pluralismus nicht konsequent in ihr Denkmodell integrieren können, denn sie argumentieren im wesentlichen aus der Perspektive von ethischen Mindeststandards, die sie ausschließlich aus der christlichen Tradition herleiten[38]. Im übrigen operieren diese Ansätze mit einem Konsensmodell, welches an irgendwie gearteten

---

Normen aus ihrer Herkunft bzw. aus ihrer Vergangenheit begründen, sondern aus dem, »*was sie für die Zukunft versprechen*« (Pawlowski, Probleme der Rechtsbegründung im Staat der Glaubensfreiheit, 20f). »Im Grunde geht es hier (...) um den seit langem akzeptierten Satz, daß wir argumentieren müssen 'etsi daremus non esse deus', wenn wir über die Normen staatlichen Rechtes sprechen. Wir müssen also argumentieren, als ob es für uns heute keinen Gott gäbe *und* als ob es auch früher keinen Gott gegeben hätte« (aaO., 21).

Pawlowski verkennt jedoch, daß das Prinzip der Rechtsbegründung »etsi daremus non esse deus« sich nach den Erfahrungen mit der Zerstörung von Staat und Recht durch das nationalsozialistische Regime selbst ad absurdum geführt hat. Im übrigen verkennt dieser Ansatz den aktuellen Bezug der historischen Prägekraft christlicher Traditionen für die geltenden Verfassungstexte (Vgl. dazu auch Trillhaas, Wieweit ist der Staat des Christlichen fähig?, 511ff).

Es ist also - auch wenn Pawlowski im Grundsatz Recht zu geben ist - gegen Pawlowski mit der Mehrheit der juristischen, politischen und theologischen Kommentare daran festzuhalten, daß bei der Auslegung von Gesetzen ihr Entstehungshorizont und damit eben ihre »Herkunft« mitzuberücksichtigen ist.

37 Vgl. Pawlowski, Probleme der Rechtsbegründung im Staat der Glaubensfreiheit, 20. »Denn dieser Hinweis muß nicht nur gegenüber Mohammedanern und Buddhisten ins Leere laufen, sondern auch gegenüber Atheisten.« (Ebd.)

38 Eindrücklich ließe sich das am Beispiel der Debatte in Bayern um die Frage nach Kreuzen in bayerischen Klassenzimmern und dem sogenannten Kruzifixurteil des Bundesverfassungsgerichts zeigen. Das würde jedoch eine eigene Analyse verlangen, die im Rahmen dieser Arbeit nicht geleistet werden kann. Im folgenden sei auf die wichtigsten Quellen verwiesen: Entscheidungen. 1.Bundesverfassungsgericht: Senatsentscheidung: 1:Anbringen von Kruzifixen in staatlichen Pflichtschulen als Verstoß gegen Art.4 I GG, in: NJW 48 (1995), 2477-2483; Bayerischer Landtag, Landtagsdrucksachen 13/2947; 13/2955; 13/2963; 13/3108; 13/3115; 13/3116; sowie die Plenarprotokolle 13/36, 2503-2519. Vgl. auch Link, Stat Crux, 3353-3357; Benda, Wirklich Götterdämmerung in Karlsruhe?, 2470-2471.

politischen Mehrheiten orientiert ist.[39] Ein an Mehrheiten orientiertes System kann aber von seiner Legitimation über Mehrheiten nicht dessen Richtigkeit ableiten. Im übrigen ist es schwierig, die theologische Wahrheit eines Gottesbezuges an demokratischen Mehrheiten zu orientieren.[40] Dennoch ist es m. E. wichtig, die Herkunft von Normenkomplexen bei der Auslegung und Anwendung derselben in irgendeiner Weise zu berücksichtigen. Daß dies in einer sich stetig in weltanschaulichen Positionen pluralisierenden Gesellschaft zunehmend formaler geschehen wird, ist evident. Aber die Formalisierung der Benennung des Gottesbezuges in der Präambel findet dort ihre Grenze, wo sie zu einer inhaltsleeren Formel degeneriert. Darauf haben u. a. Häberle und Schlaich hingewiesen.

2.2. Die Relevanz historischer Argumentationen

Ein integrales Moment bei der Aufnahme des Gottesbezuges in die Präambel der jeweiligen Verfassung waren die Erfahrungen in der unmittelbar vorausliegenden Geschichte[41]. Dabei handelte es sich primär um den Versuch einer Aufarbeitung der Erfahrungen mit einem totalitären Regime in der unmittelbaren Vergangenheit. Unter Berücksichtigung des geschichtlichen Kontextes wird verständlich, daß die Benennung eines Verantwortungsbezuges mit einer nominatio Dei ein symbolisches Mittel ist, sich von den vorangegangenen Diktaturformen des Staates abzugrenzen und damit eine Form der Auseinandersetzung mit dem von diesen Diktaturformen bis ins grenzenlose gesteigerten Selbstwahn zu führen, und ihnen damit eine nachträgliche Absage zu erteilen.[42]

Bei dieser Aufarbeitung spielten die Kirchen als zu den wenigen gesellschaftlichen Verbänden gehörend, die über relativ intakte Organisationen ver-

---

39 Am Beispiel der Zivilreligion ist in dieser Arbeit dieses Modell einer umfassenden Analyse unterzogen worden. S.o. V.3.

40 Auf die Ablehnung des sogenannten Mehrheitsargumentes ist schon hingewiesen worden (s.o. V.), das bedeutet umgekehrt, daß auch eine demokratische Minderheitenstellung nicht von erheblicher Relevanz ist. Die Folge der Ablehnung des Mehrheitsargumentes bedeutet eben auch die Ablehnung der Negation des Gottesbezuges mit Hilfe eines »Minderheitenargumentes«. Die Variante eines Minderheitenargumentes war primär in den Debatten der ostdeutschen Länder vertreten worden.

41 S.o. I.

42 Im einzelnen s.o. I.

fügten, eine besondere Rolle. Auch als moralische Institutionen waren sie nach 1945 anerkannt geblieben. Nach einer Wert- und Sinnkrise der unmittelbaren Nachkriegszeit, war es demnach naheliegend, christliche Werte als überpositive Setzung gegen einen »faschistischen Nihilismus« und einen »materialistischen Sozialismus« in der Verfassung zu verankern. Eine ähnlich wichtige Rolle der Kirchen ist auch nach dem Zusammenbruch des DDR-Regimes nachweisbar. Die historischen Erfahrungen nötigten also in beiden geschichtlichen Situationen zu der Einsicht, dem Recht eine Verankerung geben zu müssen, welche die verfassunggebende Gewalt an eine Verantwortungsinstanz verweist, die ihr entzogen ist; und damit verbunden sollte auch die Notwendigkeit der Aufarbeitung dieser Zeit signalisiert, und in dieser Hinsicht eine Brücke in die Gegenwart und Zukunft der Gesellschaftsordnung wie der Rechtsordnung geschlagen werden.

Die Frage nach einer neuen Verhältnisbestimmung von Recht und Ethik nach dem Zweiten Weltkrieg gehört ebenfalls in diesen unmittelbaren Erfahrungshorizont[43], denn die Erfahrungen mit der Herrschaft des Nationalsozialismus stellten nach dem Zusammenbruch dieses Regimes eine kategoriale Trennung[44] von Recht und Ethik völlig in Frage.

Diese historisch motivierten Anliegen des Gottesbezuges sollen nun theologisch vertieft werden.

3. Der Gottesbezug als Symbol der Einsicht in Schuld

Die Analyse der verschiedenen Bezugsfelder ergab, daß die Debatte um den Gottesbezug im Erfahrungshorizont der unmittelbaren Vergangenheit geführt worden ist, und dieser dabei auch eine Rolle spielte. Dabei wurden die Begriffe »Schuld«, »Schuldverstrickung«, »Schuldverfangenheit« und deren Derivate im Zusammenhang mit der unmittelbaren deutschen Vergangenheit verwendet, und das sowohl in der Zeit nach dem Zweiten Weltkrieg als auch nach dem Zusammenbruch der DDR-Diktatur. Die Darstellung der Entstehungsgeschichten der deutschen Nachkriegsverfassungen dokumentiert, wie intensiv im Bann der unmittelbar erlebten Geschichte um das Problem gerungen wurde, diese unmit-

43 Im einzelnen s.o. IV.2.; IV.4.

44 Reiner Anselm spricht an dieser Stelle von einer »strikt funktionalen Trennung«. Vgl. Anselm, Jüngstes Gericht und irdische Gerechtigkeit, 22.

telbare Vergangenheit und die damit zusammenhängende »Verstrickung« in Schuld in adäquater Form aufzuarbeiten[45], und dieser Aufarbeitung mit Symbolen Ausdruck zu verleihen, welche auf die Notwendigkeit des Aufwerfens der Schuldfrage für die Zukunft verweisen.

Auch verschiedene Verfassungskommentare zum Gottesbezug nehmen dieses Motiv, welches sich nicht lediglich auf seine historischen Gehalte reduzieren läßt, sondern auch geschichtliche Relevanz für die Gegenwart und die Zukunft impliziert, auf.[46] Und bei verschiedenen theologischen Kommentaren spielt diese historische Sichtweise des Gottesbezuges eine wichtige Rolle.[47]

Bei der Durchsicht der Literatur stellt sich die Frage nach einer adäquaten Interpretation der Leistungsfähigkeit des Gottesbezuges im Rahmen einer irgendwie gearteten Schuldbearbeitung bzw. Schuldbesinnung. Aus diesem Grund soll nun eine theologische Sichtung des Schuldbegriffes[48] und des dahinter stehenden Phänomens[49] im Rahmen der Frage nach einer Interpretation des Gottesbezuges erfolgen.

---

45 Im einzelnen s.o. I.3.8. Interessant ist in diesem Zusammenhang, daß die einzige deutsche Verfassung, die explizit in ihrem Präambeltext von der »eigenen Schuld an seiner Vergangenheit« (Sachsen) spricht, keinen Gottesbezug beinhaltet.

46 Vgl. Feuchte, Verfassung des Landes Baden-Württemberg, Präambel, Rdnr. 9f; im einzelnen s.o. IV.1.

47 Im einzelnen s.o. V.2.8.; V.3.5.; V.5. Vgl. Huber, Gerechtigkeit und Recht, 33; Pannenberg, Kommentar, 18; Behrendt, Gott im Grundgesetz, 35ff; 183ff.

48 Allgemein zur Einführung vgl. Honecker, Theologische Ethik, 370-375; Løgstrup, Norm und Spontaneität, 119-136, der die Behandlung des Schuldbegriffs sachgemäß unmittelbar an die Erörterung des Verantwortungsbegriffs anschließt; Bron, Artikel: Schuld, in: EKL, 3.Aufl., Bd. 4., 114-118; Fuchs/Burkhard/Honnefelder/Schuster, Artikel: Schuld/Schuldgefühl, in: Lexikon der Bioethik, Bd. 3, 1998, 246-252. Für den genaueren Zusammenhang von Schuld und Geschichte vgl. Herms, Schuld in der Geschichte, 1-24; Rendtorff, Schuld und Verantwortung, 215-230; Beintker, Schuld und Verstrickung in der Neuzeit, 219-234; ders., Neuzeitliche Schuldwahrnehmung, 137-152; ders., Die Schuldfrage im Erfahrungsfeld des gesellschaftlichen Umbruchs im östlichen Deutschland, 445-461; ders., Schuld und Vergangenheitsbearbeitung im Horizont des christlichen Glaubens, 201-205; Jaspers, Die Schuldfrage, 1946; ders., Die Bundestagsdebatten über die Verjährung von Morden des NS-Staates, 301-366 [insbes. 319f]

49 Eine Phänomenologie der Schuld auf der Ebene der Anthropologie ist für den philosophischen Diskurs besorgt von Paul Ricoeur. Vgl. Ricoeur, Die Fehlbarkeit des Menschen. Phänomenologie der Schuld I, Freiburg-München 2. Aufl. 1989; ders., Symbolik des Bösen. Phänomenologie der Schuld II, Freiburg-München 2. Aufl. 1988. Der erste Teil der Untersuchung von Ricoeur spitzt sich auf die These zu, daß die Fehlbarkeit des Menschen als anthropologische Grundgegebenheit die Möglichkeit der Verfehlung und damit

Eine theologische Reformulierung der Schuldfrage hat sie in den durch das Evangelium vorgegebenen Kontext einzuordnen, denn erst im Horizont des Wirklichkeitsverständnisses des christlichen Glaubens werden die Tiefendimensionen der menschlichen Schuldverstrickung sichtbar.[50] Der christliche Glaube ist begründet von der tiefen Erkenntnis, daß von Schuld in ihrer metaphysischen Form[51] nur im Horizont der Vergebung gesprochen werden kann.[52] Die Vergebung aber liegt begründet im Handeln Gottes, welches sich im Kreuzesgeschehen Jesu Christi zeigt. In der Wiederaufrichtung der Gerechtigkeit Gottes manifestiert sich eine Einsicht in die Tiefen eigener Schuldverstrickung, letztlich eigenen Sünderseins, denn die metaphysische Schuld wird theologisch qualifiziert als Sünde. In diesem Sinne ist von der Schuld als »*Sünde im Präteritum*«[53] zu handeln, d. h. »Sünde äußert, vergegenständlicht sich immer in Schuld«[54], welche erst im Licht des Kreuzes Christi erkannt wird, also als wahrgenommener Reflex auf die eigene Vergangenheit[55] (Röm 7,14ff), die vor dem Forum Gottes längst überholt ist.

Im Horizont der Erfahrung von Barmherzigkeit und Gnade wird demnach in der Schuldverstrickung als Ausdruck der Sünde eine menschliche Allgemeinsituation evident, welche vorher höchstens oberflächlich hat wahrgenommen werden können. So wird das »Ich« zu einem Schuldbekenntnis einer jetzt erst in seiner Tiefenstruktur vergewisserten Schuld befreit.

---

eben des Schuldigwerdens bedingt. Im zweiten Teil wird eine Symbolik des Bösen entwickelt, welche die Phänomenologie der Schuld zu erhellen versucht.

50 Vgl. Beintker, Schuld und Verstrickung in der Neuzeit, 222f. Für die Bestimmung des Begriffes »Verstrickung« vgl. aaO., 221f.

51 Der Begriff der metaphysischen Schuld ist entlehnt von Karl Jaspers. Jaspers unterscheidet vier Ebenen der Schuld: die kriminelle Schuld, die politische Schuld, die moralische Schuld und die metaphysische Schuld. (Vgl. Jaspers, Die Schuldfrage, 10.) Die metaphysische Schuld besteht darin, daß man schuldig auch an allem Unrecht und aller Ungerechtigkeit wird, die Menschen erleiden müssen, speziell an dem, was in der eigenen Umgebung und mit dem eigenen Wissen geschieht, weil man schuldig schon dadurch wird, daß man nicht tut, was man hätte tun können, um das Unrecht zu verhindern. Vgl. Jaspers, aaO., 48ff.

52 Vgl. Beintker, Schuld und Verstrickung in der Neuzeit, 224. Sinngemäß auch Honecker, der davon spricht daß Schuld auf Erlösung und Vergebung verweise. Vgl. Honecker, Theologische Ethik, 374.

53 Beintker, Neuzeitliche Schuldwahrnehmung, 145.

54 Ebd.

Die Perspektive des christlichen Glaubens bewahrt vor Übertribunalisierungstendenzen menschlicher Schuldverdrängung und menschlichen Rechtfertigungsdrucks und öffnet so einen neuen Horizont für den Umgang mit der eigenen Schuld und der Schuld der kollektiven Gemeinschaft[56] in der Vergangenheit.[57]

---

55 Die authentische Sprachform für das Reden von Schuld ist die 1. Person Singularis, die auch die authentische Sprachform des Bekenntnisses darstellt. Dazu vgl. aaO., 146.

56 Der Begriff der »Kollektivschuld« ist an dieser Stelle nicht ganz unproblematisch. Jaspers reduziert ein Phänomen von »Kollektivschuld« auf die Bereiche der kriminellen und politischen Schuld. Vgl. Jaspers, Die Schuldfrage, 52ff. In die gleiche Richtung weist Jean Améry, der die Kollektivschuld als eine »brauchbare Hypothese« beschreibt, »wenn man nichts anderes darunter versteht als die objektiv manifest gewordene Summe individuellen Schuldverhaltens« als Tatschuld, Unterlassungschuld, Redeschuld, Schweigeschuld. Vgl. Améry, Jenseits von Schuld und Sühne, 116f; 124. Der christliche Glaube wird von Kollektivschuld zu sprechen haben, weil »alle Institutionen einer Gesellschaft untereinander zu einem einheitlichen, generationsübergreifenden Funktionszusammenhang verbunden« (Herms, Schuld in der Geschichte, 14) sind. Herms konstatiert, daß der christliche Glaube jedoch nicht bei der Feststellung einer Kollektivschuld stehen bleiben dürfe, sondern präzise nach den Beiträgen der verschiedenen Positionen frage müsse. »Das ist erforderlich, wenn das Urteil über Schuld in der Geschichte mehr bewirken soll, als ein allgemeines schlechtes Gewissen; vielmehr: eine klare Einsicht in das Zustandekommen kollektiver Schuld durch die (nach den Regeln der Interaktionsordnung verlaufende) Synthese individuellen Versagens. Nur eine solche Einsicht macht Schuld in Zukunft vermeidbar.« (AaO., 15.) Umfassender beschäftigt sich Lange mit der Frage, inwieweit einen kollektiven Handlungssubjekt auch die Dignität eines ethischen Subjekts zugeschrieben werden kann. Bezüglich der gestellten Frage nach der Kollektivschuld konstatiert Lange: »Auf diese Weise ist die Gruppe in einem abgeleiteten Sinne als ethisches Subjekt etabliert. Damit ist auch z. B. die kollektive Haftung des deutschen Volkes (einschließlich der 'Spätgeborenen'!) für die Greuel des Dritten Reiches als ethisch begründet erwiesen worden.« (Lange, Ethik, 362). Im einzelnen vgl. Lange, Ethik, 350-363.
Anzumerken ist, daß auch hier die authentische Sprachform die der 1. Person, hier Pluralis, ist, also wieder diejenige des Bekenntnisses. Die entsprechenden Passagen aus der Stuttgarter Schulderklärung (1945) und dem Darmstädter Wort (1947) geben dafür ein eindrückliches Beispiel. Die Texte finden sich abgedruckt bei Obermann/Ritter/Krummwiede, Kirchen- und Theologiegeschichte in Quellen, Bd. IV/2, 162f; 163f.

57 In einzelnen zum Horizont des christlichen Glaubens und dessen Implikationen für das Wirklichkeitsverständnis vgl. Beintker, Schuld und Schuldverstrickung, 230ff; ders., Neuzeitliche Schuldwahrnehmung, 144ff. Für den allgemeinen Horizont dieser Gedanken vgl. den Sammelband: Beintker, Rechtfertigung in der neuzeitlichen Lebenswelt, 1998. Insofern kann in Anlehnung an Adorno formuliert werden, daß die Erinnerung das Geheimnis der Vergebung darstellt, wenn die Vergebung die Möglichkeit der Erinnerung offenlegt. (Vgl. Adorno, Ob nach Auschwitz noch sich leben lasse, 31ff; 48ff).

Die »Verantwortungsformel« erhält hierbei fundamentale Bedeutung, denn wie von Schuld nur gesprochen werden kann, wo es Verantwortung gibt[58], kann Verantwortung nur dort in qualifizierter Form ins Gespräch gebracht werden, wo auch von Schuld gesprochen werden kann. Der Verantwortungsformel in der Verfassung kommt hierbei die Funktion zu, der aus empfundener Schuld resultierenden Sprachlosigkeit Ausdruck zu verleihen, und zwar derjenigen Schuld, welche nicht mit rechtlichen Mitteln geahndet werden kann, welche in Anlehnung an Jaspers als »moralische« und »metaphysische« Schuld zu qualifizieren sind. Dabei wird die metaphysische Schuld, die die eigentliche Tiefendimension der Schuld expliziert, beschrieben durch die Benennung des letzten Grundes der Verantwortung, »Gott«.

An dieser Stelle erhält dann die Interpretation des Gottesbezuges als einer »Platzhalter-Stelle«[59] analog zu Helmut Fischers eigener Interpretation[60] einen tieferen Sinn als ein bewußtes Offenhalten der Frage nach verantwortbarer Schuld und schuldhaft sündigem Verstricktseins (Röm 7, 14ff). Diese Symbolisierung bzw. Chiffrierung dient nicht der Bewältigung der Schuld, sondern beschreibt eine »offene Stelle« oder ein »Platzhalter-Wort« für die Notwendigkeit, und die Not-Wendigkeit, einer noch nicht und letzthin nicht endgültig zu leistenden Bearbeitung bzw. Aufarbeitung der Erfahrung von und mit Schuld oder auch nur einer Empfindung davon.[61]

Damit wird eine offene Stelle auch im Bereich von staatlichen Grundlagenormenkomplexen (der jeweiligen Verfassung) für die Frage fixiert, welche

---

58 Vgl. Rendtorff, Schuld und Verantwortung, 216; Herms spricht davon, von 'Schuld in der Geschichte' könne nur die Rede sein, »wo begriffen ist, daß der Mensch Geschichte nicht nur erleidet, sondern auch verantwortlich mitgestaltet« (Herms, Schuld in der Geschichte, 8).

59 S.o. V.2.2.2.

60 Vgl. im einzelnen Fischer, Glaubensaussage und Sprachkultur, 292ff., besonders 311f.

61 In diesem Sinne erhält sie dann auch fundamentale Bedeutung, wenn sie in ihrem Bestand als Verfassungstext deutlich macht, daß die »Schulddebatte«, d. h. das Bedenken der Ursachen und Begleitumstände von Massenwahn und verbrecherischer Politik, um der Möglichkeit willen, daß dies nicht mehr passieren möge, keinen Schlußstrich verträgt. Vgl. Beintker, Schuld und Verstrickung in der Neuzeit, 220. Herms sieht die beiden Zeitmodi eng miteinander verzahnt, wenn er beschreibt, »daß die genaue Frage nach der Schuld der vorangegangenen Generationen eine notwendige Bedingung dafür ist, daß wir heute nicht eine gleichartige - oder größere - geschichtliche Schuld auf uns laden« (Herms, Schuld in der Geschichte, 16).

auch um der Vermeidung einer Schuld solcher Ausmaße und solchen Terrors wie etwa im Dritten Reich offengehalten werden muß. Das geschieht in einer Weise, die in dem theologischen Horizont der Vergebung diese Frage nicht zu bewältigen[62] sucht, weil sie die Schuld nicht aufheben kann, sondern die in neuer und tiefer Form die Schuld aufarbeiten hilft, weil sie in ihrer Offenheit Zeit einräumt – die nicht zum Vergessen führen darf, denn jedes Vergessen wäre hier Verdrängen - für die Erkenntnis tiefer Schuldverstrickung, welche als Frage und Auftrag einen Schlußstrich im Bereich des Vorletzten, im Bereich der noch nicht erlösten Welt, nicht verträgt.[63]

4. Der Gottesbezug als Symbol für den Verantwortungshorizont

Doch von Schuld kann nur gesprochen werden, wo Verantwortung wahrgenommen wird. Peter Saladin bezeichnet Verantwortung sogar als eine »*Grundkategorie des modernen Rechtsstaates*«[64] bzw. als *die* »Schlüsselkategorie des modernen Rechtsstaates«[65]. Auf die grundlegende Bedeutung der sozialethischen Kategorie der Verantwortung[66] wurde auch in theologischen Stellungnahmen, insbesondere in der von Eilert Herms[67], hingewiesen. Bei Wolfgang Vögele kann Verantwortung sogar als ein spezifisches Aus-

62 Zum Problem der Vergangenheitsbewältigung vgl. Schröder, Deutschland schwierig Vaterland, 102ff.

63 Vgl. auch Beintker, Schuld und Verstrickung in der Neuzeit, 227ff.

64 Saladin, Verantwortung als Staatsprinzip, 30. Peter Saladin hatte bei der Revision der Schweizer Bundesverfassung wesentlich mitgewirkt. Seine Analyse des Verantwortungsbegriffs orientiert er sehr stark und unverkrampft an der evangelischen Ethik und spitzt diese in Anlehnung an Karl Barth folgendermaßen zu: »Der Mensch ist vor allem andern *verantwortlich vor Gott* - diese Einsicht hat auch (...) der 'Verantwortung' als ursprünglichem Rechtsbegriff (...) begriffsgeschichtlich den Zugang zur Sprache von Theologie und Philosophie verschafft, und sie führt in letzter Konsequenz zum bereits zitierten Satz Karl Barths 'Der Begriff der Verantwortlichkeit kann, streng und eigentlich verstanden, nur ein Begriff der christlichen Ethik sein. Nur sie kennt ja ein wirkliches und eigentliches Gegenüber des Menschen.'« (Saladin, Verantwortung als Staatsprinzip, 38.) Vgl. Barth, KD II/2, 713.

65 Vgl. Saladin, Verantwortung als Staatsprinzip, 218. Vgl. auch Papenheim, Präambeln, 128.

66 Vgl. auch Vossenkuhl, Artikel: Verantwortung, in: Lexikon der Bioethik, Bd. 3, 1998, 671-676.

67 S.o. V.2.7.

drucksmittel des Phänomens der Zivilreligion fungieren[68], und Georg Picht sieht die Möglichkeit von Recht und Moral durch den Verweisungszusammenhang der Verantwortung erst konstituiert:

»Weil es Verantwortung gibt, gibt es Moral und Recht. Aber es ist falsch, wenn man glaubt, daß umgekehrt Moral oder Recht von sich aus fähig wären, das Phänomen der Verantwortung zu begründen. Die Reichweite der Verantwortung ist prinzipiell weiter als die Reichweite jeder möglichen Moral und die Reichweite jedes möglichen Rechtes.«[69]

Als höchste Form des Wissens gelte demnach eine Erkenntnis, welche die Begrenztheit alles menschlichen Wissens und Tuns durchschaut und darum über sich hinausweist, deren Wahrheit sich im Horizont der Verantwortung zeige.[70]

Für den Problemzusammenhang ist es wichtig, beide Elemente im Blick zu haben. Einerseits ist »Verantwortung« nach den Weltkriegen des letzten Jahrhunderts erkannt worden als notwendige ethische Kategorie, wenn in plausibler Gestalt Aufarbeitung von Schuld stattfinden soll (historisches Argument); zum anderen ist »Verantwortung« in dem eben genannten Horizont als eine Schlüsselkategorie von sozialethischen Bezugsfeldern überhaupt entwickelt worden (fundamentalethisches Argument). Die Analyse des Verantwortungsbegriffs[71] hat demgemäß ergeben, daß »Verantwortung« für das heutige Verständnis der Lebenswirklichkeit eine ethische Schlüsselposition einnimmt, gerade in der Zeit nach dem Zweiten Weltkrieg in das Zentrum der ethischen Diskussion gerückt ist und somit auch das Spannungsfeld der geschichtlichen Bewußtseinslage (Gegenwart der Vergangenheit) und eine Leitperspektive der Verfassung (Zukunft) widerspiegelt.

Menschliches Handeln unterliegt demnach Grenzen. Das wird in den behandelten Verfassungstexten durch die Benennung einer, der menschlichen Existenz entzogenen, Verantwortungsinstanz zum Ausdruck gebracht. Diese Instanz (Rechenschaftsinstanz) wurde mit dem Begriff »Gott« betitelt.

Wo diese Verantwortungsbedürftigkeit vor Gott geleugnet und in die Selbstverantwortung einer Vernunft umgedeutet wird, welche sich legitimiert fühlt, die souveräne Jurisdiktion des höchsten Richters in Anspruch zu nehmen, zeigt sich die Konsequenz, daß sich der Modus der »Verantwortung für (...)« in

---

68 Vgl. Vögele, Zivilreligion, 33f.
69 Picht, Der Begriff Verantwortung, 331.
70 Vgl. Picht, Rechtfertigung und Gerechtigkeit, 210.
71 S.o. III.5.

einen Herrschaftsbereich verwandelt, über den die menschliche Vernunft nach belieben verfügen kann[72], denn »die Wahrheit der Welt, in der wir leben, setzt den richterlichen Entscheidungen der menschlichen Vernunft keine Schranken entgegen«[73].

Der christliche Glaube ist durch das Evangelium dorthin verwiesen, »wo die Verantwortung vor (...) und die Verantwortung für (...) sich in dem Brennpunkt der einen und unteilbaren Verantwortung treffen, deren Symbol das Kreuz ist«[74]. Er kann also nicht eine der Dimensionen der Verantwortung von seinem göttlichen Schöpfer und Erbarmer in der Welt abspalten und absolut setzen, denn nach christlichem Verständnis ist das Menschsein des Menschen durch sein Angewiesensein auf Gott, der die Welt und den Menschen durch Christus mit sich versöhnt hat, konstituiert. Dies macht den Menschen frei zum Dasein für andere und zur Sorge um die Schöpfung.[75] Darum kann der Mensch sich getragen wissen von der Liebe Gottes und wird eben *so* frei zur Beziehungsfähigkeit, er wird dialogfähig, antwortfähig für Gott - und damit verantwortungsfähig vor Gott - und gegenüber seinen Mitgeschöpfen, insbesondere den Mitmenschen. Dieses Moment impliziert seine Verantwortung. Der Mensch muß sich vor seiner Identität, vor den von seinem Handeln Mitbetroffenen und vor Gott, der ihn geschaffen und zur Verantwortungsfähigkeit befreit hat, verantworten.[76] Dies gilt auch für sein politisches Agieren, denn Gott hat Anspruch auf unser ganzes Leben, weil er uns zu ganzem Leben befreit hat (Barmen II). Gottes Gnadenhandeln steht am Anfang aller christlichen Ethik, aller Wege und Werke des Menschen.[77]

Die nach dem christlichen Wirklichkeitsverständnis bestimmte Verantwortung ist auch anwendbar auf kollektive ethische Handlungssubjekte, d. h. auch ein Kollektiv kann verantwortlich sein, denn ein Verband von Menschen stellt nicht lediglich das Ergebnis der Summe seiner Mitglieder dar, sondern produziert Eigendynamik. An anderer Stelle ist diesbezüglich bereits gezeigt worden,

72 Vgl. Picht, Rechtfertigung und Gerechtigkeit, 212.
73 Ebd.
74 Ebd.
75 Vgl. Lange, Ethik, 488.
76 Vgl. ebd.
77 Vgl. Barth, KD II/2, 715.

daß auch Staat und Gesellschaft als ethische Subjekte in einem abgeleiteten Sinn erfaßt werden können.[78]

Die Frage nach der Verantwortung hat demnach ihren guten Sinn im geschichtlichen Horizont der Erfahrung mit totalitären Regimen. Zugleich ist sie seit dem Ende des Zweiten Weltkriegs eine sozialethische Schlüsselkategorie im ethischen Diskurs. Beides hängt eng zusammen.

Die nähere Bestimmung des Phänomens Verantwortung führte zu der Frage nach der Instanz jener Rechenschaft, welche die Verantwortung fordert (Foren). Mit der Mehrheit der Interpretatoren ist davon auszugehen, daß die zu benennenden Instanzen der Verantwortung nur personale sein können. In theologischer Perspektive wird die personale Instanz der Verantwortung sowohl »vor Gott« wie »vor den Menschen« zu benennen sein, denn beides läßt sich »im Sitz dieser Verantwortung, im Gewissen«[79] nicht voneinander trennen. Für das Gebiet des Handelns folgt daraus, daß man zwar Gott mehr zu gehorchen hat als den Menschen (Apg 5,29), doch ist diese Rechenschaft vor Gott nicht anders zu denken als durch »menschlich-vernünftige Rechenschaft« vermittelt[80]. Insofern gehören »Verantwortung vor Gott« und »Verantwortung vor den Menschen« auch im theologischen Horizont eng zusammen. Die Verantwortung vor Gott schließt dabei die Verantwortung vor den Menschen notwendig ein, denn

> »der Mensch tritt vor Gott als Mensch unter Menschen, weil Gott ihn als Mitseienden geschaffen hat. Als solchen hat er ihn für andere verantwortlich gemacht und darum auch diesen gegenüber zur Rechenschaft verpflichtet.«[81]

Indem nun das Grundgesetz die verfassunggebende Gewalt in diesen Verantwortungshorizont rückt, versinnbildlicht es damit auch die Fehlbarkeit und Unabgeschlossenheit bzw. Vorläufigkeit, Endlichkeit und Zeitlichkeit menschlichen Tuns und gleichzeitig die Vorläufigkeit aller menschlichen Verfassung.[82] In dem qualifizierten Gebrauch des Verantwortungsbezuges wird auch der metaphysische Bezug deutlich, welchen bereits die Verfassungsgeber 1949 in der

---

78 Dazu s.o. III.5.5.

79 Lange, Was ist verantwortliche Rede von Gott, 524.

80 Vgl. ebd. Der Argumentationsgang von Lange spitzt sich zwar auf die Rede von Gott zu, seine theologischen Gehalte sind aber analog zu übertragen.

81 Ebd.

Präambel zu verankern intendierten[83], welcher auch in einer pluralistischen Gesellschaft noch einen Hinweis auf ethische Grundsätze wie Mitmenschlichkeit und Gemeinsinn darstellen soll.[84]

Zugleich macht die besondere Qualifizierung des Verantwortungshorizontes durch die Benennung des Forums »Gott« die Angewiesenheit des Rechts auf Bindung deutlich. Darauf war im einzelnen im juristischen Bezugsfeld[85] rekurriert worden. Diese Bindung gibt letztlich Auskunft über die Frage, *daß* und *in welcher Weise* der Staat auf Voraussetzungen beruht, die er selbst nicht hervorbringen und garantieren kann.

Die beiden Aspekte - zum einen der Hinweis auf die Begrenzung menschlichen Tuns, sowie die Frage nach der Angewiesenheit des Rechts auf Bindungsollen nun näher erläutert werden.

5. Der Gottesbezug als Symbol für die Begrenzung menschlichen Handelns und staatlicher Ordnung

Die Mehrheit der Kommentatoren aller behandelten Bezugsfelder interpretiert den Gottesbezug dahingehend, daß damit »eine ausdrückliche Absage an die menschliche Allmacht« und die »Unbegrenztheit staatlicher Handlungsmöglichkeiten« benannt werden sollte. Darauf ist im einzelnen bereits hingewiesen worden. Auch diese Sichtweise ist eine von historischen Gesichtspunkten geleitete, denn auf die Begrenzung menschlichen Handelns und staatlichen Handelns meinte man hinweisen zu müssen im Horizont der Erfahrung mit den Konsequenzen einer Gesellschaft, welche nicht um diese Begrenzung allen Handelns wissen wollte.[86] Auf diesen unmittelbaren Erfahrungshorizont machen fast alle Stellungnahmen bei diesem Argument aufmerksam. Damit soll ein in Konsequenz der »Übertribunalisierung« (Marquard) unaushaltbarer und unlebbarer

---

82 Vgl. Deutscher Bundestag, BT-Dr. 12/6000, 110; Schneider, Gott im Grundgesetz, 17f; Wertenbruch, Grundgesetz und Menschenwürde, 155; Saladin, Verantwortung als Staatsprinzip.

83 S.o. I.2.1.

84 Vgl. Papenheim, Präambeln, 128, in Anlehnung an das Votum der Gemeinsamen Verfassungskommission. Vgl. Deutscher Bundestag, BT-Dr. 12/6000, 82; s.o. II.2.3.

85 S.o. IV.5.; IV.6.

86 Im einzelnen s.o. VI.2.2.

Zusand des absoluten und gnadenlosen Rechtfertigungszwanges durchbrochen werden, in dem jeder sich ständig zur Disposition stellen muß. Den Zustand, der sich einstellt, wenn diese transindividuelle Gründung fehlt, diagnostiziert Marquard als den Verlust der Transzendenz am Anfang der Neuzeit, als Frage an den nun absolut angeklagten Menschen vor dem menschlichen Forum.[87] Letztlich gerät der Mensch unter Kanditaturzwang, sobald die Stelle Gottes vakant ist, unter Nachfolgezwang, diese offene Stelle auszufüllen.[88] Die Folgen der Handlungen des Menschen entziehen sich dann jedoch seiner Kontrolle.[89]

Durch den Hinweis auf die Begrenzung menschlichen Handelns und staatlicher Macht ist letztendlich auch die Menschenwürdegarantie (Art. 1 Abs. 1 GG) in dem Verantwortungshorizont, worin die Entscheidungsgewalt und die Verfügungsgewalt des Menschen ihre Grenzen finden, begründet und dadurch an die Präambel zurückgebunden[90].

Insofern erkennt der Verfassungsgeber durch diesen Hinweis an, daß er nicht Träger einer absoluten Volkssouveränität, sondern in Verantwortung vor Gott an die unverbrüchlichen Menschenrechte gebunden ist, worin ein »ethisches Fundament von absoluter Tragfähigkeit« (Apelt) zu sehen ist.

Wie nämlich der Glaubende und damit jeder Mensch im Vorletzten agiert und keine letzten Antworten geben kann, so gilt auch für Staat und Gesellschaft, daß es keine Verabsolutierung von Staatsgewalt, von Recht oder Politik geben kann. Der evangelische Kirchenrechtler Axel von Campenhausen stellt diesbezüglich fest:

»Die Verfassung beschränkt deshalb staatliche Tätigkeit auf Antworten im Diesseits. Der Staat macht nicht selig, und er gibt keine Antworten auf seligmachende Fragen. Und das ruft die Präambel in Erinnerung. (...) Deutschland hat mit der NS-Herrschaft einen Versuch unternommen, einen Staat ohne Gott und gegen Gott aufzubauen. Die Quittung dafür lag 1945 auf dem Tisch. Deshalb erklärten die Verfassungsgeber 1949 unabhängig von technischen Fragen, die der Regelung bedurften, am Anfang der Verfassung, was ihnen heilig sei. Dabei durften sie davon ausgehen, daß alle Menschen mit der Nennung Gottes wußten, was damit gemeint

---

87 Vgl. Marquard, Der angeklagte und der entlastete Mensch, 50.

88 Vgl. Marquard, Ende des Schicksals, 80.

89 Selbst der tschechische Atheist Milan Machovec sah sich genötigt auf diesen Sachverhalt hinzuweisen: »Ohne Transzendenz versinkt und versackt und verflacht alles ... Der Mensch kann nicht würdig leben, ohne etwas höheres zu suchen, das mehr ist als er selbst.« (Zitiert nach Krüger, Gehört Gott in die Verfassung?, 71).

90 Im einzelnen hat das auch die Analyse der Frage nach der Rechtsnatur der Präambel bestätigt. S.o. IV.1.

ist, auch die Nichtchristen. (...) Die Präambel ruft in Erinnerung, daß der Staat nur eine begrenzte Aufgabe hat. Im gleichen Jahr 1949 wurde bekanntlich in Mitteldeutschland noch einmal der (insoweit identische) Versuch gemacht, einen deutschen Staat ohne Gott zu errichten, einen Staat, der Antworten auf letzte Fragen gibt und den Anspruch erhebt, die Menschheit zu einem Heilsziel zu führen. (...) Sie ist sinnvoll, weil die Menschen dazu neigen, Antworten auf Wahrheitsfragen zu verallgemeinern und verbindlich zu machen. Und das will der Staat des Grundgesetzes nicht.«[91]

Im wesentlichen wird diese Ansicht Campenhausens in der juristischen Literatur bestätigt.

In dieser Perspektive fungiert dann der Gottesbezug auch als Absage an den staatlichen Totalitarismus, in dessen Erfahrungshorizont[92] sowohl die verfassunggebenden Organe nach dem Zweiten Weltkrieg, als auch nach dem Zusammenbruch des DDR-Regimes gestanden haben. Durch diesen Hinweis wird ein Bewußtsein dafür wach gehalten, wohin eine in dieser Form die Grenzen menschlichen Handelns und damit auch der Politik und Rechtsordnung negierende Gesellschaft geraten kann, die den Menschen in den gnadenlosen Zustand des Allesmachers pervertiert, dessen Existenz sich schließlich eben immer in totalitären Strukturen äußert und dem gerade darum für alle Zeit eine Absage zu erteilen ist, denn »Verantwortung vor Gott bedeutet Hinweis auf Endlichkeit, Zeitlichkeit und Fehlbarkeit des Menschen einschließlich seiner Verfassungsbemühungen«[93]. In diesem Sinn spricht die Präambel der Verfassung von Mecklenburg-Vorpommern vom »Wissen um die Grenzen menschlichen Tuns«, ohne dabei den Horizont dieses »Wissens« zu benennen.

6. Der Gottesbezug als Symbol für die Unverfügbarkeit der Voraussetzungen

Eine derartige Begrenzung setzt jedoch einen Ort voraus, der umgrenzen kann, und fragt zugleich nach einem Grund, von wo aus diese Begrenzung wahrgenommen wird. Insofern setzt die primär aus der Teilnehmerperspektive gewon-

---

91 So das Votum von Campenhausen in einer Diskussion zum Thema auf der Akademietagung »Gott im Grundgesetz« am 7. Mai 1993, in: Greive, Gott im Grundgesetz, 35.

92 Auf diesen unmittelbaren Erfahrungshorizont machen fast alle Stellungnahmen bei diesem Argument aufmerksam.

93 Schneider, Gott im Grundgesetz, 18.

nene Erkenntnis der Begrenzung die Frage nach der Begründung bzw. nach der Gründung voraus.

Diese Grunderkenntnis ist in einer doppelten Weise für den Zusammenhang dieser Untersuchung interpretierbar: Zum einen ist sie zu verstehen als die Unverfügbarkeit der *geschichtlichen* Vorgaben, denn der Staat des Grundgesetzes verdankt sich einer Entwicklung, in welcher die christliche Tradition maßgeblich Einfluß auf den Inhalt der Normenkomplexe ausgeübt hat. Das ging, wie gezeigt worden ist, so weit, daß es nach 1945 Bestrebungen auf Seiten der Kirchen und auch auf Seiten der Politik gab, einen christlichen statt eines säkularen Staates, mindestens aber einen Staat, der sich eindeutig zu seiner christlichen Prägung und christlichen Normen bekennt[94], zu installieren. Dazu ist es nicht gekommen. Dennoch bleibt zu fragen, »ob nicht auch der säkularisierte weltliche Staat letztlich aus jenen inneren Antrieben und Bindungskräften leben muß, die der religiöse Glaube seiner Bürger vermittelt«[95]. Das kann und darf nicht in der Weise geschehen, daß der Staat zum »christlichen« Staat zurückgebildet wird, sondern in der Weise, »daß die Christen diesen Staat in seiner Weltlichkeit nicht länger als etwas Fremdes, ihrem Glauben Feindliches erkennen, sondern als die Chance der Freiheit, die zu erhalten und zu realisieren auch ihre Aufgabe ist«[96].

Andererseits liegt hierin eine *grundsätzliche* Einsicht in die Unverfügbarkeit der Vorgaben. Es ist mehrfach darauf hingewiesen worden, daß es für die Menschen schwierig wird, menschlich zu bleiben, wenn die Stelle jener personalen Instanz, der sie ihr Dasein verdanken, vakant ist[97].

Der Gottesbezug benennt demnach eine offene Stelle, welche an die Unverfügbarkeit der Vorgaben in diesem doppelten Sinn erinnert. Damit verbun-

94 Im einzelnen s.o. I. Vgl. auch Böckenförde, Die Entstehung des Staates als Vorgang der Säkularisation, 119.

95 AaO., 113. Diesen Gedanken entwickelt Böckenförde in Anlehnung an eine Überlegung über das Verhältnis von Staat und Religion, die Hegel in der Encyclopädia der philosophischen Wissenschaften (§552) geäußert hatte. Dazu vgl. Böckenförde, Bemerkungen zum Verhältnis von Staat und Religion bei Hegel, 115-142. Ähnlich votiert auch Heckel. Vgl. Heckel, Säkularisierung, 118; 66. Dazu vgl. auch Schlaich, Konfessionalität-Säkularität-Offenheit, 427.

96 Böckenförde, Die Entstehung des Staates als Vorgang der Säkularisation, 114.

97 Vgl. Marquard, Ende des Schicksals, 76.

den eröffnet dann der Gottesbezug einen weiteren Sinnhorizont als Brückenfunktion in der Geschichte.

Auf die Brückenfunktion der Präambeltexte in der Geschichte ist vorrangig im juristischen Bezugsfeld rekurriert worden.[98] Dem Gottesbezug kommt dabei die Bedeutung zu, symbolisch Vergangenheit und Zukunft zu verbinden, welche in den Präambeltext inhaltlich durch Bezüge auf die mittelbare und unmittelbare Vergangenheit und Tradition (Vergangenheit) bzw. durch Staatsziele und programmatische Aussagen (Zukunft) benannt worden sind.

Der Gottesbezug versinnbildlicht auf diese Weise, daß »Geschichte« nicht lediglich einen Vergangenheitsbezug herstellt, sondern Erfahrung und Erwartung[99] in den »Seinsweisen« der Erinnerung und der Hoffnung zusammenbindet.[100] Dadurch wird in Erinnerung behalten, daß Erfahrung ohne Erwartung, also ohne die Möglichkeit von Zukunft und Hoffnung, erdrückend, letztlich gnadenlos und unbarmherzig wirken muß. Andererseits ist Erwartung ohne Erfahrung geschichtslos, leer an Erinnerung, letztlich perspektivenlos und beliebig. Darum ist die Erinnerung als das Geheimnis der Versöhnung, Versöhnung als die Möglichkeit für Zukunft zu apostrophieren.

7. Annäherung an die materialen Gehalte des Gottesbegriffs

Die materiale Füllung des Gottesbezuges von Seiten der evangelischen Theologie, die im Rahmen der Anerkennung des weltanschaulichen Pluralismus in der Bundesrepublik Deutschland hier *ein* Orientierungssystem zur Verfügung stellt, eröffnet erhebliche Probleme, denn es entsteht eine Spannung, wenn einerseits von dem Ziel der Religionsneutralität der Staatsordnung ausgegangen wird, der Gottesbegriff aber andererseits materiale Gehalte aufweisen muß, damit er als ein allgemeiner Verantwortungshorizont für Staat und Gesellschaft figurieren kann. Für die Bestimmung der materialen Gehalte gibt es verschiedene Konzepte. Im wesentlichen sind dabei in der evangelischen Theologie drei Tendenzen herausgearbeitet worden. Das eine Modell versucht die Spannung aufzulösen durch die Interpretation des Gottesbegriffs als eines christlichen Gottes. Das

---

98 Im einzelnen s.o. IV.1.2.
99 Zur Vertiefung dieses Gedankengangs vgl. Koselleck, Vergangene Zukunft, 349-375.
100 Vgl. aaO., 353.

zweite Modell sucht dem Problem zu entgehen, indem es einen gesellschaftlichen Grundkonsens behauptet; dieses Erklärungsmodell ist das einer zivilreligiösen Interpretation des Gottesbezuges. Das dritte Modell schließlich läßt die materiale Bestimmung des Gottesbezuges bewußt offen.[101]

Dem Prinzip der weltanschaulichen Neutralität des Staates entspricht am ehesten die dritte Möglichkeit der materialen Bestimmung des Gottesbezuges. Die Mehrheit der Stimmen läßt diese Frage bewußt offen und fundiert den Gottesbezug demgemäß als »Platzhalter-Wort«. Dieses »*bewußte* Offenhalten« des Gottesbegriffs ist nicht lediglich als Schwäche seiner Interpretation zu werten, denn es entleert den Gottesbegriff ja nicht seines performativen Charakters. Bedenkenswert ist in diesem Zusammenhang auch der Hinweis Rendtorffs, daß »(...) symbolisierte Antworten theologischer Natur nicht das letzte Wort in der Frage grundsätzlicher, inhaltlicher Rechenschaft«[102] sind, sondern eher darauf verweisen, »daß es nötig ist, diese Frage immer wieder zu stellen«[103]. Der Gottesbezug erhält so - freilich in seinen materialen Gehalten zurückgeschraubt - einen Hinweis auf die Angewiesenheit des Rechts auf Bindung (Huber), er fungiert als eine offene Stelle[104], welche auf die »Unverfügbarkeit der Vorgaben«[105] (Marquard) hinweist und ein Bewußtsein dafür wach hält, daß auch der säkulare Staat von Voraussetzungen abhängig ist, welche er selbst nicht hervorbringen und garantieren kann (Böckenförde).

Die inhaltliche Füllung dieser offenen Stelle obliegt dann nicht mehr dem Rechtssystem selbst, sondern wird einem anderen, weltanschaulich gebundenen Orientierungssystem übertragen, wobei im Bereich der Rechtsanwendung auch das Rechtssystem auf die Ressourcen des weltanschaulich gebundenen Systems zurückgreifen muß.

Die Aufgabe der Theologie als eines der Orientierungssysteme ist es, in theologischer Perspektive die Spannung zwischen dem Sollen des Redens von Gott und dem Nicht-Können angesichts der menschlichen Beschränkung und angesichts eines faktischen Pluralismus in Weltanschauungsfragen genauer zu

---

101 Im einzelnen s.o. V.5.

102 Rendtorff, Ethik II, 73f.

103 Ebd.

104 Damit fungiert der Gottesbezug eben nicht als »Letztbegründung« des Rechtssystems oder der Rechtsordnung, wie dies etwa bei Slenczka und Pannenberg der Fall ist.

105 Vgl. Marquard, Abschied vom Prinzipiellen, 18.

betrachten[106], und sich nicht zu schnell in einem von den Ergebnissen eines normativen Pluralismus[107] geleiteten Argumentationsmuster zu verlieren.

Der Gottesbezug als Verantwortungshorizont stellt den Theologen demnach vor die Frage nach verantwortlicher Rede von Gott, doch was ist verantwortliche Rede von Gott?

Dietz Lange hat sich in einem Beitrag[108] um diese Frage bemüht. Zunächst ist dabei zu beachten, welche Funktionen Sprache überhaupt hat, welche dann auch auf die Rede von Gott zu übertragen sind. Es ist also zunächst nach dem Wesen und der Funktion menschlicher Sprache zu fragen. Dabei lassen sich drei Hauptfunktionen unterscheiden, eine *verweisende*, eine *kommunikative* und eine *performative* Funktion der Sprache[109].

Zunächst ist Rede von Gott eine *symbolisch verweisende* Rede, denn auf Transzendenz läßt sich nur symbolisch verweisen »in dem Glauben, daß die Wirklichkeit durch das Symbol (...) als dessen geschichtsartige Gestalt für die Transzendenz transparent wird«[110]. Symbolisch ist diese Rede, weil sich ihr Gegensand nicht als solcher, sondern als dem Glauben erscheinender in ihr abbildet, »weil er [sc. Gott] überhaupt nicht Gegenstand von Erfahrung sein kann, sondern immer nur durch (Welt-)Erfahrung vermittelt, ohne jemals mit ihr identifiziert werden zu dürfen«[111].

Rede von Gott ist aber zugleich auch *kommunikative* Rede, denn sie geschieht aus der Vollmacht der gewährenden Selbsterschließung Gottes.[112]

Schließlich ist Rede von Gott *performative* Rede, denn in ihrem verweisenden Charakter handelt es sich bei ihr um ein Geschehen[113], denn Sprache *bewirkt* Vergegenwärtigung und Kommunikation, insofern ist die performative Funktion der Sprache als die tragende Funktion zu bezeichnen[114]. Solche performative Rede von Gott ist jedoch nur möglich aufgrund des vorgängigen »Wortes« Gottes selbst, welches den Menschen erst ermächtigt, in seinem Namen zu sprechen[115]. Von Gott kann demnach nur gesprochen werden, weil und insofern er sich selbst ins Gespräch bringt, wobei dieses Angeredet-Werden von Gott auch stets als Ereignis zu interpretieren ist. Eberhard Jüngel spitzt diesen Gedanken folgendermaßen zu: »Die Rede von Gott weckt die Frage nach Gott, weil und insofern sich Gott selbst als Wort erschlossen hat. Rede von Gott ist dann Rede aus Gott.«[116] Insofern ist Rede von Gott nur möglich als Antwort der ganzen Existenz des Glaubens auf die vorgängige Anrede Gottes, in welcher der Mensch unvertretbar ist. Sie führt den Menschen dahin, sie in unvertretbarer Hingabe

---

106 Zur Frage der »Sagbarkeit Gottes« vgl. Jüngel, Gott als Geheimnis der Welt, 307-408.
107 Zur Kritik an einem normativen Pluralismus vgl. Reuter, Rechtsethik, 16.
108 Vgl. Lange, Was ist verantwortliche Rede von Gott, 512-531.
109 Vgl. Lange, Was ist verantwortliche Rede von Gott, 514.
110 AaO., 515.
111 AaO., 516.
112 Vgl. aaO., 517f.
113 Sehr eindrücklich läßt sich die performative Funktion der Rede von Gott explizieren an Gen 1 und Joh 1, 1.3; vgl. auch Lange, Was ist verantwortliche Rede von Gott, 519.
114 Vgl. aaO., 518.
115 Vgl. aaO., 520.
116 Jüngel, Gott als Geheimnis der Welt, 338f.

in der Welt zur Sprache zu bringen, verantwortlich zur Rede zu stellen.[117] Dabei ist jede Rede von Gott als Rede des Menschen von Gott zugleich zu rationaler Rechenschaft verpflichtet.[118] Der Glaubende, von Gott angeredete Mensch, tritt aber vor Gott als Mensch unter Menschen, gerade weil Gott ihn zum Mitsein mit Menschen geschaffen hat. »Als solchen hat er [sc. Gott] ihn für andere verantwortlich gemacht und darum auch diesen anderen gegenüber zur Rechenschaft verpflichtet. Der Mensch schuldet ihnen Gott und seine Liebe.«[119] Verantwortliche Rede von Gott soll also helfen, daß die Menschen zu ihrer Wahrheit gebracht werden und zu denen werden, als die Gott sie gewollt hat[120], zu Gott entsprechenden Menschen. »Der Gott entsprechende Mensch ist (...) der unter Menschen bleibende, durch sie und für sie, so aber mit ihnen menschlicher werdende Mensch: Homo homini homo, der Mensch dem Menschen ein Mensch.«[121] Diese verantwortliche Rede von Gott vor den Menschen jedoch bleibt gegründet in der Verantwortung vor Gott.

Verantwortliche Rede von Gott wird die verschiedenen Elemente dieses »Spachgeschehens« berücksichtigen. Aus dem performativen Charakter der Rede von Gott, welche letztlich nur möglich ist als »nachzeitige« Rede des bereits von Gott angeredeten Menschen, folgt die Bestimmtheit der Rede von Gott. Denn die Anrede Gottes an den Menschen kann immer nur in einer bestimmten Weise stattfinden. Dieser Anrede zu entsprechen heißt dann, der Wahrheit, welche Gott ist, zu entsprechen. Und sie begegnet dem Menschen zugleich in der Weise eines Gebotes, der vorrangigen Liebe Gottes zu entsprechen (Gebot der Feindesliebe und Nächstenliebe), sowie in der Form der reinen Gabe (sola gratia). In beiden Fällen ist das »Wort« der Wahrheit ein performatives.[122] Verantwortliche Rede von Gott verlangt also eine Einheit von Wahrhaftigkeit und Liebe.[123] Sie hat im Redevollzug immer nur »Antwortcharakter« auf die vorher in einer bestimmten Weise zur Darstellung gekommene Rede Gottes und bleibt symbolische Rede, insofern ihr lediglich verweisender Charakter inhärieren kann, da sie »äußerlich« menschliche Rede ist. Auch hier deutet sich der Sach-

117 Vgl. Lange, Was ist verantwortliche Rede von Gott, 521.

118 Lange macht das anhand des Bildes einer »Zweiregimentenlehre« auch für den Bereich des Denkens und damit des Redens analog zu dem Bereich des sozialen Handeln deutlich, »in der ganz ähnlich wie im Bereich des sozialen Handelns eine eigenständige Verantwortung vor weltlichen Instanzen sich als vermittelnde Gestalt der Verantwortung vor Gott erweisen lassen muß, ohne doch aufzuhören, autonome, weltliche, rationale Verantwortung zu sein« (ebd.).

119 AaO., 524.

120 Vgl. aaO., 524f.

121 Jüngel, Der Gott entsprechende Mensch, 317.

122 Vgl. Lange, Was ist verantwortliche Rede von Gott, 528.

123 Vgl. aaO., 530.

verhalt der Unverfügbarkeit der Vorgaben der Rede von Gott wieder an. Verantwortliche Rede von Gott wird sich der »Vorgängigkeit« der Anrede durch Gott nicht entziehen.

Darum hat die christliche Theologie von einem bestimmten Gott zu reden und ihre eigene Sicht des letzten inneren Verpflichtungsgrundes öffentlich zu vertreten und so die Gesellschaft mitzugestalten. Insofern hat sie ihren spezifischen Verantwortungshorizont zu benennen, ohne dabei ein christliches Wirklichkeitsverständnis in einem exklusiven Sinn für die gesamte Staatsordnung fixieren zu wollen. Die theologische Perspektive wird demnach unbeachtet der Tatsache, daß kulturgeschichtlich der Verantwortungshorizont, in dem der Gottesbezug als ein eindeutig christlich präformierter entstanden ist, im Rahmen der Anerkennung eines faktischen weltanschaulichen Pluralismus im Staat der Glaubensfreiheit ihre spezifische Sicht zu vertreten haben, und das innerhalb des eigenen Orientierungssystems in einer exklusiven Weise und innerhalb des Gesamtgefüges von Staat und Gesellschaft als ein Angebot mit der Hoffnung, daß sich dieses eine Wort Gottes als das lebendigmachende auch dort erweisen wird, dessen Wirkraum dem christlichen Glauben entzogen ist (Joh 3, 8).

Der Gott, den der christliche Glaube voraussetzt ist der Gott, der in seinem Geheimnis als trinitarischer Gott beschrieben werden kann[124], der Schöpfer, der in Kreuz und Auferstehung der Versöhner ist und durch den Heiligen Geist zur Erlösung führen wird; und das in dem einigenden Band der Liebe Gottes.

In theologischer Perspektive kann demnach der »Gott in der Verfassung« immer nur der exklusiv christliche Gott sein, der Gott der als Mensch zur Welt kam, und sie so aufs neue als seine Schöpfung beansprucht und ins Recht setzt. Es ist der Gott, der in und durch Jesus Christus den Menschen sich selbst zum Heil bestimmt und so Trost im Leben und im Sterben birgt. Jedes *Reden* von Gott ist ein spezifisches Reden, denn bergend für das Denken und Handeln ist nur eine spezifische, nicht mehr weltanschaulich neutrale, Rede von Gott.[125] Spricht demnach der christliche Glaube von Gott, so meint er damit stets diesen bestimmten Gott. Diese verantwortliche Rede von Gott kann ihm niemand abnehmen, denn das Bekenntnis zu Gott in Jesus Christus durch den Heiligen

---

124 Vgl. dazu Jüngel, Gott als Geheimnis der Welt, 514ff.

125 Man kann »von ihm nur als von einem ganz bestimmten reden« (Artikel: Gott, in HWP Bd. 3, 812).

Geist gehört fundamental zum Leben des christlichen Glaubens in *jeder* Gemeinschaftsform.

Die Verfassungsordnung stellt den Raum zur Verfügung, in welchem jeder weltanschaulich gebundenen Gemeinschaft, welche die Toleranz gegenüber den anderen Glaubensgemeinschaften auch für sich anerkennt, die Möglichkeit gegeben ist, den Gottesbezug in der Präambel material zu füllen. Geschieht dies in der oben beschriebenen Weise der verantwortlichen Rede von Gott, so ist an dieser Stelle nicht mehr von einer inhaltsleeren und orientierungslosen Formel zu sprechen, sondern von einem Hinweis, einem »Platzhalter-Wort«, welches den einzelnen Gliedern der Staats- und Gesellschaftsordnung die verantwortliche Rede von Gott nicht abzunehmen vermag. Dann kommt die verfassungsrechtlich garantierte relative weltanschauliche Neutralität der Staatsordnung (Art. 4 Abs. 1 GG) als einer »Rahmenordnung«, in welcher diese verantwortliche Rede von Gott geführt werden kann (Art. 4 Abs. 2 GG), erst zur vollen Geltung.[126]

8. Zusammenfassung und Ausblick

In der Untersuchung ist der Gottesbezug der Präambeltexte bundesdeutscher Nachkriegsverfassungen in seine verschiedenen Bezugssysteme eingeordnet worden. Ebenso sind die verschiedenen Anliegen und Argumente bezüglich einer nominatio Dei in einem Präambeltext einer Staatsverfassung beleuchtet und aus theologischer Perspektive in einen Gesamtrahmen eingeordnet worden.

In vielen Nachkriegsverfassungen, die z. T. erst nach 1989/90 entwickelt worden sind, wird auf »Gott« meist in der Formulierung »Verantwortung vor Gott (und den Menschen)« Bezug genommen, womit eine transzendente Instanz für die Begründung und Begrenzung der staatlichen und politischen Ordnung benannt werden soll. Nach 1945, aber auch nach 1989/90, wurde dies vor allem von den sogenannten christlich-bürgerlichen Parteien, insbesondere von der CDU, als Gegenbild zu einer beklagten Gottlosigkeit oder dem nihilistischen

126 Das Entleerungsargument und das Diskriminierungsargument der Gegner des Gottesbezuges (s.o. II.1.1.; II.1.6.) in der Präambel finden sich an dieser Stelle aus theologischer Perspektive aufgehoben als Hinweis auf Gefahren, an die zu erinnern auch in einer säkularisierten Staatsform von hohem Wert ist.

Materialismus der jüngsten Vergangenheit und Gegenwart gefordert. In den Debatten um den Gottesbezug stand die Aufarbeitung der unmittelbaren Vergangenheit im Vordergrund, die zu der Einsicht nötigte, daß eine Bindungsinstanz benannt werden müsse, welche die verfassunggebende Gewalt bei der Rechtssetzung wie bei der Rechtsanwendung an eine Verantwortungsinstanz verweise, die ihr entzogen (transzendent) ist. Bei den Debatten um die Verfassungen der neuen Länder stand dabei - wenn auch in niedrigerem Maße - ähnlich wie nach 1945 bei der Verfassungsgebung der alten Länder ein christlich motiviertes Gottes- und Menschenbild vor Augen.

Es ist herausgearbeitet worden, daß das Vorhandensein des Gottesbegriffs in der Präambel zunächst eine Kundgabe des Parlamentarischen Rates dokumentiert, sodann aber auch eine Bedeutung für die Anwendung des Grundgesetzes impliziert. Zunächst wird mit dem Gottesbezug dem Gedanken Ausdruck gegeben, daß die Mitglieder des Parlamentarischen Rates nicht von einer unbegrenzten und bedingungslosen Staats- und Volkssouveränität ausgegangen sind. Hierbei wird die verfassunggebende Gewalt des Volkes nicht geleugnet, sondern an ihre Grenze verwiesen. Die Nennung dieser Grenze intendiert die Formulierung »In Verantwortung vor Gott und den Menschen«. Der Gottesbezug fungiert hier nach herrschender Meinung juristischer Auslegung als Stellvertreterinstanz, die die Existenz eines »höheren, überpositiven Rechts« voraussetzt. Durch den Gottesbezug fixiert das jeweilige Staatsvolk in seiner Rechtsordnung diese Selbstbeschränkung in der Form einer Verantwortungsformel. Demnach besteht eine Grenze der verfassunggebenden Gewalt in bezug auf deren Entscheidungsfähigkeit, worin die Anerkenntnis von Grenzen menschlicher Erkenntnis- und Verantwortungsfähigkeit liegt, was eine Absage an jeglichen relativistischen Gesetzespositivismus impliziert, dem alles als rechtmäßig gilt, was als Gesetz beschlossen ist.

Den verfassunggebenden Organen stand dabei ein am Maßstab der begrifflichen Klarheit orientierter Rechtspositivismus als abzulehnende Gefahr für das Rechtssystem vor Augen. Dabei waren sie von der Erkenntnis geleitet, daß ein nach positivistischen Grundsätzen definierter Rechtsbegriff, welcher auf der Trennung von Recht und Ethik basiert, in keiner Weise das Prinzip der Gerechtigkeit in den Rechtsbegriff aufzunehmen vermag. Spätestens bei der Erfahrung mit geschehenem Unrecht wird sich ein positivistischer Rechtsbegriff als nicht mehr tragend für Staat und Gesellschaft erweisen. Darum ist an der im Gottesbegriff in der Präambel symbolisierten Grundeinsicht festzuhalten, daß auch das im wesentlich positiv gesetzte Recht einer Verfassung auf Voraussetzungen beruht, die den Gliedern der Rechtsordnung nicht zur Disposition stehen. Daher wird sich ein Rechtsbegriff neben den Prinzipien der autoritativen - in einer Demokratie durch Mehrheiten bestimmten - Gesetztheit und der Wirksamkeit auch an dem Prinzip der Gerechtigkeit zu orientieren haben.

In Hinblick auf das Verhältnis von Glaube und Politik ist herausgearbeitet worden, daß sich von einer Unbefangenheit der Staats- und Rechtsordnung zu den weltanschaulich gebundenen Gemeinschaften sprechen läßt, bei der jede weltanschauliche Gemeinschaft die Möglichkeit erhält, im Rahmen ihres Orientierungssystems zur Füllung der begrifflichen Lücke beizutragen, welche daraus entsteht, daß der säkularisierte Staat auf Voraussetzungen beruht, welche er nicht hervorzubringen noch zu garantieren vermag. Der Gottesbezug *symbolisiert* dabei die Möglichkeit, daß jede der Orientierungsgemeinschaften ein Begründungsangebot beisteuert. Zu diesem Bedürfnis, welches ihr aus der Gesellschaft entgegengebracht wird, hat sich auch die christliche Theologie zu verhalten, die an dieser Stelle ein Orientierungssystem zur Verfügung stellt. Daß sie dieses Angebot als Aufgabe wahrzunehmen hat, wird evident, wenn die herausgearbeiteten historischen Sichtweisen Berücksichtigung finden, die auf die verheerenden Folgen hinweisen, wenn ein Staat diese Form der Voraussetzungen selbst benennt und damit einer totalitären Ideologie verfällt.

Damit verweist der Gottesbezug noch auf einen anderen wichtigen Sachverhalt: er expliziert die Notwendigkeit der Einsicht in die Schuld aus der eigenen Geschichte und die Aufgabe ihrer Aufarbeitung. Hier ist m. E. die Interpretation des Gottesbezuges als einer Platzhalter-Stelle dienlich, da der Gottesbezug als eine Bewußtseinserhaltung dafür steht, daß eine letzthinnige Aufarbeitung der unermeßlichen Schuld, welche sich in zwei Diktaturen mit ihren menschenverachtenden Systemen angehäuft hat, nicht zu leisten ist, daß deren Bearbeitung aber notwendig ist, damit diese Schuld nicht vergessen wird und an die Gefahren einer sich allmächtig setzenden Gesellschaft erinnert.

Eine Ablehnung des Gottesbezuges würde darüber hinaus die Vorläufigkeit der Rechtsordnung u. U. in Vergessenheit geraten lassen und könnte in letzter Konsequenz den Sachverhalt nicht mehr berücksichtigen, daß Rechtssystem und Rechtsordnung im Bereich des Vorletzten agieren und darum auch keine letzten Antworten geben können. Aus diesem Grund haben die verfassunggebenden Organe in den jeweiligen Verfassungspräambeln zu Recht einen Verantwortungshorizont benannt, welcher auf die Unabgeschlossenheit des Rechtssystems und der Staatsordnung hinweist und damit auf ihre Vorläufigkeit im Bereich der noch nicht erlösten Welt rekurriert. Die damit verbundene Begrenzung staatlicher Ordnung und menschlichen Handelns leitet zu der Grunderkenntnis über, welche der Gottesbezug zum Ausdruck bringt, daß nämlich Staat und Gesellschaft auf Voraussetzungen beruhen, welche ihnen nicht zur Disposition stehen.

Der Gottesbezug, der Teil der Verfassung ist, verweist so auf die Offenheit der Rechtsordnung und des Rechtssystems bei »letzten Fragen« und figuriert als wichtiger Hinweis, daß Rechtsordnung und Rechtssystem auch in einer sich fortschreitend säkularisierenden Gesellschaft diese Voraussetzungen nicht garantieren können, und sie der Verfassung insoweit vorausliegen. Dieser Hinweis auf eine prinzipielle offene Stelle des Rechtssystems in symbolisierter Form soll jedoch nicht als ein zivilreligiöses Element im Rechtssystem interpretiert werden. Und das aus mehreren Gründen: Zum einen tendiert jede Form der Zivilreligion zu einer gewissen Form von Staatsreligion, weil sie verbindliche Mindeststandards vorgibt, welche für alle Glieder der Rechtsordnung zu gelten haben. Das ist in einem Staat, welcher sein Rechtssystem als weltanschaulich neutrale Rahmenordnung versteht, jedoch nicht möglich. Im übrigen schreiben alle zivilreligiösen Modelle dem Gottesbezug legitimierende Funktion für die Rechtsordnung und das Rechtssystem zu. Das entspricht aber gerade nicht dem Gottesbezug in der behandelten Form, sondern entspräche seinem Gebrauch im Sinne einer invocatio Dei. Daß der Gottesbezug in den bundesdeutschen Präambeln aber keine invocatio Dei darstellt, hat die Untersuchung an den entsprechenden Stellen gezeigt. Zugleich ist die Benennung der Offenheit des Rechtssystems und die Konstatierung seiner Angewiesenheit auf Bindung durch den Gottesbezug mehr als eine Leerformel und er ist auch nicht lediglich formaler Merkposten, denn er fungiert als Platzhalter-Wort, welches die weltanschaulich gebundenen Gemeinschaften bindet, diesen material zu füllen. Die Theologie ist demnach in der Pflicht, den Gottesbegriff durch das eigene Orientierungssystem als eines unter den anderer weltanschaulich gebundener Gemeinschaften material zu füllen, und das in dem Rahmen, welchen die freiheitlich-demokratische Grundordnung der Bundesrepublik zur Verfügung stellt. Verantwortliche Rede von Gott, welche die verschiedenen Ebenen des Sprachgeschehens (kommunikative Rede, symbolische Rede und performative Rede von Gott) berücksichtigt wird demnach geübt als die Rede einer Glaubensgemeinschaft von Gott. Dabei wird jeder de Glaubensgemeinschaften diese Rede von Gott im Sinne echter Toleranz gegenüber anderen weltanschaulich gebundenen Gemeinschaften führen können. Die verfassungsrechtlich garantierte relative weltanschauliche Neutralität der Staatsordnung (Art. 4 Abs. 1 GG) bietet dafür jenen Schutzraum an, in dem jede der weltanschaulich gebundenen Gemeinschaften verantwortliche Rede von Gott in unbedingter Weise für ihr eigenes Orientierungssystem und in bedingter Weise in Hinblick auf die Toleranz gegenüber anderen Orientierungssystemen vollziehen kann (Art. 4 Abs. 2 GG).

Die Untersuchung ist an dieser Stelle offen angelegt, denn die Spannung bleibt bestehen, welche sich dadurch ergibt, daß der Staat einerseits auf Voraussetzungen beruht, welche er nicht garantieren kann, und auf die er um der Stabilität der Gesellschaftsordnung zurückgreifen können muß. Andererseits hat sich der Staat der Bundesrepublik jedoch zu einem pluralistischen Staat der Glaubensfreiheit entwickelt, in dem mehrere Orientierungssysteme konkurrierend nebeneinander stehen, um den Gottesbezug material zu füllen. Die Entwicklung zu einem pluralistischen Staat macht es unmöglich, daß eine einzige weltanschauliche Gemeinschaft ihre Grundüberzeugungen für die gesamte Gesellschafts- und Rechtsordnung durch ein staatlich garantiertes Geltungsmonopol allgemein verbindlich macht und alle ihr abweichenden Überzeugungen mit dem Prädikat der Illegitimität behaftet. Die Säkularisierung ehemals exklusiv christlicher Grundüberzeugungen bedeutet schließlich nicht notwendig eine Entchristlichung, denn Säkularisierung ist nicht zu interpretieren als Gegenbegriff zum Christentum. Auch die zunehmende Säkularisierung der materialen Gehalte des dem Gottesbezug zugrundeliegenden Gottesbegriffs und die damit verbundene Formalisierug derselben wird in theologischer Perspektive nicht von vornherein abzulehnen sein. Denn die christliche Kirche als eine Glaubensgemeinschaft wird auch in einer pluralistischen Gesellschaft den von ihr vertretenen Wahrheitsanspruch wahren und in diesem Sinne den Gottesbezug interpretieren.

Anhang

Anhang: Die Präambeltexte bundesdeutscher Nachkriegsverfassungen

Die Verfassungstexte sind chronologisch sortiert. Sie sind entnommen aus dem Sammelband von Rudolf Schuster[1], wobei die zum gegenwärtigen Stand geltenden Versionen der jeweiligen Texte zitiert werden. Eine Ausnahme davon bildet die zitierte saarländische Verfassungspräambel, die aus historischen Gründen nicht mehr an der Spitze der Saarländischen Verfassung steht.[2]

Die Hervorhebungen in den Quellentexten sind vom Verfasser nach den oben herausgearbeiteten formgeschichtlichen Kriterien[3] vorgenommen worden, wobei folgendes Schema anzuwenden ist: Die zum grundsätzlichen Teil der Verfassungspräambeln gehörenden Passagen sind *in dieser Schriftart* dargestellt; historische Elemente werden *in dieser Schriftart* dargestellt; die dem programmatischen Teil zuzuordnenden Teile werden in dieser Schriftart dargestellt und die ethisch-religiösen Textelemente **in dieser Schriftart** abgedruckt.

1 Vgl. Schuster, Die Verfassungen aller deutschen Länder. Für Baden-Württemberg vgl. aaO., 21; für Bayern vgl. aaO., 61; für Berlin vgl. aaO., 60; für Brandenburg vgl. aaO., 134; für Hamburg vgl. aaO., 214; für Hessen vgl. aaO., 241; für Mecklenburg-Vorpommern vgl. aaO., 283; für Niedersachsen vgl. aaO., 311; für Nordrhein-Westfalen vgl. aaO., 345; für Rheinland-Pfalz vgl. aaO., 378; für den Freistaat Sachsen vgl. aaO., 451; für Sachsen-Anhalt vgl. aaO., 494; für Thüringen vgl. aaO., 562; für das Grundgesetz vgl. aaO., 597.

2 Dazu im einzelnen s.o. I.3.5.

3 S.o. III.3.

Verfassung des Landes **Hessen** Vom 1. Dezember 1946	Verfassung des Freistaates **Bayern** Vom 2. Dezember 1946	Verfassung für **Rheinland-Pfalz** Vom 18. Mai 1947	Verfassung der freien Hansestadt **Bremen** Vom 21. Oktober 1947
In der **Überzeugung,**	*Angesichts des Trümmerfeldes,* **zu dem eine Staats- und Gesellschaftsordnung ohne Gott, ohne Gewissen und ohne Achtung der Würde des Menschen die** Überlebenden des Zweiten Weltkrieges geführt hat,	**Im Bewußtsein der Verantwortung vor Gott, dem Urgrund des Rechts und Schöpfer aller menschlichen Gemeinschaft,**	*Erschüttert von der Vernichtung, die die autoritäre Regierung der Nationalsozialisten unter Mißachtung der persönlichen Freiheit und der Würde des Menschen in der jahrhundertalten Freien Hansestadt Bremen verursacht hat,*
daß Deutschland nur als demokratisches Gemeinwesen eine Gegenwart und eine Zukunft haben kann,	in dem festen Entschlusse, den kommenden deutschen Geschlechtern die Segnungen des Friedens, der Menschlichkeit und des Rechtes dauernd zu sichern,	von dem Willen beseelt, die Freiheit und Würde des Menschen zu sichern, das Gemeinschaftsleben nach dem Grundsatz der sozialen Gerechtigkeit zu ordnen, den wirtschaftlichen Fortschritt zu fördern und ein neues demokratisches Deutschland als lebendiges Glied der Völkergemeinschaft zu formen,	sind die Bürger dieses Landes willens, eine Ordnung des gesellschaftlichen Lebens zu schaffen, in der soziale Gerechtigkeit, die Menschlichkeit und der Friede gepflegt werden, in der der wirtschaftlich Schwache vor Ausbeutung geschützt und allen Arbeitswilligen ein menschenwürdiges Dasein gesichert wird.
hat sich Hessen als Gliedstaat der Deutschen Republik	*gibt sich das Bayerische Volk,* eingedenk seiner mehr als tausendjährigen Geschichte,	*hat sich das Volk von Rheinland-Pfalz*	
diese Verfassung gegeben.	*nachstehende demokratische Verfassung*	*diese Verfassung gegeben:*	

Grundgesetz für die **Bundesrepublik-Deutschland** Vom 23. Mai 1949	Verfassung für das Land **Schleswig-Holstein** Vom 13. Dezember. 1949	Verfassung des **Saarlandes** Vom 15. Dezember 1947	Verfassung für das Land **Nordrhein-Westfalen** Vom 28. Juni 1950
Im Bewußtsein seiner Verantwortung vor Gott und den Menschen,	(Ohne Präambel)	(1) (...)	**In Verantwortung vor Gott und den Menschen,**
		(2) Der Landtag des Saarlandes, vom Volke frei gewählt, hat daher, um diesem Willen verpflichtenden Ausdruck zu verleihen und nach Überwindung eines Systems, das die menschliche Persönlichkeit entwürdigte und versklavte – Freiheit, Menschlichkeit, Recht und Moral als Grundlage des neuen Staates zu verankern, dessen Sendung es ist, Brücke zur Verständigung der Völker zu bilden und in Ehrfurcht vor Gott dem Frieden der Welt zu dienen, die folgende Verfassung beschlossen.	*verbunden mit allen Deutschen,*
von dem Willen beseelt, als gleichberechtigtes Glied in einem vereinten Europa dem Frieden der Welt zu dienen,			erfüllt von dem Willen, die Not der Gegenwart in gemeinschaftlicher Arbeit zu überwinden, dem inneren und äußeren Frieden zu dienen, Freiheit, Gerechtigkeit und Wohlstand für alle zu schaffen,
hat sich das deutsche Volk kraft seiner verfassungsgebenden Gewalt dieses Grundgesetz gegeben.			*haben sich die Männer und Frauen des Landes Nordrhein-Westfalen*
Die Deutschen in den Ländern Baden-Württemberg, Bayern, Berlin, Brandenburg, Bremen, Hamburg, Hessen, Mecklenburg-Vorpommern, Niedersachsen, Nordrhein-Westfalen, Rheinland-Pfalz, Saarland, Sachsen, Sachsen-Anhalt, Schleswig-Holstein und Thüringen haben in freier Selbstbestimmung die Einheit und Freiheit Deutschlands vollendet.			
Damit gilt dieses Grundgesetz für das gesamte Deutsche Volk.			*diese Verfassung gegeben:*

Verfassung von **Berlin** Vom 1. Sept. 1950	Verfassung der Freien und Hansestadt **Hamburg** Vom 6. Juni 1952	Verfassung des Landes **Baden-Württemberg** Vom 11. November 1953	Verfassung des Freistaates **Sachsen** Vom 27. Mai 1992
In dem Willen, Freiheit und Recht jedes einzelnen zu schützen, Gemeinschaft und Wirtschaft demokratisch zu ordnen und dem Geist des sozialen Fortschritts und des Friedens zu dienen, und in dem Wunsche, die Hauptstadt eines neuen geeinten Deutschlands zu bleiben, *hat sich Berlin,* - *diese Verfassung gegeben:*	*Die Freie und Hansestadt Hamburg hat als Welthafenstadt eine ihr durch Geschichte und Lage zugewiesene, besondere Aufgabe gegenüber dem deutschen Volke zu erfüllen.* Sie will im Geiste des Friedens eine Mittlerin zwischen allen Erdteilen und Völkern der Welt sein. Durch Förderung und Lenkung befähigt sie ihre Wirtschaft zur Erfüllung dieser Aufgaben und zur Deckung des wirtschaftlichen Bedarfs aller. Auch Freiheit des Wettbewerbs und genossenschaftliche Selbsthilfe sollen diesem Ziele dienen. Jedermann hat die sittliche Pflicht, für das Wohl des Ganzen zu wirken. Die Allgemeinheit hilft in Fällen der Not den wirtschaftlich Schwachen und ist bestrebt, den Aufstieg der Tüchtigen zu fördern. Die Arbeitskraft steht unter dem Schutze des Staates. Um die politische, soziale und wirtschaftliche Gleichberechtigung zu verwirklichen, verbindet sich die politische Demokratie mit den Ideen der wirtschaftlichen Demokratie. Die natürlichen Lebensgrundlagen stehen unter dem besonderen Schutz des Staates. **In diesem Geiste** *gibt sich die freie Hansestadt Hamburg durch ihre Bürgerschaft* *diese Verfassung.*	**Im Bewußtsein der Verantwortung vor Gott und den Menschen,** von dem Willen beseelt, die Freiheit und die Würde des Menschen zu sichern, dem Frieden zu dienen, das Gemeinschaftsleben nach dem Grundgesetz der sozialen Gerechtigkeit zu ordnen, den wirtschaftlichen Fortschritt aller zu fördern, und entschlossen, ein neues demokratisches Bundesland als lebendiges Glied der Bundesrepublik Deutschland zu gestalten, *hat sich das Volk von Baden-Württemberg* *in feierlichem Bekenntnis zu den unverletzlichen und unveräußerlichen Menschenrechten und den Grundrechten der Deutschen* *kraft seiner verfassunggebenden Gewalt* *durch die Verfassunggebende Landesversammlung* , *diese Verfassung gegeben.*	*Anknüpfend an die Geschichte der Mark Meißen,* *des sächsischen Staates und des niederschlesischen Gebietes,* *gestützt auf Traditionen der sächsischen Verfassungsgeschichte,* *ausgehend von den leidvollen Erfahrungen nationalsozialistischer und kommunistischer Gewaltherrschaft,* *eingedenk eigener Schuld an seiner Vergangenheit,* von dem Willen geleitet, der Gerechtigkeit, dem Frieden und der Bewahrung der Schöpfung zu dienen *hat sich das Volk im Freistaat Sachsen* *dank der friedlichen Revolution des Oktober 1989* *diese Verfassung gegeben.*

Verfassung des Landes **Sachsen-Anhalt** Vom 17. Juli 1992	Verfassung des Landes **Brandenburg** Vom 20. August 1992	Verfassung des Landes **Mecklenburg-Vorpommern** Vom 23. Mai 1993	Verfassung des Landes **Niedersachsen** Vom 6. Juni 1993
In freier Selbstbestimmung *gibt sich das Volk von Sachsen-Anhalt diese Verfassung.* **Dies geschieht in Achtung der Verantwortung vor Gott und im Bewußtsein der Verantwortung vor den Menschen**	*Wir, die Bürgerinnen und Bürger des Landes Brandenburg, haben uns* **in freier Entscheidung** *diese Verfassung gegeben,*	**Im Bewußtsein der Verantwortung aus der deutschen Geschichte sowie gegenüber den zukünftigen Generationen,**	**Im Bewußtsein seiner Verantwortung vor Gott und den Menschen**
mit dem Willen, die Freiheit und Würde des Menschen zu sichern, die Grundlagen für ein soziales und gerechtes Gemeinschaftsleben zu schaffen, die wirtschaftliche Entwicklung zu fördern, die natürlichen Lebensgrundlagen zu erhalten und die kulturelle und geschichtliche Tradition in allen Landesteilen zu pflegen. Ziel aller staatlichen Tätigkeiten ist es, das Wohl der Menschen zu fördern, dem Frieden zu dienen und das Land Sachsen-Anhalt zu einem lebendigen Glied der Bundesrepublik Deutschland und der Gemeinschaft aller Völker zu gestalten.	*im Geiste der Traditionen von Recht, Toleranz und Solidarität in der Mark Brandenburg,* *gründend auf den friedlichen Veränderungen im Herbst 1989,* von dem Willen beseelt, die Würde und Freiheit des Menschen zu sichern, das Gemeinschaftsleben in sozialer Gerechtigkeit zu ordnen, das Wohl aller zu fördern, Natur und Umwelt zu bewahren und zu schützen, und entschlossen, das Bundesland Brandenburg als lebendiges Glied der Bundesrepublik Deutschland in einem sich einigenden Europa und in der einen Welt zu gestalten.	erfüllt von dem Willen, die Würde und Freiheit des Menschen zu sichern, dem inneren und äußeren Frieden zu dienen, ein sozial gerechtes Gemeinwesen zu schaffen, den wirtschaftlichen Fortschritt aller zu fördern, die Schwachen zu schützen und die natürlichen Grundlagen des Lebens zu sichern, entschlossen, ein lebendiges, eigenständiges und gleichberechtigtes Glied der Bundesrepublik Deutschland in der europäischen Völkergemeinschaft zu sein, **im Wissen um die Grenzen menschlichen Tuns,**	
		haben sich die Bürger Mecklenburg-Vorpommerns *auf der Grundlage des Grundgesetzes für die Bundesrepublik Deutschland in freier Selbstbestimmung*	*hat sich das Volk von Niedersachsen* *durch seinen Landtag*
		diese Landesverfassung gegeben.	*diese Verfassung gegeben.*

Verfassung des Freistaates **Thüringen** Vom 29. Oktober 1993	Verfassung von **Berlin** Vom 23. November 1996
In dem Bewußtsein *des kulturellen Reichtums und der Schönheit des Landes, seiner wechselvollen Geschichte, der leidvollen Erfahrungen mit überstandenen Diktaturen und des Erfolges der friedlichen Veränderungen im Herbst 1989,*	
in dem Willen, Freiheit und Würde des einzelnen zu achten, das Gemeinschaftsleben in sozialer Gerechtigkeit zu ordnen, Natur und Umwelt zu bewahren und zu schützen, der Verantwortung für zukünftige Generationen gerecht zu werden, inneren wie äußeren Frieden zu fördern, die demokratisch verfaßte Rechtsordnung zu erhalten und Trennendes in Europa und der Welt zu überwinden,	In dem Willen, Freiheit und Recht jedes einzelnen zu schützen, Gemeinschaft und Wirtschaft demokratisch zu ordnen und dem Geist des sozialen Fortschritts und des Friedens zu dienen,
gibt sich das Volk des Freistaates Thüringen	*hat sich Berlin, die Hauptstadt des vereinten Deutschlands,*
in freier Selbstbestimmung und auch in Verantwortung vor Gott	
diese Verfassung.	*diese Verfassung gegeben:*

Literaturverzeichnis

In den Anmerkungen werden die Titel in der Regel nach folgendem Schema zitiert: Verfasser, Titel des Beitrags (Zeitschriftenartikel, Lexikonartikel, Monographie), Seitenzahl, Spaltenzahl oder Randnummer (Rdnr.). Titel ohne Verfasser (Denkschriften, Zeitungsartikel etc.) werden nach dem Schlagwort zitiert, unter welchem sie in das Literaturverzeichnis eingeordnet worden sind.
Bei Mehrfachveröffentlichungen eines Beitrages zitiere ich nach der Veröffentlichung, die mir bei der Bearbeitung vorlag. Wo es sinnvoll erscheint, wird auf Doppelveröffentlichungen hingewiesen.
Bezüglich der Abkürzungen beziehe ich mich auf die Theologische Realenzyklopädie. Abkürzungsverzeichnis, bearbeitet von S. Schwertner, Berlin-New York 1976, ²1992. Die sonst üblichen Abkürzungen (insbesondere aus der juristischen Literatur), welche nicht in IATG aufgelöst sind, werden im folgenden aufgeführt:

AaO. / aaO.	am angegebenen Ort
Abs.	Absatz
a. M.	am Main
Anm.	Anmerkung
AöR	Archiv für Öffentliches Recht
a. R.	am Rhein
ARSP	Archiv für Rechts- und Sozialphilosophie
Art.	Artikel
Aufl.	Auflage
Ausg.	Ausgabe
BayVBI	Bayrische Verwaltungsblätter
BCSV	Badische Christlich-Soziale Volkspartei
Bd.	Band
Bde.	Bände
bearb.	bearbeitet
Bearb.	Bearbeiter
bes.	besonders
BGB	Bürgerliches Gesetzbuch
BGH	Bundesgerichtshof
BT-Dr. / -Drs.	Bundestagsdruckssache
BVerfGE	Entscheidungen des Bundesverfassungsgericht
BverfGe	Bundesverfassungsgericht
BverwGE	Entscheidungen des Bundesverwaltungsgerichts
bzw.	beziehungsweise
ca.	cirka

CDU	Christlich-Demokratische Union
CSP	Christlichsoziale Partei
CSU	Christlich-Soziale Union
CVP	Christlichdemokratische Volkspartei
DDR	Deutsche Demokratische Republik
Ders. / ders.	Derselbe
d.h.	das heißt
Dies. / dies.	Dieselbe
Diss.	Dissertation
DP	Deutsche Partei
DJ	Demokratie Jetzt
DJZ	Deutsche Juristen-Zeitung
Dr.	Drucksache
DV	Deutsche Verwaltung
DVBl.	Deutsches Verwaltungsblatt
DVP	Deutsche Volks Partei
DZP	Deutsche Zentrums Partei
ebd.	ebenda
EDU	Eidgenössisch-Demokratische Union
etc.	et cetera
EuGRZ	Europäische Grundrechte-Zeitschrift
f / ff	folgende
FAZ	Frankfurter Allgemeine Zeitung
FDP / F.D.P.	Freie Demokratische Partei
FDP (Schweiz)	Freisinnig-demokratische Partei
FdU	Fraktion der Unabhängigen
FN	Fußnote
FPS	Freiheits-Partei
FR	Frankfurter Rundschau
FraP	Frauen macht Politik
GB	Grünes Bündnis
GG	Grundgesetz
GP	Grüne Partei
GVBl. / GVOBl.	Gesetz- und Verordnungsblatt
H.	Heft
HdbStKirchR	Handbuch des Staatskirchenrechts der Bundesrepublik Deutschland
HdStR	Handbuch des deutschen Staatsrechts
HRG	Handbuch der deutschen Rechtsgeschichte, hgg. v. Adalbert Erler und Ekkehard Kaufmann
hg. / hgg.	herausgegeben
Hg. / Hgg.	Herausgeber
i.Br.	im Breisgau
insbes.	insbesondere
JöR nF / JöR	Jahrbuch des Öffentlichen Rechts der Gegenwart, neue Folge
JuS	Juristische Schulung
JZ	Juristen-Zeitung
Kp.	Kapitel

KP / KPD	Kommunistische Partei Deutschlands
LDP	Liberal-Demokratische Partei
LdU	Landesring der Unabhängigen
Lega	Lega dei Ticinesi
LPS	Liberale Partei
LKV	Landes- und Kommunalverwaltung
LT-Dr. / -Drs.	Landtagsdrucksache
m. / s. E.	meines / seines Erachtens
m. W.	meines Wissens
NF/GR/DJ	Neues Forum/Grüne/Demokratie Jetzt
NJW	Neue Juristische Wochenschrift
NLP	Niedersächsische Landespartei (später DP)
PdA	Partei der Arbeit
PDS/LL	Partei des demokratischen Sozialismus/Linke Liste
Rdnr.	Randnummer
RM	Rheinischer Merkur
SD	Schweizer Demokraten
SDS	Sozialdemokratische Partei
SPD	Sozialdemokratische Partei Deutschlands
SVP	Schweizerische Volkspartei
ThürVBl	Thüringer Verwaltungsblätter
WAV	Wirtschaftliche Aufbauvereinigung
ZRP	Zeitschrift für Rechtspolitik
z. T.	zum Teil

1. Quellen

1.1. Verfassungstexte

Brunner, Georg, Meissner, Boris [Hgg.]: Verfassungen der kommunistischen Staaten, UTB 953, Paderborn-München-Wien-Zürich 1979.

Grundgesetz mit Vertrag über die abschließende Regelung in bezug auf Deutschland, Menschenrechtskonvention, Bundesverfassungsgerichtsgesetz, Parteiengesetz und Gesetz über den Petitionsausschuß. Textausgabe mit ausführlichem Sachverzeichnis und einer Einführung von Universitätsprofessor Dr. Günter Dürig, Stand: 15. November 1994, München [32]1994.

Mayer-Tasch, Peter Cornelius, Contiades, Ion [Hgg.]: Die Verfassungen der nichtkommunistischen Staaten Europas, München [2]1975.

Die neue Bundesverfassung. Bundesbeschluss über eine neue Bundesverfassung vom 18. Dezember 1998, o.O. o.J.

Obermann, Heiko A., Ritter, Adolf Martin, Krummwiede, Hans-Walter [Hgg.]: Kirchen- und Theologiegeschichte in Quellen. Ein Arbeitsbuch, Bd. IV/2. Neuzeit. 2. Teil: 1870-1975, Ausgewählt, übersetzt und kommentiert v. H.W. Krummwiede, M. Greschat, M. Jacobs, A. Lindt, Neukirchen-Vluyn [3]1989.

Roggemann, Herwig [Hg.]: Die Verfassungen der sozialistischen Staaten, Quellen zur Rechtsvergleichung 17, Berlin 1980.

Schuster, Rudolf: Deutsche Verfassungen, München [3]1994.

-:Die Verfassungen aller deutschen Länder, Stand 25. August 1994, München 1994.

Die Verfassungen der EG-Mitgliedstaaten. Textausgabe mit einer Einführung und einem Sachverzeichnis von Professor Dr. Adolf Kimmel, Universität Würzburg, Stand: 1. Juli 1993, München [3]1993.

1.2. Verfassungstexte aus dem Internet

Albanien (1998): Albania - Draft Constitution 1998, Adopted on: 4 August 1998, ICL Document Status: 4 August 1998, http://www.uni-wuerzburg.de/law/al01000_.html.

Argentinien (1853): Argentina - Constitution, Adopted in 1853, Adopted by Dictate, Official Title: Constitution of the Argentine Nation, ICL Document Status: November 1998, http://www.uni-wuerzburg.de/law/ar00000_.html.

Bosnien und Herzegowina (1995): Bosnia and Herzegovina - Constitution, Adopted on: 1 December 1995, ICL Document Status: 14 Dec 1995, http://www.uni-wuerzburg.de/law/bk00000_.html.

Bulgarien (1991): Bulgaria - Constitution, Adopted on: 12 July 1991, ICL Document Status: 12 July 1991, http://www.uni-wuerzburg.de/law/bu00000_.html.

Kanada (1982): Canada - Constitution Act 1982, Adopted in: 1982, ICL Document Status: 14 April 1994, http://www.uni-wuerzburg.de/law/ca02000_.html.

Kuwait (1962): Kuweit - Constitution, Adopted on: 11 November 1962, ICL Document Status: 11 November 1962, http://www.uni-wuerzburg.de/law/ku00000_.html.

Madagaskar (1992): Madagascar - Constitution, Adopted on: 19 August 1992, ICL, Document Status: 19 August 1992, http://www.uni-wuerzburg.de/law/ma00000_.html.

Mauretanien (1991): Mauritania - Constitution, Adopted on: 12 July 1991, ICL Document Status: 12 July 1991, http://www.uni-wuerzburg.de/law/mr00000_.html.

Paraguay (1992): Paraguay - Constitution, Adopted on: 20 June 1992, ICL Document Status: 20 June 1992, http://www.uni-wuerzburg.de/law/pa00000_.html.

Polen (1997): Poland - Constitution, Adopted by National Assembly on: 2 April 1997, Confirmed by Referendum in: October 1997, ICL Document Status: October 1997, http://www.uni-wuerzburg.de/law/pl00000_.html.

Rußland (1993): Russia - Constitution, Adopted on: 12 December 1993, ICL Document Status: 12 December 1993, http://www.uni-wuerzburg.de/law/rs00000_.html.

Slowenien (1991): Slovenia, Adopted on: 23 December 1991, ICL Document Status: 23 December 1991, http://www.uni-wuerzburg.de/law/si00000_.html.

Südafrika (1997): South Africa - Constitution, Adopted on: 8 May 1996, Amended on: 11 October 1996, in Foce since: 7 Februar 1997, ICL Document Status: 7 Feb 1997, http://www.uni-wuerzburg.de/law/sf00000_.html.

Tunesien (1991): Tunisia - Constitution, Adopted in: 1991, ICL Document Status: 1991, http://www.uni-wuerzburg.de/law/ts00000_.html.

1.3. Parlamentarische Quellen

Bayerischer Landtag [Hg.]: Beschlußempfehlung und Bericht des Ausschusses für Bildung, Jugend und Sport. Dringlichkeitsantrag der Abgeordneten Schmidt u.a. Kreuze in Klassenzimmern, 30.11.1995, 13. Wahlperiode, Drucksache 13/3115, Drucksachen Bd. 8. Drs. 2801-3200, München 1996.

Bayerischer Landtag [Hg.]: Beschlußempfehlung und Bericht des Ausschusses für Bildung, Jugend und Sport. Dringlichkeitsantrag der Abgeordneten Münzel, Hartenstein, u.a. Entscheidung des Bundesverfassungsgerichts zur Bayerischen Schulordnung, 30.11.1995, 13. Wahlperiode, Drucksache 13/3116, Drucksachen Bd. 8. Drs. 2801-3200, München 1996.

-[Hg.]: Beschlußempfehlung und Bericht des Ausschusses für Bildung, Jugend und Sport. Gesetzesentwurf der Staatsregierung (Drs. 13/2947) zur Änderung des Bayerischen Gesetzes über Erziehungs- und Unterrichtswesen, 30.11.1995, 13. Wahlperiode, Drucksache 13/3108, Drucksachen Bd. 8. Drs. 2801-3200, München 1996.

-[Hg.]: Dringlichkeitsantrag der Abgeordneten Münzel u.a. Entscheidung des Bundesverfassungsgerichts zur Bayerischen Schulordnung, 25.10.1995, 13. Wahlperiode, Drucksache 13/2963, Drucksachen Bd. 8. Drs. 2801-3200, München 1996.

-[Hg.]: Dringlichkeitsantrag der Abgeordneten Schmidt u.a. Kreuze in Klassenzimmern, 25.10.1995, 13. Wahlperiode, Drucksache 13/2955, Drucksachen Bd. 8. Drs. 2801-3200, München 1996.

-[Hg.]: Gesetzesentwurf zu Änderung des Bayerischen Gesetzes über das Erziehungs- und Unterrichtswesen, 24.10.1995, 13. Wahlperiode, Drucksache 13/2947, Drucksachen Bd. 8. Drs. 2801-3200, München 1996.

-[Hg.]: Plenarprotokoll 13/36, 13.12.1995, 13. Wahlperiode, Verhandlungen des Bayerischen Landtags Bd. 2, Plenarprotokolle Nr. 21-40, München 1995/1996.

Bündnis 90 / Die Grünen [Hg.]: Im Namen des Volkes: Mehr Demokratie wagen. Unsere Vorschläge für eine neue Verfassung, o.O., o.J.

- [Hg.]: Zur Sache. Um Gottes willen. »Ich beantrage, daß das Grundgesetz in seiner Präambel nicht länger auf Gott Bezug nimmt.«. Dr. Wolfgang Ullmann, o.O., o.J.

Der Präsident des Niedersächsischen Landtages [Hg.]: Die Debatte des Niedersächsischen Landtages zur Verfassungspräambel am 19. Mai 1994, Hannover 1994.

Deutscher Bundestag [Hg.]: Bericht der gemeinsamen Verfassungskommission, 12. Wahlperiode, 05.11.1993, Drucksache 12/6000, Bonn 1993.

-: Gemeinsame Verfassungskommission. Stenographischer Bericht. 1. Sitzung. Bonn, Donnerstag, den 16. Januar 1992, o.O., o.J.

-: Gemeinsame Verfassungskommission. Stenographischer Bericht. 18. Sitzung. Bonn, Donnerstag, den 4. März 1993, o.O., o.J.

-: Gemeinsame Verfassungskommission. Stenographischer Bericht. 20. Sitzung. Bonn, Donnerstag, den 22. April 1993, o.O., o.J.

-: Gemeinsame Verfassungskommission. Stenographischer Bericht. 21. Sitzung. Bonn, Donnerstag, den 6. Mai 1993, o.O., o.J.

-: Gemeinsame Verfassungskommission. Stenographischer Bericht. 25. Sitzung. Bonn, Donnerstag, den 1. Juli 1993, o.O., o.J.

-: Gesetzesentwurf des Abgeordneten Dr. Wolfgang Ullmann und der Gruppe Bündnis 90/Die Grünen. Entwurf eines Gesetzes zur Verfassungsreform, 21.01.1994, 12. Wahlperiode, Drucksache 12/6686, Bonn 1994.

Die Entstehung des Grundgesetzes für die Bundesrepublik Deutschland 1949. Eine Dokumentation, hg. v. Michael F. Feldkamp, Stuttgart 1999.

Feldkamp, Michael F. [Hg.]: Die Entstehung des Grundgesetzes für die Bundesrepublik Deutschland 1949. Eine Dokumentation, Stuttgart 1999.

Freie Kirche im freien Staat. Thesen der FDP. Beschluß des 25. Bundesparteitages der FDP in Hamburg vom 30. September bis 2. Oktober 1974, Mit einer Einbringungsrede von Liselotte Funcke, Nachdruck 1991.

Friedrich-Naumann-Stiftung [Hg.]: Verfassungsreform. Dokumentation, bearbeitet v. R. Augstein, St. Augustin 1992.

Landesarchivverwaltung Rheinland-Pfalz [Hg.]: Die Entstehung der Verfassung für Rheinland-Pfalz. Eine Dokumentation, bearbeitet von Helmut Klaas, Veröffentlichungen der Kommission des Landtages für die Geschichte des Landes Rheinland-Pfalz, Bd.1, Boppard a. R.1978.

Landtag Brandenburg [Hg.]: Entwurf der Verfassung für das Land Brandenburg, Zweite Lesung, Erste Wahlperiode, 43. Sitzung, 25.03.1992, Plenarprotokoll 1/43, Potsdam o.J.

- ***[Hg.]***: Entwurf der Verfassung für das Land Brandenburg, Dritte Lesung, Erste Wahlperiode, 45. Sitzung, 14.04.1992, Plenarprotokoll 1/45, Potsdam o.J.

- ***[Hg.]***: Verfassung für das Land Brandenburg. Gesetzesentwurf der Fraktion der SPD, der Fraktion der CDU, der Fraktion der PDS/LL, der Fraktion der F.D.P., der Fraktion des Bündnis 90, Erste Wahlperiode, 13.12.1991, Drucksache 1/625, Potsdam o.J.

- ***[Hg.]***: Verfassung für das Land Brandenburg. Beschlußempfehlung und Bericht des Verfassungsausschusses, Erste Wahlperiode, 20.03.1992, Drucksache 1/877, Potsdam o.J.

- ***[Hg.]***: Verfassung für das Land Brandenburg. Beschlußempfehlung und Bericht des Verfassungsausschusses, Erste Wahlperiode, 09.04.1992, Drucksache 1/925, Potsdam o.J.

Landtag von Berlin [Hg.]: Schlußbericht der Enquete-Kommission »Verfassungs- und Parlamentsreform, LT-Dr. 12/4376, o.O. o.J.

Landtag von Mecklenburg-Vorpommern [Hg.]: Beratung einer Verfassung des Landes Mecklenburg-Vorpommern. Plenarprotokoll, 1. Wahlperiode, 78. Sitzung, 12.05.1993, Drucksache 1/2000, o.O. o.J.

-***[Hg.]***: Entscheidungen für unser Land, Bd. 1, Die vorläufige Verfassung, Rostock 1993.

-***[Hg.]***: Verfassungskommission. 1992. Entwurf einer Verfassung des Landes Mecklenburg-Vorpommern, 1. Wahlperiode, 30.04.1992, Drucksache 1/2000, o.O. o.J.

-***[Hg.]***: Verfassungsentwurf und Anschlußbericht der Verfassungskommission, 1. Wahlperiode, 07.05.1993, Drucksache 1/3200, o.O. o.J.

Landtag von Sachsen-Anhalt [Hg.]: Änderungsantrag der Fraktion Bündnis 90 / Grüne, 1. Wahlperiode, 24.06.1992, Drucksache 1/1595, Magdeburg o.J.

- ***[Hg.]***: Änderungsantrag der Fraktion der SPD, 1. Wahlperiode, 25.06.1992, Drucksache 1/1613, Magdeburg o.J.

- ***[Hg.]***: Änderungsantrag der Fraktion F.D.P., 1. Wahlperiode, 25.06.1992, Drucksache 1/1604, Magdeburg o.J.

- ***[Hg.]***: Änderungsantrag der Fraktion PDS, 1. Wahlperiode, 24.06.1992, Drucksache 1/1591, Magdeburg o.J.

- ***[Hg.]***: Änderungsanträge mehrerer Abgeordneter, 1. Wahlperiode, 25.06.1992, Drucksache 1/1617, Magdeburg o.J.

- ***[Hg.]***: Beschluß des Ausschusses für Verfassung vom 24.09.1991, 1. Wahlperiode, 24.09.1991, Drucksache 1/1334, Magdeburg o.J.

- ***[Hg.]***: Beschlußempfehlung der Ausschusses für Verfassung nach der zweiten Beratung, 1. Wahlperiode, 09.07.1992, Drucksache 1/1700, Magdeburg o.J.

- ***[Hg.]***: Beschlußempfehlung des Ausschusses für Verfassung nach der ersten Beratung, 1. Wahlperiode, 18.06.1992, Drucksache 1/1579, Magdeburg o.J.

- ***[Hg.]***: Entwurf einer Verfassung des Landes Sachsen-Anhalt, Zweite Beratung, 1. Wahlperiode, 25. 06.1992, Stenographischer Bericht, 34. Sitzung, Plenarprotokoll 1/34, Magdeburg o.J.

Landtag von Sachsen-Anhalt [Hg.]: Entwurf einer Verfassung des Landes Sachsen-Anhalt, Erste Beratung, 1. Wahlperiode, 09. 04.1992, Stenographischer Bericht, 31. Sitzung, Plenarprotokoll 1/31, Magdeburg o.J.

- ***[Hg.]***: Entwurf einer Verfassung des Landes Sachsen-Anhalt, Dritte Beratung, 1. Wahlperiode, 15. 07.1992, Stenographischer Bericht, 35. Sitzung, Plenarprotokoll 1/35, Magdeburg o.J.

- ***[Hg.]***: Gesetzesentwurf der Fraktionen der CDU und der F.D.P., 1. Wahlperiode, 27.02.1991, Drucksache 1/253, Magdeburg o.J.

- ***[Hg.]***: Gesetzesentwurf der Fraktionen der CDU, der SPD, der F.D.P., der PDS und des Bündnis90/Grüne, 1. Wahlperiode, 01.04.1992, Drucksache 1/1334, Magdeburg o.J.

Niedersächsischer Landtag [Hg.]: Änderung der Beschlußempfehlung in Drs. 12/4800 des Sonderausschusses »Niedersächsische Verfassung«, 12. Wahlperiode, 12.05.1993, Hannover 1993.

- ***[Hg.]***: Beschlußempfehlung, Ausschuß für Rechts- und Verfassungsfragen, 12. Wahlperiode, 04.05.1994, Drucksache 12/6264, Hannover 1993/94.

- ***[Hg.]***: Entwurf einer Niedersächsischen Verfassung, Zweite und Dritte Beratung, 12. Wahlperiode, 13.05.1993, Stenographischer Bericht, 80. Sitzung, Hannover 1993.

- ***[Hg.]***: Entwurf einer Niedersächsischen Verfassung, Erste Beratung, 12. Wahlperiode, 18.03.1993, Stenographischer Bericht, 78. Sitzung, Hannover 1993.

- ***[Hg.]***: Entwurf eines Gesetzes zur Änderung der Niedersächsischen Verfassung, Erste Beratung, 12. Wahlperiode, 09.02.1994, Stenographischer Bericht, 101. Sitzung, Hannover 1994.

- ***[Hg.]***: Entwurf eines Gesetzes zur Änderung der Niedersächsischen Verfassungen. Gesetzesentwurf der Abgeordneten Isernhagen, Dr. Remmers (CDU), Goldmann, Jürgens (FDP) u. Gen., 12. Wahlperiode, 17.01.1994, Drucksache 12/5971, Hannover 1993/94.

- ***[Hg.]***: Gesetzesentwurf der Mitglieder des Sonderausschusses »Niedersächsische Verfassung«, 12. Wahlperiode, 26.02.1993, Drucksache 12/4650, Hannover 1993.

- ***[Hg.]***: Unterrichtung, 12. Wahlperiode, 10.03.1993, Drucksache 12/4651, Hannover 1993.

Parlamentarischer Rat [Hg.]: Grundgesetz für die Bundesrepublik Deutschland (**Entwürfe**). Formulierungen der Fachausschüsse, des Allgemeinen Redaktionsausschusses, des Hauptausschusses und des Plenums, Bonn 1948/49.

- ***[Hg.]***: Stenographische Berichte über die Plenarsitzungen, Bonn 1948/89.

- ***[Hg.]***: Verhandlungen des Hauptausschusses, Bonn 1948/49.

Parlamentarischer Rat. 1948-1949. Akten und Protokolle. Bd.1. Vorgeschichte, bearbeitet von J.V. Wagner, Boppard a. R. 1975.

Parlamentarischer Rat. 1948-1949. Akten und Protokolle. Bd.2. Der Verfassungskonvent von Herrenchiemsee, bearbeitet von P. Bucher, Boppard a. R. 1981.

Parlamentarischer Rat. 1948-1949. Akten und Protokolle. Bd.3. Ausschuß für Zuständigkeitsabgrenzung, bearbeitet von W. Werner, Boppard a. R. 1986.

Parlamentarischer Rat. 1948-1949. Akten und Protokolle. Bd.4. Ausschuß für das Besatzungsstatut, bearbeitet von W. Werner, Boppard a. R. 1989.

Parlamentarischer Rat. 1948-1949. Akten und Protokolle. Bd.5/I. Ausschuß für Grundsatzfragen, bearbeitet von E. Pikart und W. Werner, Boppard a. R. 1993.

Parlamentarischer Rat. 1948-1949. Akten und Protokolle. Bd.5/II. Ausschuß für Grundsatzfragen, bearbeitet von E. Pikart und W. Werner, Boppard a. R. 1993.

Parlamentarischer Rat. 1948-1949. Akten und Protokolle. Bd.6. Ausschuß für Wahlrechtsfragen, bearbeitet von H. Rosenbach, Boppard a. R. 1994.

Parlamentarischer Rat. 1948-1949. Akten und Protokolle. Bd.7. Entwürfe, bearbeitet von M. Hollmann, Boppard a. R. 1995.
Parlamentarischer Rat. 1948-1949. Akten und Protokolle. Bd.8. Die Beziehungen des Parlamentarischen Rates zu den Militärregierungen, bearbeitet von M.F. Feldkamp, Boppard a. R. 1995.
Parlamentarischer Rat. 1948-1949. Akten und Protokolle. Bd.9, Plenum, bearbeitet von W. Werner, München 1996.
Parlamentarischer Rat. 1948-1949. Akten und Protokolle. Bd.10. Ältestenrat, Geschäftsordnungsausschuß und Überleitungsausschuß, bearbeitet von M.F. Feldkamp, München 1997.
Parlamentarischer Rat. 1948-1949. Akten und Protokolle. Bd.11. Interfraktionelle Besprechungen, bearbeitet von M.F. Feldkamp, München 1997.
Sächsischer Landtag [Hg.]: Beschlußempfehlung und Bericht des Verfassungs- und Rechsausschusses. Thema: Sächsische Landesverfassung, 18.05.1992, Drucksache 1/1800, o.O., o.J.
-[Hg.]: Gesetzesentwurf der Fraktion Bündnis 90/Grüne, Drucksache 1/29, o.O., o.J.
-[Hg.]: Gesetzesentwurf der Fraktionen der CDU und FDP, Gesetzesentwurf vom 27. Oktober 1990, Verfassung des Freistaates Sachsen, Gohrischer Entwurf, 8.11.1990, Drucksache 1/25, o.O., o.J.
-[Hg.]: Gesetzesentwurf der Fraktion LL/PDS, Drucksache 1/26, o.O., o.J.
-[Hg.]: Plenarprotokoll der 46. Sitzung vom 25.05.1992, o.O., o.J.
Stober, Rolf: Quellen zur Entstehungsgeschichte der Sächsischen Verfassung. Dokumentation, Dresden 1993.
Thüringer Landtag [Hg.]: Antrag der Fraktionen der CDU / SPD / PDS-LL / F.D.P. und NF/GR/DJ vom 10.09.1991 zur Bestellung eines Verfassungs- und Geschäftsordnungsausschusses gemäß §68 Abs.2 der vorläufigen Geschäftsordnung, 1. Wahlperiode, 10.09.1991, Drucksache 1/676, o.O., o.J.
- [Hg.]: Fortführung der in der 94. Plenarsitzung unterbrochenen Beratung des Tagesordnungspunktes: Verfassung des Landes Thüringen (ThV), Dritte Beratung, 1. Wahlperiode, 95. Sitzung, 25.10.1993, Plenarprotokoll 1/95, o.O., o.J.
- [Hg.]: Verfassung des Landes Thüringen (ThV), Zweite Beratung,, 1. Wahlperiode, 79. Sitzung, 21.04.1993, Plenarprotokoll 1/79, o.O., o.J.
- [Hg.]: Verfassung des Landes Thüringen (ThV), Erste Beratung und Bestellung eines Verfassungs- und Geschäftsordnungsausschusses gemäß §68 Abs. 2 der vorläufigen Geschäftsordnung, 1. Wahlperiode, 28. Sitzung, 12.09.1991, Plenarprotokoll 1/28, o.O., o.J.
- [Hg.]: Verfassung des Landes Thüringen (ThV), Dritte Beratung,, 1. Wahlperiode, 94. Sitzung, 22.10.1993, Plenarprotokoll 1/94, o.O., o.J.
- [Hg.]: Verfassung des Landes Thüringen (ThV). Gesetzesentwurf der Fraktion der CDU, 1. Wahlperiode, 10.04.1991, Drucksache 1/285, o.O., o.J.
- [Hg.]: Verfassung des Landes Thüringen (ThV). Gesetzesentwurf der Fraktion der F.D.P., 1. Wahlperiode , 25.04.1991, Drucksache 1/301, o.O., o.J.
- [Hg.]: Verfassung des Landes Thüringen (ThV). Gesetzesentwurf der Fraktion der SPD, 1. Wahlperiode, 09.07.1991, Drucksache 1/590, o.O., o.J.
- [Hg.]: Verfassung des Landes Thüringen (ThV). Gesetzesentwurf der Fraktion NF/GR/DJ, 1. Wahlperiode, 23.08.1991, Drucksache 1/659, o.O., o.J.
- [Hg.]: Verfassung des Landes Thüringen (ThV). Gesetzesentwurf der Fraktion LL-PDS, 1. Wahlperiode, 09.09.1991, Drucksache 1/678, o.O., o.J.

Thüringer Landtag [Hg.]: Verfassung des Landes Thüringen (ThV). Beschlußempfehlung des Verfassungs- und Geschäftsordnungsausschusses, 1. Wahlperiode, 20.09.1993, Drucksache 1/2660, o.O., o.J.

- ***[Hg.]***: Verfassung des Landes Thüringen (ThV). Beschlußempfehlung des Verfassungs- und Geschäftsordnungsausschusses, 1. Wahlperiode, 01.04.1993, Drucksache 1/2106, o.O., o.J.

- ***[Hg.]***: Verfassung des Landes Thüringen (ThV). Änderungsantrag der LL-PDS, 1. Wahlperiode, 15.10.1993, Drucksache 1/2741, o.O., o.J.

- ***[Hg.]***: Verfassung des Landes Thüringen (ThV). Änderungsantrag der LL-PDS, 1. Wahlperiode, Drucksache 1/2167, o.O., o.J.

Stellungnahme des Niedersächsisches Ministerium für Bundes- und Europaangelegenheiten, Jürgen Trittin, Referat für Presse- und Öffentlichkeitsarbeit, 11. Januar 1994, Nr. 3/94.

Vorläufige Niedersächsische Verfassung vom 13. April 1951, Bd. 1, Beratungen im Verfassungsausschuß und Plenum des Niedersächsischen Landtages der Ersten Wahlperiode. o.O. o.J.

Vorläufige Niedersächsische Verfassung vom 13. April 1951, Bd. 2, Beratungsunterlagen, o.O. o.J.

2. Weitere Literatur

Abendroth, Wolfgang: Deutsche Einheit und europäische Integration in der Präambel des Grundgesetzes der Bundesrepublik Deutschland, in: Europa-Archiv 6 (1951), 4385-4392.

Adomeit, Klaus: Rechts- und Staatsphilosophie, Bd. 2: Rechtsdenker der Neuzeit, UTB 1670, Heidelberg 1995.

Adorno, Theodor W.: »Ob nach Auschwitz noch sich leben lasse«. Ein philosophisches Lesebuch, hg. v. Rolf Tiedemann, Frankfurt a. M. 1997.

Aichelin, Helmut: Der religiöse und weltanschauliche Pluralismus der Gegenwart und das Zeugnis der Kirche, FS Heinrich Hermann Ulrich, hg. v. Theodor Schober, Hans Thimme, Stuttgart 1979, 34-39.

Alexy, Robert: Begriff und Geltung des Rechts, Freiburg-München ^{2}1994.

-: Mauerschützen. Zum Verhältnis von Recht, Moral und Strafbarkeit, Berichte aus den Sitzungen der Joachim Jungius-Gesellschaft der Wissenschaften e.V., Heft 2, Jahrgang 11 (1993), Hamburg 1993.

-: Recht, Vernunft, Diskurs. Studien zur Rechtsphilosophie, stw 1167, Frankfurt a. M. 1995.

-: Theorie der Grundrechte, Studien und Materialien zur Verfassungsgerichtsbarkeit 28, Baden-Baden 1985.

-: Zur Kritik des Rechtspositivismus, in: Dreier, Rechtspositivismus und Wertbezug des Rechts, 1990, 9-26.

Améri, Jean: Jenseits von Schuld und Sühne. Bewältigungsversuch eines Überwältigten, München 1988.

Amtliches Bulletin der Bundesversammlung. Reform der Bundesverfassung, Nationalrat (Separatdruck), 108. Jg., Bern 1998.

Anselm, Reiner: Jüngstes Gericht und irdische Gerechtigkeit. Protestantische Ethik und die deutsche Staatsrechtsreform, Stuttgart-Berlin-Köln 1994.

Anselm, Reiner: Verchristlichung der Gesellschaft?. Zur Rolle des Protestantismus in den Verfassungsdiskussionen beider deutscher Staaten, in: J.-Chr. Kaiser, A. Doering-Manteuffel, Christentum und politische Verantwortung. Kirchen im Nachkriegsdeutschland, KoGe 2, Stuttgart-Berlin-Köln 1990, 63-87.

Apel, Karl-Otto: Diskurs und Verantwortung. Das Problem des Übergangs zur Postkonventionellen Moral, Frankfurt a. M. 1990.

Apelt, Willibalt: Betrachtungen zum Bonner Grundgesetz, in: NJW 2 (1949), 481-485.

Arndt, Adolf: Die Krise des Rechts (1948), in: Ders., Gesammelte juristische Schriften. Ausgewählte Aufsätze und Vorträge. 1946-1972, hgg. von E.-W. Böckenförde und W. Lewald, München 1976, 3-21.

Arnoldshainer Konferenz, Pluralismus in der Kirche. Chancen und Grenzen, Berlin 1977.

Artikel: Gott, in: Grimm, Jacob, Grimm, Wilhelm, Deutsches Wörterbuch, Bd. 4, I. Abteilung, 5. Teil, bearbeitet von T. Koch, u.a., Leipzig 1958, 1017-1146.

Artikel: Verantwortung, in: Grimm, Jacob, Grimm, Wilhelm, Deutsches Wörterbuch, Bd. 12, I.Abteilung: V-Verzwunzen, bearbeitet von E. Wülcke, u.a., Leipzig 1956, 80-81.

Aschoff, Hans-Georg : Der Gottesbezug in den Präambeln der deutschen Verfassungen, in: Ders. [Hg.], Gott in der Verfassung, 1-41.

- [Hg.]: Gott in der Verfassung. Die Volksinitiative zur Novellierung der Niedersächsischen Verfassung, Hildesheim 1995. [Aschoff, Gott in der Verfassung]

Auer, Alfons: Politik im Widerstreit der Interessen. Anforderungen an den glaubwürdigen Politiker, in: G. Mertens, u.a. (Hg.), Markierungen der Humanität. Sozialethische Herausforderungen auf dem Weg in ein neues Jahrtausend, FS W. Korff, Paderborn-München-Wien-Zürich 1992, 253-264.

Aufgaben und Grenzen kirchlicher Äußerungen zu gesellschaftlichen Fragen. Eine Denkschrift der Kammer für soziale Ordnung der Evangelischen Kirche in Deutschland, Gütersloh 1970, ^{5}1973.

Bachof, Otto: Verfassungswidrige Verfassungsnormen?, Recht und Staat. Heft 163/164, Tübingen 1958.

Badura, Peter: Artikel: Verfassung, in: $EStL^{3}$, Bd.2, Stuttgart 1987, 3737-3760.

-: Staatsrecht. Systematische Erläuterung des Grundgesetzes für die Bundesrepublik Deutschland, München ^{2}1996.

Barth, Karl: Christengemeinde und Bürgergemeinde, ThSt(B) 20, Zollikon-Zürich 1946.

-: Die Kirchliche Dogmatik, 4 Bde. In 13 Teilbänden uns Registerband, Zollikon-Zürich / Zürich 1932-1970.

-: Die These 5 der Barmer Erklärung und das Problem des gerechten Krieges. Gespräch mit der Kirchlichen Bruderschaft in Württemberg am 15. Juli 1963, in: Ders., Texte zur Barmer Theologischen Erklärung, Zürich 1984, 185-211.

-: Im Namen Gottes des Allmächtigen! 1291-1941, in: Ders., Eine Schweizer Stimme 1938-1945, Zürich ^{3}1985, 201-239.

Baumgart, Winfried: Voraussetzungen und Wesen der rheinland-pfälzischen Verfassung, in: Helmut Klaas, Die Entstehung der Verfassung für Rheinland-Pfalz, 1978, 1-32.

Bäumlin, Richard: Artikel: Staat, in: EKL^{3}, Bd.4, S-Z, Göttingen 1996, 444-449.

Becker, Ulrich: Das »Menschenbild des Grundgesetzes« in der Rechtsprechung des Bundesverfassungsgerichts, Schriften zum Öffentlichen Recht 708, Berlin 1995.

Behrendt, Ethel Leonore: Gott im Grundgesetz. Der vergessene Grundwert »Verantwortung vor Gott«, München 1980.

Behrendt, Ethel Leonore: Wozu steht Gott im Grundgesetz?. Der vergessene Grundwert in der Verfassungspitze, in: LM 19 (1980), 207-211.
-: Recht auf Gehör. Grundrecht und Grundwert, München 1978.
-: Rechtsstaat und Christenbekenntnis: Gott im Grundgesetz, in: Dies., RuC I, 163-186.
- *[Hg.]*: *Rechtsstaat und Christentum*. Besinnung auf Identitäten. Besinnung auf Differenzen, *Bd. I und I*, München [1]1982.
Beintker, Michael: Die Botschaft von der freien Gnade Gottes und die Gestalt einer Kirche des Erbarmens Gottes, in: Ders., Rechtfertigung in der neuzeitlichen Lebenswelt. Theologische Erkundungen, Tübingen 1998, 170-184.
-: Einleitung. Zugänge zur Rechtfertigungsbotschaft in der heutigen Lebenswelt, Rechtfertigung in der neuzeitlichen Lebenswelt. Theologische Erkundungen, Tübingen 1998, 1-8.
-: Freiheit aus Glauben – Freiheitssuche der Menschen von heute. Gemeinsamkeiten und Konflikte, in: Ders., Rechtfertigung in der neuzeitlichen Lebenswelt. Theologische Erkundungen, Tübingen 1998, 66-79.
-: Für seltene Vögel und andere. Das Ethos der Zehn Gebote in unserer Gesellschaft heute, in: LM 34 (1995), Heft 6, 13-17.
-: In welchem Sinn klärt sich im Glauben die Sinnfrage?, in: Ders., Rechtfertigung in der neuzeitlichen Lebenswelt. Theologische Erkundungen, Tübingen 1998, 95-109.
-: Neuzeitliche Schuldwahrnehmeung in Horizont der Rechtsfertigungsbotschaft, in: Ders., u.a. [Hgg.], Rechtfertigung und Erfahrung. FS für Gerhard Sauter zum 60. Geburtstag, Gütersloh 1995, 137-152 (=Ders., Rechtfertigung in der neuzeitlichen Lebenswelt. Theologische Erkundungen, Tübingen 1998, 33-48).
-: Rechtfertigung in der neuzeitlichen Lebenswelt. Theologische Erkundungen, Tübingen 1998.
-: Das reformatorische Zeugnis von der Freiheit heute. Ist das Reden von der Freiheit eine Mäglichkeit, die Bedeutung der Rechtfertigungslehre zu erschließen?, in: Ders., Rechtfertigung in der neuzeitlichen Lebenswelt. Theologische Erkundungen, Tübingen 1998, 49-65.
-: Die Schuldfrage im Erfahrungsfeld des gesellschaftlichen Umbruchs im östlichen Deutschland. Annäherungen, KZG 4 (1991), 445-461.
-: Schuld und Vergangenheitsbearbeitung im Horizont des christlichen Glaubens, ZdZ 46 (1992), 201-205.
-: Schuld und Verstrickung in der Neuzeit, in: JBTh 9 (1994), Neukirchen 1994, 219-234 (= ders., Rechtfertigung in der neuzeitlichen Lebenswelt. Theologische Erkundungen, Tübingen 1998, 18-32).
-: Selbstverwirklichung in der Spannung von humanwissenschaftlicher Anthropologie und Rechtfertigungslehre, in: Ders., Rechtfertigung in der neuzeitlichen Lebenswelt. Theologische Erkundungen, Tübingen 1998, 80-94.
-: Rechtfertigung. Versuch einer Elementarisierung, Rechtfertigung in der neuzeitlichen Lebenswelt. Theologische Erkundungen, Tübingen 1998, 9-17.
-: Wie kann ein Mensch gerecht sein vor Gott? (Hiob 4,17). Nachdenken über Rechtfertigung und Gerechtigkeit, in: Ders., Rechtfertigung in der neuzeitlichen Lebenswelt. Theologische Erkundungen, Tübingen 1998, 127-141.
-: Das Wort vom Kreuz und die Gestalt der Kirche, in: Ders., Rechtfertigung in der neuzeitlichen Lebenswelt. Theologische Erkundungen, Tübingen 1998, 154-169.
Bellah, Robert N.: Religion und die Legitimation der amerikanischen Republik, in: H. Kleger, A. Müller [Hgg.], Religion des Bürgers. Zivilreligion in Amerika und Europa, RWK 3, München 1986, 42-63.
-:Staat und Zivilreligion, 1969.

Bellah, Robert N.: Zivilreligion in Amerika, in: Religion und die Legitimation der amerikanischen Republik.
Belz, Walter: Revolution und Religion. Das Ende der DDR und die Zukunft der Kirchen, in: Sparn, Religion, 1992, 129-140.
Benda, Ernst: Kommentar. Wirklich Götterdämmerung in Karlsruhe, in: NJW 48 (1995), 2470-2471.
Benz, Wolfgang [Hg.]: Bewegt von der Hoffnung aller Deutschen. Zur Geschichte des Grundgesetzes. Entwürfe und Diskussionen 1941-1949, München 1979.
Berding, Helmut [Hg.]: Die Entstehung der Hessischen Verfassung von 1946. Eine Dokumentation, bearb. von H. Berding, L. Lange, Vorgeschichte und Geschichte des Parlamentarismus in Hessen 10, Wiesbaden 1986.
Berger, Peter L.: Der Zwang zur Häresie, Religion in der pluralistischen Gesellschaft, Frankfurt a. M. 1980.
Berlit, Uwe: Die Reform des Grundgesetzes nach der staatlichen Einigung Deutschlands, in: JöR nF 44 (1996), 17-89.
Bethge, Herbert: Gewissensfreiheit, in: Isensee, Joseph, Kirchenrot, Paul [Hgg.]:, Handbuch des Staatsrechts der Bundesrepublik Deutschland, Bd.VI: Freiheitsrechte, Kap.4: Religion, Kirche, Weltanschauung, Gewissen, Heidelberg 1989, 435-469.
Beutler, Bengt: Das Staatsbild in den Länderverfassungen nach 1945, Schriften zum Öffentlichen Recht 221, Berlin 1973.
Biehl, Peter: Artikel: Verantwortung, in: TRT, Bd.5, Göttingen ^{4}1983, 258-261.
Binder, Dieter: Artikel: Invokation, in: LThK^{3}, Bd.5, Freiburg i. Breisgau 1996, 576.
Bloch, Ernst: Das Prinzip Hoffnung, 3 Bde., stw 554, Frankfurt a. M. ^{3}1990.
Blumenwietz, Dieter: Gott und Grundgesetz. Bemerkungen zur »invocatio dei« und zu einigen religionsbezogenen Bestimmungen des Bonner Grundgesetzes vom 23. Mai 1949, in: Behrendt, RuC I, 127-152.
Bonin, Konrad v. [Hg.]: Begründungen des Rechts II. Juristen-Theologen-Gespräch in Hofgeismar, GTA 13, Göttingen 1979.
Botschaft über eine neue Bundesverfassung vom 20. November 1996, Bern 1996. (= http://www.admin.ch/bj/bve96/bve96d/norm/botbt.htm#Heading9, 212. Erläuterungen zu den einzelnen Bestimmungen. Präambel).
Boventer, Harmann: Gott, Demokratie und politische Bildung. Sind Grundwerte verfassungswidrig?, in: Behrendt, RuC I, 1982, 89-125.
Böckenförde, Ernst-Wolfgang: Bemerkungen zum Verhältnis von Staat und Religion bei Hegel, in: Ders., Recht, Staat, Freiheit, 1991, 115-142
-: Das neue politische Engagement der Kirche. Zur »politischen Theologie« Johannes Pauls II., in: StZ 198 (1980), 219-234.
-: Der Staat als sittlicher Staat, Wissenschaftliche Abhandlungen und Reden zur Philosophie, Politik und Geistesgeschichte 14, Berlin 1978.
-: Die Entstehung des Staates als Vorgang der Säkularisation, in: Ders., Recht, Staat, Freiheit, 1991, 92-114.
-: Kreuze (Kruzifixe) in Gerichtssälen, in: ZEvKR 20 (1975), 119-147.
-: Recht, Staat, Freiheit. Studien zur Rechtsphilosophie, Staatstheorie und Verfassungsgeschichte, Frankfurt a. M. 1991.
-: Staat-Gesellschaft-Kirche, in: F. Böckle, u.a. [Hg.], CGG 15, Freiburg u.a. 1982, 5-120.
-: Staat. Nation. Europa. Studien zur Staatslehre, Verfassungstheorie und Rechtsphilosophie, Frankfurt a. M. 1999.

Böckenförde, Ernst-Wolfgang: Stellung und Bedeutung der Religion in der »Civil Society«, in: Ders., Staat. Nation. Europa, 1999, 260-276.

- *[Hg.]*: Staatsrecht und Staatslehre im Dritten Reich, Heidelberg 1985.

- : Zur Kritik der Wertbegründung des Rechts, in: Dreier, Rechtspositivismus und Wertbezug des Rechts, 1990, 33-46.

-: Zur Lage der Grundrechtsdogmatik nach 40 Jahren Grundgesetz (1989), Carl Friedrich von Siemens Stiftung, Themen 47, o.O. 1990.

Böckenförde, Ernst-Wolfgang, Spaemann, Robert [Hgg.]: Menschenrechte und Menschenwürde. Historische Voraussetzungen - säkulare Gestalt – christliches Verständnis, Stuttgart 1987.

Brandt, Reinhard: Ein verständlicher Fehler. Das mißverstandene Mehrheitsargument, in: LM 33 (1994), Heft 4, 15-16.

Braun, Klaus: Kommentar zur Verfassung des Landes Baden-Württemberg, Stuttgart-München-Hannover 1984.

Brieskorn, Norbert: Rechtsphilosophie, Grundkurs Philosophie 14, Stuttgart-Berlin-Köln 1990.

Brinkmann, Andreas: Die Verfassung des Freistaates Thüringen mit Erläuterungen und Rechtsprechungshinweisen, Erfurt ^{2}1995.

Brockmann, Heinz-Wilhelm: Verfassungsänderung durch Volksinitiative. Bericht aus katholischer Perspektive, in: Aschoff, Gott in der Verfassung, 42-63.

Bron, Bernhard: Artikel: Schuld, in: EKL^{3}, Bd. 4, Göttingen 1996, 114-118.

Brunner, Gottlieb: Grundwerte als Fundament der pluralistischen Gesellschaft. Eine Untersuchung der Positionen von Kirchen, Parteien und Gewerkschaften in der Bundesrepublik Deutschland, FThSt 142, Freiburg-Basel-Wien 1989.

Bubmann, Peter: Naturrecht und christliche Ethik, in: ZEE 37 (1993), 267-280.

Bucher, Peter: Einleitung, in: Süsterhenn, Schriften, 1991, IX-XXVI.

Buchhaas-Birkholz, Dorothee [Bearb.]: »Zum politischen Weg unseres Volkes«. Politische Leitbilder und Vorstellungen im deutschen Protestantismus 1945-1952. Eine Dokumentation, Düsseldorf 1989.

Bultmann, Rudolf: Römer 7 und die Anthropologie des Paulus, in: Ders., Exegetica. Aufsätze zur Erforschung des Neuen Testaments, ausgewählt, eingeleitet u. hg. v. E. Dinkler, Tübingen 1967, 198-209.

Bundesamt für Justiz. Dienst für die Totalrevision der Bundesverfassung, Totalrevision der Bundesverfassung. Vernehmlassung zum Verfassungsentwurf von 1977. Zusammenfassung sämtlicher Vernehmlassungen. Grundsatzfragen Art. 1-25, Bd. 3, Bern 1980.

Burgsmüller, Alfred, Weth, Rudolf [Hgg.]: Die Barmer Theologische Erklärung. Einführung und Dokumetation. Mit einem Geleitwort von Klaus Engelhardt, Neukirchen-Vluyn ^{5}1993.

Burkert, W., Schmidt, W.H., Gross, H., u.a.: Artikel: Gott, in: HWP, Bd. 3, Basel-Stuttgart 1974, 721-814.

Busch, Eberhard: »Gott hat nicht auf sein Recht verzichtet«. Die Erneuerung der Kirche im Verhältnis zum politischen Bereich nach dem Verständnis der reformierten Reformatoren, in: EvTh 52 (1992), 160-176.

Calvin, Johannes: Unterricht in der christlichen Religion. Institutio Christianae Religionis, Nach der letzten Ausgabe übersetzt und bearbeitet von Otto Weber, Neukirchen-Vluyn ^{5}1988.

Campenhausen, Axel Freiherr von: Aktuelle Aspekte der Religionsfreiheit. Neue Religionen im Abendland II (1992), in: Ders., Gesammelte Schriften, Jus ecclesiasticum Bd. 50, Tübingen 1995, 445-454.

Campenhausen, Axel Freiherr von: Die Kirchen unter dem Grundgesetz 1949-1989, in: Morsey, Rudolf, Repgen, Konrad [Hgg.], Christen und Grundgesetz. Mit Beiträgen von Axel Freiherr von Campenhausen, Roman Herzog, Hans Maier, Paul Mikat, Konrad Repgen und Manfred Spieker und einem Nachwort von Bischof Karl Lehmann, Paderborn-München-Wien-Zürich 1989, 71-93.

-: Neue Religionen im Abendland. Staatskirchenrechtliche Probleme der Muslime, der Jugendsekten und der sogenannten destruktiven religiösen Gruppen (1980), in: Ders., Gesammelte Schriften, Jus Ecclesiasticum Bd. 50, Tübingen 1995, 409-444.

-: Religionsfreiheit, in: Isensee, Joseph und Kirchenrot, Paul [Hgg.], Handbuch des Staatsrechts der Bundesrepublik Deutschland, Bd. VI: Freiheitsrechte, Kp. 4: Religion, Kirche, Weltanschauung, Gewissen, Heidelberg 1989, 369-434.

Carpentier, Jean-Marie: Artikel: Pluralismus. 2. Theologisch, in: EKL^3, Bd. 3, L-R, Göttingen 1992, 1234-1241.

Creifelds, Carl: Rechtswörterbuch, begründet von Carl Creifels, hg. v. K. Weber, bearb. v. D. Gunz, München ^{1}1968, ^{15}1999.

Dagtoglou, Prodomos: Die Griechische Verfassung von 1975, in: JöR nF 32 (1983), 355-393.

Daiber, Karl-Fritz: Debatte um ein Wortsymbol. Die neue Präambel der Niedersächsischen Verfassung im Parlament, in: LM 33 (1994), Heft 9, 35-37.

-: Phänomene und Funktionen von »Civil Religion«, in: epd-Dokumentation 35/1987, 29-41. [= Religion in Kirche und Gesellschaft, 1997, 116-125]

-: Pastoralsoziologie, s.o. Kreß, H. / Daiber, K.-F., Theologische Ethik – Pastoralsoziologie.

-: Produktion von Zivilreligion in der Predigt – Beispiele aus Deutschland zwischen 1914 und 1945, in: epd-Dokumentation 37/1978, 37-52. [=Religion in Kirche und Gesellschaft, 1997, 126-142]

-: Religion in Kirche und Gesellschaft. Theologische und soziologische Studien zur Präsenz von Religion in der gegenwärtigen Kultur, Stuttgart-Berlin-Köln 1997.

-: Religion unter den Bedingungen der Moderne. Die Situation in der Bundesrepublik Deutschland, Marburg 1995.

-: Ritual von Bedeutung. Zivilreligion in ostdeutschen Verfassungspräambeln, in: LM 33 (1994), Heft 11, 12-14.

Delgado, Mariano: Theologie angesichts religiöser Vielfalt, ZMR 77 (1993), 183-201.

Der Rat der Evangelischen Kirche in Deutschland (EKD): Christentum und politische Kultur. Über das Verhältnis des demokratischen Rechtsstaates zum Christentum, Hannover, 29.10.1997, epd-Dokumentation 46a/97.

Der Rat der Evangelischen Kirche in Deutschland (EKD): Gestaltung und Kritik. Zum Verhältnis von Protestantismus und Kultur im neuen Jahrhundert, Hannover März 1999.

Dietze, Hans-Helmut: Der Gesetzesvorspruch im geltenden deutschen Reichsrecht, Berlin-Wien 1939.

Dirks, Walter: Der Name Gottes, in: FH 3 (1948), 1146-1147.

Doemming, Klaus-Berto von [Bearb.]: Präambel, in: Entstehungsgeschichte der Artikel des Grundgesetzes. Im Auftrage der Abwicklungsstelle des Parlamentarischen Rates und des Bundesministers des Innern auf Grund der Verhandlungen des Parlamentarischen Rates, bearb. von K.-B. Doemming, R.W. Füsslein, W. Matz, JöR nF 1 (1951), 20-41.

Döbert, Rainer: »Zivilreligion«. Ein religiöses Nichts, religionstheoretisch betrachtet, in: Kursbuch 93, 1988, 67-84.

Dolzer, Rudolf, Vogel, Klaus [Hgg.]: Bonner Kommentar zum Grundgesetz. Gegründet 1950, Stand: 73. Lieferung (Mai 1995), Heidelberg 1995.
Dreier, Horst [Hg.]: Grundgesetz-Kommentar, Bd.1, Art 1-19, Tübingen 1996.
Dreier, Ralf: Der Begriff des Rechts, in: NJW 39 (1986), 890-896.
-: Neues Naturrecht oder Rechtspositivismus. In Erwiederung auf Werner Krawietz, in: Rechtstheorie 19 (1987), 368-385
-: Recht-Moral-Ideologie, Studien zur Rechtstheorie 1, stw 344, Frankfurt a. M. 1981.
-: Recht-Staat-Vernunft, Studien zur Rechtstheorie 2, stw 954, Frankfurt a. M. 1991.
-: Rechtsbegriff und Rechtsidee. Kants Rechtsbegriff und seine Bedeutung für die gegenwärtige Diskussion, Würzburger Vorträge zur Rechtsphilosophie, Rechtstheorie und Rechtssoziologie 5, Frankfurt a. M. 1986.
-: Rechtstheorie und Rechtstheologie. Zu den Bedingungen der Möglichkeit eines Dialogs zwischen Jurisprudenz und Theologie, in: Behrendt, RuC I, 1982, 63-87. [=Nembach, Begründungen des Rechts, 1979, 87ff.]
-: Was ist und wozu Allgemeine Rechtstheorie?, Recht und Staat 444/445, Tübingen 1975 [= Ders., Recht-Moral-Ideologie, 17-47].
- *[Hg.]*: Rechtspositivismus und Wertbezug des Rechts. Vorträge der Tagung der deutschen Sektion der Internationalen Vereinigung für Rechts- und Sozialphilosophie (IVR) in der Bundesrepublik Deutschland. Göttingen, 12.-14. Oktober 1988, ARSP.B 37, Stuttgart 1990.
Dückert, Thea; Zum Gottesbezug in der niedersächsischen Verfassung, in: Aschoff, Gott in der Verfassung, 86-88.

Ellul, Jaques: Die theologische Begründung des Rechtes, BEvTh 10, München 1948.
Enders, Christoph: Die Menschenwürde in der Verfassungsordnung. Zur Dogmatik des Art. 1 GG, Jus Publicum 27, Tübingen 1997.
Ennuschat, Jörg: »Gott« und Grundgesetz. Zur Bedeutung der Präambel für das Verhältnis des Staates zu Religion und Religionsgemeinschaften, in: NJW 51 (1998), 953-957.
Entscheidungen. 1.Bundesverfassungsgericht: Senatsentscheidung: 1.Anbringen von Kruzifixen in staatlichen Pflichtschulen als Verstoß gegen Art.4 I GG, in: NJW 48 (1995), 2477-2483.
Evangelische Kirche und freiheitliche Demokratie. Der Staat des Grundgesetzes als Angebot und Aufgabe, 1985, Eine Denkschrift der Evangelischen Kirche in Deutschland, in: Die Denkschriften der Evangelischen Kirche in Deutschland, Bd.2: Soziale Ordnung, Wirtschaft, Staat, Teil 4: Zeiträume 1985-1988-1992, GTB 423, Gütersloh 1992, 9-54.
Expertenkommission für die Vorbereitung einer Totalrevision der Bundesverfassung. Bericht, Bern 1977.

Faller, Hans Joachim: Wiederkehr des Naturrechts?. Die Naturrechtsidee in der höchstrichterlichen Rechtsprechung von 1945-1993, in: JöR nF 43 (1995), 1-17.
Fears, Jesse Rufus: Artikel: Gottesgnadentum, in: RAC Bd. XI, Stuttgart 1981, 1103-1159.
Feldkamp, Michael F.: Der Parlamentarische Rat. 1948-1949. Die Entstehung des Grundgesetzes, Göttingen 1998.
Feuchte, Paul [Bearb.]: Quellen zur Entstehung der Verfassung von Baden-Württemberg. Erster Teil: Gründung des Landes und Überleitungsgesetz, Veröffentlichungen zur Verfassungsgeschichte von Baden-Württemberg seit 1945, Bd. 2, Stuttgart 1986.
-, u.a.: Verfassung des Landes Baden-Württemberg. Kommentar, Stuttgart-Berlin-Köln-Mainz 1987.
-: Verfassungsgeschichte von Baden-Württemberg, Stuttgart 1983.

Ficker, Rudolf: Der universale Christus in allen Religionen. Echter Dialog wäre gemeinschftliche Suche nach Wahrheit, LM 12 (1988), 551-554.
Fischer, Erwin: Trennung von Staat und Kirche. Die Gefährdung der Religions- und Weltanschauungsfreiheit in der Bundesrepublik, Frankfurt a. M. [3]1984.
Fischer, Helmut: Glaubensaussage und Sprachkultur, Hamburg 1972.
Fischer, Johannes: Pluralismus, Wahrheit und Krise der Dogmatik, ZThK 91 (1994), 487-539.
Fischer, Peter Christian: Staatszielbestimmungen in den Verfassungen und Verfassungsentwürfen der neuen Bundesländer, München 1994.
Fleiner, Thomas: Die rechtliche und staatsphilosohische Bedeutung der Präambel unserer Bundesverfassung, in: Ref. 25 (1976), 24-28.
Fleiner-Gerster, Thomas: Moderne Kirche im modernen Staat, in: JöR nF 43 (1995), 19-30.
Floehr, Ralf [Hg.]: Das Grundgesetz entsteht. Aus den stenographischen Berichten über die Plenarsitzungen des Parlamentarischen Rates, Krefeld 1985.
Flor, Georg: Gottesgnadentum und Herrschergnade. Über menschliche Herrschaft und göttliche Vollmacht, Köln 1991.
Forschner, Maximilian: Artikel »Verantwortung«, in: StL Bd. 5, Freiburg [7]1989, 589-593.
Franke, Dietrich, Kneifel-Haverkamp, R.: Die brandenburgische Landesverfassung. Verfassungsgebung in einem neuen Bundesland als Teil der gesamtdeutschen Verfassungsdiskussion, in: JöR nF 42 (1994), 111-148.
Frey, Christofer: Zum Thema der Vernunft in der evangelischen Ethik, in: ZEE 25 (1981), 197-217.
Fuchs Thomas, Burkardt, Björn, Honnefelder, Ludger, Schuster, Josef: Artikel: Schuld/Schuldgefühl, in: Lexikon der Bioethik, Bd. 3, hgg. im Auftrag der Görresgesellschaft von W. Korff, L. Beck, P. Mikat, Gütersloh 1998, 246-252.
Furger, Franz: Christliche Sozialethik. Grundlagen und Zielsetzungen. Stuttgart 1991.
Für eine Zukunft in Solidarität und Gerechtigkeit. Wort des Rates der Evangelischen Kirche in Deutschland und der Deutschen Bischofskonferenz zur wirtschaftlichen und sozialen Lage in Deutschland, hgg. vom Kirchenamt der Evangelischen Kirche in Deutschland und vom Sekretariat der Deutschen Bischofskonferenz, Hannover-Bonn o.J.
Fürst, Michael: Stellungnahme von jüdischer Seite, in: Aschoff, Gott in der Verfassung, 74-75.

Gäfgen, Kerstin: Das Recht in der Korrelation von Dogmatik und Ethik, Diss. Uni München (1989/90), TBT 52, Berlin-New York 1991.
Gehring, Axel: Freiheit und Pluralismus. Eine Analyse zum Problem der Stabilität einer pluralistischen Gesellschaft, hg. v. Bernhard Niemann, Berlin 1977.
Geiger, Willi: Zur Genesis der Präambel des Grundgesetzes, in: EuGRZ 13 (1986), 121-126.
Geisser, Hans: Zum Problem des Pluralismus in und für Staat und Kirche, in: Ref. 27 (1978), 229-238.
Gerlitz, Peter, Schwöbel, Christoph, Grötzinger, Albrecht: Artikel: Pluralismus, in: TRE 26, Berlin-New York 1996, 717-742.
Geyer, Hans: Wahrheit und Pluralismus, EvTh 40 (1980), 76-86.
Giese; Friedrich: Grundgesetz für die Bundesrepublik Deutschland vom 23. Mai 1949, neu bearb. v. Egon Schunck, Frankfurt a. M. [9]1976.
Gorschenek, Günter [Hg.]: Grundwerte in Staat und Gesellschaft, München 1977.
Greive, Wolfgang [Hg.]: »Gott im Grundgesetz?«. Dokumentation einer Tagung der Evangelischen Akademie Loccum vom 7. bis 9. Mai 1993, LoPr 14/1993, Loccum 1994.

Grundwerte und Gottes Gebot, Gemeinsame Erklärung des Rates der Evangelischen Kirche in Deutschland und der Deutschen Bischofskonferenz, 1979.
Guggenberger, Bernd, Stein, Tine [Hgg.]: Die Verfassungsdiskussion im Jahr der deutschen Einheit. Analysen – Hintergründe – Materialien, München-Wien 1991.

Habermas, Jürgen: Theorie des kommunikativen Handelns, Bd. 2, Frankfurt a. M. 1981.
Häberle, Peter: »Gott« im Verfassungsstaat? (1987), in: Ders., Rechtsvergleichung im Kraftfeld des Verfassungsstaates. Methoden und Inhalte, Kleinstaaten und Entwicklungsländer, Berlin 1992, 213-227.
-: Das Problem des Kulturstaates im Prozeß der deutschen Einigung. Defizite, Versäumnisse, Chancen, Aufgaben, in: JöR nF 40 (1991/1992), 291-499.
-: Der Entwurf der Arbeitsgruppe »Neue Verfassung der DDR« des Runden Tisches (1990), in: JöR nF 39 (1990), 319-493.
-: Die Schlußphase der Verfassungsbewegung in den neuen Bundesländern (1992/93), JöR nF 43 (1995), 355-474.
-: Die Verfassung des Pluralismus. Studien zur Verfassungstheorie der offenen Gesellschaft, Athenäum 1980.
-: Die Verfassungsbewegung in den fünf neuen Bundesländern, in: JöR nF 41 (1993), 69-307.
-: Die Verfassungsbewegung in den fünf neuen Bundesländern Deutschlands. 1991 bis 1992, in: JöR nF 42 (1994), 149-324.
-: Dokumentation von Verfassungsentwürfen und Verfassungen ehemals sozialistischer Staaten in (Süd-)Osteuropa und Asien, in: JöR nF 46 (1998), 123-474.
-: Präambeln im Text und Kontext von Verfassungen, in: Demokratie in Anfechtung und Bewährung, FS für J. Broermann, hgg. v. J. Listl und H. Schambeck, Berlin 1982, 211-249.
-: Verfassungslehre als Kulturwissenschaft, 1982.
-: Verfassung als öffentlicher Prozeß. Materialien zu einer Verfassungstheorie der offenen Gesellschaft, Schriften zum Öffentlichen Recht, Bd. 353, Berlin ^{2}1996.
Hamann, Andreas, Lenz, Helmut: Das Grundgesetz für die Bundesrepublik Deutschland vom 23. Mai 1949, Neuwied-Berlin ^{3}1970.
Hamarti, Béla: »Civil Religion« weltweit. Ein Studienprojekt des Lutherischen Weltbundes, in: LM 21 (1982), 303.
-: Die Bedeutung der Religion und der Grundwerte für Nation und Staat, in: epd-Dokumentation Nr. 47/1987, 1-11.
-: Die Kirche und Civil Religion. Ein Studienprojekt des Lutherischen Weltbundes, 1981-1986, in: epd-Dokumentation Nr. 18/1987, 1-12.
Hamel, Walter: Deutsches Staatsrecht. I. Grundbegriffe, Berlin 1971.
Härle, Wilfried: Auf der Suche nach Gottes Spuren. Theologie nach 1945 im Ringen mit der Verborgenheit Gottes, Teil 1, in: LM 36 (1997), Heft 4, 28-29.
-: Der Toleranzgedanke im Verhältnis der Religionen, in: Theologie und Aufklärung. FS Gottfried Hornig, hg. v. Wolfgang Erich Müller, Hartmut H.R. Schulz, Würzburg 1992, 323-337.
-: Im Bund mit dem Zweifel. Theologie nach 1945. Teil II, in: LM 36 (1997), Heft 5, 22-24.
Hart, H.L.A.: Der Begriff des Rechts, Frankfurt a. M. 1973.
-: Recht und Moral. Drei Aufsätze. Aus dem Englischen übersetzt und mit einer Einleitung hg. v. N. Hoerster, Göttingen 1971.

Hassemer, Winfried [Bearb.]: Einführung, in: Gustav Radbruch, Gesamtausgabe, Bd. 3. Rechtsphilosophie III, bearbeitet von W. Hassemer, hg. v. A. Kaufmann, Heidelberg 1990, 1-16.

Hawkins, Robbert D.: Artikel: Staatskirchenrecht, in: EKL[3], Bd. 4, S-Z, Göttingen 1996, 469-472.

Heckel, Martin: »In Verantwortung vor Gott und den Menschen ...«. Staatskirchenrecht und Kulturverfassung des Grundgesetzes 1949-1989, in: Nörr, Knut Wolfgang [Hg.], 40 Jahre Bundesrepublik Deutschland - 40 Jahre Rechtsentwicklung. Ringvorlesung der Juristischen Fakultät der Universität Tübingen 1989, Tübinger Rechtswissenschaftliche Abhandlungen Bd.69, Tübingen 1990, 1-27.

-: Säkularisierung. Staatskirchenrechtliche Aspekte einer umstrittenen Kategorie, in: ZSRG KLXVI (1980), 1-163.

Herms, Eilert: Auf dem Weg in die offene Gesellschaft, in: Ders., Erfahrbare Kirche, 1990, 239-250.

-: Die Rolle der Evangelischen Kirche in der Technologiegesellschaft der Neunziger Jahre, in: Ders., Gesellschaft gestalten, 1991, 349-379.

-: Die Begründung des Kruzifixbeschlusses des Bundesverfassungsgerichts vom 16. Mai 1995. Funktion und kategoriale Voraussetzungen, in: MJTh IX (1997), 125-134.

-: Erfahrbare Kirche. Beiträge zur Ekklesiologie, Tübingen 1990.

-: Gesellschaft gestalten. Beiträge zur evangelischen Sozialethik, Tübingen 1991.

-: Gewalt und Recht in theologischer Sicht, Gesellschaft gestalten, 1991, 125-145.

-: »Gott im Grundgesetz« - aus evangelischer Sicht (1993), in: Ders., Kirche für die Welt. Lage und Aufgabe der evangelischen Kirchen im vereinigten Deutschland, Tübingen 1995, 432-440.

-: Grundzüge eines theologischen Begriffs sozialer Ordnung, in: Ders., Gesellschaft gestalten, 1991, 56-94.

-: Ist Religion noch gefragt?, in: Ders., Erfahrbare Kirche, 1990, 25-48.

-: Keine Abwahl Gottes. Die Offenlegung der Verantwortung in der Verfassung, in: LM 33 (1994), Heft 2, 6-10.

-: Kirche für die Welt. Lage und Aufgabe der evangelischen Kirchen im vereinigten Deutschland, Tübingen 1995.

-: Pluralismus aus Prinzip, in: Ders., Kirche für die Welt. Lage und Aufgabe der evangelischen Kirchen im vereinigten Deutschland, Tübingen 1995, 467-485.

-: Religion und Organisation. Die gesamtgesellschaftliche Funktion von Kirche aus der Sicht der evangelischen Theologie, in: Ders., Erfahrbare Kirche, 1990, 49-79.

-: Schuld in der Geschichte, in: Ders., Gesellschaft gestalten, 1991, 1-24.

-: Theologie und Politik. Die Zwei-Reiche-Lehre als theologisches Programm einer Politik des weltanschaulichen Pluralismus, in: Ders., Gesellschaft gestalten. Beiträge zur evangelischen Sozialethik, Tübingen 1991, 95-124.

-: »Verantwortung« in der Verfassung (1994), in: Ders., Kirche für die Welt. Lage und Aufgabe der evangelischen Kirchen im vereinigten Deutschland, Tübingen 1995, 441-461.

-: Vom halben zum ganzen Pluralismus. Einige bisher übersehene Aspekte im Verhältnis von Staat und Kirche, in: EvTh 54 (1994), 134-157.

-: Was besagt die »weltanschauliche Neutralität des Staates«. Ist sie praktizierbar?, in: Protokolldienst der Evangelischen Akademie Bad Boll 7/1997, 144-155.

Herzog, Roman: 40 Jahre Grundgesetz - eine Bestandsaufnahme, in: Morsey, Rudolf, Repgen, Konrad [Hgg.], Christen und Grundgesetz. Mit Beiträgen von Axel Freiherr von Campenhausen, Roman Herzog, Hans Meier, Paul Mikat, Konrad Repgen und Manfred Spieker und einem Nachwort von Bischof Karl Lehmann, Paderborn-München-Wien-Zürich 1989, 111-125.

-: Artikel: Grundgesetz (GG), in: EStL[3] Bd.1, Stuttgart 1987, 1204-1212.

-, ***Mehlhausen, Joachim***: Artikel: Pluralismus, in: EStL[3] Bd.2, Stuttgart [3]1987, 2539-2552.

Hesse, Konrad: Grundzüge des Verfassungsrechts der Bundesrepublik Deutschland, Heidelberg [20]1995.

-: Die Vereinigung Deutschland und die gesamtdeutsche Verfassung (1991), in: JöR nF 44 (1996), 1-16.

Hippel, Ernst v.: Rechtsgesetz und Naturgesetz, Tübingen [2]1949.

Hoerster, Norbert: Einleitung. zu H.L.A. Hart, Recht und Moral. 3 Aufsätze, Göttingen 1971, 5ff.

- ***[Hg.]***: Recht und Moral. Texte zur Rechtsphilosophie, Stuttgart 1987.

-: Zur Verteidigung der rechtspositivistischen Trennungsthese, in: Dreier, Rechtspositivismus und Wertbezug des Rechts, 1990, 27-32.

-: Zur Verteidigung des Rechtspositivismus, in: NJW 39 (1986), 2480-2482.

Höffe, Otfried: Art. Pluralismus/Toleranz, NHThG 4 (1991), 218-234.

-: Vernunft und Recht. Bausteine zu einem interkulturellen Rechtsdiskurs, stw 1270, Frankfurt a. M. 1996.

Hofmann, Hans: Das Grundgesetz ohne Gott - aber mit Mitmenschlichkeit?. Zu den weltanschaulich-ethischen Absichten bei der derzeitigen Verfassungsdiskussion, in: ZRP 27 (1994), 215-219.

Holenstein, E.: Gott und die Würde der Kreatur in der Schweizerischen Bundesverfassung, in: Ders., Kulturphilosophische Perspektiven. Schulbeispiel Schweiz. Europäische Identität auf dem Prüfstand. Globale Verständigungsmöglichkeiten, Frankfurt a. M. 1998, 118-163.

Holl, Jan: Historische und Systematische Untersuchungen zum Bedingungsverhältnis von Freiheit und Verantwortlichkeit, Monographien zur philosophischen Forschung 169, Meisenheim 1980.

Hollerbach, Alexander: Der verfassungsrechtliche Schutz kirchlicher Organisationen, in: Isensee, Joseph und Kirchenrot, Paul [Hgg.], Handbuch des Staatsrechts der Bundesrepublik Deutschland, Bd. VI: Freiheitsrechte, Kap. 4: Religion, Kirche, Weltanschauung, Gewissen, Heidelberg 1989, 557-593.

-: Freiheit kirchlichen Wirkens, in: Isensee, Joseph und Kirchenrot, Paul [Hgg.], Handbuch des Staatsrechts der Bundesrepublik Deutschland, Bd. VI: Freiheitsrechte, Kap. 4: Religion, Kirche, Weltanschauung, Gewissen, Heidelberg 1989, 595-633.

-: Grundlagen des Staatskirchenrechts, in: Isensee, Joseph und Kirchenrot, Paul [Hgg.]: Handbuch des Staatsrechts der Bundesrepublik Deutschland, Bd. VI: Freiheitsrechte, Kap. 4: Religion, Kirche, Weltanschauung, Gewissen, Heidelberg 1989, 471-555.

Hölscheidt, Sven: Grundlagen und Entwicklung der Verfassungsberatungen in Mecklenburg-Vorpommern, in: DVBl. 1991, 1066-1070.

Hölscheidt, Sven, Wiese, Irna v.: Grundrechte und Staatsziele im Verfassungsentwurf für Mecklenburg-Vorpommern, in: LKV 2 (1992), 393-398.

Hofmann, Eberhard: Bonn und das »christliche Menschenbild«. Beobachtungen auf der politischen Bühne, in: Sparn, Religion, 1992, 119-128.

Homeyer, Josef: Invocatio Dei in der Verfassung, in: Aschoff, Gott in der Verfassung, 89-91.

Honecker, Martin: Artikel: Zwei-Reiche-Lehre, in: EStL[3], Bd. 2, Stuttgart 1987, 4112-4124.
-: Der Auftrag der Kirche und die Aufgabe des Staates, in: EGTSK 25. Die Verantwortung der Kirche für den Staat hgg. v. H. Marré und J. Stüting, Münster 1991, 47-102.
-: Einführung in die Theologische Ethik. Grundlagen und Grundbegriffe, Berlin-New York 1990.
-: Eschatologie und Zivilreligion. Marginalien zu einem strittigen Theologumena, in: EvTh 50 (1990), 40-55.
-: Grundriß der Sozialethik, Berlin-New York 1995.
-: Konzept einer sozialethischen Theorie. Grundfragen evangelischer Sozialethik, Tübingen 1971.
-: Sozialethik zwischen Tradition und Vernunft, Tübingen 1977.
Horkheimer, Max, Adorno, Theodor W.: Dialektik der Aufklärung. Philosophische Fragmente, Frankfurt a. M. 1992.
Horster, Detlef: Niklas Luhmann, BsR 538, München 1997.
Hösle, Vittorio: Die Krise der Gesellschaft und die Verantwortung der Philosophie. Transzendentalpragmatik, Letztbegründung, Ethik, München 1990.
Huber, Wolfgang: Artikel: Staat und Kirche. 2. Theologisch, in: EKL[3], Bd. 4, S-Z, Göttingen 1996, 456-461.
-: Die Menschenrechte und das Grundgesetz. Theologische Überlegungen, in: M. Pfeiffer [Hg.], Auftrag Grundgesetz, Stuttgart 1989, 190-213.
-: Folgen christlicher Freiheit. Ethik und Theorie der Kirche im Horizont der Barmer Theologischen Erklärung, NBST 4, Neukirchen-Vluyn [2]1985.
-: Gerechtigkeit und Recht. Grundlinien christlicher Rechtsethik, Gütersloh 1996.
-: Kirche und Öffentlichkeit, FBESG 28, München [2]1991.
-: Konflikt und Konsens. Studien zur Ethik der Verantwortung, München 1990.
-: Öffentliche Kirche in pluralen Öffentlichkeiten, in: EvTh 54 (1994), 157-180.
-: Protestantismus und Protest. Zum Verhältnis von Ethik und Politik, rororo Essay aktuell 12136, Reinbek bei Hamburg 1987.
-: Recht im Horizont der Liebe – Eine theologische Skizze, in: Brandt, W., u.a. [Hgg.], FS H. Simon, Baden-Baden 1987.
-: Viele Kulturen - eine Gesellschaft, ZEE 36 (1992), 111-124.
-, Reuter, Hans-Richard: Friedensethik, Stuttgart-Berlin-Köln 1990.
Hüffmeier, Wilhelm [Hg.]: Für Recht und Frieden sorgen. Auftrag der Kirche und Aufgabe des Staates nach Barmen V. Theologisches Votum der Evangelischen Kirche der Union - Bereich Bundesrepublik Deutschland und Berlin-West-, Gütersloh 1986.
Hügli, Anton, Lübcke, Poul [Hgg.]: Philosophie im 20. Jahrhundert, Bd. 1. Phänomenologie, Hermeneutik, Existenzphilosophie und Kritische Theorie, Reinbek bei Hamburg 1992.

Isensee, Joseph: Staat und Verfassung, in: Ders., HbStR I, 591-669.
Isensee, Joseph, Kirchhoff, Paul [Hgg.]: Handbuch des Staatsrechts der Bundesrepublik Deutschland. Bd. 1. Grundlagen von Staat und Verfassung, Heidelberg 1987. [HbStR I]

Jacobs, Wilhelm G.: Artikel: Bewußtsein, in: HPhG, Bd. 1, München 1973, 232-246.
Jaeschke, Walter: Der Glaube als Hüter der Verfassung, in: EvTh 54 (1994), 105-119.
Jahn, Friedrich-Adolf: Metapolitische Voraussetzungen des Staates. Stellungnahme des verfassungspolitischen Sprechers der CDU/CSU-Bundestagsfraktion, in: Greive, Gott im Grundgesetz, 221-224.

Jarass, Hans, Pieroth, Bodo: Grundgesetz für die Bundesrepublik Deutschland. Kommentar, München ^{4}1997.

Jaspers, Karl: Die Bundestagsdebatten über die Verjährung von Morden des NS-Staates 1965, in: Ders. Mitverantwortlich. Ein philosophisch politisches Lesebuch, Berlin-Darmstadt-Wien o.J., 301-366.

-: Die Schuldfrage. Ein Beitrag zur deutschen Frage, Zürich ^{2}1946.

Jonas, Hans: Philosophische Meditation über Paulus, Römerbrief, Kapitel 7, in: Zeit und Geschichte. Dankesgabe an Rudolf Bultmann zum 80. Geburtstag, hg. von E. Dinkler, Tübingen 1964, 557-570.

-: Das Prinzip Verantwortung. Versuch einer Ethik für die technologische Zivilisation, st 1085, Frankfurt a. M. ^{12}1995

Jörns, Klaus-Peter: Die neuen Gesichter Gottes. Was die Menschen heute wirklich glauben, München 1997.

Jung, Ottmar: Jüngste plebiszitäre Entwicklungstendenzen in Deutschland auf Landesebene, in: JöR nF 41 (1993), 29-67.

Jüngel, Eberhard: Evangelischer Indikativ. Untergang oder Renaissance der Religion?, in: EK 28 (1995), 329-332.

-: Gott als Geheimnis der Welt. Zur Begründung der Theologie des Gekreuzigten im Streit zwischen Theismus und Atheismus, Tübingen ^{6}1992.

-: Der Gott entsprechende Mensch. Bemerkungen zur Gottebenbildlichkeit des Menschen als Grundfigur theologischer Anthropologie, in: Ders., Entsprechungen: Gott - Wahrheit - Mensch. Theologische Erörterungen [I], BEvTh 88, München ^{2}1986, 290-317.

-: Hat der christliche Glaube eine besondere Affinität zur Demokratie?, in: Ders., Wertlose Wahrheit. Zur Identität und Relevanz des christlichen Glaubens. Theologische Erörterungen III, BEvTh 107, München 1990, 365-377.

-: Kirche im Sozialismus. Kirche im Pluralismus. Theologische Rückblicke und Ausblicke, EK 16/1 (1993), 6-13.

-: Mit Frieden Staat zu machen. Politische Existenz nach Barmen V, KT 84, München 1984.

-: Säkularisierung - Theologische Anmerkungen zum Begriff einer weltlichen Welt, in: Ders., Entsprechungen: Gott - Wahrheit - Mensch. Theologische Erörterungen [I], BEvTh 88, München ^{2}1986, 285-289.

-: Wertlose Wahrheit. Christliche Wahrheitserfahrung im Streit gegen die »Tyrannei der Werte«, in: S. Schelz [Hg.], Die Tyrannei der Werte, Hamburg 1979, 45-75.

-: Zum Verhältnis von Kirche und Staat nach Karl Barth, in: ZThK.B 6, Zur Theologie Karl Barths. Beiträge aus Anlaß seines 100. Geburtstags, Tübingen 1986, 76-135.

Jürgens, Heinrich: Stellungnahme zum Gottesbezug in der Verfassung, in: Aschoff, Gott in der Verfassung, 82-85.

Jutzi, Siegfried: Staatsziele der Verfassung des Freistaates Thüringen – zugleich ein Beitrag zur Bedeutung landesverfassungsrechtlicher Staatsziele im Bundesstaat, in: ThürVBl 4 (1995), 25-31.

Kanther, Wilhelm: Die neuen Landesverfassungen im Lichte der Bundesverfassung, Köln 1993.

Käsemann, Ernst: An die Römer, HNT 8a, Tübingen ^{4}1980.

Kaufmann, Arthur: Gustav Radbruch, Leben und Werk, in: G. Radbruch, Gesamtausgabe, Bd. 1, hg. v. A. Kaufmann, Heidelberg 1987, 37ff.

Kaufmann, Arthur: Gustav Radbruch, Rechtsdenker, Philosoph, Sozialdemokrat, in: G. Radbruch, Gesamtausgabe, Bd. 1, hg. v. A. Kaufmann, Heidelberg 1987, 133ff.

-: Gustav Radbruch, Rechtsdenker, Philosoph, Sozialdemokrat, SP 5247, München-Zürich 1987.

-, ***Hassemer, Winfried [Hgg.]***: Einführung in Rechtsphilosophie und Rechtstheorie der Gegenwart, UTB 593, Heidelberg ^{6}1994.

Kaufmann, Franz-Xaver: Der Ruf nach Verantwortung. Risiko und Ethik in einer unüberschaubaren Welt, Freiburg–Basel–Wien 1992.

Keller, Albert: Wovon man nicht sprechen kann, darüber muß man sprechen. Eine Welt voller Gottesbilder, in: Behrendt, RuC I, 45-50.

Kelsen, Hans: Reine Rechtslehre, Wien ^{2}1960

-: Staat und Naturrecht. Aufsätze zur Ideologiekritik. Mit einer Einleitung hg. v. E. Topitsch, München ^{2}1989.

Kemper, Claus, Kremkau, Klaus [Hgg.]: Pluralität und Einhalt der Kirche in der heutigen westlichen Gesellschaft. Achte Theologische Konferenz zwischen der Evangelischen Kirche in Deutschland und der Kirche von England vom 8. bis 11. April 1986 auf Schloß Schwanberg, ÖR.B 58, Frankfurt a. M. 1988.

Kerber, Walter, Samson, Lothar: Artikel: Pluralismus, in: HWP, Bd. 7, Basel 1989, 988-995.

Kerber, Walter: Positives Recht versus Naturrecht?, in: HCE^{3}, Bd. 2, Freiburg-Basel-Wien 1993, 300-310.

Kerner, Hanns: Artikel: Kirche und Staat IV. Kirche und Staat im 19. und 20. Jahrhundert, in: TRE 18, Berlin-New York 1989, 386-397.

Kersting, Wolfgang: Die verbindlichkeitstheoretischen Argumente der Kantischen Rechtsphilosophie, in: Dreier, Rechtspositivismus und Wertbezug des Rechts, 1990, 62-74.

Kilian, Christian: Föderalistische Verfassungsgebung in den neuen Bundesländern: Das Beispiel Sachsen-Anhalt, in: JuS 1993, 536-541.

-: Die neue Verfassung des Landes Sachsen-Anhalt, in: LKV 3 (1993), 73-78.

Klaas, Helmut [Barb.]: Die Entstehung der Verfassung für Rheinland-Pfalz. Eine Dokumentation, bearb. von Helmut Klaas, Veröffentlichungen der Kommission des Landtages für die Geschichte des Landes Rheinland-Pfalz, Bd. 1, Boppard a. R.1978.

Kleger, Heinz, Müller, Alois: Einleitung: Bürgerliche Religion, Religion des Bürgers, politische Religion, Zivilreligion, Staatsreligion, Kulturreligion, in: Dies., Religion des Bürgers, 1986, 7-15.

-: Mehrheitskonsens als Zivilreligion?. Zur politischen Religionsphilosophie innerhalb liberal-konservativer Staatstheorie, in: Dies, Religion des Bürgers, 1986, 221-262.

- ***[Hgg.]***: Religion des Bürgers. Zivilreligion in Amerika und Europa, RWK 3, München 1986.

Klein, Günter: Sündenverständnis und theologia crucis bei Paulus, in: Theologia crucis – signum crucis. FS für E. Dinkler zum 70. Geburtstag, hgg. v. C. Andresen und G. Klein, Tübingen 1979, 249-282.

Kleinrahm, Kurt: Verfassung und Verfassungswirklichkeit in Nordrhein-Westfalen, in: JöR nF 11 (1962), 313-354.

Klessmann, Michael: Artikel: Gruppe/Gruppendynamik, in: EKL^{3}, Bd. 2, G-K, Göttingen 1989, 347-351.

Koch, Hans-Joachim: Zur Methodenlehre des Rechtspositivismus. Das Prinzipienargument – eine methodische Widerlegung des Rechtspositivismus?, in: Dreier, Rechtspositivismus und Wertbezug des Rechts, 1990, 152-161.

Köcher, Renate: Kirche und Religion in Ost und West. Eine demographische Analyse, in: Sparn, Religion, 1992, 97-108.
Köhler, Michael: Rechtsbegriff und Rechtsgeltung, in: Rechtsphilosohische Hefte I, Frankfurt a. M.-Berlin-Bern-New York-Paris-Wien 1993, 79-95.
Korte, Heinrich: Verfassung und Verwaltung des Landes Niedersachsen, Göttingen ^{2}1986.
-: Verfassung und Verwaltung des Landes Niedersachsen, in: JöR nF 5 (1956), 4-150.
Koschut, Ralf Peter: Strukturen der Verantwortung. Eine kritische Auseinandersetzung mit Theorien über den Begriff der Verantwortung unter besonderer Berücksichtigung des Spannungsfeldes zwischen der ethisch-personalen und der kollektiv-sozialen Dimension menschlichen Handelns, Frankfurt a. M.-Bern-New York-Paris 1989.
Koselleck, Reinhard: Vergangene Zukunft. Zur Semantik geschichtlicher Zeiten, Frankfurt a. M. ^{3}1995.
Krawietz, Werner: Risiko, Recht und normative Verantwortungsattribution in rechtsethischer Perspektive, in: Recht und Natur. Beiträge zu Ehren von Friedrich Kaulbach, hgg. v. Volker Gerhardt und Werner Krawietz, Berlin 1992, 147-187.
Kreck, Walter: Kirche und Staat in einer säkularisierten Gesellschaft, in: Blätter für deutsche und internationale Politik 37 (1992), 1356-1365.
Kremkau, Klaus [Hg.]: Christus allein. Allein das Christentum, Frankfurt a. M. 1979.
Kremser, Holger: Der Weg der Kirchen. Religionsgemeinschaften von der sozialistischen DDR in das vereinte Deutschland, in: JöR nF 40 (1991/1992), 501-536.
Kreß, Hartmut: Ethische Werte und der Gottesgedanke. Probleme und Perspektiven des neuzeitlichen Wertbegriffs, Stuttgart-Berlin-Köln 1990.
-: Der Gottesbegriff in der Präambel von Verfassungen, in: Materialdienst des Konfessionskundlichen Instituts Bensheim, 45/1994, 43-46.
-: Kommentar. Auslaufende Legislaturperiode. Neue Fragen zur ethischen Wertbindung des Rechts, ZEE 42 (1998), 90-95.
-: Das Machtproblem in ethischer Perspektive. Die Aufgabe der Verantwortung und Normierung von Macht, in: Mehlhausen, Recht-Macht-Gerechtigkeit, 1998, 594-605.
Kreß, Hartmut, Daiber, Karl-Fritz: Theologische Ethik – Pastoralsoziologie, Grundkurs Theologie 7, Stuttgat-Berlin-Köln 1996.
Kriele, Martin: Recht und praktische Vernunft, Göttingen 1979.
Kringe, Wolfgang: Machtfragen. Die Entstehung der Verfassung für das Land Nordrhein-Westfalen. 1946-1950, Verfassungspolitik. Heidelberger Studien zur Entstehung von Verfassungen nach 1945, Bd. 7, Frankfurt a. M.-Bern-New York-Paris 1988.
Krings, Hermann, Simons, Eberhard: Artikel: Gott, in: HPhG, Bd. 2, München 1973, 614-641.
Krockow, Christian Graf von: In der Spannung zwischen Unglauben und Glauben, in: EK 10 (1978), 585-587.
Krötke, Wolf: Glaube und Politik. Ihr Verhältnis auf dem Erfahrungshintergrund der neuen Bundesländer, in: Ders., Die Kirche im Umbruch der Gesellschaft. Theologische Orientierungen im Übergang vom »real existierenden Sozialismus« zur demokratischen, pluralistischen Gesellschaft, Tübingen 1994, 194-208.
Krüger, Friedhelm: Gehört Gott in die Verfassung?, in: Aschoff, Gott in der Verfassung, 64-73.
Kruttschnitt, Jörg A.: Europa: Christentum im Vollzug. Eine theologische Analyse der Stellung der Evangelischen Kirche in Deutschland im Recht der europäischen Gemeinschaft, Diss. München, München 1993.

Kühl, Kristian: Naturrecht und positives Recht in Kants Rechtsphilosophie, in: Dreier, Rechtspositivismus und Wertbezug des Rechts, 1990, 75-93.

Kyriazis-Gouvelis, Demetrios L.: Der moderne Verfassungsbegriff und seine historischen Wurzeln. Aristoteles-Montequieu-Menschenrechte, in: JöR nF 39 (1990), 55-66.

Lampe, Ernst-Joachim: Grenzen des Rechtspositivismus. Eine Rechtsanthropologische Untersuchung, Schriften zur Rechtstheorie 128, Berlin 1988.

-: Verantwortlichkeit und Recht, Jahrbuch für Rechtssoziologie und Rechtstheorie, Bd. 14, Opladen 1989.

Lange, Dietz: Ethik in evangelischer Perspektive. Grundfragen christlicher Lebenspraxis, Göttingen 1992.

-: Was ist verantwortliche Rede von Gott?, in: ZThK 94 (1997), 511-531.

Lehmann, Karl: Im Bewußtsein seiner Verantwortung vor Gott und den Menschen - Demokratie und Menschenbild, in: FS für Hans Maier zum 65. Geburtstag, hgg. v. Theo Stammen u.a., Paderborn 1996, 571-580.

-: Nachwort, in: Morsey, Rudolf, Repgen, Konrad [Hgg.], Christen und Grundgesetz. Mit Beiträgen von Axel Freiherr von Campenhausen, Roman Herzog, Hans Maier, Paul Mikat, Konrad Repgen und Manfred Spieker und einem Nachwort von Bischof Karl Lehmann, Paderborn-München-Wien-Zürich 1989, 149-153.

Lehmann-Brauns, Uwe: Die staatsrechtliche Bedeutung der Präambel des Grundgesetzes, Inauguraldissertation Berlin, Berlin 1964.

Leibholz, Gerhard, Rinck, Justus: Grundgesetz für die Bundesrepublik Deutschland. Kommentar an Hand der Rechtssprechung des Bundesverfassungsgerichts, Köln ^{4}1971.

Leuze, Reinhard: »Gott im Grundgesetz« – Theologische Bemerkungen zu einer nicht rezipierten Formel, in: Behrendt, RuC I, 187-193.

Lienemann, Wolfgang: Artikel: Kirche und Staat V. Ethisch, in: TRE 18, Berlin-New York 1989, 397-405.

Link, Christoph: Stat Crux. Die »Kruzifix«-Entscheidung des Bundesverfassungsgerichts, in: NJW 48 (1995), 3353-3357.

Linck, Joachim, Juzi, Siegfied, Hopfe, Jörg: Die Verfassung des Freistaates Thüringen. Kommentar, Stuttgart-München-Hannover-Berlin-Weimar-Dresden 1994.

Lindgens, Godehard: Pluralismus und Christentum, Studie zur kath. Theorie über das Verhältnis von Pluralismus und Wahrheit, FZPhTh 29 (1982), 465-487.

Løgstrup, Knut E.: Artikel: Verantwortung, in: RGG^{3}, Bd. 6, Tübingen 1986, 1254-1256.

Lohmann, Friedrich: Göttliches und menschliches Recht. Zur Rechtsbegründung bei Jaques Ellul, in: ZEE 42 (1998), 122-139.

Löhr, Wolfgang [Bearb.]: Hirtenbriefe und Ansprachen zu Gesellschaft und Politik. 1945-1949, Dokumente deutscher Bischöfe, Bd. 1, Würzburg 1985.

-: Rechristianisierungsvorstellungen im deutschen Katholizismus 1945-1948, in: J.-Chr. Kaiser, A. Doering-Manteuffel, Christentum und politische Verantwortung. Kirchen im Nachkriegsdeutschland, Konfession und Christentum 2, Stuttgart-Berlin-Köln 1990, 25-41.

Lübbe, Hermann: Endstation Terror. Rückblick auf lange Märsche, Stuttgart 1978.

-: Für alles sind wir nicht verantwortlich, in: RM Nr. 2, 10.01.1997, 20.

-: Läßt sich Religion wieder politisieren?. Kritische Anmerkungen zur politischen Theologie, in: EK 15 (1982), 661-664.

-: Politische Theologie als Theologie repolitisierter Religion, in: Jacob Taubes [Hg.], Religionstheorie und Politische Theologie, Bd. 1. Der Fürst dieser Welt. Carl Schmitt und die Folgen, München u.a. 1983, 45-56.

Lübbe, Hermann: Die Religion der Bürger. Ein Aspekt politischer Legitimität, in: EK 15 (1982), 125-128.
-: Religion nach der Aufklärung, Graz-Wien-Köln 1986.
-: Staat und Zivilreligion. Ein Aspekt politischer Legitimität, in: H. Kleger, A. Müller [Hgg.], Religion des Bürgers. Zivilreligion in Amerika und Europa, RWK 3, München 1986, 195-220.
Luhmann, Niklas: Funktion der Religion, Frankfurt a. M. 1977.
-: Grundwerte als Zivilreligion. Zur wissenschaftlichen Karriere eines Themas, in: H. Kleger, A. Müller [Hgg.], Religion des Bürgers. Zivilreligion in Amerika und Europa, RWK 3, München 1986, 175-194.
-: Das Recht der Gesellschaft, STB Wissenschaft 1183, Frankfurt a. M. 1995.
-: Rechtssoziologie 1, Reinbek bei Hamburg 1972.
-: Rechtssoziologie 2, Reinbek bei Hamburg 1972.
Luther, Martin: Von weltlicher Oberkeit, wie weit man ihr Gehorsam schuldig sei, 1523, in: WA 11, (229) 245-281.
Mahnke, Hans Heinrich: Die Verfassung des Landes Sachsen-Anhalt. Textausgabe mit Erläuterungen, Berlin 1993.
Maier, Hans: 40 Jahre Grundgesetz - eine Bestandsaufnahme, in: Morsey, Rudolf, Repgen, Konrad [Hgg.]: Christen und Grundgesetz. Mit Beiträgen von Axel Freiherr von Campenhausen, Roman Herzog, Hans Maier, Paul Mikat, Konrad Repgen und Manfred Spieker und einem Nachwort von Bischof Karl Lehmann, Paderborn-München-Wien-Zürich 1989, 95-110.
Maihofer, Werner [Hg]: Naturrecht oder Rechtspositivismus?, WdF 16, Darmstadt 1972.
Mampel, Siegfried: Die sozialistische Verfassung der Deutschen Demokratischen Republik. Kommentar, Frankfurt a. M. [2]1982.
Mangoldt, Hermann v., Klein, Friedrich, Starck, Christian: Das Bonner Grundgesetz, Bd. 1: Präambel, Art. 1-5, bearb. V. Christian Starck, München [3]1985.
Marcus, Marcel: Im Namen Gottes?. Zur Verfassungspräambel, in: Ref. 45 (1996), 276-277.
Marquard, Odo: Abschied vom Prinzipiellen, Stuttgart 1981.
-: Abschied von Prinzipiellen. Auch eine biographische Einleitung, in: Ders., Abschied vom Prinzipiellen, 4-22.
-: Der angeklagte und der entlastete Mensch in der Philosophie des 18. Jahrhunderts, in: Ders., Abschied vom Prinzipiellen, 39-66.
-: Ende des Schicksals?. Einige Bemerkungen über die unvermeidlichkeit des Unverfügbaren, in: Ders., Abschied vom Prinzipiellen, 67-90.
Marsch, Wolf-Dieter: Evangelische Theologie vor der Frage nach dem Recht, EvTh 20 (1960), 481-510.
Martens, Ekkehard, Schädelbach, Herbert [Hgg.]: Philosophie. Ein Grundkurs, Bd.2, Hamburg bei Reinbek [3]1994.
Maunz, Theodor, Dürig, Günter, Herzog, Roman, Scholz, Rupert, u.a.: Grundgesetz. Kommentar, Bd. 1, Art. 1-12, Lieferungen 1-31, München 1994.
Meder, Theodor: Die Verfassung des Freistaates Bayern. Handkommentar, Stuttgart-München-Hannover [3]1985.
Mehlhausen, Joachim: Bekenntnis und Staat. Die historische und gegenwärtige Bedeutung der 5. Barmer These, in: T. Rendtorff [Hg.], Charisma und Institution, Gütersloh 1985, 211-220.
- ***[Hg.]***: Pluralismus und Identität, Veröffentlichungen der Wissenschaftlichen Gesellschaft für Theologie, Bd. 8, Gütersloh 1995.

Menger, Christian-Friedrich: Deutsche Verfassungsgeschichte der Neuzeit. Eine Einführung in die Grundlagen, UTB 930, Heidelberg [8]1993.

Merten, Detlef, Berka, Walter, Depenheuer, Otto: Bürgerverantwortung im demokratischen Verfassungsstaat, Veröffentlichungen der Vereinigung der Deutschen Staatsrechtslehrer, Heft 55, Berlin–New York 1996, 7-189.

Mikat, Paul: Verfassungsziele der Kirchen unter besonderer Berücksichtigung des Grundgesetzes, in: Morsey, Rudolf, Repgen, Konrad [Hgg.], Christen und Grundgesetz. Mit Beiträgen von Axel Freiherr von Campenhausen, Roman Herzog, Hans Maier, Paul Mikat, Konrad Repgen und Manfred Spieker und einem Nachwort von Bischof Karl Lehmann, Paderborn-München-Wien-Zürich 1989, 33-69.

Milde, Horst: »Bekenntnis zu den Grenzen der menschlichen Entscheidungsfähigkeit«, in: Aschoff, Gott in der Verfassung, 76-78.

Model, Otto, Müller, Klaus: Grundgesetz für die Bundesrepublik Deutschland, Köln [11]1996.

Moede, Gerald F.: Artikel: Pluralismus. 3. Ökumenisch, in: EKL[3], Bd. 3, L-R, Göttingen 1992, 1241-1242.

Moltmann, Jürgen: Christian Theology and Political Religion, in: L. Rouner [Hg.], Civil Religion and Political Theology, BUSPR 8, Notre Dame 1986, 41-58.

-: Das Gespenst einer neuen »Zivilreligion«, in: Ders., Politische Theologie – Politische Ethik, München 1984, 70-78 [=EK 16 (1983), 124-127].

-: Gott im Projekt der modernen Welt. Beiträge zur öffentlichen Relevanz der Theologie, Gütersloh 1997.

-: Politisierung der Religion, in: EK 15 (1982), 276.

-: Theologische Kritik der politischen Religion, in: Ders., Politische Theologie - Politische Ethik, München 1984, 34-69.

Münch, Ingo von, Kunig, Philip [Hgg.]: Grundgesetz-Kommentar. Bd. 1. Präambel bis Art. 20, München [4]1992.

Münch, Ingo von: Staatsrecht, Bd. 1. Einführung; Deutschland: Teilung und Vereinigung; Staatsform; Staatsorgane; Deutschland in der Europäischen Gemeinschaft, Stuttgart-Berlin-Köln [5]1993.

Muschg, Adolf: Nachruf. Epilog auf eine Totalrevision, in: Ref. 33 (1989), 397-401.

Müller, Alois: Zur Präambel der Bundesverfassung: Theologische Erwägungen, in: Ref. 25 (1976), 33-36.

Müller, Markus: Der Gottesbezug in der Präambel der Verfassung des Freistaates Thüringen, in: ThürVBl 3 (1994), 176-181.

Narr, Wolf Dieter: Artikel: Pluralismus. 1. Soziologisch, in: EKL[3], Bd. 3, L-R, Göttingen 1992, 1232-1234.

-: CDU – SPD – Programm und Praxis, Stuttgart u.a. 1966.

Naucke, Wolfgang: Rechtsphilosophische Grundbegriffe, Juristische Lehrbücher 19, Neuwied-Knüftel-Berlin [3]1996.

Nawiasky, Hans: Die Grundgedanken des Grundgesetzes für die Bundesrepublik Deutschland, Stuttgart 1950.

Nembach, Ulrich [Hg.]: Begründungen des Rechts, GTA 9, Göttingen 1979.

Neumann, Peter: Staatszielbestimmungen in den Verfassungen der neuen Bundesländer, in: Neumann, P., Tillmanns, R., Verfassungsrechtliche Probleme bei der Konstituierung der neuen Bundesländer, Berlin 1997, 77-160.

-: Staatsziele der Verfassung des Freistaates Thüringen, in: LKV 6 (1996), 392-396.

Neumann, Ulfried: Positivistische Rechtsquellenlehre und naturrechtliche Methode. Zum Alltagsnaturrecht in der juristischen Argumentation, in: Dreier, Rechtspositivismus und Wertbezug des Rechts, 1990, 141-151.
Nicolaisen, Carsten: Der Weg nach Barmen. Die Entstehungsgeschichte der Theologischen Erklärung von 1934, Neukirchen-Vluyn 1985.
Nörr, Knuth Wolfgang [Hg.]: Vierzig Jahre Bundesrepublik – Vierzig Jahre Rechtsentwicklung. Ringvorlesung der juristischen Fakultät der Universität Tübingen 1989, Tübingen 1990.
Nowak, Kurt: Christentum in politischer Verantwortung. Zum Protestantismus in der Sowjetischen Besatzungszone (1945-1949), in: J.-Chr. Kaiser, A. Doering-Manteuffel, Christentum und politische Verantwortung. Kirchen im Nachkriegsdeutschland, Konfession und Christentum 2, Stuttgart-Berlin-Köln 1990, 42-62.
-: Explosion der Transzendenz?. Unakademische Anmerkungen zur religiösen Topographie Ostdeutschlands, in: Sparn, Religion, 1992, 109-118.
-: Protestantismus und Demokratie in Deutschland. Aspekte der politischen Moderne, in: M. Greschat, J.-Chr. Kaiser [Hgg.], Christentum und Demokratie im 20. Jahrhundert, KoGe 4, Stuttgart-Berlin-Köln 1992, 1-18.
-: Protestantismus und Nationalstaat im 20. Jahrhundert. Weimarer Republik – Drittes Reich – DDR/Bundesrepublik Deutschland, in: PastTheol 80 (1991), 446-458.

Ogden, Schubert M.: Gibt es nur eine wahre Religion oder mehrere?, ZThK 88 (1991), 81-100.
Ott, Walter: Der Rechtspositivismus. Kritische Würdigung auf der Grundlage eines juristischen Pragmatismus, Erfahrung und Denken. Schriften zur Förderung der Beziehung zwischen Philosophie und Einzelwissenschaften, Bd. 45, Berlin ^{2}1992.

Panikkar, Raimunso: Die Religionsphilosophie Angesichts des philosophischen Pluralismus und der Pluralität der Religionen, in: Religion und Gottesfrage in der Philosophie, hg. v. Franz Theunis, Hamburg-Bergstedt 1978, 146-151.
Pannenberg, Wolfhart: Christliche Rechtsbegründung, in: in: HCE^{3}, Bd. 2, Freiburg-Basel-Wien 1993, 319-338.
-: Christliche Rechtsüberzeugungen im Kontext einer pluralistischen Gesellschaft, in: ZEE 37 (1993), 256-266.
-: Kommentar. Gott steht über der Willkür der Politik. Auch in der Demokratie muß es eine von Mehrheiten unabhängige Instanz geben, in: idea spektrum 6/94, 18.
-: Zur Theologie des Rechts, in: Ders., Ethik und Ekklesiologie. Gesammelte Aufsätze, Göttingen 1977, 11-41.
Papenheim, Annette: Präambeln in der deutschen Verfassungsgeschichte seit Mitte des 19. Jahrhunderts unter besonderer Berücksichtigung der *invocatio Dei*, Inauguraldissertation Münster, o.O. 1998.
Pawlas, Andreas: Auch Ungehorsam könnte geboten sein. Wird das Menschenbild des Grundgesetzes revidiert?, in: LM 30 (1991), 177-180.
Pawlowski, Hans-Martin: Das Verhältnis von Staat und Kirche im Zusammenhang der pluralistischen Verfassung, in: Der Staat 28 (1989), 353-375.
-: Bemerkungen zum Verhältnis von Staat und Kirche, in: Ders., Recht und Moral im Staat der Glaubensfreiheit, 1992, 153-162.
-: Ehrfurcht vor Gott als schulisches Bildungsziel in Bayern, in: Ders., Recht und Moral im Staat der Glaubensfreiheit, 163-169.

Pawlowski, Hans-Martin: Probleme der Rechtsbegründung im Staat der Glaubensfreiheit, in: Hans-Martin Pawlowski, Stefan Smid, Rainer Specht [Hgg.], Die praktische Philosophie Schellings und die gegenwärtige Rechtsphilosophie, Spekulation und Erfahrung. Texte und Untersuchungen zum Deutschen Idealismus, Abteilung II: Untersuchungen, Bd. 13, Stuttgart 1989, 13-57.

-: Recht und Moral im Staat der Glaubensfreiheit. Ausgewählte rechtstheoretische Arbeiten, Schriftenreihe zur gesellschaftlichen Entwicklung (SGE), Bd. 5, Baden-Baden 1992.

-: Recht und Rechtsbegründung in christlicher Verantwortung, in: ZEE 40 (1996), 276-294.

-: Zur Aufgabe der Rechtsdogmatik im Staat der Glaubensfreiheit, in: Ders., Recht und Moral im Staat der Glaubensfreiheit, 1992, 37-72.

Pfetsch, Frank R.: Ursprünge der Zweiten Republik. Prozesse der Verfassungsgebung in den Westzonen und in der Bundesrepublik, Opladen 1990.

- [Hg.]: Verfassungsreden und Verfassungsentwürfe. Länderverfassungen 1946-1953, Verfassungspolitik. Heidelberger Studien zur Entstehung von Verfassungen nach 1945, Frankfurt a. M.-Bern-New York 1986.

Picht, Georg: Der Begriff der Verantwortung, in: Ders., Wahrheit, Vernunft, Verantwortung. Philosophische Studien, Stuttgart 1969, 318-342.

-: Rechtfertigung und Gerechtigkeit. Zum Begriff der Verantwortung, in: Ders., Hier und Jetzt. Philosophieren nach Auschwitz und Hiroshima, Stuttgart 1980, 202-217.

Pikart, Eberhard, Werner, Wolfram: Einleitung, in: Parlamentarischer Rat. 1948-1949. Akten und Protokolle. Bd. 5/I. Ausschuß für Grundsatzfragen, bearbeitet von E. Pikart und W. Werner, Boppard a. R. 1993, X-LII. [Pikart/Werner, Einleitung]

Plank, J. W.: Das deutsche Gerichtsverfahren im Mittelalter. Nach dem Sachsenspiegel und verwandten Rechtsquellen, Bd. 1/1, Braunschweig 1878.

Pöhlmann, Horst Georg: Kirche, Staat und die Grundwerte aus lutherischer Sicht, in: Behrendt, Rechtsstaat, Bd. 2, 1982, 103-117.

Prachtl, Rainer: Die vorläufige Verfassung des Landes Mecklenburg-Vorpommern, in: LKV 4 (1994), 1-7.

Preuß, Ulrich K., u.a.: Kommentar zum Grundgesetz für die Bundesrepublik Deutschland, Bd.1. Art. 1-37, Reihe Alternativkommentare, Neuwied ^{2}1989.

Rabe, Horst: Artikel: Autorität, in: Geschichtliche Grundbegriffe, Bd. 1, Stuttgart 1972, 382-406.

Radbruch, Gustav: Gesamtausgabe. Bd. 3. Rechtsphilosophie III, bearbeitet von W. Hassemer, hg. v. A. Kaufmann, Heidelberg 1990. [Radbruch, GRGS 3, 1990]

-: Arten der Interpretation (1935), in: Ders., GRGS 3, 1990, 23-28.

-: Der Relativismus in der Rechtsphilosophie (1934), in: Ders., RGS 3, 1990, 17-22.

-: Der innere Weg. Aufriß meines Lebens (1961), in: Ders., Gesamtausgabe. Bd. 16, hg. v. A. Kaufmann, Heidelberg 1988, 280ff.

-: Der Zweck des Rechts (1937), in: Ders., GRGS 3, 1990, 39-50.

-: Die Erneuerung des Rechts (1947), in: Ders., GRGS 3, 1990, 107-114.

-: Erneuerung des Rechts (1946), in: Ders., GRGS 3, 1990, 80-82.

-: Fünf Minuten Rechtsphilosophie (1945), in: Ders., GRGS 3, 1990, 78-79.

-: Gerechtigkeit und Gnade (1949), in: Ders., GRGS 3, 1990, 239-265.

-: Gesetz und Recht (1947), in: Ders., GRGS 3, 1990, 96-106.

-: Gesetzliches Unrecht und übergesetzliches Recht (1946), in: Ders., GRGS 3, 1990, 83-93.

-: Vorschule der Rechtsphilosophie (1948), in: Ders., GRGS 3, 1990, 121-228.

Radbruch, Gustav: Vorwort zu: Staat und Moral. Zum Werden eines neuen Völkerrechts. Die drei Anklagereden von R.H. Jackson, in: Ders., GRGS 3, 1990, 94-95.
Rahner, Karl: Grundkurs des Glaubens. Einführung in den Begriff des Christentums, Freiburg-Basel-Wien ³1984.
Raiser, Ludwig: Gott im Grundgesetz, EK 13 (1980), 124-126.
Rebe, Bernd, Piepenbrink, Volker: Die Entwicklung des niedersächsischen Verfassungs- und Verwaltungsrechts von 1979 bis 1990, in: JöR nF 40 (1991/1992), 609-652.
Reich, Andreas: Verfassung des Landes Sachsen-Anhalt. Kommentar, Bad Honnef 1994.
Reinhold Bernhardt [Hg.]: Horizontüberschreitung. Die pluralistische Theologie der Religionen, Gütersloh 1991.
Rendtorff, Trutz: Die Autorität der Freiheit – Religion in der liberalen Demokratie, in: E. Forndran [Hg.], Religion und Politik in einer säkularisierten Welt, Veröffentlichungen der Deutschen Gesellschaft für Politikwissenschaft 9, Baden-Baden 1991, 91-107.
-: Artikel: Verfassung, in: HCE³, Bd. 2, Freiburg-Basel-Wien 1993, 215-252.
-: »Civil Religion«. Religionstheoretische Voraussetzungen und deutungspraktische Verwendungsmöglichkeiten des Begriffs »Civil Religion«, in: G. Mertens, u.a. [Hg.], Markierungen der Humanität. Sozialethische Herausforderungen auf dem Weg in ein neues Jahrtausend, Paderborn-München-Wien-Zürich 1992, 265-279.
-: Der deutsche Protestantismus vor der Verfassungsdiskussion, in: ZEE 34 (1990), 162-164.
-: Ethik. Grundelemente, Methodologie und Konkretionen einer ethischen Theologie, Bd. 1, ThW 13.1, Stuttgart-Berlin-Köln ²1990.
-: Ethik. Grundelemente, Methodologie und Konkretionen einer ethischen Theologie, Bd. 2, ThW 13.2, Stuttgart-Berlin-Köln ²1991.
-: Religiöser Pluralismus und die Absolutheit des Christentums, in: Ders., Theologie in der Moderne, 72-91.
-: Schuld und Verantwortung 1938-1988. Gedanken zum christlichen Umgang mit der Vergangenheit, in: Ders., Vielspältiges 1991, 215-230.
-: Das Verfassungsprinzip der Neuzeit, in: in: HCE³, Bd. 2, Freiburg-Basel-Wien 1993, 215-233.
-: Vielspältiges. Protestantische Beiträge zur ethischen Kultur, Stuttgart-Berlin-Köln 1991.
Renesse, Margot von: Metapolitische Voraussetzungen des Staates. Wieviel christliches Gottes- und Menschenverständnis braucht der deutsche Staat?, in: Greive, Gott im Grundgesetz, 217-220.
Renner, Viktor: Entstehung und Aufbau des Landes Baden-Württemberg, in: JöR nF 7 (1958), 197-233.
Repgen, Konrad: Der historische Ort des Grundgesetzes : 1648-1789-1949, in: Morsey, Rudolf, Repgen, Konrad [Hgg.], Christen und Grundgesetz. Mit Beiträgen von Axel Freiherr von Campenhausen, Roman Herzog, Hans Maier, Paul Mikat, Konrad Repgen und Manfred Spieker und einem Nachwort von Bischof Karl Lehmann, Paderborn-München-Wien-Zürich 1989, 11-32.
Reuter, Hans-Richard: Rechtsethik in theologischer Perspektive. Studien zur Grundlegung und Konkretion, Öffentliche Theologie 8, Gütersloh 1996
-: Zivilreligion?. Anmerkungen zu einer religionspolitischen Debatte, in: DtPfrBl 90 (1990), 327-330.
Rich, Arthur: Theologische Erwägungen zur Präambel der Schweizerischen Bundesverfassung, in: Ref. 25 (1976), 29-33.

Ricoer, Paul: Die Fehlbarkeit des Menschen. Phänomenologie der Schuld I, Freiburg-München ²1989.

-: Symbolik des Bösen. Phänomenologie der Schuld II, Freiburg-München ²1988.

Robbers, Gerhard: Zur Verteidigung einer Wertorientierung in der Rechtsdogmatik, in: Dreier, Rechtspositivismus und Wertbezug des Rechts, 1990, 162-172.

Röd, Wolfgang: Der Gott der reinen Vernunft. Die Auseinandersetzung um den ontologischen Gottesbeweis von Anselm bis Hegel, München 1992.

Rogge, Joachim, Zeddies, Helmut [Hgg.]: Kirchengemeinschaft und politische Ethik. Ergebnis eines theologischen Gesprächs zum Verhältnis von Zwei-Reiche-Lehre und Lehre von der Königsherrschaft Christi, Berlin 1980.

Rommelfanger, Ulrich: Die Verfassung des Freistaates Thüringen des Jahres 1993, in: ThürVbl 2 (1993), 145-150.173-184.

-: Ausarbeitung und Werdegang der Thüringer Landesverfassung, in: Karl Schmitt [Hg.], Die Verfassung des Freistaates Thüringen, Weimar 1995, 55-68.

Rommen, Heinrich: Die ewige Wiederkehr des Naturrechts, München ²1947.

Rössler, Dietrich: Positionelle und kritische Theologie, ZThK 67 (1970), 215-231.

Rumpf, Helmut: Der ideologische Gehalt des Bonner Grundgesetzes, Schriftenreihe der juristischen Studiengesellschaft 36, Karlsruhe 1958.

Ryffel, Hans: Rechts- und Staatsphilosophie. Philosophische Anthropologie des Politischen, Neuwied-Berlin 1989.

Saladin, Peter: Im Namen Gottes des Allmächtigen. Erwägungen zur Präambel der Bundesverfassung, in: Ref. 25 (1976), 15-23.

-: Menschenrechte – christlich begründet. Die Rechtsgeltung von Menschenrechten als Beispiel für die Rechtserheblichkeit ethischer Kriterien, in: Behrendt, RuC I, 343-375.

-: Verfassungsrevision – Ausdruck oder Grundlegung eines Wertewandels?, in: Ref. 30 (1981), 493-500.

-: Verantwortung als Staatsprinzip. Ein neuer Schlüssel zur Lehre vom modernen Rechtsstaat, UTB 1298, Bern-Stuttgart 1984.

-: Zur Präambel einer revidierten Verfassung, in: Ref. 45 (1996), 269-275.

Salgueiro, Jorge Silvero: Die Verfassung der Republik Paraguay vom 20. Juni 1992, in: JöR nF 46 (1996), 609-670.

Saliger, Frank: Radbruchsche Formel und Rechtsstaat, Heidelberger Forum 92, Heidelberg 1995.

Salzmann, Rainer [Berarb.]: Die CDU/CSU im Parlamentarischen Rat. Sitzungsprotokolle der Unionsfraktion, Forschungen und Quellen zur Zeitgeschichte 2, Stuttgart 1981.

Schapp, Jan: Freiheit, Moral und Recht. Grundzüge einer Philosophie des Rechts, Tübingen 1994.

Scheit, Herbert: Warum es für die Bürger einer Demokratie prekär wird, wenn Religion demokratische Politik fundieren soll, in: Sparn, Religion, 1992, 141-150.

Schewick, Burkard van: Die katholische Kirche und die Entstehung der Verfassungen in Westdeutschland 1945-1950, VKZG.F 30, Mainz 1980.

Schieder, Rolf: Civil Religion. Die religiöse Dimension der politischen Kultur, Gütersloh 1987.

-: Marktlücke Zivilreligion. Ist die Gegenwart der USA Deutschlands Zukunft?, in: Sparn, Religion, 1992, 81-96.

Schild, Wolfgang: Abstrakte und konkrete Rechtslehre. Zu den Schwierigkeiten eines Verständnisses der Reinen Rechtslehre, in: Rechtsphilosohische Hefte I, Frankfurt a. M.-Berlin-Bern-New York-Paris-Wien 1993, 97-120.

Schlaich, Klaus: Der Öffentlichkeitsauftrag der Kirchen, in: Ders., Gesammelte Aufsätze. Kirche und Staat von der Reformation bis zum Grundgesetz, hgg. v. M. Heckel, W. Heun, Tübingen 1997, 480-523.

-: Konfessionalität – Säkularität – Offenheit. Der christliche Glaube und der freiheitlich demokratische Verfassungsstaat, in: Ders., Gesammelte Aufsätze. Kirche und Staat von der Reformation bis zum Grundgesetz, hgg. v. M. Heckel, W. Heun, Tübingen 1997, 423-447.

-: Radikale Trennung und Pluralismus, Zwei Modelle der weltanschaulichen Neutralität des Staates, Kirche und Staat in der neueren Entwicklung, hg. v. Paul Mikat, Darmstadt 1980, 427-451.

-: Zur weltanschaulichen und konfessionellen Neutralität des Staates. Eine staatsrechtliche Problemskizze, in: Ders., Gesammelte Aufsätze. Kirche und Staat von der Reformation bis zum Grundgesetz, hgg. v. M. Heckel, W. Heun, Tübingen 1997, 448-479.

Schlosser, Hans: Spätmittelalterlicher Zivilprozeß. Nach Bayerischen Quellen. Gerichtsverfassung und Rechtsgang, Köln–Wien 1971.

Schmid, Carlo: Der Parlamentarische Rat und das Grundgesetz, in: Ders., Gesammelte Werke in Einzelausgaben, Bd.3: *Erinnerungen*, Bern-München-Wien 1979, 318-413.

Schmid, Hans-Heinrich: Die Schweiz der Zukunft – 'Im Namen Gottes, des Allmächtigen'?, in: Schweizerisches Zentralblatt für Staats- und Verwaltungsrecht 92 (1991), 525-537.

Schmidt-Bleibtreu, Bruno, Klein, Franz: Kommentar zum Grundgesetz, Unter Mitarbeit von H.B. Brockmeyer, Neuwied-Frankfurt a. M. ^{7}1990, ^{8}1995.

Schmidt, Eduard: Staatsgründung und Verfassungsgebung in Bayern. Die Entstehung der Bayerischen Verfassung vom 8. Dezember 1946, Diss. Regensburg, Regensburg 1993.

Schmitt, Karl [Hg.] : Die Verfassung des Freistaates Thüringen, Weimar 1995.

Schneider, Hans-Peter: »Gott im Grundgesetz?«. Muß ein zukünftiges Religionsverfassungsrecht auf »Gottestexte« verzichten?, in: Greive, Gott im Grundgesetz, 1994, 10-19.

Schoepke, Peter: Die rechtliche Bedeutung der Präambel des Grundgesetzes für die Bundesrepublik Deutschland. Eine Grundlegung mit rechtshistorischer Einführung und Abhandlung der Präambeln zu den Verfassungen der Länder in der Bundesrepublik Deutschland, Inauguraldissertation Tübingen, Tübingen 1965.

Schöfthaler, Traugott: Artikel: Civil Religion, in: EKL^{3}, Bd. 1, Göttingen 1986, 754-761.

Schröder, Richard: Deutschland schwierig Vaterland. Für eine neue politische Kultur, Freiburg i. Breisgau ^{2}1993.

-: Kommentar. Wenn nicht Gott – was dann?. Wer Gott aus der Verfassung streicht, braucht einen gleichwertigen Ersatz, in: idea spektrum 6/94, 17-18.

Schröder, Jan: Naturrecht und positives Recht in der Methodenlehre um 1800, in: Dreier, Rechtspositivismus und Wertbezug des Rechts, 1990, 129-140.

Schumacher, Björn: Rezeption und Kritik der Radbruchschen Formel, Diss. Göttingen 1985.

Schunck, Egon: Die Verfassung für Rheinland-Pfalz vom 18. Mai 1947, in: JöR nF 5 (1956), 159-201.

Schütte, Hans Walter: Zwei-Reiche-Lehre und Königsherrschaft Christi, in: HCE^{3}, Bd. 1, Freiburg-Basel-Wien 1993, 339-353.

Schwartländer, Johannes: Artikel: Verantwortung, in: HPhG, Bd. 3, München 1974, 1577-1588.

Schwartz, Werner: Artikel: Verantwortung, in: EKL^{3}, Bd. 4, S-Z, Göttingen 1996, 1115-1119.

Schwemer, Rolf-Oliver: Der Gottesbezug in Verfassungspräambeln, in: RuP 32 (1996), 7-17.
Seckel, Emil: Die erste Zeile Pseudoisidors, die Hadriana-Rezension. In nomine domini incipit praefatio libri huius und die Geschichte der Invikationen in den Rechtsquellen, aus dem Nachlaß mit Ergänzungen hg. v. H. Fuhrmann, Sitzungsberichte der deutschen Akademie der Wissenschaften zu Berlin. Klasse für Philosophie, Geschichte, Staats-, Rechts- und Wirtschaftswissenschaften, Jg. 1959, Nr. 4, Berlin 1959.
Seelmann, Kurt: Rechtsphilosophie, München 1994.
Seifert, u.a.: Taschenkommentar zum Grundgesetz, [2]1985.
Seils, Martin: Zweireichelehre heute. Erträge einer neuen Diskussion, in: T. Rendtorff [Hg.], Charisma und Institution, Gütersloh 1985, 199-210.
Siegel, Walter: Bayerns Staatswerdung und Verfassungsentstehung 1945/1946, Bamberg 1978.
Sievers, Wilhelm: Gottesbezug in der Verfassung, in: Aschoff, Gott in der Verfassung, 92-95.
Simon, Helmut: Die kritische Frage Karl Barths an die moderne Rechtstheologie, in: Antwort. FS Karl Barth zum Siebzigsten Geburtstag am 10. Mai 1956, hgg. v. E. Wolf, Ch. v. Kirschbaum und R. Frey, Zollikon-Zürich 1956, 346-356.
Slenczka, Reinhard: Die Verantwortung vor Gott und den Menschen. Recht und Rechtsordnung in theologischer Sicht, in: Wolf Krötke, Klaus Tanner, Christoph Link, Reinhard Slenzka, Martin Kramer, Ordnungen: Schöpfung, Recht, Recht, Staat, Bekenntnis, FuH 33, Hannover 1994, 86-110.
Sparn, Walter: Christentum zwischen Innerlichkeit und Öffentlichkeit. Gibt es einen theologischen Begriff von Zivilreligion?, in: epd-Dokumentation Nr. 47, 1987, 30-36.
-: Einleitung, in: Sparn, Religion, 1992, 8-22.
- *[Hg.]*: Wieviel Religion braucht der deutsche Staat? Politisches Christentum zwischen Reaktion und Revolution, Zeitzeichen 5, Gütersloh 1992. [Sparn, Religion, 1992]
Spendel, Günter: Jurist in einer Zeitenwende. Gustav Radbruch zum 100. Geburtstag, Heidelberger Forum 5, Heidelberg-Karlsruhe, 1979.
Spieker, Manfred: Christen, Grundgesetz und Grundrechte, in: Morsey, Rudolf, Repgen, Konrad [Hgg.]: Christen und Grundgesetz. Mit Beiträgen von Axel Freiherr von Campenhausen, Roman Herzog, Hans Maier, Paul Mikat, Konrad Repgen und Manfred Spieker und einem Nachwort von Bischof Karl Lehmann, Paderborn-München-Wien-Zürich 1989, 125-148.
Stammler, Eberhard: Der Grund des Grundgesetzes, in: EK 7 (1974), 65-66.
-: Ein kritisches Vermächtnis. Gott im Grundgesetz, in: EK 26 (1993), 255.
Starck, Christian: Menschenwürde als Verfassungsgarantie im modernen Staat, in: JZ 36 (1981), 457-464.
-: Verfassunggebung in den neuen Ländern, in: ZG 7 (1992), 1-27.
-: Zur Notwendigkeit einer Wertbegründung des Rechts, in: Dreier, Rechtspositivismus und Wertbezug des Rechts, 1990, 47-61.
Steinmüller, Wilhelm: Evangelische Rechtstheologie. Zweireichelehre-Christokratie-Gnadenrecht, 2 Bde., Köln-Graz 1968.
Stöber, Robert: Die saarländische Verfassung vom 15. Dezember 1947 und ihre Entstehung, Köln 1952.
Stolleis, Michael: Artikel: Staatsethik, in: EKL[3], Bd. 4, S-Z, Göttingen 1996, 461-469.
Studienprogramm. »Die Kirche und Civil Religion« des LWB, Die Kirche und Civil Religion weltweit. Bericht der Abschlußkonsultation, in: epd-Dokumentation Nr. 8/1998, 47-64.
Süsterhenn, Adolf: Schriften zum Natur-, Staats- und Verfassungsrecht, hg. v. Peter Bucher, Veröffentlichungen der Kommission des Landtages für die Geschichte des Landes Rheinland-Pfalz, Bd. 16, Mainz 1991. [Süsterhenn, Schriften, 1991]

Süsterhenn, Adolf: Entweltanschaulichung der Politik?; 1950, in: Ders., Schriften, 1991, 374-376.

-: Gibt es eine »christliche« Politik?; 6. Januar 1951, in: Ders., Schriften, 1991, 377-380.

-: Naturrecht und Politik; 20. April 1947, in: Ders., Schriften, 1991, 113-116.

-: Naturrecht und Verfassungsgesetzgebung; 19. November 1947, in: Ders., Schriften, 1991, 174-177.

-: Schwere Entscheidung; 12. Februar 1949, in: Ders., Schriften, 1991, 257-262.

-: Vom Geist der Verfassung; 26. Januar 1946, in: Ders., Schriften, 1991, 90-95.

-: Wir Christen und die Erneuerung des staatlichen Lebens; 1948, in: Ders., Schriften, 1991, 227-245.

-: Zur Verfassung von Rheinland-Pfalz; April 1947, in: Ders., Schriften, 1991, 117-144.

-: Zur Verfassungsfrage; 31. August 1946, in: Ders., Schriften, 1991, 52-54.

-, ***Schäfer, Hans***: Kommentar der Verfassung für Rheinland-Pfalz. Mit Berücksichtigung des Grundgesetzes für die Bundesrepublik Deutschland, Koblenz 1950.

Tanner, Klaus: Ethik und Naturrecht - eine Problemanzeige, in: ZEE 34 (1990), 51-61.

-: Gehört Gott in die Verfassung? Die Präambel des Grundgesetzes im Licht der europäischen Integration, in: EK 24 (1991), 260-264.

-: Der lange Schatten des Naturrechts. Eine fundamentalethische Untersuchung, Stuttgart-Berlin-Köln 1993.

-: Politischer Protestantismus in den deutschen Republiken, in: Sparn, Religion, 1992, 49-66.

Thieme, Werner: Die Entwicklung des Verfassungsrechts im Saarland von 1945 bis 1948, in: JöR nF 9 (1960), 423-473.

Tilich, Horst [Hg.]: Deutsches Rechts-Lexikon, München ^{2}1992.

Topisch, Ernst: Einleitung, in: Kelsen, Staat und Naturrecht, 1989, 11-28.

Trillhaas, Wolfgang: Wieweit ist der Staat des Christlichen fähig?. Zwölf Thesen, in: Behrendt, RuC I, 511-522.

Valk, Jakob M.M. de: Artikel: Gesellschaft, in: EKL^{3}, Bd. 2, G-K, Göttingen 1989, 131-135.

Veröffentlichungen der Walter-Raymond-Stiftung [Hg.], Bd. 21, Pluralismus. Legitimationsprobleme im Interessenwandel, Köln 1983.

Vögele, Wolfgang: Zivilreligion in der Bundesrepublik Deutschland, Öffentliche Theologie 5, Gütersloh 1994.

Vogel, Hans-Jochen: Eine Chance vertan. Verfassungsreform zwischen Beharrung und Erneuerung, in: EK 27 (1994), 586-589.

Vollrath, Ernst: Ist das Grundgesetz für die Bundesrepublik Deutschland letztbegründbar?, in: Rechtstheorie 20 (1989), 39-53.

Vossenkuhl, Wilhelm: Artikel: Verantwortung, in: Lexikon der Bioethik, Bd. 3, hgg. im Auftrag der Görresgesellschaft von W. Korff, L. Beck, P. Mikat, , Gütersloh 1998, 671-676.

Vulpius, Axel: Der Evangelische Kirchenvertrag Sachsen-Anhalt unter besonderer Berücksichtigung der Nihil obstat-Frage, JöR nF 43 (1995), 327-354.

Vultejus, Ulrich: Gott in der Verfassung, in: Aschoff, Gott in der Verfassung, 96-105.

Wagner, Falk: Artikel: Naturrecht II. Neuzeitliche und evangelische Interpretationen seit der Reformation, in: TRE 24, Berlin-New York 1994, 153-185.

Walther, Manfred: Hat der juristische Positivismus die deutschen Juristen im »Dritten Reich« wehrlos gemacht?, in: Dreier, R., Sellert, W. [Hgg.], Recht und Justiz im »Dritten Reich«, stw 761, Frankfurt a. M. 1989, 323-354.

Waser-Huber, Leonie: Die Präambeln der Bundesverfassung – gestern, heute, morgen, in: J. Gemperle (Hg.), Der Bund der Eidgenossen, Luzern-Stuttgart 1990, 104-119.

-: Die Präambeln in den schweizerischen Verfassungen, Bern-Frankfurt a. M.-New York-Paris 1988.

Weber, Hermann: Artikel: Staat und Kirche. 1. Juristisch, in: EKL^3, Bd. 4, S-Z, Göttingen 1996, 449-455.

Weber, **Max**: Gesammelte politische Schriften, hrsg. V. Johannes Winckelmann, Tübingen ^{3}1971.

-: Rechtssoziologie. Aus dem Manuskript herausgegeben und eingeleitet von Johannes Winckelmann, Neuwied am Rhein und Berlin ^{2}1967.

-: Wirtschaft und Gesellschaft. Grundriß der verstehenden Soziologie, 1. Halbband, Tübingen ^{5}1976.

Weder, Hans: Der Mensch im Widerspruch. Eine Paraphrase zu Röm 7, 7-25, in: Glaube und Lernen 4 (1989), 130-142.

Weiler, Rudolf: Artikel: Naturrecht, in: EKL^3, Bd.3, Göttingen 1992, 640-646.

Weischedel, Wilhelm: Das Wesen der Verantwortung. Ein Versuch, Frankfurt a. M. 1933.

Weizsäcker, Richard von: Antrittsrede bei der Vereidigung im Deutschen Bundestag (1. Juli 1984), in. Ders., Reden und Interviews, Bd.1, Bonn 1986, 15-34.

Welker, Michael: Kirche im Pluralismus, KT 136, Gütersloh 1995.

Wertenbruch, Wilhelm: Grundgesetz und Menschenwürde. Ein kritischer Beitrag zur Verfassungswirklichkeit, Köln 1958.

Wieacker, Franz: Römische Rechtsgeschichte. Bd. 1. Abschnitt 1. Einleitung, Quellenkunde, Frühzeit und Republik, Handbuch der Altertumswissenschaft, Abt. 10, Teil 3, Bd. 1, München 1988.

Wiegand, Bodo: Das Prinzip Verantwortung und die Präambel des Grundgesetzes, in: JöR nF 43 (1995), 31-54.

Wilhelm, Dorothee: Ist die Präambel des Bonner Grundgesetzes abänderbar?. Zur Abschaffung des Wiedervereinigungsgebots, in: ZRP 19 (1986), 267-273.

Winkelmann, Martin: Das Verhältnis der religionsrechtlichen Bestimmungen der nordrhein-westfälischen Landesverfassung zu den Regelungen des Grundgesetzes, in: DVBl 278 (1991), 791-798.

Wohlfahrt, Karl-Anton: Die Grundwerte als Verantwortungsproblem von Gesellschaft und Staat, aktuelle information 23, o.O. o.J.

Wulff, Christian: Der Gottesbezug in der Niedersächsischen Verfassung, in: Aschoff, Gott in der Verfassung, 79-81.

Zais, Dietrich: Rechtsnatur und Rechtsgehalt der Präambel des Grundgesetzes für die Bundesrepublik Deutschland vom 23. Mai 1949, Diss. Tübingen 1973.

Zuleeg, Manfred: Kommentierung zur Präambel, in: Kommentar zum Grundgesetz für die Bundesrepublik Deutschland. Alternativkommentar, bearb. V. Axel Azzola u.a., Bd. 1, Neuwied ^{1}1984 ^{2}1989.

Zwiefelhofer, Hans: Gott für die Menschen – Liebe und Solidarität. Was heißt eigentlich »christlich«?, in: Behrendt, RuC I, 153-161.

3. Zeitungsartikel

Bischöfe in Niedersachsen fordern Hinweis auf Gott in der Verfassung. Brief an die Fraktionen: Gottesbezug aus dem Wahlkampf heraushalten, in: idea spektrum 7/94, 8.
Clos, Rainer: Großes Pensum, Karges Ergebnis. Eine Bilanz zur Arbeit der Verfassungskommission, in: epd 25/1993, Nr. 27, 9.
-: Über Gott und die eine Welt, in: epd 25/1993, Nr. 17, 10.
Dietrich, Stefan: Wo die Freiheit des Souveräns endet. Das Ringen um eine Präambel für die niedersächsische Verfassung, in: FAZ 109, 11. Mai 1994, 8.
Europaweite Unterschriftenaktion: Gott soll in die europäische Verfassung. CSU-Parlamentarier: In Europa geltende humane Werte sind christliche Werte. Unterstützung der Kirchen gesucht – Europaparlament vertagt Entscheidung, idea 17/94, 10. Februar 1994, 1-2.
Gottesbezug in der Verfassung. Die CDU in Niedersachsen greift Volksinitiative auf, in: FAZ 298, 23. Dezember 1993, 4.
Gott in der niedersächsischen Verfassung: »Ein Sieg der direkten Demokratie«. Verantwortlicher der Volksinitiative: Politiker haben auf das Volk gehört, in: idea spektrum 21/94, 5.
Gott in der Verfassung. Pro und kontra von Politikern, in: idea spektrum 6/94, 16.
»Gott« soll in die Verfassung. Niedersachsen: »Ungeheuerlich, daß der Landtag Gott abwählte«, in: idea spektrum 46/93, 12.
Grundgesetz ohne Gott? Emnid-Umfrage für den SPIEGEL, in: DER SPIEGEL 16, 1993, 74.
Hasse, Edgar S.: Bericht. Der Mut der Basis. Wie Gott in die niedersächsische Verfassung kam, in: idea spektrum 22/94, 16-17.
Hier sind sich die Deutschen weiter uneins: »Gott« in der Verfassung?. Meinungsforscher: Mehrheit im Westen gegen, im Osten für Streichung, in: idea spektrum 10/94, 9.
Interview mit Horst Georg Pöhlmann. Es geht um die Letztverantwortung, nicht um Parteipolitik. Wie Christen in Niedersachsen »Gott« in die Verfassung »bringen« wollen, in: idea spektrum 6/94, 19.
Merkel: Bezugnahme auf Gott erhalten, in: epd 25/1993, Nr. 19, 11.
Niedersachsen. Präambel erfreut Kirchen, in: FR 117, Pfingsten 1994, 4.
Präambel soll Gottesbezug enthalten, in: epd 26/1994, Nr. 8, 9.
Prantl, Heribert: Der unkündbare Gott, in: SZ 88, 17./18. April 1993, 4.
-: Tagen wie der Wiener Kongreß. Abgeordnete klagen über Arbeit der Verfassungskommission, in: SZ 54, 6./7. März 1993, 4.
Reumann, Kurt: Gott im Gesetz, FAZ 264, vom 13. November 1975, 1.
-: Ohne Gott ist alles erlaubt, in: FAZ 7, 10.Januar 1994, 1.
Seeber, David: Ein kleiner Wurf mit großen Details. Zur laufenden Arbeit der gemeinsamen Verfassungskommission, in: Herder-Korrespondenz 47 (1993), 34-39.
Spoo, Eckhard: Gott auf der Tagesordnung. Doch in die Verfassung?, in: FR 114, 18. Mai 1994, 4.
»Streichung wäre ein Rückschritt«, in: epd 26/1994, Nr. 8, 9.
Ullmann, Wolfgang: Deutschland in schlechter Verfassung. Erst wurde das Geld wiedervereinigt, dann das Land. Ein Bundestagsabgeordneter kritisiert diese Reihenfolge und begründet, warum »Gott« nichts im Grundgesetz zu suchen hat, in: Junge Kirche 55 (1994), 6-14.
Um Gottes Willen. Kommt das Grundgesetz künftig ohne Gott aus?. Ein Theologe stellte den Antrag, in: DER SPIEGEL 11, 1993, 21.
Unverfügbar. Die Diskussion um den Gottes-Bezug in der Verfassung muß geführt werden, in: Herder-Korrespondenz 48 (1994), 58-59.

Volksinitiative erfolgreich. Verfassung mit Gottesbezug/Abstimmung im Landtag, in: FAZ 117, 21. Mai 1994, 6.
Volksinitiative für Gottesbezug, in: FAZ 252, 29. Oktober 1993, 4.
Vor Verzicht auf Gottesbezug gewarnt, in: epd 25/1993, Nr. 21, 12.

Christoph Link

Staat und Kirche in der neueren deutschen Geschichte

Fünf Abhandlungen

Frankfurt/M., Berlin, Bern, Bruxelles, New York, Oxford, Wien, 2000. 204 S.
Schriften zum Staatskirchenrecht.
Herausgegeben von Axel Frhr. von Campenhausen und Christoph Link. Bd. 1
ISBN 3-631-36681-7 · br. DM 69.–*

Der Autor gibt eine Darstellung der spannungsreichen Geschichte des Verhältnisses von Staat und Kirche in Deutschland seit der Reformation. Der Schwerpunkt liegt auf der – für die Herausbildung des heutigen Staatskirchenrechts maßgeblichen – Epoche vom Beginn des 19. Jahrhunderts bis zur Schwelle der Wiedervereinigung. Dabei geht es nicht nur um exemplarische Konflikte (Religionskämpfe im konfessionellen Zeitalter, Kulturkampf, Kirchenkampf im „Dritten Reich"), sondern auch um die ihnen zugrundeliegenden politischen, geistesgeschichtlichen und sozialen Wandlungen. Beides hat entscheidend das Werden des modernen, religiös und weltanschaulich neutralen Staates bestimmt und in eine für Deutschland typische, freiheitliche Trennungs- und Ausgleichsordnung zwischen Staat und Kirche geführt.

Aus dem Inhalt: Staat und Kirche von der Reformation bis zur Gegenwart - ein Überblick · Staat und Kirchen im 19. und beginnenden 20. Jahrhundert · Das Staatskirchenrecht von Weimar · Staat und Kirche im Nationalsozialismus · Die Neuordnung des Verhältnisses von Staat und Kirche nach 1945

Printed by
CPI books GmbH, Leck

FSC
www.fsc.org
MIX
Papier | Fördert gute Waldnutzung
FSC® C083411

Kolibri 360 GmbH
Ferdinand-Jühlke-Straße 7
99095 Erfurt, Deutschland
produktsicherheit@kolibri360.de